ÖSTERREICHISCHES JAHRBUCH FÜR POLITIK 2019

W0342770

Österreichisches Jahrbuch für Politik 2019

Herausgegeben von Andreas Khol, Stefan Karner, Wolfgang Sobotka,
Bettina Rausch, Günther Ofner und Dietmar Halper

Böhlau Verlag Wien · Köln · Weimar

Redaktion: Dr. Christian Moser-Sollmann
Redaktionssekretariat: Dr. Saskia Dragosits
Anschrift: Tivoligasse 73, 1120 Wien
Tel.: 01/81420-19
E-Mail: christian.moser-sollmann@politische-akademie.at

Eine Publikation der Politischen Akademie

Umschlagentwurf: Rebecca Ruminak
Satz: Böhlau Verlag, Wien
Typographie: Corporate S und Bembo
Druck und Bindung: Hubert & Co., Göttingen

© Politische Akademie 2020
Alle Rechte vorbehalten

Böhlau Verlag Ges.m.b.H. und Co. KG, Wien · Köln · Weimar
ISBN 978-3-205-20997-3
ISSN: 0170-0847

Inhalt

TÜRKIS-GRÜNE KOALITIONSBILDUNG. ERWARTUNGEN UND AUSBLICK

PARTEIEN UND PARLAMENTARISMUS

EUROPA INKLUSIVE WAHLEN

DIE ÖKOSOZIALE MARKTWIRTSCHAFT

WISSENSCHAFT

ZEITGESCHICHTE

LEITARTIKEL / VORWORT DER HERAUSGEBER

JURKA P.S.A. GmbH
Political Strategic Advisors

UNSERE KOMPETENZ – **IHR VORSPRUNG**

Als europapolitische Spezialisten agieren wir zielgerichtet und branchenübergreifend auf internationaler Ebene.

Mit unseren Büros in Berlin und Wien, sowie ständiger Präsenz in Paris und Brüssel sind wir Ihre Übersetzer zwischen Wirtschaft und Politik.

Aufgrund unserer jahrelangen Expertise entwickeln wir für Sie eine optimale Strategie und bringen Ihre Geschäftsinteressen auf die politische Ebene.

UNSER NETZWERK – **IHR ERFOLG**

D-10178 **BERLIN**
Rosenstraße 2
Tel.: +49/30/24 31 02 565
Fax: +49/30/24 31 02 22

A-1060 **WIEN**
Mariahilfer Straße 103/Top 65
Tel. +43/1/596 70 20

Email: contact@karljurka.com
www.karljurka.com

Vorwort der Herausgeber

Das Jahr 2019 wurde zu einem Jahr von sich überstürzenden Überraschungen und einer neuerlichen Wende in der österreichischen Innenpolitik. Wenige Tage vor der Wahl zum Europäischen Parlament wurde am 17. Mai 2019 ein im Juli 2017 heimlich aufgenommenes Video bekannt. Darin sprachen Heinz-Christian Strache und Johann Gudenus offen von Möglichkeiten zur Korruption durch Vergabe von Staatsaufträgen, zur Umgehung und zum Bruch der Gesetze zum Zwecke der Finanzierung der FPÖ sowie zur verdeckten Übernahme und Kontrolle der Kronen Zeitung. Zum Zeitpunkt der Veröffentlichung war Strache bereits Vizekanzler, Gudenus Klubobmann der zweiten Regierungspartei. Sebastian Kurz beendete daraufhin die Regierung der neuen Volkspartei mit der FPÖ. Von der SPÖ beantragt, unterstützt von FPÖ und der Liste JETZT wurde Sebastian Kurz mit einem Misstrauensvotum am 28. Mai 2019 gestürzt.

Eine „Übergangsregierung" wurde mit der Fortführung der Geschäfte beauftragt. Unter der Führung der Präsidentin des Verfassungsgerichtshofs, Dr. Brigitte Bierlein, der ersten Bundeskanzlerin der Republik Österreich, besorgte eine vorwiegend aus Beamten gebildete Proporzregierung die Geschäfte bis zur Angelobung der Regierung Kurz II am 7. Jänner 2020.

Das „Ibiza"-Video hat die innenpolitische Landschaft nachhaltig aufgewühlt und verändert. Schon bei den Europawahlen am 26. Mai zeigten sich die Folgen. Die ÖVP gewann stark. Die SPÖ blieb annähernd stabil, die FPÖ verlor stark, die Grünen erreichten jene 14 %, die sie auch bei den letzten Europawahlen erreicht hatten, und bei den Nationalratswahlen im Herbst dann auch erreichen sollten, NEOS gewannen merkbar, die Liste von Peter Pilz konnte kein Mandat erreichen.

Der folgende Wahlkampf fand in einem veränderten Meinungsklima statt. Fragen des Klimaschutzes verdrängten die Probleme der Migration vom ersten Platz. Der Wahlkampf wurde nicht um Sachthemen geführt, sondern es standen andere Themen im Vordergrund. Naturgemäß die Aufklärung und die Folgen des Ibiza-Skandals, damit verbunden die Frage der Regierungsfähigkeit der FPÖ. Andere Skandale und behauptete Skandale folgten nach dem Muster des von SPÖ-Seite betriebenen Dirty Campaigning des Wahlkampfes 2017: Vorwürfe der illegalen Parteienfinanzierung durch gesetzwidrige Spenden und durch die Umgehung der Gesetze, des gesetzwidrigen Vernichtens von Unterlagen, der vorgetäuschten Fälschung von E-Mails, von ebensolchen Hacker-Angriffen. Angriffsziele waren vor allem Sebastian Kurz und die neue Volkspartei. Alle Behauptungen und Vorwürfe erwiesen sich letztlich als haltlos. Die stark personalisierten und großteils gehässigen Debatten darüber beschäftigten die Medien, nicht aber die Wählerinnen und Wähler, wie die laufenden Wählerbefragungen und dann die Wahlergebnisse zeigten. Der Wahlkampf stellte aber auch die Stärke der Parteien in ihren Personen, Programmen, und ihre Organisationskraft unter Beweis. Die Schwächen der SPÖ wurden immer deutlicher: die ungeklärte Führungsfrage, die inhaltliche Spaltung zwischen den beiden Flügeln, ein unerfahrenes Wahlkampfteam. Die Krise der FPÖ wurde verstärkt durch die während des Wahlkampfs bekannt gewordenen Ermittlungen der Korruptionsstaatsanwaltschaft um einen angeblichen systematischen Spesenbetrug. Andere Besonderheiten des Wahlkampfs: die wirksam werdende Wahlkampfkostenbegrenzung, die große Bedeutung des Wahlkampfs in den Social Media und die Inflation der Fernsehsendungen zur Wahl: runde Tische, Elefantenrunden, Einzelkonfrontationen, u. Ä. m – all dies eine Folge des neuen Faktums, dass drei Privatsender neben den ORF traten: Puls 4, ATV und oe24, die alle das „volle Programm" fuhren. Die politisch wirksam werdende Wahlkampfkosten-Kontrolle hatte zur Folge, dass die Plakate und Dreieckständer auf ein geschätztes Drittel zurückgingen und auch die Inserate in den Zeitungen faktisch fast zur Gänze verschwanden. Eine skurrile Folge eines auf dem Gebiet der Parteienfinanzierung von SPÖ, FPÖ und JETZT hastig kurz vor der Wahl durchgepeitschten Gesetzes: Darin wurde bestimmt, dass kein Spender jährlich mehr als 7.500 Euro an eine Partei spenden dürfe, und keine Partei insgesamt mehr als 750.000 Euro im Jahr annehmen dürfe. Nun, nach der Wahl zeigt sich, dass aufgrund dieser Regelung die Neugründung einer Partei aus finanziellen Gründen faktisch unmöglich wird.

Das Wahlergebnis brachte einen Erdrutschsieg der neuen Volkspartei, das Wiedererstehen der Grünen, einen merkbaren Zugewinn für NEOS, einen Absturz der SPÖ zu einer Mittelpartei, deutliche Verluste der FPÖ und das Ausscheiden von JETZT.

Auf der Grundlage des Wahlergebnisses ergaben die Sondierungen schnell, dass nur eine Zusammenarbeit zwischen den beiden großen Wahlgewinnern eine dauerhafte Regierung tragen könnte. Die SPÖ hatte sich selbst schnell aus den Sondierungen genommen und ist erst, folgt man ihrem letzten erfolgreichen Bundeskanzler und Parteiobmann Dr. Franz Vranitzky, nach einer Neuaufstellung wieder regierungsfähig. Die FPÖ verstand ihre Wahlniederlage als Auftrag zur Neuaufstellung und Opposition. Im Notfall stünde sie aber zur Verfügung. So kam es nach langen Verhandlungen im Jänner 2020 zur Bildung einer Regierung zwischen der neuen Volkspartei und den Grünen – mit den Zielen, steuerliche Entlastungen weiterzuführen, unseren Grenzen konsequent zu schützen und Österreich zu einer Ökosozialen Marktwirtschaft (ÖSMW) zu gestalten. Darüber werden wir im Jahrbuch 2020 zu berichten haben.

In diesem Jahrbuch haben wir mit dem Jahr 2019 Stoff genug. Die Wahlergebnisse werden in unserem Jahrbuch traditionell ausführlich dargestellt und kommentiert. Dabei beleuchten wir besonders die neuen Wahlkampftechniken, die Folgen von „Ibiza“ und des Skandalisierungs-Wahlkampfs, die besondere Rolle des Fernsehens und der Social Media, und zwei Spezialgebiete: die besonderen Steiermark-Aspekte der Wahlen im Jahr 2019 und das unterschiedliche Wahlverhalten von Männern und Frauen sowie von Wien und dem Rest Österreichs.

Die Bilanz der Regierung Kurz I wird von zwei verschiedenen Seiten beleuchtet. Führende Journalisten aus allen Medien und Regionen formulieren ihre Erwartungen an die neue Regierung. In Grundsatzreferaten wird das Wertgebäude der ÖSMW dargestellt. Wertefragen beschäftigen uns immer wieder – nicht nur jene der ÖSMW. So stellen wir die neue Europäische Grundwertestudie und den gesellschaftlichen Wandel, der darin zum Ausdruck kommt, sowie die aktuelle Antisemitismus-Studie vor.

Wir haben seit fünf Jahren die grundsätzlichen Veränderungen im Parteiensystem Österreichs beleuchtet. Heuer untersuchen wir die Rückkehr der Grünen, die Jahre von Strache als FPÖ-Obmann sowie das politische Scheitern der Liste JETZT. Einzelstudien beleuchten das Parlamentsjahr 2019, den Klimaschwerpunkt und natürlich politisch bedeutsame Themen der Zeitgeschichte: beispielsweise die EU-Volksabstimmung vor 25 Jahren, Südtirol, 100 Jahre nach der Abtrennung vom Bundesland Tirol, und die Entwicklungen in den „9er-Jahren“ des 20. Jahrhunderts. Besonders gewürdigt wird Dr. Alois Mock, als maßgebender Staatsmann für den EU–Beitritt Österreichs und bei der raschen internationalen Anerkennung von Slowenien und Kroatien.

Wien, am 20. Jänner 2020
Die Herausgeber
Andreas Khol, Stefan Karner, Wolfgang Sobotka,
Bettina Rausch, Günther Ofner und Dietmar Halper

REGIERUNGSBILANZ

Tiroler Tageszeitung
UM POLITIK ZU VERSTEHEN,
MUSS MAN DIE HINTER-
GRÜNDE KENNEN.
www.tt.com

ANDREAS KHOL

Die Bilanz der Regierung Kurz I

In den 17 Monaten ihrer Regierungszeit beendeten Sebastian Kurz und Heinz-Christian Strache die Streitkoalition früherer Zeiten und begannen mit konkreten Maßnahmen, den vorgefundenen Reformstau abzuarbeiten. Die Koalition von Mitte mit Rechts wurde von der EU nicht kommentiert und nahm den EU-Vorsitz allgemein anerkannt wahr. Linke und Liberale im Ausland kritisierten maßvoll. Ein Sturm wie im Jahre 2000 (Schüssel-Haider) blieb aus. Die österreichische Bevölkerung war mit der neuen Regierung mehrheitlich zufrieden. Vor ihrem Sturz unterstützten sie 60 % der Österreicher und Österreicherinnen. Die Oppositionsparteien, geführt von der abgewählten SPÖ, reagierten mit einer Totalopposition, lediglich NEOS differenzierte. Sebastian Kurz wurde zum Hass-Objekt so mancher. Die veröffentlichte Meinung, mit Ausnahme des Boulevards und weniger Regionalzeitungen, polarisierte und skandalisierte. Der Regierung wurde jegliche Leistung abgesprochen, alles sei lediglich Inszenierung und undemokratische Message Control. Dem werden in diesem Beitrag Fakten entgegengehalten. Das Gesamturteil ist positiv, so urteilt Dr. Christian Geinitz im Leitartikel der Frankfurter Allgemeinen Zeitung nach dem Sturz der Regierung Kurz I.

Wie es 2017 zur Regierung Kurz kam

Am 18. Dezember 2017 wurde die Regierung Kurz I angelobt. Getragen von ÖVP und FPÖ regierte sie bis zum 28. Mai 2019. Nach der Veröffentlichung eines in Ibiza aufgezeichneten Videos beendete Sebastian Kurz diese Zusammenarbeit mit den Worten: „Genug ist genug". Die Fernsehaufnahme stammt vom Juli 2017. Sie war also längere Zeit vor der Regierungsbeteiligung der FPÖ gedreht worden. In ihr hatten der spätere Vizekanzler Heinz-Christian Strache und der nachmalige FPÖ-Klubobmann Johann Gudenus die Bereitschaft zur Korruption und zu anderen verpönten und in einer Demokratie unzulässigen Handlungen geäußert. Damit ging eine Zusammenarbeit, die auf zehn Jahre angelegt war, nach nur 17 Monaten zu Ende.

Das Ziel der der Regierung Kurz – Strache war ein neuartiges Regieren zur Umsetzung einer „anständigen Mitte-Rechts-Politik". Der Reformstau, den SPÖ und ÖVP nach zehn Jahren des Stillstands und des Übergangs[1] hinterlassen hatten, sollte aufgearbeitet werden. Diese Zusammenarbeit hatte sich zu einer unerträglichen Streitkoalition entwickelt: Geprägt von wechselseitigem Misstrauen, Versuchen der Überrumpelung, begleitet von Ultimaten (z. B. Kerns Plan A) einer umfassenden Neuaufstellung der ÖVP in inhaltlicher, personeller und organisatorischer Hinsicht, der nach einem Personenwechsel an der Spitze ermatteten Sozialpartnerschaft, und einer nach einem Führungswechsel nach wie vor um ihre Kernbotschaft ringenden, gespaltenen und ausgelaugten SPÖ. Das geringe Ansehen dieser Regierung äußerte sich nicht nur in den Umfragen: Beide Regierungsparteien verloren stetig. Zuerst ging die Zweidrittelmehrheit verloren, über welche die Regierung Gusenbauer – Molterer noch verfügte, dann rettete die Wahlarithmetik ihre einfache Mehrheit. Die FPÖ legte laufend zu und stand im Jahr vor dem Führungswechsel in der ÖVP unangefochten mit 35 % Wählerpräferenz an der Spitze der Umfragen. Die Wahrscheinlichkeit eines Regierungsbildungsauftrags an die Strache–Partei nach den nächsten Wahlen zeichnete sich im Jahre 2016 deutlich ab. Auch die

1 Ich habe diesen Abschnitt der jüngeren Zeitgeschichte in einem von der Parlamenstdirektion herausgegebenen Sammelband ausführlich dargestellt. Vgl. Parlamentsdirektion (Hg.): Umbruch und Aufbruch, Parlamentarische Demokratie in Österreich, new academic press, Wien 2019, konzipiert von Thomas Köhler und Christian Mertens, S. 174 bis 183.

Bundespräsidentenwahl zeigte, dass SPÖ und ÖVP mit ihrer Zusammenarbeit am Ende waren. Die Bevölkerung war des ständigen Streites müde und vom Reformstau verärgert.[2]

Die Obmannschaft von Sebastian Kurz in der ÖVP beendete diese Entwicklung. Die von ihm ausgelöste Nationalratswahl 2017 brachte eine völlige Neuordnung in der Parteienlandschaft. Die ÖVP wurde mit mehr als 31 % der Stimmen zur stärksten Partei. SPÖ und FPÖ schnitten nahezu gleich ab: mit je annähernd 27 %. Für die einen ein schrecklicher Absturz, für die anderen ein großer Wahlsieg. Nur die Selbstversenkung der Grünen, sie scheiterten an Spaltung und Wahlkampffehlern, sicherte der SPÖ mit knappem Vorsprung den zweiten Platz und ersparte ihr die Demütigung, Dritte zu werden. Die von Bundeskanzler Christian Kern geführte SPÖ hatte den Wahlkampf als eine Art Rachefeldzug gegen den neuen, widerborstigen Obmann des Regierungspartners geführt. Beispielloses „negative campaigning“ (verbunden mit dem Namen Tal Silberstein) bewirkte eine unheilbare Zerrüttung des Verhältnisses von SPÖ zu ÖVP, die bis heute andauert.[3]

Der neue Bundespräsident Alexander Van der Bellen stand vor seiner ersten Regierungsbildung. Er ging nach bewährten Mustern vor. Der Obmann der stärksten Partei erhielt zuerst einen Sondierungsauftrag, dann den Auftrag zur Regierungsbildung. Die SPÖ zog die Konsequenzen aus den Folgen des Wahlkampfs und der Wahlniederlage. Sie erklärte in den Sondierungsgesprächen zur bevorstehenden Regierungsbildung, nicht in die Regierung eintreten zu wollen. Der Vorsitzenden-Wechsel von Christian Kern zu Pamela Rendi-Wagner (28. Nov. 2017) änderte nichts an diesen Haltungen. Das „Leintuch“ zwischen den beiden langjährigen Partnern blieb zerschnitten.

So blieb die dann zwischen ÖVP und FPÖ gebildete Regierung die einzige realistische Variante: Nur diese beiden Parteien waren groß genug, um eine Regierung mit Mehrheit im Parlament zu bilden, und waren dazu auch bereit.

2 In den Jahrbüchern für Politik der Jahre 2015 und 2016 haben wir diese Entwicklungen aufgezeigt und dokumentiert: vgl. dazu die Vorworte der Herausgeber im Jahrbuch 2014 und 2016, und Oliver Pink, Die Ära Faymann, im Jahrbuch 2016, S.231ff.

3 Vgl. dazu den Beitrag von Anna Thalhammer auf S. 111ff. im Jahrbuch für Politik 2017.

Die Ziele der neuen Regierung

Die Verhandlungen zwischen Sebastian Kurz und Heinz-Christian Strache dauerten von 25. 10. 2017 bis zum 15. 12. 2017, also 51 Tage. Das Regierungsprogramm stellte unter dem Titel „Zusammen für unser Österreich" auf 182 Seiten eine umfassende Reform des Landes in Aussicht. Ihre Spitzenvertreter meinten sogar kühn, die Zusammenarbeit sei auf zwei Gesetzgebungsperioden, also auf zehn Jahre angelegt. In der Präambel legte die neue Regierung ihre leitenden Grundsätze fest, sie lesen sich wie die Kapitelüberschriften eines ÖVP-Grundsatzprogramms:

Freiheit, Verantwortung, Heimat, Sicherheit, Generationengerechtigkeit, Familie, Nachhaltigkeit, Leistung, Chancengleichheit, Klarheit, Subsidiarität

Die beiden Regierungspartner gelobten sich selbst und der Öffentlichkeit einen neuen Stil in der Zusammenarbeit. So betonen sie im Vorwort: „Auch die Politik braucht ein neues Grundverständnis. Wir müssen wegkommen vom falschen Stil des Streits und der Uneinigkeit und einen neuen Stil des positiven Miteinanders leben."

Diese Grundsätze zeigen die ideologische Ausrichtung der Regierung deutlich auf: die Soziale Marktwirtschaft dient als ordnungspolitisches Modell und bestimmt im österreichischen Zusammenhang nach zehn Jahren einer von der SPÖ geführten Regierung die Reformvorhaben. Diese Grundsätze zeigen aber auch auf, wie nahe sich ÖVP und FPÖ in ihrer Grundsatzprogrammatik sind.

Im Zentrum der Regierung Kurz – Strache stehen folgende Schwerpunkte:

- Eine völlig neue Migrationspolitik.

Geprägt vom Ziel, illegale Grenzübertritte zu verhindern, Neuankünfte an den österreichischen Grenzen zurückzudrängen, die Asylverfahren zu beschleunigen und die Abschiebungen der abgewiesenen Asylwerber wirksam zu gestalten. Dem sollte der Ausbau des europäischen Grenzschutzes dienen, die Durchsetzung des Dublin-Systems der EU: Asylverfahren in jenem EU-Land, wo die EU zuerst betreten wurde, die Beschleunigung der österreichischen Verfahren, die Verringerung der Anziehungskraft des österreichischen Sozialsystems auf Migranten (Pull-Faktoren) durch Begrenzung und Verringerung der Sozialleistungen an Asylwerber, die tatsächliche Abschiebung nach dem Dublin-Prinzip und schließlich die wirksamere Abschiebung in die Herkunftsländer.

- Eine umfassende erweiterte Sicherheitspolitik

Zur Abwehr illegaler Einwanderung, zur Bekämpfung des Terrors, der Cyberkriminalität, der Straftaten im Internet und des politischen Islam sollte eine Reihe von Gesetzen erlassen werden. Im Mittelpunkt der Diskussion stand der „Bundestrojaner" und die umfassende Datenerfassung und Speicherung. Die Polizei sollte massiv aufgestockt werden. Der Schutz der Frauen vor Gewalt jeglicher Art sollte verbessert werden.

- Budget-, Finanz- und Steuerpolitik

Zweiter großer Schwerpunkt war die wirksame Neuordnung der Staatseinnahmen und -Ausgaben zur Verringerung der Staatsschulden, zur Entlastung der Menschen und der Wirtschaft. Dem sollte eine Steuerreform, eine Entlastung der kinderreichen Familien, der kleinen Einkommen und der Pensionen und ein sparsamer Budgetvollzug dienen, ergänzt durch eine gerechtere Sozialpolitik und die Entbürokratisierung. Erklärtes Ziel: ein dauerhafter Überschuss im Staatshaushalt.

- Verbesserung des abgesackten Wirtschaftsstandorts

Der dritte Schwerpunkt war die Wiedergewinnung eines attraktiven Wirtschaftsstandorts. Initiative Standortpolitik sollte gleichermaßen durch Digitalisierung der Wirtschaft nach dem Modell von „Wirtschaft 4.0" erreicht werden und durch sachgerechte Verringerung der Steuer- und Abgabenlast. Die umfassende Verfassungsreform war ein ganz großes Vorhaben zur Vereinfachung der Zuständigkeiten, zum Abbau von Doppelgleisigkeiten und zur Entbürokratisierung.

- Die neue Gerechtigkeit

Vierter Schwerpunkt sollte die „neue Gerechtigkeit" in der Sozialpolitik sein. Maximale Entlastung für Steuer zahlende Familien, Entlastung der kleinsten und kleinen Einkommen und Steigerung der kleinsten und kleinen Pensionen. Der Missbrauch von Sozialleistungen auch durch Migranten sollte bekämpft werden. Die Pflege sollte umfassend neu geordnet werden.

- Rücknahme der gescheiterten Bildungsreform und neue, bessere Maßnahmen

Die völlig erfolglose, unbegründet Mehrkosten verursachende Umformung der Hauptschule zu einer Neuen Mittelschule sollte berichtigt und die differenzierte Schule der 10 bis 14-Jährigen ausgestaltet, die sinnlose und alles vergiftende ideologische Diskussion um die Gesamtschule beendet werden. Besonderes Augenmerk sollte der Verbesserung der Bildung in Kindergarten und Volksschule gezollt werden. Hier standen die Nichtdeutschsprachigen im Vordergrund.

Wie begegnete die Öffentlichkeit im In- und Ausland der neuen Regierung

Jene Kreise im In- und Ausland, die im Jahre 2000 die Zusammenarbeit von Wolfgang Schüssel mit Jörg Haider abgelehnt und vehement bekämpft hatten, lehnten auch die neue Mitte-Rechts-Regierung ab. Allerdings war ihre Reaktion wesentlich maßvoller als im Jahr 2000. Die Europäische Union reagierte überhaupt nicht – die Zusammenarbeit von Parteien der Mitte mit rechts stehenden Parteien war inzwischen in weiten Bereichen Europas vorherrschend, die europäische Sozialdemokratie verlor einen Regierungschef nach dem anderen, die Metamorphose des Parteiensystems war im vollen Gange.

Sebastian Kurz eroberte ob seiner Jugend und seiner charismatischen Ausstrahlung die Titelseiten der internationalen Magazine, wurde überall freundlich empfangen, und die deutschen Fernsehsender rissen sich um ihn. Der Ratsvorsitz in der EU wurde von Österreich erfolgreich gestaltet und allgemein anerkannt, war allerdings von den Wirrungen und Irrungen des Brexit überschattet. So konnte die neue Regierung in Europa aktiv an der Umsetzung ihrer Ziele arbeiten. Der unerwartet große Erfolg der ÖVP bei den Wahlen zum Europäischen Parlament kam für Europa nicht überraschend und wurde nicht weiter kommentiert. Österreich und – in einem geringeren Maße – auch Europa standen da schon unter dem Schock der plötzlichen Beendigung der Regierung durch Sebastian Kurz im Gefolge des Ibiza-Videos.

Die veröffentlichte Meinung, vor allem in ORF und Printmedien, nahm die neue Regierung sehr kritisch auf. Der ORF übernahm immer wieder die Führungsrolle in der kritischen Ablehnung, berichtete umfassend und konsequent von allen Kampagnen und vor allem von den immer wieder auftretenden „Einzelfällen" aus dem Bereich der FPÖ, in denen es um rechtsextreme Äußerungen und Taten ging. Die Gratis-Zeitungen und der Boulevard standen der Regierung eher positiv gegenüber. Die gesamte veröffentlichte Meinung lehnte den neuen Stil und insbesondere die geordnete Kommunikationspolitik der neuen Regierung ab: das gemeinsame Auftreten beider Parteien mit gleichlautenden Botschaften, das Verkünden von Ergebnissen und die Geheimhaltung allfälliger Diskussionspunkte, das Fehlen der bisherigen wechselseitigen hinterhältigen „Vernaderung" (so das wunderschöne österreichische Fachwort für die anonyme Intrige). Sie erfanden dafür das Codewort „Message Control" und unterstellten damit der Regierung faktisch die undemokratische Unterdrückung der Meinungsfreiheit in ihren Reihen. Im Wahlkampf 2019 stimmten viele Medien in den Grundton der Skandalisierung der Politik ein – sie machten die vielen berichteten Skandale, Beschuldigungen, Anzeigen, Behauptungen zum Haupt-Wahlkampfthema. Die Sachthemen gerieten völlig in den Hintergrund. Die Rolle und der Einfluss der Medien insgesamt auf die öffentliche Meinung änderten sich allerdings im europäischen Gleichklang rapide. Die Bedeutung der klassischen Print-, aber auch der elektronischen Medien nahm stetig ab, während die Bedeutung der Sozialen Medien zunahm. Die veröffentlichte Meinung war in den 17 Monaten der Regierung Kurz stets überaus kritisch und, sieht man vom Boulevard, den Gratiszeitungen sowie einem der Privat-Fernsehsender ab, bewertete die Regierung eher negativ. Sie betonte die vielen „Einzelfälle" in der FPÖ sowie die vielen tatsächlichen und behaupteten Skandale. Das blieb aber weitgehend folgenlos. Selbst die zahlreichen Fernsehdiskussionen hatten im Wahlkampf nur sehr mäßigen Einfluss auf die Wählerinnen und Wähler[4].

4 Vgl. dazu die Beiträge von Peter Plaikner, Andreas Unterberger und Kathrin Stainer-Hämmerle in diesem Jahrbuch.

Die Oppositionsparteien fanden sich in den Medien wieder. Unabhängig von ihrer Größe und Bedeutung wurden ihre Stellungnahmen gleichermaßen berichtet wie jene der Regierung. Zwei Regierungsparteien standen dann 4 Oppositionsmeinungen gegenüber: SPÖ, NEOS, JETZT und (eine ORF-Spezialität, der alle anderen folgten) auch die gar nicht im Nationalrat vertretenen Grünen. Den schärfsten Ton schlugen Vertreter der Liste JETZT an, SPÖ und Grüne stimmten ein, differenziert aber auch polarisierend NEOS. Sieht man von NEOS ab, übten die Oppositionsparteien eine Totalopposition: Alles, was die Regierung im Parlament durchsetzte, wurde in Bausch und Bogen verworfen. Daneben musste man eine nicht einmal in der Ära Schüssel – Haider bestehende persönliche Entfremdung zwischen Regierungsparteien und Oppositionsparteien feststellen. Alles in allem: Veröffentlichte Meinung und Oppositionsparteien standen der Regierung Kurz kritisch gegenüber. Wirkliche Reformen habe es nicht gegeben, alles sei nur Message Control und Inszenierung. Dieser Vorwurf richtete sich geradezu hasserfüllt immer wieder an Sebastian Kurz und sein Team. Die in diesem Jahrbuch veröffentlichte Analyse von Josef Cap zum selben Thema ist ein hervorragendes Beispiel für diese Grundeinstellung.

Die öffentliche Meinung zur neuen Regierung wurde von verschiedenen Instituten regelmäßig gemessen. Sie stand der Regierung Kurz von Anfang an positiv gegenüber, und diese Haltung verstärkte sich stetig bis zum Sturz von Sebastian Kurz, den viele absolut missbilligten, auch in den Oppositionsparteien, und der wesentlich zum Wahlerfolg von Kurz beitrug[5]. So entwickelte sich die Unterstützung der Regierung in der Bevölkerung wie folgt: Am Beginn waren mit der neuen Regierung 50 % sehr zufrieden oder zufrieden. Ende 2018 waren es 58 %, die monatlichen Raten stiegen gleichmäßig an. Der Ibiza-Skandal, die Beendigung der Koalition die folgende Wahlauseinandersetzung beeinflussten die persönlichen Werte von Kurz nicht.

5 Vgl. dazu die Beiträge von Franz Sommer und Fritz Plasser sowie auch besonders von Heidi Glück und Thomas Hofer in diesem Jahrbuch.

Die Ergebnisse der 17 Monate Kurz – Strache

Wie kann man wohl die Ergebnisse der Arbeit der Regierung Kurz – Strache bewerten bzw. messen und darstellen, ohne allzu subjektiv, also voreingenommen zu sein? Wohl nur so, dass man erfolgte politische Maßnahmen an den selbst gesetzten Zielen misst. Um nicht auf politische Inszenierungen hereinzufallen: Absichten, Pläne, nicht zum Gesetz gewordene Vorhaben dürfen nicht berücksichtigt werden.

Migration

Die Anzahl der illegalen Aufgriffe erreichte niedrigste Zahlen, die Dauer der Asylverfahren wurde gesenkt, die Anzahl der Asylgewährungen fiel auf Normalziffern, die Rückführungen nach dem Dublin-Grundsatz erreichten Höchstziffern, die Rückschiebungen in die Heimatländer stiegen nur leicht an. Das Thema Migration hat nach wie vor einen hohen Stellenwert, ist aber nicht mehr das Thema Nr. 1 in der Bevölkerung. Man vertraut der Regierung, die Grenzen zu sichern. Die EU und auch die anderen Mitgliedsländer der Union haben die Politik von Angela Merkel – „Wir schaffen das" – und die „Willkommenskultur" verlassen. Auch Deutschland selbst, allerdings ohne es einzugestehen. Die EU unternimmt neue Anstrengungen zur gemeinsamen Regelung des Problems und folgt dabei weitgehend den Grundsätzen der österreichischen Regierung.

Sicherheit

Zahlreiche neue Gesetze wurden erlassen, viele davon allerdings vom Verfassungsgerichtshof wieder aufgehoben: Bundestrojaner, Daten-Erfassung und -Speicherung. Ein Gewaltschutzpaket für Frauen wurde ins Parlament gebracht. Vieles wurde geplant, wenig umgesetzt – die Zeit war einfach zu kurz. Darüber hinaus geriet das Innenministerium im Zusammenhang mit dem Bundesamt für Verfassungsschutz und Terrorismusbekämpfung (BVT) in eine selbstverschuldete Krise.

Budget, Finanzen, Steuer

2019 wurde ein bemerkenswerter Budgetüberschuss erwirtschaftet. Die Schulden im Sinne der Maastricht-Kriterien fielen zurück (ehrlicherweise zugestanden: Maßgebend war auch die Abwicklung der HETA, also der

Kärntner Hypothekenanstalt, welche die Kosten der budgetierten 19 Milliarden auf die Hälfte senkte). Der Budgetvollzug blieb in vielen Bereichen unter den Voranschlägen. Neue Steuern wurden nicht eingeführt. Mit dem Familienbonus wurden 950.000 Familien spürbar entlastet. Die angedachte Steuerreform wurde geplant, aber nur teilweise durchgeführt. Entlastet wurden die kleinen Einkommen, der Mittelstand wartet noch. Für 17 Monate Zeit beachtliche Ergebnisse.

Wirtschaftsstandort

Die umfassende Verfassungsreform scheiterte zwar, zahlreiche Rechtsvorschriften wurden aber gestrichen, das digitale Amt eingerichtet – wichtige Schritte zur Verwaltungsvereinfachung. Ein Standortpaket zur Steigerung der Wettbewerbsfähigkeit wurde beschlossen, die Folge: Verbesserung in den internationalen Rankings. Die längst überfällige Flexibilisierung der Arbeitszeit (fälschlich als „Zwölfstundentag" bezeichnet) wurde durchgezogen – die von Arbeiterkammer und ÖGB an die Wand gemalten Schwierigkeiten blieben aus. Die zahlreichen Sozialversicherungen wurden zusammengelegt. Eine Reform, die vor dem Verfassungsgerichtshof bestand.

Neue Gerechtigkeit

Die Regierung widerstand der Versuchung, bei der Entlastung sofort umfassend vorzugehen, sondern konzentrierte die Anstrengungen auf die geringer Verdienenden. Alles rief beispielsweise nach Beseitigung der sogenannten kalten Progression, also der schleichenden, schrittweisen Steigerung der Steuerlast als Folge von Teuerung und Lohnerhöhungen. Die Regierung setzte dies aber an das Ende der Reform. Profitieren davon würden nämlich vor allem die Besserverdiener. Im Gegensatz dazu entlastete die Regierung zuerst die Kleinverdiener, die keine Einkommensteuer bezahlen, wohl aber Beiträge zur Arbeitslosenversicherung. Diese wurden für sie gestrichen, ebenso wie in einem Schritt später die Beiträge zur Krankenversicherung für diese Kleinverdiener gesenkt wurden. Die Mindestpensionen (korrekt: die Ausgleichszulage) wurden mehr als gesetzlich vorgesehen erhöht, die Pensionen markant über die Teuerung hinaus erhöht. Die Neuordnung der Mindestsicherung zur „Sozialhilfe neu" scheiterte letztlich teilweise am Verfassungsgerichtshof. Die Ausrichtung der Familienbeihilfe an den Lebenshaltungskosten jenes Landes, in dem sich das geförderte Kind aufhält, ist vor dem Europäischen Gerichtshof streitverfangen. Vor Gericht und auf hoher See ist man in Gottes Hand.

Bildungsreform

Vieles wurde zurückgenommen. Die Modellregion Vorarlberg für die Gesamtschule findet nicht statt. Deutschförderklassen wurden gegen den erbitterten Widerstand, vor allem der Wiener Konservativen in der SPÖ durchgezogen. Der verbindliche Ethikunterricht für jene, die keinen Religionsunterricht besuchen, wurde eingerichtet. Vieles ist in Planung, muss aber hier außer Betracht bleiben.

Die Rückschläge

Die BVT-Krise

Die Regierung Kurz – Strache musste auch Rückschläge hinnehmen. Die bereits erwähnte Krise um das BVT begleitete die Arbeit der Regierung Kurz fast vom ersten Tag an. Ein parlamentarischer Untersuchungsausschuss wurde eingesetzt. Am Ende seiner einjährigen Arbeit, kurz vor dem Ende der Regierung, brachte der Bericht des richterlichen Mitglieds des Ausschusses die bittere Wahrheit an den Tag. Der Innenminister wollte von Anbeginn seiner Tätigkeit an das BVT in den Griff bekommen. Als er den unabhängigen Leiter des Amts nicht absetzen konnte, bediente er sich eines anonymen, wahrscheinlich von einer linken Anwaltskanzlei verfassten Pakets von Anschuldigungen gegen das Amt und schaltete die Korruptionsstaatsanwaltschaft ein. Eine Razzia wurde durchgeführt, das Amt schwer beschädigt und faktisch ruiniert. Alle Maßnahmen wurden in der Folge in der gerichtlichen Nachprüfung aufgehoben. Das Ergebnis: Das BVT wurde schwer beschädigt, die Vertrauensbasis innerhalb der Regierung zerstört[6].

6 Ausführlich kritisch bewertet von Andreas Unterberger in diesem Jahrbuch.

Die Urteile des Verfassungsgerichtshofs

Zwei Urteile des Verfassungsgerichtshofs hoben zentrale Vorhaben der Regierung aus den Angeln. Die bundesweite Vereinheitlichung der Mindestsicherung in der Form der „Sozialhilfe neu" wurde zwar für rechtens befunden, wesentliche Teile der Regelungen wurden aber aufgehoben: Die Staffelung der Kinderzuschläge zur Mindestsicherung war zu weitgehend – eine mildere Form in Oberösterreich und Vorarlberg hatte vor dem Gericht bestanden; ebenso wurde die Kürzung der Sozialhilfe wegen mangelnder Deutschkenntnis gerügt – auch hier hätte es eine mildere Regelung mit dem gleichen Ziel in Vorarlberg gegeben, die der Gerichtshof in einem früheren Erkenntnis nicht getadelt hatte. Das Gesetz wurde nicht entsprechend repariert. Auch das umfassende Sicherheitspaket für die Ausweitung der Rechte der Polizei wurde teilweise gekippt – in einigen wenigen, aber wichtigen Punkten. Es wurde gleichermaßen nicht mehr repariert.

Ibiza-Video

Die Einzelheiten dieses Videos werden in diesem Jahrbuch von Andreas Unterberger ausführlich geschildert. Ich bin darauf schon oben eingegangen. Zusammen mit dem richterlichen Bericht zum BVT war es kausal für das Ende der Zusammenarbeit mit der FPÖ.

Die gehässige Polarisierung in der Welt der Innenpolitik

Beginnend mit der überfallsartigen Verkündung des Plans A durch Bundeskanzler Christian Kern im Jänner 2017 polarisierte sich die politische Welt zunehmend[7]. Aus Regierungspartnern wurden zuerst Konkurrenten, nach der Ablöse Mitterlehners durch Kurz dann Feinde. Im Wahlkampf wurde weiter polarisiert, die Silberstein-Affäre wirkte zerstörend. Der Einzug von

7 Der Plan A wurde von Christian Kern mit dem Motto: „Worauf warten" am 11. 1. 2017 in einer Großveranstaltung der Öffentlichkeit vorgestellt. Er war von der SPÖ einseitig ohne Mitarbeit des Regierungspartners erarbeitet worden. Dies, obwohl Kern mit seinem ÖVP-Vizekanzler beim Regierungsantritt vereinbart hatte, gemeinsam das bestehende Regierungsprogramm zu überarbeiten. Die Veranstaltung war wie ein Wahlkampfbeginn inszeniert, und der ÖVP wurde ein Ultimatum gestellt: Annahme oder Neuwahl. Mitterlehner kapitulierte und bot erneut seine Mitarbeit an. Das Regierungsprogramm wurde dann überarbeitet. Die Vertrauensbasis war zerbrochen: weniger zu Mitterlehner als zu den anderen ÖVP-Ministern, insbesondere zu Wolfgang Sobotka und Sebastian Kurz.

Peter Pilz in den Nationalrat verschärfte die Lage weiter. Das Klima in der Innenpolitik hat sich bis heute noch nicht wirklich gebessert. Allerdings ist Hoffnung berechtigt: Die FPÖ ist in Opposition, die Grünen sind in der Regierung. Die veröffentlichte Meinung und die öffentliche Meinung stehen der neuen Regierung übereinstimmend positiver gegenüber als der Regierung Kurz – Strache. Für halbwegs Vernunftbegabte haben die letzten Jahre auch gezeigt, dass sich das hasserfüllte Klima nicht positiv sondern eher negativ auf die Wahlergebnisse jener Parteien auswirkt, die skandalisieren und polarisieren.

Versuch einer Bilanz

Ein solcher Versuch kann nur sehr subjektiv ausfallen. Selbst die Maßstäbe für eine Bilanz sind umstritten. Nicht bestritten werden kann die Tragweite von Meinungsforschung und Wahlergebnissen. So hat die Meinungsforschung doch klar gezeigt, dass eine stetig anwachsende Mehrheit in der Bevölkerung mit der Arbeit der Regierung zufrieden war. Die Wahlergebnisse bestätigten Sebastian Kurz und seine neue ÖVP eindrucksvoll. Die schärfsten Kritiker, die Liste JETZT und die SPÖ, erlitten schmerzliche Niederlagen. Die einen flogen aus dem Nationalrat, die anderen verloren ein Viertel ihrer Wähler und erreichten das schlechteste Wahlergebnis ihrer Geschichte. Im Wahlkampf bewertete die Opposition die Arbeit der Regierung Kurz vernichtend. Alles sei nur geglückte Inszenierung und Message Control gewesen – Ergebnisse habe es keine gegeben. Dieses Pauschalurteil hält einer Prüfung nicht stand. Viele der selbstgesteckten Ziele der Regierung wurden erreicht, trotz der kurzen Regierungszeit. Zu nennen sind: Null-Defizit und Schuldenabbau, Entlastung der Familien, der Kleinverdiener und Pensionisten, nachhaltige Eindämmung der illegalen Grenzübertritte und der Migration, besseres Wirtschaftswachstum als der EU-Durchschnitt durch Stärkung des Inlandkonsums als Folge der Entlastung und der Stärkung des Wirtschaftsstandorts und schließlich die Zusammenlegung von 21 Sozialversicherungen zur Österreichischen Gesundheitskasse.

Für 17 Monate Regierungszeit sind die Ergebnisse der Regierungsarbeit also durchaus beachtlich. Dr. Christian Geinitz, langjähriger Wirtschaftsredakteur der Frankfurter Allgemeinen Zeitung, Berlin, bewertete am

29. 5. 2019 in seinem Leitartikel „Schade um Österreich“ das Ende der Regierung Kurz nach einer Schilderung der großen Erfolge Österreichs in den letzten Jahren wie folgt: „Doch es wäre falsch, die österreichische Wirtschaft als Selbstläufer zu betrachten. In einem Land mit mehr als 50 % Staatsquote, wo Bürokratie und Regierung Urstände feiern, wo Parteien und Sozialpartner direkt in die Geschäftswelt eingreifen, hält die Regierung viele Stellschrauben in der Hand. Die jetzt geschasste Führung in Wien hat diese Möglichkeiten genutzt – vielfach klug. Insofern ist es zu bedauern, dass sie nach kaum 16 Monaten aus dem Amt gejagt wurde …“

Ein gutes Schlusswort: Es trifft den Nagel auf den Kopf.

JOSEF CAP

Sebastian Kurz – Eine Bilanz

Die Botschaft von Sebastian Kurz war und ist eine einfache: er, einer der mit Abstand jüngsten Spitzenpolitiker weit und breit, suggerierte den Menschen, dass allein schon die biologische Erneuerung in einer Partei bzw. im politischen System einer politischen Erneuerung völlig gleichkommt. Selig, wer das glaubt. Doch genügend Selige haben dafür gesorgt, dass Kurz mit der ÖVP bei der Nationalratswahl 2017 – und jüngst 2019 – Erster wurde. Eine kritische Bestandsaufnahme von Josef Cap, der ihn im Rahmen seiner langjährigen parlamentarischen Arbeit kennengelernt hat.

Wir schreiben den 7. Jänner 2020, und Sebastian Kurz wurde gerade zum zweiten Mal als Bundeskanzler angelobt. Eine persönliche Karriere, die so gar nicht in das Bild der modernen Zeit passt. Er repräsentiert den Typus eines klassischen Berufspolitikers. Seine Karriere begann in der Jungen ÖVP, und er wurde ohne jede Berufserfahrung und ohne ein abgeschlossenes Studium sofort in hohe und höchste Ämter des Staates berufen. Zuerst Integrationsstaatssekretär, dann Außenminister noch in einer von SPÖ und ÖVP gebildeten Bundesregierung. Dann wurde er Kurzzeit-Bundeskanzler in einer Koalition von ÖVP und FPÖ. Dies war aber kein Hindernis, um es, wie oben erwähnt, in der nächsten Legislaturperiode als Bundeskanzler einer ÖVP-Grün-Koalition zu versuchen. Dieser letzte Karriereweg ist vor allem deshalb bemerkenswert, weil er auch völlig diametral gegenüber dem von der ÖVP und ihren Medien propagierten Bild eines qualifizierten und modernen Politikers ist.

Seine Botschaft war und ist eine einfache: Er, einer der mit Abstand jüngsten Spitzenpolitiker weit und breit, suggerierte den Menschen, dass allein schon die biologische Erneuerung in einer Partei bzw. im politischen System einer politischen Erneuerung völlig gleichkommt. Selig, wer das glaubt. Doch genügend Selige haben dafür gesorgt, dass Kurz mit der ÖVP bei der Nationalratswahl 2017 Erster wurde.

Erleichtert wurde dieser Glaube durch die größte „oberflächliche Umfärbung" (von schwarz in türkis) einer politischen Partei seit langer Zeit. Jedoch ist eine andere Farbe auf einer Verpackung nicht zwingend ein neuer Inhalt. Daher plante Sebastian Kurz mit seinen engsten Weggefährten, nach der innerparteilichen Demontage des erklärten Großkoalitionärs Vizekanzler Mitterlehner in der Regierung von Bundeskanzler Kern die Zusammenarbeit mit der SPÖ zu beenden. Sein Ziel war es, durch eine permanente Blockade der Regierungspolitik, kombiniert mit dem Vorwurf des Reformstaus, die Koalition mit der SPÖ vorzeitig zu beenden, um sie nach Neuwahlen keinesfalls fortzusetzen.

Ohne Einfluss des sozialdemokratischen Teils der Sozialpartner auf die Regierungspolitik kann er die Interessen seiner Förderer aus Wirtschaft und Politik besser umsetzen. Außerdem sollte der seit 2015 nach der großen Flüchtlingsbewegung eingesetzte Wanderungsprozess blauer Wähler in Richtung ÖVP stabilisiert und weiterentwickelt werden. Dies gelang, und

Sebastian Kurz überholte mit der ÖVP bei der Nationalratswahl im Oktober 2017 die SPÖ. Dies primär, weil es ihm gelang, die Ängste der Menschen vor dem Hintergrund einer großen Migrations- und Flüchtlingswelle erfolgreich anzusprechen. Damit wurde für Sebastian Kurz der Weg ins Bundeskanzleramt mit Unterstützung der FPÖ im Rahmen einer neuen Regierungskoalition frei. Die Überlegung war, dass damit Österreich über einen längeren Zeitraum in allen gesellschaftlichen Bereichen, vor allem neoliberal, konservativ und teils mit autoritären Zügen umgestaltet werden sollte: Zurückdrängung des Sozialstaates und des Einflusses der Sozialpartnerschaft, Bevorzugung ÖVP-naher mächtiger Wirtschaftsunternehmen, geplante Einschränkung der Unabhängigkeit des ORF – um nur einige Beispiele zu nennen.

Um seine Machtposition als Bundeskanzler nicht zu gefährden, ließ Sebastian Kurz seinen freiheitlichen Koalitionspartner FPÖ sich ideologisch in Rom, Budapest und Moskau austoben. Die Republik sollte eine andere werden. Vieles erinnerte an die Zeit der ÖVP-FPÖ-Koalition unter Bundeskanzler Schüssel. Die ersten Schritte zum Umbau der Republik wurden von ÖVP und FPÖ beispielsweise mit dem Eingriff in das Prinzip der Selbstverwaltung der Sozialversicherungen gesetzt.

Doch das „Kultvideo" aus Ibiza mit den beiden unfreiwilligen Hauptdarstellern H. C. Strache und Johann Gudenus ermöglichte es Sebastian Kurz, auch diese Regierung mithilfe des Kickl-Ultimatums an die FPÖ vorzeitig zu beenden. Kurz plante eine Übergangsregierung bis zur notwendigen Neuwahl als ÖVP-Alleinregierung weiter zu führen. Sollte diese Übergangsregierung in dieser Form im Nationalrat keine Mehrheit finden, dann würde er sich theatralisch als Opfer einer Verschwörung darstellen. Und so geschah es dann auch.

Nachdem Sebastian Kurz wohl bewusst kein Gespräch mit den im Nationalrat vertretenen Parteien suchte, außer mit der eigenen, wurden er und seine Regierung von SPÖ, FPÖ und der Liste Pilz abgewählt. Damit bekam Österreich bis zum 7. 1. 2020 eine „Beamtenregierung" unter Brigitte Bierlein als Bundeskanzlerin.

Am treffendsten lässt sich die kurze Kurz-Regierungszeit durch die von der Übergangsregierung zurückgenommenen und vom Verfassungsgerichtshof aufgehobenen Maßnahmen beschreiben. Zunächst nahm der kurzzeitige Interims-Innenminister Eckart Ratz die sogenannte Remunerationsverordnung für Asylwerber, die einen Stundenlohn von 1,50 Euro für die Arbeit von Asylwerbern vorsah, zurück. Ebenso erging es der internen Richtlinie Kickls zur Einschränkung der journalistischen Möglichkeiten an für die Öffentlichkeit wichtigen Informationen aus dem Bereich der Polizei und des Innenministeriums. Kickls „Pferdeambitionen" wurden von Übergangs-Innenminister Peschorn umgehend beendet.

Das unter großem parlamentarischen Widerstand letztendlich von der türkis-blauen Mehrheit im Parlament beschlossene umfangreiche Sicherheits- bzw. Überwachungspaket hingegen wurde vom Verfassungsgerichtshof in wesentlichen Teilen wegen des „Verstoßes gegen die Menschenrechtskonvention und unverhältnismäßigem Eingriff in die Geheimhaltungsinteressen gemäß Datenschutzgesetz sowie das Menschenrecht auf Achtung des Privatlebens" aufgehoben. Dies war eine deutliche Absage an die türkis-blaue Kurzregierung, Elemente eines Überwachungsstaates einzuführen.

Schließlich wurden auch Teile des im Dezember 2018 von der Kurz-Regierung beschlossenen Strukturumbaus der Krankenkassen vom Verfassungsgerichtshof aufgehoben. Der Hauptteil des Umbaus betraf die Zusammenlegung der Gebietskrankenkassen – statt der bisher neun Landeskassen gibt es eine Österreichische Gesundheitskasse und anstelle des Hauptverbandes der Sozialversicherungsträger einen kleinen Dachverband. Der Umbau hat eine Machtübernahme durch die Vertreter der Arbeitgeber zur Folge, die durch die paritätische Besetzung aller Gremien herbeigeführt wurde. Nicht vor dem Verfassungsgerichtshof hielt etwa die Übertragung der Sozialversicherungsprüfung an das Finanzministerium und andere Teilbestimmungen.

Wohlwissend und unbeirrt, dass es bei bestimmten Projekten verfassungs- oder EU-rechtliche Bedenken geben könnte, hat Sebastian Kurz die Machtinteressen einflussreicher Wirtschaftsunternehmen und die Eskapaden der FPÖ umgesetzt, wie beispielsweise die Kürzung der Sozialhilfe für kinderreiche Familien. Die machtpolitische Komponente des persönlichen Überlebens und eines allfälligen Machtzuwachses, primär für sich, hatte Sebastian Kurz dabei immer im Blick. Dies alles sind Verhaltensweisen und Charaktereigenschaften, die niemand besser beschreibt als Reinhold Mitterlehner in seinem beeindruckenden Buch „Haltung". Er beschreibt u. a. minutiös, wie Sebastian Kurz als Mitglied der Kern-Mitterlehner-Regierung über einen langen Zeitraum an der Destabilisierung der Führungsautorität von Reinhold Mitterlehner in der ÖVP und der Funktions- und Handlungsunfähigkeit der Bundesregierung arbeitete. Nur eine herbeigeführte Erfolglosigkeit, sprich Reformunfähigkeit der Bundesregierung kann nach Überlegung von ihm und den Kurz-Strategen erst den Ruf nach einem ÖVP-Erlöser entstehen lassen. Mitterlehner beschreibt seinen Sturz und das Ende der Regierung Kern auch in der Form, aus der man eine große inhaltliche Flexibilität und Rücksichtslosigkeit herauslesen kann.

Ein Führungswechsel in einer Regierungspartei ist nicht nur persönlich, sondern oft auch von den verschiedensten politischen Interessen motiviert. Natürlich spielt dabei nicht nur der traditionelle Einfluss von ÖVP-Ländern und -Bünden eine Rolle, sondern vor allem der von Spendern und neoliberalen Kreisen, die eine radikal andere Politik wollen. Mit der Nationalratswahl im Oktober 2017 erreichte Sebastian Kurz sein Ziel. Die ÖVP wurde Erste, und er interpretierte die Wählerwanderung von vielen potenziellen FPÖ-Wählern zur ÖVP als Auftrag, in einer ÖVP-FPÖ-Bundesregierung die Kanzlerschaft zu übernehmen. Wie schon beschrieben, hielt diese Koalition bis zum Bekanntwerden des Ibiza-Videos und seine Kanzlerschaft bis zu seiner Abwahl im Nationalrat.

Nach dem 7-monatigen Interregnum inklusive Neuwahl erzielten Kurz und die ÖVP neuerliche Zuwächse. Dank Greta Thunberg und dem Hype des Klimathemas gelang den Grünen die Rückkehr in den Nationalrat. Sebastian Kurz gelang es nach mehrmonatigen Verhandlungen mit den Grünen, eine Art ÖVP-Alleinregierung mit grünem Anstrich zu bilden. Dabei sicherte er sich auch die Möglichkeit, im Nationalrat jederzeit beim Migrationsthema bei Nichteinigung mit den Grünen eine andere Mehrheit zu suchen. Übersetzt kann das bedeuten, dass ein fliegender Wechsel wieder zurück zur FPÖ damit nicht grundsätzlich ausgeschlossen ist.

Weshalb entschied sich Sebastian Kurz für die Grünen? Greta Thunberg wird ihn wohl nicht überredet haben, sondern vielmehr sein Machtinstinkt. Innerhalb der Regierung bekleiden die Grünen ein Sozialministerium ohne Arbeitsmarkt, ein Justizministerium mit äußerst bescheidener ministerieller Gestaltungsmöglichkeit (die Verfassungs-Agenden wandern wieder zurück ins Bundeskanzleramt), ein Umwelt-, Verkehrs- und Infrastrukturministerium ohne Kompetenzen für Kohle, Erdgas und Erdöl und mit einem ÖVP-Staatssekretär als Wauwau. Besonders schwer wiegt, dass sie keinen Staatssekretär im Finanzministerium haben. Verzichtet haben sie auf das Bildungsministerium, auf das Frauenministerium und auf jegliche Agenden im Sicherheits- und Wirtschaftsbereich. Dafür kann sich der grüne Vizekanzler Kogler „sportlich betätigen", sich mit Beamtenangelegenheiten die Zeit vertreiben und gemeinsam mit Staatssekretärin Ulrike Lunacek Kunst- und Kulturveranstaltungen besuchen. Sehr viel weniger kann man einem kleinen Regierungspartner, außer man bildet mit Angehörigen des Franziskanerordens eine Regierung, wohl nicht zugestehen. Sebastian Kurz selbst musste von seinem Besetzungsmuster der ÖVP-FPÖ-Regierung abrücken und zu einer Aufteilung der Regierungspositionen, die nun wieder Bünde und Länder berücksichtigt, zurückkehren. Wenn schon mit den Grünen, werden sich viele in der ÖVP und in ihren Wirtschaftsorganisationen gedacht haben, dann wollen wir wieder alles wie früher kontrollieren. Besonders bemerkenswert ist auch, dass Sebastian Kurz seinen engsten Vertrauten zum Finanzminister gemacht hat. Dessen Aufgabe ist es, in den ersten beiden Jahren Steuersenkungen für große Unternehmen und überhaupt alle für die ÖVP wichtigen Angelegenheiten finanziell zu ermöglichen und für die restliche Zeit der Legislaturperiode bei den grünen Anliegen, wie einer ökosozialen Steuerreform und der Einführung einer CO_2-Steuer die Grünen gegen die schwarze bzw. türkise Wand laufen zu lassen. Hinzufügen muss man noch, dass Sebastian Kurz Werner Kogler und seiner Partei die finanzielle Quadratur des Kreises auf das grüne Auge gedrückt hat. Noch nie hat ein Regierungsprogramm so viele Vorhaben mit so wenig Details und Finanzierungskonzepten beinhaltet. Erschwert wird dieses Arbeitsprinzip der Kurz-Regierung durch das Einstimmigkeitsprinzip im Ministerrat und die Verpflichtung, im Parlament gemeinsam vorzugehen, wobei – wie schon eingangs erwähnt – der für die ÖVP besonders wichtige Migrations- und Asylbereich als einziger davon ausgenommen wurde. Es ist daher nicht auszuschließen, dass auch aus dieser Kurz-Regierung eine kurze Regierung wird. Dann allerdings könnten neuerliche Neuwahlen auch für die ÖVP und Sebastian Kurz wegen mangelnder Fähigkeit, stabil und kontinuierlich regieren zu können, desaströs enden. Das wäre ein Waterloo, wie es historisch schon einmal jemand erleben musste, der sich in aller Bescheidenheit selbst gekrönt hat.

Regierungsprogrammatisch ist es Sebastian Kurz und Werner Kogler gelungen, mit zwei äußerst widersprüchlichen Wahlprogrammen eine Art von Regieren nebeneinander in höchst unterschiedlich großen Welten zu ermöglichen. Zu erwähnen wären beispielsweise die Einführung einer von den Grünen immer schon bekämpften Bundesasylagentur für Asylberatungen und Unterstützungsleistungen, wirksamere Abschiebungen durch die Ausweitung diverser Rücknahmeabkommen, die Einführung einer Sicherungshaft, ein öffentlichkeitswirksamerer Kampf gegen den politischen Islam, der Ausbau des Binnengrenzschutzes, das Kopftuchverbot in Schulen bis zum 14. Lebensjahr, Deutschförderklassen und die Wiedereinführung der mittleren Reife und vieles andere mehr. Auf der anderen Seite des Regierungsprogrammes findet sich ein umfassendes Programm gegen den Klimawandel ohne jede Finanzierungsgrundlage. Allein die so entscheidende ökosoziale Steuerreform soll erst ab 2022, wenn überhaupt, umgesetzt werden. Hingegen haben die Lobbyisten der großen Wirtschaftsunternehmen und die neoliberalen Berater die rasche Absenkung der Körperschaftssteuer von 25 % auf 21 % bzw. der Abgabenquote auf ca. 40 % des BIP – bei gleichzeitiger Fixierung auf die schwarze Null – im Programm durchgesetzt. Die Rücknahme unsozialer Maßnahmen wie beispielsweise der 12-Stunden-Tag und der 60-Stunden-Woche oder die Kürzung der Mindestsicherung sind im Regierungsübereinkommen kein Thema. Wirksame Maßnahmen, um Wohnen bundesweit leistbar zu machen, sind nicht paktiert.

Da die Grünen überraschend schnell als selbst ernannte moralische Instanz abgedankt haben, sind sie daher für Sebastian Kurz vorerst ein unkomplizierterer Partner als gedacht. So kann Sebastian Kurz, wie eine Zeitung schrieb, in der beginnenden Ballsaison sowohl den Rechts- wie den Linkswalzer publikumswirksam tanzen. Ob er, wie viele vermuten, bei Ansteigen der Umfragewerte seiner Partei nicht doch wieder überlegt, Neuwahlen zu provozieren, um sich seinem Lieblingsziel einer absoluten Mehrheit weiter anzunähern, bleibt abzuwarten. Sein politischer „Spieltrieb“ ist nach wie vor ungebrochen und wesentlicher Teil seines Charakters. Den Gedanken, dass sich Österreich einen sorgsameren Umgang mit seiner Zukunft verdient hat, scheint er gekonnt zu verbergen. Sebastian Kurz, den ich aus meiner langjährigen parlamentarischen Tätigkeit sehr gut kenne, ist weder ein besonders Phänomen noch ein „Erlöser“, wie man es aufgrund der

Worte von Ben Fitzgerald von „Awakening Europe“ bei seinem „Segensgebet“ für Kurz in der Wiener Stadthalle vermuten könnte. Er ist ein intelligenter konservativer Berufspolitiker, der mit einem Höchstmaß an politischer Flexibilität und Beliebigkeit bislang ein Optimum für sich selbst und seine engsten Weggefährten herausgeholt hat. Nicht mehr und nicht weniger.

Anmerkung der Herausgeber: Wir haben lange gezögert, diesen Beitrag abzudrucken – die Gründe ergeben sich von selbst, wenn man Cap mit Khol zum gleichen Thema vergleicht. Es ist aber Blattlinie des Jahrbuchs, alle Meinungen wiederzugeben, und daher veröffentlichen wir diesen Beitrag.

NATIONALRATSWAHL 2019

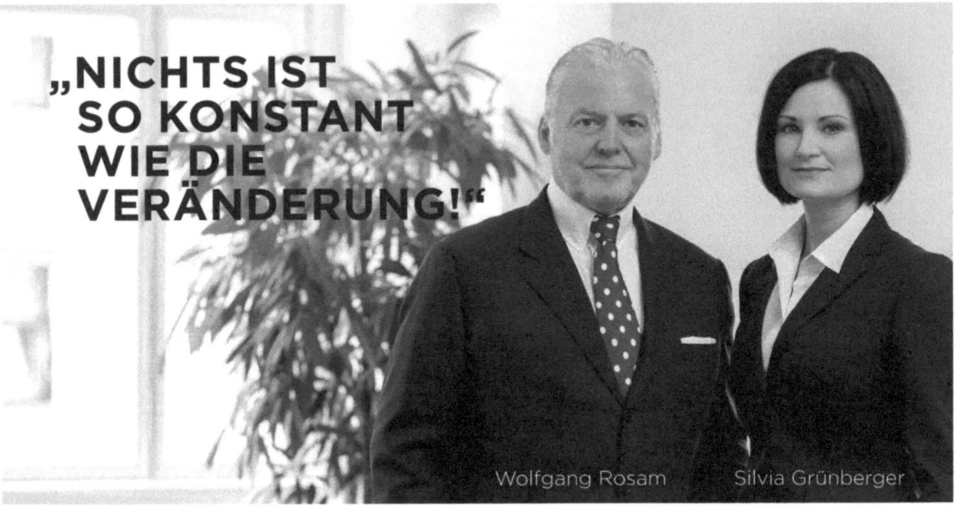

Diesem Grundsatz folgend setzen wir bei ROSAM.GRÜNBERGER | Change Communications das gesamte Spektrum der klassischen Kommunikationsarbeit ein, um Ihre Anliegen professionell und zielorientiert umzusetzen.

ROSAM.GRÜNBERGER
CHANGE COMMUNICATIONS

Führichgasse 8 1010 Wien office@rosam-gruenberger.at T: +43 1 9042142 www.rosam-gruenberger.at

FRITZ PLASSER/FRANZ SOMMER

Neuwahl 2019

Determinanten und Motive der Wahlentscheidung

Im Rückblick betrachtet war die Nationalratswahl 2019 bereits mit der Europawahl am 26. Mai – also einen Tag vor der Abwahl von Bundeskanzler Kurz und seiner Übergangsregierung – entschieden. Obwohl zu diesem Zeitpunkt nicht einmal der Wahltag fest stand, zeichneten sich die groben Konturen des Nationalratswahlergebnisses 2019 bereits ab: Deutliche Zugewinne für die ÖVP, massive Verluste für SPÖ und FPÖ, spektakuläre Gewinne für die Grünen (mindestens Verdreifachung des Wähleranteiles der Grünen, den sie bei der Nationalratswahl 2017 erreichten), moderate Gewinne für die NEOS, nur extrem geringe Chancen für die Liste Jetzt, noch einmal den Sprung in den Nationalrat zu schaffen.

Die unmittelbar vor und nach der Abstimmung über den Misstrauensantrag erhobenen Parteipräferenzen waren eindeutig: Die Trendkurve für die ÖVP ging steil nach oben (von 33 auf 38–39 Prozent), die SPÖ stürzte in der Wählergunst markant ab und verlor innerhalb weniger Tage 4 bis 5 Prozentpunkte und konnte sich bis zur Wahl am 29. September nicht mehr erholen. Auch die Werte für die FPÖ waren signifikant schwächer als noch zu Jahresbeginn. Aber gemessen an der Aufregung um das Ibiza-Video konnten sich die Freiheitlichen in der Wählergunst zunächst noch relativ gut halten. Signifikant eingebrochen ist die FPÖ erst in den letzten Tagen vor der Wahl. Die in den Boulevard-Zeitungen martialisch aufbereitete Spesenaffäre H.C. Strache war selbst für viele hartgesottene FPÖ-Stammwähler zu viel.

Über den Sommer gab es am Wählermarkt nicht viel Bewegung. Die ÖVP geriet in der medialen Berichterstattung zwar immer wieder in die Defensive (unzählige Berichte über die „Schredder-Affäre" und die „Überschreitung von Wahlkampfkosten"), aber an der für die ÖVP sehr günstigen Ausgangslage änderte sich kaum etwas. Im Gegenteil: In den letzten zehn Tagen verstärkte sich der Trend Richtung ÖVP noch einmal. Auch wenn die verfügbaren demoskopischen Daten einen definitiven Beweis dafür schuldig bleiben: Die parlamentarische Mehrheit für die zurzeit amtierende ÖVP/Grüne-Regierung scheint erst ganz kurz vor dem Wahltag zustande gekommen zu sein.

Erst wenn man die Ergebnisse der letzten beiden Nationalratswahlen (2017 und 2019) mit dem Ergebnis der Nationalratswahl 2013 vergleicht, werden zum einen die dramatischen Verschiebungen in den Stärkeverhältnissen zwischen den beiden Traditionsparteien sichtbar (die ÖVP gewinnt 13,5 Prozentpunkte, die SPÖ verliert 5,6 Prozentpunkte), gleichzeitig relativieren sich die Zugewinne für die Grünen (+1,5 Prozent im Vergleich zur Nationalratswahl 2013) und die Verluste für die Freiheitlichen (– 4,3 Prozent).

Tabelle 1: Wähleranteile der Parteien Nationalratswahlen 2013, 2017 und 2019 (in Prozent der gültigen Stimmen, inkl. Briefwahlstimmen)

Wahljahr	ÖVP in %	SPÖ in %	FPÖ in %	Grüne in %	NEOS in %	Sonst. in %
Nationalratswahl 2013 a)	24,0	26,8	20,5	12,4	5,0	11,3
Nationalratswahl 2017 b)	31,5	26,9	26,0	3,8	5,3	6,5
Nationalratswahl 2019 c)	37,5	21,2	16,2	13,9	8,1	3,1
Veränderung 2013–2019	+13,5	- 5,6	- 4,3	+1,5	+3,1	- 8,2

Wahlbeteiligung: NRW 2013 - 74,9 %, NRW 2017 - 80,0 %, NRW 2019 = 75,6 %

a) Sonstige NRW 2013: Team Stronach 5,7 %, BZÖ-Buchner 3,5 %, KPÖ 1,0 %, Piratenpartei 0,8 %, diverse Splittergruppen 0,3 %;

b) Sonstige NRW 2017: Liste Pilz 4,4 %, Liste GILT 1,0 %, KPÖ 0,8 %, diverse Splittergruppen 0,3 %;

c) Sonstige NRW 2017: Liste Jetzt (Pilz) 1,9 %, KPÖ 0,7 %, diverse Splittergruppen 0,6 %;

Tabelle 2: Vorsprung der stimmenstärksten Partei gegenüber der zweitstärksten Partei (in Prozent der gültigen Stimmen, inkl. Briefwahlstimmen)

Wahljahr	ÖVP in %	SPÖ in %	Abstand in % der gültigen Stimmen
Nationalratswahlen 2019	37,5	21,2	VP +16,3
Nationalratswahlen 1990	32,1	42,8	SP +10,7
Nationalratswahlen 1995	28,3	38,1	SP + 9,8
Nationalratswahlen 1979	41,9	51,0	SP + 9,1
Nationalratswahlen 1975	42,9	50,4	SP + 7,5

Die Nationalratswahl am 29. September 2019 war die Konsequenz einer beispiellosen innenpolitischen Kettenreaktion, die am 17. Mai um 18 Uhr mit der Veröffentlichung von Ausschnitten aus einem Video, in dem Vizekanzler Heinz-Christian Strache und FPÖ-Klubobmann Johann Gudenus ihre Bereitschaft zur Korruption und intransparenten Parteienfinanzierung signalisierten, ihren Ausgang nahm:

- Unmittelbare Reaktion auf diese Video-Ausschnitte war am Tag danach der Rücktritt von Heinz-Christian Strache als Vizekanzler und

Parteiobmann der FPÖ und die Entscheidung von Bundeskanzler Sebastian Kurz, die Koalition mit der FPÖ zu beenden und Neuwahlen im Herbst anzustreben.

- Der Entlassung des FPÖ-Innenministers Herbert Kickl auf Vorschlag von Bundeskanzler Sebastian Kurz folgte der Rückzug der FPÖ-Ressortverantwortlichen aus der Bundesregierung und die Angelobung einer geschäftsführenden Übergangsregierung durch Bundespräsident Alexander Van der Bellen.
- Aber SPÖ, FPÖ und die Liste Jetzt (Pilz) stimmten am 27. Mai – einen Tag nach einem großen Wahlerfolg der ÖVP bei der Europawahl – geschlossen einem Misstrauensantrag gegen diese geschäftsführende Übergangsregierung zu. Dadurch kam es – erstmalig in der Geschichte der Zweiten Republik – zur Abwahl einer amtierenden Bundesregierung und zur Einsetzung einer von Spitzenbeamten getragenen Übergangsregierung unter Bundeskanzlerin Brigitte Bierlein.
- Die Amtszeit dieser Übergangsregierung endete am 7. Jänner 2020, am Tag der Angelobung der aus den beiden Parteien ÖVP und Grünen gebildeten Koalitionsregierung. Sebastian Kurz, von SPÖ-, FPÖ- und Liste Jetzt-Abgeordneten abgewählt, kehrte – gestärkt durch einen großen Wahlerfolg – in die Funktion des Bundeskanzlers zurück.

Die Ergebnisse von Wählerstromanalysen stützen sich auf unterschiedliche Grundannahmen. Dadurch kommt es im Detail oft zu erheblichen Abweichungen zwischen verschiedenen Wählerstromanalysen, auch wenn die zentralen Wanderungsmuster in den meisten Fällen recht ähnlich sind. Wie exakt Wählerstromanalysen die tatsächlichen Wählerwanderungen abbilden, hängt von der Qualität der Modelle und vom verfügbaren Datenmaterial (Wahlergebnisse auf Gemeinde- und Sprengelebene, demoskopisch erhobene Wanderungsmuster) ab, auf das sich die Wählerstromanalysen stützen. Trotzdem sind es nur Schätzungen, die – vereinfacht ausgedrückt – auf Wahrscheinlichkeitsberechnungen beruhen. Bei der Interpretation einer Wählerstromanalyse muss man daher erhebliche Fehlerintervalle mitberücksichtigen.

Die folgende Tabelle dokumentiert die Ergebnisse einer Wählerstromanalyse, die vom Institut für Wahl-, Sozial- und Methodenforschung durchgeführt wurde. Sie zeigt nicht nur die stärksten saldierten Wählerwanderungen zwischen den Parteien, sondern auch wie viele Stimmen die Parteien durch den Rückgang der Wahlbeteiligung um 4,4 Prozentpunkte an die Nichtwähler verloren haben:

- Die Stimmengewinne der ÖVP bei der Nationalratswahl 2019 stammen in erster Linie von Wählern, die bei der Nationalratswahl 2017 ihre Stimme noch der FPÖ gegeben haben (Zuwanderer von der FPÖ: 267.000 Stimmen). Gleichzeitig hat die ÖVP aber auch rund 90.000 Stimmen von der SPÖ gewonnen.
- Die Grünen erzielen ihre Stimmengewinne hauptsächlich von der SPÖ (206.000) und von der Liste Pilz (111.000), wobei die meisten der Grüne-Zuwanderer ihre Stimme bei der Nationalratswahl 2013 noch Grüne-Wähler waren. Bei der Nationalratswahl 2017 gaben aber sehr viele Grüne-Wähler aus wahltaktischen Gründen ihre Stimme der SPÖ, um eine Mehrheit für die ÖVP bzw. die FPÖ zu verhindern. Außerdem hat Peter Pilz mit seiner neuen Liste viele enttäuschte Grüne-Wähler „mitgenommen“, die 2019 aber wieder desillusioniert zu den Grünen zurückgekehrt sind.
- An die Nichtwähler hat die FPÖ bei der Nationalratswahl 2019 nach den Schätzungen der vorliegenden Wählerstromanalyse 124.000 Stimmen verloren, die SPÖ 94.000 Stimmen und die ÖVP 55.000 Stimmen.
- Die ÖVP haben stärker an die Grünen verloren (67.000 ÖVP-Abwanderer) als in Richtung NEOS (51.000 ÖVP-Abwanderer).

Tabelle 3: Wählerstromanalyse Nationalratswahlen 2019 – Nationalratswahlen 2017: Zuwanderer/Abwanderer ÖVP, SPÖ, FPÖ, Grüne, NEOS, Liste Pilz

Reihung der zentralen Wählerströme NRW 2019 – NRW 2017	Wählerwanderungen in absoluten Stimmen (saldiert)
ÖVP gewinnt von der FPÖ	267.000
Grüne gewinnen von der SPÖ	206.000
FPÖ verliert an die Nichtwähler	124.000
Grüne gewinnen von der Liste Pilz	111.000
SPÖ verliert an die Nichtwähler	94.000
ÖVP gewinnt von der SPÖ	89.000
Grüne gewinnen von der ÖVP	67.000
ÖVP verliert an die Nichtwähler	55.000
NEOS gewinnen von der SPÖ	55.000
NEOS gewinnen von der ÖVP	51.000
Grüne gewinnen von den NEOS	40.000

Quelle: Institut für Wahl-, Sozial- und Methodenforschung, Demox Research

Anders als bei den meisten Nationalratswahlen der letzten Jahrzehnte erzielte die ÖVP mit Sebastian Kurz auch bei Arbeitnehmern mehr Stimmen als die SPÖ. Der Rekordvorsprung der ÖVP gegenüber der SPÖ bei der Nationalratswahl 2019 (ÖVP 37,5 Prozent, SPÖ 21,2 Prozent) wäre ohne die relative Stimmenmehrheit bei Arbeitern und Angestellten nicht möglich gewesen.

Tabelle 4: Wahlverhalten der Berufstätigen bei der Nationalratswahl 2019: Verteilung der ÖVP/SPÖ/FPÖ-Stimmen nach dem Merkmal „Stellung im Beruf"

Stellung im Beruf	ÖVP-Stimmen NRW 2019 absolut	SPÖ-Stimmen NRW 2019 absolut	FPÖ-Stimmen NRW 2019 absolut
Selbständige	239.000	38.000	50.000
Beamte	82.000	52.000	29.000
Angestellte	521.000	276.000	243.000
Arbeiter	295.000	233.000	242.000
Berufstätige gesamt	1.137.000	599.000	564.000

Quelle: Institut für Wahl-, Sozial- und Methodenforschung, Demox Research

Die ÖVP unter Sebastian Kurz gewann ab Mai 2017 in Wählersegmenten am meisten, in denen die ÖVP über Jahrzehnte hindurch gegen ihre Hauptkonkurrenten SPÖ und FPÖ chancenlos war: Bei Wählern mit geringem Einkommen und ohne hohe Schulbildung. Bei der Nationalratswahl 2019 hat sich diese Tendenz noch verstärkt. Vergleichsweise moderat waren die Zuwächse dagegen bei Wählern mit höherem Einkommen und höherer Schulbildung (Maturanten, Universität, Fachhochschule).

Indirekt bestätigt wird das auch durch die Ergebnisse der wahlstatistischen Querschnittanalyse: Während die ÖVP in Landgemeinden ihren Wähleranteil im Schnitt um 8,5 Prozentpunkte steigern konnte, fallen die Zuwächse in den Landeshauptstädten und in der Bundeshauptstadt Wien mit + 3,7 Prozentpunkten deutlich schwächer aus.

Auch die SPÖ verliert in den Städten deutlich stärker als am „flachen Land". Bei der Nationalratswahl 2017 konnte die SPÖ insbesondere in den Städten Wien, Graz und Innsbruck noch die schweren Verluste in ländlichen Regionen ausgleichen. Durch den Rückfluss von taktisch motivierten Wählern waren die SPÖ-Verluste in den Städten bei der Nationalratswahl 2019 überproportional stark.

Genau spiegelverkehrt stellten sich die regionalen Trendmuster für die Grünen dar. Sie haben bei der Nationalratswahl 2017 vor allem in den Städten erdrutschartig an die SPÖ verloren, bei der Nationalratswahl 2019 konnten die Grünen ihre Wähleranteile in ländlichen Gemeinden um 6,4 Prozentpunkte und in den Städten um 14 Prozentpunkte steigern – in erster Linie auf Kosten der SPÖ. Aber die starke Wählerdynamik zugunsten der Grünen und der NEOS in den Städten bzw. im suburbanen Umland der größeren Städte hat auch die ÖVP-Ergebnisse erkennbar abgeflacht.

Analysiert man das Wahlverhalten nach den Merkmalen „Alter“ und „Schulbildung“, zeigen sich zwischen den Grünen und NEOS sehr ähnliche Muster. Rund 40 Prozent der Grüne- und NEOS-Wähler sind unter 35 Jahre alt. Bei der ÖVP und der SPÖ sind es nur rund 20 Prozent, bei der FPÖ über 30 Prozent. Während jeweils ein Drittel der Grüne- und NEOS-Wähler ein Universitätsstudium oder eine Fachhochschule abgeschlossen haben, sind es bei ÖVP-, SPÖ- und FPÖ-Wählern im Schnitt nur rund zehn Prozent.

Tabelle 5: Gewinne/Verluste der ÖVP, SPÖ und Grünen in Landgemeinden/Städten (Vergleich NRW 2019 – NRW 2017, in Prozent der gültigen Stimmen, ohne Berücksichtigung der Briefwahlstimmen)

Gemeindegröße	ÖVP +- %	SPÖ +- %	Grüne +- %
Landgemeinden	+8,5	- 4,2	+ 6,4
Klein- und Mittelstädte	+7,1	- 4,9	+ 8,8
Wien und Landeshauptstädte	+3,7	- 7,0	+14,0

Tabelle 6: Nationalratswahlen 2019: Struktur der ÖVP/SPÖ/FPÖ/Grüne/Neos-Wähler nach den Merkmalen „Alter“ und „Schulbildung“

Schulbildung	ÖVP in %	SPÖ in %	FPÖ in %	Grüne in %	NEOS in %
Ohne Matura	69	75	79	40	39
AHS/BHS-Matura	17	15	13	27	29
Universität/FH	14	10	8	33	32
Gesamt	100	100	100	100	100

Alter	ÖVP in %	SPÖ in %	FPÖ in %	Grüne in %	NEOS in %
Unter 35 Jahre	21	19	32	39	40
35 bis 59 Jahre	43	44	43	46	42
60 Jahre und älter	36	37	25	15	18
Gesamt	100	100	100	100	100

Quelle: Institut für Wahl-, Sozial- und Methodenforschung, Demox Research

Trotz der Abwahl von Bundeskanzler Sebastian Kurz und seiner Übergangsregierung durch drei Fraktionen des Nationalrates (SPÖ, FPÖ, Liste Jetzt) bewerteten die Wähler und Wählerinnen die Arbeit der ÖVP+FPÖ-Koalition auch nach dem Misstrauensantrag am 27. Mai mehrheitlich positiv. 58 Prozent waren – retrospektiv – mit der Arbeit der Koalitionsregierung zufrieden. Damit hat sich die Zufriedenheit mit der Arbeit der ÖVP/FPÖ-Koalitionsregierung von Anfang 2018 bis Mitte 2019 kaum verändert.

ÖVP- und FPÖ-Wähler bewerteten die Regierungsarbeit nahezu geschlossen *positiv*, während umgekehrt SPÖ-Wähler und Wähler der Grünen mit der Arbeit der Koalitionsregierung mehrheitlich unzufrieden waren. Erkennbar differenzierter war die retrospektive Bewertung der Regierungsarbeit durch Wähler der NEOS, von denen immerhin 37 Prozent mit der Arbeit der ÖVP+FPÖ-Koalition insgesamt eher zufrieden waren.

Tabelle 7: Retrospektive Zufriedenheit mit der Arbeit der ÖVP/FPÖ-Koalition

Frageversion: „Wie zufrieden bzw. unzufrieden waren Sie – rückblickend betrachtet – mit der Arbeit der ÖVP/FPÖ-Koalitionsregierung unter Bundeskanzler Sebastian Kurz?“

In Prozent	zufrieden	unzufrieden
Wähler (insgesamt)	58	40
ÖVP-Wähler	94	4
FPÖ-Wähler	94	6
SPÖ-Wähler	15	84
NEOS-Wähler	37	60
Grüne-Wähler	12	84

Die mehrheitliche Zufriedenheit der Wähler mit der Arbeit der Koalitionsregierung erklärt auch die *kritischen* Reaktionen auf die Abwahl von Bundeskanzler Kurz und die von SPÖ, FPÖ und Liste Jetzt im Nationalrat eingebrachten Misstrauensanträge. Nach Meinung von 55 Prozent der Wähler und Wählerinnen hätte Sebastian Kurz die Übergangsregierung bis zu den Neuwahlen weiterführen sollen. FPÖ-Wähler schlossen sich dieser Meinung mehrheitlich an, aber selbst 19 Prozent der befragten SPÖ-Wähler waren gegen die Abwahl von Bundeskanzler Sebastian Kurz und seiner Übergangsregierung.

Noch ausgeprägter war die *Kritik* der Wähler an der Vorgangsweise der SPÖ. 60 Prozent der befragten Wähler waren der Meinung, dass die SPÖ mit der Abwahl von Sebastian Kurz einen schweren Fehler begangen hat. Nahezu alle deklarierten früheren FPÖ-Wähler, die bei der Nationalratswahl 2019 zur ÖVP gewechselt sind, sprachen sich in der Umfrage gegen die Abwahl der Übergangsregierung aus. Und auch bei den deklarierten Wechslern von der SPÖ zur ÖVP herrschte mehrheitlich die Meinung vor, dass die SPÖ mit der Abwahl einen Fehler begangen hat. Selbst jeder vierte SPÖ-Wähler schloss sich dieser Meinung an.

Tabelle 8: Retrospektive Bewertung des Misstrauensvotums gegen Bundeskanzler Kurz

Frageversionen: „Ende Mai haben SPÖ, FPÖ und die Liste Jetzt die Regierung im Nationalrat durch ein Misstrauensvotum abgewählt. Wie sehen Sie die Abwahl von Sebastian Kurz im Rückblick? War es richtig Sebastian Kurz als Bundeskanzler abzuwählen oder hätte Sebastian Kurz die Übergangsregierung bis zu den Neuwahlen im Herbst weiterführen sollen?"

„Was meinen Sie: War es von der SPÖ mit Blick auf die öffentliche Stimmungslage eine kluge Vorgangsweise, Sebastian Kurz als Bundeskanzler zu stürzen oder hat die SPÖ mit der Abwahl von Sebastian Kurz einen Fehler begangen?"

Zustimmung in Prozent	Befragte gesamt	SPÖ-Wähler	FPÖ-Wähler	ÖVP-Zuw. von SPÖ	ÖVP-Zuw. von FPÖ
„Sebastian Kurz hätte die Übergangsregierung bis zu den Neuwahlen im Herbst weiterführen sollen."	55	19	53	87	96
„Die SPÖ hat mit der Abwahl von Sebastian Kurz einen Fehler begangen."	60	26	62	62	96

An der Spitze der Themen, die den Wählern persönlich große Sorgen bereiteten, standen die Folgen des *Klimawandels*, die in den letzten Monaten die öffentliche Aufmerksamkeit und Diskussion dominierten. Aber bereits an zweiter Stelle folgten wahrgenommene Probleme mit Flüchtlingen und Asylanten, die von Teilen der Wählerschaft sogar noch belastender als die Folgen des Klimawandels empfunden wurden. Besondere Sorgen bereitete den Wählern und Wählerinnen weiters die Finanzierung der Pflege im Alter, die als zu niedrig empfundenen Einkommen und Pensionen, die hohe Steuer- und Abgabenbelastung wie die hohen Miet- und Wohnungspreise. Jeder fünfte Wähler zeigte sich auch über die Verbreitung eines radikalen Islam persönlich besorgt. Über den Ibiza-Video-Skandal machten sich hingegen nur acht Prozent der Wähler und Wählerinnen persönlich ernste Sorgen. Offensichtlich war einer der größten und folgenreichsten Skandale der Zweiten Republik gegenüber den unmittelbar den Alltag betreffenden Sorgen und Probleme in den Hintergrund getreten.

Tabelle 9: Welche Themen und Probleme die Wähler am meisten beschäftigten

Frageversion: „Welche der folgenden Themen beschäftigt Sie zurzeit am meisten? Über welche dieser Themen machen Sie sich am meisten Sorgen?“ (Maximal 3 Nennungen)

In Prozent der Befragten, die sich über diese Themen am meisten Sorgen machen	Befr. ges.	ÖVP-Präf.	SPÖ-Präf.	FPÖ-Präf.	Grü-Präf.
Die Folgen des Klimawandels	40	32	49	8	82
Die Probleme mit Flüchtlingen/Asylanten	31	38	12	71	9
Die Finanzierung der Pflege im Alter	29	34	35	12	28
Die zu niedrigen Einkommen/Pensionen	27	25	35	23	25
Die hohe Steuer- und Abgabenbelastung	26	30	24	24	18
Die hohen Miet- und Wohnungspreise	23	16	32	14	31
Die Probleme in unseren Schulen und Klassen	20	21	12	18	23
Die Verbreitung eines radikalen Islam	19	22	10	41	2
Die Probleme mit der ärztlichen Versorgung	18	17	28	11	17
Die steigende Kriminalität und Terrorgefahr	17	19	10	39	1
Die steigenden Preise und sinkende Kaufkraft	17	17	19	14	13
Der Ibiza-Video-Skandal	8	6	13	1	13

Tatsächlich verweisen die vorliegenden Daten auf einen nur verhaltenen direkten Einfluss des Ibiza-Skandals auf die Wahlentscheidung. Im Vergleich zu anderen im Wahlkampf intensiv diskutierten Themen zählten nur 8 Prozent den Ibiza-Video-Skandal zu jenen Themen, die ihnen persönlich am meisten Sorgen bereiteten bzw. sie im Vorfeld der Wahl besonders beschäftigten. Auch im Segment der Wechselwähler war der Ibiza-Skandal nur für 11 Prozent ein Thema, das sie persönlich besonders beschäftigte. Ebenso nannten nur 6 Prozent der Abwanderer von der FPÖ den Ibiza-Skandal als sie unmittelbar bewegendes Thema.

Konsequenzen des Ibiza-Skandals spielten für 22 Prozent der Wähler eine ganz besonders wichtige Rolle für ihre persönliche Wahlentscheidung. Die höchste Relevanz hatte dieses Thema bei SPÖ-Wählern (39 Prozent) und Grün-Wählern (36 Prozent), die sich durch den Ibiza-Skandal in ihrer Ablehnung der FPÖ als regierungsfähige Partei bestärkt sahen. Nur jeder sechste Abwanderer von der FPÖ begründete seine Abwanderungsentscheidung mit Verweis auf den Ibiza-Skandal. Erst die in den letzten Tagen vor dem Wahltag publik gewordene Strache-Spesenaffäre hat zu einer großflächigen Demobilisierung des FPÖ-Wählerpotenzials geführt und Abwanderungen in Richtung ÖVP bzw. in den Nichtwählerbereich ausgelöst. Die zunächst nur verhaltene Verlustdynamik verschärfte sich in der letzten Woche vor der Wahl schlagartig.

Probleme der alltäglichen Lebenswelt und die Glaubwürdigkeit der Parteien, sich dieser Probleme engagiert anzunehmen, haben neben Persönlichkeitsfaktoren und emotionalen Stimmungslagen einen starken Einfluss auf die individuelle Wahlentscheidung. *Vier* der von den Wählern als relevant angesprochenen Sorgenthemen *erhöhten* die Wahrscheinlichkeit für eine Wahl der ÖVP: die Probleme mit Flüchtlingen und Asylanten, die Finanzierung der Pflege im Alter, die hohe Steuer- und Abgabenbelastung wie die Sorge über die Verbreitung eines radikalen Islam. Wähler, die sich um diese Themen persönlich besorgt zeigten, entschieden sich überproportional für die ÖVP, die in diesen Segmenten auf Stimmenanteile von über 40 Prozent kam.

Die Wahl der SPÖ wurde durch Sorgen der Wähler um die ärztliche Versorgung in den Spitälern und Ambulanzen, Besorgnis über die hohen Miet- und Wohnungspreise und als zu niedrig empfundene Einkommen und Pensionen begünstigt. Wähler, die diese Sorgen teilten, gaben überdurchschnittlich der SPÖ ihre Stimme. Ihren höchsten Stimmenanteil erreichte die SPÖ unter jenen acht Prozent der Wähler, die sich über den Ibiza-Video-Skandal persönlich Sorgen machten.

Bei der FPÖ wiederum sorgten *drei* thematisch eng verbundene Sorgenbereiche für eine starke Wählermobilisierung: die Probleme mit Flüchtlingen und Asylanten, die Verbreitung eines radikalen Islam und die steigende Kriminalität und Terrorgefahr. Bei Wählern, die sich über diese Themen persönlich Sorgen machten, erzielte die FPÖ Stimmenanteile von über 40 Prozent.

NEOS erzielten ihre höchsten Stimmenanteile unter Wählern, die sich über die Probleme in den Schulen und Klassen Sorgen machten. Das entscheidende Mobilisierungsthema der Grünen war hingegen erwartungsgemäß der Klimaschutz. Jeder vierte der sich über die Folgen des Klimawandels Sorgen machte, wählte die Grünen. Überdurchschnittlich schnitten die Grünen auch bei Wählern ab, die sich über die hohen Miet- und Wohnungspreise besorgt zeigten. Vorrangiges Mobilisierungsthema war aber ihr Engagement in Fragen des Umwelt- und Klimaschutzes.

Die Einstellungen zu Migrations- und Asylfragen *polarisierten* neuerlich die Wählerschaft. 43 Prozent der Wähler hatten den Eindruck, dass Österreich die Folgen der Flüchtlingskrise mittlerweile unter Kontrolle habe. In der Wahrnehmung von 52 Prozent sorgen die Folgen der Flüchtlingskrise weiterhin für ernste Probleme. Sehen Wähler der SPÖ, der NEOS bzw. der Grünen eine deutliche Entspannung der Situation, sorgen die Folgen der Flüchtlingskrise für die Mehrheit der ÖVP- und FPÖ-Wähler weiterhin für ernste Probleme.

Nur 27 Prozent der Wähler halten die Gefahr eines neuerlichen unkontrollierten Zustroms von Flüchtlingen für gebannt. Nach Meinung von 68 Prozent der Wähler könnte es jederzeit wieder zu einem problematischen Anstieg der Flüchtlingszahlen kommen. Unter ÖVP- bzw. FPÖ-Wählern schließen 80 bis 90 Prozent die Möglichkeit einer neuerlichen Zuspitzung der Flüchtlingssituation keineswegs aus.

Nur 30 Prozent der Wähler sehen noch Kapazitäten weitere Flüchtlinge aufzunehmen. Für 62 Prozent sind die Aufnahmemöglichkeiten mittlerweile erschöpft. 95 Prozent der FPÖ-Wähler aber auch 76 Prozent der

ÖVP-Wähler sehen keine Möglichkeiten weitere Flüchtlinge und Asylsuchende in Österreich aufzunehmen.

Tabelle 10: Einstellungen der Wähler zu Migrations- und Asylthemen

Frageversionen: „Hat Österreich die Folgen der Flüchtlingskrise mittlerweile unter Kontrolle oder sorgen die Folgen der Flüchtlingskrise weiterhin für ernste Probleme?"

„Ist die Gefahr eines unkontrollierten Zustroms von Flüchtlingen nach Österreich mittlerweile gebannt oder könnte es jederzeit wieder zu einem problematischen Anstieg der Flüchtlingsströme nach Österreich kommen?"

„Können wir noch mehr Flüchtlinge und Asylanten aufnehmen als wir bisher schon aufgenommen haben oder sind unsere Möglichkeiten, weitere Flüchtlinge aufzunehmen, bereits erschöpft?"

In Prozent wählten	Gesamt	ÖVP	SPÖ	FPÖ	NEOS	Grüne
Flüchtlingskrise: Österreich hat Folgen der Flüchtlingskreise unter Kontrolle Folgen der Flüchtlingskrise sorgen weiterhin für ernste Probleme	53	63	36	86	34	16
Zustrom von Flüchtlingen: Gefahr eines unkontrollierten Zustroms gebannt Könnte jederzeit wieder zu einem Anstieg der Flüchtlingszahlen kommen	68	79	53	91	50	37
Aufnahmebereitschaft: Können weitere Flüchtlinge aufnehmen Möglichkeiten sind bereits erschöpft	29	17	44	4	48	63

Für 33 Prozent der Wähler bzw. 71 Prozent der ÖVP-Wähler vertritt Sebastian Kurz in Flüchtlings- und Asylfragen die vernünftigste Position. 22 Prozent der Wähler bzw. 84 Prozent der FPÖ-Wähler haben den Eindruck, dass Norbert Hofer in Flüchtlings- und Asylfragen die vernünftigsten Positionen vertrete. Pamela Rendi-Wagner bzw. Werner Kogler werden nur von 9 bzw. 7 Prozent in diesem Zusammenhang genannt.

Unverkennbar korrelieren Themen, die den Wählern persönliche Sorgen bereiten, mit der Wahl von Parteien, denen in diesen Themen Engagement und Lösungskompetenz zugebilligt wird. Dabei können die betreffenden Themen die persönliche Wahlentscheidung besonders stark oder nur verhalten beeinflussen. An der Spitze der aus Wählersicht für die Wahlentscheidung besonders relevanten Themen stand die Bekämpfung der Folgen des Klimawandels, die Sicherung ausreichender Pensionen und der (vermutete) Missbrauch von Sozialleistungen. Für die Hälfte der Wähler spielte zumindest eines dieser Themen eine vorrangige Rolle bei der persönlichen Wahlentscheidung.

Zu Themen, die für die Wahl der ÖVP eine ganz besonders wichtige Rolle spielten, zählten: der (angebliche) Missbrauch von Sozialleistungen, die Gefahr eines neuerlichen Ansturms von Flüchtlingen, die Verbreitung eines radikalen Islam, die rasche Abschiebung von Wirtschaftsflüchtlingen wie die zu hohe Steuer- und Abgabenbelastung. In diesen Themen- und Kompetenzfeldern erzielte die ÖVP Stimmenanteile von über 40 Prozent der betreffenden Wählergruppen.

Themen, bei denen sich die SPÖ stärker profilieren konnte, waren: die hohen Miet- und Wohnungspreise, die Engpässe in den Spitälern und Ambulanzen und die Sicherung ausreichender Pensionen. Diese Themenfelder repräsentieren die Kernkompetenzen der SPÖ und standen konsequenterweise auch im Vordergrund ihrer Kampagne. Dieser stehen aber Kompetenzschwächen in vermutlich noch stärker mobilisierenden Themenbereichen wie etwa Migrations- und Asylfragen gegenüber, die für zahlreiche Wähler ein gleichermaßen relevantes Mobilisierungsargument darstellten.

Die FPÖ stützte ihre Wählermobilisierung auf *vier* Themenbereiche, die ihr bei Wählergruppen, die diese Themen als besonders relevant ansehen, zu überdurchschnittlichen Stimmenanteilen verhalfen. Es waren dies das Thema rasche Abschiebung von Wirtschaftsflüchtlingen, die Gefahr eines neuerlichen Ansturms von Flüchtlingen, die Sorge um eine Verbreitung eines radikalen Islam wie der (vermutete) Missbrauch von Sozialleistungen. Nur die ÖVP hat bei diesen thematischen Wählergruppen noch höhere Stimmenanteile als die FPÖ.

Tabelle 11: Aus Sicht der Wähler ganz besonders relevante Themen und Wahlentscheidung

Frageversion: „Geben Sie bitte zu jedem der folgenden Themen an, ob es für Ihre persönliche Wahlentscheidung bei dieser Nationalratswahl eine ganz besonders wichtige Rolle, eine wichtige Rolle oder nicht ganz so wichtige Rolle spielte?"

Diejenigen, für die das Thema eine ganz besonders wichtige Rolle spielte, wählten	ÖVP	SPÖ	FPÖ	Neos	Grüne
Die Folgen des Klimawandels (50 %)	32	26	8	8	21
Die Sicherung ausreichender Pensionen (49 %)	36	26	20	6	8
Der Missbrauch von Sozialleistungen (48 %)	44	17	26	5	5
Die Engpässe in Spitälern und Ambulanzen (45 %)	36	28	18	7	8
Die Verbreitung eines radikalen Islam (43 %)	42	17	30	4	4
Die hohe Steuer- und Abgabenbelastung (41 %)	39	22	22	7	6
Die rasche Abschiebung von Wirtschaftsflüchtlingen (40 %)	41	14	37	4	2
Die Gefahr eines neuerlichen Ansturms von Flüchtlingen (37 %)	44	12	36	3	3
Die hohen Miet- und Wohnungspreise (35 %)	27	32	17	7	13
Die Folgen und Konsequenzen des Ibiza-Skandals (23 %)	25	40	5	8	19

Neben Themen und Emotionen prägten im personalisierten und auf die Spitzenkandidaten und Spitzenkandidatinnen fokussierten Wahlkampf *Kandidaten-Images* die Wahlentscheidung. Für 20 Prozent der Wähler und Wählerinnen waren die Persönlichkeit der Spitzenkandidaten und Spitzenkandidatinnen persönlich das wichtigste Kriterium ihrer Wahlentscheidung. 75 Prozent dieser *Persönlichkeitswähler* gaben der ÖVP ihre Stimme. Die SPÖ erhielt nur 9 Prozent der Stimmen der Persönlichkeitswähler, weitere 6 Prozent entschieden sich für die FPÖ. Die Daten sprechen für die ungebrochene wahlpolitische Attraktivität des alten und neuen Bundeskanzlers.

Für die Mehrheit der Wähler waren die Positionen der Parteien bei Themen und Sachfragen der wichtigste Orientierungspunkt bei ihrer Wahlentscheidung. Die Stimmen dieser *Themen-* und *Issue-*Wähler verteilten sich gleichmäßig auf ÖVP, SPÖ und FPÖ. Nur die Grünen konnten unter vorrangig themenorientierten Wählern überdurchschnittlich reüssieren.

Für 18 Prozent der Wähler standen auch koalitionstaktische Erwägungen im Vordergrund ihrer Wahlentscheidung. 31 Prozent der *Koalitions-*

wähler votierten für die SPÖ, wobei es ihnen primär um die Verhinderung einer neuerlichen schwarz-blauen Koalition ging. Jeder vierte Koalitionswähler wiederum entschied sich für die FPÖ, wobei bei ihnen sowohl das Motiv der Verhinderung einer Koalition unter Einschluss der SPÖ bzw. der Grünen im Vordergrund stand wie das Motiv einer Fortsetzung der Koalitionsregierung mit der ÖVP.

Tabelle 12: Kriterien der Wahlentscheidung

Frageversion: „Welcher der folgenden Punkte war für Ihre Wahlentscheidung am 29. September persönlich am wichtigsten?"

In Prozent wählten	ÖVP	SPÖ	FPÖ	NEOS	Grüne
Die Spitzenkandidaten/Spitzenkandidatinnen der Parteien (20 %)	75	9	6	3	6
Die Positionen der Parteien bei Themen und Sachfragen (58 %)	30	23	17	9	18
Welche Koalition nach der Wahl regieren wird (18 %)	23	31	23	9	11

Inwieweit die Persönlichkeit von Kandidaten und Kandidatinnen, Themen, das generelle Erscheinungsbild der Parteien wie koalitionstaktische Überlegungen das Wahlverhalten schlussendlich geprägt haben, können direkte Fragen nach den entscheidenden Motiven der persönlichen Wahlentscheidung deutlich machen. Die Antwortmöglichkeiten waren für jede Partei vorgegeben und wurden *zweistufig* entwickelt: in einer bundesweiten Repräsentativumfrage wurden die Wahlmotive zunächst ungestützt (also ohne Antwortvorgaben) erhoben, nach einem Kodierschema ausgewertet und den deklarierten Präferenten der Parteien als Antwortvorgaben vorgelegt. In der Wahltagsbefragung hatten deklarierte ÖVP/SPÖ/FPÖ/Grüne/NEOS-Wähler dann die Möglichkeit, aus mehreren Antwortvorgaben die für die Wahlentscheidung ausschlaggebenden Gründe auszuwählen.

Für ÖVP-Wähler standen *zwei* Motive bei ihrer Wahlentscheidung im Vordergrund: die Zufriedenheit mit der Arbeit der von Bundeskanzler Kurz geführten Koalitionsregierung wie die Persönlichkeit und politische Linie von Sebastian Kurz, wobei beide Motive untrennbar miteinander verbunden sind.

Neben der Person Sebastian Kurz spielten im Ranking der ausschlaggebenden Gründe für die Wahl der ÖVP noch folgende Wahlmotive eine herausragende Rolle: „ÖVP macht vernünftige Ausländer- und Asylpolitik"

- „Gute Wirtschaftspolitik der ÖVP: Keine neuen Schulden, keine neuen Steuern"
- „ÖVP ist sachlich und streitet nicht"
- „ÖVP steht für Reform und Veränderung"

Tabelle 13: Motive für die Wahl der ÖVP

Frageversion: „Was war für Sie persönlich der ausschlaggebende Grund am 29. September die ÖVP zu wählen?" (Mehrfachnennungen)

In Prozent	ÖVP-Wähler
War mit ÖVP-Regierungspolitik zufrieden	49
Wegen Sebastian Kurz	44
ÖVP macht vernünftige Ausländer- und Asylpolitik	33
Gute Wirtschaftspolitik, keine neuen Steuern und Schulden	30
ÖVP ist sachlich und streitet nicht	30
Für Reform, Veränderung, frischer Wind	28
Klare Linie der ÖVP	25
Programm und Themen der ÖVP	23
ÖVP ist glaubwürdig, ehrlich	22
ÖVP als „kleineres Übel"	14
Bin Stammwähler, Parteimitglied	9
ÖVP hat gute Vorschläge zum Klimaschutz	8

Die Motive der SPÖ-Wähler sprachen vorrangig *zwei* unterschiedliche Motivdimensionen an:

- Die traditionelle sozialdemokratische Kernkompetenz für eine soziale, solidarische und menschliche Sozialpolitik
- Ein Signal gegen Sebastian Kurz und eine neuerliche schwarz-blaue Koalition

Relevante Gründe für die Wahl der SPÖ waren weiters ihr Einsatz für Pensionisten, Pflege und leistbares Wohnen wie das traditionelle Image der SPÖ als Partei der „kleinen Leute". Das Wahlmotiv „Wegen Pamela Rendi-Wagner" wurden seltener angegeben als die beiden Wahlmotive „Bin Stammwähler, Parteimitglied" und „SPÖ als ‚kleineres Übel'".

Tabelle 14: Motive für die Wahl der SPÖ

Frageversion: „Was war für Sie persönlich der ausschlaggebende Grund am 29. September die SPÖ zu wählen?" (Mehrfachnennungen)

In Prozent	SPÖ-Wähler insgesamt
Gute Sozialpolitik, SPÖ ist sozial und menschlich	48
Gegen Kurz und neuerliche schwarz-blaue Koalition	48
SPÖ setzt sich für Pensionisten, Pflege und leistbares Wohnen ein	36
SPÖ ist für „kleine Leute", Arbeiterpartei	26
SPÖ will Reiche stärker besteuern	24
SPÖ ist glaubwürdig und ehrlich	21
Programm und Themen der SPÖ	20
Bin Stammwähler, Parteimitglied	21
SPÖ als „kleineres Übel"	15
Wegen Pamela Rendi-Wagner	13
SPÖ hat gute Vorschläge zum Klimaschutz	9
Bin mit Oppositionsarbeit der SPÖ zufrieden	5

Bei FPÖ-Wählern standen vor allem *zwei* Motive im Vordergrund der Wahlentscheidung:

- Zufriedenheit mit der Arbeit der FPÖ in der Koalitionsregierung
- Stringente Linie der FPÖ in der Ausländer- und Asylpolitik.

Die Persönlichkeit des Spitzenkandidaten der FPÖ, Norbert Hofer, wurde von 39 Prozent der FPÖ-Wähler als ausschlaggebender Grund ihrer Wahlentscheidung genannt. Ebenso viele FPÖ-Wähler nannten als Beweggrund die von der FPÖ angestrebte Fortsetzung der Regierungskoalition mit der ÖVP. Jeder dritte FPÖ-Wähler wollte mit seiner Stimme auch eine mögliche schwarz-grüne Koalition verhindern. Persönlichkeit und politischer Kurs von Herbert Kickl waren für 30 Prozent der FPÖ-Wähler ebenfalls ein Motiv, ihre Stimme der FPÖ zu geben. Für jeden fünften FPÖ-Wähler war eine konspirative Deutung der Produktion des Ibiza-Videos ein bestärkendes Motiv die FPÖ zu wählen.

Tabelle 15: Motive für die Wahl der FPÖ

Frageversion: „Was war für Sie persönlich der ausschlaggebende Grund am 29. September die FPÖ zu wählen?" (Mehrfachnennungen)

In Prozent	FPÖ-Wähler insgesamt
War mit Regierungsarbeit der FPÖ zufrieden	61
Gute (strenge) Ausländer- und Asylpolitik	58
Wegen Norbert Hofer	39
Für Fortsetzung der Koalition mit der ÖVP	36
Programm und Themen der FPÖ	33
Um eine schwarz-grüne Koalition zu verhindern	30
Wegen Herbert Kickl	30
FPÖ hat klare Linie	29
FPÖ ist glaubwürdig, ehrlich	20
Weil FPÖ beim Ibiza-Video hereingelegt wurde	20
FPÖ ist bürgernahe Partei	25
FPÖ kämpft gegen Rauchverbot	9
FPÖ als „kleineres Übel"	9

Die Wahlmotive der NEOS-Wähler waren etwas breiter gefächert als die Wahlmotive für andere Parteien. Folgende Zuschreibungen wurden am häufigsten als „ausschlaggebend" genannt:

- Sachlichkeit und Vernunft
- Glaubwürdigkeit, Ehrlichkeit und Transparenz
- Programm und Themen der NEOS
- NEOS bringen frischen Wind und neue Ideen

Ausschlaggebend für die Wahl der NEOS war auch, dass diese Partei als betont pro-europäisch und weltoffen wahrgenommen und eine Stimme für die NEOS auch als Zeichen gegen Schwarz-Blau gesehen wird. Im Mittelfeld lagen die beiden Wahlmotive „NEOs soll Regierungspartei werden" und „Wegen Beate Meinl-Reisinger".

Tabelle 16: Motive für die Wahl der NEOS

Frageversion: „Was war für Sie persönlich der ausschlaggebende Grund am 29. September die NEOS zu wählen? (Mehrfachnennungen)

In Prozent	NEOS-Wähler insgesamt
NEOS agieren sachlich und vernünftig	44
NEOS sind glaubwürdig, ehrlich, transparent	39
Programm und Themen der NEOS	34
Bringen frischen Wind, neue Ideen	34
NEOS sind Pro-Europa und weltoffen	32
NEOS sollen in Regierung kommen	30
Gegen Schwarz-Blau und Rechtsruck	27
Wegen Beate Meinl-Reisinger	21
NEOS haben klare Linie	20
Bin mit Oppositionsarbeit der NEOS zufrieden	20
Richtige Antworten in der Wirtschaftspolitik	18
Realistische Klima- und Umweltpolitik	16

Drei Motive standen bei der Wahlentscheidung der Grüne-Wähler im Vordergrund:

- Am häufigsten gaben die befragten Grüne-Wähler die „richtige Klima- und Umweltpolitik" der Grünen als ausschlaggebendes Wahlmotiv an.
- Eine zentrale Rolle spielte auch der Wunsch, dass die Grünen nach ihrem Scheitern bei der Nationalratswahl 2017 (mit 3,8 Prozent Wähleranteil blieben sie knapp unter der 4-Prozent-Eintrittshürde) rund 1 ½ Jahre später wieder in den Nationalrat einziehen.
- Nahezu jeder zweite Grüne-Wähler wollte mit seiner Stimme für die Grünen auch ein Zeichen gegen „Schwarz-Blau und Rechtsruck" setzen.

Relevante Wahlmotive waren weiters Verweise auf Programm und Themen der Grünen, ihr öffentliches Erscheinungsbild („Die Grünen sind glaubwürdig, ehrlich und transparent") und ihr Spitzenkandidat Werner Kogler.

Tabelle 17: Motive für die Wahl der Grünen

Frageversion: „Was war für Sie persönlich der ausschlaggebende Grund am 29. September die Grünen zu wählen?" (Mehrfachnennungen)

In Prozent	Grün-Wähler insgesamt
Richtige Klima- und Umweltpolitik	68
Grüne sollen wieder in den Nationalrat einziehen	54
Gegen schwarz-blau und Rechtsruck	45
Programm und Themen der Grünen	40
Grüne sind glaubwürdig, ehrlich, transparent	30
Für Regierungsbeteiligung der Grünen	28
Grüne treten für Menschenrechte ein	27
Wegen Werner Kogler	25
Gute Sozialpolitik	25
Liberale Ausländer- und Asylpolitik	15
Bringen frischen Wind, neue Ideen	13
Grüne als „kleineres Übel"	11

Wie 2017 spielten auch bei der Nationalratswahl 2019 *koalitionstaktische* Überlegungen eine erkennbare Rolle bei den Wahlentscheidungen. Jeder dritte Wähler wollte mit seiner Stimme einen Beitrag zur Verhinderung einer neuerlichen schwarz-blauen Koalition leisten. Drei Viertel der SPÖ-Wähler, zwei Drittel der Grüne-Wähler und die Hälfte der NEOS-Wähler gaben an, dass ihre Wahlentscheidung für SPÖ, Grüne und NEOS auch ein Votum gegen eine Neuauflage der ÖVP+FPÖ-Koalition ist.

Koalitionstaktische Überlegungen prägten auch das Wahlverhalten der ÖVP- und FPÖ-Wähler, allerdings etwas schwächer: Die Verhinderung einer Drei-Parteien-Koalition aus SPÖ, Grünen und NEOS war für jeden fünften Wähler wichtig für die Wahlentscheidung, am stärksten bei FPÖ-Wählern, etwas verhaltener bei einem Teil der ÖVP-Wähler. Nur für jeden vierten Wähler waren koalitionstaktische Überlegungen kein entscheidungsrelevantes Thema.

Tabelle 18: Koalitionstaktische Wahlmotive

Frageversion: „Welcher der folgenden Punkte war für Ihre Wahlentscheidung bei der Nationalratswahl am 29. September wichtig?"

In Prozent	Wähler insgesamt	ÖVP-Wähler	SPÖ-Wähler	FPÖ-Wähler	NEOS-Wähler	Grün-Wähler
Zu verhindern, dass eine SPÖ/ÖVP-Koalition kommt	8	12	2	14	8	1
Zu verhindern, dass eine ÖVP/FPÖ-Koalition kommt	34	8	77	1	51	67
Zu verhindern, dass eine SPÖ/FPÖ-Koalition kommt	5	10	3	1	4	3
Zu verhindern, dass eine Koalition aus SPÖ, Grünen und NEOS kommt	19	30	1	40	3	1
Zu verhindern, dass eine Koalition aus ÖVP, Grünen und NEOS kommt	3	1	2	11	0	0
Keiner dieser Punkte war für mich wichtig	28	36	12	26	30	26

Noch stärker als bei vorangegangenen Wahlen stand 2019 die Frage nach zukünftigen Koalitionen im Vordergrund der öffentlichen Diskussion. Für die Mehrzahl der Wählerinnen und Wähler war die *Kanzlerfrage* aufgrund der publizierten Umfragewerte bereits am Beginn des Wahlkampfes de facto entschieden. Offen blieb hingegen die Frage, wie die zukünftige Koalitionsregierung unter dem voraussichtlichen Bundeskanzler Sebastian Kurz zusammengestellt sein wird.

Dass nur sechs Prozent der ÖVP-Wähler unmittelbar vor der Wahl eine Koalition der ÖVP mit den Grünen präferierten, war in erster Linie dem Umstand geschuldet, dass eine türkis-grüne Mehrheit im künftigen Nationalrat als unwahrscheinlich galt. Aber von den bevorzugten Koalitionsvarianten der ÖVP-Wähler unter Einbeziehung der drei Parteien ÖVP, Grüne und NEOS (ÖVP+Grüne, ÖVP+Neos, ÖVP+Grüne+Neos) entfielen mit 49 Prozent bereits vor dem Wahltag mehr Nennungen als auf die Koalitionsvariante ÖVP+FPÖ (34 Prozent).

Eindeutiger waren die Koalitionspräferenzen der Grüne-Wähler: Von ihnen hätten 62 Prozent vor dem Wahltag am liebsten eine Drei-Parteien-Koalition aus SPÖ, Grünen und NEOS gesehen. Lediglich 21 Prozent hätten einer Dreier-Koalition aus ÖVP, Grünen und NEOS den Vorzug gegeben. Aber die Frage „Welche Koalitionsvarianten gehen sich wahlarithmetisch aus?“ ist in der Praxis oft viel wichtiger als die inhaltlich-thematische Nähe zwischen möglichen Koalitionsparteien.

Tabelle 19: Koalitionspräferenzen der Wähler vor dem Wahltag

Fragestellung: „Welche der folgenden Koalitionen wäre Ihnen für die nächste Bundesregierung am liebsten?“

In Prozent präferieren eine Koalition aus	Wähler insgesamt	ÖVP-Wähler	SPÖ-Wähler	FPÖ-Wähler	NEOS-Wähler	Grün-Wähler
ÖVP+SPÖ	9	5	30	0	2	0
ÖVP+FPÖ	27	34	1	85	2	0
SPÖ+FPÖ	3	1	6	8	1	0
SPÖ+Grüne+NEOS	24	1	54	0	27	62
ÖVP+Grüne	3	6	0	0	1	7
ÖVP+NEOS	11	23	0	0	29	0
ÖVP+Grüne+NEOS	14	20	0	0	34	21

Im Rückblick hat das Zusammenspiel von *acht* Faktoren den Ausgang dieser spektakulären Nationalratswahl maßgeblich beeinflusst. Es waren dies:

1. Die hohe *Zufriedenheit* mit der Arbeit der ÖVP/FPÖ-Koalitionsregierung unter Bundeskanzler Sebastian Kurz.
2. Sebastian *Kurz* als zentraler Akteur der österreichischen Innenpolitik, dessen Wiederbestellung als Bundeskanzler für die überwiegende Mehrheit der Wähler bereits vor dem Wahltag feststand.
3. Kritik und anhaltendes *Unverständnis* einer Mehrheit der Wähler mit der Abwahl von Bundeskanzler Sebastian Kurz und seiner Übergangsregierung durch Misstrauensanträge der drei Fraktionen SPÖ, FPÖ und Liste Jetzt.

4. Die im Vergleich zur Nationalratswahl 2017, die überwiegend im Schatten der Flüchtlingskrise stand, *aufgefächerte* Themenlandschaft, in der der *Klimaschutz* zu einem der zentralen Problem- und Themenfelder aufgestiegen war.
5. Das ungebrochene Mobilisierungspotenzial der Themen Asyl und Zuwanderung, die neuerlich die Wählerschaft *polarisierten*, auch wenn sie im öffentlichen Diskurs einen geringeren Stellenwert einnahmen als im Nationalratswahlkampf 2017.
6. Die Folgen des *Ibiza-Videos*, das zu beispiellosen Verwerfungen der österreichischen Innenpolitik führte, dessen direkte Auswirkungen auf das Wahlverhalten zunächst aber vergleichsweise verhalten ausfielen.
7. Ungleich stärkere Effekte in Richtung *Demobilisierung* bzw. Wechselwahl hat die erst wenige Tage vor der Wahl publik gewordene Strache-Spesenaffäre bei potenziellen FPÖ-Wählern gehabt.
8. *Koalitionstaktische* Motive einzelner Wählergruppen, die mit ihrem Votum eine bestimmte Koalition verhindern bzw. eine bestimmte Koalition ermöglichen wollten. Im Vordergrund stand dabei für jeden dritten Wähler die Verhinderung einer neuerlichen schwarz-blauen Koalition. Jeder fünfte Wähler verband mit seiner Stimme auch die Verhinderung einer Koalition von SPÖ, Grünen und NEOS.

Raiffeisen
Meine Bank
Die Kraft der Idee.
Es gibt Ideen, die das Leben
der Menschen verändert haben.
Vor mehr als 150 Jahren gründete Friedrich Wilhelm Raiffeisen die erste Genossenschaft. Heute ist seine Idee aktueller denn je: Anteil haben, Anteil nehmen, Verantwortung übernehmen. Miteinander. Füreinander. Für die Ziele, die man hat. Für das Land, in dem man lebt. www.raiffeisen.at
Medieninhaber: Raiffeisen-Landeswerbung Niederösterreich-Wien, F.-W.-Raiffeisen-Platz 1, 1020 Wien.

BETTINA RAUSCH

Die erste Abwahl einer Regierung und andere Premieren im Parlament

Unerwartet turbulent hat sich das Jahr 2019 auch im Parlament gezeigt. Nach einer ersten Phase parlamentarischer Routine führte das Ibiza-Video zu einer Premiere: der ersten Abwahl einer Bundesregierung durch den Nationalrat. Und in der Folge zur ersten Bundeskanzlerin Österreichs. Während die Expertenregierung das Land verwaltet hat, herrschte im Parlament das freie Spiel der Kräfte, das einer kritischen Würdigung bedarf. Schließlich hat sich ein neuer Nationalrat konstituiert, der so jung und so weiblich ist wie keiner davor.

Mit derart turbulenten Zeiten, auch und vor allem im österreichischen Parlament, hat zu Beginn des Jahres natürlich niemand gerechnet. Das zweite Jahr der türkis-blauen Regierungskoalition hat sich angekündigt als Jahr der Sacharbeit, und so war auch für das Parlament business as usual – die sachpolitische Auseinandersetzung mit Gesetzesvorlagen der Regierung und die eine oder andere Gesetzesinitiative der Oppositionsparteien – zu erwarten. Darüber hinaus war nur noch mit intensiver Ausübung der Kontrollfunktion in den Untersuchungsausschüssen mittels parlamentarischer Anfragen und durch den einen oder anderen Misstrauensantrag gegen einzelne Regierungsmitglieder zu rechnen.

Heute wissen wir: Es kam anders. Völlig anders. Das Parlament sah sich mit Situationen konfrontiert und hat Beschlüsse gefasst, wie es sie seit Bestehen des Parlamentarismus in Österreich, also seit hundert Jahren, noch nicht gab.

Denn dieses vielfältige Parlamentsjahr war auch ein Jubiläumsjahr – das Jahr 1919 war das allererste Jahr mit einem echten Parlament in Österreich. Nachdem am 12. November 1918 die provisorische Nationalversammlung vergleichsweise moderne Grundsätze festgelegt hatte – nämlich eine allgemeine, gleiche, direkte und geheime Wahl nach dem Verhältniswahlrecht –, hat am 16. Februar 1919 die erste Wahl nach diesen Grundsätzen stattgefunden. Am 4. März 1919 schließlich hat sich die gewählte Nationalversammlung konstituiert.[1]

Der Beginn des Jahres

Nichts hat auch nur annähernd hingedeutet auf die Ereignisse, die vier Monate später die Republik erschüttern sollten, als der Nationalrat am 29. und 30. Jänner seine ersten Sitzungen des Jahres abhielt.

Bis zur Abwahl der Bundesregierung am 27. Mai fanden 19 Plenarsitzungen des Nationalrates statt. Sie waren geprägt von parlamentarischer

1 Vgl. zur Gründung der Ersten Republik u. a.: Karl Stadler, Die Gründung der Republik, in: Erika Weinzierl/Kurt Skalnik (Hg.), Österreich 1918–1938. Geschichte der Ersten Republik, Graz-Wien-Köln 1983; Karner, Stefan (Hg.), Die umkämpfte Republik. Österreich von 1918–1938, Innsbruck-Wien-Bozen 2017

Routine – die Tagesordnungen waren bestimmt von Vorlagen der Bundesregierung, die mal mehr, mal weniger kontroversiell diskutiert wurden. Die Regierungsmehrheit war gesichert, die Opposition hat Kritik geäußert und ihre Kontrollmöglichkeiten wahrgenommen. Im Rückblick betrachtet interessant erscheint, dass in der Sitzung am 30. Jänner ein Misstrauensantrag gegen den Bundesminister für Inneres, Herbert Kickl (FPÖ), gescheitert ist.

Zu den wesentlichen Gesetzesbeschlüssen in dieser Zeit gehörten beispielsweise der erste Versuch der Förderung von Biomasse im Ökostromgesetz (die im Nationalrat erforderliche Zweidrittelmehrheit wurde zwar erreicht, das Gesetz ist allerdings in der Folge im Bundesrat gescheitert), das Brexit-Begleitgesetz als Vorsorge für den Austritt des Vereinigten Königreichs aus der Europäischen Union, Verbesserungen bei den Deutschförderklassen und der Mathematik-Matura, das erste Anti-Gold-Plating-Gesetz, mit dem überbordende bürokratische Vorschriften in einer Vielzahl von Gesetzen zurückgenommen werden, das Biomasseförderungs-Grundsatzgesetz, das nach dem oben erwähnten Scheitern einer Verfassungsmehrheit auf Bundesebene nun den Bundesländern einen Rahmen für die entsprechende Förderung gibt, das neue Sozialhilfe-Grundsatzgesetz mit bundesweiten Höchstgrenzen für Sozialhilfeleistungen, das Kopftuch-Verbot für Volksschulkinder und die Einrichtung der Bundesagentur für Betreuungs- und Unterstützungsleistungen für Asylwerberinnen und Asylwerber.

Ein Video und seine Folgen

Am Abend des 17. Mai 2019 veröffentlichten „Süddeutsche Zeitung" und „Spiegel" ein Video, das den damaligen FPÖ-Obmann und Vizekanzler Heinz-Christian Strache in einer Finca auf Ibiza im Gespräch mit einer vermeintlichen russischen Oligarchen-Nichte zeigt. Dieses Video und seinen Auswirkungen werden in anderen Beiträgen dieses Jahrbuchs ausführlich analysiert. Daher hier nur in gebotener Kürze: Infolge der Video-Veröffentlichung trat Strache von allen politischen Funktionen zurück, der Bundespräsident hat weiters, auf Vorschlag von Bundeskanzler Sebastian Kurz, Herbert Kickl als Innenminister entlassen, was den Rücktritt aller FPÖ-Regierungsmitglieder zur Folge hatte. Mit ihren Aufgaben wurden auf Vorschlag von Kurz parteiunabhängige Expertinnen und Experten beauftragt.

Am 27. Mai 2019, dem Tag nach der Wahl des Europäischen Parlaments, fand eine denkwürdige Nationalratssitzung statt, die wohl in die Geschichte eingehen wird. Mit Mehrheitsbeschluss von SPÖ, JETZT und FPÖ versagte der Nationalrat der gesamten Bundesregierung – zu diesem Zeitpunkt gebildet von Bundeskanzler Sebastian Kurz, Bundesministerinnen und -ministern der neuen Volkspartei und unabhängigen Expertinnen und Experten – das Vertrauen. Dagegen gestimmt haben NEOS und neue Volkspartei, die Grünen waren zu diesem Zeitpunkt nicht im Nationalrat vertreten. In der Folge wurde auch ein Antrag auf vorzeitige Beendigung der XXVI. Gesetzgebungsperiode eingebracht. Von Regierungskrise, ja sogar Staatskrise wurde in der Folge gesprochen. Die vom Bundespräsidenten so oft zitierte „Eleganz, ja, Schönheit der Verfassung“[2] zeigte sich auch im parlamentarischen Procedere. Noch vor Bekanntwerden des Ibiza-Videos schreibt Anton Pelinka in seinem Beitrag für das von der Parlamentsdirektion herausgegebene Sammelwerk „Umbruch und Aufbruch“ über „Die – erfreuliche – Routine des Parlaments“, die sich in der Zweiten Republik entwickelt habe: „Seit 1945 ist der österreichische Parlamentarismus zur Routine geworden. Angesichts der Brüche der Vergangenheit, aber auch der Brüche parlamentarischer Entwicklungen außerhalb Österreichs ist die Routine positiv zu bewerten – jedenfalls vom Standpunkt der Demokratie.“[3] Anders war dies in der Ersten Republik, denn „es war ein parlamentarisches Ereignis, das zur ersten Explosion führte, die eine Kette von Katastrophen einleitete“. Am 5. März 1933 traten alle drei Nationalratspräsidenten zurück – Auslöser war ein Geschäftsordnungskonflikt, der laut Pelinka „bei entsprechendem politischem Willen leicht gelöst hätte werden können“.[4] Im Jahr 2019 wurde die erstmalige Abwahl einer Bundesregierung jedenfalls von allen Institutionen und handelnden Personen mit rechtlicher Besonnenheit und demokratischer Reife behandelt. Die politische Einordnung behandelt beispielsweise die Politikberaterin Heidi Glück in diesem Jahrbuch, sie spricht von einem „rotblauen Rache-Reflex“.

2 Statement Bundespräsident Alexander Van der Bellen am 21. Mai 2019

3 Pelinka, Anton, Die - erfreuliche - Routine des Parlaments in: Parlamentsdirektion (Hg.), Umbruch und Aufbruch. Parlamentarische Demokratie in Österreich, Wien 2019, S. 184

4 Pelinka, Anton: S. 186

Das freie Spiel der Kräfte

Die erste Sitzung des Nationalrates nach der geschichtsträchtigen Sitzung mit der Abwahl einer Bundesregierung begann am 12. Juni mit einer weiteren Premiere: Zum ersten Mal trat eine Bundeskanzlerin vor den Nationalrat, um eine Regierungserklärung abzugeben. In der selben Sitzung wurde die vorzeitige Beendigung der XXVI. Gesetzgebungsperiode (nur die Liste JETZT hat dagegen gestimmt) beschlossen. Unabhängig von den Turbulenzen rund um die Bundesregierung wurde am 13. Juni die Volksanwaltschaft neu besetzt. Werner Amon (Volkspartei), Bernhard Achitz (SPÖ) und Walter Rosenkranz (FPÖ) folgten den scheidenden Volksanwälten Gertrude Brinek (Volkspartei), Günther Kräuter (SPÖ) und Peter Fichtenbauer (FPÖ).

Regelrecht explodiert ist der Einsatz eines sonst weniger genutzten Instruments des Nationalrates: des Fristsetzungsantrags. Damit stellt das Nationalratsplenum sicher, dass Beratungen zu einem Antrag auch dann in die Plenarsitzung aufgenommen werden, wenn der Ausschuss seine Beratungen nicht abgeschlossen und keinen Bericht vorgelegt hat. 58 Fristsetzungsanträge wurden in dieser Sitzung eingebracht, im darauffolgenden Abstimmungsmarathon wurden 31 angenommen. Das sollte allerdings noch nicht der Rekord des Jahres sein. In den Sitzungen am 2. und 3. Juli wurden nämlich mehr als 90 Fristsetzungsanträge eingebracht, wovon 36 angenommen wurden. Am 3. Juli wurde schließlich auch der Wahltermin für die Nationalratswahl mit dem 29. September 2019 durch den Hauptausschuss des Nationalrates endgültig festgelegt. Der Finanzminister der unabhängigen Expertenregierung, Eduard Müller, hat vor Beginn der Juli-Sitzungen die Abgeordneten zu „Augenmaß und Verantwortungsgefühl" in budgetärer Hinsicht aufgefordert.[5] Im September hat er feststellen müssen, dass vom Parlament Kosten von über fünf Milliarden beschlossen wurden, von denen nur drei Milliarden im Haushaltsplan vorgesehen sind.[6]

In diesem Sinne hat die Volkspartei in der Sitzung am 3. Juli eine Gesetzesinitiative eingebracht, wonach ab der Ausschreibung einer Nationalratswahl der Nationalrat keine Gesetzesbeschlüsse mehr fassen solle, deren Kosten nicht in der (vom Parlament beschlossenen) mittelfristigen

5 Schriftliche Stellungnahme von Finanzminister Eduard Müller, 3. Juli 2019, APA und diverse Medien

6 Presseaussendung Finanzminister Eduard Müller vom 18. September 2019

Haushaltsplanung berücksichtigt sind. Ausnahmen solle es nur bei Gefahr in Verzug – wie Katastrophen, Bedrohung von außen oder Bedrohung der öffentlichen Sicherheit – geben. Alle anderen Parteien verweigerten die Zustimmung, die Gesetzesinitiative scheiterte also.

In der Phase des „freien Spiels der Kräfte" wurden Gesetze durch unterschiedlichste Mehrheits-Konstellationen beschlossen. Einige dieser Beschlüsse gingen auf das Regierungsprogramm der abgewählten Bundesregierung zurück und wurden demzufolge von Volkspartei und FPÖ, teilweise mit Zustimmung weiterer Parteien beschlossen. Zu ihnen gehötren beispielsweise die Übertragung der Gesetzgebungskompetenz für Kinder- und Jugendhilfe zur Gänze an die Bundesländer (bis dahin „gemeinsame Zuständigkeit"), wobei Qualitätsstandards in einer 15a-Vereinbarung festgelegt wurden, die Einführung des Plastiksackerl-Verbots ab 2020, Ökostromförderung für Windkraft, Kleinwasserkraft und Photovoltaik, die jährliche Valorisierung des Pflegegeldes, Entbürokratisierung durch eine Organisationsreform der Finanzverwaltung, das Gewaltschutzpaket, die Digitalsteuer für globale Internetgiganten samt Verwendung eines Teils der Einnahmen zur Förderung der digitalen Transformation österreichischer Medienunternehmen und der erste Teil der von der alten Regierung geplanten Steuerreform mit einer Entlastung für niedrige Einkommen durch geringere Sozialversicherungsbeiträge. Weitere Beschlüsse gingen auf Initiativen anderer Parteien zurück und wurden mit den Stimmen zumindest eines der ehemaligen Regierungspartner beschlossen. Beispielhaft genannt werden können hierzu die Schließung des König-Abdullah-Zentrums, ein Ölkessel-Verbot für Neubauten, die Beschränkung von Parteispenden, das generelle Rauchverbot in Gastronomiebetrieben, das Verbot des Pflanzenschutzmittels „Glyphosat" (das von Bundeskanzlerin Brigitte Bierlein nicht in Kraft gesetzt wurde, weil die europarechtlich notwendige Notifizierung nicht erfolgt ist), die Ausrufung des Klimanotstandes oder die „Hacklerregelung" für den altersunabhängigen Pensionsantritt bei 45 Beitragsjahren.

Konstituierung nach der Neuwahl

Am 23. Oktober trat der neugewählte Nationalrat zu seiner ersten Sitzung der XXVII. Gesetzgebungsperiode zusammen. Im Nationalrat sind fünf

Parteien vertreten: Die neue Volkspartei mit 71 Abgeordneten, die SPÖ (40), die FPÖ (30), die Grünen (26) und NEOS (15). Eine Abgeordnete ist fraktionslos. Ins Nationalratspräsidium wurden gewählt: Wolfgang Sobotka (Volkspartei, 143 Stimmen), Doris Bures (SPÖ, 142 Stimmen) und Norbert Hofer (FPÖ, 123 Stimmen). Das Durchschnittsalter der Abgeordneten zum Nationalrat liegt zu Beginn der Gesetzgebungsperiode bei 47,3 Jahren und ist damit so niedrig wie nie zuvor. Der Anteil an weiblichen Abgeordneten liegt bei 39,3 Prozent (72 von 183 Abgeordneten) und ist somit der höchste der Geschichte. Rasch ist der Nationalrat auch zu seiner ersten Sondersitzung zusammengekommen; denn am 26. November hat die SPÖ Vorstandsbestellungen bei der Casinos Austria AG in einer dringlichen Anfrage an Finanzminister Eduard Müller thematisiert. Als erste Gesetzesbeschlüsse des neuen Nationalrats sind beispielhaft zu nennen: eine Lösung für Asylwerbende in Lehrausbildung und die Sicherstellung der Förderung für den Verein für Konsumenteninformation.

Sonstige Schwerpunkte des Parlaments

Neben der parlamentarischen Arbeit im engeren Sinn – Beschlussfassungen über Gesetze und Kontrollfunktion gegenüber der Bundesregierung – setzt das Nationalratspräsidium thematische Schwerpunkte. Im Jahr 2019 erscheinen vor allem Initiativen für den Westbalkan, das Jubiläum „100 Jahre Frauenwahlrecht“ und wichtige Beiträge zum Kampf gegen Antisemitismus berichtenswert. Bereits seit Beginn seiner Parlamentspräsidentschaft legt Wolfgang Sobotka einen besonderen Schwerpunkt auf den Westbalkan. Er hat bereits alle Parlamente der sechs Westbalkan-Staaten besucht und Veranstaltungen in Österreich abgehalten. Im März 2019 hat Sobotka ein Stipendienprogramm für Mitarbeiterinnen und Mitarbeiter der Parlamente der Westbalkan-Staaten gestartet. Sie können sechs Wochen lang die Arbeit des österreichischen Parlaments vor Ort kennenlernen. Partner des Programms sind der European Fund for the Balkans und die ERSTE Stiftung. Sobotka sieht das Programm als Beitrag zur Stärkung der Demokratie in den teilnehmenden Ländern.

Reges Interesse zeigen die Westbalkan-Staaten auch an den Angeboten der Demokratiewerkstatt des österreichischen Parlaments zur Vermittlung von politischer Bildung für Kinder und Jugendliche. Mit den Parlamentsverwaltungen im Kosovo und in Montenegro besteht bereits eine diesbezügliche Zusammenarbeit, auch die Parlamente in Albanien und Nordmazedonien haben inzwischen Interesse bekundet.

Ein weiterer Schwerpunkt war das 100-jährige Jubiläum der Einführung des Frauenwahlrechts. Am 4. März 1919 sind die ersten weiblichen Abgeordneten ins Parlament eingezogen. Auf den Tag genau 100 Jahre später wurde dies mit der Veranstaltung „100 Jahre erste Sitzung der Konstituierenden Nationalversammlung – 100 Jahre Frauenwahlrecht" im Großen Redoutensaal der Hofburg gewürdigt. In einer weiteren Veranstaltung wurden die Parlamentsreden der ersten acht weiblichen Abgeordneten – Hildegard Burjan, Anna Boschek, Emmy Freundlich, Adelheid Popp, Gabriele Proft, Therese Schlesinger, Amalie Seidel und Maria Tusch – von Schauspielerinnen gelesen. Abgerundet wurde der Schwerpunkt mit der Ausstellung „100 Jahre Frauenwahlrecht" am Heldenplatz, in der ebenfalls die politischen Pionierinnen vorgestellt wurden. Traditionell ist das Gedenken an die dunkelsten Zeiten unserer Geschichte und der Kampf gegen Antisemitismus ein Schwerpunkt des Parlaments. Dazu wurden auch im Jahr 2019 wichtige Akzente gesetzt. Am 3. Mai beging das Parlament den jährlichen Gedenktag zur Erinnerung an die Befreiung des Konzentrationslagers Mauthausen. In seiner Festrede warnte der Orientalist Bassam Tibi vor den Gefahren eines sich entwickelnden „neuen Antisemitismus".

Außerdem hat Nationalratspräsident Wolfgang Sobotka eine Studie über Antisemitismus in Österreich in Auftrag gegeben, die von einer Arbeitsgemeinschaft unter Führung des Instituts für empirische Sozialforschung erstellt wurde.[7] Die Ergebnisse der Studie wurden auch im Podcast „grundsatz" der Politischen Akademie behandelt, wo Studienkoordinator Thomas Stern mit dem Volkspartei-Nationalratsabgeordneten und früheren Vorstandsmitglied der Israelitischen Kultusgemeinde (IKG), Martin Engelberg, darüber gesprochen hat. Auch wenn sich zeige, dass das Maß des Antisemitismus sinke, wenn der Bildungsgrad steigt, sei das Problem in Österreich noch nicht überwunden, stellt Stern fest und zeigt sich vor allem

7 https://www.parlament.gv.at/SERV/STUD/ANTISEM/

davon überrascht, dass der Antisemitismus bei den Befragten mit türkischem oder arabischem Hintergrund höher war als vermutet.[8]

Resümee und persönliche Einordnung

Ein Jahr der Rekorde und der ersten Male war das Jahr 2019 im österreichischen Parlament. Ereignisse, die Fragen zur Funktionsweise unseres Parlaments aufwarfen, und Ergebnisse, die zumindest aus demokratiepolitischer Sicht erfreulich waren. Mit der Bundesverfassung – von Bundespräsident Alexander Van der Bellen in seiner Neujahrsansprache als „heller Fixstern" bezeichnet – als Grundlage dafür. Als leidenschaftliche Parlamentarierin, die ich zehn Jahre lang – fünf im Bundesrat, fünf im niederösterreichischen Landtag – sein durfte, verfolge ich die parlamentarischen Prozesse mit höchstem Interesse. Als Präsidentin einer Parteiakademie, der Politischen Akademie der Volkspartei, richtet sich mein Blick auch auf die weitere Entwicklung von Politik und Demokratie. Das turbulente Parlamentsjahr 2019 bietet viele Anlässe, dem Parlamentarismus Aufmerksamkeit zu widmen. Wenn Anton Pelinka von der „Routine" des Parlamentarismus spricht[9], die sich ab dem Jahr 1945 entwickelt habe, dann ist ihm voll und ganz zuzustimmen. Sein Text ist vor den Folgen des „Ibiza-Videos" erschienen und wird durch die Ereignisse danach voll bestätigt.

Trotz aller Turbulenzen und der in Österreich erstmaligen Abwahl einer Bundesregierung, bleiben die demokratischen Spielregeln in Kraft. Die von Bundespräsident Alexander Van der Bellen viel zitierte „Eleganz, ja Schönheit der Verfassung" kann sich voll entfalten. Anders als im Jahr 1933, als zwar dieselbe Verfassung in Kraft war, aber ein Geschäftsordnungskonflikt zum Rücktritt aller drei Nationalratspräsidenten führte. Im Jahr 2019 zeigt sich: Das Parlament hat an Reife gewonnen, Demokratie und Parlamentarismus funktionieren auch in schwierigen Situationen. Aus demokratiepolitischer Sicht kann man also von einem erfreulichen, erfolgreichen Jahr sprechen. Aus sachpolitischer Sicht zeigt sich ein anderes, ein

8 https://politische-akademie.at/de/onlineangebote/podcast-grundsatz

9 Pelinka, Anton, Die – erfreuliche – Routine des Parlaments, in: Parlamentsdirektion (Hg.), Umbruch und Aufbruch. Parlamentarische Demokratie in Österreich, Wien 2019

differenziertères Bild. Das „freie Spiel der Kräfte“, also wechselnde Mehrheiten im Parlament, wurde ab der Abwahl der Bundesregierung – und damit vier Monate lang – genutzt. Erinnerungen und warnende Hinweise auf die Nationalratssitzung im September 2008 wurden ebenso laut wie auch in den Wind geschlagen. Auch elf Jahre später hat das „freie Spiel der Kräfte“ Beschlüsse gebracht, die mit Budget und Haushaltsplanung nicht vereinbar sind. Der Finanzminister der unabhängigen Expertenregierung, Eduard Müller, hat mehrfach darauf hingewiesen. Und wurde nicht gehört.

Dass die sachpolitische Sinnhaftigkeit von Maßnahmen von den Abgeordneten unterschiedlich bewertet wird, liegt in der Natur der Sache. Dass das Parlament allerdings Beschlüsse fasst, deren finanzielle Auswirkungen mit dem vom selben Parlament beschlossenen Bundesfinanzrahmengesetz, der mittelfristigen Haushaltsplanung, nicht vereinbar sind, muss man zumindest als inkonsequent bezeichnen. Aber nicht nur finanzielle Fragwürdigkeiten und Inkonsequenz lassen Zweifel an der Sinnhaftigkeit des freien Spiels der Kräfte in Wahlkampfzeiten aufkommen. Auch handwerklich wird im Wahlkampftrubel gepfuscht. Beispielhaft dafür steht das beschlossenene Verbot des Pflanzenschutzmittels Glyphosat. Man mag in der Sache dazu stehen, wie man will. Aber die in dieser Zeit noch amtierende Bundeskanzlerin Brigitte Bierlein – davor Präsidentin des Verfassungsgerichtshofes – hat das Gesetz nicht in Kraft gesetzt, weil der Gesetzgebungsprozess nicht korrekt abgelaufen ist. Einem seriösen, routinierten Parlament sollte das nicht passieren.

Schon im Zuge der erwähnten Nationalratssitzung vom September 2008, und auch danach immer wieder, wurden Vorschläge laut, in Wahlkampfzeiten keine Beschlüsse mit finanziellen Auswirkungen zu fassen. Aus demokratiepolitischer Sicht wird das damit argumentiert, dass ja die Wählerinnen und Wähler kurz davor stehen, die Mehrheitsverhältnisse neu zu bestimmen – und Beschlüsse mit langfristigen Auswirkungen sollten eben dem aktuellen, nicht dem möglicherweise veralteten Wählerwunsch entsprechen. Die Volkspartei hat im Juli 2019 die Initiative ergriffen, eine derartige gesetzliche Regelung zu treffen. Die anderen Parlamentsparteien sind dem Vorschlag allerdings nicht gefolgt – weder durch Zustimmung zu diesem Gesetz noch durch ihr tatsächliches Stimmverhalten in den folgenden Sitzungen. Mit gutem Recht kann man also das freie Spiel der Kräfte in Wahlkampfzeiten kritisch beurteilen. Und vielleicht in ruhigeren Zeiten einen Konsens für eine bessere Regelung finden. Das Parlament als Wahlkampfbühne zu missbrauchen, schadet nämlich dem Parlamentarismus an sich.

Eine weitere Herausforderung, vor der ich den Parlamentarismus stehen sehe, ist die (digitalisierungsgetriebene) Beschleunigung in vielen Lebensbereichen, auch im demokratischen Diskurs. War früher noch die Rede von der „Schlagzeile von morgen", geht es heute oft schon um den Online-Artikel der nächsten Stunde. Es gibt einen – in dieser Grundstimmung verständlichen – Wunsch der Bürgerinnen und Bürger an die politischen Akteurinnen und Akteure, rasch zu reagieren, schnelle Entscheidungen zu treffen. Lange Diskussionen sind nicht „in". Erfolgreiche Regierungen handeln so. Und Parlamente stehen vor einem Dilemma. Eine Abstimmungsmaschinerie der Regierung wollen und sollen sie nicht sein. Andererseits sind Abläufe, Prozesse, Geschäftsordnungen oft zu schwerfällig, um in der heutigen medialen Logik und Erwartungshaltung der Bevölkerung verstanden oder gar gewürdigt zu werden. Man denke nur beispielhaft an Begrifflichkeiten wie Erste Lesung, Zweite Lesung, Dritte Lesung. Was früher sinnvoll war, darf man heute – wo jede und jeder Interessierte genauso wie die Abgeordneten den Gesetzesentwurf selbst im Internet nachlesen kann – durchaus infrage stellen. Die Veränderung in allen gesellschaftlichen Bereichen sollte auch am Parlament nicht vorbeigehen. Damit der Parlamentarismus lebendig bleibt. Daran zu arbeiten, erweist der Demokratie einen wichtigen Dienst.

Nahe
liegendes bei
SPAR
SPAR wie früher Bio-Kräutertees für die Seele aus dem Europakloster Gut Aich.
Exklusiv bei SPAR: Lebendige Tradition, altes und neues Wissen.
Seit etwa 1500 Jahren kultivieren Benediktiner-Mönche wohltuende und wohlschmeckende Kräuter in ihren Gärten. Ihre Kenntnisse um den sorgfältigen Anbau, die Verarbeitung, Mischung und Anwendung der Kräuter haben sie über viele Generationen weitergegeben.
Mit dem Wissen um die alte Tradition und der Intuition für die Gegenwart hat Pater Dr. Johannes Pausch schon 4 Sorten SPAR wie früher Bio-Küchenkräuter für die Seele komponiert. Dank ihrem Erfolg konnte SPAR den Pater dafür gewinnen, besondere Rezepturen für die neuen SPAR wie früher Bio-Kräutertees für die Seele zu entwickeln.
Pater Dr. Johannes Pausch Europakloster Gut Aich in St. Gilgen am Wolfgangsee:
„Das Geheimnis meiner Kräutertees ist die Mischung, denn alle Kräuter entfalten ihre wohltuende Wirkung erst in Beziehung mit anderen. Mein Wissen um die Kraft der Kräuter kann ich dank SPAR an euch weitergeben."
SPAR wie früher Bio-Kräutertees für die Seele der Edition Europakloster Gut Aich gibt es jetzt exklusiv bei SPAR, EUROSPAR und INTERSPAR in ganz Österreich!
Bio-Kräutertee für die Seele
Bauchwohl
Kräutertee für die Seele
Vital in den Morgen
Bio-Kräutertee für die Seele
Abendruhe
SPAR
EUROSPAR
INTERSPAR

THOMAS HOFER

Die Wahl der Qual

Die Parteien waren im Nationalratswahlkampf Getriebene, manche schleppten sich mit letzter Kraft über die Ziellinie. Einmal mehr machten aber die Kampagnen einen Unterschied. Eine Einsicht aus der Wahl 2019: Im Zweifelsfall zahlt es sich aus, eine Strategie zu haben.

Bei Wahlverlierern gehört es fast schon zum guten Ton: Wer es sich in der Niederlage bequem einrichten möchte, behauptet, dass der Wahlkampf selbst vollkommen unerheblich war und über Sieg und Niederlage längst vor dem Startschuss Klarheit herrschte. Im Wahljahr 2019 war das nicht anders. Die SPÖ, die am 29. September auf den historisch schlechtesten Wert der Zweiten Republik rutschte, versicherte, dass gegen den übermächtigen Gegner Sebastian Kurz (ÖVP) und die klimapolitische Themenkonjunktur zugunsten der Grünen eben kein Kraut gewachsen war. Noch am so desaströsen Wahlabend verkündete die Vorsitzende Pamela Rendi-Wagner trotzig: „Die Richtung stimmt."

Die Freiheitlichen, deren Langzeitobmann Heinz-Christian Strache mit unsäglichen Sagern im am 17. Mai 2019 publik gewordenen Skandalvideo von Ibiza die Neuwahlen ausgelöst hatte, machten wieder einmal andere für das eigene Versagen verantwortlich. Ibiza war in der blau(äugig)en Welt naturgemäß eine Verschwörung, der Stimmen minimierende Spesenskandal am Ende der Wahlauseinandersetzung eine inszenierte Geschichte, von außen in die Partei getragen. Dass die erneuten Abspaltungstendenzen und internen Animositäten auch etwas Systemimmanentes widerspiegeln könnten, darauf kamen die wenigsten Spitzenfunktionäre.

Wahlkampf aus der Defensive

Während des Wahlkampfs[1] waren es aber freilich nicht nur die beiden späteren großen Wahlverlierer SPÖ und FPÖ, die mit Widrigkeiten konfrontiert waren. Über fast viereinhalb Monate innenpolitischer Dauerauseinandersetzung hatte man als Beobachter das Gefühl, dass fast alle wahlwerbenden Gruppierungen Getriebene waren. Es war ein über weite Strecken paranoider Wahlkampf, bei dem im Zentrum immer auch der Verdacht stand, dass Mitbewerber (oder auch vermeintliche Parteifreunde) gerade foul spielten.

Selbst der Wahlkampf der unter Sebastian Kurz siegverwöhnten ÖVP lief streckenweise unrund. Neben Eigenfehlern, wie etwa der bildtechnisch

1 Für eine ausführlichere Darstellung des gesamten Wahlkampfs siehe: Hofer, Thomas: Auf dem Weg zur Emokratie, in: Hofer, Thomas und Barbara Tóth: Wahl 2019. Strategien, Schnitzel, Skandale. Salzburg -München, 2019, S. 11-57.

verunglückten „Segnung“ des Spitzenkandidaten durch einen zweifelhaften evangelikalen Prediger in der Wiener Stadthalle, waren es vor allem mediale Enthüllungen zu türkisen Großspendern und generell den Parteifinanzen, die der ÖVP gerade über den Sommer zu schaffen machten.

Aufgrund der geladenen Atmosphäre rund um den Neuwahlentschluss hatte die ÖVP vor allem vonseiten des ehemaligen Koalitionspartners FPÖ mit heftigen Attacken gerechnet. In Strategiesitzungen dominierte dementsprechend auch immer wieder die Frage, wo man denn als Nächstes attackiert werden würde. Kurz selbst sollte diese defensive Fixierung seines Teams in Nachwahlanalysen heftig kritisieren. Gerade der mediale Fokus auf tatsächliche oder vermeintliche Skandale in der ÖVP hätte sich, so Kurz, für die Wahlbewegung als irrelevant erwiesen.

Diese Kritik war aufgrund der persönlichen Anspannung nachvollziehbar, sachgerecht war sie nur bedingt. Von Beginn an hatte das türkise Wahlkampfteam die Linie festgelegt, bei Angriffen immer gleich in die Offensive zu gehen. Zahlreiche Medien warfen der Volkspartei Alarmismus aufgrund zu geringer Anlässe vor. Die ÖVP war aber ein gebranntes Kind. Schon 2017 hatte sie medial damit zu kämpfen, dass interne Dokumente an die Öffentlichkeit geraten waren.

Im Wahlkampf 2019 wurde die ÖVP vonseiten des in der Berichterstattung zur Causa Ibiza äußerst aktiven Betreibers der Internet-Plattform „eu-infothek.com“, Gert Schmidt, mit angeblich brisanten E-Mails konfrontiert.[2] Diese sollten beweisen, dass sich Sebastian Kurz und einer seiner engsten Vertrauten, der damalige Kanzleramtsminister Gernot Blümel, schon zu Beginn des Jahres 2018 per Mail über das Ibiza-Video ausgetauscht hätten. Bald hatten sich diese Mails zwar als plumpe Fälschungen herausgestellt, eine offizielle Bestätigung dafür war von den Behörden aber erst nach geschlagener Wahl erfolgt.

Die ÖVP-Spitze trat mit einer Pressekonferenz noch vor Veröffentlichung der Mails die Flucht nach vorne an. Medial stieß der Aufwand, den die Partei betrieben hatte, auf weitgehende Skepsis. Die Prinzipien des po-

2 Schmidt hatte innerhalb der FPÖ schon unter Schwarz-Blau I von 2000 bis 2002 eine aus Sicht der ÖVP kritische Rolle im Vorfeld des freiheitlichen Parteiaufstands von Knittelfeld gespielt.

litischen Krisenmanagements hielt die ÖVP allerdings ein. Denn natürlich bestand die Gefahr, dass die Mails zumindest von einzelnen Medien als potenziell authentisch eingeordnet werden würden. Was erfolgte, war ein kommunikativer *pre-emptive strike,* der garantierte, dass die ÖVP jener Akteur war, der über „Neuigkeiten" informierte und auf diese Weise so weit wie möglich die Interpretationshoheit behielt.

Die ÖVP behielt diesen Zugang über den gesamten Wahlkampf bei – und verärgerte so auch seriöse Medien. Als etwa der „Standard" unter Wahrung der journalistischen Sorgfaltspflicht die Partei mit einer bis dahin geheimen Liste der Spender der Volkspartei konfrontierte, informierte erneut die ÖVP vorab. Und auch in der Affäre um die von einem Mitarbeiter des Bundeskanzleramts auf stümperhafte Art und Weise geschredderten Druckerfestplatten traten ungewohnte Unsicherheiten in der ÖVP-Kommunikation auf.

Dass die später via „Falter" und medial als „doppelte Buchhaltung" präsentierte Budgetplanung der Volkspartei an die Öffentlichkeit kam, drängte die Partei weiter in die Defensive – wenn auch nicht unbedingt zum Schaden am Wählermarkt. Der Grund für die Enthüllungen, ein von der ÖVP bald als solcher präsentierter, aber von anderen Parteien angezweifelter Hack der Partei-IT, rückte aber während des Wahlkampfs nie derart in den Fokus, wie es sich die Strategen der Volkspartei gewünscht hätten.

Anders als bei der Nationalratswahl 2017 fand sich die ÖVP jedenfalls in einer Situation, in der sie medial unter Druck stand. Gleich nach Wahlkampfstart war offensichtlich, dass es die ÖVP diesmal zwar vielleicht schwerer haben würde, mit all ihren Botschaften durchzudringen. Ebenso rasch wurde aber auch klar, dass sie den Mitbewerbern konzeptionell weiterhin deutlich überlegen war.

Der Ibiza-Skandal und die damit einhergehende äußerst negative emotionale Aufladung des Wahlkampfs drückten insgesamt auf die Stimmung der Bevölkerung. Das war am Wahltag nicht zuletzt an einer auf 75 Prozent gesunkenen Wahlbeteiligung abzulesen. Die einzelnen wahlwerbenden Gruppierungen reagierten auf die aufgeheizte Stimmung aber höchst unterschiedlich.

Auf der Seite der Sieger gelang es der Volkspartei, auf das Wahlergebnis 2017 noch einmal sechs Prozentpunkte auf 37,5 Prozent draufzusetzen.

Die Grünen nutzten den für viele fühlbar werdenden Klimawandel und die Reuegefühle ihrer ehemaligen Wähler, die sie 2017 ungewollt aus dem Parlament hatten fliegen lassen, und fuhren mit 13,9 Prozent das beste Ergebnis ihrer Geschichte ein. Die Neos scheiterten zwar daran, ihr zentrales Anliegen Bildung ähnlich emotional aufzuladen wie die Grünen das Thema Klima, immerhin baute man das Ergebnis aber deutlich auf 8,1 Prozent aus.

Aufseiten der Wahlverlierer sackte die FPÖ erwartbar ab. Das allerdings etappenweise: Während der bestehenden Koalition mit der ÖVP verlor man nur leicht und hielt sich in allen Umfragen erstaunlich gut; mit Ibiza – und dann noch einmal mit der finalen Aufregung um die Spesenregelungen der Partei – ging es dann mit einem Minus von knapp zehn Prozentpunkten allerdings runter auf 16,2 Prozent.

Zum Treppenwitz des Wahljahres wurde die Sozialdemokratie. 17 Monate hindurch hatte man sich mithilfe negativer Superlative an der türkis-blauen Regierung abgearbeitet. Von ihrem spektakulären Ende konnte man aber nicht nur nicht profitieren, die SPÖ verlor sogar noch knapp sechs Prozentpunkte auf nur mehr 21,2 Prozent.

Das Strategiegefälle

Zurückzuführen war das nicht zuletzt auf ein wie schon 2017, jedenfalls im Vergleich zur ÖVP bestehendes Strategiegefälle. Sozialdemokratische Entscheidungsträger sollten in den Wochen nach der Wahl immer wieder betonen, dass es für die nominell stärkste Oppositionskraft kaum eine Möglichkeit gab, sich gegen eine drohende Wahlniederlage zu stemmen.

Einer Analyse der Ausgangslage hält diese Behauptung nicht stand. Die schicksalhaften Stunden des 17. und 18. Mai 2019, als sich nach Bekanntwerden des Skandalvideos von Ibiza Sebastian Kurz nach einigem internen Ringen doch für eine Beendigung der Regierungszusammenarbeit mit der FPÖ entschied, waren für die ÖVP schwieriger als angenommen. Nicht nur, dass es gewichtige Stimmen für eine Fortsetzung des Regierungskurses gab, auch die eigene Ausgangsposition wurde durchaus kritisch gesehen. Immerhin war das auf zehn Jahre angelegte türkis-blaue Reformprojekt das politische Baby von Kurz gewesen. Zudem hatte sich der ÖVP-Chef schon 2017 kräftig am Wählerlager des späteren Koalitionspartners bedient, und so war ein vollständiger Bruch mit den Freiheitlichen kommunikativ keine Kleinigkeit.

Aber auch wenn die Volkspartei in den entscheidenden Mai-Tagen in ihrer Entscheidung geschwankt war: In dem Moment, in dem die Weichen auf Neuwahl gestellt waren, zeigte sich eine ihrer aktuell größten Stärken – eine nach außen klar kommunizierte Linie. Schon am 18. Mai stand der Kurs der ÖVP im Wesentlichen fest: Wer die Fortsetzung der Veränderung wolle, nur ohne Skandale, der müsse Kurz wählen.

Als sich der Kanzler zur Primetime an die Bevölkerung wandte, warb er zwar auch um Verständnis für seine Entscheidung. Im Fokus stand aber die Einordnung des Skandals, der Hinweis auf die angebliche Weigerung der FPÖ, sich zu ändern, und dann die auf die Zukunft gerichtete Botschaft.

Die Frische der ersten Kampagne aus dem Jahr 2017 war verflogen. Doch auch jetzt präsentierte man eine logische und für die eigene Wählerschaft zugkräftige Erzählung. Zentral dabei waren die Geschehnisse rund um die am 27. Mai, einen Tag nach der Europawahl, erfolgte die Abwahl von Kurz im Nationalrat. Mit diesem Szenario hatten die ÖVP-Strategen lange nicht gerechnet, doch der Moment wurde zur emotionalen Trägerrakete des Wahlkampfs. Obwohl Kurz von seiner Absetzung getroffen war, konnte er rasch die emotionale Deutungshoheit über die chaotischen Ereignisse erlangen.

Jetzt erst recht

Bereits am Abend der Abwahl hatten die türkisen Organisatoren auf dem Gelände der Politischen Akademie der ÖVP eine „spontane" Solidaritätskundgebung von rund 2.000 Kurz-Fans orchestriert. Dort wurde die strategische und emotionale Marschrichtung für die kommenden vier Monate vorgegeben. Kurz formulierte stilbildende Sätze: „Unsere politischen Gegner sagen ‚Kurz muss weg'. Ich muss sie enttäuschen – da bin ich!" Und: „Heute hat das Parlament entschieden, aber am Ende des Tages entscheidet in einer Demokratie das Volk."

Die demokratiepolitisch problematische Gegenüberstellung von „Parlament" und „Volk" fand sich auch auf den ersten Kampagnensujets. Und auch die beträchtlichen Abflüsse der ÖVP am Wahlabend in Richtung Neos und Grüne[3] wurden durch solch harsche Zuspitzungen wohl befeuert. Für das Gros der Wählerschaft der ÖVP – und auch Zuwanderer von FPÖ und SPÖ – war der emotionale Comeback-Pfad allerdings überzeugend. Die ÖVP setzte auf eine möglichst positiv geladene „Jetzt erst recht"-Stimmung. Und sie textete: „Unser Weg hat erst begonnen", was als logische Fortsetzung des 2017er-Slogans „Zeit für Neues" zu verstehen war.

Das kampagnentechnische Problem bestand für die ÖVP darin, dass der emotionale Höhepunkt der Wahlauseinandersetzung sehr früh im Rennen erfolgt war und schwer über vier Monate gezogen werden konnte. Im Sommer nahm die Partei ihren Spitzenkandidaten in der Wahlkampfkommunikation auch deutlich zurück. Die ÖVP wählte diesmal eine „Bookend-Strategy": Sie eröffnete den Wahlkampf laut, ließ den Spannungsbogen dann bewusst abfallen, nur um den Spitzenkandidaten am Beginn der Intensivphase wieder in der gebotenen Lautstärke auf die politische Bühne zurückkehren zu lassen.

2017 war Kurz gegen Ende des Wahlkampfs hin ein wenig die Luft ausgegangen. Mit dem Zurückhalten des Altkanzlers wollte man den Effekt diesmal vermeiden. Zu Beginn der Intensivphase setzte die Partei Erinnerungsimpulse an die Abwahl-Emotionen. Ein Beispiel: In einem heiß diskutierten und ob der Wortwahl diskussionswürdigen Video mit Christiane Hörbiger pries die Schauspielerin Kurz und verteufelte Oppositionschefin Pamela Rendi-Wagner (SPÖ). Damit war der 27. Mai, der Tag der Abwahl, wieder präsent. So nebenbei erreichte man mit Pensionistinnen und Pensionisten eine für die ÖVP entscheidende Zielgruppe über eine glaubwürdige Kommunikatorin, die noch dazu bisher eher die SPÖ unterstützt hatte.

Chaos-Tage in Rot

Der Verlust der Kanzlerbühne schmerzte das Team Kurz allerdings. Die Übergangsregierung unter Brigitte Bierlein hatte sich mit ihrer passiven Spielanlage zwar nie zu einer echten Gefahr für Kurz' Macherimage entwi-

3 Tatsächlich verlor die ÖVP laut einer Wählerstromanalyse von Andreas Kohlsche knapp 120.000 Wählerinnen und Wähler an diese beiden Parteien, beim Institut SORA waren es noch einmal knapp 20.000 mehr.

ckelt. Doch die Auftrittsmöglichkeiten und die Chancen, sich deutlich über den Mitbewerbern zu inszenieren, waren durch diesen von SPÖ und FPÖ bewusst gesetzten Schritt minimiert.

Rot und Blau frohlockten am Tag der Abwahl. Sie hatten das Ziel, Kurz vom Ballhausplatz fernzuhalten, zwischenzeitlich erreicht. Die Freiheitlichen positionierten noch einen zweiten Treffer: Berichte über das Skandalvideo von Ibiza traten aufgrund der historisch einzigartigen Ereignisse, von der Abwahl von Kurz über die neue Rolle des Bundespräsidenten bis zur Einsetzung einer Beamtenregierung, rasch in den Hintergrund.

Die Sozialdemokraten hatten dagegen weit weniger Berechtigung zur ungeteilten Freude. Auch die SPÖ hatte Kurz im Wahlkampf Strahlkraft genommen. Strategisch durchdacht war das Verhalten der Partei dennoch nicht. Schon am EU-Wahlabend war es anlässlich der klaren Niederlage der SPÖ zu einem selten verunglückten Auftritt der Parteispitze in der „Zeit im Bild 2“ gekommen. Halt beim Mikrofon suchend hatte SPÖ-Vorsitzende Pamela Rendi-Wagner, flankiert von einigen im Halbdunkel platzierten Parteigranden, vergeblich nach Worten gesucht, die die Misere hätten erklären können.

Am Tag danach brachte die Sozialdemokratie dann den Abwahlantrag gegen Kurz und seine gerade erst formierte Übergangsregierung (inklusive vier unabhängiger Experten) ein. Inhaltlich wäre das wohl zu begründen gewesen. Allein: Dieser Herausforderung stellte sich die Sozialdemokratie zu keinem Zeitpunkt. Statt einer inhaltlichen Aufladung berief man sich auf die Ablehnung Kurz' durch die SPÖ-Funktionäre. Emotional war das vielleicht verständlich, hatte der Kanzler in seinen ersten 17 Monaten an der Regierungsspitze sowohl die SPÖ wie auch die Sozialpartnerschaft links liegen gelassen.

Geschickt war der Zug der SPÖ aber nicht. Hätte Rendi-Wagner ein wenige Punkte umfassendes Programm definiert, das aus der Rücknahme türkis-blauer Beschlüsse und zukunftsgerichteter, schon mit Blick auf den Wahlkampf formulierter Forderungen bestehen hätte können, wäre der Ball (der Verweigerung) bei Kurz gelegen. Dieser wäre im Aufbau seiner Märtyrer-Rolle zumindest gestört worden. So allerdings überließ ihm die SPÖ (wieder einmal) den gesamten innenpolitischen Spielraum – und vergab auch die Chance, den Wahlkampf früh mit eigenen Themen aufzuladen.

Gegen Ende des Wahlkampfs versuchte Rendi-Wagner zwar noch, Kurz in TV-Debatten den Stempel der sozialen Kälte aufzudrücken. Allerdings mit untauglichen Mitteln: So unterstellte ihm die SP-Chefin persönliche (aber nicht beweisbare) Untergriffe gegenüber FPÖ-Chef Norbert Hofer. Das Image der SPÖ-Kandidatin war im Wahlkampf ohnehin unrettbar verloren. Rendi-Wagner verbesserte sich zwar inhaltlich in den TV-Duellen und entsprach damit nicht der allgemeinen negativen Erwartungshaltung. Der schon zuvor evidente Absturz bei den Sympathiewerten ließ sich damit aber nicht ausgleichen. Die SPÖ-Vorsitzende kam so zu keinem Zeitpunkt des Wahlkampfs auch nur annähernd in ein Kanzlerrennen.

Selbstdemontage

Allein dieser Umstand hätte aus Sicht der Sozialdemokratie nach einer personellen strategischen Intervention verlangt. Einzigartig wäre ein solcher Last-Minute-Eingriff in der jüngeren Kampagnengeschichte der SPÖ nicht gewesen: 2008 schickte die SPÖ den amtierenden Bundeskanzler Alfred Gusenbauer ins politische Ausgedinge. Der Grund: Die der Partei vorliegenden Umfragen hatten einen Rückstand auf den Juniorpartner ÖVP ausgewiesen und ebenso einen irreparablen Schaden am Image des Kurzzeit-Kanzlers. In eine Wahl wollte man mit Gusenbauer nicht gehen. Also beantwortete man die Aufkündigung der Koalition durch den damaligen Vizekanzler und ÖVP-Chef Wilhelm Molterer mit einem neuen Spitzenkandidaten: Infrastrukturminister Werner Faymann. Dieser plakatierte „Genug gestritten" und sich selbst als „neue Wahl" – und ließ so den nach vorn gepreschten, aus dem streitenden Koalitionsduo übrig gebliebenen Molterer noch hinter sich.

Nicht, dass der SPÖ 2019 eine solche Volte ähnlich locker von der Hand gegangen wäre. Doch die ehedem strategisch so wendige Partei hatte in diesem Wahlkampf jede Flexibilität eingebüßt. In der ÖVP war Anfang Juni 2019 hektische Betriebsamkeit ausgebrochen. Kurz war der Meinung, dass die Sozialdemokraten den Medienmanager Gerhard Zeiler als neuen Spitzenkandidaten, ausgestattet mit einem unverbrauchten oder jedenfalls nicht deutlich negativen Image, bringen könnten.

Das Potenzial Zeilers wurde von ÖVP-Experten als hoch eingeschätzt. Das Rennen wäre, so die Deutung, jedenfalls ein anderes gewesen.

Also entwickelte das türkise Kampagnenteam ein zweites Szenario für den Wahlkampf. Im Endeffekt blieb es bei einer Fleißaufgabe. Denn die SPÖ hatte sich nach einem kurzen medialen Aufflammen der Variante Zeiler gegen einen Kandidatentausch entschieden. Einige SP-Granden hatten zwar die Chance gesehen, die chaotischen Phasen unter Christian Kern und Pamela Rendi-Wagner hinter sich zu lassen. Allerdings hätte sich die SPÖ auch eine mediale Flanke aufgemacht, hätte man der ersten Parteivorsitzenden der Geschichte die Kandidatur verwehrt.

Wie schon vor der Kür Christian Kerns 2016 wäre Zeiler auch 2019 von einem Antreten zu überzeugen gewesen. Die Bemühungen seiner internen Verbündeten kamen aber nicht so weit wie 2016. Zahlreiche Funktionäre hatten Bedenken angemeldet, ob der Basis jemand zuzumuten sei, den man „nicht mehr kennt". Und Wiens Bürgermeister Michael Ludwig, im Gegensatz zu seinem Vorgänger Michael Häupl kein ausgewiesener Förderer Zeilers, hatte den Bemühungen um Zeiler am 5. Juni Einhalt geboten. Auf die mehrfache Frage, ob nach der medialen Nennung Zeilers nun eine breitere Debatte lanciert und damit die Demontage Rendi-Wagners eingeleitet werden sollte, antwortete er knapp: „Nein."

Die ÖVP hatte in den Tagen vor dieser SP-internen Entscheidung ihre Attacken auf Rendi-Wagner schon zurückgefahren. Man wollte die Tendenzen in der Sozialdemokratie, vielleicht doch noch auf einen imagetechnisch weniger ramponierten Kandidaten zu setzen, nicht noch befeuern. Das Zutrauen in die Kampagnenfähigkeit der ehedem gerade in dieser Kategorie in Österreich unerreichten SPÖ war in der Volkspartei aber ohnehin zu stark ausgeprägt. Denn die SPÖ offenbarte im Wahlkampf 2019, dass sie der kommunikativen Wucht der ÖVP kaum etwas entgegenzusetzen hatte.

Ein Beispiel dafür ist der jahrelang schwelende Kampf um die Deutungshoheit des Begriffs „Gerechtigkeit". Als in der 2008 neu entstandenen SPÖ-ÖVP-Regierung der damalige Vizekanzler Josef Pröll mit einer geschickt angelegten Positionierungsoffensive zum gefühlten Regierungschef aufstieg, reagierte die SPÖ unter Kanzler Werner Faymann mit einer Gerechtigkeits-Kampagne. Flankiert wurde diese von einer sich über Jahre ziehenden Gerechtigkeits-Offensive der Arbeiterkammer.

Die ÖVP sollte darauf erst bei der übernächsten Nationalratswahl – davor war Kandidat Michael Spindelegger 2013 ohne echte Chance auf

Platz 1 geblieben – eine überzeugende Antwort finden. Neo-Kandidat Sebastian Kurz definierte 2017 die klassische „soziale Gerechtigkeit“ der SPÖ kurzerhand in eine „Gerechtigkeit für Leistungsträger“ um und schaffte so erstmals auch im Bereich Soziales einen Turnaround für die von der SPÖ oftmals als „sozial kalt“ gebrandmarkte Volkspartei. 2019 setzte sich dieser Trend unvermindert fort: Die SPÖ verlor nicht nur massiv an die Grünen, bei denen sich Christian Kern 2017 noch erfolgreich bedient hatte, sie hatte auch schmerzhafte Abflüsse in Richtung der ÖVP zu verkraften.

Als zusätzliches Krisenzeichen darf innerhalb der Sozialdemokratie auch der Umstand gewertet werden, dass es eine (von der Öffentlichkeit weitgehend unbemerkte) Debatte in AK und ÖGB gegeben hatte, wie nahe an der SPÖ man sich überhaupt noch positionieren sollte. Ein Ausfluss dieser Unabhängigkeitsbestrebungen seitens zentraler Player der Sozialpartnerschaft: Die Spitzen dieser Institutionen sahen von einer an sich üblichen SPÖ-Solidaritätskandidatur bei der Nationalratswahl 2019 ab.

Zu einer Selbstdemontage der besonderen Art kam es aber auch im Dritten Lager. Nach Bekanntwerden des desaströsen Ibiza-Videos und dem unvermittelten Koalitionsende hatten sich die Freiheitlichen zwar erstaunlich rasch gefangen und zu einer kampagnentechnischen Rollenaufteilung zwischen Dr. Jekyll (Norbert Hofer) und Mr. Hyde (Herbert Kickl) gefunden. Ersterer übertrieb es aber mit seiner Rolle als freundliches Rückkehrangebot an die ÖVP. Das Verbindliche kippte ins Anbiedernde, etwa in einem Spot, der Hofer und Kurz bei der „Paartherapie“ zeigte.

Schuld am deutlichen Verlust von mehr als einer Viertelmillion Wählern in Richtung Kurz und knapp 125.000 Anhängern in Richtung Nichtwähler[4] war ein Last-Minute-Swing weg von der FPÖ. Wenige Tage vor dem Wahltag waren Informationen über eine üppige Spesenregelung von Ex-Parteichef Heinz-Christian Strache aufgetaucht. Das war für viele hartgesottene Anti-Establishment-Wähler abstoßender als Ibiza. Für die FPÖ ebenso schmerzhaft war schließlich die Tatsache, dass die fortgesetzten medialen Enthüllungen über unangenehme Interna auch zeigten, dass

4 Siehe auch: Sommer, Franz: Kettenreaktionen, in: Hofer, Thomas und Barbara Tóth: Wahl 2019. Strategien, Schnitzel, Skandale. Salzburg – München, 2019, S. 190f.

eine kaum mehr kontrollierbare Schlacht unter ehemaligen Parteifreunden tobte.

Grüne Trump-like

In diesem Punkt erinnerten die Freiheitlichen an die Grünen von 2017, die nicht zuletzt aufgrund interner Zwistigkeiten aus dem Nationalrat komplimentiert wurden. Die Öko-Partei hatte sich unter Werner Kogler in der außerparlamentarischen Oppositionsarbeit aber wieder stabilisiert und im Wahlkampf 2019 zu neuer strategischer Geschlossenheit gefunden. Die vorteilhafte Themenkonjunktur, befeuert von der Umwelt-Basisbewegung „Fridays for Future“ um Greta Thunberg, hatte das Thema Klimaschutz erstmals an die Spitze der Wahlkampf-Themenliste gespült. Die Vertreter der Grünen umarmten gar Prinzipien des Wahrnehmung steuernden „Framing“: Statt „Klimawandel“ sagte Spitzenkandidat Werner Kogler lieber „Klimakrise“, aus der harmlos klingenden „Erderwärmung“ wurde die dramatischere „Erderhitzung“.

Der zweite Faktor in der grünen Comeback-Erzählung war ein für eine progressive Partei sehr rückwärtsgewandtes Motto. Die Grünen plakatierten „Zurück zu den Grünen“. Damit näherten sie sich Donald Trumps erfolgreicher Kampagne von 2016 an, frei nach dem Motto: „Make the Greens Great Again“. Am Wählermarkt war die emotionale Mischung aus Weltrettung und Wiedergutmachung erfolgreich. Jedenfalls legte das beste Abschneiden seit Bestehen der Partei die Basis für die zu Jahresbeginn 2020 erstmals in einer Koalition mit der ÖVP realisierte grüne Beteiligung an einer Bundesregierung.

HEIDI GLÜCK

Die Nationalratswahl 2019 – Resümee und Analyse

Ibiza – ein politischer Urknall

Superlative, Rekorde und ein Start-Ziel-Sieg für Sebastian Kurz – das war die Nationalratswahl 2019, eine Wahl, die weniger als zwei Jahre nach dem letzten Votum eigentlich niemand gebraucht hat und auch niemand gewollt hat. Aber es ist bekanntlich anders gekommen. Ein Sturmtief von den Balearen blies die Freiheitliche Partei vom hohen Regierungsross in ein Tal der Tränen und hat gleich auch das gesamte Ministerteam mitgerissen. Das Ibiza-Video – gezielt getimt wenige Tage vor der EU-Wahl – demaskierte den Vizekanzler als Polit-Dealer, der die halbe Republik zu verkaufen bereit war, für Geld und Macht und das Kanzleramt in freiheitlicher Hand: „Dann haben wir nicht 27, sondern 34 Prozent" jubilierte Heinz-Christian Strache. Eine autoritäre Allmachts-Fantasie inklusive Parteispenden am Rechnungshof vorbei, gleichgeschaltete Medien à la Orbán, das Kommando über die Kronenzeitung, Infrastruktur-Großaufträge an die Freunde der Pseudo-Oligarchin und die Privatisierung der österreichischen Wasser-Ressourcen. Auch wenn Alkohol im Spiel war, war das keine „b'soffene G'schicht", wie sich Strache später verteidigte. Im enthemmten Zustand komme das wahre Innere heraus, konstatierte der Psychiater Reinhard Haller. Jedenfalls schuf der blaue Super-GAU von Ibiza auch maximale Transparenz für ein Art Komplott gegen die Demokratie.

Nach dem Ibiza-Video ging es Schlag auf Schlag mit dem ersten Misstrauensvotum gegen eine amtierende Regierung in der Zweiten Republik als Schlusspunkt von 17 Monaten ÖVP-FPÖ-Koalition. Eigentlich war diese Regierung beliebt: Die Meinungsforscher von SORA haben von 80 % „sehr zufrieden"- oder „zufrieden"-Antworten ihres Samples berichtet – 57 % sagten zur ÖVP-FPÖ-Arbeit: „Österreich hat sich positiv entwickelt." Bei der Analyse von Fritz Plasser und Franz Sommer waren 58 % „zufrieden." Entsprechend unpopulär war das von den Sozialdemokraten gemeinsam mit der FPÖ durchgesetzte Misstrauensvotum, das je nach Umfrage von 55 % bis 60 % der Bevölkerung abgelehnt wurde und auch von vielen SPÖ-Wählern. Schon der klare ÖVP-Sieg bei der EU-Wahl Ende Mai hatte bewiesen, dass die Menschen bloße Macht-Spiele nicht goutierten. Jedenfalls: Neuwahl Ende September mit einem monatelangen Wahlkampf trotz Sommerferienzeit.

Alle gegen Kurz – Kurz gegen alle

Im Umfeld von Sebastian Kurz hatten zunächst Einige Bedenken gegen die Neuwahl. Ihr Argument: Wir haben kein überzeugendes Narrativ dafür. Dass für die Volkspartei das Maß voll war und der Bogen überspannt, war vielleicht kein ausreichender Mobilisierungsimpuls für die Wahl. Nachdem aber der Bundeskanzler durch die mit dem Bundespräsidenten akkordierte Entlassung von Innenminister Herbert Kickl die Reißleine gezogen hatte, gab es kein Zurück von der Eskalationsstrategie. Da kam wie ein Deus ex Machina ein unverhofftes Geschenk seitens der Sozialdemokratischen Partei: Das Misstrauen gegen die gesamte Regierung – ein rotblauer Rache-Reflex, der die fehlende „Erzählung" frei Haus lieferte: Der beliebte Bundeskanzler, von neidischen Kleingeistern davongejagt, wird wie Phönix aus der Asche aufsteigen und stärker denn je zurückkommen. „Unser Weg hat erst begonnen", lautete die neue Parole. „Das Parlament hat bestimmt, das Volk wird entscheiden. Der Hass auf Kurz eint Rot und Blau." Damit war die Wahlkampflinie vorgegeben: Es geht um die Rückeroberung des Ballhausplatzes. Sicher auch mithilfe von Opfer-Rolle und Märtyrer-Bonus, vor allem aber mit dem Versprechen der Kontinuität. Das türkise Projekt ist nicht zu Ende, hieß die Botschaft, zurück zum Status quo ante, eine Art politische Reconquista nach der erlittenen Schmach, das Comeback nach der Demontage.

Rekorde und Premieren

2019 ist es zu etlichen politischen Premieren in der österreichischen Innenpolitik gekommen: Noch nie gab es ein derartig atemberaubendes Outing von politischer Korruptionsbereitschaft, noch nie seit 1945 hat der Nationalrat in Österreich die ganze Regierung abgesetzt, noch dazu gegen den Willen des Staatsoberhauptes, noch nie stand eine einzige Person so unumschränkt im Mittelpunkt der Wahlauseinandersetzung wie Kurz, noch nie startete eine Partei mit einem so großen Umfragen-Vorsprung vor dem Zweiten, noch nie war so wenig Bewegung im Stimmungsbild trotz des langen Wahlkampfs, noch nie gab es am Ende so viele Wechselwähler, nämlich 40 %, wie die Wahlforscher Plasser/Sommer festgestellt hatten: „Es gab nur 32 % Stammwähler, 2017 waren es noch 34 %. Die Wählerschaft ist mobil, hochgradig parteiunabhängig und reagiert schnell auf aktuelle Entwicklungen.“ Festgelegt hatten sich die Wähler auf ihre Präferenzen diesmal schon sehr früh. Ausnahme: Der Last-Minute-Trend zulasten der FPÖ wegen des Spesenskandals von Heinz-Christian Strache und indirekt auch seiner damals bei der FPÖ beschäftigten Frau Philippa.

Was schließlich am 29. September 2019 herauskam, als Wille und Auftrag des Wahlvolks, war ebenfalls mehrfach rekordträchtig: Noch nie hatte ein Wahlsieger – in dem Fall die ÖVP – einen so großen Vorsprung auf den Zweitplatzierten, die SPÖ: 16,2 %. Noch nie waren die Sozialdemokraten in einer bundesweiten Wahl so schwach: nur 21,2 %. Schon das EU-Wahlergebnis war mit 24 % im Mai ein Minusrekord – aber die Gunst der SPÖ-Wähler war weiter auf Talfahrt. Noch nie erreichten auf der anderen Seite die Grünen fast 14 % (13,9 %) – und das, obwohl sie 2017 aus dem Parlament geflogen waren – plus 10,1 %. Die Freiheitlichen verloren 9,8 % auf 16,2 %, auch fast rekordverdächtig: Das zweitschlechteste Abschneiden mit dem Verlust von mehr als einem Drittel der Parteigänger von 2017 bedeutete 550.000 Wähler weniger.

Warum Sebastian Kurz gewonnen hat

Der Wahlkampf war ein Referendum über Sebastian Kurz. Kein Duell, sondern ein Solo. Dieses strategische Setting war logisch nach der Vertreibung aus dem Kanzleramt, und so war die Kampagne als subtiler Rachefeldzug angelegt und wurde sehr konsequent umgesetzt. „Wer Kurz will, muss Kurz wählen", lautete der Slogan. Die Rivalen ihrerseits arbeiteten sich vor allem an Kurz ab. Auch Parteien ohne Schnittmenge mit der Volkspartei im Elektorat, wie Liste JETZT oder SPÖ, nahmen ihr Lieblings-Feindbild ins Fadenkreuz. Die zum Teil abwertende persönliche Kritik fruchtete wenig. Meinungsforscher wissen, dass allzu harte Attacken auf einen besonders populären Politiker oft auf den Kritiker zurückfallen.

Kurz war auch 2019 der beste Wahlkämpfer. Ein junger Mann mit Überzeugungskraft und Durchsetzungsstärke. Er lebte und repräsentierte sein Selbstbild, seine Unique-Selling-Proposition: Ich weiß, was wir anders und neu machen müssen, damit es uns weiter gut geht. Kurz strahlte besonders bei einfacheren Menschen Entschlossenheit und Leadership aus und war – wie die Psychologen sagen – der „Strict Father"-Typ, dem man willig folgt. Das weckte Vertrauen und damit eine positive Emotion. Kurz war nicht authentisch im Sinn des erdigen Oststeirers Werner Kogler, er wirkte in der Performance immer kalkuliert, kontrolliert, freundlich, höflich. Sparsame Körpersprache und kerzengerade Haltung – Styling als Gesamtkunstwerk. Außerdem: Kaum Polemik und keine Aggression – immer nett. Kurz kommunizierte vor allem gut verständlich. Er nahm sein Publikum mit und überforderte es nicht. Seine Denkschritte wurden ausgeschildert und waren leicht nachvollziehbar. Dazu kamen die einfache, aber nicht langweilige Sprache und ruhiges Sprechtempo, kaum Nebensätze, Fremdwörter und Insider-Jargon, also nicht der oft übliche Politiker-Sprech. Kurz holte die Menschen ab.

Der ÖVP-Frontmann ist kein Ideologe, aber konservativ. Er steht für Werte wie Fleiß, Disziplin und Leistung. Er wollte jene Mitte-Rechts-Politik weiter machen, für die er in Österreich die Mehrheit hinter sich wusste. Und für die er die Zustimmung zur ÖVP in zwei Wahlgängen um 13 % gesteigert hatte. Sebastian Kurz wirkte in diesem Wahlkampf wie der Titelverteidiger, der den befristeten Machtverlust wie einen Betriebsunfall des türkisen Langzeitprojekts rasch vergessen machen wollte. Die ÖVP gewann letztlich beinahe 1,8 Millionen Stimmen, ein Zuwachs von 6 % in weniger als zwei Jahren. Davon laut Sora/Hajek-Wählerstromanalyse 258.000, laut Franz Sommer mehr als 300.000, die direkt von der FPÖ ins Lager der Neuen ÖVP gewechselt waren. Das war der größte Wählerstrom dieser Wahl. Die ÖVP errang große Mehrheiten bei Frauen, Senioren, Jungwählern und auf dem Land. Sie wurde Nummer eins in acht von neun Bundesländern, auch in den roten Domänen Kärnten und Burgenland. In Salzburg, Tirol und Niederösterreich wurden die 40 % übertroffen. In Wien kam sie knapp an die SPÖ heran, die 7 % (27 %) verlor – ein historischer Tiefstand in der klassischen roten Hochburg. 10 der 23 Wiener Bezirke gingen an die Grünen, acht an die SPÖ, fünf an die Volkspartei. Die ÖVP eroberte viele Städte im obersteirischen Industriegebiet, wie Leoben, Bruck an der Mur oder Judenburg, und färbte die politische Landkarte Österreichs türkis. Wie nachhaltig diese eminenten Wählerwanderungen sein werden, bleibt offen.

Kurz der Vote Getter

Kurz ist der einzige Politiker, der bei den Wahlmotiven mit 31 % an erster Stelle stand. Mit 22 % folgte das Programm der ÖVP. Das ist das Ergebnis einer SORA-Hajek-Umfrage. Bei Plasser/Sommer antworteten auf die Frage nach dem Hauptmotiv 49 %: „War mit der ÖVP-Regierungspolitik zufrieden" und 44 %: „Wegen Sebastian Kurz". Beide Motive sind untrennbar miteinander verbunden, sagten die Forscher. Das fein-säuberliche Auseinanderhalten von Wahlprogramm und der Galionsfigur, die es bewirbt und argumentiert, scheint methodisch ohnehin schwer möglich, von der Selbstanalysefähigkeit der Befragten her und auch vom Interpretationsspielraum der Empirie. Jedenfalls hat Kurz in der persönlichen Akzeptanz überragende Werte. Es kommt in Österreich – trotz personalisiertem Fernseh-Wahlkampf – selten vor, dass ein Spitzenkandidat Haupt-Wahlmotiv für die Parteigänger ist. Das war bei Kreisky manchmal so, bei Haider – und 2017 bei Kurz mit sogar 51 %.

Die Sozialdemokraten im Jammertal

Der große Verlierer dieser Wahl war die Sozialdemokratische Partei. Die SPÖ war schon unter dem von Pfiffen enttäuschter Arbeiter am 1. Mai

2016 vertriebenen Bundeskanzler Werner Faymann in Turbulenzen geraten, die sich durch Flügel- und Machtkämpfe der Wiener SPÖ verschärft hatten und sich mit Christian Kern zur Parteikrise zuspitzten. Der desaströse Abgang des Kurzzeit-Kanzlers hatte die Traditionspartei in eine Phase der Desorientierung getrieben, aus der sie derzeit nicht herausfindet. Kern installierte in statu abeundi noch die unerfahrene Gesundheitspolitikern Pamela Rendi-Wagner als seine Nachfolgerin. Wenn man so stark ist, wie es 1997 Franz Vranitzky war, der den Ballhausplatz harmonisch an Viktor Klima „vererbte", kann man sich das leisten. Als Gescheiterter nicht.

Die sympathische Ärztin und Kurzzeit-Gesundheitsministerin Rendi-Wagner war erst zwei Jahre SPÖ-Mitglied, hatte keine Hausmacht und hat von Anfang an unter der Skepsis ihrer Parteifreunde gelitten, ob sie die richtige Spitzenkandidatin sei. Illoyale Partei-Granden halfen mit, einen mäßig guten Wahlkampf nicht in die Gänge kommen zu lassen, der mit einem Anfängerfehler Rendi-Wagners startete: „Ich stelle den Anspruch, Bundeskanzlerin zu werden." Das war nicht realistisch angesichts von mehr als 10 % Rückstand in den Umfragen. Allerdings: Den Rucksack, den Rendi-Wagner nicht heben konnte, hatte sie selbst gefüllt mit dem Mühlstein des Misstrauensvotums gegen Kurz. 56 % waren laut der Politikforscher Plasser/Sommer der Meinung, die SPÖ habe hier einen Fehler gemacht. Damit waren die Claims der Parteipräferenz abgesteckt, und von dieser falschen Entscheidung konnte sich die SPÖ nicht erholen.

Auch sonst war der SPÖ-Wahlkampf seltsam konzipiert. Die Wiener Funktionäre sind nicht wirklich gelaufen und hatten sich scheinbar schon auf die Gemeinderatswahl 2020 konzentriert. Auch die Wahlkampf-Inhalte dürfte kein begnadeter Themen-Scout aufgespürt haben. „Menschlichkeit siegt" plakatierte die SPÖ und „Zusammenhalt" – softe Stimmungsbotschaften, wo andere von Migration gesprochen haben und von Klimapolitik, Standort, Pensionen und Bildung. Sozialthemen sind längst kein Alleinstellungsmerkmal der Sozialdemokratie mehr und die Forderung nach 1.700 Euro monatlich steuerfreiem Mindestlohn hat man Rendi-Wagner in der Durchsetzung nicht zugetraut. Bei Wohnen, Pflege, weniger Steuerlast gab es von allen Parteien eine allgemeine Lizitation.

In den TV-Konfrontationen der „Kanzlerkandidaten" war die Strategie der SPÖ-Frontfrau, alle Sachthemen als Aufhänger zu nehmen für die Illustration ihrer beiden Grundthesen: Kurz ist kalt und Kurz ist falsch. Spaltung und Hetze seien sein Programm. Immer wieder versuchte sie, den ÖVP-Chef persönlich als gefühllos und unsozial zu brandmarken und als einen, der es mit der Wahrheit nicht genau nimmt. Das Mantra der Menschlichkeit kollidierte mit ihrem giftigen Angriffston, ihre Gesamtkommunikation war nicht stimmig. „Kurz ist jung. Er kann ja noch lernen" meinte sie im TV. Jedenfalls verlor die SPÖ weitere 350.000 Wähler oder 5,7 %.

Quo vadis SPÖ?

Das Resultat der Wahl war frustrierend für die Sozialdemokratie, die jahrzehntelang die Bundeskanzler gestellt hatte. Gerade jeder Fünfte machte noch sein Kreuz bei der SPÖ, ganz knapp liegt sie noch über der Million Wähler, bei der letzten „Absoluten" 1979 unter Bruno Kreisky waren es noch 2,4 Millionen. Die Orientierungslosigkeit der österreichischen und europäischen Linken setzt sich fort, aber die Reaktion von Pamela Rendi-Wagner auf das Debakel war: „Wir haben auf die richtigen Themen gesetzt" und: „Unser Weg geht weiter." Der Wahlkampf sei gut, sauber und strukturiert gewesen, versicherte Wahlkampfleiter Christian Deutsch, der sogar zum Geschäftsführer der SPÖ avancierte. Die Jungen rebellieren jetzt, die roten Länder sind mehr als unruhig, weil sie einen herben Schlag versetzt bekommen haben und niemanden sehen, der sie aus dem Fegefeuer holen könnte. Es bietet sich nichts an. Die Konflikte zwischen den Lagern brechen erneut offen aus, Flügelkämpfe werden von persönlichen Animositäten weiter befeuert.

Die SPÖ hat nicht nur dieses „Mission Accomplished"-Dilemma, nämlich dass alle großen sozialpolitischen Ziele im „sozialdemokratischen Jahrhundert" – wie es 1983 Ralf Dahrendorf formuliert hat – durchgesetzt worden sind. Der demokratische Sozialismus hat sich „zu Tode gesiegt", sagen Politologen. In Österreich ist es auch dieser unentschiedene Konflikt um eine linkere oder eine zur Mitte orientierte Programmatik. Erstarrung, Ideenlosigkeit und eine Wagenburg-Mentalität lähmen die Partei, die sicher einen Neustart braucht.

Die Grüne Wiedergeburt

In das wachsende Vakuum, das die SPÖ im linken Spektrum der politischen Landschaft eröffnet, stoßen die Grünen. Wenn der deutsche Grünen-Chef Robert Habeck – er führte schon einmal in der Kanzlerfrage – sagt, die Grünen sind in Deutschland die neue Volkspartei, dann bringt er auch die österreichischen Grünen ins Träumen. 2017 noch an der 4-%-Hürde gescheitert, feierten sie im September das – wie ihr Spitzenkandidat Werner Kogler scherzte – „größte Comeback seit Lazarus." 192.000 Stimmen sind diesmal von der SPÖ zu den Grünen gewandert – von insgesamt 470.000 neuen Stimmen. Die grünen Leihstimmen von 2017 konnten von der SPÖ zurückgeholt werden, weil die Wahlkampf-Erzählung – „Zurück zu den Grünen, zurück ins Parlament" – gezogen hat. Die Grünen sind plötzlich die besseren Roten. Ihr genetisches Lieblingsthema – das Klima – hat Hochkonjunktur, auch dank Greta Thunberg und „Fridays for Future". Sozialpolitisch sind sie nicht schlechter profiliert als die SPÖ, ihr Erscheinungsbild ist hingegen moderner und hipper. Kogler in seiner hemdsärmeligen Art lieferte nach der EU-Wahl wieder einen bravourösen Wahlkampf ab und holte sich mit 26 Mandaten auch 9,5 Millionen Euro aus dem Parteienfördertopf. Das Geld kann die Ökopartei gut gebrauchen, weil sie Partei und Klub neu aufbauen muss. Vor allem in den Städten waren die Grünen stark, in Wien eroberten sie zehn der 23 Bezirke, in Wien-Neubau holten sie sogar 36 % der Stimmen – das waren sicher nicht nur Bourgeois-Bohémiens. Bei unter 30-jährigen Wählern sind die Grünen bundesweit mit 24 % zur zweitstärksten Partei geworden, bei Wählern mit Matura mit 26 % ebenfalls die Nummer zwei, jeweils knapp hinter der ÖVP.

Heinz-Christian Strache: Vom Heilsbringer zum Gottseibeiuns

Für die Freiheitliche Partei war der Wahlabend eher ein „Highway to Hell". Die FPÖ kassierte mit minus 9,8 % auf 16,2 % die zweithöchsten Verluste seit der Implosion von 2002 im Gefolge der Spaltung von Knittelfeld. Das schlechte Abschneiden hängt nicht mit einem Trend gegen den Rechtspopulismus in Europa zusammen, der bei der EU-Wahl da und dort zu sehen war. Die Niederlage war hausgemacht und hatte einen Namen: Heinz-Christian Strache. Der Haider-Nachfolger, der die FPÖ in 14 Jahren von

3 % auf 26 % hochgepusht hatte, war nicht nur die Zentralfigur des Ibiza-Videos, er hatte auch in der Schlussphase des Wahlkampfs – da war er schon lang Privatier – erleben müssen, dass sein schamloser Umgang mit Spesen und Rechnungen durch eine Indiskretion seines ehemaligen Leibwächters publik wurde: 10.000 Euro Spesenpauschale, 2.500 Euro Mietzuschuss, Designer-Mode für die Gattin, die von der Partei fast fünfstellig dotiert wurde, als Social-Media-Beauftragte. In der Zeitung hatte man lesen können, dass „HaCe" und Philippa auf 42.000 Euro Einkommen im Monat gekommen seien, inkludiert ein Vizekanzler-Salär. Die Empörung war groß, der Shitstorm auch. Die Robin-Hood-Pose des Verteidigers des kleinen Mannes hatte jedwede Glaubwürdigkeit verloren.

War die FPÖ mit einem Potenzial von mehr als einem Viertel der Wähler in den Wahlkampf gestartet, sackten die Umfragen nach Ibiza auf 20 bis 21 % ab. 8 % der Befragten bei Plasser/Sommer haben angegeben, dass dieser Skandal einen direkten Einfluss auf ihr Wahlverhalten gehabt hat, nur 6 % waren das bei FPÖ-Wählern. Von den Abwanderern der FPÖ begründeten 16 % ihren Liebesentzug mit Ibiza. Insgesamt wirkte also Ibiza nicht so stark nach wie vermutet. „Erst die in den letzten Tagen vor dem Wahltag bekannt gewordene Strache-Spesenaffäre hat zu einer großflächigen Demobilisierung des FPÖ-Wählerpotenzials geführt (...) und die Verlustdynamik verschärft", schreiben die Wissenschaftler. Eine Viertelmillion FPÖ-Sympathisanten von 2017 wechselten zur ÖVP, die FPÖ musste sich in Summe von 544.000 Wählern von 2017 verabschieden. Aber die Hardcore-Fans der Freiheitlichen Partei sind ein solider Stammwählerblock geworden, wie sich auch in 45.000 Vorzugsstimmen bei der EU-Wahl für H. C. Strache gezeigt hatte. Motto: Jetzt erst recht. Zum Vergleich: Herbert Kickl hatte 82.000 Vorzugsstimmen und war damit Zweiter vor Norbert Hofer mit 32.000.

Wahlkampf als Liebeswerben

Im FPÖ-Wahlkampf spielten Nobert Hofer als „good cop" und Herbert Kickl als „bad cop" eine gut orchestrierte Doppelspitze. Es gibt allerdings keine validen Daten, ob das wirklich funktioniert hat oder aus der gegebenen personellen Konstellation an der Parteispitze geboren wurde. Einfache Wähler brauchen an sich einfache Botschaften und eine homogene

Kampagne. Der Grundzug der blauen Wahlstrategie war: Weitermachen mit der Volkspartei – zum Teil in fast flehentlichem Tonfall –, denn „ohne uns kippt Kurz nach links." Aber die Last-Minute-Deciders könnten den Koalitionsambitionen der Freiheitlichen den Todesstoß versetzt haben. Straches Verzicht auf alle politischen Ambitionen erst nach der Wahl dürfte zu spät gekommen sein, meinten viele Kommentatoren und auch verärgerte Freiheitliche. Dass sich Norbert Hofer im Fernsehen gut geschlagen und die FPÖ das Migrationsthema unverdrossen getrommelt hatte, war diesmal nicht entscheidend.

Die NEOS dank Meinl-Reisinger im Aufwind

Einen Rekord schafften auch die NEOS: 8,1 % und damit ein Plus von 2,8 % – die Liberalen sind ein stabiler Player in der politischen Landschaft geworden. Österreich war immer ein harter Boden für Liberale. Als die Partei der Liberalen in Wien mehrmals den Ministerpräsidenten stellte, regierte der konstitutionelle Monarch Kaiser Franz Joseph. Das war vor 150 Jahren. Liberale tun sich in protestantisch geprägten Ländern leichter als in katholischen. Der wirklich liberale Flügel der FPÖ hatte sich in der Freiheitlichen Partei auch nie durchgesetzt. Matthias Strolz wagte den zweiten Versuch nach Heide Schmidt, und Beate Meinl-Reisinger hält jetzt die liberale Fahne hoch. Erstmals Spitzenkandidatin hat sie mit einem dynamischen, frechen und kompetenten Wahlkampf den Übervater der NEOS vergessen gemacht.

Als NEOS gegründet wurde, war die Partei als moderne Alternative zu einer verzopften Loden- und Honoratiorenpartei ÖVP gedacht. Nachdem Sebastian Kurz dort ordentlich aufgeräumt hatte, hat sich die Lage für NEOS verändert. Kurz als Wählermagnet macht es allen schwer, immerhin haben NEOS aber 83.000 Türkis-Wähler von 2017 herübergeholt. Auf der anderen Seite gingen 91.000 NEOS-Wähler an die Grünen verloren. Das sind vielleicht Hinweise auf eine klarere inhaltliche Profilierung von NEOS, wo linksliberale und wirtschaftsliberale Positionen die Konturen verschwimmen lassen.

Der grüne Parteispalter Peter Pilz war bei der Nationalratswahl 2019 nur mehr der müde Anführer einer mehr streitenden als zusammenarbeitenden Minifraktion namens Liste JETZT und konnte seine Selbstüberhöhung als Aufdecker der Nation nicht mehr über die Rampe bringen. Sein schmales Stimmen-Reservoir hat Werner Kogler abgesaugt. Dazu kam der bekannte Fallbeil-Effekt: Wähler meiden aus Angst vor einer verlorenen Stimme eine Partei, der die Umfragen kaum Hoffnung auf den Einzug in die Volksvertretung geben.

Resümee des Wahlkampfs

Den konservativen Zeitgeist im Rücken, den besten Kandidaten auf der Bühne, das effizienteste Wahlkampfteam im Maschinenraum, die Hauptgegner geschwächt durch eigene Fehler: Die Volkspartei war von Anfang an der erklärte Favorit dieser Wahlauseinandersetzung. Für Sebastian Kurz hat sich der gesenkte Daumen der rot-blauen Parlaments-Allianz vom 28. Mai als Segen erwiesen. Die Wahl wurde zu dem, was die ÖVP daraus gemacht hat: ein Plebiszit über die Kanzlerschaft von Kurz. Dieser Ruf nach einem Da capo hat dazu geführt, dass Programme und Inhalte, anders als sonst, wenig Gewicht hatten. Das wichtigste Wahlkampfthema war der Wahlkampf: Das Hickhack um Spenden, Hacken und Schreddern, um Heidi Horten und Christiane Hörbiger, um Heinz-Christian Strache und Gattin Philippa und zu oft einfach um „Wer mit wem nach der Wahl“? Die Inhaltsdebatten blieben seltsam uninspiriert – von CO_2-Steuer über Außengrenzschutz bis bessere Schulen. Wohl auch deswegen, weil alle für Klimaschutz waren, für niedrigere Mieten, für patientenfreundlichere Spitäler, für bessere Pflege und weniger Steuern. Im Wahlkampf wollte niemand dem Wähler Opfer ankündigen, die Folge war ein Populismus-Schaulaufen, in dem die großen Zukunftsthemen ausgespart blieben.

Eine Materialschlacht konnte dieser Wahlkampf wegen der Kostenbeschränkungen nicht sein, aber das haben nur jene bedauert, die Plakatflächen und Inseratenseiten verkauften. Die geringere Kandidaten-Präsenz im öffentlichen Raum wurde kompensiert durch 30 TV-Debatten, breite Print-Berichterstattung und viel Aktivität in den Sozialen Medien. Das Fernsehen hat wieder bewiesen, dass es Meinungen bestätigen kann, aber kaum ändern. Nach gefühlten 300 Stunden auf einem Dutzend Sendern hat sich an den politischen Präferenzen der Seher und Hörer nichts geändert.

Auch die gleich lange Sendezeit für Klein- und Großparteien hat die Kleinen um nichts größer gemacht und die Großen um nichts kleiner. Jedenfalls waren die Quoten gut. Wahlkampffernsehen ist Infotainment. Statt Hirscher gegen Kristoffersen oder Liverpool gegen Salzburg eben Kurz gegen Rendi-Wagner oder Kogler gegen Hofer.

Zu hoffen bleibt, dass die neue Legislaturperiode fünf Jahre hält. Eine Inflation an Wahlterminen könnte mitschuldig werden an einer wachsenden Demokratiemüdigkeit. Gerade in Zeiten von Populismus, Fake News, alternativen Wahrheiten und einer neuen Sehnsucht nach starker Führung muss das europäische Modell des respektvollen politischen Diskurses verteidigt werden. Auch in Österreich.

EVA ZEGLOVITS/STEFAN FRIESENBICHLER

Gender Gap und Wien – Komponenten des grünen Erfolges

Die neue Regierung aus Türkis und Grün sieht sich also in ihrer Wählerschaft mit großen Unterschieden konfrontiert, nicht nur zwischen Stadt und Land, sondern auch zwischen den Bildungsschichten. Der typische ÖVP-Wähler, die typische ÖVP-Wählerin ist älter, hat keine Matura und wohnt nicht in einer der großen Städte. Der typische Grün-Wähler und vor allem die typische Grün-Wählerin ist jung, hat eine hohe formale Bildung und wohnt in Wien oder einer anderen der großen Städte. Diese Unterschiedlichkeit in den Wählergruppen und ihren thematischen Präferenzen kann eine Chance sein für die neue Bundesregierung aus ÖVP und Grünen, birgt aber auch ein Risiko. Die Zusammenarbeit genau dieser beiden Parteien könnte die Brücke schlagen zwischen Stadt (grün) und Land (türkis), zwischen Männern und ihrer Präferenz für das Thema Migration, das sich in Stimmen für FPÖ und ÖVP ausdrückt, und Frauen und ihrer Präferenz für das Thema Umweltschutz, das eine Erklärung für das gute Ergebnis für die Grünen ist, zwischen älteren (ÖVP-) und jüngeren (Grün-) Wählerinnen und Wählern. Es könnte gelingen, der vermeintlichen oder tatsächlichen Polarisierung, die vor allem bei der Bundespräsidentenwahl 2016 beobachtet werden konnte, Einhalt zu gebieten. Gleichzeitig ist es wahrscheinlich schwierig, hier als Bundesregierung eine Performance zu liefern, die diese unterschiedlichen Wählergruppen gleichermaßen zufriedenstellt. Wichtiges Detail dabei ist, dass die Wiener Gemeinderatswahl möglichen Interessensgegensätzen zwischen diesen Wählergruppen eine zusätzliche Dynamik verleihen könnte.

Bei der Wiener Gemeinderatswahl 2020 steht die amtierende rot-grüne Stadtregierung nun nicht mehr einer türkis-blauen Bundesregierung gegenüber, die Inszenierung des Konfliktes Wien gegen Bund muss in einer anderen Tonlage ablaufen als bisher. Wichtig dabei ist, dass Wählerinnen und Wähler der Grünen in Wien nun den direkten Vergleich haben zwischen einer rot-grünen und einer türkis-grünen Regierung. Positive und negative Bewertungen der Arbeit der Grünen in der Bundesregierung können sich mehr oder weniger direkt auf die Wahlentscheidung in Wien niederschlagen.

Einleitung

In der Erklärung von Wahlverhalten suchen wir gerne die Unterschiede, nicht die Gemeinsamkeiten. Welche Unterschiede bieten sich bei der Nationalratswahl 2019 mehr an als jene zwischen Männern und Frauen – in der Legislaturperiode der Regierung Kurz I gab es ein Frauenvolksbegehren, das sich mit provokanten Forderungen klar gegen die Frauenpolitik der Bundesregierung stellte und von rund 480.000 Wahlberechtigten unterzeichnet wurde.

Und dann wäre da noch Sebastian Kurz und sein Verhältnis zu Wien. Inhaltlich waren sich die Regierung Kurz I und die Stadt Wien während der 18 Monate oft genug in die Haare gekommen. Da ging es um Stadt versus Land, vielleicht sogar um ein vermeintliches Links versus Rechts. Es ging jedenfalls um politische Provokation, die die Unterschiede zwischen dem türkis-blauen Bund und dem rot-grünen Wien deutlich machen sollte. Man erinnere sich an die „Langschläferdebatte", in der es eigentlich um unterschiedliche Zugänge zur Sozialpolitik und Modelle für die Mindestsicherung ging (Kurier 2019). Im Wahlkampf schließlich betonte Kurz gerne seine Wurzeln im Waldviertel (News 2019), in Wien warnte man vor Türkis-Blau (Der Standard 2019).

Der vorliegende Beitrag analysiert daher den Gender Gap und regionale Unterschiede, insbesondere zwischen Wien und dem Rest von Österreich, bei den Nationalratswahlen 2019.

Wahlverhalten von Männern und Frauen bei der Nationalratswahl 2019

Wie sich der Gender Gap über die Jahrzehnte verändert hat

Der Gender Gap im Wahlverhalten ist ein gut erforschtes Phänomen. Für viele westliche Demokratien gilt: Frauen wählten in der ersten Hälfte des 20. Jahrhunderts eher konservativ, was damit begründet wurde, dass Frauen religiöser waren und stärker auf die Familie und weniger auf die Lohnarbeit orientiert (Harrop und Miller 1987). Erst mit den gesellschaftlichen Umwälzungen der späten 1960er- und 1970er-Jahre drehte sich das Phänomen um: Mit der zunehmenden Gleichberechtigung, der Partizipation am Arbeitsmarkt und geänderten Rollenbildern tendierten Frauen zu liberaleren, progressiveren Ansichten und wählten in einem stärkeren Ausmaß als Männer linke oder liberale Parteien (vgl. etwa Wagner & Kritzinger 2012, Inglehart & Norris 2004). Eine andere Erklärung ist, dass Frauen wegen der Ungleichverteilung von bezahlter und unbezahlter Arbeit stärker vom Wohlfahrtsstaat abhängig sind und daher eher Parteien unterstützen, die sich für einen starken Wohlfahrtsstaat einsetzen (Box-Steffenmeister et al. 2004). Nicht zuletzt hat der Aufstieg radikal rechter und rechtspopulistischer Parteien, die stärker von Männern als von Frauen gewählt werden, einen Beitrag zum Gender Gap im Wahlverhalten geleistet.

Auch für Österreich ist der Gender Gap im Wahlverhalten sehr gut dokumentiert: In der ersten Republik gab es in Österreich sogar unterschiedlich farbige Kuverts für die Stimmzettel von Männern und Frauen. Das Interesse damals war weniger wissenschaftlich, sondern hauptsächlich strategisch – kurz nach der Einführung des Wahlrechts auch für Frauen wollten die Parteien genau wissen, wem die Frauen ihre Stimme gaben (Parlament 2019). Frauen wählten damals eher christdemokratisch, Männer eher sozialdemokratisch und kommunistisch (Hofinger & Ogris 1996). Auch nach dem Zweiten Weltkrieg setzte sich dieses Muster fort, dass Frauen eher ÖVP und Männer eher SPÖ wählten. Die Verschiebung der Frauenstimmen zur SPÖ begann in den 1970er-Jahren. Mit dem Aufstieg der FPÖ ab Mitte der 1980er-Jahre und dem Einzug der Grünen ins Parlament gab es eine neue Dynamik für den Gender Gap im Wahlverhalten, der etwa in der Mitte der 1990er-Jahre seinen Höhepunkt hatte, weil Männer stärker Richtung FPÖ tendierten, Frauen hingegen eher zu den Grünen, SPÖ oder den Liberalen.

In den 2000er-Jahren reduzierten sich die Unterschiede wieder. Insgesamt wird dem Gender Gap in Österreich weniger Erklärungswert zugeschrieben als anderen Merkmalen, es bleibt recht wenig Erklärungskraft für das Geschlecht übrig, vor allem, wenn man für Werthaltungen oder thematische Präferenzen korrigiert. Das heißt, dass Unterschiede nach Geschlecht vor allem auf Unterschiede in Themenpräferenzen zurückzuführen sind. (vgl. auch die Übersicht bei Kritzinger et al. 2013). Für die Nationalratswahlen 2008 etwa blieb der einzig dokumentierte Gender-Effekt der, dass junge Frauen eine höhere Wahlwahrscheinlichkeit für die Grünen aufwiesen (Wagner & Kritzinger 2012).

Gender Gap bei der NRW 2019

Wie in der Literatur beschrieben, ist ein Gender Gap im Wahlverhalten am ehesten auf unterschiedliche thematische Präferenzen zurückzuführen.

Daher soll zunächst dargestellt werden, wie wichtig verschiedene Themen Männern und Frauen im Wahlkampf waren. Dazu wird in Tabelle 1 für sechs Sachthemen dargestellt, wie wichtig diese von Männern und Frauen empfunden wurden. Diese sechs Sachthemen wurden gestützt gefragt, also vorgelesen, und stellen eine Bandbreite dessen dar, was die Parteien im Wahlkampf 2019 betont haben. Dazu sei angemerkt, dass Themen, die die Parteien aktiv betonen nicht notwendigerweise das abbilden, was medial berichtet wird, oder was Wählerinnen und Wähler besonders wichtig finden (Kleinen-von Königslow et al. 2014).

	Männer	Frauen	
für leistbares Wohnen sorgen (1)	54	65	für leistbares Wohnen sorgen (1)
Sicherheit gewährleisten (2)	54	59	Sicherheit gewährleisten (2)
Gesundheitsversorgung/ Spitäler verbessern (3)	47	56	mehr Klimaschutz (3)
mehr Klimaschutz (4)	42	54	Gesundheitsversorgung/ Spitäler verbessern (4)
Zuwanderung bremsen (5)	40	44	Wirtschaft fördern (5)
Wirtschaft fördern (6)	33	43	Zuwanderung bremsen (6)

Tabelle 1: Reihenfolge der Wichtigkeit von sechs ausgewählten Themen, Männer und Frauen („extrem wichtig“ in Prozent) Frage: „Bitte sagen Sie mir zu jedem der folgenden Themen, wie wichtig es Ihnen ist, dass sich die Parlamentsparteien darum kümmern – bitte geben sie eine Note von 1 bis 6, 1 bedeutet ‚extrem wichtig‘ und 6 bedeutet ‚überhaupt nicht wichtig‘. Dazwischen können Sie abstufen.“ IFES Umfrage, n=1.200; Juli 2019, Mixed Mode CATI/CAWI

Sieht man sich die Themenpräferenzen im Wahlkampf 2019 an, gibt es nur wenige Hinweise auf einen Unterschied im Wahlverhalten zwischen Männern und Frauen. Abgesehen davon, dass Frauen auf die gestützte Frage nach der Wichtigkeit von Themen generell häufiger die höchste Wichtigkeit („extrem wichtig“) vergeben, gibt es an der Reihenfolge der Thematik kaum Unterschiede zwischen Mann und Frau. Wohnen und Sicherheit führen bei Männern und Frauen das Ranking der Wichtigkeit an. Der Klimaschutz war bei den Frauen etwas höher gereiht (Platz 3, 14 Prozentpunkte mehr „extrem wichtig"), bei den Männern das Bremsen der Zuwanderung.

In einer ungestützten Frage davor, worum sich die Politik mehr kümmern soll, zeigte sich ein in Summe leicht anderes Bild der Themenlage und spiegelte eher die mediale Berichterstattung der letzten Monate wider. Die zwei Top-Themen, die ohne vorgeschlagene Texte genannt wurden, waren mit Abstand das Thema Klimaschutz und Migration, beides Themen, die nicht der ökonomischen Links-rechts-Dimension zuzuordnen sind, sondern der kulturellen Links-rechts-Dimension, auch wenn sich diese theoretische links-rechts Dimensionierung in den Einstellungen der Wähler/innen nur teilweise abbilden lässt (Dolezal et al. 2013). Der Unterschied zwischen Männern und Frauen manifestierte sich wie in den gestützten Fragen darin, dass Frauen vermehrt den Klimaschutz als wichtigstes Thema nannten, Männer hingegen die Migration.

	ÖVP	SPÖ	FPÖ	NEOS	GRÜNE	ANDERE
Männer gesamt	38	22	21	5	10	3
Männer unter 45	34	15	23	7	17	4
Männer ab 45	42	27	19	3	5	4
Frauen gesamt	36	22	11	11	17	2
Frauen unter 45	28	17	12	13	27	2
Frauen ab 45	42	26	11	9	10	2

Tabelle 2: Wahlverhalten nach Geschlecht und Alter
(Quelle: SORA 2019)

Am Wahlergebnis in Tabelle 2 sieht man, dass Frauen in einem deutlich höheren Ausmaß die Grünen und NEOS wählten als Männer, Männer dafür deutlich häufiger die FPÖ. Das passt zur unterschiedlichen Themenpräferenz für Klimaschutz bzw. Zuwanderung. Wenig Unterschiede hingegen findet man für die ÖVP und die SPÖ.

Interessant ist dabei, dass der Gender Gap sich sowohl bei jüngeren als auch bei älteren Wählerinnen und Wählern beschreiben lässt, wenn auch auf sehr unterschiedlichem Niveau. 27 % Grünwählerinnen bei Frauen unter 45 Jahren stehen 17 % Grünwähler bei Männern der gleichen Altersgruppe gegenüber – 10 % Grünwählerinnen ab 45 hingegen 5 % Grünwähler ab 45. Dieser Befund passt nicht zu den Befunden für die Nationalratswahl 2008, wo Wagner und Kritzinger (2012) die Neigung jüngerer Frauen zu den Grünen als einzigen Gender-Effekt beschrieben haben. Was aber erstaunlich ist, ist, dass die Grünen bei Frauen unter 45 de facto gleich stark sind wie die ÖVP.

Der Gender Gap ist bei der Nationalratswahl also vor allem für Grüne, NEOS und FPÖ deutlich erkennbar, kaum aber für ÖVP und SPÖ. Um diese Unterschieder erklären zu können, ist zumindest das Alter wesentlich aussagekräftiger als das Geschlecht.

Wien ist anders: Stadt und Land – selten politisch Hand in Hand

Stadt versus Land – oder genauer Zentrum – versus Peripherie ist eine der gesellschaftlichen Konfliktlinien, die in der politischen Soziologie Wahlverhalten erklären (Lipset & Rokkan 1967, Lipset 1983). Historisch beschreibt der Zentrum-Peripherie Gegensatz unterschiedliche Interessen zwischen dem traditionell und landwirtschaftlich orientierten Land und der progressiv und industriell orientierten Stadt, und gleichzeitig den Konflikt zwischen der Hauptstadt, also dem Zentrum, in dem Politik und Verwaltung angesiedelt sind, und der Peripherie, die weit weg von Entscheidungen ist. Im Interessenkonflikt Stadt-Land überschneiden sich üblicherweise regionale ökonomische Interessen mit unterschiedlichen (religiösen) Werten (Knutsen 2007). Die politische Soziologie aufgreifend, beschäftigen sich jüngere Arbeiten der Politikwissenschaft mit dem Phänomen der Polarisierung, wo eine mögliche Ausprägung die geografische Polarisierung ist (Fiorina & Abrams 2008, Helms 2017), die eben diese Unterschiede in politischen Präferenzen und Verhaltensweisen zwischen Stadt und Land beschreibt.

In Österreich manifestierte sich der Stadt-Land-Konflikt seit Beginn des allgemeinen Wahlrechts darin, dass die Städte, insbesondere Wien, in einem stärkeren Ausmaß sozialdemokratisch wählten und das Land stärker christdemokratisch bzw. ÖVP, was überwiegend mit Religiosität und sozialem Status erklärt werden konnte. Später konnten die Grünen zunächst in Städten überdurchschnittliche Ergebnisse erzielen, später auch in den „Speckgürteln" der Städte, aber auch in nicht-urbanen Gegenden in West-Österreich. Die gleichmäßigsten Ergebnisse zwischen Stadt und Land erzielte über viele Jahre die FPÖ, egal, ob das Wahlen waren wie 1999, als die FPÖ rund 27 % der Stimmen erhielt, oder 2002, wo es nur noch 10 Prozent waren – die FPÖ-Wähler/innen verteilten sich mehr oder weniger gleichmäßig über Österreich (siehe dazu die Übersicht bei Kritzinger et al. 2013).

Im Kontrast dazu steht die Bundespräsidentenwahl 2016, wo die Unterschiede zwischen Stadt und Land sehr ausgeprägt waren – Norbert Hofer, Kandidat der FPÖ, erzielte am Land klare Mehrheiten, Alexander Van der Bellen, Kandidat mit grünen Wurzeln, gewann seine Mehrheit in den Städten des Landes. Die Bundespräsidentenwahl ist eine der Wahlen, wo die geografische Polarisierung in Österreich sehr stark ausgeprägt ist (Zeglovits und Eder 2019), was eine gewisse Herausforderung für den Zusammenhalt in der Gesellschaft darstellt, wenn ein Gegeneinander von Stadt und Land entsteht.

Wahlverhalten bei der Nationalratswahl 2019

Um den Gegensatz Zentrum-Peripherie empirisch abzubilden, werden in Tabelle 3 die Wahlergebnisse der vier größten Städte Österreichs – Wien, Graz, Linz und Salzburg – den Ergebnissen des Rests von Österreich gegenübergestellt. Wien wird darüber hinaus extra dargestellt, um dem in der Einleitung beschriebenen Konflikt zwischen dem rot-grün regierten Wien und der türkis-blau regierten Bundesregierung Rechnung zu tragen. Etwa 1,6 Millionen Wahlberechtigte leben in den vier großen Städten, die meisten davon (1,15 Millionen) in Wien. Bei insgesamt 6,4 Millionen Wahlberechtigten kommt jede/r Vierte Wahlberechtigte aus einer der vier großen Städte.

Zunächst soll ein Blick auf die Wahlbeteiligung geworfen werden: Wie in Tabelle 4 ersichtlich ist, gibt es in den größeren Städten eine unterdurchschnittliche Wahlbeteiligung. Unter den Städten gibt es ein leichtes Ost-West-Gefälle. Wien (72 % Wahlbeteiligung) und Graz (73 %) hatten 2019 eine leicht höhere Beteiligung als Linz und Salzburg (jeweils 70 % Wahlbeteiligung). Im Vergleich mit 2017 sinkt die Wahlbeteiligung ungefähr im gleichen Maß wie im restlichen Österreich. Das Phänomen, dass die Wahlbeteiligung bei bundesweiten Wahlen in den Städten niedriger ist als am Land, tritt in Österreich oft auf, die Unterschiede sind aber nicht besonders groß. Deutlicher ist hier etwa das Ost-West-Gefälle mit beinahe 85 % Wahlbeteiligung in Niederösterreich und im Burgenland, aber nur 72 % in Vorarlberg.

	Wahlberechtigte (in Tausend)	abgegebene Stimmen (in Tausend)	Wahlbeteiligung (in Prozent)
große Städte gesamt (Wien, Graz, Linz, Salzburg)	1.584	1.138	72 %
Wien	1.150	828	72 %
Österreich ausgenommen Wien, Graz, Linz, Salzburg	4.813	3.697	77 %
Gesamt	6.397	4.835	76 %

Tabelle 3: Wahlberechtigte und Wahlbeteiligung

Etwas weniger als ein Viertel aller abgegebenen Stimmen (1,1 Millionen von 4,8 Millionen) kommt aus einer der vier größten Städte in Österreich. Dieses Viertel zeigt ein deutlich anderes Ergebnis der Nationalratswahl 2019 auf als der Rest von Österreich (Tabelle 4).

	ÖVP	SPÖ	FPÖ	NEOS	Grüne	andere
große Städte gesamt (Wien, Graz, Linz, Salzburg)	26	25	13	10	21	5
Wien	25	27	13	10	21	4
Österreich ausgenommen Wien, Graz, Linz, Salzburg	41	20	17	8	12	3
Gesamt	38	21	16	8	14	3

Tabelle 4: Wahlergebnisse bei der Nationalratswahl 2019, Parteien in Prozent der gültigen Stimmen
Quelle: https://wahl19.bmi.gv.at/ eigene Berechnungen

Sieht man sich die vier Städte allein an, gibt es konträr zum Gesamtergebnis einen Zwei- bzw. Dreikampf um Platz eins zwischen der ÖVP, der SPÖ und den Grünen. Vor allem die Grünen, aber auch die SPÖ, ziehen ihre Stärke aus den Städten. Die Grünen kommen in den großen Städten auf insgesamt 21 %, außerhalb lediglich auf 12 %. Noch deutlicher fällt der Unterschied für die ÖVP aus. Während die ÖVP in den vier größten Städten 26 % der gültigen Stimmen erzielt, sind es außerhalb 41 %, das sind 15 Prozentpunkte Unterschied. Ohne Wien, Graz, Linz und Salzburg hat die ÖVP mehr als doppelt so viele Stimmen wie die nächstgrößere Partei, die SPÖ, die außerhalb der großen Städte 20 Prozent erzielt. Die SPÖ hingegen erhält in den großen Städten 25 %, also 5 Prozentpunkte mehr als außerhalb. In Wien, der Hochburg der SPÖ, sind es 27 %.

Die FPÖ schneidet in den großen Städten schlechter ab als außerhalb und würde in den Städten deutlich hinter den Grünen auf Platz vier landen.

Insgesamt erhalten die ehemaligen Regierungsparteien in Wien 38 % der Stimmen, weniger als 2017 (siehe Tabelle 5).

NEOS hingegen kommen in den Städten auf 10 % der Stimmen, außerhalb auf 8 % – der Unterschied hält sich in Grenzen. Auch die Sicht, dass die NEOS eine städtische Erscheinung sind, bestätigt das Wahlergebnis nicht. Hier besteht ein geringerer Unterschied als die meisten erwarten würden. Deutlichere Unterschiede gibt es hier etwa zwischen Vorarlberg (wo NEOS fast 14 % erreicht) und dem Burgenland (wo NEOS knapp unter der 5-%-Marke bleibt).

	ÖVP	SPÖ	FPÖ	NEOS	GRÜNE	Andere
große Städte (Wien, Graz, Linz, Salzburg)	23	33	21	7	6	10
Wien	22	34	21	6	6	11
Österreich ausgenommen Wien, Graz, Linz, Salzburg	34	25	27	5	3	6
Gesamt 2017	32	27	26	5	4	7

Tabelle 5: Wahlergebnisse bei der Nationalratswahl 2017, Parteien in Prozent der gültigen Stimmen (Quelle: https://wahl17.bmi.gv.at/)

Im Zeitvergleich zur Nationalratswahl 2017 kann man erkennen, dass die ÖVP auch 2017 schon 11 Prozentpunkte Differenz zwischen den großen Städten und dem Rest von Österreich aufweisen konnte. Leichte Zugewinne in den großen Städten von 2017 auf 2019 (plus 3 Prozentpunkte), stehen größeren Zugewinnen von 7 Prozentpunkten außerhalb der großen Städte gegenüber. Aber anhand dieses größer werdenden Deltas zwischen Stadt/Land wurde die Wahl aus Sicht der ÖVP vor allem „am Land" gewonnen.

Die Verluste der SPÖ fielen in den größeren Städten und auch in Wien besonders deutlich aus, hier vor allem zugunsten der Grünen. Sie musste aber ebenfalls kleinere Verluste im ländlichen Raum hinnehmen. Wenn die Wahl für die ÖVP im ländlichen Raum gewonnen wurde, kann man sagen, dass die Grünen die Städte eroberten. Neben dem enormen Zuwachs in der Stadt konnten die Grünen aber auch am Land mit einem stattlichen Zugewinn überraschen.

Weder bei Wahl 2017 noch 2019 konnte die FPÖ prozentual mehr Stimmen in der Stadt holen als am Land. Vor allem der Einbruch bei der ländlichen Bevölkerung traf die FPÖ 2019 hart.

NEOS hat sowohl in den großen Städten als auch außerhalb dieser dazugewonnen. Das Verschwinden der Liste Pilz, die 2017 gerade in den Städten gute Ergebnisse erzielen konnte erklärt die großen Unterschiede in den Ergebnissen der „anderen" Parteien.

Teilt man die politische Landkarte in die bekannte, wenn auch umstrittene Links-Rechts Skala, sieht man bei dieser Wahl trotz starker Zugewinne der ÖVP eine Verschiebung in Richtung links der Mitte. Während die früheren Regierungsparteien ÖVP und FPÖ in Wien 2017 noch 43 % der gültigen Stimmen erzielen konnten, waren es 2019 um 5 Prozentpunkte weniger, nämlich 38 %. Die starken Verluste der FPÖ konnten nur teilweise durch Zugewinne der ÖVP kompensiert werden.

Ein Grund dafür war sicher auch – neben all den anderen großen Themen des Wahlkampfes von Ibiza bis Klimaschutz – die thematische Ausrichtung der ÖVP im Wahlkampf auf die ländliche Bevölkerung und der geschürte Konflikt der Regierung Kurz/Strache zwischen Bund und Wien.

Literatur

Box-Steffenmeister, j. M. et al. (2004): The dynamics of the partisan gender gap. American Political Science Review 98 (3), 515–528.

Der Standard (2019): Tausende bei Demo in Wien gegen Neuauflage von Türkis-Blau. https://www.derstandard.at/story/2000108927237/tausende-bei-demo-in-wien-gegen-neuauflage-von-tuerkis-blau [abgerufen am 5.1.2020]

Dolezal, M., Eder, N., Kritzinger, S. & Zeglovits, E. (2013): The Structure of Issue Attitudes Revisited: A Dimensional Analysis of Austrian Voters and Party Elites, Journal of Elections, Public Opinion and Parties, 23:4, 423–443,

Fiorina, M. P. & Abrams, S. J. (2008): Political polarization in the American public. *Annual Review of Political Science,* 11, 563–588.

Harrop, M. & Miller, W.L. (1987): Elections and Voters: A Comparative Introduction. Macmillan Education, Basingstoke, Hants.

Helms, L. (2017). Polarisierung in der Demokratie: Formen und Wirkungen. *Österreichische Zeitschrift für Politikwissenschaft,* 45(3).

Hofinger, C. & Ogris, G. (1996): Achtung, gender gap! Geschlecht und Wahlverhalten 1979–1995. In: Plasser, F., Ulram, P. A. & Ogris, G. (Hg.): Wahlkampf und Wählerentscheidung. Analysen zur Nationalratswahl 1995. Signum, Wien, S. 211–232.

Inglehart, R. & Norris, P. (2004): Sacred and Secular: religion and Politics Worldwide. Cambridge University Press, Cambridge.

Kleinen-von Königlow, K. et al. (2014): Die Sachthemen im Wahlkampf. In: Kritzinger, S., Müller W.C. & Schönbach K. (Hg.): Die Nationalratswahl 2013. Wie Parteien, Medien und Wählerschaft zusammenwirken. Böhlau, Wien-Köln-Weimar. S. 39–66

Knutsen, O., 2007. The Decline of the Social Class?, in: Dalton, R.J., Klingemann, H.-D. (Eds.), The Oxford Handbook of Political Behaviour. Oxford University Press, Oxford.

Kritzinger, S., Zeglovits, E., Lewis-Beck, M. S., & Nadeau, R. (2013): *The Austrian Voter.* Vandenhoeck & Ruprecht.

Kurier (2019) Kurz wiederholt seine Aussagen über Wien. https://kurier.at/politik/inland/kurz-wiederholt-seine-aussagen-ueber-wien/400376510 [abgerufen am 27.12.2019]

Lipset, S.M., 1983: Political Man: The Social Bases of Politics. Heinemann, London.

Lipset, S.M., Rokkan, S.: 1967. Party Systems and Voter Alignments: Cross National Perspectives. Collier MacMillan, New York.

News (2019): Waldviertel oder Wien-Meidling: Woher kommt Kurz wirklich? https://www.news.at/a/kurz-waldviertel-wien-meidling-11138145 [abgerufen am 27.12.2019]

Parlament (2019): Eigene Stimmzettel für Frauen? Eine wechselvolle Geschichte eines Formulars. https://www.parlament.gv.at/PERK/HIS/WAHL/ZETTEL/index.shtml [abgerufen am 27.12.2019]

SORA (2019) Wahltagsbefragung und Wählerstromanalyse. Nationalratswahl 2019 https://www.sora.at/fileadmin/downloads/wahlen/2019_NRW_Grafiken-Wahltagsbefragung.pdf [abgerufen am 5.1.2020]

Wagner, M. & Kritzinger, S. (2012): Ideological dimensions and vote choice: Age group differences in Austria. Electoral Studies 31(2), 285–296.

Zeglovits, E. & Eder, N. (2019): Politische Beteiligung in Zeiten der Polarisierung? In: Khol, A. et al. (Hg.) Österreichisches Jahrbuch für Politik 2018. Böhlau, Wien, S. 139–154

EVN
AKW Zwentendorf als Event-Location
Das Atomkraftwerk – ein einzigartiger Veranstaltungsort, der alles bietet …
T 02236 200-0, info@evn.at, akw@zwentendorf.com

PETER PLAIKNER

Gekommen, um zu bleiben

Die Ein- und Neuordnung von Social Media im Wahlkampf

Der Facebook-Zwist der FPÖ, die Facebook-Ausgaben von Grünen und SPÖ, die Facebook-Einordnung des Chefberaters der ÖVP: Schlaglichter auf einen Social-Media-Wahlkampf mit Instagram als neuer Lieblingsplattform der digitalen Kampagnenführung. Doch ihr Zenit ist überschritten. Die Neuordnung aller Instrumente dient der Wiedergewinnung einer politischen Gemeinschaftswährung – Vertrauen und Glaubwürdigkeit. Die postdigitale Ära hat begonnen. Social Media wird vom Wahn zum Tool.

Prolog

38 Prozent der Österreicher nutzen nahezu täglich Facebook, mehr als ein Viertel YouTube, ein Fünftel Instagram und nur jeder 25. Twitter. Das ist die Ausgangsbasis für politische Kommunikation und Wahlkampagnen via Social Media. Allein ORF 2 erreicht täglich 38 Prozent der Österreicher, die ORF-Radios sechs von zehn, die *Krone* schon mit Papier mehr als ein Viertel, der *Standard* bloß online jeden 20. Diese Gegenüberstellung ist hilfreich, um die neuen digitalen Netzwerke – auf denen auch alle traditionellen Medien vertreten sind – nicht überzubewerten in ihrem Verhältnis zu den vermeintlichen Dinosauriern Presse, Radio, Fernsehen und sogar dem herkömmlichen Internet. Dass Parteien sich dennoch immer stärker auf Social-Media-Plattformen engagieren, ist also (noch) nicht durch deren angeblich überlegene Reichweite erklärbar. Facebook, YouTube & Co. erfüllen vielmehr den Traum von *owned media* – sowohl als Direktanbieter als auch als Vertriebskanal. Sie bieten kostengünstig die Möglichkeit zur digitalen Renaissance von eigenen Parteiorganen. Diese multimediale Vermeidung des Umwegs über echte Medien bei der Ansprache des Bürgers dient vor allem dem Ausweichen von journalistischer Hinterfragung. Propaganda, die sich als Nachricht tarnt.

Der Nationalratswahlkampf 2019 könnte eine Zäsur dieser Entwicklung markiert haben. Einen Einschnitt, der für alle Seiten gilt, wenn die Zeichen richtig verstanden werden. So wie der bisher intensivste TV-Wahlkampf den Sendern zwar gute Quoten, den Bürgern aber kaum bessere Erkenntnisse gebracht hat, so wirken auch die Social-Media-Kampagnen ausgereizt. Hätte es nicht den Streit um Heinz-Christian Straches Facebook-Seite, die Verwunderung über sozialdemokratische und grüne Facebook-Kosten und die Etablierung von Instagram als neuem Lieblingstool der digitalen Wahlkampfmacher gegeben, wäre es „the same procedure as every election". So hochprofessionalisiert wie sinnentleert. Der Höhepunkt des Social-Media-Hypes ist überschritten. Statt Unterordnung geht es um Einordnung der neuen Tools und Neuordnung aller Instrumente in den allzu lang vernachlässigten Kampf um die wahre politische Gemeinschaftswährung – Glaubwürdigkeit.

Change Management statt Facebook-Maximierung

„Sie brauchen keine Facebook-Fuzzis." Dieser Satz ist im *Spiegel* als Titel übrig geblieben von einem dreiseitigen Interview mit Philipp Maderthaner, dem Leiter der Wahlkampagnen für Sebastian Kurz. Die Schlagzeilenwahl ist typisch für viele Missverständnisse im Zeitalter der digitalen Kurzatmigkeit. Denn sie entstand aufgrund ihres Provokationspotenzials in einem unter wachsendem Einfluss von Social-Media-Beratern stehenden System. Den Kern von Maderthaners Aussage hätte die Fortsetzung der für die Headline verwendeten Antwort besser getroffen: „Sie müssen sich verändern, und zwar grundlegend." Das aber ist vom Change Management bis zum Sloterdijk-Essay nicht neu – allerdings schwieriger umzusetzen als die Zahlenmaximierung auf Facebook, Instagram, Twitter und YouTube.

Die Missverständnisse des „Fuzzi-Sagers" entstehen aus der zunehmenden Oberflächlichkeit einerseits infolge Leseverweigerung von längeren Texten, zum anderen durch unreflektierte Datenhörigkeit. Der öffentliche Diskurs begnügt sich zumeist mit dem Hochjazzen der Fan- und Follower-Summen in digitalen Netzwerken und Plattformen, anstatt Sinn und Wert dieser Rekorde zu hinterfragen.

Die Verzerrung durch eine derart vereinfachte Blickweise wurde 2016, dem Jahr der Präsidentschaftswahlen in Österreich und den USA, besonders deutlich. Im Windschatten dieser Kampagnen gelang Kurz eine beispiellose Aufholjagd auf Facebook, wo zuvor Heinz-Christian Strache als uneinholbar galt. Der damalige Außenminister verdreifachte dort seine Fan-Zahl in weniger als neun Monaten auf 333.000, während der FPÖ-Chef nur halb so viel zulegte, auf 428.000. Das damit ausgerufene Match sollte bis zur Ibiza-Affäre die populäre Beobachtung von Social-Media-Politik in Österreich prägen.

Diesen weiteren Fall der schon durch das Umfragen-Stakkato dominierenden *horse race politics* konnte auch die Analyse eines im Finale der Präsidentschaftswahl mitentscheidenden grünen Digital-Coups nicht überlagern – die 4:45 Minuten lange Video-Aussage der 89-jährigen Frau Gertrude. Das Filmchen wurde bis heute vier Millionen Mal aufgerufen und vervielfachte zehn Tage vor der Entscheidung die Interaktionen mit der Facebook-Site von Alexander Van der Bellen, dessen Fan-Zahl viel geringer als jene des Konkurrenten Norbert Hofer war. Gerade in solch hohen

Austauschwerten lag und liegt jedoch im Normalfall die wahre Stärke der Accounts von FPÖ-Vertretern. Sie generieren Communitys, schaffen Parallelwelten durch den Vorrang von Kommunikation gegenüber Interaktion. Deshalb funktionieren dort auch Fake News so gut. Viele Nutzer wissen oder ahnen zumindest die Unwahrheit, bleiben aber treu, weil es ihnen im Zweifelsfall wichtiger ist, Teil der Peer Group zu sein, als mit glaubwürdigen Nachrichten versorgt zu werden.

Das schwarze Pingpong und ein rotes Missing Link

Wenn aus bestenfalls ethischen Erwägungen solch ein Weg nicht infrage kommt, ist die Social-Media-Strategie für Kurz überlegen, weil sie bloß als Weg wählt, was die Konkurrenz als Ziel wähnt. Während diese sich immer noch vergeblich daran abarbeitet, ihm auf Facebook (FB), Instagram und Twitter mit Fans und Followern nahezukommen, nutzt er seine über diese Kommunikationswege gefestigten Kontakte für wesentlich direktere Ansprachen. Seit dem Vorzugsstimmenwahlkampf 2013 funktioniert dieses Pingpong, in dem E-Mail, SMS und WhatsApp für die personalisierte, vermeintlich individualisierte Tuchfühlung sorgen. Mittlerweile gibt es mehr als eine Viertelmillion derart mobilisierbarer Unterstützer. Das ist die wahre neue Volkspartei. Diese türkise, datengenerierte Bewegung kommt in Summe zwar nicht an die Mitgliederzahlen der alten schwarzen ÖVP heran – mit der sie sich großteils überschneidet, übertrifft aber bereits jene der SPÖ.

Die im internationalen Vergleich immer noch außergewöhnlich hohe Parteibindung auch zur Sozialdemokratie böte dieser allein schon aufgrund der dadurch vorhandenen Personaldaten eine gute Basis für ähnliche digitale Kampagnenfähigkeit. Die SPÖ ist auch nicht einer Irrlehre aus den Pionierzeiten des Social-Media-Campaignings auf den Leim gegangen – dass die neue Sammlung und Nutzung von Daten die alten Mühen der Wahlkampfebene ersparen könne. Spätestens seit 2013, als zigtausend Hausbesuche die Grundlage für den Landtagswahlsieg der SPÖ in Kärnten gelegt haben, gilt die wirklich persönliche Kontaktaufnahme wieder als Mutter aller roten Kampagnen.

Das Manko der Sozialdemokratie besteht immer wieder in der mangelnden Verbindung zwischen traditioneller und digitaler Wahlkampfführung.

Dieses Missing Link war eine Mitursache für den Misserfolg bei der Nationalratswahl 2019. Während im Jahr zuvor in Kärnten eine eigene SPÖ-App für permanentes, aktivierendes Grundrauschen im letztlich mit einer fast absoluten Mehrheit belohnten roten Landtagswahlkampf gesorgt hatte, fehlte nun bundesweit ein solcher Kampagnen-Soundtrack. Die Social-Media-Aktivitäten der Wiener Parteizentrale wirkten völlig losgelöst von einer geradezu demobilisierten Basis in den anderen Bundesländern. Dieses Dilemma der SPÖ taugt in vielfacher Hinsicht zur Erläuterung dessen, was Maderthaner meint, wenn er sagt: „Sie brauchen keine Facebook-Fuzzis. Sie müssen sich verändern, und zwar grundlegend." Dass der ÖVP-Mann seit jeher das CCC für Candidate, Campaigne, Cause – also Kandidat, Kampagne, Anliegen – predigt, ist lediglich die Fortschreibung einer Uralt-Formel politischer Kommunikation, dem PPP, der notwendigen Übereinstimmung von Person, Partei und Programm. Und zwar in dieser Reihenfolge.

Der ORF, die Parteien und das „Berater wechsle dich"

Die Niederlage der SPÖ bei der Nationalratswahl erklärt sich zuerst durch die Überforderung von Pamela Rendi-Wagner, dann durch den desaströsen Zustand der Sozialdemokratie samt mangelnder Kampagnenfähigkeit und schließlich durch die Unkenntlichkeit von Programm und Anliegen. In solch einer Situation kann Social Media nicht einmal eine Nebenrolle spielen, der Aufwand für die digitalen Komparsen ist hinausgeschmissenes Geld. Dabei hatte die nach Personalzahl gut ausgestattete Parteizentrale durchaus tiefgründiger geliebäugelt. Die Verhaltensökonomen von Fehr Advice waren zumindest kurz im Spiel, um der SPÖ einen ähnlichen Turnaround zu bescheren, wie zuvor die Schweizerische Radio- und Fernsehgesellschaft (SRG). Der öffentlich-rechtliche Rundfunk der Schweiz hatte mit der sanften Tour der aus Vorarlberg stammenden Berater immerhin eine Volksabstimmung gegen die Rundfunkgebühr entgegen aller Ausgangsprognosen bravourös überstanden. Folgerichtig werkten diese Identitätsstifter schon seit Jahresbeginn 2019 beim ORF, um ihn gegen allfällige FPÖ-verursachte Attacken zu rüsten. Samt Social Media, aber konzentriert auf den positiven Wandel von Selbst- und Fremdbild. Strategisches Change Management; im Denkansatz durchaus ähnlich jenem von Maderthaner. Auch sein Campaigning Bureau wurde vom ORF engagiert – ausgerechnet zur Zeit des Bekanntwerdens der Fehr-Advice-Präsentation bei der SPÖ. Das war Mitte Juli 2019 – nach Ibiza-Affäre, Europa-Wahl und Neuwahlfestlegung auf 29. September.

Die breitenwirksamste Debatte um Social Media stand allerdings noch bevor: Denn beflügelt von seinen 45.000 Vorzugsstimmen für das europäische Parlament entwickelte sich Heinz-Christian Strache zunehmend zum Schattenkommunikator der FPÖ. Seine von der Partei mit enormem finanziellen Einsatz aufgebaute Facebook-Page war infolge der Ibiza-Affäre zwar endlich von der Kurz-Seite überholt worden, hatte aber letztlich nicht einmal ein Prozent ihrer am Höhepunkt 800.000 Fans verloren. Zur Überraschung von Social-Media-Experten erlitt trotz ausbleibender Werbezahlungen auch die Interaktivität kaum Einbrüche. Das perfekte Instrument für eine Stimme aus dem Off des Wechselspiels von politischer Kommunikation und regulärem Medienbetrieb.

Die größten Huren und der Status eines Redakteurs

Allein die Diskussion über die Rechte an diesem Auftritt – Person Strache oder Betreiber FPÖ – entblößte eine offene Flanke der Partei. Denn die per Impressum medienrechtliche Klarheit der Letztverantwortung stieß beim Namensgeber auf so viel Widerspruch, dass eine gerichtliche Klärung im Raum stand. Zudem ist es bis heute der einzige Fall eines Verantwortungskonflikts für Facebook in solcher Fan-Dimension. Erst fünfeinhalb Wochen vor der Wahl gelang die erste Lösungsetappe: Je nach Lesart wurden Strache die Administratorenrechte – die im Juni noch bei neun Personen lagen – entzogen bzw. musste er ab dann seine Postings mit der FPÖ absprechen. Der Mann, der im Ibiza-Video Journalisten noch als „die größten Huren auf dem Planeten“ bezeichnet hatte, behauptete nun, er agiere „im Status eines Redakteurs“. Das aber schrieb er auf seinem privaten Facebook-Profil mit damals 48.000 Abonnenten.

Die Wirkung dieser Plattform wird seit jeher unterschätzt, obwohl Strache dort bereits in der Nacht auf Faschingsdienstag 2018 auch international für Aufsehen gesorgt hatte – mit einem der öffentlich-rechtlichen Plakat-Eigenwerbung nachempfundenen Bild von ZiB2-Moderator Armin Wolf und der Aufschrift: „Es gibt einen Ort, an dem Lügen zu Nachrichten werden. Das ist der ORF." Dass der Vizekanzler derart auf einen der bekanntesten Journalisten losging, wirkte als demokratischer Ausnahme-Eklat – und endete hierzulande mit einem außergerichtlichen Vergleich.

Die blaue Facebook-Lös(ch)ung und Straches Profil

Schon damals hätte die Rolle einer Fanpage als Ultima Ratio auf Facebook eingehender diskutiert werden müssen: ob ab einer kritischen Anhängerzahl das herkömmliche Profil mit seinem Freunde-Limit von 5.000, aber unendlichen Abo-Möglichkeiten nicht das effizientere Kosten-Nutzen-Verhältnis hat. Inklusive der besseren Nachrede, weil es nicht zu bewerben ist und damit keine Zahlungen an Facebook fällig werden. Florian Klenk, Chefredakteur des *Falter*, setzt auf diese Strategie – mit zuletzt 70.000 Abonnenten. Auf Twitter nach Wolf der populärste österreichische Journalist empfindet er trotz dort fast einer Viertelmillion Followern Facebook als wichtiger für seine Breitenwirkung. Diese Erkenntnis ist längst auch in Mitte-Links-Parteien Gemeingut, die allzu lange durch exponierte Vertreter glaubten, auf Twitter eine Alternative zu haben. Masse und Blase: Diese komplementäre Aufwandsteilung vollziehen sogar viele FPÖ-Vertreter trotz ihrer Facebook-Dominanz mit Tweet-Ergänzungen zu FB-Einträgen, YouTube-Videos und – am schnellsten wachsend – Instagram-Postings.

Das stärkste Organ der digitalen blauen Parteimedien jedoch wirkt im Nationalratswahlkampf geradezu kontraproduktiv. Der Streit um die Administratorenrechte an der FB-Page von Strache überdauert sogar den Wahltermin und eskaliert bis zu einem Ultimatum des einstigen FPÖ-Chefs. Schließlich untersagt Facebook zudem die Zusammenlegung der Partei- mit der sechsmal stärkeren Personenseite. Am 18. Oktober legt die FPÖ dann die Strache-Page bei einem Stand von 786.000 „Gefällt mir"-Bekundungen still. Sie löscht auch seinen Twitter-Account mit 63.000 Followern. Zu diesem Zeitpunkt hat von Österreichs Politikern nur Kurz einen – minimal – stärkeren Facebook-Auftritt. Auch auf Twitter liegen neben dem Ex- und Wieder-Kanzler lediglich Bundespräsident Alexander Van der Bellen, die Ex-Parteichefs Christian Kern und Matthias Strolz sowie der einstige grüne EU- und jetzige Nationalratsabgeordnete Michel Reimon vor Strache.

Die seltsame Auslieferung von Geld und an Personen

Eine Debatte, wie sehr Parteien sich ihren personellen Spitzen ausliefern, wenn sie deren namentlichen Social-Media-Auftritte mit hohem finanziellen Einsatz fördern, findet dennoch nicht statt. Bloß das angesichts dieser Entwicklungen geradezu antiquiert wirkende Engagement der SPÖ für Pamela Rendi-Wagner auf Facebook erntet manch höhnische Aufmerksamkeit. Die Partei hat von März bis Jahresende direkt für die Parteichefin fast 300.000 Euro und insgesamt mehr als das Doppelte für Werbung auf der führenden Social-Media-Plattform bezahlt. Damit übertrifft sie – mit und ohne Einbeziehung der Landtagswahlkämpfe – klar die FPÖ. Auch die Grünen liegen mit ihren FB-Ausgaben noch deutlich vor der ÖVP. Allein für die steirische Landtagswahl sind es 105.000 Euro. Maderthaners Diktum: „Sie brauchen keine Facebook-Fuzzis“ beherzigt am ehesten die von ihm beratene neue Volkspartei.

Die Konzentration der Beobachtung auf Facebook erzeugt allerdings zunehmend ein Zerrbild. Sie entsteht vor allem, weil nur dieses Netzwerk eine öffentlich einsichtige Transparenzdatenbank für politische Werbung pflegt, die tagesaktuell auch Bagatellsummen registriert. Aber nicht nur die nach wie vor bestfunktionierende parteiliche Echokammer – siehe EU-Wahl nach Ibiza-Affäre – der FPÖ steht auf mehreren Säulen. Bei ihr ist es vor allem YouTube. Von dort gerät FPÖ TV über Push-Meldungen auf Smartphones. Das Live-Streaming aller parteirelevanten Ereignisse geht zunehmend in direkten Wettbewerb mit herkömmlichen Nachrichtenmedien. Die Parallelwelten entstehen in Echtzeit. Auf der anderen Seite des politischen Spektrums ist der von parlamentarischen Mitarbeitern der SPÖ betriebene Kontrast-Blog längst die legitime digitale Inkarnation der einstigen *Arbeiterzeitung*. Schon 2018 attestierte ihm die Agentur Spinnwerk mehr geteilte Artikel als dem *Standard*. So wie der rechten Plattform Unzensuriert.at mehr Shares als der *Presse*. Die Mobilisierung der Parteimitglieder und -anhänger zu Social-Media-Kolporteuren macht's möglich. Die Millionen-Abrufzahlen für manche YouTube-Videos der FPÖ beruhen jedoch vor allem auf massivem Finanzeinsatz.

Vom Empörium Facebook zur Wohlfühlzone Instagram

Die Wahlkämpfe 2019 insgesamt und jener für den Nationalrat ganz besonders markieren in Österreich auch den wechselnden Stellenwert der digitalen Plattformen. Während Twitter ungeachtet seiner globalen Anrüchigkeit infolge des politisch bekanntesten Intensiv-Nutzers Donald Trump ein Tummelplatz der oft nicht assistierten Einzeltäter bleibt, gerät Instagram zum absehbar mit Facebook gleichgereihten digitalen Aufmarschplatz. Das ist einerseits dessen Stagnation und dem rasanten Wachstum seines Schwesterdienstes geschuldet. Während sich auf der erst 16 Jahre alten Teenager-Urmutter von Social Media schon die Generation 60 plus breitmacht, zieht die jugendliche Trendkarawane weiter zu Instagram. Und mit ihr auch die *Digital Campaigner* der hiesigen Parteien. Die cool-beiläufige Selbstdarstellung, die bei der politischen Sternschnuppe Christian Kern 2016 noch Avantgarde-Charakter hatte, wirkt drei Jahre später bereits derart als Mainstream, dass sie auch schon zum Standard-Instrumentarium von Landtagswahlkämpfen wie in der Steiermark zählt. Das liegt nicht nur an der angeblichen Verdoppelung der Instagram-Nutzer 2017 von einer auf zwei Millionen. Der im Vergleich zu Facebook und vor allem Twitter deutlich geringere Diskurs schafft auf dieser Plattform geradezu eine Wohlfühlzone politischer Propaganda-Täter. Ein Sammelbecken der stilistischen Zielgruppen-Ansprachen. Ein Botschaften-Museum ohne Hinterfragung.

Epilog

Dass die FPÖ nach Jahreswechsel zu ihrer Neuausrichtung ankündigt, künftig vermehrt Social Media zu nutzen und Erklärvideos via Internet zu verbreiten, steht nicht zwangsläufig im Widerspruch zur hier eingangs aufgestellten These, der Höhepunkt des Hypes sei überschritten. Es kann auch Indiz für eine bald deutlichere Trennung von Spreu und Weizen in der politischen Kommunikation sein. Die Strategie der FPÖ entsteht unter anderem dadurch, dass nun ihr Bedrohungspotenzial gegenüber dem ORF wieder schwindet. Dort sind ihr zwar vorerst mehr Stiftungsräte zuzuordnen als ihren grünen Nachfolgern als Juniorpartner der ÖVP, doch der blaue Vorsitz wird bereits infrage gestellt. Die Nicht-mehr-Regierungspartei sucht also ihr Heil mehr denn je in der Filterblase einer eigenen medialen Parallelwelt.

Zumal das Verbot von parteipolitischer Werbung im ORF der zunehmend auf Bewegtbilder bauenden blauen Kommunikation keine Auswege abseits der Redaktionen lässt.

Für ein Überschreiten des Zenits von Facebook & Co. in der Kampagnenführung spricht auch die Ankündigung Maderthaners, nicht mehr im parteipolitischen Bereich zu arbeiten. Der Mohr kann gehen, weil er am besten weiß, dass er seine Schuldigkeit getan hat. Die türkise Community ist aufgebaut. Sie bedarf lediglich weiterer wissender und kontinuierlicher Pflege. Social Media ist dabei bloß ein Handwerkszeug von vielen. Den größten Spielraum bietet es noch bei der regionalen und kommunalen, ruralen wie urbanen Kombination mit persönlicher Ansprache.

Wegen der enormen Überlegenheit aller blauen Landesparteiobmänner gegenüber den schwarzen wie roten Landeshauptleuten auf Facebook wird die FPÖ versuchen, ihre Gegner auf diese Plattform zu locken – vor allem für die kommenden Landtagswahlkämpfe in Wien und Oberösterreich. Unterdessen ist im Bundeswettbewerb Kurz allen Mitbewerbern auf allen Plattformen weit enteilt. Er hat auch auf Instagram 2,5-mal so viele Follower (130.000) wie sein engster Verfolger Hofer. Dessen FPÖ betreibt neben der personell breitesten Facebook-Aufstellung den einzig wirklich massenwirksamen YouTube-Kanal mit 33.000 Abonnenten. Nach Sebastian Kurz (11.000) kommen ihm dort die Grünen mit 7.000 Abos noch am nächsten: Das sind mehr als für SPÖ, NEOS und ÖVP zusammen.

Vor allem NEOS und Grüne – als in ORF-Gremien kaum präsente Kleinparteien wie die FPÖ vom Start weg auf dem Social-Media-Zug – werden unterdessen Twitter mehr denn je als Dialogmedium zu Fernsehen und auch Zeitungen verwenden. Denn in kaum einer anderen Demokratie weltweit nimmt die Presse noch eine so starke Stellung ein wie in Österreich. Dementsprechend entfiel auch der größte Anteil klassischer Werbeausgaben – fast 50 Prozent – im Nationalratswahlkampf auf Printmedien. Dass diese Kosten 2019 mit geschätzten zehn Millionen Euro nur halb so hoch wie 2017 waren, ist aber auch Indiz für eine enorme Geldmittelverlagerung in Richtung Social Media. Die Parteiausgaben dafür fehlen im Vergleich der Werbemarktforscher.

Letztlich gilt auch in Österreich mehr denn je, was Barack Obamas Wahlkampfmanager Jim Messina schon vor zehn Jahren als Credo gepflegt hat: „Door knocking is the voter contact of the future." Die Basis für diese 2012 perfektionierte Kampagnenform stammte allerdings aus der Datensammlung des Social-Media-Wahlkampfs von 2008: Während damals die Unterstützer vor Ort im inhaltlichen Dunkeln tappten, wussten sie vier Jahre später genau, mit welchen Themen sie welche Bürger bei Hausbesuchen ansprechen konnten. Für Kurz gilt, was für Obama galt: Er hat die Wahlen nicht durch Social Media gewonnen, aber er hätte sie nicht ohne Social Media gewonnen.

Das trifft auch auf Trump zu. An ihm aber wird vor allem ein Aspekt deutlich, für den Facebook und Twitter als Vertriebskanäle für *Fake News* und Hetze mitverantwortlich sind: der Vertrauensverlust aller Institutionen – voran die Politik, aber die herkömmlichen Medien nicht mehr so weit wie einst dahinter. Die beginnende post-digitale Ära, deren Eckpfeiler Nicholas Negroponte bereit 1998 definiert hat, steht vor allem im Zeichen des Wettbewerbs um Glaubwürdigkeit – und ihrem allfällig versuchten Wiedergewinn. Social Media sind weder ein Tool gegen noch für diesen Prozess, sondern einer von vielen Wegen. Wer ihn zuerst geht, mahlt zuerst. Dazu braucht es keine Facebook-Fuzzis sondern Inhaltsdenker.

iv
www.iv.at
Innövativ
Industrie 4.0 – wir bringen Österreich weiter.

KATHRIN STAINER-HÄMMERLE

Der große Showdown des TV-Wahlkampfs

526 Stunden Wahlkampf live: In keiner vergleichbaren Demokratie wird das Wahlvolk mit mehr TV-Duellen und -Debatten versorgt als in Österreich. Obwohl der Wahlkampf 2019 kaum von Spannung geprägt war, freuten sich von Öffentlich-Rechtlich bis Privatfunk über neue TV-Sender bis zu Bewegtbildplattformen der Printmedien alle über das hohe Publikumsinteresse. Historische, wahlverändernde Momente boten die Auftritte diesmal keine, doch die Bedeutung von Fernsehbildern wird wohl kaum zurückgehen. Zu wichtig ist das Format für Wechselwähler, ältere Menschen und Kleinparteien. Nirgends sonst lassen sich Inhalte und Persönlichkeiten besser vergleichen. Wenig andere Auftritte lassen sich so gut mehrfach verwerten.

Kurze Geschichte, großer Einfluss

TV-Erlebnisse prägen Wahlkämpfe seit dem ersten legendären Duell John F. Kennedys gegen Richard Nixon im Rennen um die Präsidentschaft 1960. Relativ zur Bevölkerungsgröße handelt es sich dabei immer noch um das meistgesehene Live-Duell zweier Spitzenkandidaten in den USA. Und es zeigte die Macht der Bilder: Während Radiohörer den Auftritt beider Kandidaten gleich bewerteten, schnitt Kennedy beim TV-Publikum weit besser ab. Seither ist klar: Wer vor TV-Kameras blass aussieht, schwitzt oder gar patzt, verliert Wahlen. Es sollte 16 Jahre dauern, bis sich ein amtierender US-Präsident wieder in ein TV-Studio wagte.

In Österreich begann die Ära des Schlagabtausches vor Kameras am 28. Jänner 1970, als Bruno Kreisky (SPÖ) Bundeskanzler Josef Klaus (ÖVP) herausforderte und gewann. Somit zählte Österreich zu den Vorreitern dieses Formats.[1] In Erinnerung ist vor allem jene Szene 1975, in der dann bereits Bundeskanzler Kreisky auf die kompetenten Ausführungen seines Gegenübers Josef Taus (ÖVP) mit ignorantem Blättern in den Unterlagen reagierte. Lange vor der Etablierung von NLP in Kampfrhetorikschulungen bewies der erste „Medienkanzler" sein Talent für die Tricks der nonverbalen Signalsetzung.

Der Einzug des TV-Apparats in alle Wohnzimmer Österreichs veränderte die Anforderungen an Spitzenpolitiker. Telegen und wortgewandt mussten sie plötzlich sein, statt programm- und ideologiefest. Die neuen Möglichkeiten der Information führten auch zu einem neuen Stil der politischen Kommunikation und zu neuen Ideen im Kampf um Aufmerksamkeit. Mit dem ersten Taferl konfrontierte Jörg Haider (FPÖ) den damaligen Kanzler Franz Vranitzky (SPÖ) 1994. Wenig später entlarvte Heide Schmidt (LIF), inzwischen als politische Gegnerin, die Rhetorik Haiders mit einer heimlich zugespielten Tonaufnahme live auf Sendung.

1994 war auch das Jahr mit den ersten Duellen „jeder gegen jeden". ORF-Intendant Johannes Kunz und Moderator Elmar Oberhauser etablierten dieses Prinzip, das sich bis heute hält und 2019 vom Ausmaß her

1 Vgl. Bonavida Iris, TV-Duelle: Wieso schauen wir uns das (noch) an?, in: Die Presse 13.11.2016.

einen Höhepunkt erfahren hat. Statt drei Parteien diskutierten inzwischen sechs. Vom öffentlich-rechtlichen Rundfunk bis zum Privatfunk hoffte jeder auf einen historischen Moment der Fernsehgeschichte. Beides führte zu beinahe täglichen Politikdebatten in der heißen Endphase des Wahlkampfs. Ein Wahlkampf, der nach dem Platzen der Koalition aufgrund des Ibiza-Videos mit hohem – wenn auch von Skepsis geprägtem – Publikumsinteresse startete. Gleichzeitig handelte es sich laut Umfragen um den ersten Wahlkampf ohne das Spannungsmoment Kanzlerduell, lag doch die ÖVP uneinholbar voran.

Sonderfall Österreich

2019 fand sich auch für das längst zur Gewohnheit gewordene Prinzip „jeder gegen jeden" eine Premiere. Bisher ausschließlich den im Nationalrat vertretenen Parteien vorbehalten, durfte erstmals mit den Grünen eine Partei der außerparlamentarischen Opposition teilnehmen, weil sie als relevant eingestuft wurde. Dafür lud Puls4 Parteigründer Peter Pilz aus, der seine Liste mit seiner Bekanntheit und Wortgewandtheit 2017 noch ausschließlich über die Privatsender ins Parlament geredet hatte. Was zu Beginn mit nur einem öffentlich-rechtlichen Sender noch überschaubar war, erweiterte sich 2008 um die Privatsender und explodierte 2019 mit den Online-Plattformen aller Medien. So kamen zu den klassischen TV-Kanälen noch Elefantenrunden und Duelle bei den Printmedien hinzu, die via Livestream ebenfalls auf dem Bildschirm zu sehen waren.

Der ORF steigerte sich bereits 2017 mit über 72 Stunden Live-Interviews, Analysen, TV-Diskussionsrunden und Wahlbeiträgen neben den gewohnten Nachrichtenformaten zur bisher umfangreichsten Berichterstattung. 2019 kamen mit oe24.tv, Krone-TV, Kurier und Kleine Zeitung in Kooperation mit den anderen Bundesländerzeitungen weitere Player hinzu. Der neue Info-Sender Puls24 startete aufgrund des Wahlkampfes bereits am 1. September und sendete allein 386 TV-Stunden Wahlkampf. Der ORF kam ohne ORF III auf 60 Stunden, Puls4 auf 43 Stunden, ATV auf 26 Stunden und ServusTV auf elf Stunden. In keiner vergleichbaren Demokratie wird das wahlberechtigte Volk mit mehr TV-Duellen versorgt als in Österreich – insgesamt 526 Stunden Information und Konfrontation errechneten die Oberösterreichischen Nachrichten.[2]

Politikberichterstattung in einem Wahlkampf gehört zu ernsthaftem Journalismus. Die mit Politikerreden zu erreichenden Quoten unterstützen neben Image auch den wirtschaftlichen Erfolg von Medien. Denn politikerverdrossen oder politikmüde scheinen die Österreicher angesichts der Zahlen keinesfalls. Nicht einmal in einem Wahlkampf, der von Beginn an so wenig Bewegung in den Umfragen aufwies: Das einzige knappe Rennen um Platz 2 lieferten sich SPÖ und FPÖ, und es gab auch keine Richtungswahl zwischen Rechts und Links. Die rekordträchtigste Elefantenrunde fand allerdings 2002 statt, mit 1,84 Millionen Menschen, die Alfred Gusenbauer, Wolfgang Schüssel, Herbert Haupt und Alexander Van der Bellen zusahen. 2019 verfolgten diese Konfrontation aller Spitzenkandidaten knapp 1,2 Millionen auf ORF 2, 543.000 auf ATV, Puls4 und ServusTV und 48.000 auf oe24. Macht zusammen 1,74 Millionen, allerdings ohne Berücksichtigung von Doppel- und Dreifachzusehern.

Im *Standard* ist ein Überblick über die Zuschauerzahlen von „Die Duelle" und „Wahlkampf live" bis zu den „Sommergesprächen" und „Fellner live" zu finden.[3] Auf die Frage: „Wer schaut sich das alles überhaupt an?" liefern die Daten eine eindeutige Antwort: Hunderttausende. So erreichten die Speed-Debatten auf ORF 2 im Schnitt 800.000 Zuschauer, das Duell Sebastian Kurz (ÖVP) gegen Norbert Hofer (FPÖ) gar rund eine Million Menschen. Im Vergleich dazu: Die TV-Debatte zwischen Hillary Clinton und Donald Trump am 27. September 2016 verfolgten in den USA über 80 Millionen Menschen. Das entspricht 34 Prozent der 232 Millionen Wahlberechtigten. Die 1,2 Millionen Zuseher bei der letzten ORF-Elefantenrunde in Österreich repräsentierten beinahe ein Fünftel der Wahlberechtigten. Ein hoher Wert, sind doch TV-Duelle in einem Verhältniswahlsystem mit mehreren Parteien eher unüblich. Sie machen mehr Sinn in politischen Systemen mit Mehrheitswahlrecht, das auf die Auseinandersetzung von zwei

2 https://www.nachrichten.at/kultur/oesterreich-ist-weltmeister-bei-wahlduellen-im-fernsehen;art16,3164267

3 https://www.derstandard.at/story/2000108556423/wer-schaut-wahl-tv-die-quoten-der-duelle-und-interviews

Parteien hinausläuft bzw. bei Wahlgängen wie Präsidentschaftswahlen, wo ein Rennen zwischen zwei Kandidaten bzw. politischen Lagern entschieden wird, wie in den USA, Großbritannien oder Frankreich.

Sieger und Verlierer

Wer sind nun aber Sieger und Verlierer derartiger Formate, und wem gelang es 2019 in Österreich besonders zu punkten? Generell lässt sich sagen, dass die hohe Konzentration auf den TV-Wahlkampf Amtsinhaber und die Bundesländer benachteiligt. So verlagerte sich der Wahlkampf Anfang September endgültig ins Fernsehen und somit der Mittelpunkt aller Aktivitäten der Spitzenkandidaten nach Wien. Von sieben Elefantenrunden fand nur eine außerhalb der Bundeshauptstadt statt. Auftritte in Bundesländern wurden so zur Mangelware und zur logistischen Herausforderung. Sebastian Kurz klapperte etwa im Schnelldurchgang pro Tag drei Bundesländer ab. Ansonsten musste dort Wahlkampf ohne Spitzenkandidaten stattfinden.

Die Auftrittsflächen zwischen der ersten Elefantenrunde in ORF III am 3. September bis zum letzten Aufeinandertreffen in ORF 2 am 26. September waren zahlreich und verlockend. Nichts ist wichtiger als Präsenz in einem Wahlkampf. Doch gerade Amtsinhaber verzichten dadurch auf ihren Bonus, sind doch alle Spitzenkandidaten relativ gleichgestellt. So hatte Sebastian Kurz (ÖVP) 18 Mal die Möglichkeit zum Diskutieren, Pamela Rendi-Wagner (SPÖ) 17 Mal, Norbert Hofer (FPÖ) 17 Mal, Beate Meinl-Reisinger (NEOS) 16 Mal, Peter Pilz (Jetzt) 13 Mal und Werner Kogler (Grüne), dessen Partei nicht im Nationalrat vertreten war, wie Kurz 18 Mal. Doch nicht alle Spitzenkandidaten nahmen alle Gelegenheiten wahr. So ließ sich Kurz im Duell gegen Peter Pilz von Karoline Edtstadler vertreten. Herbert Kickl trat statt Norbert Hofer gegen Rendi-Wagner an, und Rendi-Wagner schickte einmal Jörg Leichtfried gegen Peter Pilz in die Arena. Beim ATV-„Blind Date“ ließen sich gleich alle Spitzenkandidaten vertreten – durch Gernot Blümel (ÖVP), Jörg Leichtfried (SPÖ), Susanne Fürst (FPÖ), Leonore Gewessler (Grüne), Josef Schellhorn (NEOS) und Martin Balluch (Jetzt).

Diese Strategie ist im Grunde richtig. Denn die Gleichstellung betrifft nicht nur die Anzahl, sondern auch die die Diskussion der Kandidaten auf Augenhöhe. So hat es etwa Angela Merkel abgelehnt, in TV-Duelle nach dem Prinzip „Jeder gegen jeden" zu gehen. Niemals würde sich die deutsche Bundeskanzlerin ihre Redezeit zu gleichen Teilen mit der kleinsten Oppositionspartei teilen. Oder gar dessen Vertreter die gleiche Bühne bieten, ja sogar diese durch die eigene Präsenz aufwerten. Wenn, dann gehört der Bundeskanzlerin möglichst die Aufmerksamkeit allein. Für die Medien bleibt meist nur eine einzige und gemeinsame Elefantenrunde von ARD, ZDF und RTL. Auch Kurz und Rendi-Wagner diskutierten daher nicht mit Pilz. Dennoch wagt es bisher in Österreich keiner der Kandidaten, sich dauerhaft dem TV-Schlagabtausch zu entziehen. Dem lange Zeit durch seine Monopolstellung dominierenden ORF gelang es, dieses Format durchzusetzen. 2008 zog der erste Privatsender nach, und seither ziehen die Kandidaten beinahe im gemeinsamen Tross von Studio zu Studio.

Sieger gibt es selbstverständlich auch. Neben den Medien und den kleinen Parteien, die bei einer etwa der Sitzverteilung im Nationalrat entsprechenden Verteilung der TV-Auftritte längst nicht so viel Scheinwerferlicht für ihre Vorschläge und Wahlversprechen bekämen, sind es vor allem die Bevölkerung und die politische Bildung. Professionelle Medienbeobachter mögen stöhnen ob der vielen Abende vor dem Fernseher. Der durchschnittliche TV-Konsument und Bürger bleibt aber nur manchmal bei einer der Sendungen beim Durchzappen hängen. Und je mehr Möglichkeiten vorhanden sind, sich über Programme, aber auch Auftritte der Kandidaten einen authentischen Eindruck zu verschaffen, desto besser die Grundlage der Wahlentscheidung. Denn kein anderes Medium bietet die Gelegenheit, sich über Inhalt und Persönlichkeit derart schnell ein Bild zu machen. Neue Formate wie früher die „Wahlfahrt" und „Nationalraten" oder 2019 „Mein Wahlometer" sprechen gezielt ein jüngeres Publikum bzw. Informationsabstinente an. Nicht alle Experimente gehen dabei gut, wie das Duell ohne Moderation zwischen Alexander Van der Bellen und Norbert Hofer 2016 zeigte.

Dieser Bundespräsidentschaftswahlkampf liefert auch ein Beispiel, wie ein Satz eines Kandidaten den Verlauf des Wahlkampfs beeinflusst. „Sie werden sich noch wundern, was alles gehen wird", meinte Hofer über die Möglichkeiten eines Bundespräsidenten. Denn ganzen weiteren Wahlkampf über wurde er damit (meist unfreiwillig) zitiert. Drei Jahre zuvor sinnierte

Frank Stronach bei einem Interview über die Anwendung der Todesstrafe und löste eine heftige Debatte aus.

Derartige prägende Momente fehlten im Nationalratswahlkampf 2019 weitgehend, und auch besondere Hilfsmittel wie „Taferln" kamen nicht zum Einsatz. Bereits bei der ersten Elefantenrunde, die am 3. September in ORF III den Auftakt bildete, wurden die Hauptthemen klar: Ibiza und Transparenz, der Klimawandel und CO_2-Steuern sowie Koalitionsspekulationen. In den Speed-Dating-Formaten tasteten sich die Kandidaten nach Gemeinsamkeiten und Unterschieden ab. Doch was jedem Profi klar ist: Hier soll nicht miteinander diskutiert werden, sondern mit dem Publikum im Studio oder noch besser mit den Wechselwählern oder Anhängern vor den Bildschirmen. Im Vordergrund steht weniger das überzeugende Argument, sondern die Festigung der ohnehin schon vorhandenen Präferenz durch einen souveränen Auftritt. Und der Versuch, den Gegner zu einem fatalen Fehler zu verleiten.

Überraschend war nur die aggressive Attacke Rendi-Wagners auf Kurz bei ihrem ersten direkten Aufeinandertreffen am 18. September. Die SP-Chefin warf Kurz vor, den Fieberschub von FP-Kandidat Hofer missbraucht, seine persönliche Macht über das Staatswohl gestellt und den Dialog mit anderen Parteien verweigert zu haben. Es war wohl der einzige TV-Moment, wo selbst Sebastian Kurz Überraschung anzumerken war. 737.000 Menschen verfolgten dies live. Alle anderen Kandidaten zeigten zu diesem Zeitpunkt des Wahlkampfs schon mehr gegenseitige Gewöhnung als Kampfwillen. Es blieb bei den bekannten Positionen und einem freundlichen Schlagabtausch, oft schwankend zwischen dem vertrauen Du und dem professionell-distanzierten Sie in der Anrede. Und so endete auch die letzte Elefantenrunde am 26. September als freundliche Fragestunde mit kontrolliertem Streit, aber mit wenig Emotion. Das große Spektakel blieb aus, im Gedächtnis noch am ehesten die Wortschöpfung „Zöpferldiktatur" von Norbert Hofer oder das Angebot Meinl-Reisingers an Kurz, mit dem Atmen aufzuhören, damit der ehemalige Bundeskanzler eine längere Redezeit erhält.

Die Vielzahl der Sendungen belastete die Kandidaten zeitlich sehr, hatte aber auch ihr Gutes. Eine schlechte Tagesform entscheidet so nicht über Erfolg und Misserfolg bei der Wahl. Ein Ausrutscher lässt sich ausbügeln, proaktiv mit guter Performance hingegen lassen sich kaum Umfragewerte steigern. Die Chance liegt hauptsächlich in den Fehlern der anderen. Neben den Botschaften und dem Wording sind es aber vor allem nonverbale Signale und die Körpersprache, die über Sympathie und Vertrauenswürdigkeit entscheiden. Sitzend oder stehend sind große Kandidaten immer im Vorteil, wobei die Bewegungsfreiheit in Österreich noch immer sehr eingeschränkt bleibt, selbst wenn Publikum im Saal sitzt. Die Redezeitbeschränkung war sichtbar auch nicht für jeden günstig, gerade für Politiker, die gerne ausholen (wie Werner Kogler) oder für jenen Teil des Publikums, das gerne Zeit für Differenzierung opfert.

Heimliche Stars, offensichtliche Probleme

Nach der Diskussion beginnt die Analyse, die beinahe wichtiger ist als der Auftritt zuvor. So meldet der ORF meist bessere Einschaltziffern für die ZiB2 mit Peter Filzmaier als für die Duelle selbst. Schon die Sommer(nach)gespräche mit Ingrid Thurnher auf ORF III erreichten Quoten über den parallel gesendeten Unterhaltungsprogrammen von ORF 1. Aufgrund dieses Erfolges ergänzte ORF III die Berichterstattung zur Nationalratswahl 2019 durch eine Nachbetrachtung in einer „Runde der Wahl-(Duell-)Beobachter/innen" im Anschluss an die ZiB 2. Politik-Nerds konnten sich so von der Einschätzung Filzmaiers gleich weiterzappen und länger bei den Analysen verweilen, als die Anlass gebende Sendung dauerte. Freitagabend führte ORF III als neues Format noch die Analyse der Woche ein. „WAHL 19: Die Wochenanalyse" zur Hauptsendezeit bot einen Rückblick auf die Woche und Exklusivumfragen, z.B. über die Glaubwürdigkeit der Parteien sowie eine Analyse der Online-Aktivitäten.

Unterstützt von Meinungsforschern, Blitzumfragen und Körperspracheexperten wird der Gesamteindruck, aber auch einzelne Aspekte wie Inhalt, Sympathie, Glaubwürdigkeit, Durchsetzungsfähigkeit usw. werden analysiert. Somit ist nicht nur der authentische Eindruck entscheidend, sondern auch die Deutungshoheit über Sieg und Niederlage bei der Debatte. Parteien versuchen daher nicht nur im Studiopublikum sicht- und hörbar zu werden, sondern lassen auch bei Telefonvotings organisiert zum Smartphone greifen und hoffen auf freundlich gesinnte Experten im Studio. 2019 hatten bei der Analyse die Chefredakteure von Printmedien ihre großen Auftritte. Die von der Politik geforderte Kooperation zwischen den Medien nahm hier Gestalt an. Ob das Publikum die Doppelung derselben Meinung auf allen Kanälen schätzt, bleibt abzuwarten. Eine Gefahr der „Blasenbildung" ist zumindest in der Wahrnehmung vorhanden.

Doch wen erreicht dieser mediale Overkill trotz aller Kosten und Mühen nicht? Das Problem sind eindeutig junge Menschen. Das eigens für diese Zielgruppe konzipierte „Mein Wahlometer" verfolgten durchschnittlich bis zu 255.000 vor allem junge Seherinnen und Seher.[4] Dennoch, misst man ihre Beteiligung an den Live-Events, so hätte das Format bald ausgedient. Kaum ein Erstwähler setzt sich an einem Wochentag um 20.15 Uhr vor den Fernsehapparat. Ibiza und die Folgen haben aber gezeigt, dass bei derartigen Ereignissen dennoch viele Österreicher zur Fernbedienung greifen und sich durch Sondersendungen nicht nur informieren lassen, sondern vor allem eine Einschätzung wünschen. Ein wichtiges Nebenprodukt der TV-Bilder ist aber ihre Teilbarkeit auf Social-Media-Kanälen. Am besten in einer vorteilhaften Stückelung mit den besten Ausschnitten und Sagern des eigenen Kandidaten inklusive einer Bewertung, die immer positiv für ihn ausfällt.

Mythos oder Potenzial

Der Einfluss von TV-Diskussionen auf den Ausgang einer Wahl ist umstritten. Donald Trump hat alle Duelle gegen Hillary Clinton verloren und dennoch die Wahl gewonnen (mit der Einschränkung, dass ihm dies trotz weniger Stimmen gelang). Fernsehen eignet sich aber gut für eine schnelle Erhöhung des Bekanntheitsgrades bei neuen Kandidaten. Bei unentschlossenen Wählern spielen Fernsehauftritte sicherlich eine größere Rolle, wie auch bei Bürgern, die sich weniger regelmäßig über Politik informieren. So schaffte Norbert Hofer bei der Bundespräsidentenwahl rasch den Sprung in die erste Reihe. Da bei der Stichwahl mit Van der Bellen und Hofer zwei

4 https://www.ots.at/presseaussendung/OTS_20190928_OTS0006/wahl-19-orf-informierte-insgesamt-4963-millionen-75-von-100-fernsehminuten-im-orf-konsumiert

Kandidaten zur Wahl standen, die viele ÖVP- und SPÖ-Wähler schlecht einordnen konnten, waren die Debatten für eine Einschätzung wertvoll. Ansonsten ist die Show eher ein Signal an die eigenen Anhänger und ein Instrument der Mobilisierung bzw. der Demobilisierung.

Zumindest 2019 scheint TV noch das Rennen in den bedeutendsten Wahlkampfformaten gemacht zu haben. Dies liegt wohl daran, dass sich die Interessen von drei Akteuren decken: Politiker, die vor allem in einem Wahlkampf die Bühne suchen und brauchen. Journalisten und Medieninhaber, die das kurzfristig gestiegene Interesse für Politik auch für ihr Medium zu nützen versuchen. Bürgerinnen und Bürger, die nach Informationen als Grundlage ihrer Wahlentscheidung verlangen. Die Zukunft hängt von den Potenzialen der Weiterentwicklung ab. So wie „Taferln" die Infografik eingeführt haben und Publikumsfragen die Interaktion, so ist der Rückgang an Kochduellen und Wettbügeln nicht zu bedauern.

Dennoch: So umstritten der Einfluss von TV-Formaten auf den Wahlkampf ist, so sicher ist deren Zukunft. Aufgrund zurückgehender Bindungen an Parteien und eines wachsenden Wechselwähleranteils steigt das Bedürfnis nach einem schnellen umfassenden Eindruck. Auch und gerade im TV, weil mit der Gesamtbevölkerung ebenso die Wählerschaft altert und daher jene Gruppe, die sich vorwiegend über den TV-Apparat im Wohnzimmer über Politik informiert, relativ gesehen in den nächsten Jahren steigt. Und obwohl der Fernseher mit seiner Primetime als nationales Lagerfeuer ausgedient hat, steigt die Bedeutung seiner Bilder infolge der Zweitverwertung über Social Media. Ebenso werden in komplizierten Zeiten, in einer komplexen Welt die journalistische Aufbereitung und Moderation sowie vor allem die Einordnung durch die Analyse(n) danach zukünftig mehr denn je gewünscht und gebraucht. Geht es schließlich vor allem darum, dem Vertrauensverlust gegenüber Politik, politischen Parteien und demokratischen Verfahren wie der Wahl etwas entgegenzusetzen.

Die Gefahr bleibt, dass die Vielzahl der Formate die Kandidaten auslaugt und ihre Botschaften durch zu oftmalige Wiederholungen zu Leerformeln degradiert. Der hohe Grad an professioneller Vorbereitung in allen Parteien lässt kaum mehr Platz für Authentizität oder spontane Momente. Das Platzieren von Botschaften, unterstützt mit plakativen Beispielen und den immer gleichen Zahlen, lässt den Wahlkampf zu jenem ritualhaften

Schaulaufen verkommen, vor dem Colin Crouch schon in seiner dystopischen Vision einer Postdemokratie gewarnt hat. Wir lernen die Kandidaten unter Umständen auch zu gut kennen, wenn wir beobachten, wie sie müde werden und manchmal auch unkonzentriert. So bleibt oft nur die Wahl zwischen menschlicher Fehleranfälligkeit oder roboterhafter Perfektion. Beides sind nicht die Prototypen von vertrauenswürdigen Entscheidungsträgern in einer lebendigen Demokratie.

Doch einmal wurde im Nationalratswahlkampf die Priorität der Österreicher ohnehin klargestellt: Für Marcel Hirscher musste selbst der Wahlkampf ruhen. Die Rücktrittsankündigung des Sportstars verdrängte die Politduelle aus der Primetime. Niemand traute sich ins Duell mit diesem Seriensieger.

150 YEARS
Intelligentes Bauen verbindet Menschen.
Bauen mit Herz und Verstand. Jedes Projekt ist anders und muss individuell geplant und ausgeführt werden. Das Können und der Einsatz jedes Einzelnen entscheiden hier über den Erfolg. Seit 150 Jahren steht die PORR für höchste Kompetenz in allen Bereichen des Bauwesens – denn Fachwissen, Engagement und Teamgeist machen sich immer bezahlt. porr-group.com
powered by PORR 150
© Astrid Knie/PORR

ANDREAS UNTERBERGER

Das Jahr der Skandale

Das Jahr 2019 war politisch wie medial mehr denn je von Skandalen und Skandalisierung geprägt. Jedoch mit sehr unterschiedlichen Wirkungen. Dabei zeigt sich: Es ist immer zweifelhaft, in welche Richtung sich am Ende ein Skandal, eine Skandalisierung auswirkt: gegen die Skandalisierten oder gegen die Skandalisierer? Sehr oft finden sie überhaupt nur in den Medien statt und lassen die Menschen kalt. In bestimmten Fällen aber können sie ein ganzes System zum Einsturz bringen. So wie es beim Ibiza-Skandal der Fall gewesen ist.

Nichts fasst die Dramatik des Jahres 2019 so präzise zusammen wie die Bezeichnung „Jahr der Skandale". Kein einziges Sachproblem, keine äußere Krise, keine wirtschaftliche oder soziale Herausforderung, kein Sicherheitsproblem, keine Demografie, keine Migration, kein – durch wen auch immer verursachter – Klimawandel hat das politmediale Österreich 2019 so bewegt wie die diversen Skandale, die wirklichen und die behaupteten.

Vor allem in den Medien dominierte große Begeisterung für Skandale. Sind sie doch überzeugt, damit Leser, Seher und Hörer stärker interessieren zu können als mit Sachthemen. Skandale lassen sich medial viel einfacher darstellen. Sie sind immer personalisierbar. Zugleich bezeichnet sich jeder Journalist, der über Skandale berichtet, als Investigativ-Journalist, was viele als Adelsprädikat ihres Berufs ansehen. Egal, wie viel Recherche da involviert war, die über das Öffnen eines Kuverts mit Kopien aus der Staatsanwaltschaft hinausgeht. Egal, ob sie beim Skandale-Beschreiben um Objektivität und Seriosität bemüht waren.

Freilich täuschen sich die Medien, wenn sie meinen, dass ihnen das wirklich hilft. Zwar lässt sich zweifellos mit Skandalberichterstattung einige Tage lang das Interesse der Konsumenten in die Höhe peitschen – nur um nachher umso sicherer weiter abzusinken. Denn wenn die Menschen von einer scheinbar total skandalgetränkten Politik angewidert werden, sind sie umso mehr auch von jenen angewidert, die ständig über Skandale berichten.

Die Gesamtreichweite aller österreichischen Tageszeitungen war laut Media-Analyse (die sehr großzügig misst: Bei ihr wird man schon dann als Leser gezählt, wenn man eine Zeitung in der Hand gehabt hat) in den zwölf Monaten bis zum 30. Juni 2019 mit 63,3 Prozent nur genauso hoch wie in der Vergleichsperiode davor. Die Skandalhektik vom BVT bis Ibiza hat also nur eine Stabilisierung des Abwärtstrends gebracht, keine Umkehr. Die Gesamtjahresdaten für 2019 liegen zwar noch nicht vor, aber die ständig weitergehende Reduktion der Zeitungsumfänge spricht eine ernüchternde Sprache. Das Skandaljahr hat die Zeitungen nicht gerettet.

Insgesamt ist ja ihr Abwärtstrend seit Langem ein steiler: Sechs Jahre davor lag ihre Kollektivreichweite noch bei 71,8 Prozent. Noch tiefer ist – bis auf wenige Ausnahmen – der Fall der Wochen- und Monatsblätter.

Noch weniger als den Zeitungen hat dem ORF die Skandalberichterstattung geholfen: Die Marktanteile der Sendergruppe fielen 2019 weiter: von 32,9 Prozent im Jahr 2018 auf 31,8 im vergangenen Jahr. Auch für den ORF setzte sich damit ein langfristiger Abwärtstrend fort, hatte er doch bis 2006 immer Marktanteile über 40 Prozent. Und früher noch viel mehr.

Gewiss, die Krisen der klassischen Medien hängen insbesondere mit dem steilen Aufstieg aller Internet-Medien zusammen. Dennoch zeigt sich etwa beim klassischen linearen Fernsehbereich, dass unaufgeregte Seriosität ohne Skandalhysterie durchaus Erfolg bringt. Den bei weitem größten Zuwachs unter den heimischen Privatsendern hat mit einem mehr als zwanzigprozentigen Zuwachs auf drei Prozent Servus-TV erzielt. Dabei hat dieser Sender nicht so wie der ORF hunderte Male immer die gleichen Video-Sequenzen aus Ibiza abgespielt …

WIR LERNEN: Die Bürger lieben zwar den Gaumenkitzel durch Berichte über einen wirklichen oder scheinbaren Skandal; sie lieben aber nicht den Berichterstatter. Ganz im Gegenteil: Im Unterbewusstsein färbt Skandalisierung negativ ab. Wer dauernd über Skandale redet, wird im Auge des Zusehers am Ende selbst ein Teil des Skandals.

Dauernde Skandalberichterstattung führt in der Regel zu einer dieser Reaktionen der Bürger:

- Schlimm, aber eigentlich sind das alles Probleme außerhalb meiner Welt.
- Wer weiß, ob die Vorwürfe überhaupt stimmen – werden sie doch dementiert.
- Es sind in der Politik eh alles Gauner.

Aber nicht nur die Medien, sondern auch die Demokratie hat keineswegs von einem gehobenen politischen Interesse durch die Skandalserie profitiert. Denn die Wahlbeteiligung an den Nationalratswahlen im September 2019 ist mit 76 Prozent auf den zweittiefsten Wert der gesamten österreichischen Wahlgeschichte gesunken und war gleich um vier Prozentpunkte niedriger als zwei Jahre davor (nur 2013 war die Beteiligung noch einen Prozentpunkt tiefer gewesen). Dabei war die Beteiligung bis in die 80er-Jahre immer über 90 Prozent gelegen.

Die Lehre ist eindeutig: Die Menschen haben 2019 zwar intensiv die Skandalberichterstattung verfolgt. Aber das Ergebnis ist keine Politisierung, sondern eher das Gegenteil: ein zunehmend angewidertes Abwenden von der Politik; und nicht nur von der Politik, sondern auch von ihrer symbiotischen Zwillingsschwester, den über die Politik berichtenden Medien.

Das heißt freilich nicht, dass das Wahlergebnis der Parlamentswahl nicht von den Skandalen beeinflusst worden wäre. Aber wieder zeigt sich ganz eindeutig, dass Skandale nicht so monokausal wirken, wie vielleicht von manchen erwartet. Das zeigt der Blick auf die einzelnen Parteien:

Liste Pilz (JETZT) und Grüne: Diese haben ganz eindeutig am stärksten auf ein Skandalisieren gesetzt. Peter Pilz ist – seit Jahrzehnten, aber bei der Wahl 2019 ganz besonders – jener Politiker, der ständig mit tief empörtem Gesicht den jeweils ärgsten Skandal der Geschichte „aufdeckt". Besonders hat er das auf seiner Lieblingsplattform gemacht: in parlamentarischen Untersuchungsausschüssen. Er ist jener Politiker, der am meisten Strafanzeigen gegen andere Politiker erstattet hat. Aber er ist zugleich auch jener, dessen Anzeigen am häufigsten mit einer Einstellung enden. Ebenso hat seine Aufregungsinszenierung bei U-Ausschüssen fast nie wirklich zu etwas geführt.

Ausgerechnet dieser Pilz ist 2019 in hohem Bogen aus dem Parlament geflogen. Dabei ist er erst zwei Jahre davor dort hineingekommen, und zwar genau in einer Phase, als Pilz ausnahmsweise einmal nicht durch ständige Skandalisierung genervt hat, sondern eher Objekt des Mitleids geworden ist, weil die Grünen ihren bekanntesten Politiker als Folge interner Intrigen und Quotenfixierung nicht aufgestellt haben. Aber als Pilz dann jahraus, jahrein nur noch als hasserfüllter und schriller Skandalisierer aufgetreten ist, hatten die Wähler endgültig genug von ihm.

Hingegen erzielte die Grüne Partei ohne Pilz und damit mit dem niedrigsten Ausmaß an Skandalisierung seit ihrer Gründung den höchsten Sieg ihrer Geschichte. Sie hat stattdessen auf ein reines Sachthema gesetzt, die Klimapanik rund um die schwedische Aktivistin Greta Thunberg. Alle einstigen Skandale waren vergessen, etwa der Abgang der ehemaligen Parteichefin Glawischnig zu einem Casinobetreiber oder die einstige grüne Nähe zu linksextremistischer Gewalt.

KLARE LEHRE: Manische Skandalisierung rund um die Uhr bringt nichts. Sachthemen und taktisches Wählen (also etwa der regelmäßige Wählerwechsel zwischen Rot und Grün) sind wichtiger.

SPÖ: In ganz anderer Hinsicht lehrreich ist das Schicksal der Sozialdemokratie. Sie war eigentlich 2019 fast gar nicht in Skandale verwickelt, hat aber trotzdem mit einem Minus von 5,7 Prozentpunkten katastrophal abgeschnitten. Die Verluste hängen mit einer schwachen Vorstellung der Parteichefin ebenso zusammen wie mit einer Hilfsaktion einstiger SPÖ-Wähler für die Grünen, damit diese wieder ins Parlament kommen, während die SPÖ selbst endgültig als chancenlos eingestuft worden ist, Nummer eins zu werden.

Die Sozialdemokratie hat jedenfalls nicht profitiert von den angeblichen oder wirklichen Skandalen der beiden Rechtsparteien. Dabei ist der Verdacht sehr groß, dass etliche dieser Skandale sogar von Menschen aus dem sozialistischen Umkreis losgetreten worden sind. Sie sind jedenfalls von der SPÖ geradezu krampfhaft aufgeblasen worden. Der SPÖ ist stattdessen das Misstrauensvotum (zusammen mit FPÖ und JETZT) gegen die ganze Regierung Kurz sehr negativ angerechnet worden. Das war für die Wähler jenseits aller Skandalrhetorik ein rein destruktiver Akt der Unfairness.

Besonders erstaunlich: 2017 hat die SPÖ ihren Wähleranteil noch fast komplett gehalten, obwohl damals die Partei selbst Täterin im Skandal rund um den Berater Silberstein gewesen ist. Aber ihr gelang es damals, durch wilde Dementis letztlich für so viel Verwirrung zu sorgen, dass der Skandal nicht wirklich schadete. Außerdem konnten damals von Grün viele linke Wechselwähler gewonnen werden, die hofften, dass sich für die SPÖ vielleicht doch noch die Nummer-eins-Position ausgeht.

KLARE LEHRE: Auch echte Skandale schaden nicht, solange man sie konsequent leugnet. Klar erkennbare Unfairness sowie klar erkennbare Unfähigkeit von Politikern schaden hingegen schwer. Zugleich wird taktisches Wählerverhalten immer häufiger: Es kann sowohl massiv schaden wie nutzen.

ÖVP: Die politischen Gegner haben der Volkspartei 2019 mehrere Skandale anzuhängen versucht. Einer hat das Schreddern von Drucker-Festplatten kriminalisiert; bei einem anderen wurden illegal ergatterte Unterlagen aus der ÖVP-Buchhaltung in linken Magazinen veröffentlicht; von der FPÖ wiederum wurde mehrfach der Verdacht ausgestreut, dass vielleicht doch die ÖVP hinter dem Ibiza-Video steckt.

All diese Vorwürfe sind an der ÖVP wie Wasser an einer Fettschicht abgeflossen. Es war sehr rasch erkennbar, dass hinter den Vorwürfen keine Substanz steckt. Viel wirksamer war eindeutig das bei der Wahl noch voll wirksame Charisma von Sebastian Kurz. Dazu war seine klare Aussage wahlwirksam, eine Mitte-Rechts-Politik und eine Abwehrpolitik gegen illegale Migration betreiben zu wollen. Genauso wichtig war sein Image, in skandalturbulenten Zeiten einziger Garant für Stabilität neben dem Bundespräsidenten zu sein (dem sich Kurz zugleich – ganz im Gegensatz zur mutigen Konfrontationspolitik von Wolfgang Schüssel gegen den Bundespräsidenten im Jahr 2000 – voll unterordnete, obwohl Alexander Van der Bellen ab Mai 2019 ein eindeutig parteipolitisches Spiel zugunsten der ihm sehr nahestehenden Grünen spielte. Das hat die politischen Gewichte zwischen beiden Seiten des Ballhausplatzes wohl dauerhaft verschoben).

Jenseits aller Skandale ließ Sebastian Kurz die zwei Hauptfragen des Jahres 2019 unbeantwortet. Erstens: Warum hat er mit dem Hinauswurf von Innenminister Kickl, der ja mit dem Ibiza-Skandal gar nichts zu tun hatte, die Koalition beendet? Zweitens: Warum hat er nicht nach der Wahl die mögliche und von der Mehrheit gewünschte schwarz-blaue Koalition fortgeführt? Auf beide Fragen gab es nie eine ausreichende und nachvollziehbare Antwort. Kurz hat stattdessen den Skandaltrubel durchaus eigenständig zu nutzen verstanden.

KLARE LEHRE: Skandalvorwürfe der üblichen Kategorie (etwa in Hinblick auf Parteifinanzierung) ändern bei keinem einzigen Wähler das Wahlverhalten. Wenn sie allzu lächerlich sind (Schreddern) führen sie sogar zu einem Solidarisierungseffekt. Skandale lassen sich aber gut verwenden, um ganz anders motivierte politische Entscheidungen zu tarnen.

FPÖ: Sie ist die einzige Partei, die 2019 durch Skandale Schaden erlitten hat. Sie sank von 26 auf 16 Prozent gegenüber der letzten Wahl. Allerdings war sie schon vor Auftauchen des Ibiza-Videos bei den Umfragen auf 22 Prozent gefallen. Wieder einmal hat einer Protestpartei eine Regierungsteilnahme geschadet (was meist passiert, wenn sie nicht Nummer eins in der Regierung ist).

Allerdings fällt auf, dass die FPÖ 2019 deutlich weniger tief gefallen ist als im vergleichbaren Jahr 2002. Damals war die FPÖ gar von 27 auf 10 Prozent gestürzt. Damals gab es aber gar keine FPÖ-Skandale, sondern ein totales Zerfallen der Partei in zwei Teile: Ein Teil wollte weiter konstruktiv in der Regierung arbeiten, und einer wollte wieder Protestpartei werden.

Den zweiten Teil des FPÖ-Verlustes haben aber dann eindeutig die zwei großen Skandale rund um Parteichef H. C. Strache ausgelöst. Diese haben beide zum Nachteil der FPÖ gewirkt – aber sehr unterschiedlich:

- Der erste Skandal, also die in Ibiza heimlich gefilmte Bereitschaft des damaligen FPÖ-Obmannes zu schwer korrupter Kooperation mit vermeintlichen russischen Oligarchen, hat eine signifikante Anzahl von FPÖ-Wählern zum Wechsel zur ÖVP motiviert.
- Der zweite Skandal drehte sich hingegen um Spesenabrechnungen Straches. Er hat ähnlich viele FPÖ-Wähler zu Nichtwählern gemacht. Das waren Wähler mit höherer FPÖ-Affinität, die nicht zum Wechsel zu einer anderen Partei bereit waren, die aber umso mehr empört waren, dass Strache sich auf der Ebene des Kaufs von Gucci-Taschen auf Kosten der eigenen Partei bereichert hat. Oder haben dürfte – denn bis heute gibt es ja keine saubere Aufklärung zu beiden Skandalen.

Äußerungen des Interims-Innenministers Wolfgang Peschorn, also des obersten Chefs der Polizei, knapp nach Ende des Jahres 2019, dass es wegen Reibereien zwischen Staatsanwaltschaft und Polizei nicht zur vollen Aufdeckung aller Aspekte der mafiaartigen Falle gegen Strache gekommen ist, deuten massiv darauf hin, dass es bei der Aufdeckung zu einem weiteren Skandal gekommen sein dürfte. Über den wir aber noch weniger wissen.

Die Verluste der FPÖ am Wahltag wären dennoch etwas kleiner gewesen, wäre die neue doppelköpfige Parteispitze nicht allzu widersprüchliche Strategien gefahren: Parteiobmann Norbert Hofer versuchte, die FPÖ als „die" Garantie eines Weitergehens von ÖVP-FPÖ zu verkaufen. Diese Strategie wurde durch Klubobmann Herbert Kickl konterkariert, der ständig die ÖVP mit Skandalvorwürfen frontal angriff, was wiederum zwischen den beiden Parteien schwankende Wähler von einem Wechsel zur FPÖ abhielt. Kickl war verbittert, weil ihn Sebastian Kurz in die Nähe der Ibiza-Skandals zu rücken versucht und seinen Rücktritt als Preis für eine Fortsetzung der Koalition verlangt hatte. Kickl hat aber seinerseits aus dem Schicksal des Peter Pilz nichts gelernt, dass Rund-um-die-Uhr-Skandalisierer alles andere als beliebt werden.

KLARE LEHRE: Skandale werden erst dann wählerwirksam, wenn sie entweder durch ein Video einen viel höheren Anschein von Wirklichkeit haben als bloße Text-Berichterstattung oder wenn sie sich auf der simplen und von jedem nachvollziehbaren Ebene persönlicher Bereicherung abspielen. Aber selbst dann haben sie nicht dieselbe Wirkung wie etwa eine offene Parteispaltung.

Die einzelnen Skandale

Eine detaillierte Darstellung aller Skandale des Jahres 2019 würde ein eigenes Buch erfordern. Daher hier nur schlagwortartig das, was daran wesentlich erscheint:

Die Einzelfälle: Unter dieser Bezeichnung firmieren in der ersten Jahreshälfte fast im Wochenabstand in linken Medien inszenierte Berichte, die alle die FPÖ in ein ganz schiefes Licht zu rücken versuchten.

- Einmal ging es um ein 14 Jahre altes Liederbuch einer Burschenschaft, das in der Bibliothek eines freiheitlichen Abgeordneten steht und antisemitische Lieder enthält (wobei es aber keine Äußerung des Politikers gibt, dass er sich mit diesen Liedern identifizieren würde).
- Einmal ging es um eine alte Karikatur der FPÖ über einen Moslem, die als antisemitisch bezeichnet worden ist.
- Einmal ging es um ein Gedicht eines freiheitlichen Provinzpolitikers, das Ausländer als Ratten bezeichnet (da aber der Autor auch sich selbst und seine Frau als Ratten bezeichnet, ist das keine Ausländerbeschimpfung, sondern dasselbe wie bei Walt Disney, der die Akteure seiner Comics entweder als Mäuse oder als Enten darstellt).

Identitären-Skandal: ÖVP-Obmann Kurz sah in der Tatsache, dass der Mann, der in zwei neuseeländischen Moscheen zum Massenmörder wurde, den österreichischen „Identitären" ein Jahr vor seiner Tat eine Geldspende gemacht hatte, ein Verbrechen, das mindestens zum Verbot der Identitären führen müsse. Jedenfalls zwang er Koalitionspartner FPÖ, sich von den ihr zweifellos nahestehenden Identitären zu distanzieren. Faktisch haben die Identitären ein der ÖVP sehr ähnliches Programm: Betonung der österreichischen Identität, Ablehnung von illegaler Migration und Islamisierung. Von Kurz unterscheiden sich die Identitären nur durch ihren Aktionismus, der aber wiederum dem von grünen NGOs ähnelt.

Skandale rund um das BVT (Bundesamt für Verfassungsschutz und Terrorismusbekämpfung): Da gab es gleich mehrere Skandale, die monatelang höchste Aufregung auslösten, aber allesamt keine Auswirkung auf das Wahlergebnis hatten:

- Ein internationaler Bericht hat einen katastrophalen inneren Zustand des BVT enthüllt und damit die Kritik des zuständigen Innenministers Kickl am BVT zumindest zum Teil gerechtfertigt.
- Die Staatsanwaltschaft hat auf Verlangen des FPÖ-Innenministeriums eine Hausdurchsuchung beim BVT veranstaltet, die dann aber später von einem Gericht als unrechtmäßig entlarvt worden ist.
- Ein darauf im Parlament installierter Untersuchungsausschuss hat diese beiden Problembereiche sowie die starke ÖVP- und SPÖ-Nähe vieler BVT-Mitarbeiter bloßgelegt (die aber rechtlich nicht verboten ist); er hat aber auch dazu geführt, dass immer wieder eigentlich vertrauliche Unterlagen in die Öffentlichkeit gelangt sind.
- Das alles hat wiederum einige ausländische Partnerdienste zu einer kritischen Überprüfung ihrer Kooperation mit dem BVT veranlasst.
- Wahrscheinlich hat auch die Russland-Nähe der FPÖ international zu einer Isolation des BVT geführt.

Der Eurofighter-Skandal: Die einstige Anschaffung von Abfangjägern durch Österreich wird schon seit einem Jahrzehnt von SPÖ und insbesondere Peter Pilz skandalisiert und hat auch schon zu mehreren Untersuchungsausschüssen geführt. Es wurde aber nie etwas gefunden.

Die Skandale in der Staatsanwaltschaft: Neben dem von Peschorn enthüllten Skandal der unzureichenden Aufarbeitung der Frage, wer das Ibiza-Video inszeniert hat, der vor allem die Staatsanwaltschaft Wien trifft, geht es dabei um:

- die Länge vieler Vorverfahren, die des öfteren bis zu zehn Jahre dauern, wobei die Betroffenen auch im Falle eines Freispruchs Schäden (für Anwalts- und Sachverständigenkosten) in der Höhe von mehreren Hunderttausend Euro erleiden, für die sie auch bei einem Freispruch keine Entschädigung bekommen;
- die Grazer Staatsanwaltschaft, die ohne ausreichendes Substrat ideologische Feldzüge gegen die Identitären geführt hat, aber vor Gericht gescheitert ist;
- und die Wirtschafts- und Korruptionsstaatsanwaltschaft. Sie hat in Sachen BVT gepfuscht. Sie hat den ärgsten Korruptionsfall in der österreichischen Geschichte – die alljährlich mehr als hundert Millionen

verschlingende Medienkorruption – nie vor ein unabhängiges Gericht gebracht. Sie hat den für die Strafjustiz zuständigen Sektionschef des Justizministeriums wegen lächerlicher Vorwürfe angezeigt. Und sie hat eine interne Besprechung illegal aufgenommen. Diese Fälle beweisen, dass die Staatsanwaltschaft längst zum Staat im Staat geworden ist.

Ibiza: Auf dieser Balearen-Insel haben sich jene zwei Skandale abgespielt, die das Jahr ab Mai dominiert haben. Wobei beide Seiten des politischen Spektrums bis heute jeweils nur eine Seite sehen wollen.

- H.C. Strache ist 2017 heimlich gefilmt worden, als er einer vermeintlichen russischen Oligarchin Angebote machte, die bei einem Amtsträger eindeutige Korruption wären (was er damals aber noch nicht war). So sprach er davon, wie man über Umwege Geld an Parteien fließen lassen und dafür Staatsaufträge bekommen könnte.
- Diese Videofalle, in die Strache getappt ist, war gleichzeitig an sich massiv rechtswidrig. Sie war enorm kompliziert und teuer aufgebaut. Es ist bis heute ungeklärt, wer aller in ihre Aufstellung und Finanzierung sowie in die Vermarktung des Videos involviert gewesen ist. Zwar laufen mehrere Verfahren, zwar gibt es eindeutige Beziehungen in die rein kriminelle Welt. Aber es scheint nach wie vor sicher, dass auch parteipolitische Interessen und internationale Geheimdienste im Spiel gewesen sind.

Straches Spesenaffäre: Auch dieser Komplex ist in keiner Weise aufgeklärt. Es gibt dazu nach wie vor mehr Fragen als seriöse Antworten:

- Hat Strache wirklich die eigene Partei massiv betrogen?
- Hat in der FPÖ jemand bewusst weggeschaut (worauf der nachträgliche Rücktritt der beiden FPÖ-Generalsekretäre hindeuten könnte)?
- Geht es nur um simple Steuerhinterziehung, bei der Einkommen als Spesen getarnt wird?
- Wer hat Strache auffliegen lassen?
- War es wirklich nur ein gekränkter Personenschützer?
- Oder ist hier ebenfalls seit Langem eine geheimdienstliche Falle aufgebaut worden?
- Oder wollte ihn die nunmehrige FPÖ-Spitze endgültig erledigen?

- Alles ist möglich. Unwahrscheinlich ist nur, dass wir jemals die volle Wahrheit erfahren werden.

Schreddern: Ein Mitarbeiter von Kurz hat in den letzten Amtstagen seiner Kanzlerschaft Festplatten aus dem Kanzler-Büro schreddern lassen. Das ist an sich ein ganz normaler und legaler Vorgang, damit vertrauliche Texte keine Flügel bekommen. Das ist aber dennoch von Kurz-Gegnern massiv kriminalisiert und mit wilden Verschwörungstheorien darüber verknüpft worden, was alles auf diesen Festplatten gestanden haben mag.

Hacker-Attacke: Ähnliches gilt für einen externen Spähangriff auf die Buchhaltungsunterlagen der ÖVP, aus denen dann Details in linken Medien aufgetaucht sind. Gleichzeitig ist jedoch von einigen ÖVP-Kritikern angedeutet worden, dass es überhaupt keinen solchen kriminellen Hackerangriff gegeben hätte, und dass sich die ÖVP bewusst als Opfer inszeniere.

Das ist mittlerweile eindeutig widerlegt. Den externen Angriff hat es eindeutig gegeben.

Chorherr-Skandal: Der langjährige grüne Spitzenpolitiker Christoph Chorherr betreibt privat einen Verein für Schulen in Südafrika. Er war aber gleichzeitig auch grüner Planungssprecher im Wiener Rathaus und Berater der grünen Stadträtin Vassilakou. Und als solcher war er ein vehementer Verfechter des Baus eines Hochhauses zwischen Stadtpark und Konzerthaus. Das ist ein hässliches Bauprojekt am Schnittpunkt der für Wien so prägenden Jugendstil-, Ringstraßenstil- und Biedermeier-Architektur, das viele Wiener als eindeutige Stadtverhässlichung empört. Der Bau droht Wien auch den Status als „Weltkulturerbe“ zu kosten, wird aber dennoch von Rot und Grün unverdrossen weiterbetrieben.

Chorherr hat trotz dieser Situation und seiner Schlüsselrolle dabei namhafte Spenden aus der Bauwirtschaft entgegengenommen. Was natürlich sofort massiven Korruptionsverdacht hervorgerufen hat.

Dieser Doppelskandal (Hochhaus plus Spenden) wird erstaunlich wenig medial reflektiert. Sind Grünen für die Medien generell tabu? Oder haben sich diese durch Inserate der rotgrünen Gemeinde jedes Recherchier-Interesse abkaufen lassen?

Ältere Skandale: Man muss lange zurückgehen, bis man einen Wiener Skandal findet, der auch medial, juristisch und politisch korrekt aufgearbeitet worden ist. Das war damals der AKH-Skandal.

Ein anderer noch älterer Skandal in der Geschichte dieser Stadt rankte sich in den 60er-Jahren um den einst mächtigen SPÖ-Politiker (und tapferen Kämpfer gegen Nazis wie Kommunisten) Franz Olah. Seine Gegner in der SPÖ versuchten Olah wegen der Finanzierung der Kronenzeitung durch Gewerkschaftsgelder zu kriminalisieren. Diese Skandalisierung gelang zwar (Olah wurde zu einem Jahr Haft verurteilt), verhalf Olah aber zu gewaltiger Popularität, weil die Intrigen-Inszenierung durch die SPÖ von den Menschen durchschaut worden ist. Daher wurde er der erste Nachkriegspolitiker, der mit einer neugegründeten Partei erfolgreich bei mehreren Wahlen kandidierte – und der SPÖ schwer schadete.

Einen ähnlichen, aktuelleren Vorgang in Deutschland beschreibt dieses Zitat eines prominenten deutschen Publizisten: „Nichts hat der Alternative für Deutschland so geholfen wie ihre ständige Skandalisierung durch den ununterbrochenen Kampf gegen rechts auf Staatskosten.“

Wir lernen aus all dem: Auch wenn man jedes Interesse haben muss, dass echte Rechtsverletzungen bestraft werden, so ungewiss bleibt es doch, wem Skandale am Ende des Tages helfen. Dem Skandalisierer? Dem Beschuldigten? Oder versacken sie im Desinteresse? Das weiß man immer erst nachher.

CHRISTIAN MOSER-SOLLMANN

Die Wahlprogramme der Parteien im Vergleich

Aufgrund des Ibiza-Skandalvideos kam es 2019 nach nur zwei Jahren erneut zu Nationalratswahlen. Die vorgezogenen Wahlen überraschten auch die Parteien, die aufgrund der kurzen Vorbereitungszeit auch schmälere Wahlprogramme als gewöhnlich vorlegten oder wie etwa im Fall der Freiheitlichen Partei sogar auf dieselben Inhalte setzten wie bei der Nationalratswahl 2017. Nachfolgend werden die wichtigsten Inhalte der Parteien kurz diskutiert.

Die Beschäftigung mit Wahl- und Grundsatzprogrammen fällt sowohl in der Politikwissenschaft als auch in der medialen Berichterstattung eher stiefmütterlich aus. Das belegt ein Blick in das Handbuch für Politische Kommunikation in der demokratischen Gesellschaft. Sowohl im Lexikonteil als auch im Stichwortverzeichnis werden Stellenwert und Funktion von Parteiprogrammen nicht unterschieden.[1] Dabei erfüllen Programme für Parteien verschiedene Funktionen. Denn die tagesaktuelle Politik, Konzepte, Ideen und Forderungen entstehen natürlich nicht im „luftleeren Raum“, sondern berufen sich auf die grundsätzlichen Ansichten und Konzepte, die in Programmen erarbeitet und vorgestellt werden. Dabei werden Grundsatzprogramme, kurzfristige Aktionsprogramme, Regierungsprogramme und Wahlprogramme unterschieden. Im Grundsatzprogramm wird meist, aufbauend auf eine gesellschaftliche Analyse, das auf der jeweiligen politischen Gesinnung basierende Weltbild zu einem politischen Wegweiser verdichtet, welcher als Orientierung für Funktionärinnen und Funktionäre und Wählerinnen und Wähler dienen soll. Aktionsprogramme sind hingegen kurzfristiger und richten sich auf ein konkretes Ziel. Bei Regierungsprogrammen handelt es sich um überparteiliche Handlungsübereinkommen, während Wahlprogramme die Ziele einer Partei für die kommende Legislaturperiode beschreiben und festlegen. Es ist in der Literatur strittig, welche Rolle die Wahlprogramme bei der Wahlentscheidung der Wählerinnen und Wähler – neben Faktoren wie dem Spitzenkandidaten und der Wahlwerbung – spielen.

Auffällig bei der Nationalratswahl 2019 war, dass alle Parteien relativ dünne Wahlprogramme mit eher kleinen Reformvorhaben präsentierten, was aber angesichts der vorgezogenen Neuwahlen auch keine große Überraschung war. Die ehemaligen Regierungsparteien neue Volkspartei und FPÖ kündigten in ihren Programmen vor allem eine weitere Umsetzung des bisherigen Regierungsprogramms an, um die begonnene Arbeit fortzuführen. Völlig neue Themen wären für diese Zielsetzung kontraproduktiv gewesen. Sozialdemokratie, NEOS und Grüne thematisierten diesmal die in den Medien omnipräsenten Themen Klimawandel und Klimakrise und leg-

1 Vergleiche dazu Jarren, Otfried et. al (Hg.): Politische Kommunikation in der demokratischen Gesellschaft. Ein Handbuch, Opladen/Wiesbaden 1998.

ten dabei schlüssige Konzepte für die Ökologisierung der österreichischen Wirtschaft vor. Nur die Liste JETZT konnte in ihrem Wahlprogramm nicht der Versuchung widerstehen, neben inhaltlichen Vorschlägen das Wahlprogramm vor allem auch als Abrechnung mit der ÖVP-FPÖ-Regierung zu nutzen. Die Taktik, sich als einzige Opposition zu inszenieren, wurde vom Wähler nicht goutiert.

Statt eines klassischen Wahlprogramms präsentierte die neue Volkspartei 100 Projekte

Einleitend hält die neue Volkspartei fest, dass die österreichische Gesellschaft durch Zuwanderung heterogener geworden ist. Mittlerweile hat jeder fünfte in Österreich lebende Mensch einen Migrationshintergrund, weshalb die Bewahrung der österreichischen Identität ein über alle Politikfelder wesentliches Anliegen der Volkspartei ist. Dazu gehören etwa das Symbol des Kreuzes in den Klassenzimmern und ein Fortführen der christlichen Traditionen.

Im Kampf gegen Extremismus setzt die neue Volkspartei auf ein Verbot des politischen Islam und auf die Auflösung von extremistischen Vereinen wie den rechtsextremen Identitären. Um die generelle Identifikation mit dem Gemeinwesen zu stärken, möchte die Volkspartei Staatsbürgerkunde für alle Neubürger verpflichtend einführen. In diesen Kursen sollen die Grundwerte des Rechtssystems und der Demokratie vermittelt werden.

Asyl und Migration, Sicherheit, neuer Vertrag für Europa, Steuergerechtigkeit, Pflege, die Stärkung des Sozialstaates und des ländlichen Raumes, Nachhaltigkeit und leistbares Wohnen bildeten wichtige Schwerpunkte. Die neue Volkspartei verweist auf große Erfolge der Asylpolitik. 2018 wurden 85 Prozent weniger Asylanträge gestellt als im Krisenjahr 2015. Die illegale Migration soll weiter aktiv bekämpft werden und als Europa-Partei engagiert sich die Volkspartei für eine nachhaltige Reform des Asylsystems auf europäischer Ebene, um den Kontinent für die Zukunft zu schützen und um die Zuwanderung ins Sozialsystem zu unterbinden, weil ein Sozialstaat auch Anreize für Migration bietet, wie eine neue Studie[2] nachgewiesen hat. Um

2 Mehr Sozialleistungen führen zu vermehrter Zuwanderung von schlecht Ausgebildeten, so

diese Anreize zu minimieren, wird die neue Volkspartei eine Taskforce „Sozialleistungen" einrichten, um Missbrauch vorzubeugen. Als weiterer Schutz vor Missbrauch wird auf die Neugestaltung der Mindestsicherung hingewiesen.

Neben dem propagierten Kopftuchverbot für Lehrerinnen an Schulen und Kindern bis 14 Jahren werden künftig generell Sozialleistungen bei der Vernachlässigung von Erziehungspflichten reduziert werden.

Sozial- und wirtschaftspolitisch forciert die neue Volkspartei die Umsetzung der bereits geplanten Steuerreform. Eine Senkung der Lohnsteuer-Tarifstufen auf 20, 30 und 40 Prozent sowie die Senkung von Sozialversicherungsbeiträgen ist ebenso geplant wie ein steuerfreier Mitarbeiterbonus von bis zu 3.000 Euro, den Unternehmer gewähren können. Auch eine geplante Abschaffung der staatlichen Nebenkosten aufs erste Eigenheim bis zu 20.000 Euro soll die Möglichkeit schaffen, Eigentum zu erwerben. Lohnebenkosten und Sozialversicherungsbeiträge sollen trotz einer neu angedachten Pflegeversicherung als fünfte Säule der Sozialversicherung nicht steigen.

Zur Bekämpfung der Altersarmut fordert die Volkspartei ein automatisches Pensionssplitting zwischen den Eltern bis zum zehnten Lebensjahr des Kindes. Generell sollen Familien durch einen weiteren Ausbau der Kinderbetreuung unterstützt werden, und der Mutter-Kind-Pass soll bis zum 18. Lebensjahr ausgeweitet werden.

Klimaschutz als Staatsziel: Bis 2045 soll in Österreich die CO_2-Neutralität erreicht werden. Um dieses Ziel zu erreichen, möchte Österreich Wasserstoff-Nation Nummer eins innerhalb von Europa werden. Wasserstoff muss entlang der gesamten Wertschöpfungskette – von der Grundlagenforschung bis zur industriellen Anwendung – zur Priorität gemacht werden. 500 Millionen Euro werden in Forschung und Entwicklung investiert, und bis 2030 sollen 30.000 Arbeitsplätze in der Wasserstoff-Industrie entstehen.

die These der Studie. https://www.henrikkleven.com/uploads/3/7/3/1/37310663/agersnap-jensen-kleven_welfaremagnets_oct2019.pdf.

SPÖ setzt auf die Themen Klimaschutz, Arbeit und Bildung

Die Sozialdemokratie präsentierte ein 163-seitiges Programm mit den drei Themenschwerpunkten Arbeit, Bildung und Klimaschutz. Mit dem Programm will die Sozialdemokratie ihr Alleinstellungsmerkmal unterstreichen, wonach nur die Sozialdemokratie eine Politik der Menschlichkeit, die den Menschen in den Mittelpunkt stelle, verfolge.

Unter dem Motto „Mit Freude an der Arbeit" fordert die Sozialdemokratie, wie schon in früheren Wahlkämpfen, die Einführung einer Millionärsteuer für Millionenvermögen und Millionenerbschaften. Ein Mindestlohn von 1700 Euro wird gefordert und um den Faktor Arbeit zu entlasten, sollen Einkommen bis 1700 Euro steuerfrei bleiben. Die Abgabenbelastung für Arbeitnehmer soll um 1000 Euro pro Jahr sinken, die Lohnnebenkosten um 500 Euro. Zusätzlich soll der Spitzensteuersatz von 55 % für Einkommen über eine Million Euro unbefristet eingehoben werden. Weitere Steuereinnahmen möchte die Sozialdemokratie durch eine EU-weite Mindestkörperschaftssteuer von 25 Prozent lukrieren. Neben den Mehreinnahmen erwartet sich die SPÖ dadurch vor allem eine Beendigung des EU-internen Steuerwettlaufes. Arbeitsrechtlich tritt die SPÖ für das Recht auf eine 4-Tage-Woche, das Recht auf Teilzeitarbeit sowie den Anspruch auf eine sechste Urlaubswoche für alle Arbeitnehmerinnen und Arbeitnehmer ein. Um die Langzeitarbeitslosigkeit zu bekämpfen, möchte die Sozialdemokratie die Beschäftigungsaktion 20.000 auf alle Langzeitarbeitslosen ausweiten. Um Arbeitslosigkeit langfristig zu senken, setzt die SPÖ auch auf eine Attraktivierung der Lehre. Mit einer verpflichtenden Lehrlingsentschädigung von 850 Euro ab dem ersten Lehrjahr sollen wieder mehr Menschen in Österreich einen Beruf von der Pike auf lernen. Zusätzlich sollen alle Lehrlinge im Zuge ihrer Ausbildung gratis den Führerschein machen dürfen. Gegenfinanziert werden sollen diese Erleichterungen für Arbeitnehmer durch Einsparungen in der Verwaltung und eine Erbschaftssteuer ab einer Million Euro.

Im Abschnitt „Aus Liebe zu Österreich" werden die Themenfelder Umwelt und Klimaschutz, Sozial- und Gesundheitspolitik, Pflege, Standortpolitik und der ländliche Raum, Wohnen, Korruptionsbekämpfung, Integration (inklusive der Begrenzung illegaler Migration auf null) sowie Kultur und Pressefreiheit abgehandelt. Die SPÖ möchte eine kilometerabhängige Lkw-Maut auf allen Straßen in Österreich einführen, was jährlich zu Steuereinnahmen von 500 Millionen Euro führen soll. Dieses Geld soll in einen Klimaschutzfond fließen, der eine halbe Milliarde Euro pro Jahr einbringen soll. Mit diesen Einnahmen sollen dann etwa günstige Tarife für öffentliche Verkehrsmittel, die Elektrifizierung von Bahnstrecken und eine Pendlerpauschale mit Klimabonus finanziert werden.

FPÖ setzt auf die gleichen Themen wie 2017

Die Freiheitlichen präsentierten 2019 kein neues Programm, sondern behielten ihre Schwerpunkte von 2017 bei. Die Themen Heimatgefühl und Zuwanderung, Klimaschutz und leistbares Wohnen bildeten die Schwerpunkte des Wahlprogramms.

„Mit Sicherheit für Österreich: Fair. Sozial. Heimattreu" wurde als zentraler Slogan verwendet. Als Hauptthema verhandelten die Freiheitlichen den Themenblock „Heimat und Identität". Darunter fallen der Kampf gegen den radikalen Islam sowie ein Kopftuch- und Burkaverbot im öffentlichen Raum. Darüber hinaus treten die Freiheitlichen für eine weitere Verschärfung des Fremdenrechtes ein, worunter etwa die Auswertung von Handydaten fällt. Ebenfalls neu war die Forderung nach einer erneuten Prüfung des Asylstatuts für bereits anerkannte Flüchtlinge. Damit soll geprüft werden, ob der bisherige Asylgrund noch weiter Bestand hat. So soll der temporäre Schutzcharakter des Asylrechts wieder in den Vordergrund rücken und nicht zum Hebel für dauerhafte Migration umfunktioniert werden. Wie die Volkspartei fordert auch die FPÖ eine beschleunigte Abschiebung straffällig gewordener Ausländer. Auch beim Wohnen möchten die Freiheitlichen Autochthone besserstellen: Einwohner mit österreichischer Staatsbürgerschaft sollen etwa in Gemeindebauten bevorzugt werden. Die Freiheitlichen sind für eine generelle Reform des Wohnbauförderungssystems. Das Mietrecht soll sich künftig an der thermischen Sanierung orientieren. Wenn Eigentümer sanieren, dürfen sie auch in Altbauten mehr Miete verlangen, als vom Richtwert vorgesehen.

Umweltschutz als Heimatschutz – die Freiheitlichen betrachten Umweltschutz auch als Bewahrung der nationalen Identität. Sie lehnen aber eine CO_2-Steuer oder sonstige Ökosteuern als Belastung für den Steuerzahler ab und treten stattdessen für eine „Ökoprämie" auf Neuwagen ein, wenn mehr als zwölf Jahre alte Autos verschrotte werden. Durch moderne Autos soll gleichermaßen die Umwelt geschützt und die krisengeschüttelte Automobilbranche entlastet werden. Zusätzlich fordern die Freiheitlichen eine Preissenkung für Jahresvignetten, die durch eine Teuerung für Kurzzeit-Vignetten ausgeglichen werden soll. Im ländlichen Raum soll der öffentliche Verkehr durch eine Nahverkehrsmilliarde attraktiviert werden. Beim Tierschutz plädieren die Freiheitlichen für strengere Kontrollen von Tiertransporten.

NEOS: Bildung, Klimaschutz und Nachhaltigkeit

In ihrem 80-Seiten-Wahlprogramm fokussierten die NEOS auf die Themen Klimaschutz und Nachhaltigkeit, Bildung, Pensionsreformen sowie Transparenz bei Parteifinanzen und Staat. Im Bereich Klimaschutz verlangen die NEOS eine CO_2-Steuer, mit deren Erlösen umweltfreundliche Investitionen getätigt werden sollen. Erneuerbare Energiesysteme, die E-Mobilität und Gebäudesanierungen sollen ausgebaut werden. Als Reaktion auf den Ibiza-Skandal fordern NEOS gläserne Parteien, worunter vollständigen Einblick in die Parteikassen durch den Rechnungshof verstanden wird und eine Kürzung der bestehenden Parteiförderung. Zusätzlich fordern die NEOS w eine Abschaffung des Amtsgeheimnisses und Transparenz bei Auftragsvergaben und bei Förderungen. Durch die Abschaffung des Bundesrates sollen die Staatsstrukturen verschlankt werden. Für die Länder und Gemeinden fordern die NEOS Steuerautonomie. In der Bildungspolitik treten NEOS für einheitliche Standards und ausreichende Mittel für Kindergärten ein. Sie fordern mehr Autonomie für die Schulen und wollen die Lehre aufwerten. Lehrlingen soll der Zugang zur Uni ermöglicht und ein Berufswechsel erleichtert werden. In der Migration verlangen die NEOS eine Kehrtwende: Wer gut ausgebildet ist, soll legal und kontrolliert nach Europa einwandern können.

Die Liste JETZT positionierte sich als „einzige Opposition"

Als zentrales Thema nannte Listengründer Peter Pilz dabei die Verteidigung des Rechtsstaats. Zur Stärkung des Rechtsstaats gehört für JETZT eine

Stärkung der Wirtschafts- und Korruptionsstaatsanwaltschaft. Die Korruptionsstaatsanwaltschaft braucht eigene Ressourcen und eine eigene Polizeieinheit. Weiters forderte die Liste JETZT einen weisungsfreien Generalstaatsanwalt, der direkt vom Nationalrat bestellt werden soll.

Um dem drohenden Ausscheiden aus dem Parlament entgegenzuwirken, versuchte sich die Liste JETZT als „einzige Oppositionspartei zu inszenieren. Ein etwas seltsamer Anspruch, da somit den Sozialdemokraten, den NEOs und den Grünen abgesprochen wurde, Oppositionsarbeit zu verrichten. Eine Anmaßung im Wahlprogramm, welche am Wahltag vom Elektorat auch abgestraft werden sollte. Um ihren vermessenen Anspruch darzustellen, stellte die Liste JETZT in ihrem Wahlprogramm zwölf rhetorische Fragen: Was tut Österreich 1. für Klimaschutz? 2. für Tierschutz? 3. gegen die Armut? 4. für faire Mieten? 5. für ein faires Steuersystem? 6. für Schulen? 7. für gesunde Ernährung? 8. gegen illegale Einwanderung und für Integration? 9. gegen Rechtsextremismus und politischen Islam? 10. für die Sicherung unserer Freiheit? 11. für die Verteidigung unseres Rechtsstaats? und 12. für Kunst, Kultur und Vielfalt? Die Antwort auf diese Fragen heißt immer „nichts". Um diesen „Stillstand" der Republik mit dem einzigen Ausweg LISTE JETZT zu beenden, präsentierte man zwölf Pläne für Österreich. Zu diesen Plänen gehörte das Anliegen, Konzerne und Vermögen höher als bisher zu besteuern und den Faktor Arbeit sowie Einpersonenunternehmen und Kleinunternehmer substanziell zu entlasten. Umsetzen möchte die Liste JETZT dieses Vorhaben mit einer Rückgängigmachung der KöSt-Senkung zur Senkung der Lohnnebenkosten und Sozialversicherungsabgaben von Kleinbetrieben sowie einer Steuerpflicht für Internet-Konzerne (Amazon-Steuer) durch Verpflichtung zur Einrichtung einer elektronischen Betriebsstätte. Weitere ungewöhnliche Forderungen der Partei waren die Freigabe von Cannabis (in der Medizin) sowie ein Verbot der Vereine ATIB und Milli Görüs.

Klimawandel als zentrales Thema der Grünen

Bei den Grünen umfasste das Wahlprogramm 82 Seiten. Die Grünen bezeichneten die Nationalratswahl als Klimawahl und forderten ein aufkommensneutrales Klimabudget sowie einen Klimacheck bei allen geplanten Gesetzen. Als Ziele wurden festgelegt: Bis 2040 muss Österreich Klimaneutralität erreichen und bis 2030 sollen die Treibhausgas-Emissionen (auf Basis 1990) um 50 Prozent verringert werden sowie die Stromerzeugung zur Gänze auf Erneuerbare Energien umgestellt werden. Gefordert wird außerdem eine klimaverträgliche und sozial gerechte Steuerumschichtung inklusive CO_2-Besteuerung mit einem Umsteuerungsvolumen von acht Milliarden Euro. Mit einem solchen Klimakassasturz sollen umweltschädliche Subventionen bekämpft werden, und künftig müssen alle Gesetze einem Klimacheck unterzogen werden. Bei der Mobilität verlangen die Grünen ab dem Jahr 2030 ein Zulassungsverbot für Verbrennungsmotoren. Der öffentliche Verkehr soll österreichweit ausgebaut werden, und die Grünen fordern ein 365-Euro-Jahresticket für öffentliche Verkehrsmittel in jedem Bundesland (bislang gibt es dieses Angebot nur in Wien). Außerdem wird eine klimafaire Gestaltung der Pendlerpauschale, ein Ende der Flugverkehrsprivilegien und eine Temporeduktion auf den Straßen gefordert. Generell sollen Umweltziele auch durch Wasser- und Bodenschutz, die Förderung von Mehrwegverpackungen, einen Aktionsplan gegen Mikroplastik, weniger Kunststoffverpackungen, nachhaltiges Bauen und ein gestärktes Umweltrecht (etwa durch Rücknahme des Standortentwicklungsgesetzes oder die Ausweitung der UVP-Pflicht) erreicht werden. Im Agrarkapitel wollen die Grünen den Flächenanteil des Biolandbaus ausweiten, Gentechnik bekämpfen, Bio-Ernährung fördern und die artgerechte Tierhaltung forcieren. Ein weiteres Kapitel widmet sich der Armutsverhinderung. Grundsicherung, leistbares Wohnen und der Kampf gegen Kinderarmut werden hier genannt. Im Gesundheitsbereich wollen die Grünen die kassenfinanzierte, wohnortnahe Versorgung ausbauen. Es soll eine einheitliche Sozialversicherung für alle geben. Im Pflegebereich tritt die Partei für die dauerhafte Absicherung des Pflegefonds und gegen eine Versicherungslösung ein. Strengere Regeln wünschen sich die Grünen bei der Parteienfinanzierung.

Abschließend lässt sich festhalten, dass das in den Medien omnipräsente Thema Klimawandel von allen Parteien diesmal als Hauptthema behandelt wurde und dass der politische Druck, hier ordnungspolitische Weichenstellungen zu setzen, größer wurde. Vorläufig bleibt abzuwarten, ob die zahlreichen produktiven, aber auch ambitionierten Vorschläge zur Ökologisierung der österreichischen Wirtschaft in toto bereits in der nächsten Legislaturperiode umgesetzt werden können.

top of vienna.
top of Business.
donau turm wien
Ob wichtiger Geschäftstermin oder entspannter Business-Lunch: Das Turmrestaurant auf 170 Meter Höhe ist die perfekte Location für alle, die nicht nur beruflich ganz nach oben wollen! Genießen Sie ein einzigartiges Ambiente, raffinierte Spitzengastronomie sowie einen spektakulären 360-Grad-Ausblick über die Donaumetropole.
donauturm.at
Donauturmplatz 1 1220 Wien T +43/1/263 35 72 reservierungen@donauturm.at
turm restaurant

HEINZ P. WASSERMANN

„ÖVP räumt bei blauen Wählern ab!"[1]

Steirische Wahlergebnisse und Wählerströme zwischen 2015 und 2019

Die (vorgezogenen) Landtagswahlen am 24. November 2019 sahen zum einen die Steirische Volkspartei mit 36,1 % als eindeutige Siegerin, zum anderen mit insgesamt sechs im Landtag vertretenen Parteien den stärksten Parteienpluralismus in einem derzeit amtierenden österreichischen Landtag. Unter der Oberfläche kam es zu massiven Wählerwanderungen bzw. Austäuschen der Wählerschaft(en), was anhand der an dieser Stelle erstmals ausgewerteten und publizierten steirischen Wählerstromanalysen bei den zwei Landtagswahlen 2015 und 2019 sowie den dazwischenliegenden Nationalratswahlen 2019 gezeigt wird.

1 NN: ÖVP räumt bei blauen Wählern ab! In: Kronen Zeitung (Steirerkrone) vom 25. November 2019.

26. Mai, Europawahl: Der (steirische) Wahlkalender 2019 bedeutete für Politiker, Politikjournalisten und Wahlforscher vor allem Überschaubarkeit und Gemütlichkeit. Das Sprichwort „Aber erstens kommt es anders, und zweitens als man denkt" lässt sich zum einen mit dem Epitheton „Ibiza"[2], zum anderen mit dem – alles in allem nicht völlig überraschenden[3] – Schwenk der Steirischen Volkspartei in Richtung Vorverlegung der ursprünglich für Mai 2020 vorgesehenen Landtagswahl[4] festmachen. Somit füllten sich die Wahlkalender, und 2019 wurde wider Erwarten ein intensives (steirisches) Wahljahr.

Das Wahlergebnis ist auf den ersten Blick eindeutig: Erstmals seit dem („Waltraud Klasnic Superstar"[5]-)Triumph im Oktober 2000 war die Steirische Volkspartei bei einer Landtagswahl (relativ) mehrheitsfähig. Sowohl Sozialdemokraten als auch Freiheitliche mussten herbe Niederlagen einstecken, die KPÖ schaffte – zum Teil (auch in den eigenen Reihen) wider Erwarten – den Verbleib im Landtag ebenso souverän, wie Neos der erstmalige Einzug gelang; und für Die Grünen scheint es derzeit nur eine Richtung in der Wählergunst zu geben – die nach oben.[6]

2 Vgl. Obermaier, Frederik, und Obermayer, Bastian: Die Ibiza-Affäre. Innenansichten eines Skandals. Wie wir die geheimen Pläne von Rechtspopulisten enttarnten und darüber die österreichische Regierung stürzten. Köln 2019; Binder, Stefan: „Wir haben durchaus noch einige Spuren". In: Horizont, 50/2019. S. 1–2; NN.: Suchen auf Google: Ibiza-Skandal und Klimawandel dominierten. Im Internet: https://www.horizont.at/home/news/detail/?tx_news_pi1[news]=72686&no_cache=1 (eingesehen am 12. Dezember 2019).

3 Vgl. u. a. Müller, Walter, und Völker, Michael: ÖVP-Rochade und Neuwahlgerüchte. In: Der Standard vom 23. Jänner 2019; Schwaiger, Gerald: Neuwahl-Gespenst geht um. In: Kronen Zeitung (Steirerkrone) vom 24. Jänner 2019; Sittinger, Ernst: Jetzt traut keiner mehr dem Frieden. In: Kleine Zeitung vom 27. Jänner 2019; Felbinger, Gerhard: Schützenhöfer stellt Nummer-1-Anspruch. In: Kronen Zeitung (Steirerkrone) vom 2. Februar 2019; Gigler, Claudia: „Lasse mich nicht an der Nase herumführen". In: Kleine Zeitung vom 2. Februar 2019.

4 Vgl. Hecke, Bernd, und Rossacher, Thomas: FPÖ-Vorstoß löst Neuwahl-Debatte aus. In: Kleine Zeitung vom 27. August 2019; Hecke, Bernd: Vor dem Abschied doch noch ein Sieger. In: Kleine Zeitung vom 28. August 2019; NN: Steirischer Landeschef für November-Wahl. In: Kleine Zeitung vom 30. August 2019; Sittinger, Ernst: Jetzt stehen alle Zeichen auf Neuwahl. In: Kleine Zeitung vom 30. August 2019; ders.: Jetzt wackelt das Leitspital. In: Kleine Zeitung vom 1. September 2019.

5 NN: Waltraud Klasnic Superstar – oder die „alte Ordnung" schlägt zurück. In: Die Presse vom 16. Oktober 2000.

6 Zu den Ergebnissen der Landtagswahl auf der Basis von statistischen Berechnungen vgl. Wassermann, Heinz P.: „Die Schmach von 2005 ist getilgt". In: Steirisches Jahrbuch für Politik 2019 (im Druck).

Nach einem kurzen historischen Überblick über die durchaus ereignisreiche Landespolitik seit 1995 konzentriert sich der folgende Beitrag auf:

- die Analyse der Wahlergebnisse der Landtagswahlen 2015 und 2019 sowie der (steirischen) Nationalratswahlergebnisse 2017 und 2019,
- die Veränderungen der steirischen Wählerschaft(en) zwischen 2015 und 2019 auf der Basis der SORA-Wählerstromanalysen,[7]
- die Veränderungen der Mehrheitsverhältnisse im fraglichen Zeitraum.

Ein (kurzer) zeithistorischer Abriss[8]

Die folgende Abbildung dient als Basis, um die Landtagswahlen zwischen 1995 und 2019 kurz zu diskutieren.[9]

7 Die steirischen Wählerstromanalysen der Nationalratswahlen 2017 und 2019 liegen dem Verfasser exklusiv vor und werden hier erstmals publiziert. An dieser Stelle sei den Kolleginnen und Kollegen von SORA herzlich gedankt.

8 Zur steirischen Landesgeschichte nach 1945 vgl. allgemein „Vom Bundesland zur europäischen Region. Die Steiermark von 1945 bis heute“. Hg. v. Joseph F. Desput. Wien [u.a.] 2004; Karner, Stefan: Die Steiermark im 20. Jahrhundert. Politik – Wirtschaft – Gesellschaft – Kultur. Graz [u. a.] 2000. S. 315–550. Zur Geschichte der Steirischen Volkspartei vgl. die gelegentlich affirmativen Publikationen von Ableitinger, Alfred: Politik in der Steiermark. In: Steiermark. Die Überwindung der Peripherie. Hg. v. Alfred Ableitinger und Dieter A. Binder. Wien [u. a.] 2002 (= Geschichte der österreichischen Bundesländer seit 1945). S. 1–125; Die Landeshauptleute der Steiermark. Hg. v. Alfred Ableitinger [u. a.]. Graz [u. a.] 2000; 60 Jahre Steirische Volkspartei. Für die Steiermark Partei ergreifen! Hg. v. Alfred Ableitinger. Graz 2005; Hösele, Herwig: Landesfürst & Landesmutter. Zwei Charaktere – ein Ziel. Wien [u. a.] 2007 sowie – distanzierter – Binder, Dieter A.: Steirische oder Österreichische Volkspartei? In: Volkspartei – Anspruch und Realität. Hg. v. Robert Kriechbaumer und Franz Schausberger. Wien [u. a.] 1995 (= Schriftenreihe des Forschungsinstituts für politisch-historische Studien der Dr.-Wilfried-Haslauer-Bibliothek, Salzburg, Bd. 2). S. 559–600; ders.: Von wildern Bergvölkern und dem schwierigen Umgang der Provinz mit der Metropole. In: Liebe auf den zweiten Blick. Landes- und Österreichbewußtsein nach 1945. Hg. v. Robert Kriechbaumer. Wien [u. a.] 1998 (= Geschichte der österreichischen Bundesländer, Suppl.-Bd.). S. 129–139; Binder, Dieter A., und Wassermann, Heinz P.: Die steirische Volkspartei oder das Ende der Landstände. Graz 2008.

9 Vgl. NN: ENDGÜLTIGES ERGEBNIS DER LANDTAGSWAHL VOM 17. DEZEMBER 1995. Im Internet: https://www.verwaltung.steiermark.at/cms/dokumente/11680452_74837281/c4f524d1/LTW_Ergebnis_1995.pdf; NN: ENDGÜLTIGES ERGEBNIS DER LANDTAGSWAHL VOM 15. OKTOBER 2000. Im Internet: https://www.verwaltung.steiermark.at/cms/dokumente/11680452_74837281/1cd15ad4/LTW_Ergebnis_2000.pdf; NN: Landtagswahl – 2. Oktober 2005 – endgültiges Ergebnis. Im Internet: https://www.verwaltung.steiermark.at/cms/dokumente/11680452_74837281/b5323213/Tableau2005; NN: Landtagswahl 2010 – endgültiges Ergebnis. Im Internet: https://www.verwaltung.steiermark.at/cms/dokumente/11680452_74837281/c79d024a/Tableau_endg %C3 %BCltig_2010_grafik.pdf; NN: Landtagswahl 2015 – endgültiges Ergebnis. Im Internet: https://www.verwaltung.steiermark.at/

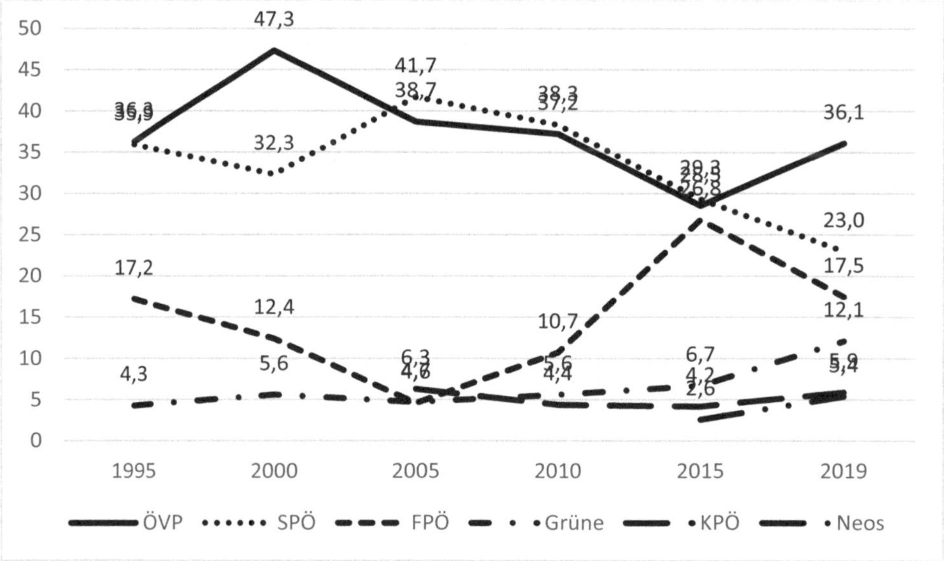

Abb. 1: Landtagswahlergebnisse 1995 bis 2019

Nachdem die Steirische Volkspartei die von ihr vorgezogene Landtagswahl am 17. Dezember 1995 mit nur etwas mehr als 2.000 Stimmen Vorsprung „gewann“, trat Josef „Joschi“ Krainer vor laufenden Fernsehkameras zurück.[10] Die für viele überraschende Personalentscheidung, die bisherige Wirtschaftslandesrätin Waltraud Klasnic zum einen zur Landesparteiobfrau zu küren, sie zum anderem zum (auf diese Anrede bestand sie) Landeshauptmann wählen zu lassen, erwies sich für die Landespartei (vorläufig) als Glücksfall.

Der knapp 15-Prozentpunkte-Vorsprung bei der nächsten Landtagswahl bedeutete einen weder vorher noch nachher erreichten Rekordab-

cms/dokumente/11680452_74837281/cb9cd634/Tableau_2015_endg %C3 %BCltig.pdf; NN: Landtagswahl 2019 – endgültiges Ergebnis. Im Internet: https://www.verwaltung.steiermark.at/cms/dokumente/12751079_74836525/7615584b/Tableau_2019_endg %C3 %BCltig.pdf (alle eingesehen am 12. Dezember 2019).

10 Zu Krainer vgl. Trost, Ernst: Josef Krainer II. Der letzte Landesfürst. Wien 1986; Binder, Dieter A.: Von der österreichischen zur steirischen Volkspartei. Ein klassisches Drama? In: Binder und Wassermann, Volkspartei, S. 78–97; zur Landtagswahl 1995 vgl. Wassermann, Heinz P.: Vom „bad start“ zum „bad end“: Die Wahlkämpfe der Steirischen Volkspartei. In: ebda., S. 205–222.

stand.[11] Nach einer ebenso rekordverdächtigen Pech-, Pannen- und Pleiteserie in den Jahren 2004 und 2005[12] gelang es den Sozialdemokraten 2005 mit Franz Voves erstmals, den Landeshauptmann zu stellen.[13] Darüber hinaus lieferten die steirischen Kommunisten mit einem Wahlergebnis von mehr als sechs Prozent ein (auch international[14]) viel beachtetes Sensationsergebnis. Nach einer mehr als spannungsreichen XV. Legislaturperiode, die sich durch gegenseitiges Hochlizitieren[15], durch „*unglaubliche Streitereien und Gehässigkeiten*“ und „untergriffige Auseinandersetzungen“[16] zwischen SPÖ und ÖVP auszeichnete, und einem weiteren Wahlerfolg der Sozialdemokraten am 26. September 2010 einigten sich die zwei Großparteien auf eine „Reformpartnerschaft“, die zum einen die Landesverfassung grundlegend reformierte,[17] zum anderen – Stichworte Bezirksfusionen und Gemeinde-

11 Zu Klasnic vgl. Binder, Drama, S. 97–108, zur Landtagswahl 2000 vgl. Wassermann, S. 223-240, sowie Lopatka, Reinhold, und Hösele, Herwig: Steirische Landtagswahl 2000: der fulminante Sieg hat eine Mutter - Waltraud Klasnic. In: Österreichisches Jahrbuch für Politik 2000. Wien und München 2001. Hg. v. Andreas Khol [u. a.]. S. 77-93.

12 Vgl. Ausserhofer, Julian und Kanya, Evelyn: Die „Grapschaffäre“. In: Wendezeit. Monitoring des steirischen Landtagswahlkampfes 2005. Hg. v. Gabriele Russ und Heinz P. Wassermann. Graz 2006 (= Edition FH Joanneum, Schriftenreihe Medien und Design, Bd. 1), S. 20-28; Findenig, René [u. a.]: Der EStAG-Skandal. In: ebda., S. 29-43; Heinl, Julia [u. a.]: Hirschmann versus Paierl. In: ebda., S. 44-54; Brandstetter, Teresa [u. a.]: Der Spielberg-Flop. In: ebda., S. 55-68; Fruhmann, Julia: „Wahlkampf-Knigge“. In: ebda., S. 80-81; Hackauf, Benedikt: Die „Affäre Herberstein“. In: ebda., S. 82-88.

13 Sonnten sich Lopatka und Hösele 2001 noch im Licht des Klasnic-Triumphes (vgl. Fußnote 11), wurde die Analyse der Niederlage publizistisch wohl nicht zufällig „ausgelagert“. Vgl. Koch, Gerhard: Die Tränen der Waltraud K.. In: Steirisches Jahrbuch für Politik 2005. Hg. v. Herwig Hösele [u. a.]. Graz 2006, S. 121-124; Rauscher, Hans: Das Königsdrama auf der Grazer Burg. In: ebda., S. 127-129; Sittinger, Ernst: Mobilität in neuen Dimensionen. In: ebda., S. 131-133; Zankel, Erwin: Aus dem Drehbuch des Teufels. In: ebda., S. 135-136; Russ, Gabriele, und Wassermann, Heinz P.: „‚Der Sieg hat viele Väter, die Niederlage meist eine Mutter.‘“ Eine Medienstudie zu Siegern und Verlierern der steirischen Landtagswahl 2005. In: Medienimpulse, 4/2006. S. 54-58.

14 Vgl. Russ, Gabriele: Internationale Pressestimmen zur Steiermark-Wahl. In: Russ und Wassermann (Hgg.), Wendezeit, S. 229-231.

15 „Warum ist die Steiermark in dieser finanziellen Schieflage? Weil man Lizitationspolitik betrieben hat. Kaum haben wir einen Vorschlag gebracht, der 100 Euro gekostet hat, hat die ÖVP gesagt: ‚Nein 150‘. Dann haben wir eben auf 200 erhöht.“
Schiller, Stephanie, und Eder, Marc: Walter Kröpfl: „Die Reformpartnerschaft kommt meinem Ideal von Politik sehr nahe.“ In: Schnittflächen und Trennlinien. Politik und Medien am Beispiel Steiermark. Hg. v. Heinz P. Wassermann. Graz 2015 (= Studien zu Medien und Gesellschaft, Bd. 1). S. 71f..

16 NN: Paartherapie. In: profil, 22/2015. S. 16.

17 cms/APA: Steirer Proporz fällt, Opposition bleibt schwach. In: Der Standard vom 23. November 2011.

strukturreform[18] – auch über die Landesgrenzen hinaus eine viel beachtete, wenn auch nicht unumstrittene Veränderungsagenda umsetzte.[19] Der nächste landesweite Wahlgang bedeutete für beide Koalitionspartner sowohl massive Verluste als auch, durch den Wahlerfolg der FPÖ (sie legte in der Wählergunst um 16,1 Prozentpunkte auf 26,8 % zu), drei Mittelparteien auf Landesebene.[20] Obwohl die SPÖ zum dritten Mal in Folge die relative Stimmenmehrheit errang, hieß der steirische Landeshauptmann zur Überraschung vieler nicht mehr Franz Voves, sondern Hermann Schützenhöfer.[21]

18 Vgl. u. a. Dirnberger, Ernst: Die Gemeindestrukturreform aus Sicht des Gemeindebundes. In: Steirisches Jahrbuch für Politik 2013. Hg. v. Beatrix Karl [u. a.]. Wien [u. a.] 2014, S. 253-254; Gödl, Ernst: Die Gemeindestrukturreform - die „harte Nuss" der steirischen Reformpolitik. In: ebda., S. 263-265; Ders.: Die Gemeindestrukturreform in der Steiermark. Historische Fakten, politische Aspekte, rechtlicher Rahmen. Zwaring-Pöls 2013; Hoflehner, Stefan: Die Gemeindestrukturreform aus Sicht des Städtebundes. In: Karl [u.a.] (Hgg.), Jahrbuch, S. 255-257; Kampus, Doris, und Nagler, Martin: Regionalplanung und Gemeindestrukturreform. In: ebda., S. 241-245; Kindermann, Manfred und Wassermann, Heinz P.: Bezirksfusionen und Gemeindestrukturreform als (rechtliche) Rahmenbedingungen von Gemeinderats- und Landtagswahlen 2015. In: Urnengänge. Analysen der steirischen Gemeinderats- und Landtagswahlen 2015. Hg. v. Heinz P. Wassermann. Graz 2016 (= Studien zu Medien und Gesellschaft, Bd. 3). S. 15-34; Pekari, Bernd: Die mediale Resonanz auf die „Reformpartnerschaft" von SPÖ und ÖVP in der Steiermark. In: ebda., S. 35-47; Prettenthaler, Franz: Die Gemeindestrukturreform aus wirtschaftlicher Sicht. In: Karl [u.a.] (Hgg.), Jahrbuch, S. 271-276; Spann, Thomas, und Verhounig, Ewald: Die Gemeinden als Wirtschaftsstandort: Auswirkungen der geplanten Gemeindefusionen auf die Wirtschaft. In: Steirisches Jahrbuch für Politik 2012. Hg. v. Beatrix Karl [u. a.]. Graz 2013, S. 49-53; Stark, Christoph: Die Strukturreform in der Praxis der betroffenen Gemeinde. In: Karl [u.a.] (Hgg. (2014)), Jahrbuch, S. 267-269; Taucher, Max: Keine Zwangsfusionen gegen den Willen der Bevölkerung. In: ebda., S. 259-261; Wlattnig, Wolfgang: Streiflichter einer historischen Gemeindestrukturreform. In: ebda., S. 247-252; ders. [u. a.]: Steiermärkische Gemeindestrukturreform 2015. Ablauf und rechtliche Umsetzung der größten Gebietsreform in der Steiermark seit 1945. Wien 2016; Zajac-Thelen, Bettina: Gemeindefusionen gestern und heute. Steirische Gemeindestrukturreformen im Spiegel der Medien. Graz 2015 (= Masterarbeit).

19 Das Nachrichtenmagazin „profil" bezeichnete Voves und Schützenhöfer als „Österreichs mutigste Politiker". Vgl. profil, 22/2015 (Cover).

20 Zur Landtagswahl 2015 vgl. Hacker, Evelyn [u. a.]: Beschleunigter Puls im Grünen Herz: Die Steirische Wählerdynamik im Vergleich. In: Wassermann (Hg.), Urnengänge, S. 321-337; Wassermann, Heinz, P., und Ziermann, Natalie: „Zwischen Ernüchterung und Enttäuschung und Entsetzen". Die Landtagswahlen vom 31. Mai 2015. In: ebda., 279-320; Zandonella, Martina, und Perlot, Flooh: Themen, Motive und Wahlverhalten bei den Landtagswahlen 2015. In: ebda., S. 265-278; Wassermann, Heinz P.: Von weggebrochenen Hochburgen und zerbröckelnden Parteien. Einige statistische Hinweise zu den steirischen Gemeinde- und Landtagswahlen 2015. In: Steirisches Jahrbuch für Politik 2015. Hg. v. Beatrix Karl [u. a.]. Wien [u. a.] 2016, S. 177-201.

21 „Voves hatte den Drohungen Schützenhöfers geglaubt, die Bundes-ÖVP könnte versuchen, in der Steiermark hinterrücks eine schwarz-blaue Koalition zu installieren. Voves dürfte die reale Gefahr aber maßlos überschätzt haben. Einer aus der Runde jener ÖVP-Politiker, die in diesem vermeintlichen schwarzen ‚Umsturz' involviert waren, meinte kürzlich in einem Standard-Gespräch, man habe lediglich ‚von draußen halt ein wenig Druck aufgebaut, das übliche politische Spiel halt'.

Ihm gelang 2019 mit 36,1 % ein unangefochtener Wahlsieg, und der Vorsprung von 13 Prozentpunkten bedeutet den drittgrößten in der steirischen Landesgeschichte seit 1945.

Die Wahlergebnisse 2015 bis 2019

Die folgende Grafik ediert die Wahlergebnisse auf Landesebene. Der Zeitraum 2015 bis 2019[22] und die Berücksichtigung der steirischen Landesdimension bei Bundeswahlen in diesem und in den folgenden zwei Abschnitten basieren auf der Analyse von Fritz Plasser und Franz Sommer, dass die neue Volkspartei bei der Nationalratswahl 2017 „in Kompetenzbereiche vordringen [konnte], die bislang weitgehend von der FPÖ besetzt waren.“[23]

Nichts wirklich Ernstes. Ein Spiel, das aber selbst Schützenhöfer nicht geschmeckt hatte.“ Müller, Walter: SPÖ hofft, dass sich Schützenhöfer verrechnet hat. In: Der Standard vom 29. Oktober 2019.

22 Vgl. Plasser, Fritz, und Sommer, Franz: Neuwahl 2019. Determinanten und Motive der Wahlentscheidung. Im Internet: https://www.demox-research.com/wp-content/uploads/2019/10/Analyse_Bericht.pdf (eingesehen am 2. Dezember 2019) sowie Wahl 2019. Strategien, Schnitzel, Skandale, Hg. v. Barbara Tóth und Thomas Hofer. Salzburg und München 2019.

23 Plasser, Fritz, und Sommer, Franz: Wahlen im Schatten der Flüchtlingskrise. Parteien, Wähler und Koalitionen im Umbruch. Wien 2018 (= Schriftenreihe des Zentrums für Angewandte Politikforschung, Bd. 33), S. 87. Vgl. auch Wahl 2017. Loser, Leaks & Leadership. Hg. v. Thomas Hofer und Barbara Tóth. Wien 2017. Huber, Markus und Pertramer, Ingo: Die letzte Ausfahrt. Wien o. J. [2017]; Steiermarkaspekte bei Wassermann, Heinz. P.: „ÖVP-Jubel im Steirerland“ oder: Politisch polarisierte Soziotope. In: Steirisches Jahrbuch für Politik 2017. Hg. v. Beatrix Karl [u. a.]. Wien [u. a.] 2018. S. 129–147; Ders.: Platztäusche. Empirische Befunde zum steirischen Nationalratswahlergebnis auf Bezirksebene. In: Österreichisches Jahrbuch für Politik 2017. Hg. v. Andreas Khol [u. a.]. Wien [u. a.] 2018. S. 57–72; zur Nationalratswahl 2013, die als komparativer Ausgangspunkt füir die zwei folgenden Nationalratswahlen dient, vgl. Die Nationalratswahl 2013. Wie Parteien, Medien und Wählerschaft zusammenwirken. Hg. v. Sylvia Kritzinger [u. a.]. Wien [u. a.] 2014; Filzmaier, Peter [u. a.]: Das Wahljahr 2013. Wahlverhalten, Wählerwanderung und neue Parteien. In: SWS-Rundschau, 2/2014, S. 108–132; Ulram, Peter A.: Die Zeichen an der Wand. Analyse der Nationalratswahlen 2013. Im Internet: https://www.weissewirtschaft.at/wp-content/uploads/2014/10/Zeichen-an-der-Wand_NRW_2013.pdf (eingesehen am 20. Dezember 2013); Wahl 2013. Macht, Medien, Milliardäre. Hg. v. Thomas Hofer und Barbara Tóth. Wien und Berlin 2013; zur Veränderung der Wählerschaft zwischen 2013 und 2019 vgl. Zandonella, Martina, und Perlot, Flooh: Wahltagsbefragung und Wählerstromanalyse Nationalratswahl 2013. Im Internet: https://www.sora.at/fileadmin/downloads/wahlen/2013_NRW_Wahltagsbefragung-Grafiken.pdf; dies.: Wahltagsbefragung und Wählerstromanalyse Nationalratswahl 2017. Im Internet: https://www.sora.at/fileadmin/downloads/wahlen/2017_NRW_Grafiken-Wahltagsbefragung.pdf; dies.: Wahltagsbefragung und Wählerstromanalyse Nationalratswahl 2019. Im Internet: https://www.sora.at/fileadmin/downloads/wahlen/2019_NRW_Grafiken-Wahltagsbefragung.pdf (alle eingesehen am 16. Dezember 2019).

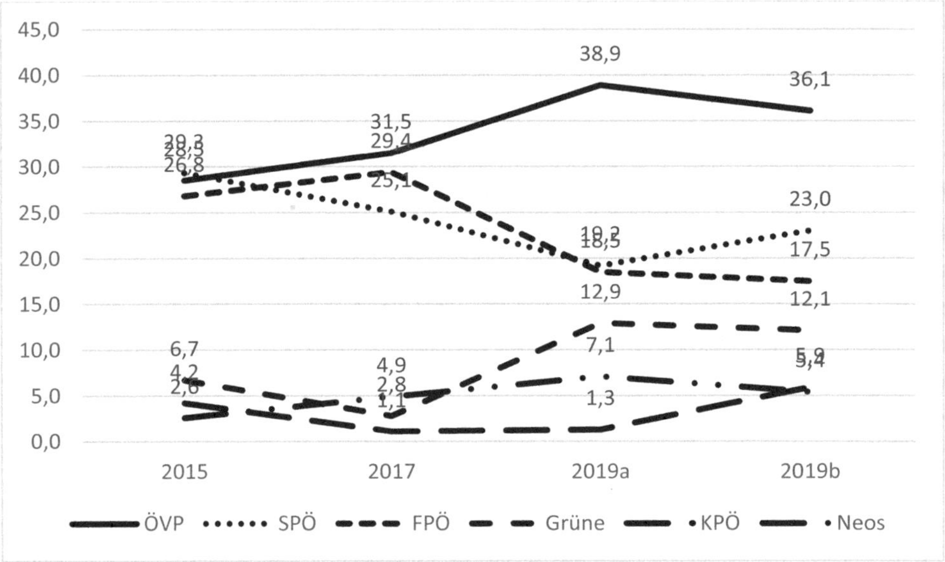

Abb. 2: Ergebnisse der Landtagswahlen 2015 und 2019 (= 2019b) und der Nationalratswahlen 2017 und 2019 (=2019a)

Bei der SPÖ ist – über den erwähnten Analysezeitraum 2015 bis 2019[24] – darauf hinzuweisen, dass sich ihr Stimmenanteil zwischen 2005 (41,7 %) und 2019 annähernd halbiert hat. Das Landesergebnis der SPÖ lag bei den Nationalratswahlen 2017 (26,9 %) und 2019 (21,2 %) unter dem Bundesergebnis.[25]

Obwohl die erreichten 36,1 % einen Vorsprung von 13 Prozentpunkten bedeuten, ist das VP-Ergebnis das zweitschlechteste seit 1945. 2017 entsprach das steirische Landes- dem Bundesergebnis den Erwartungen, 2019 lag es um etwas mehr als einen Prozentpunkt darüber (37,5 %).

24 2010: 38,3 %.

25 Vgl. (auch für die folgenden Parteianalysen) NN: Österreich, endgültiges Endergebnis. Im Internet: https://wahl17.bmi.gv.at/ und NN: Österreich, Endgültiges Endergebnis (inkl. Wahlkarten - Gesamt). Im Internet: https://wahl19.bmi.gv.at/ (beide eingesehen am 2. Dezember 2019).

Die Ergebnisse der FPÖ sind (hier wiederum in einem bis 2005 zurückreichenden Beobachtungszeitraum[26]) ein permanentes Auf und Ab. 2015 lag sie nur knapp hinter den „Reformpartnern“, und bei der Nationalratswahl 2017 verwies sie die Sozialdemokraten auf den dritten Platz. Bei den Nationalratswahlen 2017 (26 %) und 2019 (16,2 %) lag sie jeweils über dem Bundesergebnis.

2017 war für Die Grünen nach der coram publico vollzogenen Selbstentleibung ein (heilsames?) „Seuchenjahr“ – sie wurden auf Bundes- und Landesebene geradezu pulverisiert. 2019 befinden sie sich in lichten (Fall-?)Höhen. Sowohl 2017 (3,8 %) als auch 2019 (13,9 %) lag das Landesergebnis um jeweils einen Prozentpunkt unter dem Bundesergebnis.

Die bundespolitischen Ergebnisse der Kommunisten kann man wegen Irrelevanz außer Acht lassen. Nachdem bei der Landtagswahl 2015 das relevante Grundmandat mit etwas weniger als 400 Stimmen äußerst knapp abgesichert war,[27] reicht das heurige Ergebnis beinahe an das fulminante aus 2005 heran. Damals reichte es allerdings für vier Mandate, 2019 nur für die „angestammten“ zwei.

Verfehlte NEOS 2015 den Einzug in den Landtag noch klar,[28] ist das Grundmandat im Wahlkreis I (Graz und Graz-Umgebung) mit einem Überhang von mehr als 2.000 Stimmen souverän abgesichert. Bemerkenswert ist, dass das Landtagswahlergebnis deutlich unter dem Nationalratswahlergebnis von 2019 liegt. Bei den Nationalratswahlen 2017 (5,3 %) und 2019 (8,1 %) lagen die Landesergebnisse jeweils unter den Bundesergebnissen.

26 2005: 4,6 %, 2010: 10,7 %.

27 „Ich [Claudia Klimt-Weithaler] bin davon ausgegangen, dass wir nicht aus dem Landtag fliegen (…). Ich hätte auch nicht geglaubt, dass wir letztendlich Stimmen verlieren, sondern für mich war irgendwie klar, wir werden das halten, vielleicht gewinnen wir sogar ein wenig dazu. Aber das hat sich dann zum Ende des Wahlkampfs hin auch ein bisschen gedreht, als dann auch irgendwie klar war: In den Umfragen ist die FPÖ sehr stark. Es gibt dann doch viele Menschen, die sagen: ‚Naja, bevor ich „blau“ wähle, wähle ich doch lieber noch einmal die SPÖ, obwohl ich die eigentlich nicht mehr wählen wollte.‘“
Prantner, Elisabeth, und Rümmele, Beatrice: Georg Fuchs/Claudia Klimt-Weithaler: „Unsere Partei versucht, Weltanschauung und Haltung zu transportieren“. In: Wassermann (Hg.), Urnengänge, S. 143.

28 Vgl. Griesbacher, Sara, und Klaffinger, Lisa: Manuel Güll: „Wahlkämpfe werden auf der Straße gewonnen“. In: ebda., S. 155–164.

Veränderungen der Wählerschaft(en)

Auf der Basis der auf die Steiermark bezogenen SORA-Wählerstromanalysen im Zeitraum 2015 bis 2019 werden im Folgenden zum einen die jeweilige Neukonfiguration der Parteien,[29] zum anderen die stärksten Ab- und Zuströme analysiert.

SPÖ

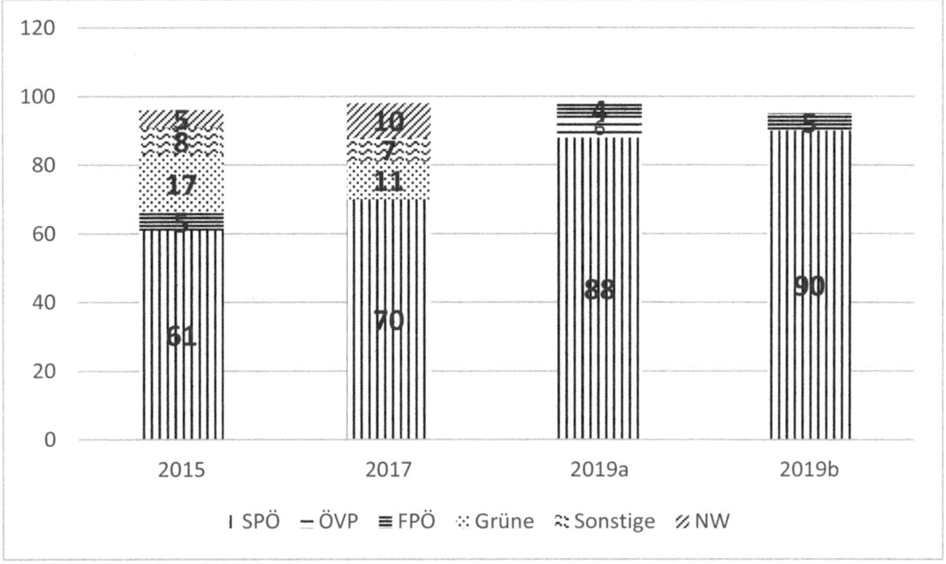

Abb. 3: Wählerzusammensetzung der SPÖ 2015–2019

Leseanleitung: 61 Prozent der SPÖ-Wähler 2015 haben sie schon 2010 gewählt, jeweils fünf Prozent waren 2010 ÖVP- bzw. Nichtwähler, 17 Prozent haben 2010 Die Grünen und acht Prozent Sonstige Parteien gewählt.

Die SPÖ-Wählerschaft schrumpft zunehmend auf ihre Stammwähler. 2015 und 2017 wurden noch substanzielle Gewinne von den Grünen lukriert, ohne diese Wähler weiterhin an sich binden zu können. FPÖ-Wähler wechseln in Summe nur im geringen Ausmaß zur SPÖ.

29 Bei FPÖ, ÖVP und SPÖ werden numerisch geringe Wählerströme aufgrund der besseren Visualisierbarkeit außer Acht gelassen.

2015		Stimmen		Stimmen
Abstrom	Nichtwähler	36.000	FPÖ	31.000
Zustrom	Nichtwähler	16.000	Grüne	6.000
2017				
Abstrom	FPÖ	23.000		
Zustrom	Grüne	21.000		
2019a				
Abstrom	ÖVP	25.000		
Zustrom	FPÖ	6.000		
2019b				
Abstrom	Nichtwähler	22.000	ÖVP	22.000
Zustrom	FPÖ	6.000		

Abb. 4: Stärkste Ab- und Zuströme der SPÖ 2015 bis 2019

Die SPÖ verliert bei Landtagswahlen vor allem in Richtung Nichtwähler. Bei den Nationalratswahlen sind die Verluste in Richtung FPÖ (2017) und ÖVP (2019) massiv. Auffallend stark sind bei der Landtagswahl 2019 die Wechsler von der SPÖ zur Volkspartei.[30]

ÖVP

Die Volkspartei „räumt“ seit der Nationalratswahl 2017 die FPÖ geradezu aus. Bemerkenswert sind darüber hinaus die Zugewinne von der SPÖ, die die Abgänge bei Weitem überwiegen.

30 Sollte der stärkste Ab- bzw. Zustrom von bzw. zu den Nichtwählern erfolgen, wird zusätzlich der stärkste parteipolitisch zuordenbare Ab- bzw. Zustrom ediert.

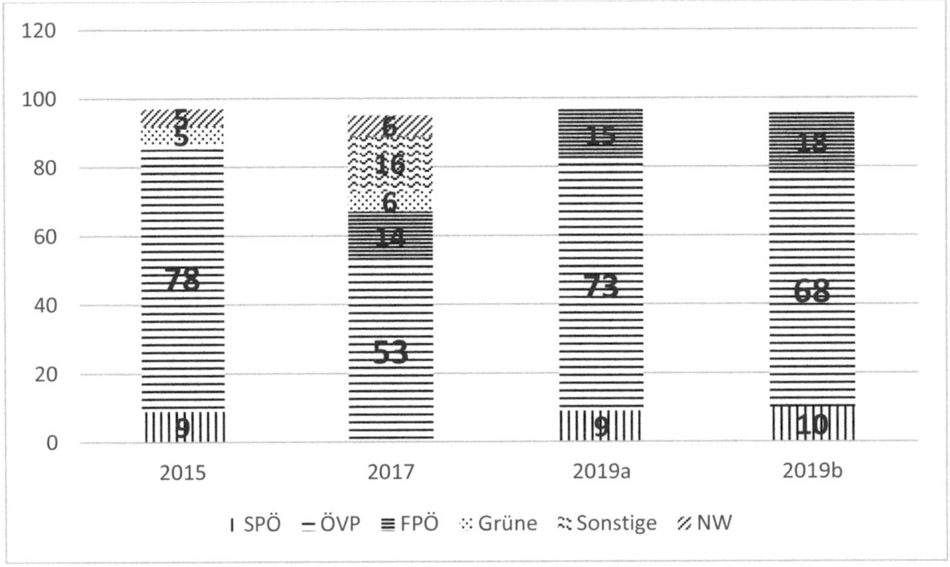

Abb. 5: Wählerzusammensetzung der ÖVP 2015 bis 2019

2015		Stimmen		Stimmen
Abstrom	FPÖ	56.000		
Zustrom	SPÖ	16.000		
2017				
Abstrom	FPÖ	13.000		
Zustrom	FPÖ	34.000		
2019a				
Abstrom	Grüne	18.000		
Zustrom	FPÖ	41.000		
2019b				
Abstrom	Nichtwähler	13.000	Grüne	10.000
Zustrom	SPÖ	22.000		

Abb. 6: Stärkste Ab- und Zuströme der ÖVP 2015 bis 2019

Bei den Landtagswahlen lukriert die Steirische Volkspartei vor allem Stimmen vom Koalitionspartner. Bei den Nationalratswahlen sind es vor allem FP-Stimmen, die zum Landes- (wie auch zum Bundes-)Ergebnis beitragen. Bemerkenswert hoch sind im Wahljahr 2019 die Verluste in Richtung Grüne.

FPÖ

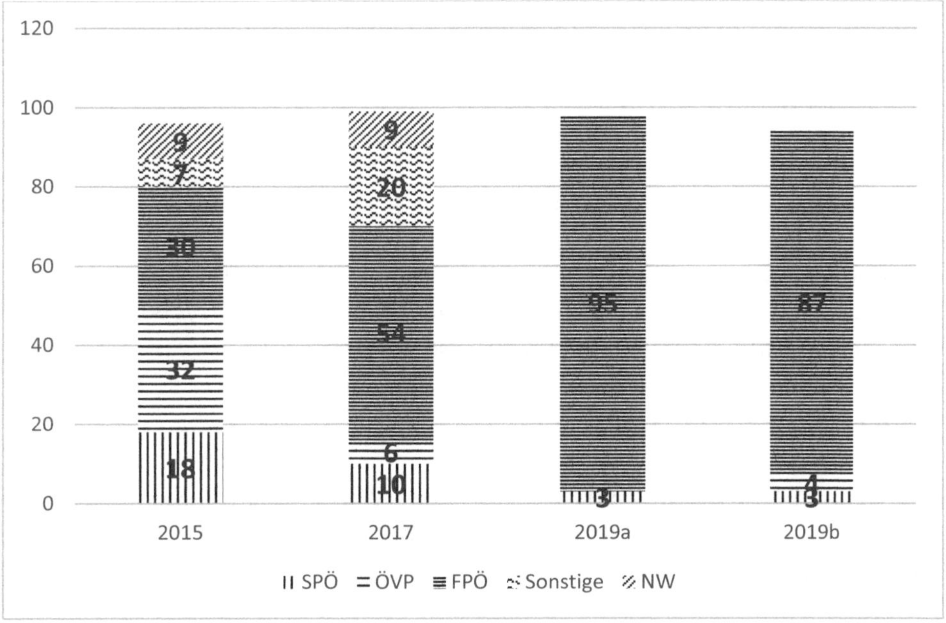

Abb. 7: Wählerzusammensetzung der FPÖ 2015 bis 2019

2015 lukriert die FPÖ substanziell Stimmen von ÖVP und SPÖ, mit Abstrichen auch von Nichtwählern. 2019 ist sie – ähnlich wie die SPÖ – auf ihre Kernwählerschaft reduziert.

2015		Stimmen		Stimmen
Abstrom	Nichtwähler	7.000	SPÖ, ÖVP, Grüne	3.000
Zustrom	ÖVP	56.000		
2017				
Abstrom	ÖVP	34.000		
Zustrom	Team Stronach	28.000		
2019a				
Abstrom	Nichtwähler	44.000	ÖVP	41.000
Zustrom	SPÖ	4.000		
2019b				
Abstrom	ÖVP	38.000		
Zustrom	ÖVP	5.000		

Abb. 8: Stärkste Ab- und Zuströme der FPÖ 2015 bis 2019

Bei der Landtagswahl 2015 waren ehemalige ÖVP-Wähler die stärksten Stimmenbringer für die FPÖ. Seit der Nationalratswahl 2017 wird die FPÖ von der (neuen) Volkspartei geradezu ausgehöhlt.

Grüne

Die Grünen haben eine extrem heterogene Wählerschaft.[31] Sie binden, abgesehen von der Nationalratswahl 2017, substanziell Wähler von SPÖ, ÖVP sowie vormalige Nichtwähler an sich.

31 „Den ‚grünen Kern' kann man" auf steirischer Landesebene „mit (...) drei bis vier Prozent der Wählerschaft bezeichnen. Wir hatten ja auch bei dieser Landtagswahl [2015] wieder ein sehr interessantes Ergebnis. Von den 5,6 Prozent, die wir [zuvor] hatten, hat uns fast die Hälfte nicht mehr gewählt. Den Zuwachs auf knapp sieben Prozent haben wir uns erneut erarbeitet."
Barteder, Benjamin, und Drusko, Anna: Wolfgang Raback: „Die Hausbesuche ergaben eine sichtbare Wirksamkeit im Wahlergebnis". In: Wassermann (Hg.), Urnengänge, S. 205.

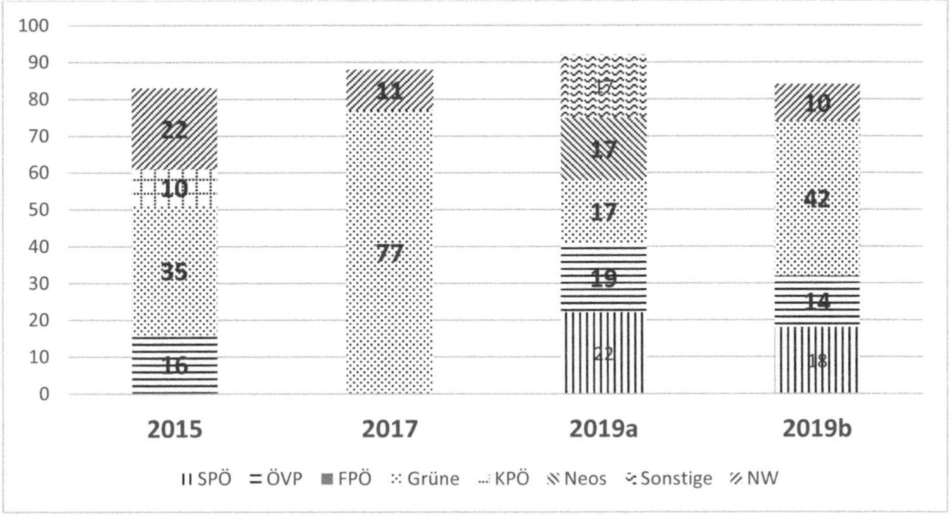

Abb. 9: Wählerzusammensetzung der Grünen 2015 bis 2019

2015		Stimmen		Stimmen
Abstrom	ÖVP	8.000		
Zustrom	Nichtwähler	10.000	ÖVP	7.000
2017				
Abstrom	SPÖ	21.000		
Zustrom	Nichtwähler	2.000		
2019a				
Abstrom	Neos	3.000		
Zustrom	SPÖ	20.000		
2019b				
Abstrom	KPÖ, Neos	4.000		
Zustrom	SPÖ	13.000		

Abb. 10: Stärkste Ab- und Zuströme der Grünen 2015 bis 2019

Bei der Landtagswahl 2015 war die Bilanz zur Volkspartei annähernd ausgeglichen. Das grüne „Seuchenjahr" 2017 zeigt (auch) auf Landesebene massive Abgänge in Richtung SPÖ, wobei diese die grünen „Leihstimmen" aus 2017 nicht annähernd halten konnte – ganz im Gegenteil. Auffällig sind die Abströme im Wahljahr 2019 in Richtung NEOS.

KPÖ

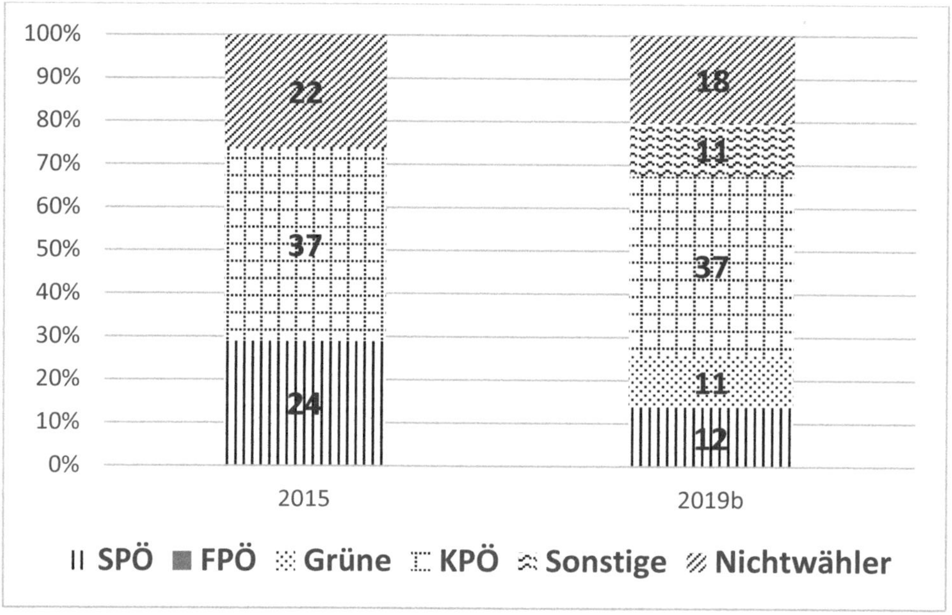

Abb. 11: Wählerzusammensetzung der KPÖ 2015 bis 2019

Die KPÖ reüssiert bei Landtagswahlen vor allem unter Wechslern von der SPÖ sowie unter vormaligen Nichtwählern.

2015		Stimmen		Stimmen
Abstrom	FPÖ	6.000		
Zustrom	Nichtwähler	6.000	SPÖ	6.000
2019b				
Abstrom	Nichtwähler	5.000	Grüne	5.000
Zustrom	Nichtwähler	7.000		

Abb. 12: Stärkste Ab- und Zuströme der KPÖ 2015/bis 2019

Bemerkenswert ist, dass 2015 und 2019 das stärkste KPÖ-Wählerreservoir neben „roten“ Stimmen jeweils die vormaligen Nichtwähler waren.

NEOS

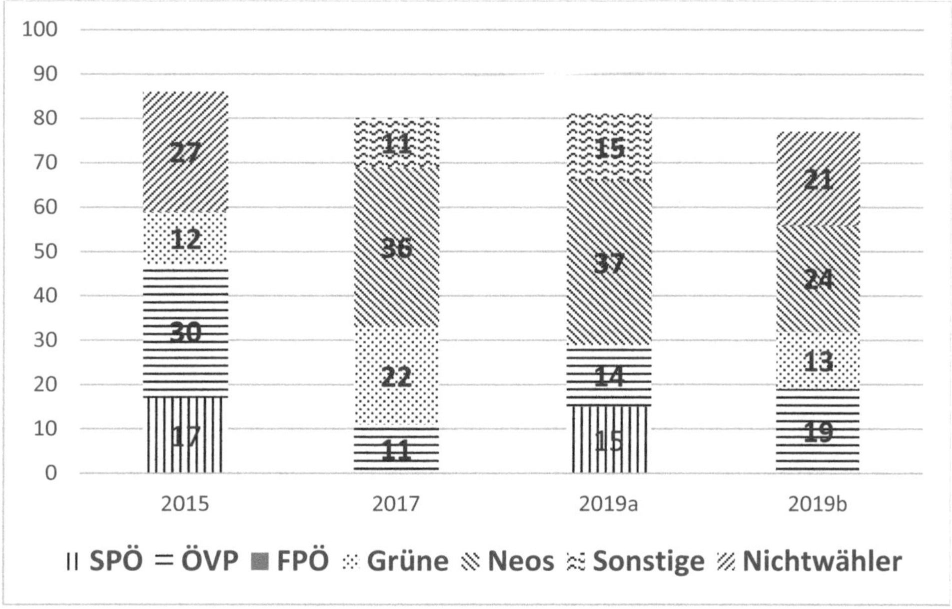

Abb. 13: Wählerzusammensetzung von NEOS 2015 bis 2019

Bei Neos hat (in Relation gesehen) der Zustrom von vormaligen ÖVP-Wählern merkbar nachgelassen. Sie schöpfen aber punktuell substanziell aus dem Reservoir vorheriger Nichtwähler. Auffallend gering ist der Stammwähleranteil, was dem Umstand geschuldet sein kann, dass NEOS erst seit der Nationalratswahl 2013 aktiv ist.

2015		Stimmen		Stimmen
Abstrom				
Zustrom	Nichtwähler	5.000	ÖVP	5.000
2017				
Abstrom	ÖVP	6.000		
Zustrom	Grüne	8.000		
2019a				
Abstrom	Grüne	15.000		
Zustrom	ÖVP, SPÖ	7.000		
2019b				
Abstrom	Grüne	4.000		
Zustrom	Nichtwähler	7.000	ÖVP	6.000

Abb. 14: Stärkste Ab- und Zuströme von NEOS

NEOS profitiert zum einen von Nichtwählern, zum anderen von vormaligen ÖVP-Wählern. Die Wechsler von den Grünen 2017 konnten 2019 in Analogie zur SPÖ nicht gehalten werden – ganz im Gegenteil.

Veränderungen der Mehrheitsverhältnisse

Die folgende Abbildung zeigt, in welchem Ausmaß FPÖ, ÖVP und SPÖ auf Gemeindeebene (absolut oder relativ) mehrheitsfähig waren.

An der jeweiligen Dominanz der Volkspartei gibt es nichts zu rütteln, die teilweise weit jenseits der 50-Prozentmarke liegenden Werte seit der Nationalratswahl 2017 zeigen an, wie massiv die Dominanz der Volkspartei auf Gemeindeebene mittlerweile (wieder) ausgeprägt ist.[32]

32 Diesbezüglich gab die Steirische Volkspartei schon bei den Gemeinderatswahlen im März 2015 ein (auch parteiintern unerwartet) kräftiges Lebenszeichen von sich, als sie in knapp 70 Prozent der Gemeinden mehrheitsfähig war.
Der Landesgeschäftsführer sprach in der Retrospektive in Bezug auf die im Mai 2015 anstehende Landtagswahl von einer entstandenen „Euphorie, die durch das doch respektable Wahlergebnis auf Gemeindeebene da und dort entstanden ist".
Madl, Christoph, und Zlöbl, Gunnar: Detlev Eisel-Eiselsberg: „Eine Position der Mitte ist ja auch

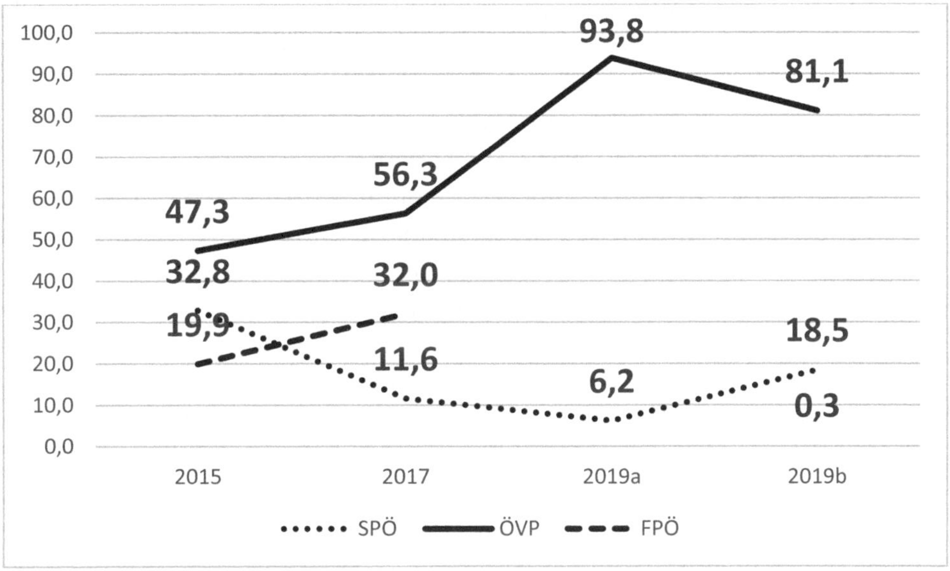

Abb. 15: Mehrheitsverhältnisse auf Gemeindeebene 2015 bis 2019

Bemerkenswert sind wiederum der „Absturz" der Freiheitlichen, die auf dieser Ebene geradezu atomisiert werden, sowie der Umstand, dass die ohnehin bescheidenen SPÖ-Werte bei den Nationalratswahlen zum Teil deutlich unter denen der Landtagswahlen liegen.

Zusammenfassung

Nachdem das „rote Interregnum" 2015 durch ein Geschenk des SPÖ-Vorsitzenden de facto beendet wurde, fand es am 24. November 2019 an den Wahlurnen sein offizielles Ende.

nicht so spektakulär und spannend". In: Wassermann (Hg.), Urnengänge. S. 122.
Zu den Gemeinderatswahlen 2015 vgl. Wassermann, Heinz P., und Ziermann, Natalie: „Eine normale Gemeinderatswahl war es nicht". Die Gemeinderatswahlen vom 22. März 2015. In: ebda., S. 223–263, sowie Wassermann, Hinweise.

- Obwohl es am Wahlsieg der Steirischen Volkspartei nichts zu deuteln gibt, sind die 36,1 % an Wählerzuspruch zum einen weit entfernt von lichten Höhen, und liegen – sofern man das Abschneiden der anderen Landesparteien bei den jeweiligen Landtagswahlen heranzieht – zum anderen im „schwarz(-türkis)en“ Mittelfeld.
- Obwohl die Steiermark mit der Grundmandatshürde das restriktivste Landeswahlrecht hat, ist der Parteienpluralismus mit mittlerweile sechs im Landtag vertretenen Fraktionen der österreichweit größte.
- FPÖ und SPÖ schmelzen zunehmend auf ihre Kern- bzw. Stammwähler, was in Anbetracht von (schmerzlichen) Wahlniederlagen einiges an innerparteilichem Reformbedarf bedeutet bzw. bedeuten sollte.
- Die Grünen dürften sowohl auf Bundes- als auch auf Landesebene ihre Lektion aus dem Jahr 2017 gründlich gelernt haben.
- Die KPÖ und der Newcomer auf Landesebene, NEOS, haben ihr jeweiliges Grundmandat souverän abgesichert.

TÜRKIS-GRÜNE KOALITIONSBILDUNG

ERWARTUNGEN UND AUSBLICK

Seit 40 Jahren bringen zusammen mehr als 30.000 Mitarbeiter weltweit Innovation auf den Punkt und kreieren in 25 Technologiezentren modernste Gaming-Technologien.

GEMEINSAM SIND WIR NOVOMATIC.

40 Years
NOVOMATIC

MARIO ZENHÄUSERN

Verantwortung für Österreich

Die neue türkis-grüne Bundesregierung hat sich vorgenommen, allen ideologischen Differenzen der beiden Koalitionspartner zum Trotz gemeinsam politische Verantwortung für Österreich zu übernehmen. Bei den Verhandlungen zum Regierungsübereinkommen für die kommenden fünf Jahre haben die Teams von ÖVP und Grünen – anders als in früheren Verhandlungsphasen – nicht versucht, das jeweilige Gegenüber auf einen Minimalkompromiss herunterzuverhandeln, was in der jahrelang gelebten Praxis den leisen Tod zahlreicher engagierter Vorhaben bedeutete. Vielmehr haben sie wechselseitig zentrale Standpunkte aus beiden Wahlprogrammen als gegeben akzeptiert. „Das Beste aus beiden Welten", wie Bundeskanzler Sebastian Kurz das Ergebnis nannte, ist demnach eine Auflistung von ambitionierten Ideen, die es in dieser Form in Österreich noch nicht gegeben hat. Auch wenn diese neue Regierungsform für viele noch gewöhnungsbedürftig ist und das vorgelegte Arbeitsübereinkommen lediglich einen groben Überblick über die Eckpfeiler der geplanten Kooperation, aber keine Antworten auf Detailfragen liefert: Der Start kann durchaus als gelungen bezeichnet werden.

Das ist umso überraschender, als die Bildung einer türkis-grünen Bundesregierung in Österreich ohne Alternative und der Druck auf die Verhandlungsteams deshalb besonders groß war. Die Freiheitlichen haben sich durch eine lange Liste an Verfehlungen bekanntlich selbst aus dem Rennen genommen und nach der krachenden Wahlniederlage aus eigenem Willen Verhandlungen abgelehnt (sich aber dann doch immer wieder als möglicher Partner ins Spiel gebracht, sollte die aktuelle Regierung scheitern). Die SPÖ ist nach wie vor viel zu sehr mit sich selbst beschäftigt; außerdem sitzt der Stachel des Misstrauensvotums gegen Sebastian Kurz und die unter SPÖ-Kanzler Christian Kern etablierte rot-schwarze Feindschaft bei vielen ÖVP-Funktionären tief. Blieb also, nachdem sich mit NEOS keine Mehrheit ausging, nur Grün übrig. Dass sich beide Parteien auf eine Zusammenarbeit einigen konnten, belegt die hohe Problemlösungskompetenz ihrer Spitzenvertreter; ihren Willen, das Land zu gestalten, Österreich weiterzubringen.

Der Erfolg oder Misserfolg von Türkis-Grün hängt in erster Linie davon ab, ob es tatsächlich gelingt, die in der Vergangenheit zwischen den beiden Parteien entstandenen Gräben zu überbrücken, unterschiedliche

Auffassungen auszudiskutieren und, wenn nötig, die eigene Meinung hintanzustellen. Und natürlich werden beide auch daran gemessen werden, ob es ihnen gelingt, die angepeilten fünf Jahre durchzuhalten und dabei das vorgenommene Arbeitsprogramm abzuarbeiten. Sebastian Kurz und Werner Kogler wissen, dass sie sich ein rasches Scheitern nicht leisten können. Selbst eingefleischte Anhänger würden es nicht oder, wenn überhaupt, dann nur schwer akzeptieren, wenn der unumstrittene ÖVP-Chef zum dritten Mal in Folge eine österreichische Bundesregierung platzen ließe. Ganz zu schweigen von jenen FPÖ-Sympathisanten, die bei den jüngsten Nationalratswahlen von der Freiheitlichen zur ÖVP gewechselt sind und die noch immer skeptisch sind. Auch Werner Kogler muss alles daran gelegen sein, die Grünen in der Regierung zu halten. Zu groß ist die Gefahr, im Falle eines Misserfolgs die von der SPÖ gewonnenen Stimmen wieder zu verlieren und damit zurück in die politische Bedeutungslosigkeit zu fallen, aus der Kogler die Grünen geholt hat. Dies umso mehr, als die ÖVP nicht zögern würde, den Juniorpartner für das Scheitern verantwortlich zu machen.

Neben der inhaltlichen Arbeit muss sich die neue Bundesregierung einer zusätzlichen Aufgabe stellen. Sie muss das Vertrauen der Menschen in Österreich zurückerobern, durch ihr tägliches Handeln Stabilität garantieren. Die innenpolitischen Wirrungen des Jahres 2019 haben das Ansehen der Politik im Allgemeinen und das der Bundespolitik im Besonderen in seinen Grundfesten erschüttert. Die mit dem Amtsantritt der türkis-grünen Regierung aus dem Amt geschiedene Bundeskanzlerin Brigitte Bierlein und ihr Team haben es verstanden, dieses Vertrauen durch ruhige, sachliche und transparente Arbeit langsam wieder aufzubauen. Aber die Übergangs- oder Beamtenregierung hat das Land lediglich verwaltet, nicht gestaltet. Das ist jetzt Aufgabe von Türkis-Grün. Dass die Mitglieder der neuen Bundesregierung dabei das Wohl der Menschen in Österreich in den Vordergrund zu stellen haben, versteht sich eigentlich von selbst. Eigentlich – den in der jüngeren Vergangenheit entstand oft der Eindruck, dass dieser Grundsatz nicht allen immer präsent war.

Die Erwartungen an die neue österreichische Bundesregierung sind groß. Und sie sind ebenso unterschiedlich wie die grundsätzlichen Positionen der beiden Koalitionspartner. Da sind zum Teil riesige Stolpersteine aus dem Weg zu räumen. Mitglieder beider Parteien werden mitunter kräftig schlucken müssen, um die nun im Regierungsprogramm verankerten zentralen Wahlversprechen des jeweils anderen zu verdauen. Schon jetzt plagt die Grünen einiges Unbehagen, wenn sie den unverändert harten ÖVP-Kurs in den Bereichen Migration und Integration akzeptieren müssen. Bei diesem Thema wird Sebastian Kurz aber keinem Kompromiss zustimmen: Der konservative Teil der heimischen Bevölkerung – und das ist immer noch die Mehrheit – wünscht sich die Fortsetzung des unter Türkis-Blau eingeleiteten Mitte-Rechts-Kurses. Werner Kogler wird also viel Überzeugungsarbeit leisten müssen, damit seine Anhänger das akzeptieren. Auch auf Sebastian Kurz kommt viel Erklärungsbedarf zu. Die von den Grünen ins Regierungsübereinkommen hineinreklamierten, in Wahrheit längst überfälligen Maßnahmen zur Bekämpfung des Klimawandels – Stichwort CO_2-Steuer oder die immer wieder neu aufflammende Diskussion um die alternativlose Abschaffung des Diesel-Privilegs – verlangen dem ÖVP-Führungsteam einiges an inhaltlicher Situationselastizität ab. Dennoch wird sich die Kanzlerpartei, die seit mehr als vier Jahrzehnten einen Fixplatz auf der Regierungsbank im österreichischen Parlament einnimmt, dem Thema nicht verschließen können. Zu manifest war die Forderung der (nicht nur jungen) Österreicherinnen und Österreicher nach einer Politik, die im Bereich Ökologie und Umwelt eine Vorreiterrolle einnimmt. Genau das ist, versichern Kurz und Kogler, im Regierungsprogramm vorgesehen.

Nicht weniger spannend dürfte in den kommenden Jahren das Ringen um die Eckpfeiler der künftigen Sozialpolitik werden. Obwohl auch hier die Standpunkte von ÖVP und Grünen weit auseinanderliegen, haben sich die Verhandlungsteams auf ein Programm geeinigt, dass den Menschen in den Mittelpunkt stellt. Die in der ÖVP oft verwendete Phrase von der „sozialen Hängematte", aus der die Menschen herausgeholt werden sollen, ist verschwunden. Mit dazu beigetragen haben wohl auch einige Urteile der Höchstgerichte, die entsprechende Gesetze der Vorgängerregierung (Mindestsicherung, Sozialhilfe) als verfassungswidrig aufhoben.

Die erste Regierungsbeteiligung der Grünen auf Bundesebene ist nicht zuletzt auch ein Signal über Österreich und die Europäische Union hinaus. Die Hoffnungen auf einen neuen, liberaleren, sozialeren und ökologischeren Kurs als unter Türkis-Blau sind hoch. Ob Sebastian Kurz diesen Hoffnungen gerecht werden wird, ist abzuwarten. Bis dato jedenfalls scheint er nicht gewillt zu sein, von zentralen Themen seiner bis jetzt erfolgreichen Linie abzuweichen. Die Weigerung, den UN-Migrationspakt zu unterzeichnen, bleibt ebenso aufrecht wie das kategorische Nein zu einer verpflichtenden Aufteilung von Flüchtlingen auf alle Staaten der EU. Und auch die freundschaftlichen Beziehungen zu den Europa kritisch gegenüberstehenden Višegrad-Staaten werden nicht gekappt. Trotzdem fallen und fielen die Kommentare zur Regierungsbildung in den meisten europäischen Staaten überaus wohlwollend aus. Das neue Bündnis könnte sogar zum Modellfall für Deutschland werden, hieß es zum Beispiel in der Süddeutschen Zeitung.

„Aus Verantwortung für Österreich." Diesen Titel haben Sebastian Kurz und Werner Kogler für ihr erstes Regierungsprogramm gewählt. Er steht symbolisch auch für die neue Form des Miteinanders, den die beiden Parteichefs gewählt haben und zumindest in der ersten Phase ihrer Zusammenarbeit vorexerzieren. Kein demonstrativer Kuschelkurs, wie zu Beginn der türkis-blauen Regierung, aber auch keine offen demonstrierte Ablehnung, wie sie am Ende der SPÖ/ÖVP-Koalition zu spüren war. Gegenseitiger Respekt, Akzeptanz unterschiedlicher Standpunkte und Toleranz Andersdenkenden gegenüber – wenn das die neue Linie der österreichischen Bundesregierung ist, dann trifft sie den Nerv der Menschen im Land. Die nämlich sind der Skandale, Affären und Anschuldigungen längst überdrüssig und sehnen sich nach Ruhe, Stabilität und ehrlicher Arbeit für das Volk. Genauso, wie es eigentlich immer schon Aufgabe der Politik gewesen wäre.

Vor zwei Jahren bezeichnete Bundeskanzler Sebastian Kurz die ÖVP/FPÖ-Koalition auf Bundesebene als Projekt, das auf zwei Legislaturperioden angelegt sei. Dieses Mal hat er keine zeitlichen Vorgaben gemacht. Das ist wohl weniger den schlechten Erfahrungen geschuldet, die er mit solchen Ankündigungen gemacht hat, als vielmehr den vielen Fragezeichen, die noch über dem neuen Bündnis schweben, das Österreich künftig regiert. ÖVP und Grüne müssen sich in vielen Bereichen erst finden, eine gemeinsame Basis suchen. Die Pflicht ist absolviert, das Regierungsprogramm liegt vor. Jetzt folgt die Kür: Beide müssen versuchen, das Ergebnis der Koalitionsverhandlungen gemeinsam umzusetzen. Wenn das gelingt, sind zwei Legislaturperioden nicht nur möglich, sondern sogar wahrscheinlich.

GEROLD RIEDMANN

Ökologisch-konservativ

Es waren harte Tage zu Beginn des neuen Jahres für jene politischen Beobachter, die seit der vergangenen Wahl erklären wollten, dass die Verhandlungen der ÖVP mit den Grünen nur zum Schein geführt worden seien, um hinterher dennoch mit der FPÖ zu paktieren. Nichts von dem ist eingetreten: Sebastian Kurz und Werner Kogler haben mit einem zukunftsträchtigen Abkommen den berühmt-berüchtigten österreichischen Kompromiss neu definiert. Das Beste beider Welten, sagte Kurz noch vor der Ankündigung des Regierungsprogramms und schuf damit jene Beschreibung, die am häufigsten zitiert wurde. Tatsächlich könnte der Titel des Regierungsprogramms „Agree to disagree" lauten. Man einigt sich, dass wechselseitig Standpunkte akzeptiert und vertreten werden, die im eigenen Parteiprogramm niemals stehen würden. Die Grünen sehen ein, dass eine 14-Prozent-Partei eben nicht die maßgebliche Richtlinienkompetenz hat, aber sehr wohl ihre Schwerpunkte Klimaschutz und Transparenz einbringen kann.

Vorbild im Westen

Eine türkis-grüne Sowohl-als-auch-Regierung nach Vorarlberger Vorbild, darauf darf man angesichts der Konstruktion verweisen. Eine Regierung, die weiterhin an der türkisen Einwanderungspolitik festhalten kann und sich gleichzeitig ein grünes Vorzeige-Klimaschutz-Projekt auf die Fahnen schreibt. Eine Regierung, die die türkise Präventivhaft umsetzen will und gleichzeitig ein Transparenzpaket nach grüner Machart auf die Straße bringt. So wie die Vorarlberger Regierung dank grüner Beteiligung Photovoltaik und öffentlichen Verkehr vervielfacht – und die ÖVP weiter Straßen baut (bauen will).

Die wechselseitigen Freiräume, die das für Österreich ungewöhnliche Programm ermöglichen, werden über den Erfolg entscheiden. Wie tolerant kann Sebastian Kurz sein, wenn ein grünes Regierungsmitglied nicht in die Richtung zieht, die das eingeschworene Kurz-Team gerade für richtig hält? Wie tolerant ist die grüne Basis, wenn die grünen Mehrheitsbeschaffer bei Themen wie der Präventivhaft sind, die außerhalb ihres von der ÖVP zugestandenen Klimaschutz-Transparenz-Kompetenz-Korridors liegen?

Für Österreich zeichnet sich eine große Chance ab: ein mutigeres, zukunftsgewandteres, klimafreundlicheres Programm, als es die ÖVP von Sebastian Kurz alleine hervorgebracht hätte. Und das, ohne die Finanzen auf den Kopf zu stellen, ohne die Vernunft über Bord zu werfen, ohne bei der Migrationspolitik Zugeständnisse zu machen. Die Grünen wiederum bündeln bei Leonore Gewesslers Klimaschutz-Super-Ministerium aus Umwelt, Energie und Infrastruktur ihre Kernkompetenzen.

Rechtsaußen im Abseits

Der wichtigste Punkt ist, dass Sebastian Kurz sein gescheitertes Bündnis mit Rechtsaußen hinter sich lässt. Das Signal der Abkehr von der FPÖ wird weltweit verstanden. Kurz kann für sich reklamieren, seinem Kurs treu zu bleiben, und erlangt gleichzeitig auf internationalem Parkett wieder die alte Salonfähigkeit. Das ist nach wie vor einer jener Punkte, auf die der Bundeskanzler besonderen Wert legt.

Das Zulassen einer anderen Zuwanderungspolitik tut auch den Grünen gut. Sie sind 2017 an dieser Frage zerbrochen, die SPÖ hat bis heute keine überzeugende Antwort.

Grüne Neudefinition

Wie gut die Grünen regieren, müssen sie allerdings erst beweisen. Es ist die erste Möglichkeit seit Parteigründung in den Achtzigern, dies auf Bundesebene zu demonstrieren. Die Erwartungshaltung haben die Grünen mit ambitionierten Zielen wie der Klimaneutralität 2040 jedenfalls nach oben geschraubt.

Erfahrene, pro-europäische Politikerinnen und Politiker kommen von der Oppositionsrolle neu in Regierungsverantwortung: Alles ist besser, als einen wie den Ex-Innenminister Herbert Kickl ständig ertragen zu müssen. Wohlgemerkt: Vor zwei Jahren verschwendeten wir Zeit, um über Polizeipferde und die Aufhebung des damals bereits beschlossenen Rauchverbots zu diskutieren. Da lesen sich die Hinweise zum „schrittweisen Ausstieg von Laubbläsern im Bundesdienst" im aktuellen Regierungsprogramm wesentlich leichter.

Es müssen die konkreten Initiativen abgewartet werden, denn derzeit wird das meiste nur angeschnitten. So detailliert das Klima-Kapitel ist, so überblicksmäßig wird an vielen anderen Stellen formuliert. Es kommt dann auf die konkrete Ausgestaltung an.

Mut statt Angst

Die vorangegangene Regierung war von der Angst geprägt, wer oder was nach Österreich kommen könnte. Die neue Regierung hat die Chance, mutig Zukunftstechnologien zu fördern und dennoch kein Budgetloch aufzureißen. Erwartet wird nun das, was versprochen wurde: Österreich zum Klimaschutz-Vorzeige-Land zu machen – und dabei den wirtschaftlichen Standort nicht nur nicht zu gefährden, sondern attraktiver zu machen.

Auch ins Stammbuch schreiben muss man die klare Erwartungshaltung, dass die Regierung die vollen fünf Jahre hält. Sebastian Kurz kann sich ein weiteres „Genug ist genug" nicht leisten – und sein grüner Regierungspartner spürt den Schmerz, den öffentliches Streiten bringt, heute noch in den Knochen.

Insofern stehen die Vorzeichen gut, ohne neue Schulden die ökologische Wende konsequenter als bisher anzugehen.

Das Regierungsprogramm kann eine Blaupause für andere europäische Länder sein. Insbesondere die deutschen Nachbarn dürsten nach einem Modell, das nach einer großen Koalition Aufwind geben kann.

Bis das österreichische Modell europaweit vorgezeigt werden kann, müssen die Politiker aber umsetzen, was sie auf Papier versprechen.

ELISABETH TOTZAUER

„Objects in the rear view mirror might appear closer than they are …"

„Die Zukunft ist unser einziges Ziel", postulierte einst in Zeiten des Umbruchs das geniale russische Künstlerpaar Alexander Rodtschenko und Warwara Stepanowa. Denn die Objekte im historischen Rückspiegel sehen oft anders aus, als sie es zukünftig sind. Ebenso wenig wie Politikerinnen und Politiker nur für vergangene Leistungen gewählt werden, werden traditionelle Medien nicht für ihre überlieferten Verdienste konsumiert. Beiden, Politik und Medien, ist gemein, dass sie vor allem die Zukunft abzuschätzen und zu gestalten haben, und nicht nur die Vergangenheit erklären mögen. Was erwarten wir nun von der neuen Regierung? Und was erwartet die neue Regierung von uns öffentlich-rechtlichen Medienschaffenden? Unsere Rahmenbedingungen in Österreich verändern sich durch Digitalisierung und Globalisierung rasant. Um die Zukunft als unser einziges Ziel zu erreichen, brauchen wir die möglichst großzügige Öffnung digitaler Möglichkeiten. Darum war schon die vergangene Regierung bemüht, und darauf dürfen wir auch in neuer Zusammensetzung hoffen.

Volle Öffnung des digitalen Raums für den ORF

Die volle Öffnung des digitalen Raumes für den ORF erhöht nicht nur seine Spielräume zum Nutzen des Publikums, sondern geht einher mit der ernst gemeinten Verantwortung, den originären österreichischen Medienmarkt zu seiner Stärkung gemeinsam mit daran interessierten heimischen Medientreibenden weiterzuentwickeln. Diese dual zu entwickelnde, primär digitale Medienlandschaft muss eine sicherer Hafen, ein „safe space" als Kontrapunkt gegen Hass und Gewalt im Netz werden. Hier kann es zu einem positiven „Strukturwandel der Öffentlichkeit"[1] zum Zweck der demokratischen Deliberation auf sicherem Boden kommen. Der digitale ORF-Schlüssel öffnet für Österreich also potenziell viele Türen. Wir brauchen ein nachhaltiges Ökosystem durch die enge Verzahnung aller relevanten Akteure guten Willens. Wer uns diese Tür öffnet und mit einem „digital switch" den Schalter in Richtung digitale Erweiterung der Gesellschaft umlegt, der ermöglicht, ja, zwingt den ORF geradezu, sich auch strukturell neu aufzustellen. Würde der ORF heute auf die grüne Wiese gestellt, sähe er wohl strukturell digital und damit etwas anders aus. Diese Erkenntnis verpflichtet uns zur konstanten Veränderung, zu einem „semper reformanda" statt der Anbetung kalter analoger Asche, denn „Wenn wir wollen, dass alles so bleibt, wie es ist, dann ist es nötig, daß sich alles verändert".[2] Gesellschaft, Politik und Medien bedingen einander, wie das „Böckenförde-Diktum" unterstreicht: Der freiheitlich gedachte Staat kann „einerseits nur bestehen, wenn sich die Freiheit, die er seinen Bürgern gewährt, von innen her, aus der moralischen Substanz des einzelnen und der Homogenität der Gesellschaft, reguliert. Anderseits kann er diese inneren Regulierungskräfte nicht von sich aus, das heißt mit den Mitteln des Rechtszwanges und autoritativen Gebots zu garantieren suchen, ohne seine Freiheitlichkeit aufzugeben".[3] Auf den öffentlich-rechtlichen Rundfunk übertragen heißt das nichts weniger, als dass ihm der umfassende Auftrag zur Freiheit als vierte Gewalt im Staat

1 Jürgen Habermas: „Strukturwandel der Öffentlichkeit. Untersuchungen zu einer Kategorie der bürgerlichen Gesellschaft", 1962

2 Giuseppe Tomasi di Lampedusa: „Der Leopard", Piper-Verlag, 1959. S. 32

3 Ernst-Wolfgang Böckenförde: „Die Entstehung des Staates als Vorgang der Säkularisation", in: Recht, Staat, Freiheit, 2006, S. 112 f.

gewährt wird, ohne dass der Staat diese zu beschneiden versucht – denn damit würde er seine Freiheitlichkeit aufgeben.

Erwartungen an die neue Regierung

Was erwarten wir nun von der neuen Regierung unseres Staates? Dass uns die digitalen Möglichkeiten gegeben werden, um frei nach Böckenförde dem freiheitlich gedachten Staat und der Demokratie weiter vollumfänglich dienen zu können. Angesichts immer neuer Abspielmöglichkeiten und der Aufsplitterung in Medienbündel, in *fasces media*, braucht auch der öffentlich-rechtliche Rundfunk die Möglichkeit, die Bürgerinnen und Bürger auf möglichst vielen Kanälen zu erreichen. Die Zunahme an Spartenkanälen und visuellen Angeboten über primär international agierende Streaming-Plattformen räumt mit der Mär von „peak television" auf, wir leben vielmehr im „golden age of television" der audio-visuellen Gleichzeitigkeiten. Neben den vielen global-digitalen Abspielformen im Netz bleibt das gute, alte Fernsehen auf nationaler Ebene quicklebendig und bedient in teils neuer Funktionalität auch das im internationalen Streaming erprobte Publikum. Aber es muss um ein zunehmend zersplittertes, individualisiertes, vereinzeltes Publikum mit einem großen Angebotshorizont an visuellen Reizen kämpfen. Dieser „individual turn" macht meine Aufgabe, ORF 1 mit der volatilsten Zielgruppe im umkämpftesten Medienmarkt Europas mit der meisten Konkurrenz unter ungleichen Konkurrenzbedingungen ohne digitale Zusatzangebote neu aufzustellen nicht leichter, aber weiter sinnstiftend.

Neue öffentlich-rechtliche Flottenstrategie

Es stimmt, „television is the new television"[4], aber es bedarf einer ausgeklügelten öffentlich-rechtlichen Flottenstrategie mit vielen großen und kleineren Booten, um die verwöhnten Augen und Ohren möglichst aller Inselbewohner gut abgestimmt und wohldosiert zu erreichen. Und wir

4 Michael Wolff: „Television Is the New Television: The Unexpected Triumph of Old Media in the Digital Age", 2017

müssen uns verständlicher machen, müssen näher ans Publikum, aus vielen Individuen eine Gemeinschaft machen und gleichzeitig die Wichtigkeit ihrer regionalen Verankerungen hervorheben, ihnen die Vorteile von Gesellschaft und Gemeinnutz, von Kunst und Kultur hör- und sichtbar machen, ohne belehrend und besserwisserisch zu sein. So lautet unser demokratiepolitisch wichtiger Kernauftrag, und den können wir nur unter optimalen Bedingungen, mit frischen Köpfen, dem richtig abgestimmten Angebot und einer zukunftsfitten internen Struktur erfüllen. Wir Medien stellen Gesellschaft und Gemeinschaften erst her und sind integrale Bedingung für ihre Existenz und kommunikative Aktion. Denn wir reden hier immer von „eingebildeten Gemeinschaften“[5], nicht im überheblichen, sondern im imaginären Sinn: Nie werden wir alle Österreicherinnen und Österreicher, Wienerinnen oder Niederösterreicher, nicht einmal alle innerhalb unserer Bezirksgrenzen Wohnenden persönlich treffen oder kennenlernen können. Und dennoch verstehen wir uns als eine Gesellschaft und Öffentlichkeit, als Bezirk, Gemeinde, Bundesland und Staatswesen. Das machen die Medien mit uns, die einen oft unfreiwillig durch die „unsichtbare Hand des Marktes“[6] und wir anderen öffentlich-rechtlich und auf demokratisch legitimierten Auftrag. Wenn wir diesen Auftrag aus der Hand geben und soziale Medien jenseits der Grenzen stärken, organisieren wir unser Gemeinwesen entlang anderer „eingebildeter Gemeinschaften“, und die Bindungskraft an das herkömmliche Staatsganze nimmt ab. Medienpolitik ist also auch immer Identitätspolitik, und das „Medium ist die Botschaft“[7]: So wie Medien funktionell ausgestattet sind und agieren dürfen, so verändern sie und reflektieren sich im Gemeinwesen. Öffentlich-rechtlicher Rundfunk ist keine Glaubensfrage, sondern ein integraler demokratischer Baustein. Damit unser Publikum diesen Baustein als den seinen begreifen und bewerten kann (und uns gegebenenfalls als zu leicht oder leicht brüchig zurückgibt), müssen wir ihm auf Augenhöhe begegnen und uns nahbar machen. Uns wird das Potenzial zur Erfüllung des gesetzlichen Programmauftrags von den Bürgerin-

5 Benedict Anderson: „Imagined communities: reflections on the origin and spread of nationalism“ 1991

6 Adam Smith: „The Wealth of Nations“, 1776

7 Marshall McLuhan: „Understanding Media: The Extensions of Man“, 1964

nen und Bürgern durchaus wohlwollend zugebilligt, bloß zur Gänze erfüllt sehen es viele Befragte noch nicht.

Am Küniglberg bleibt Luft nach oben

Solange wir uns aus uns selbst und in der Mitte der Gesellschaft finanzieren können, müssen wir auf diese Augenhöhe achten und mit dem Publikum handeln, wir müssen mit ihm in Beziehung treten und Austausch pflegen. Wie in anderen Ländern auch, gibt es in der österreichischen Bevölkerung für eine transaktionale Beziehung: „Öffentlich rechtlicher Inhalt gegen Geld" derzeit nur geringe Bereitschaft. Niemand zahlt gerne Steuern und Abgaben an den Staat oder gibt Gebühren an den ORF ab, niemand liebt einen Zahlschein. Aus rezenten Studien erkennen wir, dass es kaum eine „willingness to pay" gibt, wohl aber eine starke „willingness to contribute": Für das befragte Publikum erfüllt der ORF als öffentliches Gut eine wichtige Funktion für die österreichische Gesellschaft, steht für Meinungsvielfalt und fördert den Zusammenhalt. Diese Funktion definiert sich nicht über die Marktfähigkeit, sondern dass der ORF in einer positiven emotionalen Beziehung mit der Bevölkerung steht. Viele Staatsbürgerinnen und -bürger tragen unaufgefordert, ehrenamtlich und mit Feuer und Flamme zum Staatsganzen etwas bei, und viele können dem ORF vieles, wenn auch nicht alles abgewinnen. Um Identität zu stiften, wird vom ORF mehr erwartet als „nur" Berichterstattung. Besonderes Entwicklungspotenzial besteht in der Orientierungs- und Leitfunktion – die Menschen in Österreich wollen vom ORF „abgeholt" und verstanden werden. Sie möchten die Ereignisse erklärt und eingeordnet haben.

ORF als Förderer von Zusammenhalt und Vielfalt

Die Rolle des ORF als Förderer von Zusammenhalt und Vielfalt wirkt stark identitätsstiftend. Wir geben Orientierung, das Publikum erwartet sich von uns Glaubwürdigkeit und Unabhängigkeit, wir stehen für Meinungsvielfalt und den Zusammenhalt in Österreich, und von uns wird erwartet, dass wir zugänglich und den Menschen nahe sind. Diese Rechtfertigungsnotwendigkeit gegenüber unseren Nutzern müssen wir stärken und als Chance begreifen. Feedback ist eine positive Rückkoppelung unseres Publikums und keine Belastung. Wer mit uns kommuniziert, dem sind wir nicht egal, auch wenn die an uns übermittelte Botschaft oft harsch wirkt. Je näher wir unserem Publikum finanziell, inhaltlich, emotional und regional sind, desto eher können wir seine Erwartungen auf allen Kanälen und Booten der Flotte erfüllen. Was erwartet die neue Regierung von uns öffentlich-rechtlichen Medienschaffenden? Ich hoffe genau das: Unser Gebührenprivileg als Auftrag zur Selbsterneuerung und Vermittlung auf Augenhöhe verstehen, digitale Möglichkeiten zum Wohl der Gesellschaft und des heimischen Medienmarktes nützen, die Welt „mit österreichischen Augen“ sehen und komplexe Themen verständlicher machen. Damit nehmen wir Angst, reduzieren Unverständnis und schaffen jenes Vertrauen, auf dessen wohlverstandener Basis Gesellschaft funktioniert.

Aufstieg der Streaming-Plattformen

Der Aufstieg von Streaming-Plattformen im Audio- und Video-Bereich hat auch mit der ungerechtfertigten Selbstzufriedenheit der Medienschaffenden an der Schwelle zum Millennium zu tun. Wer seine Nutzer nicht erspürt und in allen Facetten medial zu bedienen weiß, der darf sich nicht wundern, wenn ihm Napster, Spotify, Netflix, Amazon, Disney und Hulu diese Aufgabe algorithmisch abnehmen und einstmals unabhängige Medienmärkte zu Dividenden-generierenden Deputaten jenseits der Staatsgrenze herabgestuft werden. Wenn uns dieselben digitalen Räume offenstehen, müssen wir sie nützen, um langfristig zu überleben und nicht als traditionelle Anbieter am Misthaufen der Geschichte zu enden. Dann gibt es keine Ausrede, uns nicht radikal selbst zu erneuern, dem Publikum fest ins Auge zu sehen und seine vielfältigen Erwartungen in vielschichtiges, ausgewogenes Programm zu gießen. Dann gibt es auch keine Ausrede mehr, uns nicht der Entwicklung des österreichischen Medienmarktes zu widmen. „Coopetition“ oder Kooperationswettbewerb[8] ist ein genuin österreichisch-ungarischer Beitrag zur Spieltheorie, und es gibt keinen Grund anzunehmen, dass

8 John von Neumann und Oskar Morgenstern: „Theory of games and economic behavior“, 1944

er in seinem Ursprungsland und mit österreichischen Marktteilnehmern nicht auch zwischen ORF und VÖZ öffentlich-rechtlich und heimisch-kommerziell, traditionell und digital funktioniert. Diese und die letzte Regierung hatten sich dieses Thema vollkommen zu Recht und richtig auf die verschiedenen Fahnen geschrieben. Diese skizzierte Zukunft soll unser einziges Ziel sein, und ihre Ermöglichung – auch im digitalen Raum – erwarte ich mir von dieser wie von jeder Regierung. Denn der Blick in den Rückspiegel verzerrt gleichermaßen Politik und Medien.

ANDREAS KOLLER

Das Experiment kann gelingen

Sebastian Kurz und Werner Kogler gehen mit ihrer Regierungsbildung ein nicht unerhebliches Risiko ein. Der Koalitionsvertrag enthält einige Stolperfallen. Und dennoch: Das Experiment kann gelingen.

Türkis-grün also. Hier wuchs zusammen, was nicht zusammengehört. Oder gehört es vielleicht doch zusammen? Der launige Wahlkampf-Sager von ÖVP-Klubchef August Wöginger über die jungen Landleute, die aus ihrem ehrbaren schwarz-türkisen Elternhaus nach „Wean" zum Studieren gingen und als Grüne zurückkämen, birgt eine tiefere Wahrheit. Die ÖVP, vor allem deren christlich-sozialer Flügel, und die Grünen haben in Fragen von Politik und Ethik eine relativ große Schnittmenge. Nämlich vor allem die Überzeugung, dass die Karl-Popperschen „Sozialingenieure", die für Wiederaufbau, Wirtschaftswunder und Wohlfahrtsstaat zuständig sind, zwar viele, aber nicht alle Menschheitsprobleme lösen können. Und die Überzeugung, dass es neben der irdischen Verteilungs- und Chancengerechtigkeit noch höhere Aspekte gibt, die es zu schützen gilt. Das mag man im Falle des christlich-sozialen ÖVP-Flügels „Achtung vor der Schöpfung" nennen oder im Falle der Grünen „Abwendung der Klimakatastrophe" – einerlei, es handelt sich um verwandte Denkmuster. ÖVP und Grüne passen also nicht übel zusammen, selbst unter der einschränkenden Prämisse, dass der christlich-soziale Parteiflügel in der Kurz-ÖVP derzeit wenig Aufwind verspürt.

Das heißt natürlich nicht, dass die neue Regierung harmonisch zusammenarbeiten wird. Das Regierungsprogramm umfasst zwar mehr als 300 Seiten, aber erstaunlich vieles bleibt im Ungefähren und beschränkt sich auf Überschriften. Hier ist der Keim zu manchem Zwist gelegt, etwa in der Frage der CO_2-Bepreisung und der Grundrechte, Stichwort Sicherungshaft. Die größte Falle lauert in der Migrationspolitik, die die beiden Regierungsparteien auf Drängen der ÖVP in den koalitionsfreien Raum transferiert haben. Sodass auch nach mehrmonatigen Koalitionsverhandlungen offenbleibt, wie die Regierung auf eine allfällige neue Welle von Migranten, wie wir sie 2015/16 erlebten, reagieren wird. Für die ÖVP und für einen großen Teil der Öffentlichkeit steht fest, dass sich der unkontrollierte Zuzug Zehntausender über Österreichs Grenzen nicht wiederholen darf. Und das darf er tatsächlich nicht. Denn erstens hat ein Staat, der die Kontrolle über seine Grenzen verloren hat, auch die Kontrolle über sein Staatsgebiet verloren – er hat sich selbst aufgegeben. Und zweitens muss ein Sozialstaat wie Österreich zwangsläufig eine restriktive Zuwanderungspolitik betreiben, weil sonst der Sozialstaat nicht mehr finanzierbar ist.

Stellt sich also die Frage, was Österreich tut, sollten wieder Zehntausende an den Grenzen stehen. Werner Kogler sagt, man könne dies verhindern, indem man die Zustände in den Herkunftsländern verbessert. Das klingt gut. Aber Zigtausende sind gar nicht mehr in ihren Herkunftsländern, sondern bereits in Warteposition in Nordafrika und in der Türkei. Und erkleckliche Teile des Nahen und Mittleren Ostens gleichen der Hölle auf Erden. Europa wirkt wie ein Magnet auf die Entrechteten und Gefährdeten der näheren und weiteren Umgebung. Ein „Türl mit Seitenteilen", wie es einst Werner Faymann nannte, wird nicht ausreichen, die Herandrängenden aufzuhalten. Es wird Mauern, Zäune und Grenzpolizei geben müssen, wir kennen die Bilder von der bosnisch-kroatischen Grenze. Oder von den spanischen Enklaven in Nordafrika, die meterhoch umgittert sind und dennoch immer wieder überwunden werden. Werden die Grünen derlei Bilder aushalten? Wird die Koalition derlei Bilder aushalten?

Eher nein, und die Regierenden können nur hoffen, dass der geschilderte Fall nie eintritt. Denn schon die sonstige politische Arbeit wird schwierig genug. Die Regierung hat sich in ihrem Programm zu einem radikalen Umbau der Wirtschaft und des Steuersystems bekannt. Dies wird immens viel Kraft aller Beteiligten erfordern. Gewiss, Sebastian Kurz und Werner Kogler sind gegenwärtig in ihren Parteien unumstritten. Beide haben bei ihren Parteifreunden Erlöserstatus. Sebastian Kurz ist der Hoffnungsträger des gesamten bürgerlichen Lagers, weit über Österreich hinaus. Werner Kogler erweckte seine scheintote Partei zu neuem Leben und führte sie in die Regierung. Von ihrem Sieger-Nimbus werden die beiden lange zehren.

Aber nicht ewig. Auch ein Sebastian Kurz wird der Agrar- und der Wirtschaftslobby nur ein begrenztes Ausmaß an möglicherweise teuren Reformen abringen können. Auch ein Werner Kogler kann, wenn es hart auf hart geht, sehr rasch das Vertrauen seiner Wählerbasis verlieren. ÖVP und Grüne haben bei den Nationalratswahlen Attraktivität weit über ihr traditionelles Wählerlager hinaus entwickelt: Die ÖVP in Richtung Freiheitliche, die Grünen in Richtung SPÖ. Diese Wähler bei der Stange zu halten, wird ganz schön schwierig sein für die beiden Regierungsparteien.

Die türkis-grüne Regierung ist ein Experiment mit ungewissem Ausgang. Der Vorteil für alle daran Beteiligten liegt darin, dass sie selbst es in der Hand haben, wie das Experiment ausgeht. Wenn die Partner einander vertrauen und miteinander auf Augenhöhe verkehren; wenn sie – anders als einst SPÖ und ÖVP in ihrer Uralt-Koalition – der Versuchung widerstehen, jede Idee und jeden Vorschlag des jeweils anderen öffentlich zu diskreditieren und abzuschießen; wenn sie nicht öffentlich streiten, sondern intern verhandeln und der Öffentlichkeit solide Lösungen präsentieren: Dann wird das Experiment gelingen. Es liegt an Sebastian Kurz. Und Werner Kogler. Und ihren Heerscharen an Spindoktoren, Mitarbeitern, Unterläufern und Hinterbänklern.

MICHAEL VÖLKER

Kurz mit Stofftasche, Kogler im Trachtenanzug

In ihrer Widersprüchlichkeit hat diese Regierung nicht nur gefährliche Risiken vor sich, sondern auch große, einmalige Chancen. Das betrifft in erster Linie die Steuerpolitik und den Umweltschutz, die ganz eng miteinander verwoben sind. Aus der Semantik der unterschiedlichen Darstellungen kann man durchaus Lust gewinnen; der Vizekanzler ist der schnellen Pointe nicht abgeneigt, der Kanzler bleibt dabei, Routen zu schließen und Grenzen wie Klima zu schützen. Mit etwas weniger Populismus können wir durch diese Koalition alle bessere Menschen werden.

Werner Kogler kam ohne Krawatte zur Angelobung. Werner Kogler trägt nie Krawatte, offenbar aus Prinzip nicht – so wie er früher praktisch nie Anzüge getragen hat. Jetzt trägt er Anzüge, außer es findet ein grüner Bundeskongress statt, bei dem das Regierungsprogramm und die Regierungsmannschaft bei der sogenannten Basis zur Abstimmung stehen. Da trägt Kogler Lederjacke, die schwarze Lederjacke. Als Vizekanzler, der zudem für den öffentlichen Dienst, den Sport sowie mit – Unterstützung von Ulrike Lunacek als Staatssekretärin – für Kunst und Kultur zuständig ist, wird Kogler künftig häufiger Anzug als Lederjacke tragen.

Bei der Angelobung keine Krawatte – das finden viele Zuschauer, vor allem jene aus der älteren Generation, doch recht merkwürdig, manche auch respektlos. Immerhin: Angelobung durch den Bundespräsidenten, als Vizekanzler, als grüner Vizekanzler noch dazu. Alle anderen Männer, auch die Grünen: selbstverständlich Krawatte. Auch Kurz, ÖVP-Chef und Bundeskanzler, im Alltag gerne ohne Krawatte unterwegs, in der Hofburg selbstverständlich mit Krawatte.

Einige Tage nach der Angelobung fand in Wien der Ball der Steirerinnen und Steirer statt. Einer der Ehrengäste war Werner Kogler, der Vizekanzler, immerhin stammt er aus Sankt Johann in der Haide, das ist eine kleine steirische Gemeinde bei Hartberg, die sich jetzt über einen großen Sohn der Gemeinde freut. Und siehe da: Werner Kogler trug am Steirerball Krawatte, sogar eine grüne Krawatte, also fast schon Tracht. Er trug keinen Steireranzug, aber das kommt auch noch, vielleicht im nächsten Jahr. So lange wird die Koalition halten, davon gehen auch Kritiker der türkis-grünen Regierung aus. Auch wenn Differenzen zwischen der ÖVP-Seite und der grünen Seite von Beginn an vorhanden, hör- und spürbar waren.

Sebastian Kurz sprach noch vor der Angelobung davon, dass es mit dieser Regierungskonstellation gelungen sei, das Beste aus beiden Welten zu vereinen. Die strenge Linie der ÖVP in Migrationsfragen und das Engagement der Grünen in Sachen Umwelt zusammenzuführen, sozusagen Grenzen und Klima zu schützen, das klingt in manchen Ohren ein wenig zynisch, illustriert die Zweckehe der beiden ideologisch doch recht unterschiedlichen Parteien ganz gut. Werner Kogler brauchte ein paar Tage, ehe er dieser Darstellung von Kurz entgegentrat, semantisch, aber auch ideologisch. Es gebe diese zwei Welten nicht, sagte Kogler erst in mehreren Interviews, dann auch im Parlament während der Regierungserklärung, es gebe lediglich diese eine Welt. Was es gebe, das seien unterschiedliche Weltanschauungen, und daran werde man sich wohl gewöhnen müssen: Dass es auch und gerade in dieser Regierungskoalition zwei sehr unterschiedliche Betrachtungen ein und desselben Faktums geben werde. Dafür gab es schon in den ersten Tagen dieser Koalition etliche Beispiele. Die Sicherungshaft etwa, die im Regierungsübereinkommen zu finden ist, und die dort gegen den erklärten Willen der Grünen hineingekommen ist. Letztendlich mussten sie nachgeben, weil es ÖVP-Chef Sebastian Kurz ein dringendes Anliegen war. Wohl auch um jenen Wählern, die von der FPÖ zur neuen Volkspartei von Kurz gewechselt sind, ein deutliches Signal zu senden. Die Grünen verfingen sich in unterschiedlichsten Rechtfertigungen, dass etwa Verfassungskonformität herzustellen sei, was im Rahmen der bisherigen, bei uns geltenden Verfassung so gut wie unmöglich sei, dass immerhin sie die Justizministerin stellten, und die sei eine „Rechtsschutzversicherung" gegen alles, was verfassungsrechtlich oder im Sinne der Menschenrechte zu weit gehe, und schließlich, dass letztendlich im Ministerrat Einstimmigkeit herrschen müsse. Das birgt schon enorm viel Koalitionssprengstoff in sich, noch ehe die erste Krise tatsächlich ausgebrochen ist. Apropos Krise: Einen Mechanismus zur Bewältigung einer solchen findet man im Regierungsübereinkommen ebenfalls; das wird gerne als koalitionsfreier Raum bezeichnet, könnte aber auch als dessen Gegenteil verstanden werden. Sehr genau wird hier festgeschrieben, wer mit wem in welchem Rahmen reden müsse, wenn eine unerwartete Krise, etwa eine solche wie der Flüchtlingsansturm 2015, auftrete. Dann aber, wenn alle Gespräche geführt sind und beide Seiten die Krise als solche erkannt und benannt haben und keine Einigkeit hergestellt werden konnte, dann darf eine Partei einen eigenen Antrag im Parlament einbringen und sich dafür die Zustimmung einer anderen Partei suchen. Rein rechnerisch steht diese Option also wohl nur der ÖVP zur Verfügung, da die Grünen gegen die ÖVP im Nationalrat keine Mehrheit fänden, die ÖVP etwa mit der FPÖ aber sehr wohl. Eine „Schräglage", wie auch Grünen-Chef Kogler konsterniert eingeräumt hatte. Das ist weiterer Zündstoff: Dass diese Koalition ein solches Vorgehen eines seiner beiden Teile überstehen könnte und die Zusammenarbeit nach einem Fremdgang im Parlament fortgesetzt werden könnte, das glaubt wohl niemand.

Weitere Beispiele für koalitionären Zwist finden sich entlang der Sollbruchstellen von Asyl, Migration und Integration: Die Ablehnung des internationalen Migrationspaktes durch die ÖVP ärgert die Grünen recht heftig, schließlich hatten sie in oppositionellen Zeiten massiv eine andere Meinung dazu vertreten. Das Kopftuchverbot in Schulen bis zu einem Alter von 14 Jahren, wie es sich im Regierungsübereinkommen findet, hatte ebenfalls nicht die Zustimmung der Grünen, auch wenn es gerade zu diesem Thema sehr divergierende Zugänge und Ansichten gibt, auf beiden Seiten der einen Welt.

Was darf man sich von dieser Regierung, die ihre Auffassungsunterschiede so offen vor sich herträgt und mancherorts sogar zelebriert, also erwarten? Im besten Falle das, was sie angekündigt hat. Eine vernünftige Steuerpolitik. Die ist wiederum ein Spagat zwischen den Ansprüchen der Volkspartei, die in diesen Fragen alles andere als nur eine Volkspartei ist, und den Grünen. Die ÖVP hat es in ihren Genen, die Industrie und die Wirtschaft zu stützen und zu fördern, das ist vordergründig ein ziemlicher Widerspruch zu den Ansprüchen der Grünen, die Gerechtigkeit nicht nur als eine soziale Gerechtigkeit im Sinne der Umverteilung sehen, sondern auch als eine ökosoziale Gerechtigkeit, die jene zur Verantwortung zieht, die für die umweltschädlichen Emissionen zuständig sind. Das trifft zwangsläufig die Industrie und die großen Unternehmen härter.

2022 soll es eine solche ökosoziale Steuerreform und eine gerechte CO_2-Bepreisung geben. Da kann man das Regierungsübereinkommen unterschiedlich interpretieren, aber laut grüner Lesart ist das so und führt kein Weg daran vorbei. Wenn dem nicht so wäre, dann gebe es „Drama", wie es Kogler mit seinem Hang zur saloppen Formulierung ausgedrückt hat. Die ÖVP wiederum setzt mehr auf jene Passage im Regierungsübereinkommen, die auf die Taskforce verweist, die bis 2022 eine Lösung vorlegen soll. Wie auch immer diese ausschauen mag. Aber letztendlich ist diese Steuerreform in ihrer Gesamtheit das Kernstück und die Lebensberechtigung dieser Regierung. Es geht darum, die Umwelt zu retten, das geht letztendlich über die Steuerung der finanziellen Mittel, über die Bepreisung der Emissionen.

Wenn den Tüchtigen und jenen, die sich finanziell nicht so ganz leicht tun, vom Verdienten ein wenig mehr übrig bleibt, dann ist der Umwelt zwar nicht gedient, aber der Gerechtigkeitsgedanke wird bedient; da werden erst einmal die unteren Einkommensklassen entlastet – letztendlich sollen nach dem Willen der Volkspartei auch die gut Verdienenden etwas von einer Steuerreform haben. Dass sich das Aufstehen in der Früh lohnt, ist zwar kein Alleinbeschreibungsmerkmal für jene Leistungsträger, die an der Spitze der Gehaltspyramide stehen, wird die Grünen und die Gesellschaft aber dann nicht stören, wenn alle oder möglichst viele von einer Steuerreform profitieren können.

Letztendlich sind der Schutz der Umwelt, die Rettung unseres Klimas die Grundgedanken des grünen Handlungsanspruchs. Das hat viel auch mit der Schaffung eines Bewusstseins zu tun, das von der Gegenseite vorsätzlich als Zöpfchen-Diktatur oder Greta-Koalition verunglimpft und denunziert wird. Selbstverständlich ist es notwendig, Schritte zur Abwendung des Klimawandels zu setzen, und selbstverständlich bräuchte man Siebenmeilenstiefel dazu, auch wenn echte Fortschritte nur aus dem Zusammenspiel einer Unzahl kleinerer Maßnahmen erreicht werden können. Das Umdenken muss im eigenen Lebensumfeld beginnen, beim Verkehr etwa, der uns alle betrifft. Die Maßnahmen kennt man, die Notwendigkeit ist nicht allen bewusst; und natürlich ist es faktisch egal, ob der Bundeskanzler ein Fahrzeug wählt, dessen Technik auf niedrigen oder keinen Emissionen aufbaut, aber vom gesamtgesellschaftlichen Effekt kann das einen enormen Impuls auslösen. Also wird von Bedeutung sein, dass die Regierung ihren Fuhrpark nach ökologischen Kriterien aussucht, dass sie dies auch regierungsnahen Unternehmen vorschreibt, dass vielleicht auch Rettung, Polizei und Müllabfuhr vorzeigen, dass Elektromobilität im großen Rahmen und im Alltag möglich ist. Das gilt auch für Fotovoltaik, für Wärmedämmung, für Müllvermeidung und den sinnvollen Umgang mit Essen. Die Chance und die Herausforderung dieser Regierung wird es auch sein, diese Themen, die immer noch bei den weltfremden Spinnern verortet werden, in die Mitte der Gesellschaft zu holen und damit auch tatsächlich eine Änderung im Konsumverhalten der Masse zu bewirken. Das geht mit Pflichten und Zwängen, leichter aber mit Vorbildwirkung, mit einem Einsehen und der Möglichkeit, den Sinn zu begreifen und danach zu handeln. Das mag jüngeren Menschen tendenziell leichter gelingen, als der älteren Generation, die in ihren Ansichten und Gewohnheiten schon recht festgefahren ist.

Das gilt in ähnlicher Form auch für den Umgang miteinander, für den tatsächlichen und den digitalen. Das mag nicht das drängendste Problem unserer Zeit sein, aber es ist zweifelsfrei ein Problem, das uns alle auf recht unangenehme Weise betrifft. Und wenn die Regierung einen gangbaren Weg findet, hier Bewusstsein zu schaffen und dem Hass im Netz entgegenzuwirken, dann wird es ein Verdienst sein, für das man sie nachhaltig loben wird müssen.

Und wenn Sebastian Kurz die Grenzen schützen möchte – soll er sie schützen. Kein Mensch ist für unbegrenzte und unkontrollierte Zuwanderung, das sind auch die Grünen nicht. Klar muss es Spielregeln geben, genau definierte Kriterien, aber je eher man dieses Thema aus den Klauen des Populismus befreit, umso eher wird es möglich sein, tatsächlich Gesetze zu verantworten, die nicht aus einer Krise resultieren und bei der nicht ausschließlich nationale Interessen im Vordergrund stehen. Dann werden wir es auch toll finden, wenn sich Sebastian Kurz eine Stofftasche umhängt und Werner Kogler bei einem Staatsbesuch in seiner Heimatgemeinde der steirischen Wildheit huldigt und sich in einen Trachtenanzug zwängt.

CHRISTIAN NUSSER

10 Prognosen für 2020

Nehmen wir tatsächlich einmal an, dass von Werner Kogler kein auf einer steirischen Alm gedrehtes Video auftaucht, in dem er einem russischen Oligarchen den Grazer Uhrturm verscherbeln will. Dann könnte das heuer wie folgt laufen.

Koalition wird zum Traumschiff Surprise

Es ist nicht immer alles eitel Wonne auf hoher See, aber am Ende geht keiner mit Tränen heim. Es gab viele, die Zweifel hatten, ob Türkis und Grün einen gemeinsamen Hafen finden können, ich gehörte nachweislich nicht dazu. Warum? Man vergisst gern, dass die Grünen historisch zwei Kerne haben, einen linken, grünalternativen, und einen durchaus bürgerlich-konservativen. Momentan haben die Pragmatiker das Sagen. Die wissen natürlich, dass beide Parteien von dieser Koalition massiv profitieren. Türkis verliert das Schmuddelblau, Sebastian Kurz kann sich europaweit als Visionär bauchpinseln lassen und behält in Österreich alle politischen Fäden in der Hand. Die Grünen erhalten Ämter, Aufmerksamkeit, Türen gehen auf, sie erlangen Sozialprestige, und sie können beweisen, dass sie regierungsfähig sind und keine Hippie-Truppe, die in der Beletage des Kanzleramts eine Hasch-Trafik eröffnen möchte.

Was wäre die Alternative? Für die Grünen der Schnarchsessel Opposition, Türkis bleiben die FPÖ (will die „Krone“ nicht), die SPÖ (mit wem dort worüber verhandeln?), eine Minderheitsregierung (dazu müsste Sebastian Kurz zumindest ungefähr wissen, wo das Parlament liegt). Also: Das wird besser funktionieren als viele denken, aber halt anders als Türkis-Blau.

Kurz und Kogler geben die alten Seebären

Ich behaupte: Ohne Türkis-Blau hätte es kein Türkis-Grün gegeben. Ohne Werner Kogler hätte Sebastian Kurz Türkis-Grün nicht gemacht, er wusste, es hätte nicht funktioniert. Kapitän und Erster Offizier sind grundverschieden, von ihrer Biografie, ihrer Ausbildung, vom politischen Grundrüstzeug her. Da der geschniegelte Kanzler, omnipräsent, aalglatt, der seine politische Rhetorik und Dogmatik abspult und abspielt, als habe er einen Speicherstick im Nacken stecken. Dort der pummelig-brummelige Vizekanzler, gekleidet nach dem Chaosprinzip, der dazu neigt, große Mengen Satzfeuerwerk in den Himmel zu schießen, die allesamt außerhalb des Sichtfeldes der Allgemeinheit ihre wahre Pracht entfalten. Na und? Die beiden müssen nicht zusammen kegeln gehen, Händchen haltend durch die Kärntner Straße spazieren, sich gegenseitig mit Insta-Likes zuschütten. Es reicht ein Grundstock an Sympathie und Respekt, und den sehe ich. Gegensätze ziehen sich an. Man denke an Asterix und Obelix.

„K&K" segelt unter auffrischendem Wind

Werner Kogler sieht das schon richtig: Zwei politische Schiffe haben derzeit Rückenwind in Österreich – die neuen Konservativen und die jungen Grünen. Diese beiden Volksparteien regieren nun eben das Land. Ob deren Pläne nun das „Beste aus beiden Welten" sind (Kurz), oder es nur eine Welt gibt und auf die eben zwei „verschiedene Sichtweisen" (Kogler) ist einerlei.

Das Regierungsprogramm ist ein Abbild dieser Zeitläufe. Hier wurden nicht Einzelstücke zu etwas Gemeinsamem verschmolzen, weil das unmöglich schien. Nein, jeder der beiden Parteien wurde die Möglichkeit eingeräumt, mit hauseigenem Edelmetall zu glänzen, die ÖVP mit ihrem Migrations- und Wirtschaftskurs, die Grünen mit ihren Plänen zu Transparenz und Umwelt. Was nicht ins Schema hineinpasste, wurde ausgespart (Dritte Piste, Lobautunnel etc.) oder so verknappt, dass rätselhaft bleibt, was präzise angestrebt wird. Beispiel: Auf Seite 131 findet sich im Kapitel „Straßenverkehr" ein einzelnes Wort als Programmpunkt, ohne nähere Erläuterung: „Geschwindigkeitsreduktion". Was? Wann? Wie? Wo? Unklar.

Politisch lebt man nun programmatisch nebeneinander her, ähnlich einer WG, lässt dem anderen Freiräume, damit er sich entfalten kann, aber nicht zu weit wegsegeln. Ein interessantes Experiment, es könnte Neuland entdeckt werden.

Zu tun ist jedenfalls einiges. Das Regierungsprogramm umfasst 328 Seiten, hat sechs Hauptkapitel und 31 Unterkapitel, die Präambel formuliert acht Ziele. Es sind mehrere Tausend Vorhaben skizziert, allein im Umweltkapitel 906. Selbst mit voller Fahrt voraus ist das nicht zu schaffen. Spannend bleibt, welche Landgänge gestrichen werden.

Kanzleramt wird zur machtvollen Brücke

Seit Wolfgang Schüssel hatte kein Kanzler mehr soviel Macht wie Sebastian Kurz. Die ÖVP stellt den Kanzler und 10 Minister/innen (plus einen Staatssekretär), die Grünen Vizekanzler und 3 Minister/innen (plus eine Staatssekretärin). Was auffällt: Kurz hat Schüssel kopiert. In dessen schwarzblauem, später schwarz-orangem Kabinett II aus 2002 besetzte die FPÖ (danach das BZÖ) ebenfalls einen Vizekanzler und drei Ministerjobs, und zwar – wie auch diesmal – Justiz, Soziales, Verkehr. Kurz holte drei Ministerinnen zu sich ins Kanzleramt, mehr als ein Viertel der Regierungsmannschaft residiert also nun ebendort und managt die Bereiche Europa, Arbeit, Familie, Jugend, Frauen, Integration, Medien – direkt unter der Nase des Kanzlers. Das wird noch eine Rolle spielen.

Die Opposition entdeckt Müntefering

Als Franz Müntefering am 21. März 2004 zum SPD-Vorsitzenden gewählt wurde, sagte er in seiner Antrittsrede einen legendären Satz: „Opposition ist Mist, lasst das die anderen machen – wir wollen regieren". Müntefering war die Aussage später unangenehm (und die SPD ein Jahr später tatsächlich in dieser Situation), aber sie stimmt wohl auch für Österreich. Hält diese Koalition, dann lebt die Opposition fünf Jahre lang von Wasser und Brot, mehr lässt ihr diese Regierung mit der enormen Flügelspannweite von links bis ziemlich weit rechts nicht übrig. Es ist kein Wunder, dass niemand den SPÖ-Vorsitz übernehmen will, es gibt politisch kaum einen trostloseren Job. Nach außen nichts erreichen zu können, nach innen einen zerstrittenen Haufen zusammenhalten zu müssen, so gut es geht, das zermürbt. Die FPÖ ist mitgemeint.

Grüne pinseln sich rot an

Klingt vielleicht seltsam, aber Werner Kogler wäre auch ein guter SPÖ-Chef. Er müsste sich nicht einmal groß umstellen. Sozialpolitik, Bildungspolitik, Arbeitsmarktpolitik, das Engagement für Zuwandernde, das Desinteresse an der Landesverteidigung, die Europa-Llinie, der Kampf gegen Armut, die Kapitalismusskepsis – Gemeinsamkeiten, wohin man schaut. Um es kurz zu machen: Die Grünen sind die neuen Sozialdemokraten zuzüglich Umweltkompetenz. Markantester Unterschied: Sie wachsen.

Ein neuer Stil kommt an Bord, verspätet halt

Was Türkis-Blau versprochen hatte, löst Türkis-Grün ein, und das wird man sehr rasch merken. Es wird zu einer Abrüstung der Worte kommen. Herbert Kickl wollte noch „Flüchtlinge konzentrieren", das Recht der Politik folgen lassen, er benannte „Erstaufnahmezentren“ in „Ausreisezentren“ um. Nun wird man sanftere Töne hören, auch von der ÖVP. Die türkise Botschaft wird trotzdem klar und deutlich bleiben. Es gilt, rund eine halbe Million von der FPÖ zugewanderte Wählerinnen und Wähler bei der Stange zu halten.

Türkiser Seemannsgarn lullt Grüne ein

Die neue Regierung wirkt sehr frisch, sehr jung, sehr weiblich. Ohne das grob despektierlich zu meinen: Die Besetzung der Ministerämter glich an manchen Tagen mehr einer Castingshow, als dass sie den Anschein erweckte, einer politischen Agenda zu folgen. Heidi Klum-Kurz wird für die Grünen eine Herausforderung. Auch als Kanzler ist er im Dauerwahlkampf, vermarktet sich 24 Stunden am Tag, egal, ob er in deutschen Talkshows auftritt oder unter Blitzlichtgewitter ein Altenheim besucht. Kurz und sein Tross sind hochprofessionell, perfekt aufeinander eingespielt und haben viel Erfahrung. Die Grünen haben zwei Optionen, um Präsenz zu zeigen: Sich in dieser Inszenierungsmaschinerie einen gut sichtbaren Platz zu sichern (was schwierig wird) oder anzufangen, eine eigene Show auf die Beine zu stellen. Dafür werden sie kräftige Arme brauchen.

Kogler wird der grüne Star der Bordkapelle

Die FPÖ hat dafür gesorgt, dass in den ersten Tagen ein Gesicht aus der Riege der neuen Regierungsmitglieder herausleuchtete. Alma Zadić wäre es wohl lieber gewesen, auf andere Art bekannt zu werden, als über an sie gerichtete Hassbotschaften, aber auf hoher See, vor Gericht und im Internet hat man sein Schicksal nicht in der Hand. Ich denke trotzdem, dass Parteichef Werner Kogler nachhaltiger das Zeug dazu hat, zum markantesten Kopf des grünen Teams zu werden. Er ist ein Kauz, ein solitärer Gegenentwurf zur Slimfit-Generation der Politiker, er versinnbildlicht das Rebellenhafte in ausreichendem, aber nicht zu überschießendem Maße, als dass es von den Österreichern als Gefahr gesehen werden könnte. Sein Körper spiegelt kein Leben in Askese wider, auch das liegt nahe am Volk. Er ist gebildet, ohne obergescheit zu wirken, er kann ins Koma reden, sorgt zwischendurch aber für verbale Erweckungserlebnisse. Ein Typ, anders halt, gut vermarktbar, ohne dass man dies aufdringlich merkt. Mutmaßlich nicht einmal er selbst.

Beim Captain's Dinner herrscht keine Krawattenpflicht

Bei den Grünen geht manche(r) klischeehaft davon aus, dass sie allesamt Frutarier sind, in Baumhäusern leben, lehrerhaft immer alles besser wissen, ihr Horizont in ein Jutesackerl passt, vor allem aber, dass sie rechte Spaßbremsen sind. Stimmt nur nicht. Die meisten werden recht schnell am gesellschaftlichen Leben teilhaben wollen, Salons erobern, die Berichterstattung auch mit Banalem bereichern wollen. Nicht immer werden sie Krawatte tragen, aber wohl nie am Neujahrskonzert offen den Mittelfinger zeigen. Wir werden entdecken: In so mancher Grüner verbirgt sich eine Helene Fischer, in so manchem Grünen ein Florian Silbereisen. Ahoi!

RUDOLF MITLÖHNER

Keine gemeinsame Welt

Es gibt verschiedene Lesarten zur aus ÖVP und Grünen gebildeten Koalitionsregierung. Die einen sehen darin eine Art generationenübergreifendes bürgerliches Versöhnungsprojekt: Hier seien konservative (ÖVP-nahe) Eltern und linksliberale (grün-affine) Kinder oder auch umgekehrt Achtundsechziger-Altvordere und deren neokonservative Sprösslinge gewissermaßen vereint.

Die anderen sehen hier – frei nach Willy Brandt – zusammenwachsen, was nicht zusammengehört. Woraus sich wiederum zwei Sichtweisen ableiten lassen: eine skeptische bis ablehnende – und eine optimistische, die gleichsam die regierungsoffizielle geworden ist und in der Formulierung des Bundeskanzlers vom „Besten aus beiden Welten" mittlerweile allseits geläufig ist.

Hier lässt sich freilich gleich kritisch einhaken: Das „Beste aus beiden Welten" ergibt noch nicht zwingend eine gemeinsame „Welt", eine einigende Klammer, ein tragendes Narrativ.

Gewiss, Politik ist nicht nur ein Ideenwettbewerb, ein ideologischer Schaukampf, sondern hat sehr viel mit so profanen Dingen wie Macht, Interessen, Pragmatismus zu tun. Und vor diesem Hintergrund darf die einigende Kraft externer Faktoren jenseits weltanschaulicher Programmatik nicht unterschätzt werden.

So kann es sich Sebastian Kurz kaum leisten, binnen weniger Jahre mit dem dritten Regierungspartner vorzeitig die Zusammenarbeit zu beenden. Selbst wenn er alle Argumente auf seiner Seite hätte, bliebe etwas an ihm hängen, haftete ihm der Hautgout eines unberechenbaren Politakteurs an, der mit niemandem kann und das Staatswohl dem eigenen Machtstreben unterordnet.

Werner Kogler wiederum wird ahnen, dass sich das „window of opportunity" einer Regierungsbeteiligung möglicherweise nicht so bald wieder auftun könnte. Das letzte Mal stand es vor 17 Jahren offen. Ein Scheitern der Koalition mit der ÖVP würde all jene bestätigen, die dieser Zusammenarbeit von Anfang an äußerst kritisch gegenübergestanden sind. Die außerordentlich hohe Zustimmung für das Projekt beim grünen Bundeskongress (93,2 Prozent) darf nicht über die anhaltende große Skepsis im grünen Biotop hinwegtäuschen.

Beide Parteien sind solcherart zum Erfolg verdammt

Ob dieses Wissen um die für beide Seiten äußerst unerquicklichen Folgen eines Scheiterns aber als Kitt für fünf Jahre ausreicht, wird sich zeigen. Schneller als befürchtet oder erhofft haben sich erste Risse gezeigt. Das beginnt bereits beim prinzipiellen Verständnis des gemeinsam ausgehandelten Regierungsprogramms. Während es für die ÖVP offenbar das Endergebnis eines – zweifellos mühevollen – Ringens und damit die Grundlage der Regierungsarbeit darstellt, dürften es die Grünen eher als Ausgangsbasis eines Prozesses sehen, in dessen Verlauf möglichst viele „grüne" Nachjustierungen zu erreichen seien. Zwischen den Zeilen diverser Wortmeldungen grüner Spitzenrepräsentanten klang deutlich das Bestreben heraus, dem Programm noch so manche „türkise" Zähne ziehen zu wollen. Das betrifft insbesondere – aber keineswegs nur – die Bereiche Asyl/Migration/Integration, zu denen etwa die grüne Klubobfrau Sigrid Maurer auch ganz unverblümt sagte, dass diesbezüglich die Sprache und auch die Positionen des Regierungsprogramms „nicht die unseren" seien.

Das ist natürlich völlig legitim und auch absolut nicht überraschend. Warum sollten die Grünen nach Wahl und Verhandlungen völlig anders denken als davor? Er werde seine Haltung „sicher nicht an der Regierungsgarderobe abgeben", sagte denn auch der neue Sozialminister Rudolf Anschober.

Das haben freilich auch Sebastian Kurz und seine Leute mit Sicherheit nicht vor. Was genauso legitim und ebenso wenig überraschend ist. Der Mainstream der medialen Wahrnehmung macht indes hier sehr wohl einen Unterschied: Die ÖVP erscheint hier nicht selten, salopp gesagt, als Spaßbremse bei der Verwirklichung grüner Ziele; oder leicht überspitzt formuliert: als Hemmschuh beim Voranschreiten auf dem Weg zur Verbesserung des Menschengeschlechts im Sinne des Wahren, Guten und Schönen.

Allzu überspitzt scheint das übrigens gar nicht, wenn man abseits der politischen Spitzenebene ein bisschen ins grüne Unterfutter hineinschaut, in die Tiefenstrukturen der grünen Basis und befreundeter, grün-affiner Milieus. Dort, in den sozialen Medien und diversen Online-Foren, trifft man nicht selten auf eine Pose moralischer Selbstgewissheit, getragen von der – genuin linken – Überzeugung, gewissermaßen auf der richtigen Seite der Geschichte zu stehen, die in einer Kooperation mit dem ideologischen

„Feind" im besten Fall die unter Schmerzen gewahrte Chance auf Selbstbehauptung, im schlimmsten aber Verrat und Selbstaufgabe sieht. Diese Sichtweise spiegelt sich auch in den Beiträgen von Leitartiklern und Kolumnisten so mancher klassischer Medien zunehmend wider.

Wer sich das alles vor Augen führt, kann sich eigentlich nicht vorstellen, wie das mit Türkis-Grün funktionieren soll. Da tun sich tatsächlich zwei Welten auf, deren jeweils „Bestes" allenfalls nebeneinander Bestand haben könnte. Mit einem Schuss Zynismus lässt sich dem natürlich einiges abgewinnen: „Gefragt ist nicht die maligne Genugtuung über das Nichtglück des anderen, sondern die Kunst, die Zumutung fremder Entfaltung ohne allzu schwere Depressionen zu ertragen. Das Nebeneinander ist die Königsklasse der koalitionären Lebenskunst. Ich glaube, das wird alles sehr lustig werden, und das ist wirklich mehr, als man erwarten durfte", schreibt „Addendum"-Herausgeber Michael Fleischhacker.

In der Tat mag man ein solches Nebeneinander als Fortschritt gegenüber dem Kompromiss in Gestalt sozialpartnerschaftlich wattierter Großer Koalitionen sehen: Diese Regierungsform sollte nach deren letztem kläglichen Aufbäumen der Jahre 2007 bis 2017 endgültig als obsolet gelten. Für die Große Koalition gilt erst recht und ganz grundsätzlich, dass da zusammengezwungen wird, was nicht zusammengehört.

Letztlich freilich bedeutet jede Koalition eine Art Kompromiss. Wer das ablehnt, müsste zu Ende gedacht für ein Mehrheitswahlrecht eintreten – wofür ja tatsächlich vieles spräche. Wobei man noch relativierend ergänzen könnte, dass auch die Parteien selbst in sich schon so etwas wie Koalitionen darstellen: einzelne Flügel, Interessengruppen, die sich unter einem Label versammeln.

Sebastian Kurz hat selbst mehrfach die nunmehr gebildete Regierung aus Grünen und seiner ÖVP als mehr oder weniger zwangsläufige Folge der realpolitischen Gegebenheiten dargestellt: Gegen SPÖ und FPÖ sprechen deren derzeitige Verfasstheit, gegen die SPÖ überdies Grundsätzliches (s. o.), gegen die FPÖ zudem, dass sie sich (was Kurz immer wieder ausdrücklich bedauert hat) selbst aus dem Spiel genommen habe; und da es, so Kurz, „leider kein Mehrheitswahlrecht" gebe, seien eben nur die Grünen geblieben.

Begeisterung klingt anders. Und damit sind wir bei den Bedenken auf bürgerlicher Seite, die es natürlich ebenso gibt. Dort fragt man sich zu

Recht, wie es denn mit den Grünen eine „ordentliche Mitte-Rechts-Politik“ geben könne. Mit diesem Diktum hat Kurz ziemlich treffend beschrieben, was sich das Gros bürgerlicher Wähler von der ÖVP bzw. einer von ihr geführten Regierung erwartet. Es ist im Wesentlichen eine liberalkonservative Programmatik, die in gesellschafts- und sicherheitspolitischen Fragen nach gängigen Zuschreibungen als „rechts“ und in Fragen der Wirtschafts- und Sozialpolitik als „liberal“ (Kritiker würden „neo-“ hinzufügen) gilt.

Wenig verwunderlich, dass Werner Kogler und seine Leute immer wieder betont haben, dass sie für eine solche „ordentliche Mitte-Rechts-Politik“ nicht zur Verfügung stünden. Was natürlich auch Sebastian Kurz klar ist. Womit wir wieder – als offenbar einzig praktikabler Lösung – beim „Nebeneinander“ vom „Besten aus beiden Welten“ sind. Die Spitzen beider Parteien haben bereits während der Sondierungs- und Verhandlungsgespräche, aber auch danach mehrfach, ihre Verschiedenheit betont. Um dem Unterfangen einer politischen Zusammenarbeit dennoch Plausibilität zu verleihen, hat Kurz mantraartig wiederholt, die ÖVP sei für ihre Positionen in Fragen der Migration und der Wirtschaft gewählt worden, die Grünen für Klima- und Umweltschutz. Subtext: Jeder bekommt seine Spielwiese. Das „Beste aus beiden Welten“ ist die euphemistische Umschreibung des institutionalisierten Nebeneinanders.

Dem liegt freilich eine krasse Fehleinschätzung zugrunde, die dem VP-Chef entweder nicht bewusst ist oder die er aus strategischen Gründen nicht zugeben kann/will: Die beiden Parteien sind nicht nur für die von Kurz ihnen zugeschriebenen Bereiche gewählt worden, sondern für deutlich mehr; letztlich für jeweils ein (zumindest unterstelltes) Welt- und Menschenbild, eine bestimmte Sicht der Dinge, spezifische „politische Zugänge“, wie das Kurz selbst einmal bezeichnet hat. Auch Grün-Wähler haben Vorstellungen, beispielsweise von Migrations-, Sicherheits- und Budgetpolitik; auch ÖVP-Wähler erwarten sich Positionierungen zu ökologischen Fragen etc. Enttäuschung auf beiden Seiten ist solcherart programmiert.

Was also kann man von einer solchen Regierung erwarten? Es könnte – aus oben genannten Gründen – mit sehr viel Pragmatismus funktionieren. Die Stimmen, insbesondere auf grüner Seite, welche sagen „so haben wir nicht gewettet“, dürften allerdings anschwellen. Die Frage ist, wie lange die Partei – noch im Taumel des Wahlerfolgs und einstweilen durch die Umfragen beflügelt – die Zerreißprobe besteht. Die ÖVP wird es sich nicht leisten können, Positionen zu räumen – sie steht in dieser Koalition unter verschärfter Beobachtung ihrer Sympathisanten. Sie wäre dennoch gut beraten, bei aller Konsequenz in der Sache den Partner nicht vorzuführen oder zu demütigen. Das Problem freilich ist, dass dieser tendenziell schon die Koalition mit der ÖVP an sich als Demütigung empfindet.

MEINRAD KNAPP

Was erwarte ich von der neuen Regierung?

Wird diese neue Konstellation, die erstmalige Zusammenarbeit von Türkis und Grün auf Bundesebene wirklich viel frischen Wind bringen? Entsteht durch die ganz offensichtlichen Unterschiede zwischen den beiden Regierungsparteien, durch diese inhaltlich bedingte Reibung möglicherweise Energie für etwas Neues? Werden Sebastian Kurz und Werner Kogler mutig anpacken? Nach der sicheren Hand (in stürmischen Zeiten, wie der Wahlslogan der SPÖ im Jahr 2013 lautete) von Werner Faymann, die hauptsächlich seine Position als Kanzler absichern sollte, dem Zaudern von Christian Kern und einer gespielten Harmonie-Erzählung im Kabinett Kurz/Strache hat die türkis-grüne Regierung jetzt die Chance, eben weil sie sich selbst über die Zusammenarbeit von zwei vollkommen unterschiedlichen Parteien positioniert hat, mutige Reformen anzugehen. In der leidenschaftlich geführten Debatte liegt die Chance auf einen Kompromiss, der eben nicht der kleineste, oder – wie wir es so oft in Regierungen erleben mussten – der allerkleinste gemeinsame Nenner ist.

Wenn dann auch noch Werner Kogler sagt, dass wir Österreich in ein paar Jahren gar nicht mehr wiedererkennen werden, dann klingt das doch recht mutig und verheißungsvoll. Die Einigung zwischen Kogler und Kurz wurde medienwirksam am Neujahrstag im ORF zwischen zwei Traumschiff-Folgen mit Rekordquoten verkündet. Kurze Statements der beiden Parteichefs, Fragen von Journalisten nicht erwünscht! Stellen wir uns nur einmal vor, wie diese gelebte Message Control von den Grünen kritisiert worden wäre, wenn Kogler nicht selbst an der Seite von Kurz gestanden wäre.

Das war aber nur der Beginn eines perfekten PR-Feuerwerks. ÖVP-Vertreter haben dann am 2. Jänner, wie Politikberater Thomas Hofer berichtet, lange vor dem offiziellen Verschicken des kompletten 326-seitigen Regierungsprogramms eine 28-seitige Kurzversion an ausgesuchte Journalisten versendet, die noch einmal ÖVP-lastiger war als die Endversion. Diese kam dann erst kurz vor der eigentlichen Präsentation. Hier wurde also dafür gesorgt, dass die ÖVP-Handschrift wirklich niemand übersehen konnte. Auch die scheibchenweise Präsentation der einzelnen Ministerinnen und Minister hat das Team rund um Sebastian Kurz perfekt orchestriert. Das ist weder schlecht noch verboten. Es zeigt nur wieder einmal, welchen enormen Professionalisierungsgrad das Team rund um Sebastian Kurz erreicht hat.

Wenn sich aber jetzt nach diesem PR-Feuerwerk der Rauch verzieht und wir einen genauen Blick auf das zwischen Türkis und Grün Vereinbarte wagen, dann sehen wir, dass wir im Gegensatz zu Koglers Versprechen Österreich sehr wohl und sehr leicht in den kommenden Jahren doch wiedererkennen werden: Die Expertenregierung unter Kanzlerin Brigitte Bierlein hat sich nicht getraut, das heiße Thema Pensionen anzugehen. Im Gegensatz zum Beispiel zu unserem Nachbarland Italien; zugegebenermaßen haben die Italiener sehr viel mehr Erfahrung als wir Österreicher mit Übergangsregierungen, aber wenn wir schauen, gegen welchen Widerstand die Übergangsregierung Monti eine Pensionsreform durchgeboxt hat, dann darf man wohl in Österreich von einer vergebenen Chance sprechen – eine Expertenregierung muss keine Angst vor den nächsten Wahlen haben.

Mit einem Blick nach Frankreich und nach dem Einknicken von Emmanuel Macron können wir vielleicht ein bisschen besser verstehen, warum Kurz und Kogler beim heimischen Pensionssystem „... keine Notwendigkeit für eine grundlegende Neuausrichtung ...“ sehen. So ist es formuliert und das verwundert doch, wenn wir uns die Dringlichkeit in Erinnerung rufen, so wie Franz Schellhorn von der Agenda Austria die Situation auf Ö1 schildert:

„... Die Zahl der Erwerbstätigen wird bis zum Jahr 2050 um circa 200.000 Menschen zurückgehen, und die Zahl der über 65-Jährigen on Österreich wird um über eine Million steigen. Das heißt, dass also immer weniger Aktive immer mehr Pensionisten erhalten müssen“. Hier hätte zumindest ein bisschen Mut nicht geschadet. Dass auch in den kommenden Jahren die Bundesländer und allen voran die Landeshauptleute in der angenehmen Situation bleiben werden, Steuergeld ausgeben zu können, ohne es vorher einzunehmen, scheint weder Türkis (wenig überraschend) noch Grün zu stören. Die Zersplitterung von öffentlichen Aufgaben auf Bund, Länder und Gemeinden bleibt.

Im Großen und Ganzen bestehen keine klaren Verantwortungen, und niemand ist schuld, wenn es Probleme gibt. Hier möchte die neue Regierung zwar prüfen und überprüfen und ausloten, ob es aber zu einer tatsächlichen Machtverschiebung in diesem Bereich kommt, ist wohl zu bezweifeln. Radikale Reformen lesen sich anders.

Letztlich soll es also auf „Grenzen sichern" (ÖVP) und „Klima retten" (Grüne) hinauslaufen. Beim „Grenzen sichern" kann man hoffen, dass es zu keinem Ansturm kommt. Und selbst wenn – hat sich die ÖVP bisher beispiellos schon mal eine Kooperation mit der Opposition ins Papier geschrieben. Beim Klimawandel besteht keine Hoffnung, dass er doch nicht kommt, aber wo sind hier die konkreten Konzepte? Die Vereinheitlichung der Flugticketabgabe freut die AUA und ihre (veraltete und verbrauchsintensive) Langstrecke, da der Flug nach Los Angeles jetzt genau soviel CO_2-Abgabe kostet wie ein Kurztrip nach Mallorca. Bemerkenswert für eine Lenkungsabgabe. Das „3-Euro-am-Tag-Jahresticket" ist wohl das Leuchtturmprojekt bisher, ob es reicht um die Pendlerströme auf die Schiene zu verlagern, ist angesichts des teilweise dünnen und langsamen Angebots an Zügen fraglich. Heizen und Stromerzeugung sollen dekarbonisiert werden, und zwar rasch; wie das bei voller Versorgungssicherheit passieren soll, ist unklar.

Was die Personalpolitik der neuen Regierung betrifft, werden wir ganz gespannt auf die Performance von Leonore Gewessler schauen. Sie ist Ministerin eines echten Super-Ressorts für Verkehr, Innovation und Technologie und wir werden in einem Jahr wissen, wie sich die Politik-Newcommerin schlägt. Erschwerend kommt für Gewessler hinzu, dass die Grünen keinen Staatsekretär im Finanzministerium haben. Das wird die Umsetzung ihrer Pläne nicht unbedingt erleichtern! Im Außenministerium wird es wohl im Gegensatz zu Türkis-Blau etwas ruhiger zugehen. Mit Alexander Schallenberg ist ein ausgewiesener Profi am Werk. Dass Schallenberg vor Jahren über Sebastian Kurz im „Spiegel" gesagt hat, dass er selten einen so talentierten Minister gesehen hätte, hat dem Karrierediplomaten sicher auch nicht geschadet. Außerdem war Schallenberg schon einmal verheiratet, eine Außenminister-Hochzeit mit Putin-Einladung, einem Knicks und jeder Menge diplomatischer Verwicklungen scheint also eher unwahrscheinlich. Die neue Verteidigungsministerin Klaudia Tanner ist aufgrund der sehr angespannten finanziellen Lage beim Bundesheer sicher nicht zu beneiden, ob da die Vorschusslorbeeren von Bundespräsident Alexander Van der Bellen – „Wer sich im niederösterreichischen Bauernbund als Frau durchsetzt, der muss schon besondere politische Fähigkeiten haben" – wirklich ausreichen werden, bleibt abzuwarten!

Wirklich positiv anzumerken ist jedoch, dass das Regierungsprogramm wieder ausführlich auch außerhalb der politischen Zirkel diskutiert wird. Die Einschätzung, wer sich bei den Verhandlungen stärker durchgesetzt hat, wird landauf und landab sportlich diskutiert.

Dieser inhaltlich motivierte Diskurs tut der heimischen Politik gut. Sebastian Kurz hat bewiesen wie wandlungsfähig er ist, die Zusammenarbeit mit der FPÖ wirkt wie aus einer anderen Zeit, und Kurz hat eine Regierung gebildet, die er in Europa gut herzeigen kann und die es ihm leicht machen sollte, die fast 300.000 Leihstimmen der FPÖ zu halten. Das gibt das Kapitel Migration in dem Regierungspakt her. So verlockend die Möglichkeit für einen koalitionsfreien Raum bei einer Krise auch sein mag, kann diese Option aber sowohl für Kurz als auch für Kogler zum Bumerang werden. Kurz muss jetzt schon zeigen, dass seine Regierungen auch länger als eineinhalb Jahre halten können.

Werner Kogler ist sicher im letzten Jahr das größte Comeback seit Lazarus gelungen, um nochmals Kollegen Thomas Hofer zu zitieren. Wenn wir uns noch einmal in Erinnerung rufen, in welcher Situation Kogler die Grünen nach dem Rauswurf aus dem Parlament übernommen hat, dann muss man den Weg von der außerparlamentarischen Opposition direkt in die Regierung würdigen. Nicht abschätzbar für mich ist, wie schnell der Druck aus den eigenen Reihen für Kogler ansteigen kann, wenn er Entscheidungen, die bei der grünen Basis gar nicht gut ankommen, mehrmals mittragen muss. Nur zur Erinnerung: Joschka Fischer, damals deutscher Außenminister,- wurde bei einem Parteitag der Grünen, als er den NATO-Einsatz im Kosovo verteidigte, mit Farbbeuteln aus den eigenen Reihen attackiert.

JOHANNES BRUCKENBERGER

Und jetzt bitte Stabilität und Sachlichkeit

Innenpolitisch war 2019 ein „annus horribilis“: Polarisierung, tatsächliche und vermeintliche Skandale, Verdächtigungen, Verschwörungstheorien und negative Emotionen prägten die politische Debatte. Türkis-Blau hielt trotz hoher Beliebtheit bei den Wählern von ÖVP und FPÖ gerade einmal 17 Monate. Der Traum vom rechtskonservativen Reformprojekt, das Ende 2017 begonnen hatte und auf zehn Jahre angelegt war, platzte am 17. Mai mit der Veröffentlichung des Ibiza-Videos.

Eine Nationalratswahl und 100 Koalitionsverhandlungstage später wurde Türkis-Grün angelobt. Zum ersten Mal bildet die ÖVP mit den Grünen eine Bundesregierung. Als „Versuchsstation für das Neue“, „spannendes Experiment“ und „Wagnis“ begrüßten politische Experten und Kommentatoren die mit dem neuen Rechts-Mitte-Links-Bündnis einhergehende Richtungsänderung.

Das Zusammengehen der Konservativen mit der Öko-Bewegung war ohne Alternative. Die SPÖ will nicht, und die FPÖ kann es nicht. Die Freiheitlichen haben noch vor ihrem Eintritt in die Regierung an jenem legendären Abend auf Ibiza bewiesen, dass sie noch nicht regierungsfähig sind, und sie haben diesen für das freiheitliche Selbstverständnis schmerzhaften Befund danach in der Regierung mit jedem weiteren Einzelfall bestätigt.

Österreich braucht jetzt eine Verschnaufpause von den Turbulenzen und dem permanenten Ausnahmezustand, in dem sich die Republik in den vergangenen Monaten befunden hat. „Politische Stabilität ist eine Voraussetzung für nachhaltiges Wachstum“, stellte der deutsche CDU-Politiker Wolfgang Schäuble einmal fest. Nach der Phase des gescheiterten türkis-blauen Experiments braucht Österreich nun eine solche Phase der politischen Stabilität und eine Regierung, die notwendige Reformen und anstehende Herausforderungen sachorientiert, ernsthaft, zielgerichtet und ganz ohne Skandale angeht.

Das Kleingedruckte ihres Programms müssen ÖVP und Grüne noch nachreichen. Kommentatoren und Leitartikler haben die mannigfaltigen Erwartungen an Türkis-Grün rund um den Start der Regierung bereits ausführlich zusammengefasst: Wie kann das Steuersystem umgebaut werden, ohne neue Steuern einzuführen und neue Schulden zu machen? Wie gelingen Klimaschutz, Energiewende und Dekarbonisierung, ohne dass es zu unerträglichen Einschränkungen und Belastungen für Bevölkerung und Wirtschaft kommt, die auch hierzulande die Gelbwesten auf die Straßen treiben? Welche Lösungen bietet man beim Spannungsfeld Kampf gegen illegale Migration versus Bedarf an Zuwanderung, und wie kann Integration besser als bisher glücken? Wie stärkt man den Wirtschaftsstandort Österreich, der durch globale Handelskonflikte und disruptive Entwicklungen in bedeutsamen Branchen wie der Automobilindustrie zunehmend unter Druck gerät?

Und dann wäre da noch die Hoffnung, dass Türkis und Grün zu einem nun aber wirklich neuen Stil im Miteinander finden – argumentieren, streiten und sich dennoch respektvoll begegnen und tolerieren. „Agree to disagree" – ohne das bleiern Unversöhnliche, mit dem sich die alte rot-schwarze Stillstandskoalition ihr eigenes Grab geschaufelt hat, und ohne die polarisierende Message Control von Türkis-Blau.

Bundeskanzler Sebastian Kurz, Vizekanzler Werner Kogler und ihr türkis-grünes Regierungsteam könnten durch gutes Vorbild damit auch der Polarisierung der Gesellschaft entgegenwirken. Die digitalen Blasen und Schnellgerichte der Sozialen Netzwerke begünstigen Schwarz-Weiß-Denke und beschleunigen das Auseinanderdriften der Gesellschaft. Dem Land kommt so die Mitte abhanden. Es braucht deshalb eine Stärkung dieser politischen und gesellschaftlichen Mitte. Versöhnung statt Spaltung, Differenzierung statt Pauschalierung, Toleranz statt Hass. „Der Staat muss eine auf Recht und Freiheit jeder einzelnen Person beruhende Schicksalsgemeinschaft sein, die die verschiedenen Interessen, Weltanschauungen und Meinungen zusammenfasst", umriss der legendäre deutsche Nachkriegskanzler Konrad Adenauer dieses Bestreben einst.

Steuersenkungen und Schuldenabbau, Grenz- und Klimaschutz sowie ein Transparenzpaket haben ÖVP und Grüne selbst als zentrale Punkte des Regierungsprogramms angeführt. Große Strukturveränderungen, wie sie Experten seit Jahren fordern – etwa eine Staats- und Föderalismusreform, eine Bildungsreform, die Anpassung des Pensionssystems an die demografische Entwicklung, die Redimensionierung des Sozialstaats oder das Durchforsten des österreichischen Förderdschungels –, finden sich im Regierungsprogramm nicht. Schon Türkis-Blau schreckte vor solchen Projekten zurück. Sebastian Kurz ist alles suspekt, was in der Bevölkerung unpopulär sein könnte, berichten intime Kenner des ÖVP-Chefs. Der Kanzler blieb damit bisher – trotz seiner machtvollen Position innerhalb der ÖVP und des Zuspruchs bei Anhängern – unter seinen Möglichkeiten.

Auch die bereits unter Rot-Schwarz und danach unter Türkis-Blau angekündigte Abschaffung der kalten Steuerprogression scheint bei den türkis-grünen Steuerreformplänen keine hohe Priorität zu genießen. Eine Steuerreform, bei der nicht als erster Schritt die kalte Progression abgeschafft wird, verdient freilich nicht den Namen Reform. So bleibt jede Steuerentlastung nur die Rückzahlung der zuvor automatisch erfolgten inflationsbedingten Erhöhung.

Die Medienbranche war in den vergangenen zehn Jahren durch eine zweifache technologische Disruption geprägt: einerseits durch die Entwicklung mobiler Anwendungen und Geräte, andererseits durch Soziale Medien, die bei vielen Konsumenten die Funktion von Medienplattformen übernommen haben. Die Aufmerksamkeit der User hat sich fragmentiert, werbebasierte Geschäftsmodelle klassischer Medien wurden untergraben, die Rolle der Journalistinnen und Journalisten als Gatekeeper wurde geschwächt. Gesellschaftliche und politische Disruptionsfaktoren haben das Ihre dazu beigetragen, das Vertrauen in Medien und Journalismus zu schwächen. Diesen Befund zur Lage der Medien hat das in Oxford beheimatete Reuters Institute Anfang des Jahres veröffentlicht.

Die Medienpolitik hat auf diese Entwicklungen bisher so gut wie nicht reagiert. Medienpolitisch herrscht in Österreich seit Jahren Ambitionslosigkeit. SPÖ und ÖVP ging es vor allem um Macht und Einfluss. „Verteile und herrsche" lautete die unausgesprochene Devise. Unter Türkis-Blau saß mit der FPÖ erstmals eine Partei an den Schalthebeln der Republik, die Journalistinnen und Journalisten offen attackiert und in Sachen Medienpolitik mit dem illiberalen ungarischen Mediensystem eines Viktor Orbán kokettiert hatte. So darf es bereits als demokratiepolitischer Fortschritt gesehen werden, wenn blaue Forderungen wie die Finanzierung des ORF aus dem Staatsbudget, die zu einer verstärkten politischen Gängelung des öffentlich-rechtlichen Senders führen würde, mit Türkis-Grün der Vergangenheit angehören. Aus journalistischer Sicht zu begrüßen sind die Pläne für ein Informationsfreiheitsgesetz, auch hier kommt es freilich noch auf das Kleingedruckte und die Ausführungsbestimmungen im Text an.

Dass die viel zitierte Message Control, die keine genuine Erfindung von Türkis-Blau ist, sondern auch von früheren Regierungen unter verschiedenen Namen und Bezeichnungen praktiziert wurde, mit Ibiza versenkt wurde, wird den einen oder anderen Journalisten freuen. Auch Türkis-Grün wird zur Kenntnis nehmen müssen, dass politische Kommunikation und Journalismus ganz unterschiedliche Aufgaben haben. Medien wurden einst als Gegenöffentlichkeit zum Informationsmonopol der Mächtigen und Regenten gegründet. Die Schleusenfunktion der klassischen Medien wurde durch das Aufkommen Sozialer Netzwerke allerdings schwächer. Die Politik hat sich inzwischen ihre eigene Medienwelt geschaffen und nutzt Social-Media-Plattformen für PR, Propaganda und zum Umgehen klassischer Medien.

Die Aufgabe des Journalismus haben die Chefredakteurinnen und Chefredakteure der österreichischen Medien nach der Ibiza-Affäre in einer gemeinsamen Klarstellung zusammengefasst: „Unabhängige Medien sind in einer liberalen Demokratie kein Instrument des Machterwerbs und Machterhalts einer Partei oder mächtiger Interessengruppen, kein Instrument zur Manipulation der Leserinnen und Leser. Bei allen Mängeln, die man den Medien vorhalten kann, sind sie ein wichtiges Korrektiv der Politik. Diese ‚vierte Macht' kann Missstände und Machtmissbrauch sichtbar machen. Wer die Grenze zwischen Journalismus und Politik missachtet, gefährdet die Grundlagen der Demokratie."

Relevanter, faktenbasierter, zuverlässiger, glaubwürdiger Journalismus ist in Zeiten der politischen Propaganda, in Zeiten der Manipulation, der Aufgeregtheit und Polarisierung in sozialen Netzwerken bedeutender denn je. Zugleich sollten Medien bei aller aufklärerischen Verpflichtung im Idealfall auch darum bemüht sein, die politische und gesellschaftliche Realität so abzubilden, wie sie von einer breiten Mehrheit der Bevölkerung wahrgenommen wird. Und Journalisten sollten sich als Beobachter und nicht als weltverbesserische Aktivisten sehen. Gefragt ist sachliche, unaufgeregte Berichterstattung ohne unnötige Skandalisierung, die zur Kühlung in einem völlig überhitzten Meinungsmarkt beiträgt. Dahinter müssen funktionierende und erfolgreiche ökonomische Modelle stehen. Denn nur wirtschaftliche Unabhängigkeit sichert letztlich die redaktionelle Unabhängigkeit der Medien.

Die neue Österreichische Gesundheitskasse

Wer bisher bei einer regionalen Krankenkasse versichert war, ist ab 1. Jänner 2020 automatisch bei der Österreichischen Gesundheitskasse versichert.

Die ÖGK ist die neue Kraft im heimischen Gesundheitssystem und sichert die Versorgung von rund 7,2 Millionen Menschen im Lande auf weiterhin hohem Niveau. Mit der bestehenden e-card erhalten alle Versicherten sowie mitversicherte Angehörige weiterhin Zugang zu einem der besten Gesundheitssysteme.

Seit 1. 1. 2020 ist die ÖGK unter der einheitlichen Telefonnummer +43 5 0766-0 erreichbar. Antworten auf die wichtigsten Fragen findet man unter www.gesundheitskasse.at!

Österreichische
Gesundheitskasse

STEFAN STEINER

Die Volkspartei hält Kurs

Regierungsverhandlungen 2019

Der Schock von Ibiza stellte 2019 das innenpolitische Leben in Österreich auf den Kopf. Zugleich erwies er sich als Ausgangspunkt für eine ganze Reihe politischer und verfassungsrechtlicher Premieren, an deren Ende die Bildung der ersten türkis-grünen Bundesregierung Österreichs stand. Dass es zu einem erfolgreichen Abschluss der Sondierungs- und Regierungsverhandlungen zwischen diesen inhaltlich stark auseinanderliegenden Parteien kommen konnte, ist nicht zuletzt den handelnden Persönlichkeiten sowie einer neuen Art der Kompromissfindung zu verdanken. Diese und die weitreichenden Reformvorhaben der neuen Regierung haben Potenzial, nicht nur Österreich nachhaltig zum Besseren zu verändern, sondern auch in Europa Schule zu machen.

Kaum ein Jahr hat die österreichische Innenpolitik der vergangenen Jahrzehnte so tiefgreifend wie gleichermaßen unerwartet verändert wie das Jahr 2019. Es war ein Jahr, das gleich mit einer Reihe demokratiepolitischer und verfassungsrechtlicher Premieren aufwarten konnte, in dem Skandale das Land erschütterten und überraschende Sieger ratlosen Verlierern gegenüberstanden. Und es war ein Jahr, das das große Interesse der Bevölkerung an Politik wieder eindrucksvoll unter Beweis stellte: Einschaltquoten weit über der Millionenschwelle waren 2019 bei den nicht gerade spärlich gesäten politischen Großereignissen keine Ausnahme, sondern die Regel.

Inhaltlich und zeitlich schloss sich der Kreis dieser Ereignisse mit den zum Jahreswechsel erfolgreich finalisierten Regierungsverhandlungen zwischen der Volkspartei und den Grünen. Um Letztere einordnen und in ihrer Bedeutung und Ausrichtung richtig interpretieren zu können, ist es daher notwendig, in diesem Beitrag mit einem kurzen Rückblick auf den Jahresbeginn anzusetzen.

Wie alles begann: Gute Regierungsarbeit und der Schock von Ibiza

2019 begann so, wie das Vorjahr geendet hatte: mit der konsequenten Umsetzung jenes Regierungsübereinkommens, das die Volkspartei bereits seit über einem Jahr mit der Freiheitlichen Partei verbunden hatte. Diese türkis-blaue Koalition zeichnete sich insbesondere durch eine rasche Geschwindigkeit in der inhaltlichen Arbeit aus. Grundlage dessen war ein gegenseitiges persönliches Vertrauen, insbesondere zwischen den führenden Entscheidungsträgern beider Parteien.

Vertrauen wird in einem langfristigen Prozess aufgebaut. Mit einem einzigen Ereignis kann es jedoch so massiv und plötzlich zerstört werden, dass sogar der Arbeit einer Bundesregierung das grundlegende Fundament entzogen wird. Der Schock von Ibiza bestand nicht nur darin, was in den bekannten Video-Mitschnitten zu hören ist. Gleichermaßen schockierend war der Umgang der FPÖ mit einem Skandal dieses Ausmaßes. Besonders das mangelnde Problembewusstsein seitens führender FPÖ-Vertreter wie Herbert Kickl hat eine Fortsetzung der Regierungskoalition schlicht unmöglich gemacht.

In Neuwahlen zu gehen, war für Sebastian Kurz kein Wunsch, sondern eine Notwendigkeit. Statt an seine eigene Zukunft als Bundeskanzler zu denken, hat er Verantwortung für das Land übernommen. Das tat er auch dann, als es nach der Entlassung Herbert Kickls als Innenminister und dem folgenden Rückzug aller FPÖ-Minister aus der Regierung darum ging, eine um Experten ergänzte Übergangsregierung vorzuschlagen. Diese hatte, in Abstimmung mit dem Bundespräsidenten Van der Bellen, die Aufgabe, die Staatsgeschäfte bis nach der Neuwahl ordentlich weiterzuführen und die Republik zu verwalten. Doch dazu sollte es nur sehr kurz kommen.

SPÖ und FPÖ entschieden sich, Parteitaktik vor Staatsräson zu stellen und brachten nur einen Tag nach der EU-Wahl am 26. Mai, in der die Volkspartei und Sebastian Kurz einen historischen Wahlerfolg erreichten, einen Misstrauensantrag im Parlament ein. Besonders unverständlich für viele im Land: Dieser Misstrauensantrag richtete sich gegen die gesamte Regierung inklusive aller Expertinnen und Experten, die erst vor wenigen Tagen vom Bundespräsidenten angelobt worden waren.

Noch nie in der Geschichte der Republik war eine Bundesregierung vom Parlament gestürzt worden. In dieser für die Volkspartei und für Sebastian Kurz außergewöhnlichen wie schwierigen Situation war nun eines von entscheidender Bedeutung: die Unterstützung seitens der Bevölkerung. Noch am Abend nach dem Misstrauensvotum versammelten sich trotz strömenden Regens spontan 2.000 Unterstützer auf der Politischen Akademie der Volkspartei, um Sebastian Kurz in diesem herausfordernden Moment den Rücken zu stärken. Ihre klare Botschaft: „Rot-Blau kann uns niederstimmen – doch am Ende wird das Volk entscheiden!"

Ein intensiver Wahlkampf unter außergewöhnlichen Bedingungen

Wenige Tage nachdem Rot-Blau der Übergangsregierung unter Sebastian Kurz das Misstrauen ausgesprochen hatte, musste vom Bundespräsidenten eine neue Übergangsregierung angelobt werden. Sie bestand ausschließlich aus Expertinnen und Experten, hatte keine eigene politische Mehrheit im Parlament und wurde von Brigitte Bierlein als der ersten Bundeskanzlerin der Republik geleitet. Das hatte ein weiteres Novum in der österreichischen Innenpolitik zur Folge: Erstmals überhaupt waren nun alle im Parlament vertretenen Parteien in Opposition.

Für die Volkspartei hatte dieser Umstand wesentliche strategische Folgen. Erklärtes Wahlziel war es, ausreichend Unterstützung in der Bevölkerung zu erhalten, um den von Sebastian Kurz eingeschlagenen inhaltlichen Kurs fortsetzen zu können. Nach wie vor konnten weite Teile der Bevölkerung kein Verständnis für die rein parteipolitisch motivierte Abwahl des Kanzlers und der gesamten Bundesregierung aufbringen. Gleichzeitig war die Amtszeit der von der Volkspartei geführten Regierung mit knapp eineinhalb Jahren zu kurz, um alle Reformvorhaben durchzubringen und alle anstehenden Herausforderungen einer Lösung zuzuführen. Die Strategie der Volkspartei in dieser Wahlauseinandersetzung konnte also weder eine der reinen Veränderung noch eine der reinen Kontinuität sein.

„Die Veränderung muss weitergehen!" Mit dieser Botschaft ging die Volkspartei in den Nationalratswahlkampf 2019. Sie mag zunächst in sich widersprüchlich klingen; füllt man sie mit konkreten Inhalten, wird sie aber Grundlage eines schlüssigen Programms. Dort, wo die Volkspartei unter Sebastian Kurz seit 2017 bereits einiges weiterbringen konnte, muss Kurs gehalten werden, z. B. bei der Senkung der Steuer- und Abgabenbelastung, beim Ende der Schuldenpolitik oder im Kampf gegen illegale Migration. Gleichzeitig braucht es neue Antworten und Veränderung, wenn man etwa Wohlstand im Zeitalter der Digitalisierung sichern, die österreichische Identität im Kampf gegen den politischen Islam bewahren oder dem Klimawandel mit Hausverstand entgegentreten möchte.

Auf Grundlage dieser Positionierungen und mit Sebastian Kurz an der Spitze konnte die Volkspartei bei der Nationalratswahl am 29. September 2019 ihren ersten Platz mit 37,5 % ganz klar ausbauen. Mit über 16 % Unterschied zur Sozialdemokratie ergab diese Wahl sogar den größten Abstand, den es je bei einer bundesweiten Wahl zwischen dem ersten und dem zweiten Platz gegeben hat. Das war ein klarer Auftrag der Bevölkerung an Sebastian Kurz, seine Politik als Bundeskanzler fortzusetzen. Stellte sich nur noch die Frage: mit welchem Koalitionspartner?

Sondierungen: Auf der Suche nach dem geeigneten Partner

Der historische Wahlerfolg der Volkspartei brachte es auch mit sich, dass nach der Wahl mehrere rechnerisch mögliche Koalitionsvarianten auf dem

Tisch lagen. Neben der Sozialdemokratie und den Freiheitlichen konnte – für viele Meinungsforscher durchaus überraschend – auch mit den Grünen eine Mehrheit im Nationalrat erreicht werden.

Ziel der Volkspartei war es, so rasch wie möglich eine starke und handlungsfähige Regierung für Österreich zu bilden. Gleichzeitig musste dies natürlich auch mit großer Sorgfalt und großem Respekt vor dem starken Auftrag der Wählerinnen und Wähler entsprechend vorbereitet werden.

Sebastian Kurz hat daher umgehend nach Erhalt des Regierungsbildungsauftrags durch den Bundespräsidenten mit allen in den Nationalrat gewählten Parteien Gespräche aufgenommen. In diesen Sondierungsgesprächen ging es um die Frage, ob die jeweiligen Parteien für eine mögliche Zusammenarbeit im Parlament, aber insbesondere für eine künftige Regierung zur Verfügung stehen. Die Gespräche dienten also primär dazu, das Gegenüber besser kennenzulernen und auszuloten, mit wem es am meisten Sinn haben würde, in formale Regierungsverhandlungen zu treten. Daher wurden in dieser Phase zunächst noch keine Inhalte im Detail verhandelt, sondern grundsätzliche Gemeinsamkeiten und Unterschiede abgesteckt.

Zudem bestand aus Sicht der Volkspartei ein wichtiges Ziel der Gespräche darin, nach einem intensiven und von einigen Mitbewerbern sehr polarisierend geführten Wahlkampf das politische Klima im Land generell wieder zu verbessern. Leider wurde auf Methoden des Dirty Campaigning, mit denen die Volkspartei schon im Wahljahr 2017 konfrontiert war, auch diesmal wieder zurückgegriffen – und sie richteten sich auch in dieser Wahlauseinandersetzung wieder in erster Linie gegen die Person Sebastian Kurz. Ein Aufeinander-Zugehen aller Parteien war angesichts dieser aufgeheizten Stimmung daher für die Zukunft der politischen Kultur in Österreich wesentlich.

Während nun in diesen Sondierungsgesprächen die SPÖ, die Grünen und auch NEOS ihr grundsätzliches Interesse bekundet haben, in einer herausfordernden Zeit Verantwortung für Österreich zu übernehmen und mit der Volkspartei in vertiefte Gespräche einzutreten, hat die FPÖ unter ihrem Obmann Norbert Hofer bereits nach der ersten Gesprächsrunde abgewunken; sie lehnte es explizit ab, in Regierungsverhandlungen zu treten. Als Grund nannte die FPÖ das katastrophale Wahlergebnis, das kein Auftrag für Verhandlungen sei. Das war insofern erstaunlich, als die Freiheitlichen im Wahlkampf eine Fortsetzung der türkis-blauen Bundesregierung sogar noch plakatiert hatten. Nun aber war plötzlich alles anders. Mit dieser Gesprächsverweigerung stellte die FPÖ auch ihre parteiinternen Probleme vor die Interessen des Landes. Diese Haltung musste auch seitens der Volkspartei zur Kenntnis genommen werden. Die SPÖ, die die Sondierungen nach wenigen Gesprächen von sich aus für beendet erklärte, steckt nach wie vor in einer tiefen innerparteilichen Krise und war daher kein Garant für eine stabile und handlungsfähige Regierung. Auch mit den NEOS gingen die Sondierungsgespräche nach wenigen Runden zu Ende. Sie konnten in den Gesprächen einige für sie wichtige inhaltliche Punkte einbringen, die für die künftige Zusammenarbeit im Parlament von Bedeutung sein können. Eine Kooperation im Rahmen einer Bundesregierung stand hier aber nicht zur Diskussion, da sich rein rechnerisch mit den NEOS keine Zweierkoalition ausgeht.

Mit den Grünen waren mehrere Sondierungsrunden notwendig, da es große Unterschiede zwischen der Volkspartei und den Grünen gab und mit den Grünen noch nie zuvor eine Koalition auf Bundesebene gelang. Hier war der Aspekt des gegenseitigen Kennenlernens und des Vertrauensaufbaues also von noch größerer Bedeutung, und dafür war es auch notwendig, sich bereits in den Vorgesprächen ausreichend Zeit zu nehmen.

Um eine klare Struktur in diese Vorgespräche mit den Grünen zu bringen, wurden etwa zur Halbzeit der Sondierungen fünf zentrale Herausforderungen für Österreich definiert, denen sich eine künftige Bundesregierung unter anderem widmen müsse. Entlang dieser Fragestellungen konnte ein möglicher Eintritt in konkrete Regierungsverhandlungen genau abgewogen werden:

- Wie können Standort und Sozialstaat auch in Zeiten eines drohenden Wirtschaftsabschwungs nachhaltig abgesichert werden?
- Wie kann der notwendige Kampf gegen illegale Migration weitergeführt werden?
- Welchen Beitrag kann Österreich im Kampf gegen den Klimawandel leisten?
- Wie kann ein besonderer Fokus auf Bildung gelegt werden, um bestmögliche Chancen für junge Menschen im Land zu ermöglichen?

- Wie kann als Lehre aus Ibiza mehr Transparenz sichergestellt werden – nicht nur in den Parteien, sondern auch im Staat insgesamt?

Auf Grundlage der Eindrücke aus den Sondierungsgesprächen, die von einer sehr konstruktiven Atmosphäre geprägt waren, hat Sebastian Kurz einen Monat nach Erhalt des Regierungsbildungsauftrags die Einladung an die Grünen ausgesprochen, konkrete Koalitionsverhandlungen zu eröffnen. Der erweiterte Bundesvorstand der Grünen hatte bereits am Abend davor beraten und seine Bereitschaft bekundet, in Koalitionsverhandlungen zu treten. Nach der Einladung von Sebastian Kurz gingen die beiden Parteien in formale Koalitionsverhandlungen: Diese sollten die Sondierungsgespräche weiter vertiefen. Und auch wenn es das erklärte Ziel beider Seiten war, ein gemeinsames Programm für eine neue Bundesregierung zu erarbeiten, war für die Volkspartei in diesem Moment klar: Das ist erst der Anfang eines ergebnisoffenen Prozesses. Die Verhandlungen würden kein leichtes Unterfangen sein, und ein Koalitionsübereinkommen kann es nur dann geben, wenn es mit den Grundwerten und Überzeugungen der Volkspartei vereinbar sein würde.

Das Bauen neuer Brücken: Regierungsverhandlungen mit den Grünen

Nach der Volkspartei waren die Grünen, die mit einem Plus von über zehn Prozentpunkten ihren Stimmenanteil mehr als verdreifacht haben, der zweite große Wahlsieger des 29. September 2019. Dieses Ergebnis machte es den Grünen möglich, nach dem Wahldebakel von 2017 nicht nur ins Parlament zurückzukehren, sondern auch als potenzieller Partner für eine Zweierkoalition mit der Volkspartei zur Verfügung zu stehen. Ein Zusammengehen dieser beiden Wahlsieger erschien also aus rein demokratiepolitischen Gesichtspunkten schlüssig und als starkes Zeichen für einen klaren Respekt vor dem Wählerwillen.

Dies konnte aber nicht darüber hinwegtäuschen, dass die inhaltlichen Unterschiede zwischen den beiden Parteien sehr groß waren und sind. So setzt sich die Volkspartei unter Sebastian Kurz seit Jahren entschlossen für den Kampf gegen illegale Migration und eine strenge Linie in der europäischen Asylpolitik ein. Unter Bundeskanzler Kurz konnte Österreich beispielsweise im Rahmen der EU-Ratspräsidentschaft 2018 eine entscheidende Trendwende in der europäischen Migrationspolitik erzielen: Nicht mehr die Frage der Flüchtlingsverteilung, sondern der Schutz der EU-Außengrenze wurde in den Mittelpunkt gerückt. Die Grünen hingegen vertreten in dieser Frage traditionell eine andere Linie und haben in ihrem Wahlprogramm etwa die Verteilung von Flüchtlingen nach einem europaweiten Verteilungsschlüssel explizit festgelegt.

Ein weiterer Bereich, in dem im Wahlkampf ein wesentlicher Dissens zwischen der Volkspartei und den Grünen herrschte, ist die Steuerpolitik. Für die Volkspartei ist eine spürbare und nachhaltige Senkung der Steuer- und Abgabenlast eine zentrale Maßnahme für mehr Wettbewerbsfähigkeit, mehr Gerechtigkeit und mehr Wohlstand. Neue Steuern, wie etwa Vermögens- oder Erbschaftssteuern, sind ein rotes Tuch. Genau mit solchten neuen Steuern liebäugeln die Grünen aber regelmäßig. Die Einführung der Erbschaftssteuer als „Instrument für mehr Fairness" stand auch explizit in ihrem Wahlprogramm. Schließlich seien Klima- und Umweltschutz erwähnt: Hier setzte die ÖVP auf Lösungen mit Hausverstand, während die Grünen in diesem Feld besonders fordernd auftraten.

Angesichts dieser unterschiedlichen Positionierungen und inhaltlichen Priorisierungen der beiden Parteien, die auch mit einem sehr unterschiedlichen Aufbau und Politikverständnis der Parteien einhergehen, war es klar, dass diese Regierungsverhandlungen nicht über eine klassische Kompromissfindung zum Erfolg führen würden. Wenn man sich gegenseitig auf den kleinsten gemeinsamen Nenner herunterverhandeln würde, könnte keine der Parteien ihre wichtigsten Wahlversprechen halten, und die Republik würde in den Tiefschlaf des großkoalitionären Stillstands zurückfallen. Wenn also beide Seiten – und am Ende das ganze Land – mit einem Erfolg vom Verhandlungstisch gehen wollten, war es notwendig, die Positionen des jeweils anderen zu verstehen und zu respektieren und insbesondere festzuhalten, warum der jeweilige Verhandlungspartner im September 2019 von den Wählerinnen und Wählern gestärkt wurde.

Im Falle der Volkspartei ist aus zahlreichen empirischen Erhebungen bekannt, dass neben dem Spitzenkandidaten Sebastian Kurz vor allem die konsequente Linie in der Sicherheits- und Migrationspolitik sowie die Kompetenz im Wirtschafts- und Steuerbereich zentrale Wahlmotive waren.

Die Grünen wiederum konnten ihre Wählerinnen und Wähler in erster Linie mit ihrer Position beim Klima- und Umweltschutz sowie mit Forderungen nach einer sauberen Politik und mehr Transparenz mobilisieren. Wenn also beide Parteien ihre zentralen Wahlversprechen einhalten wollten, war es notwendig, dass sie ihre Forderungen in eben diesen speziellen Themenbereichen, die für die jeweilige Wählerschaft besonders wichtig sind, auch weitgehend im Regierungsübereinkommen wiederfinden.

Eine solche Verhandlungsstrategie bietet viele Chancen, stellt die Verhandler aber auch vor große Herausforderungen. Es braucht Verständnis und Respekt für die Positionen und Prioritäten der jeweils anderen Seite, und es braucht eine gesunde Dosis Pragmatismus und Realismus. Es war daher für den Erfolg der Gespräche wesentlich, dass auf beiden Seiten Persönlichkeiten an der Spitze der Verhandlungsteams standen, die diese Voraussetzungen erfüllten. Die Steuerungsgruppe auf Seiten der Volkspartei wurde von Sebastian Kurz angeführt und setzte sich aus August Wöginger, Gernot Blümel, Elisabeth Köstinger, Margarete Schramböck und mir zusammen. Das Team der Grünen wurde von Werner Kogler geleitet und bestand darüber hinaus aus Alma Zadić, Leonore Gewessler, Birgit Hebein, Josef Meichenitsch und Rudolf Anschober.

So wurden – ähnlich wie 2017 – die meisten Festlegungen für das Regierungsprogramm in thematischen Verhandlungsgruppen gemacht, die von jeweils einem erfahrenen Spitzenvertreter beider Parteien geleitet wurden:

- Gruppe 1: „Staat, Gesellschaft & Transparenz“ mit den Verhandlungsleitern Wolfgang Sobotka (VP) und Alma Zadić (Grüne)
- Gruppe 2: „Wirtschaft & Finanzen“ mit den Verhandlungsleitern Harald Mahrer (VP) und Josef Meichenitsch (Grüne)
- Gruppe 3: „Klimaschutz, Umwelt, Infrastruktur & Landwirtschaft“ mit den Verhandlungsleitern Elisabeth Köstinger (VP) und Leonore Gewessler (Grüne)
- Gruppe 4: „Europa, Integration, Migration, Sicherheit“ mit den Verhandlungsleitern Karl Nehammer (VP) und Rudolf Anschober (Grüne)
- Gruppe 5: „Soziale Sicherheit, neue Gerechtigkeit & Armutsbekämpfung“ mit den Verhandlungsleitern August Wöginger (VP) und Birgit Hebein (Grüne)

- Gruppe 6: „Bildung, Wissenschaft, Forschung & Digitalisierung" mit den Verhandlungsleitern Margarete Schramböck (VP) und Sigrid Maurer (Grüne)

Diese Verhandlungsgruppen trafen sich in verschiedenen Formationen und Untergruppen zwischen Mitte November und Weihnachten nahezu täglich. Zusätzlich fand in dieser Zeit auf parteiinterner Ebene ein regelmäßiger Austausch mit den Landesparteien und Teilorganisationen der Volkspartei statt. Die hohe Termindichte ermöglichte nicht nur substantielle Diskussionen zu den einzelnen Themengebieten, sondern insbesondere eine detaillierte Argumentation der unterschiedlichen inhaltlichen Zugänge beider Parteien. Vor dem Hintergrund der oben genannten Positionierungen und Prioritäten aus dem Wahlkampf ist es kaum überraschend, dass etwa in den Verhandlungsgruppen 4 (Europa, Integration, Migration, Sicherheit) und 3 (Klimaschutz, Umwelt, Infrastruktur & Landwirtschaft) die inhaltlichen Differenzen besonders schwierig zu überbrücken waren. Auch in den Gruppen 2 (Wirtschaft & Finanzen) und 5 (Soziale Sicherheit, neue Gerechtigkeit & Armutsbekämpfung) trafen teils sehr unterschiedliche Ideen aufeinander.

Dort, wo sich die einzelnen Verhandlungsgruppen nicht einigen konnten, lag es in letzter Instanz an den beiden Chefverhandlern Sebastian Kurz und Werner Kogler, gemeinsame Lösungen auszuloten. Es ist nicht zuletzt dem persönlichen Vertrauensverhältnis zwischen den Parteichefs zu verdanken, dass es gelang, auch bei den größten Konfliktpunkten Brücken zu bauen. So konnte schließlich das neue Jahr 2020 mit dem erfolgreichen Abschluss der Regierungsverhandlungen und der Präsentation des neuen Regierungsprogramms eingeleitet werden.

Das Beste aus beiden Welten: Österreichs neue Bundesregierung

Die oben skizzierte Verhandlungsstrategie sollte sich bezahlt machen. Dadurch, dass nicht versucht wurde, bei jedem einzelnen Thema einen kleinsten gemeinsamen Kompromiss aus teilweise weit auseinanderliegenden Positionen zu finden, konnte jede Seite ihre zentralen Forderungen in den für sie und ihre Wähler jeweils wichtigsten Themenbereichen durchsetzen. Das Ergebnis ist ein Arbeitsprogramm, das sich durch klares Profil statt Verwässerung auszeichnet und das weitreichende Reformen und zukunftsorientierte Maßnahmen statt gegenseitiger Blockaden enthält. Es ist das Beste aus beiden Welten!

So konnte – um die oben genannten Beispiele wieder aufzugreifen – die Volkspartei bei dem für sie so wichtigen Thema Migration und Sicherheit weitgehend ihre konsequente Linie durchbringen. Österreich wird sich etwa auch in Zukunft an keiner Initiative zu einer verpflichtenden Verteilung von Flüchtlingen in Europa beteiligen. Der Kampf gegen illegale Migration wird fortgesetzt, der EU-Außengrenzschutz gestärkt und auch Maßnahmen gegen den politischen Islam, wie die Ausweitung des Kopftuchverbots in der Schule, umgesetzt werden.

Auch im Bereich Wirtschaft, Finanzen und Steuern findet sich sehr stark die Handschrift der Volkspartei. Ein klares Bekenntnis zu einem ausgeglichenen Bundeshaushalt sowie die Senkung der Steuer- und Abgabenquote in Richtung 40 %, etwa durch die Senkung der ersten drei Einkommenssteuertarife sowie die Entlastung von Unternehmen mit einer KöSt-Reduktion, sind nur einige wenige Beispiele aus diesem Kapitel. Vermögens- oder Erbschaftssteuern finden sich nicht im Regierungsprogramm.

Gleichzeitig enthält das Programm der neuen Regierung ein umfassendes und weitreichendes Kapitel zum Klima- und Umweltschutz, in dem sich die Grünen mit ihren Forderungen nach der Klimaneutralität in Österreich bis 2040, der Einführung eines sogenannten 1-2-3 Euro-Tickets für den öffentlichen Verkehr in ganz Österreich sowie einer ökosozialen Steuerreform wiederfinden. Auch zahlreiche Experten und Umwelt-NGOs haben dieses ambitionierte Klimapaket bereits positiv bewertet. Und auch im Bereich der Transparenz konnten die Grünen einige ihrer zentralen Wahlversprechen einbringen, etwa Kontroll- und Einsichtsrechte des Rechnungshofs in die Parteifinanzen.

Gerade in Bezug auf viele der in diesem Programm enthaltenen Zukunftsthemen, aber auch hinsichtlich der Art und Weise, wie dieser Verhandlungserfolg zustande kam, kann die neue türkis-grüne Regierung auch über die Grenzen Österreichs hinaus Vorbildwirkung entfalten. In vielen Ländern Europas sind Migration und Sicherheit bestimmende Themen; in vielen Ländern Europas wird versucht, Wachstum, soziale Verantwortung und Umweltschutz in eine Symbiose zu bringen; und in vielen Ländern

Europas wird nach neuen Möglichkeiten des politischen Zusammenarbeitens gesucht. Die neue österreichische Bundesregierung zeigt in diesen Fragen neue Lösungswege auf. Sie beweist, dass es möglich ist, sowohl die Grenzen als auch das Klima zu schützen. Und sie beweist, dass es möglich ist, mehr Frauen in Ministerverantwortung zu holen. Auch in diesem Punkt kann und soll Österreich ein Vorbild für andere europäische Länder sein.

Wir leben in einer Zeit, die von verschiedenen Herausforderungen geprägt ist. In einer Zeit, in der Europa im Vergleich zu anderen Weltmächten immer mehr an Bedeutung und Einfluss zu verlieren droht. In einer Zeit, in der sich die Bedrohungen für die öffentliche Sicherheit und Ordnung grundlegend verändert haben. Und auch in einer Zeit, in der wir bereits die ersten Auswirkungen des Klimawandels spüren.

Gerade vor dem Hintergrund dieser Entwicklungen ist es wichtig, dass Österreich nun eine stabile Regierung hat, die aus Verantwortung für unser Land all diese großen Themen anpackt und dabei auf die speziellen Stärken beider Koalitionspartner setzt. Diese Politik soll Österreich in den nächsten Jahren gestalten, und sie soll das Land fit für die Zukunft machen. Möge es ihr gelingen!

THIMO FIESEL

Vom Ritt auf der Welle zum Ritt auf der Rasierklinge

Die Regierungsverhandlungen 2019 aus grüner Sicht

Je weiter die Koalitionsverhandlungen zwischen der Volkspartei und den Grünen fortgeschritten waren, desto klarer wurde allen Beteiligten, dass es ohne tiefgreifende Kompromisse auf beiden Seiten nicht gehen wird. Die türkis-grüne Koalition wird sich immer wieder zusammenraufen und den Kompromiss suchen müssen – den Kompromiss, der nicht nur der kleinste gemeinsame Nenner ist, sondern den Kompromiss, der die Probleme in diesem Land lösen kann. Der Generalsekretär der Grünen, Thimo Fiesel, schildert seine persönlichen Eindrücke vom Einstieg in Regierungsverhandlungen bis zum Einstieg in die Regierung.

Das Wahlergebnis und die Konsequenzen daraus

29. September 2019, 16.59 Uhr: Die Spannung im Metropol ist in der Luft zu spüren. So viele Menschen bei einer grünen Wahlfeier wie noch niemals zuvor. Menschen liegen sich vorsichtshalber in den Armen und können es kaum erwarten, bis die bunten Balken in die Höhe fahren. Dass wir den Einzug verpassen, das glaubt in diesem Moment niemand mehr. Trotzdem ist die Frage, ob sich all die Anstrengungen und Mühen der vielen Tausend Menschen in den letzten Monaten gelohnt haben. 17.00 Uhr. Die Wahlergebnisse strömen in die Computer, Christoph Hofinger rechnet die ersten Zahlen. Es dauert noch ein wenig, bis der grüne Balken in die Höhe fährt. Endlich ist es so weit, die Stimmung im Raum entlädt sich wie ein Sommergewitter. Jubel, Kreischen, Umarmungen, Tränen – die ganze Bandbreite der Emotionen entlädt sich auf einmal. Und die Grünen feiern ihren Wiedereinzug in den Nationalrat. In diesem Moment sind mehrere Dinge klar. Erstens: Wir sind wieder da, wir haben das Tal der Tränen von 2017 durchschritten und wir sind stärker als jemals zuvor. Zweitens ist aber auch klar: Es gibt eine türkis-grüne Mehrheit. Ohne NEOS. Dieses Szenario war in den Tagen und Wochen vor der Wahl relativ unwahrscheinlich. Und es war spannend, die mediale Logik in so einer Situation zu beobachten: Der eigentliche Wahlerfolg findet in der medialen Rezeption viel weniger Beachtung als die Frage, ob und wie die Grünen in Sondierungen mit der Volkspartei einsteigen werden.

Man merkt an diesem Abend auch im Raum, wie die Stimmung schwankt zwischen dem Jubel und der großen, noch offenen Frage: Müssen wir jetzt mit der ÖVP eine Koalition verhandeln oder bleibt uns diese nächste Mammutaufgabe nach zwei Wahlkämpfen ohne Ressourcen in nur einem Jahr erspart? Auch das spürt man an diesem Abend im Metropol: Die große Verantwortung, die so ein Ergebnis mit sich bringt. Die FPÖ erleidet vor der Küste von Ibiza Schiffbruch und verkündet noch am Wahlabend ihren Gang in die Opposition – wie ernst diese Aussagen zu nehmen sind, das sieht man an den Reaktionen des blauen Parteichefs in den kommenden Wochen. Dazu aber später mehr.

Die NEOS senden verschiedene Signale am Wahlabend – ein Vertreter drängt in die Opposition und der andere würde schon gerne mit den Türkisen und Grünen verhandeln.

Die SPÖ lässt am Wahlabend alles offen und beginnt mit der Analyse der eigenen Fehler, die zum schlechtesten Wahlergebnis der Sozialdemokratie in der Zweiten Republik geführt haben.

Der Wahlabend lässt sich vermutlich so am besten beschreiben: Ausgelassenes Feiern mit einer gehörigen Portion Respekt vor dem Tag nach der Party.

Sondierungen – wir nehmen uns Zeit

Wir haben im Wahlkampf immer betont, dass wir bereit sind für Sondierungsgespräche. Dass wir diese sogar aktiv suchen werden, wenn es so weit kommt. Werner Kogler hat immer gesagt, dass man sich als Partei, die sich selbst ernst nimmt, gegenüber Sondierungen und allfälligen Koalitionsverhandlungen nicht verschließen kann. Eine Partei mit Anspruch, etwas zu verändern, die Klimakrise in den Griff zu bekommen, Transparenz und Anti-Korruption umzusetzen und das Land gerechter zu machen, die kann sich ihrer Verantwortung nicht entziehen – auch wenn wir gerade zwei Jahre nicht im Parlament waren und de facto keine Strukturen auf Bundesebene hatten. Die Verantwortung ergibt sich aus über 660.000 Wähler/innen und dem Anspruch, etwas zu verändern. Deshalb haben wir sehr schnell ein Sondierungsteam aufgestellt. Die grundlegende Frage dabei war: Welche Kompetenzen und welche politischen Funktionen braucht es in diesem Team. Wir waren uns relativ schnell einig, dass Leonore Gewessler, Rudi Anschober, Birgit Hebein, Alma Zadić, Josef Meichenitsch und selbstverständlich Werner Kogler diesem Sondierungsteam angehören müssen. Werner Kogler, weil er als Bundessprecher, Spitzenkandidat und erfahrenster Bundespolitiker das Gegengewicht zu Sebastian Kurz war. Leonore Gewessler als Klima- und Umweltexpertin. Birgit Hebein als renommierte Sozialpolitikerin und Vizebürgermeisterin von Wien. Rudi Anschober als erfahrener Regierer auf Landesebene mit der ÖVP. Josef Meichenitsch als enger Vertrauter von Werner Kogler und Budget- und Finanzexperte. Alma Zadić als erfahrene Juristin und Justizexpertin.

Mit diesem sechsköpfigen Team traten wir den ersten Weg in Richtung Winterpalais an – ohne konkret zu ahnen, was in den kommenden Wochen auf uns zukommen würde.

Intensive Sondierungen waren bis dato in Österreich nicht üblich. Auch die ÖVP war anfangs überrascht, dass wir uns Zeit lassen wollten, um gut auszuloten, ob sich Koalitionsverhandlungen ausgehen – oder eben nicht. Es war ein anderer, qualitativer Zugang zu Regierungsverhandlungen. Allein die Tatsache, dass wir und die ÖVP teilweise diametral unterschiedliche Positionen zu verschiedenen Themen haben, machte diesen Zugang aber dringend notwendig. Es wurden dann insgesamt sieben Sondierungsrunden, bei denen uns vieles klar wurde. Einige Erkenntnisse waren jedoch diffus, weil es sich nicht um detaillierte Verhandlungen, sondern um Sondierungen handelte. Klar war: Eine Koalition mit der Neuen ÖVP würde kein Spaziergang werden, da inhaltlich Welten zwischen beiden Parteien liegen. Klar war aber auch, dass im Klimaschutz sowie im Kontroll- und Transparenzbereich substanzielle Ergebnisse möglich sind. Während es im Asyl- und Migrationsbereich ganz schwierig werden würde, eine grüne Handschrift zu hinterlassen. Es hat sich aber noch etwas anderes verändert. Der Blick auf den Verhandlungspartner verändert sich, wenn man so viele Stunden miteinander sondiert. Man bekommt ein Verständnis dafür, warum die Person auf der anderen Seite des Tisches eine Forderung stellt. Und warum bestimmte Dinge nicht möglich sind. Diese Erkenntnis hatten nicht nur wir, sondern auch das Sondierungsteam der ÖVP. Ein solches Verständnis füreinander macht die Ausgangssituation nicht einfacher und löst auch nicht die inhaltlichen Differenzen, aber man schafft eine Ebene des gegenseitigen Respekts. Trotz aller wahlkampfbedingten, teils heftigen Auseinandersetzungen wurde ein Setting in den Sondierungen geschaffen, das es ermöglicht hat, überhaupt daran zu denken, in vertiefende Regierungsverhandlungen miteinander einzusteigen.

Zu diesem Zeitpunkt waren SPÖ, NEOS und FPÖ bereits aus den Sondierungen ausgestiegen – mit der Begründung, nur für ernsthafte Regierungsverhandlungen bereitzustehen oder in Opposition zu gehen.

Kurzer Exkurs: Dieses Vorgehen bei der FPÖ war rein taktisch motiviert. Norbert Hofer hat über die gesamte Zeit die Tür zur ÖVP offengehalten. Wären wir aus den Verhandlungen ausgestiegen, hätte die ÖVP aller Voraussicht nach volley mit der FPÖ weiterverhandelt.

Es waren im Nachhinein betrachtet diese ernsthaften Sondierungen, die einen positiven Abschluss überhaupt erst möglich gemacht haben.

Einstieg in Regierungsverhandlungen – mit Mut und Verantwortung

10. November 2019 – die Urania füllt sich langsam. Es kommen alle Delegierten, viele Landtags- und Nationalratsabgeordnete, Mitglieder von Landesregierungen und geladene Gäste. Der Medienandrang ist groß an diesem Samstagvormittag. Der erweiterte Bundesvorstand wird heute darüber entscheiden, ob die Grünen in Regierungsverhandlungen einsteigen werden oder nicht. Die Stimmung ist zuversichtlich – das spürt man. Wie schon am Wahlabend. Nach einem kurzen Kameraschwenk beginnt die Sitzung. Werner Kogler – gefolgt vom gesamten Sondierungsteam – leitet sie ein. An diesem Tag werden die Erkenntnisse aus den Sondierungsrunden mit den Delegierten geteilt, die dann über den Einstieg in Regierungsverhandlungen entscheiden müssen. Es sind ehrliche und authentische Berichte der Sondiererenden. Die Chancen von Verhandlungen und einem Eintritt in eine Regierung werden debattiert – aber auch die Risiken und die Dinge, die voraussichtlich geschluckt werden müssen. Im Raum ist allen bewusst, was es bedeuten wird, mit einer türkisen ÖVP in Regierungsverhandlungen einzutreten – einerseits, was ein mögliches Ergebnis betrifft, andererseits, was umfassende Verhandlungen für eine Organisation bedeuten, die gerade wieder ins Parlament eingezogen ist und wenig bis keine Strukturen mehr hat. Trotz aller authentischen Berichte, was sich ausgehen könnte und was nicht, bleibt die Stimmung im Raum zuversichtlich und kämpferisch. Zuversicht und Kampfeslust sind maßgeblich an diesem Nachmittag. Dementsprechend geht auch das Ergebnis der Abstimmung aus – der Erweiterte Bundesvorstand beschließt einstimmig den Eintritt in Koalitionsverhandlungen. Damit beginnt die zweite Etappe.

‚Jeder Versuch eines Einzelnen, für sich zu lösen, was alle angeht, muss scheitern.' Ja: Was alle angeht, können nur alle lösen. Alle, das heißt auch: zwei Parteien, zwei große Wahlgewinner, die aus völlig verschiedenen Motiven gewählt wurden. Wenn wir lösen wollen, was alle angeht, die Klimakrise, die Kinderarmut, dann müssen wir das gemeinsam versuchen. Deshalb haben wir heute im Erweiterten Bundesvorstand einstimmig beschlossen: Wir sind bereit mit der ÖVP in Koalitionsverhandlungen einzusteigen."

Werner Kogler, Presskonferenz Presseclub Concordia, 10.11.2019, Zitate am Anfang wahlweise von Toni Hofreiter oder Friedrich Dürrenmatt

Wenig Struktur dafür viel Herzblut

Mehr als 50 Verhandelnde, sechs Hauptgruppen, 35 Fachgruppen, ein Back Office – das alles in knapp einer Woche aufzustellen, war eine gewaltige Herausforderung. Geholfen hat uns unser neugeborener Wille, etwas zu bewegen und der Einsatz von vielen Menschen, die in den Wochen zuvor bei den Grünen angedockt waren. Das ist alles nicht selbstverständlich, sondern braucht einen unglaublichen Einsatz und Fokussierung. Wir waren zum offiziellen Beginn der Regierungsverhandlungen aufgestellt und motiviert und das hat auch die ÖVP gemerkt. Mit Felix Ehrnhöfer kam ein wichtiger Player zurück in unser Team. Er war in den 1990er-Jahren grüner Klubdirektor und bis kurz vor den Verhandlungen stellvertretender Kabinettschef von Bundeskanzlerin Bierlein. Felix übernahm die politische Koordination mit der ÖVP. Das Sondierungsteam wechselte nahtlos in die Rolle des Hauptverhandlungsteams – hinzu kam Sigi Maurer als Bildungs-, Wissenschafts- und Digitalisierungsexpertin. Unsere 50 Fachgruppenverhandler/innen waren zusammengesetzt aus externen und internen Expert/innen wie zum Beispiel Daniel Ennöckl von der Universität Wien oder Karl Steininger von der Universität Graz. Aber auch erfahrene Landesrät/innen wie Ingrid Felipe oder Johannes Rauch waren unter den Verhandelnden. Der neue Nationalratsklub spielte ebenso eine entscheidende Rolle im Verhandlungsprozess – nicht nur, weil ja ein etwaiges Verhandlungsergebnis von diesem Klub getragen werden muss, sondern auch, weil sich hier die grüne Kompetenz ballt. Eva Blimlinger, Jakob Schwarz, Faika El-Nagashi, Lukas Hammer und Ewa Ernst-Dziedzic, um nur einige Namen zu nennen, verhandelten unsere Themen an zentraler Stelle. Aufgrund von Platzmangel mussten wir ein Übergangsbüro als Back Office anmieten. Ohne zu wissen, ob es sich am Ende ausgehen wird, galoppierte hier eine Grüne Partei los, die gerade erst wieder Boden unter den Füßen gewonnen hatte.

Das „In-die-Schuhe-Wachsen" der Grünen

„Wir haben in sehr kurzer Zeit einen sehr langen Weg zurückgelegt", sagte Werner Kogler im Nationalratswahlkampf. Dieser Weg einer erneuerten grünen Bewegung ging also turbulent weiter – in Regierungsverhandlungen mit einer Partei, die jahrzehntelange Regierungserfahrung hat. Hunderte Stunden, Verhandlungstage, die bis tief in die Nacht gedauert haben – das verlangte der Organisation nach einem intensiven Wahljahr erneut sehr viel ab. Das ist an dieser Stelle kein großes Geheimnis mehr: Bei diesen Verhandlungen sind zwei unterschiedliche Welten aufeinandergetroffen. Grüne und ÖVP hatten in Vergangenheit immer wieder den Weg zueinander gefunden – das geschah aber auf Landesebene, wo die Themen in der Regel deutlich weniger ideologisch aufgeladen sind. Doch selbst dort läuft das Regieren nicht immer reibungslos. Diese teils ideologischen Unterschiede der Verhandelnden auf beiden Seiten haben viele Verhandlungsrunden zu einem Drahtseilakt gemacht. Immer wieder gab es Situationen, die beiderseitige Intervention benötigten, um das eigentliche Ziel – ein Regierungsübereinkommen – nicht aus den Augen zu verlieren. Wir haben in sehr kurzer Zeit 50 sehr kompetente Menschen aus allen Winkeln dieses Landes in diesen Verhandlungsprozess eingebunden. Trotz aller inhaltlichen Hürden haben all diese Menschen unglaublich viel Einsatz in die Vorbereitung, Verhandlungen und Nachbereitung gesteckt. Ohne diese Basis an kompetenten Menschen wäre dieses Ergebnis nicht möglich gewesen. Viele von den Verhandelnden haben zusätzlich ihre Jobs als Anwälte, Steuerberater/innen, Landesrät/innen und Landtagsabgeordnete bewältigt.

Je weiter die Verhandlungen fortgeschritten waren, desto klarer wurde allen, dass es ohne tiefgreifende Kompromisse auf beiden Seiten nicht gehen wird. Diese Erkenntnis war zu Beginn auf der technischen Ebene allen klar. Je plastischer diese Erkenntnis wurde, je mehr sie sich an konkreten Punkten und Fragen festmachen ließ, desto schwieriger wurde auch der Verhandlungsprozess. Stundenlange Steuerungs- und Reflexionsrunden waren nicht nur ein Zugeständnis an die grüne Kultur – sie gaben auch Richtung und Halt für die Verhandelnden, die am nächsten Tag wieder an die Verhandlungstische mussten. Wir haben durch diese nächtlichen Runden eine Austauschmöglichkeit geschaffen, die zum einen Sicherheit gegeben hat und zum anderen zu jeder Zeit den gesamten Prozess im Blick hatte. Diese strukturellen Vorgaben wurden 2003 – nach erfolglosen Verhandlungen – definiert und waren 16 Jahre später extrem hilfreich, um durch diese anspruchsvolle Zeit zu navigieren.

Von Vertrauen und Misstrauen

Zum Leidwesen vieler Journalist/innen wurden die Sondierungen wie auch die Verhandlungen sehr vertraulich angelegt, was die Kommunikation nach außen betraf. Immer wieder dieselben Stehsätze am Eingang des Winterpalais. Mal mehr, mal weniger mit konkreten Inhalten garniert. Meistens weniger. Was von außen nach Message Controll in bekannter ÖVP-Manier ausgesehen hat, war der Versuch einer gut abgestimmten Kommunikation. Eine gemeinsam gewählte Strategie schafft zuerst Vertrauen auf beiden Seiten, weil beide Verhandlungspartner wissen, woran sie beim Gegenüber sind. Sobald die ersten Geschichten durchsickern und man sicher ist, dass diese nicht aus den eigenen Reihen kommen können, wird man zuerst einmal stutzig und konfrontiert den Verhandlungspartner. Wir wissen bis heute nicht, welche Geschichten von wem verbreitet worden sind. Man kann sich diesen Vermutungen zwar hingeben, muss dann aber trotzdem wieder zur Tagesordnung übergehen. Vertrauen ist in so einer Situation keine oder eine sehr kleine Kategorie. Vertraulichkeit aber schon. Und das haben wir in diesen Koalitionsverhandlungen unter Beweis gestellt. Nachdem auf beiden Seiten insgesamt bis zu 130 Menschen in diesen Verhandlungsprozess eingebunden waren, kann eine, im kleinen Kreise vereinbarte Vertraulichkeit nur mehr wenig sinnvoll auf die gesamte Organisation umgelegt werden. Das mussten beide Seiten lernen. Spieltheoretisch haben beide Seiten hilfreiche oder weniger hilfreiche Dinge an die Öffentlichkeit gegeben. Das hat punktuell für Unruhe gesorgt – letztendlich dem Verhandlungsergebnis aber wenig geschadet. So funktioniert Politik nun einmal.

Das Finale

Koalitionsverhandlungen spitzen sicher immer in den letzten Tagen vor dem Abschluss zu. Bei den Grünen kam hinzu, dass nicht ein einfacher Parteivorstand darüber entscheidet, ob sie in eine Koalition eintreten, sondern ein Bundeskongress mit fast 300 Delegierten. Das bedeutet eine Kombination aus Terminplanungsszenarien, die rein auf Abschlussprognosen basieren. Eine Funktionärsbasis, die immer unruhiger wird, weil unangenehme Details in der Zeitung stehen. Und natürlich finale Verhandlungstage. Diese Kombination „macht das Gansl knusprig“, um noch einmal Werner Kogler zu zitieren. In den letzten Tagen wurden die großen Brocken auf beiden Seiten ausverhandelt – die Brocken, die einem selbst oder dem Gegenüber wehtun, wenn sie im Abkommen stehen (oder eben nicht), wenn sie nicht genau genug ausformuliert sind. In dieser Phase ist nochmal alles offen. Es wird bis in die Nacht verhandelt und um jeden Kompromiss und Beistrich gerungen. In diesen letzten Tagen sind wir oft nach 2.00 Uhr morgens aus dem Winterpalais marschiert mit dem Wissen, dass am gleichen Tag um 10.00 Uhr die Verhandlungen weitergehen. Ungefähr eine Woche vor dem Bundeskongress ist uns dann der Durchbruch in den Verhandlungen gelungen. Es war beiden Seiten klar, dass sich eine Koalition, abhängig von den eigenen Gremien, ausgehen kann. In der Phase bis zum Bundeskongress wurden die Texte finalisiert, bis am Donnerstag – zwei Tage vor dem Bundeskongress – Werner Kogler und Sebastian Kurz das finale Regierungsübereinkommen präsentierten. Eine volle Aula der Wissenschaften und sehr viele internationale Medien ließen darauf schließen, dass hier etwas gelungen ist, das Vorbildwirkung für Europa haben kann. Weil zwischen zwei Lagern, die nahezu keine Schnittmengen hatten, Brücken gebaut wurden. Brücken, die ein Vorbild für viele europäische Länder sein können. Das war die Stimmung dieser Pressekonferenz. An den beiden folgenden Tagen widmeten sich beide Parteien ihren eigenen Gremien – obwohl diese letzte Herausforderung in beiden Parteien nicht vergleichbar ist. 300 stimmberechtigte Delegierte vs. ein Bundeskanzler in spe mit einem faktischen Durchgriffsrecht, für den seine Sitzung des Bundesparteivorstands nicht viel mehr als eine gelungene Inszenierung ist. Das soll an dieser Stelle keinesfalls geringschätzig klingen – es zeigt nur deutlich, aus welchen unterschiedlichen Welten und Kulturen beide Parteien kommen.

Unsere Verantwortung – Einstieg in die Regierung

Ein Bundeskongress, der wichtige Entscheidungen treffen muss, seien es Listenwahlen oder Struktur- und Programmprozesse, ist immer eine organisatorische und politische Herausforderung. Ein Bundeskongress, der den Eintritt in eine Regierung beschließen sollte, ist nicht nur bis dato einzigartig – er birgt besondere Herausforderungen. Teile der Delegierten, insbesondere die Kritiker/innen einer Koalition, waren Tage vor dem Bundeskongress bereits dabei, Stimmung gegen einen Einstieg in eine Koalition zu machen. Das ist das gute Recht eines/r jeden Delegierten und beweist, dass eine grüne Diskurskultur Widerstände zulässt und aushält. Bevor dieser historische Bundeskongress stattfinden konnte, war ein erweiterter Bundesvorstand einzuberufen, der die Aufgabe hatte, die Minister/innen zu wählen und das Regierungsübereinkommen zu beschließen. Dieser Schritt wurde nach einer kontroversen, aber respektvoll-wertschätzenden Diskussion einstimmig vollzogen. Dass diese erste Hürde genommen wurde, machte zuversichtlich für den kommenden Tag.

Samstag 4. 1. 2020; 10.00 Uhr: Die Türen gehen auf. Hunderte Delegierte strömen in den Raum, um sich vertiefend in das Programm einzuarbeiten. Die Stimmung ist gut – die Delegierten nehmen die unterschiedlichen Dinge sehr differenziert auf. Es wird Tacheles geredet und angesprochen, was gut verhandelt wurde und auch was weniger gut verhandelt wurde. Auch die Debattenkultur beim eigentlichen Kongress ist geprägt von einem konstruktiven Diskurs. Mal kritisch und ablehnend, mal (und meist) positiv. Es wird vom Großteil der Delegierten erkannt, dass sehr viele Dinge sehr gut verhandelt wurden. Und dass es einen Unterschied macht, ob die FPÖ oder die Grünen in dieser Regierung sitzen. Innerhalb dieses Bogens bewegt sich die Diskussion, und es ist eine Wohltat zu sehen, wie eine gesamte Bewegung Verantwortung übernimmt. Nicht einfach nur hinnimmt, sondern kritisch bleibt, aber auf die positiven Effekte einer grünen Regierungsbeteiligung fokussiert. Und letztendlich das Übereinkommen mit 93,17 % annimmt. Es ist fühlbar, dass alle an diesem Tag zufrieden sind – auch die Kritiker/innen –, weil es Platz gegeben hat, um den Unmut und die Risiken zu benennen. Und es ist allen im Raum klar – vom einfachem Mitglied bis hin zu den künftigen Minister/innen: Dieser Eintritt in eine Bundesregierung mit der neuen ÖVP birgt Risiken. Im Sinne unserer Verantwortung für die Menschen in diesem Land und für die kommenden Generation muss man dieses Wagnis aber eingehen. Nach dem Motto: „Mehr wagen, um nicht alles zu riskieren" treten die österreichischen Grünen zum ersten Mal in eine Bundesregierung ein.

Fazit und Ausblick

Wenn dieses Buch erscheint, ist die Regierung aus Türkis und Grün vielleicht zwei, drei Monate im Amt. In dieser Zeit wird schon sehr viel passiert sein. Es werden Dinge für beide Seiten gelungen sein, es wird öffentlich ausgetragene Differenzen gegeben haben, aber die meisten Auseinandersetzungen werden intern diskutiert worden sein. Das macht auch Sinn für beide Regierungsparteien, die das Ziel hat, fünf Jahre konstruktiv miteinander zu arbeiten. Trotzdem wird es auch diese Momente geben müssen, in denen man in einen öffentlichen Diskurs einsteigt und sich dem Außen stellt. Auch das ist Demokratie, und das bedeutet nicht zwingend Streit oder Zwietracht. Der öffentliche politische Diskurs wird die Unterschiede zwischen Türkis und Grün wahrnehmen und auch spüren müssen. Und beide Partner werden einige Dinge ausstreiten müssen. All das aber mit dem notwendigen Respekt für den Koalitionspartner und mit dem Verständnis dafür, wo der andere jeweils herkommt. Diese Form des Regierens ist ein Novum in Österreich. Zwei Parteien, die, beim genauen Hinsehen, wenig Schnittmengen haben, es aber trotzdem versuchen, eine Koalition zu bilden. Ein neuer Stil, der es eventuell vermag, den Diskurs in vielen Bereiche zu verschieben, vielleicht auch Gräben zu überwinden. Für den deutlich kleineren Juniorpartner heißt es aber immer, wachsam zu sein, dass man die eigenen Konturen durchs Regieren nicht abschleift. Der nächste Wahlkampf kommt bestimmt. Und dafür braucht man starke und klare politische Konturen.

Diese Koalition wird sich immer wieder zusammenraufen und den Kompromiss suchen müssen – den Kompromiss, der nicht nur der kleinste gemeinsame Nenner ist, sondern den Kompromiss, der die Probleme in diesem Land lösen kann.

In diesem Sinne – mutig in die Zukunft!

PARTEIEN UND PARLAMENTARISMUS

cafe+co
cafeplusco.com
DIE NÄCHSTE PAUSE
IST DIE #BESTEPAUSE
cafeplusco.com
facebook.com/cafepluscointernational

KARIN STROBL

Das Comeback der Grünen

Die größte Auferstehung seit Lazarus

Wer hätte im Herbst 2017 nur einen Cent darauf gewettet, dass die Grünen sich in zwei Jahren von einer außerparlamentarischen Oppositionspartei zur Regierungspartei wandeln würden? Jedem Neubeginn wohnt jedoch ein Ende inne: Der Rausschmiss der grünen Partei aus dem Nationalrat. So schmerzhaft dieser für viele auf persönlicher Ebene war, zwang er die Grünen zur Neuaufstellung. Sie ist unter Werner Kogler gelungen. Sein unerschütterlicher Glaube daran, dass es in Österreich eine grüne Bewegung braucht, war Grundstein des heutigen Erfolges.

Der Absturz

Es war Sonntag, der 15. Oktober 2017, 14 Uhr. Die ersten Mitarbeiterinnen hatten den Sitzungsraum mit Kaffee und Mineralwasser ausgestattet. Die besonders aufmerksame Büroleiterin der damaligen Spitzenkandidatin Ulrike Lunacek hatte in einer Ecke des Besprechungszimmers bereits dezent Taschentücher platziert. Es war vorhersehbar, dass die Grünen bei dieser Wahl extrem schlecht abschneiden würden. Dass sie die notwendige Vier-Prozent-Marke erreichen würden, daran glaubten bis zuletzt nur wenige.

Nach und nach trudelten die Parteispitzen und das Wahlkampfteam ein. Viele hielten sich verkrampft an ihren Mobiltelefonen fest, in der Hoffnung, der bzw. die Gesprächspartner/in am anderen Ende der Leitung würde den beginnenden Albtraum vielleicht doch noch mit einer guten Nachricht rasch beenden. Doch die gute Nachricht kam nicht. Eine dunkle Wolke aus Verzweiflung, Frust und Ärger machte sich langsam breit und bestimmte nicht nur den Wahlabend, sondern auch die Stimmung innerhalb der grünen Partei für die kommenden Monate.

Gegen 16 Uhr stand intern fest: Die Grünen werden die vier Prozent nicht schaffen, auch die später ausgezählten Wahlkarten werden einen Verbleib im Nationalrat nicht sichern können. Nach 31 Jahren werden die Grünen den Nationalrat verlassen müssen. Langsam dämmerte es einigen, was das bedeutete: Die Kündigung von etwa 125 Mitarbeiter/innen auf Klub-, Partei- und Akademieebene, dazu häufte sich ein Schuldenberg von fünf Millionen Euro.

Bevor daran gedacht werden konnte, welche Dimensionen der Rausschmiss aus dem Parlament annehmen würde, musste die Spitzenkandidatin Ulrike Lunacek noch vor die Mikrofone zahlreicher Medien treten. Das Wording für den Wahlabend: „Wir warten noch das Ergebnis der Wahlkarten ab“ war klug gewählt, verschaffte es der Parteispitze doch ein bisschen Luft, um die kommenden Stunden zu planen.

Mit Haltung und aufrechtem Gang absolvierte Ulrike Lunacek ein Interview nach dem anderen. Die Hitze in der Hofburg, wo die vielen TV-Studios für diesen Abend untergebracht waren, machte allen Beteiligten vor und hinter der Kamera sichtbar zu schaffen. Nur uns, dem grünen Team, nicht. Wir verharrten in einer Art Schockstarre.

Wartend auf das letzte Interview Lunaceks für diesen Abend meinte FPÖ-Generalsekretär Herbert Kickl zu mir als damaliger Kommunikationschefin der Grünen: „Und wer wird sich jetzt im Parlament ums Klima kümmern?" Kickl wusste freilich genauso wie alle anderen Polit-Profis an diesem Abend, dass die Vier-Prozent-Hürde für die Grünen unüberwindbar sein würde. „Peter Pilz sicher nicht", antwortete ich kurz. Kickl ebenso kurz: „Ich weiß, wie es sich anfühlt, wenn es mit einer Partei abwärtsgeht." – „Dann hoffe ich, dass es für die Grünen nicht so lange dauern wird, wie für die FPÖ", war mein Konter darauf. Aus heutiger Sicht fast schon eine Prophezeiung.

Noch nie zuvor in der politischen Geschichte der Zweiten Republik war der Wähler/innen-Markt so volatil. Trends, Ereignisse und Stimmungen lassen sich nicht mehr eindeutig vorhersagen. Politische Kampagnen bis ins letzte Detail geplant, werden ob plötzlich auftauchender Strömungen von einem Tag auf den anderen verworfen. Immer schneller muss man heute in der Politik auf die Gezeiten von gesellschaftspolitischen Schwankungen reagieren. Starre Polit-Apparate mit verkrusteten Strukturen zerschellen am Kippen von Stimmungsschwankungen oder werden bei der Kollision mit plötzlich auftauchenden neuen Meinungs-Eisbergen leckgeschlagen.

Die Grüne Spitzenkandidatin hatte bei den vielen Interviews am Wahlabend so viel Haltung bewiesen. Doch angekommen im Wiener Metropol, wo sich zahlreiche Grüne in Tränen aufgelöst in den Armen lagen, ließ auch Ulrike Lunacek ihren Emotionen endlich freien Lauf.

Das Ergebnis der Nationalratswahl 2017 war für die grüne Partei ein Trauma. Noch heute würden einige gerne darüber hinwegsehen, dieses Horrorereignis in eine Schublade stecken und vergessen machen. Es war aber just auch dieses Multiorganversagen, das der grünen Bewegung die spätere Wiederauferstehung und den heutigen Erfolg ermöglicht hat. Bevor es einen Neustart auf grüner Wiese geben konnte, der ein Abheben in bis dato undenkbare Höhen ermöglichte, mussten zuerst die Trümmer des Absturzes beseitigt werden. Denn im November 2017 drohte der „Grünen Alternative" der Konkurs.

Vor dem Bankrott

Die langwierige und schwierige Bundespräsidentenwahl im Jahr 2016 hatte die grüne Partei finanziell schwer belastet. Das Budget dafür konnte zwar noch aus eigener Kraft aufgebracht, der Wahlkampf 2017 musste allerdings vorfinanziert werden. Nach dem Wahldebakel ließ der Blick auf die Finanzen den gesamten grünen Bundesvorstand sowie die Geschäftsführer/innen der grünen Landesvertretungen erschaudern. Die Bundespartei stand mit knapp fünf Millionen Euro Schulden in den Miesen. In 60 Tagen musste entweder Konkurs angemeldet oder ein Finanzierungsplan von den Banken akzeptiert werden.

Allen Beteiligten war klar, dass die Länder jetzt die Einzigen waren, die die Partei finanziell auffangen konnten. Im Sommer 2017 hat es dazu bereits erste Überlegungen gegeben. Dafür haben sich einzelne Landesgeschäftsführer/innen setzten sich mit dem Bundesfinanzreferenten der Partei zusammen, um diverse Krisenszenarien durchzurechnen. Für die Landesgeschäftsführer/innen bedeutete das Auffangen der Bundespartei nach dem Debakel, selbst einen restriktiven Sparplan auszuarbeiten, Mitarbeiter/innen auf der Landesebene abzubauen und geplante Wahlkampfgelder drastisch zu kürzen. Die Lage spitzte sich, emotional aufgeladen, immer mehr zu – und Ende Oktober 2017 schien ein Bankrott unausweichlich.

Doch die Landesgeschäftsführer Rudi Hemetsberger (Grüne Salzburg) und Wolfgang Raback (Grüne Steiermark) nahmen die Sache in die Hand und begann mit dem Wirtschaftsanwalt Helmut Hüttinger ganz nüchtern auf dem Papier weitere Sanierungsszenarien zu entwerfen. Nach dem permanenten Austausch mit den Landesgeschäftsführer/innen standen die ersten Gesprächstermine mit den Banken bald fest. Die Bäckerei Herberer am Wiener Hauptbahnhof wurde zur Einsatzzentrale des Grünen „Rettungsteams". An diesem Verkehrsknotenpunkt trafen sich grüne Parteimitglieder aus den verschiedenen Bundesländern, um das Worst-Case-Szenario abzuwenden. Zeitgleich mussten auf Bundesebene alle Mitarbeiter/innen gekündigt werden; später sollten auch Kündigungen auf der Landesebene folgen. Die damalige Klub- wie Parteispitze arbeitete auf Hochtouren mit dem Betriebsrat und dem Arbeitsmarktservice zusammen.

Für Wunden lecken blieb keine Zeit. Die, die freiwillig geblieben sind, haben im Klub und in der Partei angefangen, alles in Kisten zu packen. Wichtige Unterlagen mussten von unwichtigen Dokumenten getrennt werden. Sogar jeder Kugelschreiber wurde noch auf seine Funktion untersucht, bevor er entweder in die Kiste für die Landesorganisationen oder im Müll landete. Sigi Maurer, damals scheidende Abgeordnete und heutige Klubobfrau, konnte noch ihr kleines Sofa im Büro zu Geld machen, das sie in den Mitarbeiter/innen-Fonds steckte. Mitten im Chaos von Kisten, Altpapier, Müll platzte einmal Werner Kogler in die Parteizentrale. Er hatte die meiste Zeit im Klub verbracht, etliche Interviews gegeben und endlose Sitzungen mit dem „Rettungsteam“ absolviert. Als er das Wahlkampfteam von 2017 beim Aussortieren von Unterlagen und dem Schlichten von Schachteln erblickte, war er gerührt. Man sah ihm den Schmerz an, den ihm das Wahlergebnis bescherte. Doch die unbeirrbare Loyalität der vielen Mitarbeiter/innen im Klub, in der Bildungswerkstatt und in der Partei, die beim „Aufräumen“ der 31-jährigen Parlaments- und der noch längeren Parteigeschichte der Grünen geholfen haben, hat ihn sichtlich bewegt.

In den folgenden Wochen bestand allerdings die viel größere Herausforderung darin, die verschiedenen grünen Länderinteressen (vier Bundesländer: Salzburg, Tirol, Kärnten und Niederösterreich standen vor Landtagswahlen) sowie die komplizierten rechtlichen Rahmenbedingungen der verschiedenen, teils sehr strengen Landesgesetze zur Finanzierung von Parteien unter einen Hut zu bekommen. Die Verhandlungen sowohl mit den grünen Ländern als auch mit den Banken waren äußerst schwierig. Öfter stand der Zeiger auf Konkurs als auf Sanierung. Schließlich brachte die Wiener Landesorganisation mit der Summe von 1,7 Millionen Euro für die Rettung der Bundespartei den Stein ins Rollen; andere Landesorganisationen folgten. Am 5. Dezember 2017 war das Überleben der grünen Bundespartei, wenngleich mit einer Minimalausstattung an EDV und Personal, gesichert. Dass Werner Kogler als designierter Parteichef auf sein Gehalt verzichtete, sollte ihm genau jene Loyalität der grünen Basis sichern, die er nur zwei Jahre später auf dem Bundeskongress am 4. Jänner 2020 in Salzburg für die Bestätigung seines grünen Regierungsteams und dem Koalitionsübereinkommen mit der ÖVP so dringend brauchte.

Aufstehen. Krone richten. Weitergehen.

Er hatte sich bei seiner Bestellung im Jahr 2008 zum Vize-Parteichef selbst als „passable Nummer zwei“ bezeichnet, die jederzeit in den Vordergrund rücken könne, wenn dies einmal gewünscht sei. Nach dem Wahldebakel von 2017 war dieser Schritt mehr als erbeten: Werner Kogler übernahm am 20. Oktober als designierter Bundessprecher die Grünen. Kogler hatte das grüne Zepter in die Hand genommen, als es am Boden lag. Er wollte und konnte nicht zusehen, wie Peter Pilz seine eigene Liste als Alternative zu den Grünen aufzubauen versuchte, um den Grünen damit den Todesstoß zu versetzten. „Ich kann es nicht ertragen, dass unsere Bewegung stirbt“, soll er bei einem grünen Ländertreffen Anfang 2018 gesagt haben. Damit waren die Neuausrichtung und der Aufbau der Grünen für Kogler ein persönliches Anliegen.

Werner Kogler hatte es als „Trümmermann“, wie er sich selbst in Interviews bezeichnete, sicher nicht leicht: kein Geld, kein Personal, keine Strukturen und eine mediale Berichterstattung, die, wenn sie denn überhaupt stattfand, nicht gerade voll des Lobes für die Grünen war. Kurz gesagt: Die Grüne Partei drohte in der medialen wie politischen Versenkung zu verschwinden. Kogler hatte es aber auch leicht, und das ist gerade das Paradoxe am Comeback der Grünen: Er konnte nicht an den verkrusteten Strukturen scheitern, an denen sich vor ihm Partei- bzw. Klubchef/innen wundgeschlagen haben, sie waren mit dem Wahlergebnis 2017 planiert worden.

Zu Koglers unbeirrbarem Glauben an eine grüne Zukunft gesellte sich die Wut der jungen Grün-Funktionär/innen aus den Bundesländern, die ihre Zukunft verspielt sahen. Diese Mischung aus langjähriger, politischer Erfahrung und dem neuen Ansporn, bessere Grüne zu sein, war ebenso ein Erfolgsstein auf dem Weg zur Wiederauferstehung der Grünen. Eine Reihe junger Abgeordneter aus den Ländern gründeten die „Next Generation“, um die Partei wieder Lebensader einzuhauchen. Allen voran: die heutige Vize-Parteichefin Nina Tomaselli aus Vorarlberg, der heutige Gemeinderat Peter Kraus aus Wien, die Landtagsabgeordnete Lara Köck aus der Steiermark, der heutige Vize-Parteichef Stefan Kaineder sowie die Landtagsabgeordneten Severin Mayr aus Oberösterreich, Anna Schiester und Simon Hofbauer aus Salzburg.

Bereits drei Monate nach der verlorenen Wahl startete im Februar 2018 der erste Zukunftskongress der Grünen. Mehr als 200 Teilnehmer/innen folgten der Einladung und diskutierten einen Tag lang über eine mögliche Neuaufstellung der Grünen. Die Hoffnung, dass hier ein wirklicher Befreiungsschlag aus der Depression gelingt, wurde jedoch nicht erfüllt. Ein Teilnehmer beschreibt den ersten Zukunftskongress so: „Ein Raum voller defizitorientierter Diskussionen, ein Durchschnittsalter weit über dem der grünen Wähler/innen-Zielgruppe, und in allen Beiträgen: viel Vergangenheit, viel Gründungsmythos, viel ‚damals in der Au', aber: wenig Zukunft. Alles wirkte aus der Zeit gefallen und damit war es auch immer schwerer, zahlreiche junge Menschen dafür zu gewinnen, sich für einen Grünen Neustart zu interessieren."

Ein Neustart musste jedoch her. Darin waren sich zumindest alle einig. Die jungen Funktionär/innen haben daher einen zweiten Anlauf unternommen, unterstützt von der damaligen Wiener Landes- und Bundesgeschäftsführerin Angela Stoytchev und Werner Kogler. Ihnen war wichtig, den Jungen freie Bahn zu lassen. Sie sollten den Weg zeigen, auf dem ein späterer Erfolg der Partei fußen konnte. Nicht jeder oder jede war vom Engagement und den neuen Ideen der Jungen überzeugt. Unbeirrt davon entwickelten Tomaselli und Kraus jedoch das „Next Generation Lab", das beim nächsten grünen Zukunftskongress, der im Mai 2018 stattfand, ein wesentlicher Programmpunkt war. Hier kam eine Reihe von jungen Menschen zusammen, die ein vollkommen anderes Bild der Grünen vermittelten. Auch die mediale Resonanz war diesmal beachtlich. „Die Veränderung beginnt hier" – mit diesen Worten eröffneten Tomaselli und Kraus dieses erste „Next Generation Lab". Mehr als 130 Grün-Sympathisant/innen unter 35 Jahren waren gekommen und füllten den Raum aus. Einander zuhören und voneinander lernen – dieses Credo stand dabei im Mittelpunkt, der spätere Austausch mit den erfolgreichen niederländischen und deutschen Grünen war nur der nächste logische Schritt. In den kommenden Monaten reisten Kraus, Tomaselli und Kaineder daher mehrmals zu den befreundeten Grün-Parteien, begleiteten unter anderem die grüne bayerische Spitzenkandidatin Katha Schulze sowie den deutschen grünen Bundesvorsitzenden Robert Habeck auf ihren Wahlkampftouren.

Die größte Auferstehung seit Lazarus

Doch die grüne Partei hatte im Frühjahr 2018 noch weitere schmerzhafte Niederlagen auf verschiedenen Landesebenen hinnehmen müssen. In Salzburg, Niederösterreich und Kärnten waren für die Grünen verheerend ausgefallen. In Kärnten wurde die Öko-Partei aufgrund interner Querelen sogar aus dem Landtag gewählt. Es war ein weiterer Schlag in die Magengrube vieler. In Tirol gab es zwar ein kleines Minus vor dem Ergebnis, die Regierungsbeteiligung mit der ÖVP konnte dennoch fortgesetzt werden, ebenso in Salzburg. Die größte Überraschung lieferte allerdings Georg Willi in Innsbruck. Mit einem kleinen Team und einer wohlüberlegten Kampagne gelang es dem sympathischen Tiroler, was wenige Monate zuvor noch als unmöglich galt: grüner Bürgermeister einer Landeshauptstadt zu werden. „Die größte Auferstehung seit Lazarus", nannte es Werner Kogler noch am Wahlabend im Mai 2018. Ein Sager, mit dem er später öfter zitiert werden sollte.

Aufgeladen mit vielen neuen Ideen und Best-Practice-Beispielen von Grünparteien aus ganz Europa, dem sensationellen Wahlergebnis in Innsbruck und dem Konjunkturthema Klima- und Umweltschutz fand im November 2018 der erste große Bundeskongress (BUKO) seit dem Scheitern der Grünen im Oktober 2017 statt. Die Grünen waren intern wieder aufgerichtet und endlich bereit für Veränderungen. Werner Kogler wurde nicht nur zum Bundessprecher gewählt, sondern auch seine Spitzenkandidatur für die bevorstehende Wahl zum Europäischen Parlament im Mai 2018 wurde angekündigt. Kogler bekam auch zwei Stellvertreter/innen für den Parteivorsitz aus den Reihen der Next Generation zur Seite gestellt: Nina Tomaselli und Stefan Kaineder. Gemeinsam mit dem erneuerten Bundesvorstand nahmen sie die erste große Herausforderung für die Grünen an: die Wahl zum Europaparlament. Eine fokussierte Kampagne, neue Überraschungskandidat/innen, wie etwa die TV-Spitzenköchin Sarah Wiener, abgespeckte Strukturen und viel Herzblut sicherten ein grünes Comeback. „Rudern statt Sudern", waren Koglers geflügelten Worte zu dieser Zeit. Die Grünen konnten wieder Hoffnung tanken.

Greta

Im August 2018 setzte sich eine junge Schwedin vor das schwedische Parlament in Stockholm. Die damals 15-jährige Greta Thunberg streikte, anstatt in die Schule zu gehen. Sie wollte damit ein Zeichen gegen die Klimakrise setzen. Sie kritisierte scharf, dass die Politik diese nicht ernst nehme und die Maßnahmen gegen eine Klimaerhitzung viel zu lasch seien. Ihr Schulstreik – befeuert durch die Sozialen Medien – fand immer mehr Nachahmer/innen. In den kommenden Monaten gingen Millionen, vor allem junger, aber auch älterer Menschen für die Rettung des Klimas auf die Straße. Auch in Österreich streikten tausende Schüler/innen und die Bewegung „Fridays for Future" schwappte damit endgültig auf unser Land über. Schüler/innen und Studierende organisierten sich außerhalb von Parteien oder herkömmlichen Verbänden und setzten sich damit unabhängig für ihre Zukunft und die Bewahrung eines lebenswerten Planeten ein.

Dieser Spirit und das Anliegen Klimaschutz war passgenau für die Grünen. Sehr vorsichtig tastete man sich daher seitens der Partei an die neue Klimabewegung heran. Niemand wollte diese vereinnahmen oder gar instrumentalisieren. Als Greta Thunberg aber im Mai 2019 an einer Großdemonstration mit mehr als 1.500 Protestierenden in Wien teilnahm, gesellte sich auch Werner Kogler dazu. Die Stimmung war bereits zugunsten der Grünen gekippt. Nicht nur das Klimathema auf jedem Zeitungscover, in jedem TV-Sender wie auf etlichen Social-Media-Plattformen half dabei, sondern auch die Veröffentlichung des unfassbaren „Ibiza"-Videos am 17. Mai 2019, das die ganze Nation zutiefst erschütterte. Viele ehemalige Grün-Wähler/innen wollten aufgrund der skandalösen Aussagen der damaligen FPÖ-Spitze im Video die Grünen wieder im Nationalrat sehen. Viele Österreicher/innen, die sich 2017 von den Grünen abgewandt hatten, wollten, dass sich die Öko-Partei wieder für Klima- und Umweltschutz und vor allem gegen Korruption und Misswirtschaft einsetzt.

Die zage grüne Hoffnung, ein gutes Ergebnis für die Wahl zum Europaparlament einzufahren, erfüllte sich am 26. Mai 2018: 14,08 Prozent der Stimmen – damit hatte bei den Grünen niemand gerechnet. Demensprechend groß war der Freudentaumel am Wahlabend. Diesmal durften endlich wieder Tränen der Freude fließen. Die Grünen waren wieder da, und zwar mit einem kräftigen Lebenszeichen. Das Trauma von 2017 lag nun hinter ihnen. Es war wohl schon bei der Ausrufung von Neuwahlen für den Nationalrat am 18. Mai, also eine Woche vor der Europawahl, klar, dass der Spitzenkandidat der Grünen wieder Werner Kogler heißen würde. Niemand innerhalb der Partei nahm ihm diesen Schritt krumm, sein Mandat im Europaparlament nicht anzunehmen. Ganz im Gegenteil: Alle waren froh, dass er auch für die Nationalratswahl ins Rennen ging.

Greta Thunberg hatte nicht nur für die Grünen in Österreich, sondern für viele Grün-Parteien in Europa und vor allem in Deutschland den Boden für die Akzeptanz des grünen Kernthemas wieder aufbereitet. Die junge Schwedin hatte mit ihrem Schulstreik eine „grüne" Welle ausgelöst. Doch eine Welle allein macht noch keinen gelungenen Surfgang aus. Man muss diese Welle „auch reiten können", wie es Werner Kogler in der ORF-Dokumentation „Grüne Welle – Raus aus dem Parlament, rein in die Regierung?" im Dezember 2019 auf den Punkt brachte.

Kogler nützte noch eine Gelegenheit, die seine Vorgänger/innen aufgrund von internen Blockaden zuvor nicht umsetzen konnten und zur Verzweiflung brachte: Er packte die Gelegenheit seiner unumstrittenen Autorität innerhalb der Partei beim Schopf und hievte erstmals mehrere Quereinsteigerinnen für die Nationalratswahl auf wählbare Listenplätze. Als Nummer zwei und Nummer vier auf der Liste fanden sich Leonore Gewessler, die heutige Bundesministerin für Klimaschutz, Umwelt, Energie, Mobilität, Innovation und Technologie, sowie Alma Zadić, heute Bundesministerin für Verfassung, Reformen, Deregulierung und Justiz. Kogler schaffte damit die Öffnung der Partei. Dass die Grünen den Wahlkampf 2019 fast monothematisch auf Klimaschutz ausgerichtet haben, hat ihnen den Erfolg gebracht, den sie brauchten. Die Wahlkampflinie war daher ganz klar definiert: Ein Spitzenkandidat. Ein Thema. Viel Disziplin. Das ebnete den Grünen schließlich den Weg zurück ins Parlament und Kogler und seinem Team den Weg in die Regierungsämter.

Vom Trümmermann zum Vizekanzler

In den zwei Jahren „außerparlamentarischer Opposition" hat Werner Kogler die grüne Partei Österreichs nach seinen Vorstellungen geformt. Nicht ohne dabei zuvor vom Neusiedler See bis zum Bodensee alle Grünen Stimmen und Stimmungen eingeholt zu haben. Das macht Kogler aus: Er hört sich die Argumente sehr lange an, analysiert das Für und Wider und schlägt dann seine eigene, auf die Bedürfnisse vieler abgestimmte, aber doch mit einer deutlichen Kogler'schen Handschrift versehene Linie ein. Er hat ein unglaubliches Sensorium dafür, was gesellschaftspolitische Strömungen betrifft, und hört genau hin. Das zeichnet Kogler als Politiker und umso mehr als Parteichef aus. Seine Akribie für Details ist bekannt – und gefürchtet – ebenso das Senden von SMS bis weit nach Mitternacht.

Man kann Werner Kogler regelrecht beim Denken zusehen. Dabei dreht er ein kleines Haarbüschel zu einer Locke. Das geübte Gegenüber weiß: Jetzt stellt er gerade wieder einmal in Windeseile vor seinem geistigen Auge Zusammenhänge her, leitet ab, was das für die Partei, für den Klub, für die grünen Länderbeteiligungen oder für einzelne Kolleg/innen bedeuten mag, und zieht daraus seine Schlüsse. Ablenkmanöver oder selbst dezent aufgestellte „Legerl" durchschaut er übrigens sofort. Nicht umsonst ist eines seiner Steckenpferde, Mathematik-Bücher zu lesen und dabei mathematische Probleme zu lösen.

Wer Werner Kogler nicht persönlich kennt, neigt womöglich dazu, ihn zu unterschätzen. Das gefällt ihm freilich am meisten. Ist das Verwirrspiel aufgegangen, taucht ganz unvermutet ein verschmitztes Lächeln auf seinem Gesicht auf, die Kogler'sche Falle ist zugeschnappt. Er ist extrem reflektiert und dabei außerordentlich geistreich. Das spiegelt sich in seinen bekannten „Wuchtln" wider. Seine Wort- und Satzkreationen sind parteiintern wie -extern legendär. Ob er sich diese schon im Vorhinein ausdenkt, oder sie spontan „vom Kasten lässt", bleibt eines seiner bestgehüteten Geheimnisse.

Das Experiment hat begonnen

Die politische Wetter- und Themenlage hat rasch gewechselt. Was zuvor für die Grünen als unmöglich schien, wurde im Jahr 2019 wahr: ein sensationelles EU-Wahlergebnis, das beste Nationalratswahlergebnis mit knapp 14 Prozent der Stimmen, Wiedereinzug ins Parlament und die Regierungsbeteiligung einer Partei, die 2017 in den Abgrund gestürzt war. Werner Kogler und sein Team haben bei der Auferstehung genau Regie geführt und penibel darauf geachtet, dass der Tragödie kein zweiter Teil folgte.

Freilich brachte Kogler dabei die grünen Funktionär/innen und die Partei als Ganzes bis an die Grenzen des Machbaren und verlangte allen vieles ab. Aber sein ungebrochener Wille, die Grünen wieder zurück ins Parlament zu führen, machte den heutigen Erfolg möglich. Aus der „passablen Nummer zwei", dem Trümmermann, ist nun der erfolgreichste Parteichef der Grünen geworden und der erste grüne Vizekanzler der Republik Österreich. Die Verantwortung, die Kogler 2017 übernehmen musste, und sein Glaube in die Grünen-Bewegung konnten Hochleistungen aus ihm herauslocken. Apropos Loyalität: Als er Ulrike Lunacek gefragt hat, ob sie als Staatssekretärin in der türkis-grünen Koalition zur Verfügung stehen würde und damit auf die politische Bühne zurückkehren möchte, lockte er sie folgendermaßen: „Wir haben 2017 gemeinsam die Wahl verloren und nun gemeinsam die Wahl gewonnen. Mach' ma' was G'scheites daraus."

Das Experiment einer türkis-grünen Regierung hat erst begonnen. Wie es ausgehen wird, kann heute niemand vorhersagen. Eines muss den Grünen allerdings bewusst sein: Sie haben nicht nur ihren Wähler/innen, sondern darüber hinaus allen Menschen in Österreich ein Versprechen abgegeben: Sie werden sich nicht nur nachhaltig für Klima- und Umweltschutz einsetzen, sondern auch besonders darauf achten, dass sich das politische Klima in unserem Land wesentlich verbessert. Ein großes Versprechen! Wenn es denn eingelöst wird, ermöglicht es den Grünen, sich erstmals als Regierungspartei in Österreich zu etablieren.

ANDREAS MÖLZER

Das war die Strache-FPÖ

Der gegenständliche Beitrag schildert den Aufstieg und den Fall der Strache-FPÖ, die Wahlerfolge einer Partei, die wesentlich von ihrem Langzeitobmann H. C. Strache geprägt war. Dargestellt werden die Strukturen und Strategien einer Partei, die über eineinhalb Jahrzehnte europaweit als Paradebeispiel einer „rechtspopulistischen Bewegung" galt und die es schließlich im Jahr 2017 schaffte, in eine Mitte-Rechts-Regierungskoalition einzutreten. Thematisiert wird auch die Frage der Regierungsfähigkeit der FPÖ und ob sie sich nach dem Absturz infolge des Ibiza-Videos wieder als seriöse rechtskonservative Bewegung konsolidieren kann.

Es begann quasi als politisches Kasperl-Theater im Dachgeschoß der Wiener Urania, wo Jörg Haider – damals Kärntner Landeshauptmann – am 4. 4. des Jahres 2005 das neue „Bündnis Zukunft Österreich" ausrief und sich damit von der FPÖ abspaltete. Es endete am 17. Mai des Jahres 2019 als politisches Schmierentheater, heimlich mit kriminellen Methoden aufgenommen in einer mediokren Finca auf Ibiza wo sich der langjährige FPÖ-Chef nach 14 Jahren eines fulminanten politischen Aufstiegs um Kopf und Kragen redete: die FPÖ-Ära des Heinz-Christian Strache.

Aufstieg und Scheitern

Nahezu eineinhalb Jahrzehnte war dieser also Bundesparteiobmann der Freiheitlichen Partei Österreichs. Er hat sie nach der Parteispaltung Jörg Haiders durch dessen Gründung des BZÖ am Rande der politischen Bedeutungslosigkeit übernommen. Damals hieß es vonseiten Haiders und seiner „Buberlpartie", die Marke FPÖ sei „verbrannt". Und so ließ der Bärentaler eben diese FPÖ damals mit Millionenschulden und zwei vereinzelten Nationalratsabgeordneten, nämlich Barbara Rosenkranz und Reinhard Bösch, sowie dem Verfasser dieses Beitrags als EU Abgeordneten zurück. Sechs Regierungsmitglieder und 16 Nationalratsabgeordnete übersiedelten ins BZÖ.

Der junge Wiener Parteichef Heinz-Christian Strache vermochte die FPÖ schrittweise zu konsolidieren. Er holte die Landesgruppen zurück ins Boot, und beginnend mit der Wiener Landtagswahl im Herbst 2015 zeigte er, dass die traditionsreiche nationalliberale Partei keineswegs tot war. Schritt für Schritt vollzog er den Aufstieg der Haider-FPÖ aus den 90er-Jahren nach, gewann eine Nationalratswahl nach der anderen, um schließlich bei der Nationalratswahl des Jahres 2017 mit 26 Prozent nahezu das gleiche Ergebnis zu erzielen wie Haider im Jahre 1999. Und Strache als zu Beginn seiner Karriere weithin unterschätzter Epigone Haiders schaffte etwas, was dem Bärentaler nicht vergönnt war: Nämlich als Vizekanzler in eine Bundesregierung einzutreten.

Diese Bundesregierung, geführt vom jugendlichen ÖVP-Chef Sebastian Kurz, hat dann eineinhalb Jahre für das Land durchaus segensreich gewirkt. Dass sie nunmehr gescheitert ist, lag einerseits am Druck der politisch korrekten Linken und der Mainstream-Medien und wohl auch an taktischen Erwägungen der türkisen Kurz-ÖVP unmittelbar nach der Veröffentlichung des Ibiza-Videos. Vor allem aber an der Hybris, der Heinz-Christan Strache und sein Wegbegleiter Johann Gudenus offenbar erlegen sind. Eine Hybris, die allerdings mit geradezu geheimdienstlichen Mitteln an den Tag gebracht wurde, wie sie perfider, kostenaufwendiger und groß angelegter kaum denkbar wären.

Zum dritten Mal sind die Freiheitlichen damit als Teil einer Bundesregierung fulminant gescheitert. Das erste Mal mit Norbert Steger an der Spitze in einer Koalition mit den Sozialisten, das zweite Mal unter Jörg Haider bzw. Susanne Riess-Passer rund um die Ereignisse von Knittelfeld im Jahr 2002, das dritte Mal nunmehr unter Heinz-Christian Strache. Zwar haben freiheitliche Regierungsmitglieder in den 80er-Jahren, ob Norbert Steger als Handelsminister, Harald Ofner als Justizminister, oder solche unter Wolfgang Schüssel wie Susanne Riess-Passer und – jawohl – auch Karl-Heinz Grasser und nunmehr vor allem Innenminister Herbert Kickl und der Infrastrukturminister Norbert Hofer, aber auch der Verteidigungsminister und die Sozialministerin hervorragende Regierungsarbeit geleistet. Keineswegs fachlich schlechter, keineswegs moralisch in irgendeiner Form verwerflich, verglichen mit roten und schwarzen Ministern. Im Gegenteil, sowohl zwischen 1983 und 1986 als auch zwischen 2000 und 2006 wurde für das Land viel geleistet. Und speziell das jüngste Regierungsprojekt in den Jahren 2018/2019 hat die Republik auf eine zukunftsfähige Spur gebracht. Woran liegt es also, dass die FPÖ nunmehr vom politisch-medialen Establishment hämisch als regierungsunfähig bezeichnet wird?

In erster Linie wohl daran, dass die FPÖ als eine nationalliberale Partei und als Vertreterin des alten Dritten Lagers nach wie vor als der Bereich der Schmuddelkinder der Zweiten Republik betrachtet wird. Und es liegt auch daran, dass sie mit Mitteln und einer Intensität bekämpft wird wie keine andere politische Kraft. Es liegt überdies daran, dass sie kein einziges großes Medium hat, das ihr grundsätzlich sympathisierend gegenübersteht. Und es mag auch daran liegen, dass eine über-Jahrzehnte ausgegrenzte und stigmatisierte politische Bewegung einen breiteren Narrensaum hat als andere politische Kräfte.

All diese gegen die FPÖ gerichteten Mechanismen und Strategien hat Heinz-Christian Strache über nahezu eineinhalb Jahrzehnte unterlaufen und einigermaßen beherrscht. Nachdem die Partei unter dem politischen „Messias" Jörg Haider gescheitert war, hat er, der als „guter Kamerad" des Bärentalers Nachfolge angetreten hatte, die bereits totgesagte Bewegung bis in die Bundesregierung geführt. Und es gelang ihm dabei, über lange Zeiten in den Umfragen stärkste Kraft des Landes zu sein. Es gelang ihm, mit dem Bundespräsidentschaftskandidaten Norbert Hofer nahezu die Hälfte der Österreicher für eine Stimmabgabe im FPÖ-Sinne zu bewegen – und er war schließlich ein präsentabler Vizekanzler und ein ausgleichender Parteiobmann.

Sein Scheitern ist dennoch evident und die Schuld an diesem Scheitern liegt an der eigenen Hybris, das ist ebenso evident.

Stationen einer politischen Erfolgs-Story

Wer war nun dieser Heinz-Christian Strache, der als Mittdreißiger, als junger Mann also, die am Boden liegende FPÖ übernahm, um schließlich 14 Jahre später, als knapp 50-Jähriger politisch skandalös zu scheitern? Er wurde am 12. Juni 1969 in Wien geboren, von seiner alleinerziehenden Mutter aufgezogen, um dann eine Lehre als Zahntechniker zu absolvieren. Als Schüler wurde er Mitglied der Wiener pennalen Burschenschaft Vandalia und gelangte damit in den Wirkungsbereich des national-freiheitlichen Lagers. Eine mehrjährige Beziehung mit der Tochter des vormaligen NPD-Chefs Norbert Burger brachte ihn in Berührung mit den radikalen Rändern dieses Lagers. Seine mutmaßliche Teilnahme an den Wehrsportübungen der späten 1980er-Jahre wurde ihm später von seinen politischen Gegnern und von den kritischen Medien immer wieder vorgehalten. Mit 21 Jahren wurde er – nunmehr FPÖ-Mitglied – der jüngste Bezirksrat Wiens, um 1996 in den Wiener Landtag einzuziehen. 2004 wurde er Landesparteiobmann der Wiener FPÖ und entwickelte sich sehr rasch zu einem Widerpart des damaligen starken Mannes der Freiheitlichen, Jörg Haider. Nach der Abspaltung des BZÖ im April 2005 übernahm er dann nach einem kurzen Intermezzo unter Hilmar Kabas die Führung der Bundes-FPÖ. Diese war damals in den Umfragen auf zwei bis drei Prozent der Wählerzustimmung gesunken und verfügte, wie bereits angemerkt, nur mehr über zwei Abgeordnete im Nationalrat sowie einen EU Abgeordneten. Alle übrigen vormals freiheitlichen Mandatare waren mit Jörg Haider zum BZÖ gewechselt.

Der Wiederaufstieg nach der orangen Abspaltung im April 2005 konzentrierte sich auf Wien, weil hier im Oktober 2005 eine neuer Gemeinderat und Landtag gewählt wurde. Der Wiener Wahlkampf 2005 zeigte auch die ersten Konturen der Schwerpunkte der Obmannschaft Straches auf, nämlich die Erhaltung der eigenen Identität und der Schutz vor Überfremdung, insbesondere vor Islamisierung. „Wien darf nicht Istanbul werden“ oder „Deutsch statt nix versteh'n“ lauteten die Sprüche auf den Plakaten, die für die Medien als „Beweis“ galten, dass sich die FPÖ zu einer „fremdenfeindlichen“ oder gar zu einer „rechtsextremen“ Partei entwickle.

Die ersten Monate unter der Obmannschaft Straches sollten sich als durchwachsen erweisen. Bei der steirischen Landtagswahl am 2. Oktober 2005 verfehlten die Freiheitlichen zwar den Einzug in den Landtag, aber drei Wochen später, am 23. Oktober 2005, kam die FPÖ mit ihrem Spitzenkandidaten Strache in Wien auf nahezu 15 Prozent. Das war zwar ein Minus von gut fünf Prozent, aber ein deutlich geringerer Verlust, als es die Meinungsumfragen vorhergesagt hatten. Zudem verfehlte das BZÖ mit nur 1,2 Prozent der Stimmen den Einzug in den Wiener Landtag ganz klar. Damit war eine wichtige Weichenstellung erfolgt.

Bei der Nationalratswahl am 1. Oktober 2006 erreichte die FPÖ unter der Führung Straches einen Stimmenanteil von 11 Prozent (21 Mandate), während das BZÖ mit einem Stimmenanteil von 4,1 Prozent gerade noch den Einzug in den Nationalrat schaffte. Stimmenstärkste Partei wurde die SPÖ (35,3 Prozent) knapp vor der ÖVP (34,3 Prozent), und es folgte eine Neuauflage der großen Koalition unter Alfred Gusenbauer. Die Freiheitlichen nutzten die Zusammenarbeit von Rot und Schwarz, um sich als staatstragende Oppositionspartei zu etablieren. Das gelang insbesondere durch die Arbeit in den beiden Untersuchungsausschüssen – „Eurofighter“ und „Banken“ –, die von SPÖ und ÖVP als gegenseitiges Pfand gedacht waren. Den Vorsitz im Banken-Untersuchungsausschuss führte der spätere Dritte Nationalratspräsident Martin Graf und im Eurofighter-Untersuchungsausschuss war Manfred Haimbuchner, der spätere stellvertretende Landeshauptmann von Oberösterreich, führend tätig.

Einen weiteren Schwerpunkt der blauen Opposition bildete damals der Kampf gegen Zentralisierungstendenzen in der Europäischen Union, insbesondere gegen den Vertrag von Lissabon. Dabei hielt die FPÖ – unter Federführung des damaligen freiheitlichen EU-Abgeordneten Andreas Mölzer – nach Partnern Ausschau und fand diese unter anderem in der Lega Nord, im Vlaams Belang und im Front National. Als sich der Wiederaufstieg der FPÖ immer deutlicher abzeichnete, nahmen auch Angriffe auf Strache zu. Einmal ging es um Fotos, die den jungen Strache bei sogenannten Wehrsportübungen zeigen sollen, ein anderes Mal um den sogenannten „Kühnen-Gruß", benannt nach einem deutschen Neonazi.

Immer wieder wurde Strache – nicht nur von den Medien – mit Jörg Haider verglichen. Tatsächlich gibt es zwischen den beiden Parallelen, etwa, dass sie sich nicht immer mit den optimalen Leuten umgeben haben. Was für den früheren Kärntner Landeshauptmann die berühmt-berüchtigte „Buberl-Partie" war, war für Strache, wenn man es so ausdrücken will, die Party-Partie. Regelmäßige Besuche des FPÖ-Obmanns in Begleitung anderer freiheitlicher Funktionäre in einer bekannten Diskothek an der Wiener Ringstraße sorgten immer wieder für Gerüchte. Ebenso seine regelmäßigen Aufenthalte auf der Party-Insel Ibiza. Und ein solcher sollte ihm schließlich zum Verhängnis werden.

Die neuerliche Koalition von SPÖ und ÖVP stand von Anfang an unter keinem guten Stern. Streit und Uneinigkeit prägten das Bild nach außen, und am 7. Juli 2007 trat ÖVP-Vizekanzler Wilhelm Molterer vor die Fernsehkameras und verkündete mit den Worten: „Es reicht" das Ende der Zusammenarbeit mit der SPÖ, weil diese „orientierungs- und führungslos" geworden sei.

Die staatstragende Oppositionspartei

Aus der vorgezogenen Nationalratswahl am 28. September 2008 ging die SPÖ trotz Verlusten mit 29,3 Prozent als stärkste Partei hervor, gefolgt von der Volkspartei (26 Prozent).

Die Freiheitlichen hingegen konnten ordentlich zulegen auf 17,5 Prozent, ebenso das BZÖ mit 10,7 Prozent dank des großen persönlichen Engagements Jörg Haiders, der knapp zwei Wochen später bei einem Verkehrsunfall ums Leben kommen sollte. Die beiden Wahlverlierer setzten ihre Koalition des Stillstands fort und die Freiheitlichen positionierten sich erneut als führende Oppositionskraft.

Die erste von Werner Faymann (SPÖ) geführte Bundesregierung stand im Zeichen der Wirtschafts- und Finanz- und Eurokrise. Hier wies die Strache-FPÖ darauf hin, dass die Währungsunion eine Fehlkonstruktion sei und für die Nettozahler erhebliche Risiken in sich berge. In der parlamentarischen Arbeit gab es in dieser Gesetzgebungsperiode zwei Untersuchungsausschüsse, einmal den sogenannten „Spitzeluntersuchungsausschuss" zur Aufklärung von Abhör- und Beeinflussungsaktionen im Bereich des Parlaments sowie einen Untersuchungsausschuss zur Aufklärung von Korruptionsvorwürfen rund um BUWOG und Telekom.

In der rot-schwarz Koalition setzte sich der Stillstand fort, die Volkspartei sorgte vor allem durch Obmannwechsel für Aufmerksamkeit. Im April 2011 zog sich Josef Pröll – offiziell aus „gesundheitlichen Gründen" – als ÖVP-Chef und Finanzminister zurück. Sein Nachfolger Michael Spindelegger schied im August 2014 aus seinen Ämtern. Der sich hinziehende Dauerstreit in der rot-schwarzen Koalition fand in der Nationalratswahl am 29. September 2013 seinen Niederschlag: Mit 26,9 Prozent der Wählerstimmen für die SPÖ und 24 Prozent für die ÖVP konnten die beiden Regierungsparteien zusammen nur knapp die 50-Prozent-Marke überspringen. Die Freiheitlichen konnten auf 20,5 Prozent zulegen, während das BZÖ mit 3,5 Prozent den Einzug in den Nationalrat nicht mehr schaffte und in der Bedeutungslosigkeit versank.

Mit dem Jahr 2015 zog dann ein Jahr ins Land, welches die politische Stimmung grundsätzlich verändern sollte. Die von der rot-schwarzen Bundesregierung zu verantwortende unkontrollierte Massenzuwanderung sowie die mit ihr verbundenen Integrationsprobleme und die steigende Kriminalität führten bei vielen Österreichern zu einem Umdenken. Freiheitliche Positionen wurden für viele wählbar, was auch in der Bundespräsidentenwahl des Jahres 2016 deutlich zum Ausdruck kam. Die FPÖ schickte den Dritten Nationalratspräsidenten Norbert Hofer ins Rennen, der die erste Wahlrunde für sich entscheiden konnte und erst in der Stichwahl Alexander Van der Bellen mit einem Rückstand von 31.026 Stimmen nur knapp unterlag. Bei der Wiederholung der Stichwahl am 4. Dezember musste sich Norbert

Hofer mit 46,21 Prozent dem nunmehrigen Bundespräsidenten Alexander Van der Bellen geschlagen geben. Dennoch zeigte die Bundespräsidentenwahl, dass die FPÖ zu einer neuen Volkspartei geworden und für (fast) die Hälfte der Österreicher wählbar war.

Neben der quälend langen Bundespräsidentenwahl stand das innenpolitische Jahr 2016 im Zeichen des Wechsels an der Spitze der SPÖ. Christian Kern folgte Werner Faymann als Parteivorsitzender und Bundeskanzler nach. Im Jahr darauf musste auf der ÖVP-Seite Reinhold Mitterlehner Sebastian Kurz Platz machen, der die Parteifarbe auf Türkis änderte und im Bereich Asyl- und Migrationspolitik vielfach freiheitliche Forderungen kopierte. Kurz' Kalkül ging auf, die ÖVP wurde bei der Nationalratswahl am 15. Oktober 207 mit 31,47 Prozent klar stärkste politische Kraft. Auf Platz 2 folgte die SPÖ mit 26,86 Prozent und knapp dahinter lag die FPÖ mit 25,97 Prozent. Einmal mehr konnten die Freiheitlichen deutlich dazugewinnen, dies nicht zuletzt durch die Wahlkampfleitung des blauen „Mastermind", des damaligen Generalsekretärs und späteren Innenministers Herbert Kickl.

Nach zügigen Koalitionsverhandlungen zwischen ÖVP und FPÖ wurde am 18. Dezember 2017 die Bundesregierung Kurz von Bundespräsident Alexander Van der Bellen angelobt. Von Anfang an ließen linke Medien keine Gelegenheit aus, um die Freiheitlichen zu attackieren. Vor allem in den ersten Wochen und Monaten wurde behauptet, „die Burschenschafter" hätten die Republik unterwandert. Tatsächlich spielten die Mitglieder der nationalfreiheitlichen Korporationen unter der Obmannschaft Straches eine bedeutende Rolle in der FPÖ. So waren es die Mitglieder der nationalfreiheitlichen Korporationen als integraler Bestandteil des Dritten Lagers, die nach der orangen Abspaltung einen wichtigen Beitrag zum Überleben der FPÖ beisteuerten und damit noch stärker als zuvor ins Fadenkreuz der Medien gerieten.

Strukturen und Strategien

Insgesamt kann man feststellen, dass Heinz-Christan Straches Aufstieg und die Erfolge der von ihm geführten freiheitlichen Partei nicht zuletzt durch die Mithilfe und die Loyalität dieser studentisch-akademischen Korporationen ermöglicht wurde. Strache hatte von Anfang an das Vertrauen der deutschnationalen Partei-Eliten, vermochte aber auch Exponenten des vormaligen liberalen Flügels (der in der Haider-FPÖ keine große Rolle mehr spielte) wie Norbert Steger wieder in die Partei zu integrieren. Trotz des schweren Starts, den Strache bei der Übernahme seiner Parteiobmannschaft im Jahre 2005 hatte – mühsam musste er erst die Landesgruppen Vorarlberg, Oberösterreich und Steiermark in die Partei zurückholen –, gelang es ihm sehr schnell, die FPÖ zu konsolidieren. Wohl auch deshalb, da er nicht wie Jorg Haider auf Quereinsteiger für die Besetzung von Kandidatenlisten und politischen Mandaten setzte, sondern auf Persönlichkeiten aus dem traditionellen nationalfreiheitlichen Lager. Diesbezüglich wurde die FPÖ „eindimensionaler", als sie es in der Haider-Ära war, sie wurde aber auch stabiler und berechenbarer.

In inhaltlicher Hinsicht war es der langjährige Generalsekretär Herbert Kickl, der die Strache-FPÖ prägte. Neben der konsequenten EU-Kritik, die sich allerdings niemals bis zur Forderung nach einem „Öxit" verstieg, wurde es zunehmend Zuwanderungs- und Migrationskritik sowie das Feindbild des politischen Islams, der die inhaltliche Stoßrichtung der FPÖ dominierte. Weitere wesentliche Akzente wurden im Bereich der Sicherheitspolitik, aber auch der Familienpolitik gesetzt. Kickl entwickelte dabei so etwas wie einen eigenen rhetorischen Stil, wobei es im Laufe der-Jahre zwischen 2005 und 2019 gelang, eine Art Parallel-Medienwelt aufzubauen. Vor allem die sozialen Medien, insbesondere Straches Facebook-Account, aber auch ein eigener FPÖ-Fernsehkanal sowie mehrere neue FPÖ-nahe Printmedien waren Bausteine dieses medialen Paralleluniversums.

In finanzieller Hinsicht gelang es Strache mithilfe der oberösterreichischen Landesgruppe und des damaligen starken Mannes der Raiffeisengruppe im Land ob der Enns, Scharinger, die Parteifinanzen schrittweise zu sanieren. Maßgeblich dafür war allerdings die durch die Serie von Wahlerfolgen gegebene höhere Parteienfinanzierung. Solcherart konnten die von Jörg Haider hinterlassenen Millionenschulden im Laufe der Ära Straches weitgehend abgebaut werden.

Obwohl Strache in den Jahren zwischen 2005 und 2019 stets unangefochten an der Parteispitze stand, gab es innerparteiliche Konflikte und auch Abspaltungen. Den Anfang bildete die Auseinandersetzung mit Ewald

Stadler, der versucht hatte, Strache mit den Fotos seiner mutmaßlichen Wehrsporttätigkeiten unter Druck zu setzen. Er ging aus der FPÖ ab, um dann eine erfolglose Wanderung quer durch die rechte Parteienlandschaft anzutreten. Ihm folgte ein Konflikt mit dem Salzburger Landesparteiobmann Karl Schnell, der eine ebenso erfolgslose Salzburger Splittergruppe gründete. Und auch die Niederösterreicherin Barbara Rosenkranz, die anfangs zu den Stützen der Strache-FPÖ gehört hatte, verließ letztlich im Streit die Partei.

Diese wurde dennoch auf internationaler Ebene zu einem Vorbild für andere „rechtspopulistische Parteien" bzw. für solche, die sich selbst als „rechtsdemokratische Freiheitsparteien" definierten. Eine EU-kritische, wenn nicht gar EU-ablehnende Haltung, Migrationskritik und plebiszitäre Rückkoppelung an das Wahlvolk bildeten die gemeinsamen Kriterien für eine sich unter starker Mitwirkung der FPÖ formierende europäische Parteienfamilie. Diese vermochte schließlich mit dem Regierungsantritt der Mitte-Rechts-Regierung mit Innenminister Salvini in Italien, mit dem Antritt der Mitte-Rechts-Regierung in Österreich und mit Wahlerfolgen in anderen europäischen Ländern so etwas wie ein neuer starker Faktor quer durch die EU zu werden.

Bemerkenswert an der FPÖ-Ära Strache ist die Parallelität zur Haider-Ära: Der Aufstieg der Haider-FPÖ von 1986 bis zum Jahr 2000 ähnelt in quantitativer Hinsicht, was die Wahlergebnisse betrifft, absolut jenem in der Ära Strache zwischen 2005 und 2019. Die beiden FPÖ-Epochen unterscheiden sich allerdings maßgeblich darin, dass Haider in erster Linie Kritik am „Rot-schwarzen Machtkartell" übte, während Strache Kritik an der Zuwanderungs- und Integrationspolitik zum Erfolgsrezept machte. Haider setzte auf Quereinsteiger, Strache auf eine stabilere Personalpolitik, die weitgehend Korporierte bevorzugte. Unter Haider gab es allein zwischen 1986 und 2005 14 Generalsekretäre in der FPÖ, während es unter Strache nur 5 gab. Und obwohl es Haider selbst niemals schaffte Mitglied einer Bundesregierung zu werden, was Strache sehr wohl vergönnt war, konnte die Haider-FPÖ bzw. das dieser nachfolgende BZÖ immerhin sechs Jahre in der Regierung werken, während Strache dies nur für eineinhalb Jahre vergönnt war. Strache allerdings konnte noch als Oppositionsführer bei den Bundespräsidentschaftswahlen ein Wahlergebnis verbuchen, wie es in dieser

Dimension – nahezu die Hälfte der österreichischen Wähler sprach sich für den FPÖ-Kandidaten aus – Haider niemals vergönnt war.

Vor der Regierungsbildung des Jahres 2017, die den Höhepunkt der politischen Karriere des Heinz-Christian Strache ausmachen sollte, kam es zu einer weitgehenden thematischen Übereinstimmung der beiden potenziellen Koalitionspartner: Die ÖVP übernahm zahlreiche migrationskritische Positionen der Freiheitlichen, die FPÖ ihrerseits übernahm wirtschaftsfreundliche Positionen der Volkspartei. In der darauffolgenden, über eineinhalb Jahre amtierenden Mitte-Rechts-Regierung konnte die FPÖ auch ganz reale politische Erfolge verbuchen: Die von ihr über lange Jahre verlangte Sozialversicherungsreform wurde Realität – und wird es wohl auch unter Türkis-Grün bleiben; eine großzügige Familienpolitik mit starken „nativistischen Einflüssen" wurde realisiert, die Politikwissenschaft spricht von „wohlfahrtschauvinistischen Elementen", die dabei umgesetzt wurden. Und im Bereich der Sicherheitspolitik konnte die FPÖ mehr Personal für die Exekutive durchsetzen; sie vermochte sich die Zuständigkeit für Migrations- und Sicherheitspolitik zu sichern, und es gelang ihr, die Verstaatlichung der Flüchtlingsbetreuung durchzusetzen (was offenbar auch unter Türkis-Grün fortgesetzt werden soll). Diese klare politische Handschrift der FPÖ könnte nunmehr in der neuen, zu Beginn des Jahres 2020 gebildeten türkis-grünen Bundesregierung weiterbestehen, insofern als Sebastian Kurz den vormaligen Mitte-Rechts-Kurs, der nicht zuletzt auf langjährigen freiheitlichen Forderungen aus der Ära Strache beruht, offenbar zu erhalten gewillt ist.

Ob dies das einzige politische Erbe der freiheitlichen Ära unter Heinz-Christan Strache sein wird, bleibt abzuwarten. Die gegenwärtige, in einer massiven Krise befindliche Partei, die offenbar gerade erst so etwas wie einen neuen Selbstfindungsprozess durchmachen muss, lässt es völlig offen, ob ein neuerlicher, zum dritten Mal zu verbuchender politischer Aufstieg der Freiheitlichen Partei bevorsteht. Jene politischen und gesellschaftlichen Probleme, die diesen Aufstieg in der Ära Haider und danach in der Ära Strache bedingten, sind nach wie vor vorhanden: die Gefährdung der nationalkulturellen Identität Österreichs durch Massenzuwanderung, durch überbordenden EU-Zentralismus und durch sozioökonomische Globalisierung. Sollte der „hegemoniale" Anspruch grüner Politik mit dem messianischen Ziel, die Welt zu retten, den politischen Pragmatismus der türkisen Kurz-ÖVP – zumindest medial – marginalisieren, dann bestünden naturgemäß wieder Chancen für eine authentische rechtskonservative Partei. Ob die FPÖ nach Jörg Haider und Heinz-Christan Strache ein drittes Mal in der Lage sein wird, diese Chance für einen politischen Aufstieg zu nutzen, ist allerdings ungewiss.

CLAUS REITAN

Peter Pilz

Ein Mann der ersten Stunde, der das Licht abdrehen musste

Dieser Mann hat über Jahre hinweg enorme politische Kontroversen ausgelöst, ist mit sich jedoch im Reinen: Peter Pilz, geboren 1954 in Kapfenberg, blickt nach 33 Jahren auf eine prozess- und kurvenreiche Laufbahn als Oppositionspolitiker zurück. Seine Bilanz: „Da ist einiges ganz gut gelungen." Er meint damit, dass die parlamentarische Kontrolle heute – anders als vor drei Jahrzehnten – funktioniert, dass die Einsetzung von Untersuchungsausschüssen das Recht einer Minderheit im Nationalrat ist und dass so etwas „wie eine Rücktritts- und Verantwortungskultur" durchgesetzt wurde. Das ist nur mit seiner Partei, den Grünen, und diesen nur dank einer Kooperation mit einzelnen Abgeordneten anderer Fraktionen gelungen.

Begonnen hat alles 1986 mit einem überraschenden Wahlergebnis und Peter Pilz als, wie er sagt, „Fremdkörper" im österreichischen Nationalrat. 20 Jahre später, 2006, hatte Pilz mit Unterstellungen und Vorwürfen sowie mit einer zahlreiche Vorgänge als Skandal darstellenden Vorsitzführung im Eurofighter-Untersuchungsausschuss zu einer enorm aggressiven Aufladung der innenpolitischen Atmosphäre gesorgt. Das sollte den Wendepunkt in seiner politischen Laufbahn markieren. Mehr als zehn Jahre noch, bis 2017, werkte Peter Pilz als Aufdecker und Enthüller, geriet jedoch an Grenzen, sowohl hinsichtlich überzeugender Beweise für viele seiner Vermutungen als auch hinsichtlich der Akzeptanz seiner teils aggressiv-polemischen Vorgangsweise, sowohl in der Öffentlichkeit als auch intern in seiner Partei, den Grünen. 2019 musste der linkspopulistische Politiker und promovierte Volkswirt nach einem selbst verursachten Parteigründungs- und Wahldebakel die politische Bühne räumen.

Grüne und Alternative gehen zusammen

Die Grünen als Partei und mit ihnen Peter Pilz haben zwar ihren weltanschaulichen Nährboden in einigen historischen Entwicklungen der 68er- und der 1970er-Jahre des vorigen Jahrhunderts, sind aber keinesfalls direkt aus der Bewegung gegen das Kernkraftwerk Zwentendorf (Volksabstimmung 1978) oder das Donaukraftwerk Hainburg (Planungsstopp 1984) hervorgegangen. Die Grünen entstanden vielmehr 1986 aus den vier Jahre zuvor gegründeten bürgerlich-konservativen Vereinten Grünen Österreichs (VGÖ) und der damals zeitgleich entstandenen progressiv-linken Alternativen Liste Österreichs (ALÖ). Als diese beiden Gruppen 1983 getrennt zur Nationalratswahl antraten, erreichten sie einen addierten Stimmenanteil von 3,3 %, drei Jahre später jedoch erreichten sie mit der gemeinsam gebildeten Liste unter Führung von Freda Meissner-Blau 4,8 % und damit erstmals als Grüne den Einzug in den Nationalrat, konkret mit acht Abgeordneten. Peter Pilz, der von der Gruppe Revolutionärer Marxisten (GRM) zur jungen und völlig unstrukturierten Bewegung gekommen war, begann sein Werk.

Kontinuierlicher Aufstieg bis 2017

Von der Nationalratswahl 1986 bis zur Nationalratswahl 2013 – das Antreten der Grünen war stets von einem Erfolg geprägt. Ihr Stimmenanteil stieg kontinuierlich an, von den genannten anfänglich 4,8 % auf 12,4 % im Jahr 2013. Und die Erfolgsgeschichte der Grünen hielt an. Bei der Wahl der Abgeordneten zum Europäischen Parlament am 25. Mai 2014 erreichten sie einen Stimmenanteil von 14,5 %. Weiters hatte ihr Kandidat für das Amt des Bundespräsidenten, Alexander Van der Bellen, die Präsidentschaftswahl am 4. Dezember 2016 in der Stichwahl mit 53,8 % deutlich für sich entschieden. Doch die Grünen hatten ihre politischen Kräfte offenbar überfordert, 2017 kam es – nach zahlreichen vorangegangenen, tiefgehenden personellen und programmatischen Auseinandersetzungen – zu offen ausgetragenen, folgenschweren Personal- und Richtungskämpfen.

Rauswurf und Rücktritt

Im April 2017 wurden die Jungen Grünen von der Mutterpartei vor die Tür gesetzt, im Mai 2017 trat die Vorsitzende Eva Glawischnig aus gesundheitlichen Gründen von ihrer Funktion zurück. Die Grünen installierten mit Ingrid Felipe (LhStv. in Tirol) und der Europa-Politikerin Ulrike Lunacek eine Doppelspitze. Bei der Erstellung der Liste für die Nationalratswahl 2017 beim grünen Bundeskongress im Juni konnte sich Pilz nicht durchsetzen: Die Delegierten weigerten sich, Pilz auf Listenplatz Nr. 4 zu setzen. Dem Eklat waren zahlreiche Auseinandersetzungen, insbesondere Kontroversen um die politische Ausrichtung der Grünen mit Eva Glawischnig vorangegangen. Pilz hatte stets eine restriktivere Migrationspolitik und eine akzentuiert linkspopulistische Politik gefordert. Seine Verdienste als Aufdecker im Kampf gegen Korruption wurden zwar anerkannt, doch sein Auftreten hatte nicht nur in der Öffentlichkeit und bei den anderen Parteien, sondern auch intern einiges an Kritik ausgelöst, wie etwa Ida Metzger am 19. Juli 2017 im Kurier berichtete: „Kritisiert wurde er für seinen Hang zur Selbstinszenierung, seinen Verschwörerton und die Tendenz, als Kläger und Richter gleichzeitig aufzutreten." Diese Kritik an Peter Pilz war eigentlich eine Wiederholung einer bereits zehn Jahre zuvor geäußerten Beobachtung.

Pilz – der große Übertreiber

Peter Pilz hat ab seinem ersten Einzug in das Parlament 1986 stets mit Verve und Vehemenz die Öffentlichkeit gesucht – und tatsächlich auch gefunden. Das war zu einem guten Teil seinem Auftreten als Kontrollor, als Bekämpfer der Korruption und als Aufdecker geschuldet. Immerhin deckt sich ein derartiges Selbstverständnis weitgehend mit jenem von Journalisten und Medien, die sich – in Übereinstimmung mit den Grund- und Freiheitsrechten sowie den Erfordernissen der Demokratie – ebenso eine Kritik- und Kontrollfunktion zuschreiben. Doch gerade Journalisten gingen daher auch der Frage nach, worum es sich denn bei Peter Pilz nun in Tat und Wahrheit handelt. Diese Frage beantwortete der renommierte Politik-Redakteur der Tageszeitung „Die Presse", Oliver Pink, in einem Pilz-Porträt anlässlich der Einsetzung des Eurofighter-Untersuchungsausschusses unter dem Titel „Pilz: Der große Übertreiber" in der Ausgabe vom 1. Dezember 2006. Nach dem Untertitel „Aufdecker und Skandalisierer – die zwei Seiten des Peter Pilz" schrieb Pink: „Nun hat er wieder, was er braucht: eine große Bühne. Peter Pilz, Vorsitzender des Eurofighter-U-Ausschusses, liebt die verschwörerische Geste. Er kleckert nicht, er klotzt. Und trägt gerne etwas dicker auf. Denn irgendetwas wird schon hängen bleiben. Oft sogar mit Recht. Aber eben nicht immer. Denn Pilz' Skandalisierungs-Maschinerie ist durchaus fehleranfällig."

Als korrekter Chronist listet Oliver Pink die Pilz'schen Ansagen auf und unterzieht sie einer Überprüfung. So habe Pilz von Geldern für die Homepage des damaligen Finanzministers Karl-Heinz Grasser gesprochen, doch das von Pilz genannte Konto bestand nicht. Pilz hatte Grasser im April 2004 in das Zentrum „einer Schiebung" zugunsten der Eurofighter gestellt, konnte dafür im Prozess aber keine Belege erbringen, ebenso wenig wie für behauptete Geldflüsse an eine der Regierungsparteien.

Zu Recht merkt Pink in seinem 2006 publizierten Pilz-Porträt an, dass sich der Politiker der Grünen ab 1988 in den parlamentarischen Untersuchungsausschüssen um das vorsätzlich versenkte Frachtschiff Lucona und um den gesetzeswidrigen Export von Waffen des österreichischen Unternehmens Noricum einen Namen gemacht hatte. Allerdings waren mehrere Journalisten und Redaktionen an den intensiven und langjährigen Recherchen in diesen Causen beteiligt.

Weitestgehend eigenständig hingegen recherchierte Pilz nach seinem 1991 erfolgten Wechsel in den Wiener Landtag den von ihm 1998 erhobenen Vorwurf, in Wien bestehe „ein geheimes und illegales Baukartell". Ein Bauunternehmen klagte Pilz auf hundert Millionen Schilling, doch das Verfahren wird nach fünf Jahren einvernehmlich eingestellt, berichtet Oliver Pink im zitierten Artikel vom 1. Dezember 2006. Bereits vier Tage zuvor hatte Pilz einem Bericht der Kronen-Zeitung zufolge seine Aussagen gegen die Unternehmens-Vorstände widerrufen und 20.000 Schilling Gerichtskosten bezahlt. Dabei hatte Pilz bereits im Jahr 1998 sogar interne Kritik ausgelöst, denn er zeige doch nur Bauabsprachen auf, meinte etwa sein Konkurrent um einen sicheren Listenplatz, der Innsbrucker Arzt Kurt Grünewald. Von Pilz, so Grünewald, bliebe politisch wenig übrig, während hingegen er, Grünewald, versuche, den Menschen ein Stück Hoffnung und Mut anzubieten.

Doch Pilz fuhr einen anderen Kurs, profilierte sich als Alternative zum etablierten politischen System und wollte so in linkspopulistischer Art dem erstarkenden Rechtspopulisten Jörg Haider Wähler abjagen. Im Juni 1998 erklärte Pilz im Magazin „News" zur angekündigten Kandidatur bei der Nationalratswahl 1999, er werde für die „Schärfung des politischen Profils" des künftigen grünen Klubs zuständig sein, und wörtlich: „Ich will den Haider-Wählern ein Angebot machen. Ich möchte jene Wähler, die dieses System, diese ganze Mischung aus Proporz, Postenschieberei und Machtmissbrauch endgültig satt haben, die aber auch keine Lust mehr haben, die Rosenstingls (gemeint: Peter Rosenstingl, FPÖ-Mandatar, und Herbert Rosenstingl, Händler; Anm.) an die Futterkrippe zu wählen, gewinnen."

Seine scharfen Ansagen haben sich zumindest für Peter Pilz im Einzelnen gelohnt. Bei der Nationalratswahl 1999 erhielt er in Wien mehr als 10.100 Vorzugsstimmen, womit ihm der Einzug in den Nationalrat nicht mehr zu nehmen war.

Eurofighter-Untersuchungsausschuss: Attacken im Tiefflug

Der Untersuchungsausschuss über die Anschaffung der Eurofighter für das Bundesheer geriet nicht nur für Peter Pilz zu der von Oliver Pink genannten Bühne, sondern samt und sonders zu einem Austragungsort heftigster politischer Attacken, begleitet von enormen Verwirrungen über Sach- und Rechtsfragen. Seit dem Jahr 1987 hat sich im Nationalrat die damals rechtlich etwas ungeregelte Form der Untersuchungsausschüsse entwickelt. Diese boten namentlich der Opposition ein breites und weites Feld an Vermutungen und Verdächtigungen. Teils wurde nach zivilrechtlichen, teils nach strafrechtlichen Verfahrensmustern vorgegangen. Andererseits wurden Personen wie Beschuldigte behandelt, allerdings ohne rechtlichen Beistand oder Kenntnis der Aktenlage zu erhalten. Zugleich bestanden Unklarheiten, welche Akten und welche Beamte den Parlamentariern in welcher Form zur Verfügung zu stellen waren. Der Vorsitzende im Eurofighter-Untersuchungsausschuss, Peter Pilz, konnte ungehindert agieren. Das hat er nach Einschätzung seiner Parlamentskollegen weidlich genutzt.

So hatte Pilz im Dezember 2006 etwa Bundesminister Karl-Heinz Grasser vorgeworfen, Beamte zu koordinierten Aussagen zu veranlassen. ÖVP-Generalsekretär Reinhard Lopatka verglich daraufhin Pilz mit einem „Inquisitär", BZÖ-Chef Peter Westenthaler bezeichnete ihn als „Spaltpilz" und die Kleine Zeitung berichtete am 1. Dezember 2006 unter dem Titel „Attacken im Tiefflug": „Nach dem Zwist im Untersuchungsausschuss zu den Banken wird auch jener zur Eurofighter-Beschaffung ein politisches Minenfeld. In einer Nachtsitzung kam es zu Schreiduellen, am Donnerstag gingen alle Seiten wie im Tiefflug aufeinander los." Immerhin waren an den Ausschuss-Vorsitzenden gerichtete Aktenteile im Magazin „News" veröffentlicht worden, noch ehe sich die Parlamentarier und Zeugen damit befassen konnten. Entgegen den Vereinbarungen hatte Pilz über diese Akteneingänge nicht Buch geführt, bemängelte ÖVP-Abg. Maria Fekter, sondern vielmehr Abläufe und Zeugenladungen verändert. Sie bemängelte an Pilz' Vorsitzführung die mangelnde Objektivität und, ebenso wie die BZÖ-Vertreter, die mediale Inszenierung. Zur Kritik, er sei in Sachen Eurofighter nicht unvoreingenommen, meinte Pilz in der Tageszeitung „Der Standard" am 4. Dezember 2006, dass ein U-Ausschuss etwas anderes sei als ein Gericht. Jedes Ausschussmitglied habe seine politische Meinung zum Eurofighter. Aber es sei „natürlich nicht einfach, einen dermaßen brisanten Ausschuss ohne politische Einflussnahme von außen zu führen".

Die teils grotesken Verwerfungen und Polemiken von und rund um Peter Pilz führten zu einigen Klarstellungen und vorhergehenden Analysen, indem etwa Helmut Epp, Jurist und langjähriger stellvertretender ÖVP-Klubdirektor im Jahrbuch für Politik 2007 u. a. schrieb: „Gerade der Lucona- und der Noricum-Untersuchungsausschuss waren durch eine besonders objektive Vorsitzführung gekennzeichnet. Diese Feststellung kann man wohl für den Eurofighter-Untersuchungsausschuss nicht treffen. Auffallend war vor allem das besondere Nahverhältnis des Vorsitzenden zu Medien, die Interpretationen von Beweisergebnissen in direkten Kontakten serviert bekamen. Dabei nutzte der Vorsitzende oft Zeiten, zu denen der Untersuchungsausschuss tagte, um Richtigstellungen durch andere Abgeordnete zu verhindern. Zusammenfassende Wertungen des Vorsitzenden am Ende von Befragungen dienten ebenfalls nicht der Objektivität."

Pilz spaltet Grüne

Als Pilz im Juli 2017 zur Kenntnis nehmen musste, von den von ihm mitbegründeten Grünen nach gut zwanzig Jahren politischen Engagements vor die Türe gesetzt worden zu sein, schien dies seinen politischen Ehrgeiz nochmals anzufeuern: Am 26. Juli, einen Monat nach seinem Abgang, gründete er die Partei JETZT Peter Pilz. Das Wahlergebnis der Nationalratswahl am 15. Oktober 2017 bestätigte ihn und strafte die Grünen ab: Während die Liste Pilz mit 223.543 Stimmen einen Anteil von 4,4 % erreichte und mit acht Mandaten in den Nationalrat einzog, erhielten die Grünen mit 192.638 Voten lediglich 3,8 % der Stimmen, womit sie an der Grundmandatshürde von 4 % scheiterten und aus dem Nationalrat flogen. Die Abspaltung von Peter Pilz – und einige andere Umstände auch – hatte sie ihre parlamentarische Existenz gekostet.

Peter Pilz blieb in den Jahren 2017 und 2018 seiner Linie treu, sich als Aufdecker vermeintlicher Machenschaften im Rüstungs- und im staatlichen Sicherheitswesen, namentlich den Geheimdiensten, weiter politisch-polemisch zu betätigen. Doch seine Parolen verfingen nicht mehr. Begleitet wurde diese strategische Schwäche von einer Reihe weiterer personeller Querelen in der Initiative, deren Mitglieder in ständig geringerem Ausmaß mit Pilz zurechtkamen. Zudem waren 2017 Vorwürfe unangemessenen Verhaltens durch Pilz gegenüber Frauen in Medien aufgetaucht. Die diesbezüglichen staatsanwaltschaftlichen Verfahren wurden mittlerweile eingestellt. Doch die unmittelbare Folge all dessen war ein Absturz der Liste JETZT bei der Nationalratswahl am 29. September 2019, bei der Pilz auf 89.169 Stimmen und einen Anteil von 1,9 % kam. Binnen zweier Jahre hatte Pilz mehr als die Hälfte seiner Stimmen eingebüßt.

„Zeit im Pilz“

Gegenwärtig finden sich im Internet noch Spuren von Peter Pilz. Etwa die Seite https://peterpilz.at, auf der er in Fotos mit kurzen, etwas surreal anmutenden Texten sich wohl über sich selbst, aber vor allem über seine Kritiker lustig macht. Ernsthafter aufgearbeitet wurde das Ende der politischen Laufbahn des Peter Pilz von einem politischen Weggefährten, dem Intellektuellen und in Wien als Rechtsanwalt tätigen Alfred Noll. Er schrieb in der Ausgabe des Standard vom 2. Oktober 2019 unter dem Titel „Jetzt – Liste Pilz: Aus die Maus“ unter anderem: „2017 trat Jetzt als Liste Pilz an. Peter Pilz selbst wollte das nicht. Er wusste um die Vorbehalte gegen Namenslisten und dass ihm das Odium des Egomanen ohnedies schon nachhing. Dennoch einigten wir uns auf ‚Liste Pilz‘, weil wir in der von ihm verkörperten ‚politischen Marke‘ Unverwechselbarkeit kommunizieren konnten. Gleichzeitig beschlossen wir, dass dieser Name beim Einzug ins Parlament geändert würde. Daraus wurde nichts: In dem Moment, in dem Pilz erklärte, sein Mandat wegen der gegen ihn erhobenen Vorwürfe vorläufig nicht anzunehmen, sahen sich alle Beteiligten außerstande, seinen Namen zu löschen. In dem Maße, in dem die öffentlich betriebene Herabwürdigung seiner Person und das Ausmaß der Vorverurteilung zunahmen, wurde seine Bedeutsamkeit für die junge politische Pflanze nochmals erhöht. Buchstäblich alle öffentlichen Befassungen in Hinsicht auf die politische Arbeit von Jetzt standen unter der Rubrik: Wann kommt Pilz zurück?“

Daraus wurde, wie bekannt, nichts. Es ist gut möglich, dass für Peter Pilz – und all jene, die ihm über Gebühr zu öffentlicher Aufmerksamkeit verholfen haben – das Gleiche gilt, was Noll in seinem Beitrag grundsätzlich und allgemein kritisiert: „Gegenwärtige Politik ist gekennzeichnet von dem Übelstand, dass medialer Aufmerksamkeit per se der Charakter politischer Bedeutsamkeit zugesprochen wird.“

KLAUS POIER

Novellierung des Parteienrechts bzw. der Parteienfinanzierungsregelungen

Stimmt die Richtung?

Nach den durch das „Ibiza-Video" ausgelösten Umbrüchen im politischen System Österreichs beschloss im Juli 2019 eine parlamentarische Koalition aus SPÖ, FPÖ und JETZT gegen die Stimmen von ÖVP und NEOS eine umfangreiche Änderung des Parteiengesetzes 2012, mit der unter anderem Höchstgrenzen für Spenden an politische Parteien in Österreich eingeführt wurden.

Diese neuerliche Novellierung des Parteienrechts bzw. der Parteienfinanzierungsregelungen stand unter dem in der Öffentlichkeit geforderten Anspruch, mehr Transparenz und Kontrolle zu bringen, war gleichzeitig aber parteipolitisch dahingehend motiviert, die politischen Spielregeln in Österreich in mehr oder weniger „machiavellistischer Weise" zu verändern.

Im vorliegenden Beitrag wird aufgezeigt, dass die gehäuften Widersprüche und Probleme im österreichischen Parteienrecht durch diese Novelle eher mehr denn weniger geworden sind. Insbesondere werden demokratie- und verfassungsrechtliche Bedenken skizziert.

Weitere Änderungen im österreichischen Parteienrecht werden freilich nicht lange auf sich warten lassen, sind doch im Regierungsprogramm von ÖVP und Grünen vom Jänner 2020 neuerliche umfassende Reformvorschläge enthalten.

Das österreichische Parteienrecht gilt in der Literatur als „notleidend".[1] Das Parteienrecht ist lückenhaft und widersprüchlich, viele wesentliche Rechtsfragen sind ungeklärt. Weder die große Reform des Parteiengesetzes 2012 und schon gar nicht die jüngste Novelle im Sommer 2019 haben daran grundlegend etwas geändert, vielmehr sind neue rechtliche Probleme hinzugekommen.

Parteiengesetz 2012

Das Parteiengesetz 2012 sollte vor allem mehr Transparenz und Kontrolle in das österreichische System der Parteienförderung bringen, wobei dabei insbesondere – so auch ausdrücklich die Erläuterungen – die von der vom Europarat eingesetzten „Staatengruppe gegen Korruption" (GRECO) festgestellten Mängel aufgegriffen und beseitigt werden sollten.[2] Wesentlicher Bestandteil der Reform 2012 waren neue bzw. verschärfte Rechenschaftspflichten einschließlich einer Ausweitung der Aufgaben des Rechnungshofes, mehr Transparenz bei Spenden bzw. das Verbot bestimmter Spenden, eine höhenmäßige Begrenzung der erlaubten Wahlwerbungskosten sowie die Androhung von Sanktionen bei Vergehen gegen Vorschriften des Parteiengesetzes, die von einem neu eingerichteten „Unabhängigen Parteien-Transparenz-Senat", dessen Mitglieder auf Vorschläge der Präsidenten der österreichischen Höchstgerichte zurückzuführen und weisungsfrei gestellt sind, in Form von Geldbußen zu verhängen sind.[3]

Auch wenn der Reform zugebilligt wurde, Schritte in die richtige Richtung – insbesondere mehr Transparenz – zu setzen, war sie von Anfang an von Kritik begleitet. Zum einen ging sie manchen nicht weit genug, was den Inhalt der Transparenzvorschriften bzw. Verbote, aber vor allem auch, was die Kontrollmöglichkeiten insbesondere des Rechnungshofes sowie

1 *Bernd Wieser*, Defizite des österreichischen Parteienrechts in rechtsvergleichender Perspektive, 2001, 258.

2 Vgl. Erläuternde Bemerkungen zur Regierungsvorlage, 1782 Blg.NR. XXIV. GP., 2.

3 Vgl. zur Reform 2012 insbesondere *Patrick Segalla*, Neue Transparenzvorschriften für Parteien, 2013; *Hubert Sickinger*, Neue Regeln für die Parteienfinanzierung, 2012; *Hubert Sickinger*, Reform der Parteienfinanzierung – doch keine „mission impossible", 2013.

entsprechende Sanktionen bei Verstößen betrifft. Zum anderen wurden vor allem auch legistische Schwächen des Gesetzes kritisiert, die von unsauberer bzw. widersprüchlicher Terminologie über offenkundige Lücken bis hin zu vermutlich verfassungswidrigen bzw. zumindest verfassungsrechtlich bedenklichen Regelungen reichen. Einige wenige Probleme wurden bislang vom Verfassungsgerichthof geklärt,[4] viele Probleme sind hingegen nach wie vor ungelöst. Beim Parteienrecht handelt es sich freilich um eine „heikle“ Materie, die politische (Regierungs-)Parteien in der Regel nicht so gerne angreifen bzw. bei der politische Kompromisse sehr schwer zu finden sind. Daher gab es in der Literatur die Prognose an die Rechtspraxis, dass man „mittelfristig mit den mangelhaften Rechtsgrundlagen leben“ müsse.[5] Tatsächlich gab es bis Mitte 2019 auch keine nennenswerte Änderung des Parteiengesetzes 2012. Dann kam „Ibiza“.

Novelle 2019 – Inhalt und Motive

Nach der Veröffentlichung des „Ibiza-Videos“ im Mai 2019, in dem insbesondere auch die Umgehung der Spendenvorschiften durch Vereinskonstruktionen zur Sprache kam, forderte der Rechnungshof umgehend eine Verschärfung der gesetzlichen Regelungen einschließlich effektiver Kontroll- und Einsichtsrechte des Rechnungshofes.[6] Auch in der öffentlichen Diskussion verschärfte sich in weiterer Folge der Druck in Richtung mehr Transparenz und Kontrolle, dann noch einmal gesteigert durch das Bekanntwerden von zum Teil massiven Überschreitungen der Wahlkampfkostenobergrenze bei der Nationalratswahl 2017 (ÖVP ca. 6 Millionen, FPÖ ca. 3,7 Millionen, SPÖ ca. 400.000 Euro) sowie von – rechtlich gedeckten – Stückelungen von Spenden an die ÖVP, die allerdings faktisch zur Umgehung

4 Insbesondere, dass sich die Beschränkung der Wahlwerbungsausgaben in § 4 Parteiengesetz 2012 – entgegen den eindeutig anders lautenden Erläuterungen – nur auf die Bundesebene bezieht. Mit dieser einschränkenden Interpretation vermied es der Verfassungsgerichtshof, die Regelung als verfassungswidrig aufheben zu müssen (VfSlg. 20.128/2016)

5 Vgl. *Peter Bußjäger*, Rechtsfragen zum neuen Parteienrecht, 2013, 649.

6 Vgl. die Presseinformation des Rechnungshofes, abrufbar unter https://www.rechnungshof.gv.at/rh/home/home_1/fragen-medien/Presseinfo_PartG_23.05.2019.pdf (eingesehen am 2.2.2020).

von Spendenmeldepflichten führten. Alle Parteien legten in weiterer Folge neue und alte Änderungsvorschläge für das Parteiengesetz vor, die in Summe umfassend waren, die sich jedoch nur zu einem geringen Teil deckten.[7]

Das Ende der ÖVP-FPÖ-Koalition in Folge der Veröffentlichung des „Ibiza-Videos“, der erfolgreiche Misstrauensantrag gegen die Bundesregierung unter Bundeskanzler Sebastian Kurz und die Ernennung einer sogenannten „Übergangsregierung“ unter Bundeskanzlerin Brigitte Bierlein hatten freilich auch eine neue politische Situation mit sich gebracht. Dies führte schließlich (unter anderem) zu einer parlamentarischen Mehrheit aus SPÖ, FPÖ und der Liste Jetzt, die am 3. Juli 2019 im Nationalrat – gegen die Stimmen von ÖVP und NEOS – eine Novelle zum Parteiengesetz 2012[8] beschloss.[9]

Die Novelle war durchaus umfangreich und enthielt insbesondere folgende Neuerungen:[10]

- Einführung einer Spendenobergrenze von € 7.500 pro Kalenderjahr für alle Spender (juristische oder natürliche Personen, für juristische Personen, die Tochtergesellschaften oder ähnliche Strukturen haben, gilt diese Höchstsumme pro Kalenderjahr insgesamt; wobei diese Spendenobergrenze für eine neue politische Partei, die bisher keine Parteienförderung erhalten und Statuten hinterlegt hat, bei einem ersten Antreten, in dem Kalenderjahr ihrer ersten Wahl, € 37.500 beträgt);
- Spenden über € 2.500 sind unverzüglich dem Rechnungshof zu melden, welcher die Spendenhöhe und den Spender ebenso unverzüglich zu veröffentlichen hat;
- Einführung einer Spendenobergrenze pro politischer Partei von € 750.000 pro Kalenderjahr (darüber hinaus gehende Spenden sind von der politischen Partei unverzüglich dem Rechnungshof zu übermitteln); diese Obergrenze beträgt bei einem ersten Antreten einer

7 Vgl. zur Vorgeschichte sowie zu den Parteienvorschlägen umfassend *Christian Eisner/ Michael Kogler/Ulrich Andreas,* Recht der politischen Parteien, 2019, XXVII ff.; *Hubert Sickinger,* Wahlkampffinanzierung im Schatten der Wahl 2017, 2019, 151 ff.

8 BGBl. I 55/2019.

9 Vgl. dazu die entsprechende Parlamentskorrespondenz, abrufbar unter https://www.parlament.gv.at/PAKT/PR/JAHR_2019/PK0778/#XXVI_NRSITZ_00086 (eingesehen am 1.2.2020).

10 Vgl. den Ausschussbericht 661 Blg.NR. XXVI. GP., 3 ff.

neuen politischen Partei, die bisher keine Parteienförderung erhalten und Statuten hinterlegt hat, in dem Kalenderjahr ihrer ersten Wahl € 1.500.000;

- Mitgliedsbeiträge sind ab einem Betrag von € 7.500 pro Kalenderjahr unter Nennung des Namens des Mitgliedes und der Höhe des Betrages auszuweisen;
- Spenden von ausländischen natürlichen oder juristischen Personen sind unzulässig;
- Barspenden und anonyme Spenden sind nur mehr in der Höhe von € 500 erlaubt;
- Verschärfung der Sanktionen bei Überschreitung der Wahlwerbungsausgaben (insbesondere werden bei Überschreitungen der Höchstgrenze für die Wahlwerbung ab 25 % Überschreitung Sanktionen von 100 % dieser Überschreitung ausgelöst, ab 50 % Überschreitung steigt die Sanktion auf 150 % dieser Überschreitung);
- Sanktionen für politische Parteien, die einen Rechenschaftsbericht oder einen Wahlwerbungsausgabenbericht entgegen den gesetzlichen Bestimmungen nicht übermitteln (in diesem Fall wird die Parteiförderung bis zur Übermittlung einbehalten);
- Einführung eines Wahlkampfmonitorings (der Unabhängige Parteien-Transparenz-Senat hat drei Sachverständige aus dem Bereich der Transparenz- und Kampagnenforschung, aus dem Gebiet des Medienwesens sowie aus dem Kreis von Wirtschaftsprüfern zu bestellen, die die Wahlkämpfe der wahlwerbenden Parteien und in jeweils einem gesonderten Gutachten die Plausibilität der Einhaltung der Beschränkung der Wahlwerbungsausgaben beurteilen; dieses Gutachten ist der jeweiligen wahlwerbenden Partei möglichst fünf Monate nach dem Wahltag zu übermitteln; die wahlwerbenden Parteien können innerhalb von einem Monat nach Übermittlung schriftliche Stellungnahmen zu dem Gutachten abgeben);
- Klarstellungen beim Begriff der politischen Partei in die Richtung, dass jeweils die Gesamtpartei, gleichgültig ob territorial oder nicht territorial gegliedert, als politische Partei zu verstehen ist (damit soll einerseits die Transparenz erhöht werden, andererseits Umgehungen der Spendenobergrenzen durch die Teilung von Spenden auf verschiedene Gliederungen der Partei verhindert werden);

- Maßnahmen gegen Umgehungshandlungen durch Personenkomitees (Registrierungspflicht für Personenkomitees; Einzelspendengrenze gilt auch für Personenkomitees; bei Unterlassung der Registrierung ist eine Geldstrafe in fünffacher Höhe der Unterstützungsleistung vorgesehen; Klarstellung, dass Leistungen eines Personenkomitees ebenfalls in die Wahlwerbeobergrenzen einzurechnen sind).

Novelle 2019 – Verfassungsrechtliche und demokratiepolitische Bedenken

Der Novelle 2019 zum Parteiengesetz kann man – nicht zuletzt angesichts der öffentlichen Diskussionen nach der „Ibiza"-Affäre – durchaus positive Seiten abgewinnen, andererseits wirft sie allerdings eine Reihe verfassungsrechtlicher und demokratiepolitischer Fragen auf, die hier freilich nur punktuell skizziert werden können.

In Hinblick auf die – wohl berechtigten – Forderungen nach mehr Transparenz und Kontrolle ist es jedenfalls als Schritt in die richtige Richtung anzusehen, dass die Höchstgrenze anonymer Spenden gesenkt und die Melde- und Veröffentlichungspflichten von Spenden erweitert wurden. Positiv ist auch, dass Sanktionen gegen Gesetzesverstöße verschärft und Maßnahmen gegen Umgehungskonstruktionen angestrebt wurden. Allerdings – und damit komme ich schon zu den Bedenken – erscheinen die konkret getroffenen Regelungen in vielem unausgegoren, auf (nicht einmal) halbem Weg stecken geblieben – insbesondere was die Kontrollrechte des Rechnungshofes betrifft – und unsymmetrisch (manche Umgehung wurde verboten, andere nicht) ausgefallen zu sein.

Dies deutet damit schon ganz allgemein auf ein demokratiepolitisches Manko dieser Reform hin. Das Recht der politischen Parteien und ihrer Finanzierung gehören wie das Wahlrecht zu den „Spielregeln" unserer Demokratie. In Österreich gibt es dabei die – gute – Tradition, dass man derartige Regeln in möglichst breiter Mehrheit ändert bzw. eine solche zumindest anstrebt und nicht in machiavellistischer Weise Regeländerungen im politischen Machtkampf einseitig vornimmt. Diese Tradition der politischen Kultur in Österreich wurde diesmal wohl gebrochen: Als wesentliches Ziel der parlamentarischen Koalition aus SPÖ, FPÖ und JETZT war erkennbar, die Regelungen derart zu gestalten, dass sie der ÖVP bzw. Sebastian Kurz den größtmöglichen Nachteil bringen sollten (insbesondere durch das Verbot von größeren Spenden, die absolute Spendenobergrenze sowie Strafverschärfungen bei Wahlkampfkostenüberschreitung), bei möglichst weitgehender Schonung der eigenen Rahmenbedingungen (etwa, was verbleibende Umgehungsmöglichkeiten insbesondere durch Vereinskonstruktionen sowie Kontrollrechte betrifft). Eine solche Vorgangsweise ist zwar nicht grundsätzlich verboten – sofern sie, worauf noch zurückzukommen ist, keine verfassungsrechtlichen Vorgaben verletzt –, kann aber aus demokratiepolitischer Sicht nachhaltigen Schaden an der politischen Kultur bewirken. Freilich war die Vorgangsweise auch nicht sehr erfolgreich, wenn man das Wahlergebnis der Nationalratswahl 2019 betrachtet. Zudem – wie unten noch thematisiert – dürfte manche Regelung nun die SPÖ härter treffen als die ÖVP.

Jedenfalls wirft die Reform auch eine Reihe verfassungsrechtlicher Bedenken auf. Die neuen Regelungen wurden allesamt einfachgesetzlich beschlossen und sind daher an den Vorgaben der Bundesverfassung zu messen. Maßstab der verfassungsrechtlichen Prüfung sind dabei insbesondere der Gleichheitssatz (Art. 7 B-VG) und die Betätigungsfreiheit sowie Chancengleichheit politischer Parteien (§ 1 Abs. 1 und 3 Parteiengesetz 2012; Art. 12 StGG, Art. 11 EMRK), aus Sicht der Bürgerinnen und Bürger aber auch die Meinungsäußerungsfreiheit (Art. 13 StGG, Art. 10 EMRK) sowie das Recht auf Datenschutz (§ 1 DSG). Folgende Bedenken können dabei – hier nur angerissen und skizziert – unter anderem aufgeworfen werden:

- Die Spendenobergrenze für einzelne Personen von maximal 7.500 Euro pro Jahr schränkt die Betätigung politischer Parteien und gleichzeitig die Möglichkeiten des politischen Engagements der Bürgerinnen und Bürger ein. Der US-Supreme Court erklärte eine (konkrete) Spendenobergrenze in Hinblick auf die dadurch bewirkte Einschränkung der (politischen) Meinungsäußerungsfreiheit für verfassungswidrig.[11] Diese Entscheidung kann man freilich nicht eins zu eins auf Österreich

11 *McCutcheon v. Federal Election Commission*, 572 U.S. 185 (2014). – Konkret erklärte der Supreme Court nicht die Höchstgrenze für zulässige Spenden an einen einzelnen Kandidaten/eine Kandidatin für verfassungswidrig, sondern die aggregierte Spendenobergrenze. Wie viele Kandidaten/Kandidatinnen unterstützt werden, müsse unbeschränkt bleiben.

übertragen. Aber der Schutzbereich des Grundrechts der Meinungsäußerungsfreiheit ist jedenfalls auch nach unserer Rechtsordnung betroffen.[12] Eine Spendenobergrenze kann man freilich grundsätzlich insofern als im öffentlichen Interesse liegend ansehen, als sie die Möglichkeiten und den Einfluss von Großspendern reduziert und damit die politische Chancengleichheit erhöht. Die nun eingeführte Grenze von 7.500 Euro ist – etwa im Vergleich zu Durchschnittseinkommen – nicht besonders niedrig angesetzt, weshalb sie deshalb auch eher als nicht unverhältnismäßig erscheint.

- Die Betätigung politischer Parteien wird allerdings noch mehr als durch die Begrenzung der Einzelspenden durch die neue Gesamtobergrenze für Spenden von 750.000 Euro pro Jahr eingeschränkt. Im Vergleich zum Ausmaß der öffentlichen Parteienfinanzierung insbesondere bei größeren Parteien erscheint diese Summe eher niedrig gewählt: Für solche Parteien hat sie de facto eine weitgehende Vollfinanzierung der Partei aus öffentlichen Mitteln zur Folge. Eine solche Vollfinanzierung wird in der Literatur allerdings für verfassungswidrig gehalten[13] und ist auch – worauf unten noch zurückgekommen wird – aus demokratiepolitischen Gründen bedenklich. Eine solche einheitliche Spendenobergrenze wirft auch aus dem Blickwinkel des Gleichheitssatzes weitere Bedenken auf. Bei kleinen Parteien bzw. Parteien mit wenigen Mitgliedern können sich diese mit nennenswerten Beträgen an der Finanzierung der Parteiaktivitäten beteiligen, bei großen Parteien führt schon eine Spende von nur einem Euro pro Mitglied und Jahr annähernd zum Erreichen der Obergrenze. Kleine Parteien können zudem mit 750.000 Euro ihr Budget durch Spenden nennenswert erhöhen, große Parteien hingegen relativ gesehen kaum. Dies könnte man mit dem Argument der Verbesserung der Chancengleichheit der Parteien rechtfertigen, allerdings liegt den unterschiedlichen Parteigrößen ja eine demokratische Entscheidung bei Wahlen zugrunde, die derart letztlich in Frage gestellt wird.

12 Vgl. zu Österreich etwa *Stephan Lenzhofer*, Die Parteienfinanzierung in Österreich, 2010, 64 f.

13 Vgl. *Bernd Wieser*, §§ 1, 3 ParteienG, 2019, Rz 81; *Werner Zögernitz/Stephan Lenzhofer*, Politische Parteien – Recht und Finanzierung, 2013, 92, 184, 186, 199; vgl. auch VfSlg. 20.134/2017.

- Besonders bedenklich erscheint aus verfassungsrechtlicher Sicht, dass die Regelungen einen doch weit gehenden Konkurrenzschutz der bestehenden Parteien gegenüber neuen Parteien mit sich bringen. Zwar steht neu antretenden Parteien im Kalenderjahr der ersten Wahl die doppelte Spendenhöchstgrenze zur Verfügung (also 1,5 Millionen Euro) und sind Einzelspenden in diesem Jahr bis zu 37.500 Euro zulässig. Allerdings haben neue Parteien damit gegenüber bestehenden Parteien, die zum Teil zig Millionen Euro Parteienförderung pro Jahr erhalten – und manches davon ja üblicherweise für Wahljahre ansparen können –, einen gehörigen Wettbewerbsnachteil. Dieser zeigt sich auch im Größenvergleich zur Wahlwerbungskostenbeschränkung von 7 Millionen Euro pro Jahr. Neue Parteien könnten diese Summe nur durch Schulden finanzieren; allerdings dürften sie wohl kaum – in marktkonformer Weise bzw. in Übereinstimmung mit den mittlerweile strikten Kreditvergabevorgaben – Darlehen in nennenswerter Höhe erhalten, da ein gutes Wahlergebnis und damit die Aussicht auf eine hohe Parteienförderung sehr spekulativ sind und andererseits in den Folgejahren nur mehr Spenden bis 750.000 Euro zulässig sind. Parteigründungen durch Einzelpersonen mit hohen Spenden – wie in der Vergangenheit etwa das Team Stronach – sind damit in Hinkunft jedenfalls nicht mehr möglich. Auch wenn man dies angesichts des konkreten Falles aus demokratiepolitischer Sicht für positiv halten mag, erscheint die konkret getroffene Regelung aus den dargelegten Gründen – insbesondere in Hinblick auf die weitreichenden Beeinträchtigungen des Pluralismus und der Chancengleichheit in der Parteienlandschaft – aus verfassungsrechtlicher Sicht sehr bedenklich.
- Weiters stellt sich auch das Problem der möglichen Verletzung des Vertrauensschutzes. Es gibt zahlreiche Hinweise, dass einige österreichische Parteien hoch verschuldet sind. Bislang konnten sie zumindest darauf setzen – und auch ihre Gläubiger –, dass Parteispenden letztlich einen tatsächlichen Zahlungsausfall verhindern würden. Diese Möglichkeit wurde nun drastisch reduziert. Als Treppenwitz der Geschichte kann es bezeichnet werden, dass sich die SPÖ, deren kolportiert hohen Schulden nun angesichts des schlechteren Wahlergebnisses auch eine deutlich gesunkene öffentliche Parteienfinanzierung gegenübersteht, nun selbst Möglichkeiten genommen hat, diese Schulden abzubauen.

- Aus demokratiepolitischer Sicht soll abschließend eine grundsätzliche Frage aufgeworfen werden. Wie oben schon dargelegt, führt die Gesamtspendenobergrenze größere Parteien schon nahe an eine Vollfinanzierung aus öffentlichen Mitteln heran. Dies schränkt das finanzielle Engagement von Bürgerinnen und Bürgern bei politischen Parteien deutlich ein. Dies mag in Bezug auf Großspenden und damit verbundene echte oder vermeintliche Einflussnahme auf die Politik auch einen Fortschritt darstellen. Bei Kleinspenden und Kleinstspenden, bei denen das Argument der Einflussnahme keine Rolle spielt, hat dies jedoch negative Folgen. Es wird nämlich oft zurecht beklagt, dass es eine immer stärkere Kluft zwischen politischer Elite und Bürgerinnen und Bürgern gibt. Neben der Personalisierung des Wahlrechts stellen finanzielle Zuwendungen – als Ausdruck der politischen Meinungsäußerung und eines zumindest finanziellen politischen Engagements – eine grundsätzlich nicht zu unterschätzende Möglichkeit dar, um eine höhere Identifizierung der Bevölkerung mit den politischen Parteien zu begünstigen. Deutschland ging aus diesem Grund den umgekehrten Weg wie zuletzt Österreich: Die öffentliche Parteienförderung darf nicht höher sein als die Einkünfte, die eine Partei insbesondere durch Mitgliedsbeiträge und Spenden selbst erwirtschaftet.[14] Über eine solche Regelung sollte auch in Österreich der Diskurs verstärkt werden: Sie würde nämlich nicht nur die gesellschaftliche Einbettung und Verwurzelung der politischen Parteien befördern, sondern auch eine – oft geforderte – deutliche Senkung der öffentlichen Parteienförderung ermöglichen.

Resümee und Ausblick: Regierungsprogramm 2020

Die Novelle 2019 zum Parteiengesetz 2012 brachte zwar einzelne Verbesserungen in Hinsicht auf Transparenz und Kontrolle der Parteienfinanzierung, wirft aber eine Reihe von verfassungsrechtlichen und demokratiepolitischen Bedenken auf. Zu sehr scheint parteipolitische Strategie denn „gute“

14 § 18 Abs. 5 deutsches Parteiengesetz.

Gesetzgebung und Legistik Leitmotiv dieser Novelle gewesen zu sein. An den grundsätzlichen Defiziten des österreichischen Parteienrechts, insbesondere in Hinblick auf inhaltliche und terminologische Widersprüchlichkeiten, hat die Novelle nichts geändert. Eine umfassende und tiefgehende Reform des Parteienrechts steht damit jedenfalls weiter an.

Im Regierungsprogramm 2020 zwischen ÖVP und Grünen sind aber ohnedies schon die nächsten Änderungen durch ein „modernes Parteiengesetz als Grundpfeiler für das Funktionieren des demokratischen Staatswesens" angekündigt.[15] Insbesondere soll „vollständige Transparenz der Parteien und vor allem im Bereich der Parteienfinanzierung" hergestellt werden.[16] Dazu sind als konkrete Maßnahmen eine umfassende Stärkung der Rechnungshofrechte, verschärfte Meldepflichten bei Spenden, die weitergehende Verhinderung von Umgehungskonstruktionen, die Neustrukturierung der Rechenschaftsberichte, neue Rechenschaftspflichten betreffend die Wahlwerbungskosten sowie höhere Strafen bei Überschreitung der Höchstgrenze angekündigt.[17] Die ebenso geplante Einführung einer Bagatellgrenze von 100 Euro bei Spenden kann als wichtiger Schritt zur Beförderung der gesellschaftlichen Verwurzelung der politischen Parteien angesehen werden. Die Spendenobergrenzen an sich sollen jedoch unverändert bleiben. Eine Klärung der oben dargelegten verfassungsrechtlichen Bedenken wird damit wohl durch den Verfassungsgerichtshof erfolgen müssen.

Literatur

Bußjäger Peter, Rechtsfragen zum neuen Parteienrecht, ÖJZ 69/2013, 643ff.
Eisner Christian/Kogler Michael/Andreas Ulrich, Recht der politischen Parteien. Kommentar, Wien 2019.
Heindl Patricia, Kuddelmuddel in der Parteienlandschaft, juridikum 2/2005, 78f.
Lenzhofer Stephan, Die Parteienfinanzierung in Österreich, Wien 2010.
Poier Klaus, Politische Parteien, Wahlrecht und Demokratie: Innerparteiliche Demokratie und Bedeutungsverlust der politischen Parteien, in: ÖJK/Rudolf Müller (Hg.), Demokratie -Zustand und Perspektiven. Gedenkschrift Rudolf Machacek, Wien 2015, 104ff.

15 Aus Verantwortung für Österreich. Regierungsprogramm 2020–2024, 21. – Der Autor hat diesen Teil des Regierungsprogramms in der für Verfassungsfragen zuständigen Untergruppe als von der ÖVP nominierter Experte mitverhandelt.
16 Aus Verantwortung für Österreich. Regierungsprogramm 2020–2024, 10.
17 Aus Verantwortung für Österreich. Regierungsprogramm 2020–2024, 21 ff.

Segalla Patrick, Neue Transparenzvorschriften für Parteien, in: Gerhard Baumgartner (Hg.), Öffentliches Recht. Jahrbuch 2013, Wien/Graz 2013, 251ff.
Sickinger Hubert, Neue Regeln für die Parteienfinanzierung, in: Andreas Khol /Günther Ofner /Stefan Karner /Dietmar Halper (Hg.), Österreichisches Jahrbuch für Politik 2012, Wien/Köln/Weimar 2012, 273ff.
Sickinger Hubert, Reform der Parteienfinanzierung - doch keine „mission impossible", in: Ferdinand Karlhofer/Sven Jeschke/ Günther Pallaver (Hg.), Medienzentrierte Demokratien: Befunde, Trends, Perspektiven. Festschrift für Fritz Plasser, Wien 2013, 261ff.
Sickinger Hubert, Politisches Geld. Parteienfinanzierung und öffentliche Kontrolle in Österreich, Wien 2013.
Sickinger Hubert, Wahlkampffinanzierung im Schatten der Wahl 2017, in: Barbara Tóth/Thomas Hofer (Hg.), Wahl 2019. Strategien, Schnitzel, Skandale, Salzburg/München 2019, 151ff.
Wieser Bernd, Defizite des österreichischen Parteienrechts in rechtsvergleichender Perspektive, JRP 9/2001, 251ff.
Wieser Bernd, §§ 1, 3 ParteienG (5. Lfg 2002, 15. Lfg 2019), in: Karl Korinek/Michael Holoubek/Christoph Bezemek/Claudia Fuchs/Andrea Martin/Ulrich E. Zellenberg (Hg.), Österreichisches Bundesverfassungsrecht. Kommentar. Wien/Heidelberg Loseblattsammlung.
Zögernitz Werner/Lenzhofer Stephan, Politische Parteien - Recht und Finanzierung, Wien 2013.

EUROPA INKLUSIVE WAHLEN

DEM GLÜCK
EINE CHANCE
GEBEN
österreichische
LOTTERIEN
GLÜCK IST, MIT
PFERDEN ZU FLÜSTERN
„Glücksspiel mit Verantwortung" ist Leitgedanke für alle unsere wirtschaftlichen Aktivitäten. Die gesellschaftliche Verantwortung der Österreichischen Lotterien geht daher weit über den Spielerschutz hinaus. So hat unsere Unternehmensgruppe ein Corporate-Volunteering-Programm für alle MitarbeiterInnen gestartet, das ihnen Zeit für soziales Engagement schenkt. Bei voller Bezahlung stellen wir fünf Arbeitstage im Jahr für freiwillig gewählte Projekte zur Verfügung wie z.B. die Mithilfe beim e.motion-Lichtblickhof.
Weitere Infos unter www.sponsoring.lotterien.at.
gantnerundenzi

DAVID WINEROITHER

Die Europawahl in Österreich

Am 26. Mai fanden in Österreich Europawahlen statt. Der Urnengang wurde vom Zerbrechen der türkis-blauen Koalitionsregierung überschattet. Als die Bundeswahlbehörde das endgültige Ergebnis bekannt gab, war Sebastian Kurz bereits Ex-Kanzler und Ex-Nationalratsabgeordneter. Im Zeichen der unvermeidlichen Neuwahl im Bund und dem unmittelbar bevorstehenden Abwahlantrag war die Wahlbeteiligung auf knapp 60 % emporgeschnellt. Wie selten zuvor wurde sie als eine „Wahl zweiter Ordnung" geführt: Die Mehrheit der Wähler nutzte die Gelegenheit, um ein innenpolitisches Statement zu setzen!

Die Kurz-ÖVP blieb in dieser Wahl stärkste Kraft, konnte dabei ihren Vorsprung auf die Sozialdemokraten deutlich ausbauen. Mehr noch: Sie erreichte das historisch beste Ergebnis einer Partei in einer Wahl zum Europäischen Parlament (zuerst 1996). Gewinner und Verlierer sowie Rangordnung der Parteien und Größenverhältnisse stellten sich in den beiden bundesweiten Wahlen des Jahres 2019 ähnlich dar.

Ob Klimawandel, Migrationskrise oder Steuerregime: Verantwortlich für die meisten Themen und dringendsten Entscheidungen internationaler Preisklasse, auch die europapolitischen, für ihr Gelingen wie Scheitern sind nationale Akteure verantwortlich, nicht europäische Institutionen. Selbst das Spitzenkandidatenmodell, eine dem Parlamentarismus wesensfremde Sentimentalität, zeigt es – Macron sticht Weber aus, Ober schlägt Unter. Ein nüchterner Befund: Eine Europawahl, eingezwängt in nationale Politik – in Österreich wie in der Mehrzahl der Mitgliedsstaaten!

Ausgangslage und Umfeld

Zwischen 23. und 26. Mai fanden in allen – noch 28 – Mitgliedsstaaten der Union die Wahlen zum europäischen Parlament statt. In Österreich wurde der Urnengang vom Zerbrechen der türkis-blauen Koalitionsregierung überschattet (Veröffentlichung des „Ibiza"-Videos am 17. Mai). Als die Bundeswahlbehörde das endgültige Ergebnis bekannt gab, war Sebastian Kurz Ex-Kanzler und Ex-Nationalratsabgeordneter: Am Tag nach der Wahl wurde die Übergangsregierung nach fünf Tagen im Amt durch einen (erstmals!) erfolgreichen Misstrauensantrag im Nationalrat zu Fall gebracht; die Kanzlerschaft endete einen weiteren Tag später.

In der EP-Wahl selbst blieb seine Partei stärkste Kraft, konnte dabei ihren Vorsprung auf die Sozialdemokraten dabei deutlich ausbauen. Mehr noch: Sie erreichte das historisch beste Ergebnis einer Partei in Österreich im Rahmen einer solchen Wahl (zuerst 1996). Im Zeichen der unvermeidlichen Neuwahl im Bund und dem unmittelbar bevorstehenden Abwahlantrag war die Wahlbeteiligung auf knapp 60 % emporgeschnellt. Wie selten zuvor wurde sie als eine „Wahl zweiter Ordnung" (second order election) geführt.

Strategie und Ergebnis

Während andere Parteien mit soliden und mehr oder weniger bewährten Kämpfern ins Rennen gingen, warf die ÖVP eine Doppelspitze in die Wahlschlacht. Zu EP-Haudegen und EU-Enthusiast Othmar Karas gesellte sich mit Staatssekretärin Karoline Edtstadler ein leiser, aber vielschichtiger Kontrast: jünger, weiblich, mit ambivalenter EU-Rhetorik. Die Zweifirmentheorie hat Konjunktur: desaströs in der Arbeitsteilung der CSU-Granden (Markus) Söder und (Horst) Seehofer; nicht erfolgreich, wenngleich schadensbegrenzend in der FPÖ-Variante „good cop" (Norbert Hofer), „bad cop" (Herbert Kickl); früh und unfreiwillig ausgetestet bei Karas und Ernst Strasser (eine Not- und Tugend-Episode); zweckmäßig in der Doppelspitze Karas und Edtstadler.

Dieses Gespann war nicht beschränkt auf eine geschlechtermäßige Differenzierung, sondern repräsentierte eine duale Haltung zum europäischen Einigungsprozess: hier die „alte" ÖVP, die sich ihren festen Platz als pro-europäischste Bewegung im heimischen Parteienspektrum erobert hatte und in EP-Wahlen gut davon lebte; dort die türkise, die immer wieder auch Brüsseler Zentralismus anprangert, als hätten sich britische Tories darunter gemischt (der Grad an Schnitzelbräunung als „Gurkenkrümmung neu“, Züge eines Elitenprojekts, Verkleinerung der Kommission, „netto“ keine neuen EU-Behörden).

Die Rechnung ging auf: Gedämpfte EU-Sympathisanten, nicht EU-Euphoriker, stellen die Mehrheit der EU-Unterstützer in Österreich, und eine sich selbst torpedierende FPÖ warf gemäßigt EU-kritische Wähler in signifikanter Größe auf den Stimmenmarkt. Allerdings fällt auf, dass der ÖVP-Anteil in der EP-Wahl nun unterhalb des in der NR-Wahl Erreichten liegt – womit sich langjährige Vorzeichen geändert haben. Sehr wohl ist argumentierbar, was durch harte Empirie untermauert werden sollte: Auch diese Wahl, auch diese Kampagne bezweckte und beförderte eine Konsolidierung der neuen Wählerschaft. FP-Frontmann Harald Vilimsky blies blass zur Kritik an einem möglichen neuen EU-Vertrag.

Insgesamt standen Kampagne und Ergebnis im Zeichen von Konsolidierung: Die Stabilität der Umfragelandschaft und Wahlergebnisse seit Mai 2017, dem Geburtsmonat der Kurz-Volkspartei, sucht ihresgleichen. Selbst die im Gefolge von „Ibiza“ ausgelöste Bewegung hielt sich in erstaunlich engen Grenzen[1]; Gewinner und Verlierer sowie Rangordnung der Parteien und Größenverhältnisse stellten sich in den beiden bundesweiten Wahlen des Jahres 2019 gleich bzw. ähnlich dar.

Welche Motive bewegten die Wähler am 26. Mai? Und wer wählte wen? Die ÖVP bediente sich reichlich am Freiheitlichen Wählerpool, überzeugte aber auch frühere NEOS-Wähler in beachtlicher Anzahl. Überraschend gut funktionierte die Mobilisierung aus dem Nichtwähler-Teich (SORA 2019). Fortgesetzt hat sich eine extreme lebensweltliche Polarisierung in den Wählerschaften von FPÖ und Grünen: Arbeiter, und hier vor allem Facharbeiter, auf der einen Seite; Akademiker auf der anderen. Kombiniert man die Merkmale (formales) Bildungsniveau und Geschlecht, fal-

1 Freilich erreichte die FP unter Spätentschlossenen nur mehr bei 13 % Stimmenanteil (SORA 2019: 5).

len Überschneidungen in den Wählerschichten beider Parteien beinahe zur Gänze weg. Hinzu kommt ein völlig konträrer Blick in die Zukunft, der bereits für die Wien-Wahl 2015 festgehalten wurde: FPÖ-Unterstützer zeichnen sich in enormer Geschlossenheit durch Pessimismus, bis hin zur Furcht, aus (SORA 2019). Neueren Datums ist eine Polarisierung in der Zusammensetzung in den Parteiwählerschaften von ÖVP und Grünen: die Jungen und Jugend, egal ob in Wien oder im Innviertel, optiert für Grün; deren Eltern und Großeltern gesellen sich zur Volkspartei.

Parteibezeichnung	Kurzbezeichnung	Stimmen	Prozent	Mandate
Österreichische Volkspartei	ÖVP	1.305.956	34,55 %	7
Sozialdemokratische Partei Österreichs	SPÖ	903.151	23,89 %	5
Freiheitliche Partei Österreichs (FPÖ) - Die Freiheitlichen	FPÖ	650.114	17,20 %	3
Die Grünen - Grüne Alternative	GRÜNE	532.193	14,08 %	2
NEOS - Das Neue Europa	NEOS	319.024	8,44 %	1
KPÖ Plus - European Left, offene Liste	KPÖ	30.087	0,80 %	0
EUROPA JETZT! - Initiative Johannes Voggenhuber	EUROPA	39.239	1,04 %	0

Tabelle 1: Stimmen- und Mandatsverteilung[2]

https://www.bmi.gv.at/412/Europawahlen/Europawahl_2019/?fbclid=IwAR3rWKbO1Ywtg6w593DN3qXgA1UV42NaKTONz8_pgDwnknE_s-64tznJOAQ

Als unmittelbare Folge des 26. Mai kam es zu einem regen Kesseltreiben in der SPÖ: Pamela Rendi-Wagner schlug herbe Kritik aus den eigenen Reihen entgegen – kaum verbrämt auch aus der ersten. Und dass es in der Nationalratswahl für die FP noch unter das EP-Ergebnis ging, lag an H. C. Straches fortgesetzten Querschüssen und der daraus resultieren-

2 Anmerkung: Grüne würden post Brexit ein weiteres Mandat erhalten.

den Führungslosigkeit der Partei (vgl. die Entwicklung im Sommer 2002). Deutlichen demoskopischen Aufwind verspürten die Grünen, wohingegen JETZT praktisch chancenlos an die Aufgabe Wiedereinzug in den Nationalrat heranging. Grundsätzlich positiv blieb das Stimmungsbild für NEOS: Die Kleinpartei in der Mitte des Parteienspektrums hatte sich behauptet und durfte am Glanz der europaweiten Erfolge ihres Parteienbündnisses mitnaschen.

Das nahtlose und nachhaltige Übersetzen des Wahlergebnisses in den Stimmungsbefund für die Nationalratswahl vermag kaum zu überraschen: Eine Mehrheit in allen Parteien mit Ausnahme der VP-Wählerschaft wollte ein innenpolitisches Signal setzen (ORF/ISA/SORA). In einer Umfrage von SORA/Hayek gaben 62 % der Wähler an, dass die Innenpolitik sehr oder ziemlich wichtig für Wahlentscheidungen ist. Dieser Umstand half, die Lücke zur Wahlbeteiligung in Nationalratswahlen massiv zu verkleinern. Nicht zum ersten Mal warf die Innenpolitik einen Schatten auf die EP-Wahl; dieses Mal, in der Ibizagate-Gemengelage, allerdings einen übermächtigen. Kritzinger und Plescia (2019: 85, 88) sehen in der geschlagenen Mai-Wahl denn überhaupt nur einen Testlauf für die sich abzeichnende, später im Jahr abzuhaltende Nationalratswahl.

Europaweite Einordnung

Das Wahlergebnis in Österreich ähnelt jenem im europäischen Durchschnitt: Dieselben Parteienfamilien sind in ähnlicher Stärke vertreten – business as usual. Die Mainstream-Parteienfamilien Christdemokraten/Konservative und Sozialdemokraten ließen Federn, büßten eine gemeinsame absolute Mandatsmehrheit ein – stürzten aber keineswegs ab. Sie bleiben, im Verbund mit den von ihnen gestellten Staats- und Regierungschefs, die dominanten Parteienfamilien. Der Erfolg der EU-freundlichen Liberalen konterkarierte zudem den nur punktuell erfolgten Durchbruch EU-feindlicher Parteien und Bewegungen.

Ebenso wie hierzulande kam es insgesamt zu einer Trendumkehr bei der Wahlbeteiligung: Erstmals in der Geschichte von EP-Wahlen kam es zu einer Steigerung! Es ist fraglich, ob darin eine fortschreitende oder sogar dynamisierte Europäisierung der Wahlentscheidung in dieser einzigartigen

Parlamentswahl Ausdruck fand (Sio et al. 2019). Sicher, der menschengemachte Klimawandel befeuert grüne Stimmenanteile – eine grün-liberale progressive Welle in Teilen West- und Nordeuropas kontrastiert eine Dominanz Rechtskonservativer und Nationalpopulistischer in Mittelost- und Osteuropa. Und zwischen den Spitzenkandidaten der großen Parteienfamilien (Manfred Weber, Frans Timmermans, Margarethe Vestager) gab es deutliche inhaltliche Differenzen, ob CO_2-Steuer, Migrationspolitik oder Steuerregime.

Aber es wäre ein Trugschluss zu meinen, dass diese Muster der Stimmenabgabe oder Stimmenkonjunkturen in erster Linie europapolitischen und supranationalen Vorzeichen geschuldet sind. Ein Jahrzehnt ist vergangen seit Inkrafttreten des Vertrages von Lissabon – eine auffällig lange „vertragslose" Periode, die noch deutliche Verlängerung erfahren wird. Die vielgepriesene und in der Tat bedeutsame Institution der Europäischen Bürgerinitiative – ein unbekanntes Wesen!

Es gibt kaum ein Thema von Gewicht, das von den meisten Wählern in den Mitgliedsstaaten als wesentlich erachtet wird, die europäische Wählerschaft spaltet und die Möglichkeit einer Änderung des Status quo vermittels Europawahl. Weder direkt noch indirekt. Das Beispiel der Migrationspolitik: Bedeutsam für die individuelle Wahlentscheidung, scharf polarisierend quer über den Kontinent (Bertelsmann 2019: 24) und von den politischen Eliten als supranationale Materie anerkannt – und doch, oder gerade deshalb scheiterte eine europäische Lösung! (Siehe die Aushebelung der Ratsbeschlüsse zur verpflichtenden Beteiligung aller Mitgliedsstaaten mit qualifizierter Mehrheit)

Gemäß dem Vertrag von Lissabon hat der Europäische Rat in der Wahl des Kommissionspräsidenten das Ergebnis der EP-Wahl „in Betracht zu ziehen". Der Sieger unter den Spitzenkandidaten der Parteienfamilien wurde in der Tat 2014 Präsident der EU-Kommission (Jean-Claude Juncker). Doch ein politischer Automatismus erwuchs daraus nicht: eine EU-weit übertragene Diskussion der Spitzenkandidaten – ja. Eine Kür des relativen Wahlgewinners Manfred Weber – nein. Ein solcher Automatismus wäre dem Parlamentarismus gemäß dem Prinzip freier Mehrheitsbildung ohnehin wesensfremd. Das Ausscheren der Liberalen als den Hauptgewinnern dieser Wahl erfolgte nicht notwendigerweise unter dem Banner Emmanuel Macrons. Und dennoch: wieder der Befund einer fehlenden Verknüpfung von Wahlakt und politischen Konsequenzen in Streitfragen ersten Ranges!

Das alles regt die europapolitische Fantasie beim Wähler kaum an. Es fehlt, auch objektiv gesehen, die Kraft, um den Integrationsprozess zu dynamisieren – keine konkreten Pläne, keine Beschreibung von Endzuständen. Vielerorts, in Österreich noch weniger als anderswo, dominiert eine Ansprache im Negativen. Karas beschwört supranationale Zusammenarbeit, aber gleichzeitig ist für die ÖVP klar, dass es keinen (weiteren) Kompetenztransfer geben soll bzw. wird. Klimawandel, Flüchtlingskrise, Digitalbesteuerung, Bekämpfung der Steueroasen – weitgehend eine Angelegenheit nationaler Politik, durchaus pragmatisch gehandhabt, häufig international und kooperativ ausgerichtet, aber eben national ausgedacht und gelenkt! Forderungen des liberalen Wahlgewinners nach einer EU-Staatsbürgerschaft oder des sozialdemokratischen Wahlverlierers nach einem europäischen Wohlfahrtsstaat: Viele Vetospieler verhindern Integrationsschritte, welcher inhaltlichen Stoßrichtung auch immer! Und manche dieser Vetospieler, etwa auf Ebene von Regierungskoalitionen oder im Europäischen Rat, zeichnen sich durch eine inhomogene Haltung aus – und sind damit für Verhandlungslösungen jedweder Art (u. a. durch Positionsabtausch) kaum ansprechbar.

Die letzten Jahre haben gezeigt, dass das Brexit-UK einen Sonderfall darstellt und das pro-EU-Lager im Angesicht des vereinzelten Aufstiegs EU-feindlicher Parteien zu mobilisieren imstande ist. Dazu passt, dass Parteien wie die FPÖ vorsichtig geworden sind, ein Austrittsszenario anzudenken (offiziell bis 2014). Alles das zementiert den Status quo erreichter supranationaler Integration. Wenn aber am gegenwärtigen Zustand ohnehin kaum gerüttelt wird und selbst dort, wo großflächige Veränderung zur Diskussion steht, diese plausiblerweise nicht umsetzbar erscheint, hat der Wähler, überraschend rational, wie dieser meistens ist, kaum Anreiz, sein Fähnchen nach diesem Themenkomplex auszurichten; womit wir wieder bei der Innenpolitik gelandet wären, dem Spitzenkandidatenmodell (und auch der Europäischen Bürgerinitiative) zum Trotz.

Das alles beschreibt bzw. erzeugt ein europapolitisches Vakuum. Damit ist nicht gemeint, dass die Haltung zu Europa bzw. zum europäischen Einigungsprojekt die Wähler „kalt" ließe. Es gibt Anzeichen für einen dreidimensionalen Wettbewerbsraum in europäischen Demokratien: 1. Sozioökonomisch. 2. Soziokulturell. 3. (Supra-)National (Hooghe und Marks 2018). Verantwortlich für die meisten Entscheidungen internationaler Preisklasse, auch der europapolitischen, sind weiterhin nationale Akteure und nicht supranationale Institutionen (Boomgaarden et al. 2016). Wenn von „second order election" die Rede ist, muss es sich nicht notwendigerweise um eine national motivierte Protestwahl handeln, wenngleich dieser Zusammenhang für einige Mitgliedsstaaten – wiederholt – nicht von der Hand zu weisen ist (Heinisch and Mühlböck 2015).

Fazit

Die Lehren der Europawahl 2019 sind vergleichsweise einfach gestrickt. Für Europa lauten sie: 1. Eine Mobilisierungsfähigkeit integrationsfreundlicher Parteien quer durch den Kontinent. Europaskeptiker und –feinde bilden eine Minderheit, wenngleich eine kräftige.[3] Eine EU-weite Studie im Auftrag der Bertelsmann Stiftung hatte im Vorfeld der EP-Wahl 2019 ergeben, dass populistische Parteien, allen voran europaskeptische, einen eingefleischten Unterstützerkern besitzen, aber zugleich die höchste Ablehnungsrate unter allen Parteientypen und Parteienfamilien erfahren (Bertelsmann 2019: 17). 2. Eine Ausdifferenzierung des Parteiensystems an den Rändern und an der Mitte. Wie im nationalen Kontext erschwert dies die parlamentarische Mehrheitsbildung bzw. groß angelegte institutionelle Reformpartnerschaften (Stichwort Arithmetik-Beglückung durch große Koalitionen in Österreich, Deutschland und anderswo). Europaweit erreicht nur mehr der ungarische FIDESZ regelmäßig absolute Mehrheiten.

Im österreichischen Rahmen gilt es festzuhalten: 1. Der Urnengang war eine „Wahl zweiter Ordnung" im Schatten der dynamischen innenpolitischen Entwicklung jener Wochen. Aber auch ohne „Ibiza" hätte eine Mehrheit der Österreicher und Österreicherinnen durch die Brille nationaler Politikerfahrungen abgestimmt. 2. Die EP-Wahl lieferte einen

3 Unklar ist, ob EU-Befürworter eine überproportionale Beteiligung an EP-Wahlen an den Tag legen.

Vorgeschmack auf die Mobilisierungsfähigkeit der Kurz-ÖVP in bundesweiten Kampagnen. Dazu trug das Vorzugsstimmen-System bei: Die drei erfolgreichsten Stimmensammler waren allesamt ÖVP-Kandidaten. So fiel es nicht ins Gewicht, dass es zu keinem Karas-Hype kam: Der Triumphator der Wahl 2009 und erfolgreiche Frontmann 2014 landete doch deutlich hinter seiner Kollegin Edtstadler – und sogar unter seinem Ergebnis von 2009!

Kein schmerzhafter, aber doch ein nüchterner Befund: eine Europawahl, letztlich eingezwängt in nationale Politik; und ein Szenario mit Wiederholungsmöglichkeit!

Literatur

Boomgaarden, H., Johann, D. and Kritzinger, S. (2016). Voting at National versus European Elections: An individual level test of the second order paradigm for the 2014 European Parliament Elections, Politics and Governance 4(1), pp. 130–144.

Hooghe, L., and Marks, G., (2018), Cleavage theory meets Europe's crises: Lipset, Rokkan, and the transnational cleavage, Journal of European Public Policy 18(1) pp. 109–135).

https://www.bertelsmann-stiftung.de/fileadmin/files/BSt/Publikationen/GrauePublikationen/ZD_Europa_hat_die_Wahl_final.pdf

https://www.uni-salzburg.at/fileadmin/multimedia/Politikwissenschaft%20und%20Soziologie/documents/Heinisch-Muehlboeck_The_Euroskeptic_Voter_MPSA2015.pdf

https://www.luissuniversitypress.it/sites/luissuniversitypress.it/files/allegati/2019/07/ep_online.pdf

https://www.sora.at/fileadmin/downloads/wahlen/2019_EUW_Wahlanalyse.pdf

https://www.sora.at/fileadmin/downloads/wahlen/2019_NRW_Wahlanalyse.pdf

https://strategieanalysen.at/wp-content/uploads/2019/10/ISA-SORA-Wahltagsbefragung-NRW-2019.pdf

„EIN ZUVERLÄSSIGER
PARTNER
IST OFT
NÄHER ALS
MAN DENKT."

SEIT 1824 NEHMEN WIR SORGEN AB.

wienerstaedtische.at
IHRE SORGEN MÖCHTEN WIR HABEN

WIENER
STÄDTISCHE
VIENNA INSURANCE GROUP

OTHMAR KARAS

Ein neues Kapitel für Europa und die europäische Demokratie

Die Rekordbeteiligung bei den Europawahlen im Mai 2019 hat gezeigt, wie lebendig die europäische Demokratie ist. Eine große Mehrheit der Bürgerinnen und Bürger hat durch die Stärkung der proeuropäischen Kräfte des Europäischen Parlaments den klaren Auftrag erteilt, Europa fit für die vielfältigen Herausforderungen einer globalisierten Welt zu machen. Auch die Europäische Kommission hat sich neu formiert. Die von Ursula von der Leyen nominierten Kommissionsmitglieder haben sich im Europaparlament dem härtesten Auswahlverfahren für Regierungen in Europa gestellt. Durch die Mitbestimmung bei der Zusammensetzung der Kommission und die Zustimmung zum ambitionierten Arbeitsprogramm für die nächsten fünf Jahre sendet die Europäische Bürgerkammer eine zentrale Botschaft: Machen wir uns die Zukunft zum Freund!

Ein neues Kapitel für Europa und die europäische Demokratie

Bei den Europawahlen im Mai 2019 haben wir ein neues Kapitel für Europa und die europäische Demokratie aufgeschlagen. In einer Zeit, in der die Europäische Union zugleich Fliehkräften von innen und neuen Bedrohungen von außen ausgesetzt war, brechen wir in eine neue, in vielerlei Hinsicht wohl entscheidende Legislaturperiode auf. Viel steht auf dem Spiel. Mut, Entschlossenheit, Ernsthaftigkeit und Verantwortung für die Zukunft sind gefragt.

Die rund 400 Millionen wahlberechtigten EU-Bürgerinnen und -Bürger haben bei den Europawahlen über die Zusammensetzung des Europäischen Parlaments (EP), der Bürgerkammer Europas, für die nächsten fünf Jahre bestimmt. Und damit haben sie auch maßgeblich die neue EU-Kommission unter ihrer ersten Präsidentin Ursula von der Leyen auf den Weg gebracht – wenn auch die Bestellung der neuen Kommission leider holprig und nicht nach dem ursprünglich gewünschten und bewährten Drehbuch des Europaparlaments (Stichwort: Spitzenkandidaten-Modell) verlaufen ist.

Die Europawahlen markieren alle fünf Jahre einen Schlüsselmoment für die Europäische Union und den Zustand der europäischen Demokratie. Im vergangenen Jahr war die Ausgangslage jedoch einzigartig: Zum ersten Mal seit der Gründung der EU hat ein Mitgliedsstaat – das Vereinigte Königreich – beschlossen, die Union zu verlassen, und trotzdem an den Wahlen, weil noch Mitglied, teilgenommen. Politische Zersplitterung, Polarisierung und ein wachsender Anstieg nationaler, populistischer Bewegungen und Extreme in einigen Mitgliedsstaaten brachten viele weitere Unsicherheiten mit sich. Zugleich haben wir es auf internationaler Ebene zunehmend mit nicht einfachen Akteuren zu tun, wie dem US-Präsidenten Donald Trump, der protektionistisch und außenpolitisch oft unberechenbar agiert und den Multilateralismus infrage stellt, dem chinesischen Präsidenten Xi Jinping, der Europa zwar als Markt, aber wohl kaum als ebenbürtigen politischen Partner ansieht, oder dem russischen Präsidenten Wladimir Putin, der auf Desinformation setzt und selbst vor dem Einsatz militärischer Mittel in Europa nicht zurückschreckt, wie auf der Krim und in der Ostukraine.

Neuzusammensetzung des Europäischen Parlaments

Bei dieser Europawahl waren mehr Menschen wahlberechtigt, als die USA Einwohner haben. Mehr Menschen haben das Europäische Parlament gewählt, als US-Bürger den amerikanischen Präsidenten. Das Wahlergebnis zeigt, dass sich der Weg der Mitte, des Miteinanders und des Kompromisses durchgesetzt hat.

Rückenwind haben wir sicherlich durch die erhöhte Wahlbeteiligung erhalten: Auf EU-Ebene lag sie bei 50,6 Prozent und damit auf dem höchsten Niveau seit 25 Jahren. In Österreich fiel das Ergebnis noch besser aus: 59,77 Prozent aller Österreicherinnen und Österreicher haben am 26. Mai 2019 von ihrem demokratischen Recht Gebrauch gemacht und an der Europawahl teilgenommen. In Österreich konnte ein Zuwachs von 14,38 Prozentpunkten im Vergleich zur EU-Wahl 2014 verzeichnet werden. Die Eurobarometer-Umfragen nach den Europawahlen haben eindeutig gezeigt, dass wieder mehr EU-Bürgerinnen und EU-Bürger sich der einflussreichen Rolle des Europäischen Parlaments zunehmend bewusst werden. Die Demokratie und der Parlamentarismus wurden deutlich gestärkt. Der richtige Zugang, Bürgerinnen und Bürger, Stakeholder und Influencer intensiv in die Wahlkampagne mit einzubinden, hat zu diesem Erfolg maßgeblich beigetragen. Auf diesen Erfahrungen gilt es in Zukunft aufzubauen.[1]

Im Vergleich zu den Europawahlen 2014 hat sich die Zusammensetzung des Europäischen Parlaments deutlich verändert: Von den 751 Abgeordneten sind 61 Prozent der Abgeordneten neu im EP. Das Durchschnittsalter ist seit 2014 um dreieinhalb Jahre gesunken und beträgt nunmehr 49 ½ Jahre. Außerdem hat sich der Frauenanteil im Vergleich zur letzten Legislaturperiode um 4,5 Prozent gesteigert: Mit einem Frauenanteil von 41 Prozent gibt es mehr weibliche Abgeordnete als je zuvor.[2]

Mit dem Austritt des Vereinigten Königreichs aus der EU am 31. Jänner 2020 schieden 73, erst im Mai gewählte Mandatare aus. Wir reduzierten

1 https://www.europarl.europa.eu/at-your-service/files/be-heard/eurobarometer/2019/post-election-survey-2019-complete-results/report/en-post-election-survey-2019-report.pdf (abgerufen am 10.01.2020)

2 https://www.europarl.europa.eu/news/de/headlines/eu-affairs/20190705STO56305/zahlen-und-fakten-zur-neuen-legislaturperiode (abgerufen am 10.01.2020)

die Sitze im EP von 751 auf 705. 27 der 73 Sitze wurden neu verteilt. Die restlichen 46 sind für mögliche zukünftige EU-Erweiterungen und allfällige europäische Listen vorgesehen. Mit 187 Sitzen (+5) ist die EVP weiterhin die größte Fraktion. Die S&D-Fraktion erhält 147 Sitze (–6), die Fraktion Renew Europe (ehemals ALDE) 97 Sitze (–11), die I&D-Fraktion (ehemals ENF) 76 Sitze (+3), die Fraktion der Grünen/EFA 69 Sitze (–7), die ECR-Fraktion 63 Sitze (–3). Die GUE/NGL-Fraktion ist mit 40 Sitzen (–1) die kleinste Fraktion. 26 Abgeordnete sind fraktionslos.[3] Österreich erhielt einen Sitz mehr und kommt so auf 19 Abgeordnete..

Auch nach der Neuverteilung der Sitze durch den Brexit gibt es im Europäischen Parlament weiterhin eine breite Mehrheit aus jenen politischen Kräften, die für ein gemeinsames Europa konstruktiv zusammenarbeiten wollen.

Aber nicht nur das Europäische Parlament hat sich neu formiert, sondern auch die Europäische Kommission hat sich verändert: Mit der Nominierung von Ursula von der Leyen als Kommissionspräsidentin hat der Rat der Staats-, und Regierungschefs sich gegen das Spitzenkandidatenverfahren gestellt, obwohl es sich bei der EU-Wahl 2014 so bewährt hat und gegenseitige Versprechungen abgegeben wurden. Das war ein schwerer Rückschlag für die Weiterentwicklung der europäischen Demokratie und hat für große Enttäuschung bei den Wählerinnen und Wählern und auch im Europaparlament geführt.

Spitzenkandidatenverfahren

Dieses Verfahren bleibt eine wichtige Etappe: Das Europäische Parlament hat damit die Chance, seine Rolle als einzige direkt gewählte EU-Institution und damit auch die Teilhabe der Menschen an der europäischen Politik weiter zu stärken. Ohne oder gegen das Europaparlament darf es keine Entscheidung geben!

Seine Wurzeln gehen auf den von 1985 bis 1995 amtierenden Kommissionspräsidenten Jacques Delors zurück, und es hat zum Ziel, dass Bür-

3 https://www.europarl.europa.eu/RegData/etudes/ATAG/2020/642259/EPRS_ATA(2020)642259_EN.pdf (abgerufen am 14.01.2020)

gerinnen und Bürger bei den Europawahlen nicht nur über die Zusammensetzung des Europäischen Parlaments abstimmen, sondern auch indirekt die Spitze der Kommission mitentscheiden können.

Der ehemalige Luxemburger Premier und Ex-Kommissionspräsident Jean-Claude Juncker hat mir das frühere Verfahren so beschrieben: „Damals wurde der Kommissionspräsident in abgedunkelten Räumen des Europäischen Rats ernannt, ohne dass man das Parlament um seine Meinung gefragt hätte, geschweige denn seine Wähler."[4] Mit dem EU-Vertrag von Lissabon, der seit dem 1. Dezember 2009 in Kraft ist, konkretisierten sich die Überlegungen der europäischen Parteienfamilien über ein Spitzenkandidaten-Modell: Aus Art. 17 Abs. 7 EUV geht klar hervor, dass die Staats- und Regierungschefs bei dem Kandidatenvorschlag für das Amt des Kommissionspräsidenten das Ergebnis der Wahlen berücksichtigen müssen. Durch den Konnex zwischen den Wahlen zum Europaparlament und der Führung der Europäischen Kommission verstärkte sich ab 2009 die Tendenz zu einer stärkeren Personalisierung des Wahlkampfs. Zu vergleichen ist dies mit den Spitzenkandidat/innen der Parteien in den Mitgliedsstaaten, die de facto auch die Anwärter/innen auf das Amt der Regierungschefs sind. EU-weite Ausnahmen sind Frankreich und Zypern mit ihren Präsidialsystemen.

2014 ging es schließlich darum, den EU-Vertrag von Lissabon mit Leben zu füllen: Die Nominierung von europaweiten Spitzenkandidaten bei den Europawahlen war ein Meilenstein. Mit Jean-Claude Juncker wurde der Spitzenkandidat der Europäischen Volkspartei als Wahlsieger am Tag nach der Wahl von den Fraktionsvorsitzenden aller proeuropäischer politischer Gruppierungen im Europaparlament den Staats- und Regierungschefs der Mitgliedsstaaten vorgeschlagen. Diese haben nach einiger Zeit mit taktischen Machtspielchen den Vorschlag übernommen. Vom Europäischen Parlament wurde Jean-Claude Juncker schließlich mit 422 Stimmen zum Kommissionpräsidenten gewählt.[5]

Fünf Jahre später ist dieser Fortschritt durch die Hinterzimmermauscheleien der Staats- und Regierungschefs bei der Kür der Kommissions-

4 Karas, Othmar: Die europäische Demokratie – Grenzen und Möglichkeiten des Europäischen Parlaments, Wien 2017, S. 234

5 https://www.europarl.europa.eu/news/de/press-room/20140714IPR52341/europaisches-parlament-wahlt-juncker-zum-prasidenten-der-eu-kommission (abgerufen am 07.01.2020)

spitze leider beschädigt worden. Die Bestellung von Ursula von der Leyen als Kompromisskandidatin für das Amt der Kommissionspräsidentin war ein großer Rückschritt – verursacht vor allem durch die Allianz zwischen Emmanuel Macron und Victor Orbán und der Uneinigkeit im Europäischen Parlament. Trotz der gegen das Spitzenkandidatenmodell verlaufenden Nominierung muss man aber festhalten, dass der Wählerwille insofern respektiert wurde, als die Europäische Volkspartei als stärkste politische Kraft doch auch die Spitze der Kommission stellt.

Mit ihrer Vision für Europa für die kommenden fünf Jahre konnte Ursula von der Leyen am 16. Juli 2019 mit 383 Stimmen die Mehrheit der Europaparlamentarier von sich überzeugen. Im Anschluss an ihre Wahl wurde sie dazu aufgerufen, ihr Kommissionsteam gemeinsam mit dem Europäischen Rat im Einvernehmen (ein Kandidat pro Mitgliedsstaat) zusammenzustellen.[6] Damit ist es aber nicht getan: Jedes einzelne Kommissionsmitglied sowie das Kollegium als Ganzes benötigt die Zustimmung des Europäischen Parlaments. Die Bürgerkammer hat auch hier das letzte Wort.

Das härteste Auswahlverfahren für eine Regierung in Europa

Die Einbindung der Abgeordneten bei der Ernennung der Kommission hat eine lange Tradition. 1993 legte der Vertrag von Maastricht dafür den Grundstein: Bereits 1995 nahm das Europäische Parlament das Recht auf parlamentarische Anhörungen von designierten Kommissaren in Anspruch. In keinem Mitgliedsland der Europäischen Union werden die Regierungsmitglieder von den Bürgervertretern so gründlich auf ihre fachliche Kompetenz und persönliche Integrität geprüft.

Der Ablauf erfolgt nach einem detaillierten Prozedere, das sich in drei Bereiche gliedert[7]:

6 https://ec.europa.eu/commission/presscorner/detail/de/IP_19_5542 (abgerufen am 20.01.2020)

7 https://www.europarl.europa.eu/news/de/hearings2019/kommissionsanhorungen-2019/20190906STO60503/ wahl-der-europaischen-kommission-infografik (abgerufen am 20.01.2020)

Vor den Anhörungen sind die Erklärungen der finanziellen Interessen von allen designierten Kommissaren abzugeben. Der Rechtsausschuss prüft die Erklärungen. Dieser kann weitere Informationen anfordern, die Diskussion mit dem Kandidaten suchen und Empfehlungen zur Beseitigung von Interessenskonflikten geben. Die Zustimmung des Rechtsausschusses ist zwingend notwendig, um zu den Hearings in den Fachausschüssen zugelassen zu werden. Im vergangenen Herbst lehnte der Rechtsausschuss den für Erweiterungspolitik nominierten László Trócsányi aus Ungarn und die für den Bereich Transport nominierte Rovana Plumb aus Rumänien aufgrund finanzieller Interessenskonflikte ab. Daraufhin musste Ursula von der Leyen zwei neue Kandidaten, Olivér Várhelyi aus Ungarn und Adina-Ioana Vălean aus Rumänien, nachnominieren. Die Dossiers blieben gleich. Der für den Agrarbereich nominierte polnische Kandidat Janusz Wojciechowski konnte die Bedenken ausräumen und wurde zum Hearing eingeladen.

Im Anschluss an die Prüfung im Rechtsausschuss muss jedes designierte Kommissionsmitglied aufgefordert, zu einer Anhörung vor dem zuständigen Ausschuss bzw. den zuständigen Ausschüssen erscheinen. Vorab wird jede/r Kandidat/in gebeten, schriftliche Fragen zu seiner allgemeinen Befähigung, seinem Einsatz für Europa, seiner persönlichen Unabhängigkeit, seiner Zusammenarbeit mit dem Europäischen Parlament sowie zu seinem zugeordneten Aufgabenbereich zu beantworten.

Jede Anhörung dauert drei Stunden und wird im Internet übertragen. Jede/r Kandidat/in gibt eine einleitende Erklärung von höchsten 15 Minuten ab und wird gebeten, bis zu 25 Fragen zu beantworten. Am Ende kann jedes Kommissionsmitglied ein kurzes Statement abgeben. Unmittelbar nach der Anhörung findet eine Sitzung zur Bewertung statt. Der Ausschuss kann schriftlich weitere Informationen anfordern oder eine zweite Anhörung ansetzen.

Für jedes designierte Kommissionsmitglied wird unverzüglich ein Bewertungsschreiben an die Ausschussvorsitzenden geschickt. Nach Prüfung der Schreiben werden diese an die Konferenz der Präsidenten weitergeleitet, die aus dem Präsidenten des EP und den Fraktionsvorsitzenden besteht, die über die abschließende Bewertung entscheiden, übermittelt. Die von Frankreich nominierte Kommissarin für Binnenmarkt und Industrie, Sylvie Goulard, scheiterte im Herbst 2019 nach zwei Hearings und der Beantwortung weiterer nachgereichter schriftlicher Fragen, nachdem sie nicht die erforderliche Mehrheit erreicht hatte. An ihrer Stelle wurde der Franzose Thierry Breton für das Binnenmarkt-Dossier ausgewählt, der die Prüfung durch den Rechtsausschuss sowie das Hearing erfolgreich bestand.

Erst nachdem alle Kommissionskandidaten den Anhörungsprozess erfolgreich absolviert hatten, stimmte das Europaparlament am 27. November 2019 mit 461 Stimmen dem Kommissionskollegium zu.[8] Dieser Ablauf zeigt deutlich, dass es sich nicht um einen bloßen Formalakt handelt, sondern der geschilderte Prozess das härteste Auswahlverfahren für eine „Regierung" in Europa ist. Dieses europäische Modell stärkt die Demokratie, den Parlamentarismus und damit die europäischen Bürgerinnen und Bürger. Daher sollte es demokratischer Standard in der EU werden.

Neue Kommission unter Ursula von der Leyen

Mit ihrem Programm „Eine Union, die mehr erreichen will" hat Ursula von der Leyen ihre Vision für die Zukunft der Europäischen Union skizziert.[9] Damit ist die neue Kommissionspräsidentin den proeuropäischen Stimmen gefolgt, die für mehr grenzüberschreitende Zusammenarbeit, eine Weltpolitiktauglichkeit der EU, europäische Lösungen und konkrete lösungsorientierte Maßnahmen eintreten.

Die Themen Klima, Beschäftigung und Wirtschaft, Migration und Sicherheit sowie Demokratie und Rechtsstaatlichkeit standen als Wahlmotive im Vordergrund und waren besonders für die jungen Wählerschichten zwischen 18 und 30 Jahren von großer Bedeutung.[10] Wie aus der Nachwahlstudie des EP vom Oktober 2019 hervorgeht, hat auch die Überzeugung, dass ihre Stimme einen Unterschied machen kann, besonders die Jugend zur Stimmabgabe bei den EU-Wahlen bewogen. Nun gilt es, jede Anstrengung

8 https://www.votewatch.eu/en/term9-election-of-the-commission-appointment-of-the-von-der-leyen-commission-election.html#/##vote-tabs- list-2 (abgerufen am 21.01.2020)

9 https://ec.europa.eu/commission/sites/beta-political/files/opening-statement-plenary-session_de.pdf (abgerufen am 13.01.2020)

10 https://www.europarl.europa.eu/at-your-service/files/be-heard/eurobarometer/2019/election2019/EB915_SP_EUROBAROMETER_POSTEE19_ FIRSTRESULTS_EN.pdf (abgerufen am 13.01.2020)

zu unternehmen, um eine sicht- und spürbarere, lösungsorientierte und effiziente Gesetzgebung in den nächsten Jahren auf den Weg zu bringen. Ansonsten laufen wir Gefahr, das gewonnene Vertrauen bis zur nächsten EU-Wahl 2024 zu verspielen.

Die Kommissionspräsidentin hat dies erkannt und die Zukunftsthemen in ein ambitioniertes Programm gegossen. Das hat die Mehrheit der Europaparlamentarier mit 383 Stimmen überzeugt – gerade weil es die Prioritäten ihrer Wählerschaft widerspiegelt[11]. Um den Aufgabenstellungen gerecht werden zu können, hat Ursula von der Leyen den Aufbau der Kommission strukturell weiter verändert und themenübergreifende Schwerpunkt-Cluster geschaffen.

Diese werden von den drei exekutiven Vizepräsidenten, die als Anlaufstelle für den jeweiligen Themenbereich gelten, denen auch eine Generaldirektion unterstellt ist, koordiniert:

Der europäische Green Deal unter der Leitung des exekutiven Vizepräsidenten Frans Timmermans bildet dabei das Herzstück des Programms. Am 15. Jänner 2020 hat das Europaparlament dazu seine Position als konstruktive Arbeitsgrundlage mit breiter Mehrheit von 482 Stimmen verabschiedet.[12] Im Zentrum des Standpunktes steht die Entwicklung sauberer und umweltfreundlicherer Ansätze zur Stärkung der europäischen Wirtschaft und gleichzeitigen Schaffung von Arbeitsplätzen, basierend auf einem klaren Bekenntnis zur Klimaneutralität bis zum Jahr 2050 und der Reduktion von CO_2-Emissionen um 55 Prozent bis zum Jahr 2030. Gleichzeitig hat sich die österreichische Position gegen Atomkraft als CO_2-neutrale Energiequelle und keine Vergabe von EU-Fördermitteln für Nuklearenergie durchgesetzt.

Um diese ambitionierten Nachhaltigkeitsbestrebungen verwirklichen und sich aus geopolitischen und wirtschaftlichen Abhängigkeiten befreien zu können, muss Europa rasch effizienter und energieunabhängiger werden. Das Klimarahmengesetz von Frans Timmermans ist eine nützliche Grundlage, vorausgesetzt, es verfolgt einen holistischen Ansatz.

11 https://www.europarl.europa.eu/news/de/press-room/20190711IPR56824/parlament-wahlt-ursula-von-der-leyen-zur-prasidentin-der-eukommission (abgerufen am 07.01.2020)
12 http://www.europarl.europa.eu/doceo/document/RC-9-2020-0040_DE.pdf (abgerufen am 07.01.2020)

Energieintensive Regionen, Sektoren, Industriezweige sowie Unternehmen stehen in der Transformation vor besonderen Herausforderungen. Durch Investitionen in Forschung und Entwicklung können anspruchsvolle Sprunginnovationen und Zukunftstechnologien für ein klimaneutrales Wirtschaften möglich gemacht werden. Es wird Aufgabe meiner ehemaligen Kollegin, Kommissarin Mariya Gabriel sein, die Schwerpunktsetzung in diesem Bereich voranzutreiben und eine Einigung zwischen den Mitgliedsstaaten zu erzielen.[13] Ich begrüße ihre während der parlamentarischen Anhörung getätigte Versprechen, eine Verdreifachung des Budgets für das europäische Austauschprogramm Erasmus+ sicherzustellen und sich für eine ambitionierte Budgeterhöhung auf 120 Milliarden Euro für das Forschungsrahmenprogramm Horizont Europa (HEU) durchzusetzen. Das Europäische Parlament wird sie dabei unterstützen. Die Forschungsausgaben von heute sind die Arbeitsplätze von morgen. Forschung ist die Grundlage für Innovation und Wettbewerbsfähigkeit der europäischen Wirtschaft. So kann mit jedem richtig investierten Euro in HEU – über einen Zeitraum von 25 Jahren – eine Rendite von bis zu elf Euro für die Wirtschaftsleistung erzielt werden.[14] In Anbetracht dieser vielversprechenden Chance sollte das Forschungsbudget der EU langfristig verdoppelt und die Forschungszusammenarbeit innerhalb der EU weiter ausgebaut werden. Nur so können wir in neuen Technologiesparten wie künstlicher Intelligenz, Robotik, bei Methoden im Kampf gegen den Krebs und in vielen anderen Bereichen erfolgreich sein. Wir müssen dafür Sorge tragen, dass unsere Universitäten und Forschungseinrichtungen attraktiver Anziehungspunkt für die klügsten Köpfe sind. Die Investitionen von heute sind das Fundament für Wachstum, Wohlstand und Arbeitsplätze von morgen.

Dieser Schritt kann jedoch nur Hand in Hand mit der Wirtschaft, der Industrie und den Klein- und Mittelbetrieben (KMU) erfolgen. Der für die Ressorts Binnenmarkt und Verteidigung zuständige neue französische Kommissar Thierry Breton überzeugte bereits während der Anhörung die

13 https://ec.europa.eu/commission/sites/beta-political/files/mission-letter-mariya-gabriel-2019_en.pdf (abgerufen am 10.01.2020)

14 https://ec.europa.eu/commission/presscorner/detail/de/IP_19_2991 (abgerufen am 10.01.2020)

Mehrheit der Abgeordneten aufgrund seiner langjährigen politischen und wirtschaftlichen Erfahrung. Der Ausarbeitung einer europäischen Industriestrategie, der Umsetzung einer umfassenden und nachhaltigen Kreislaufwirtschaft sowie der Stärkung der KMUs als Rückgrat der europäischen Wirtschaft kommt im Hinblick auf die nächsten Jahre eine Schlüsselrolle zu. Daher sollte der Binnenmarkt vollendet werden, indem Barrieren abgebaut, Synergien geschaffen und Ressourcen gebündelt werden. Der von Kommissar Breton während seiner Anhörung gerichtete Fokus auf Zukunfts- und digitale Technologien wie 5G, Blockchain und Quantentechnologie hat nicht nur die Zustimmung der Fraktionen während des Hearings gefunden, sondern kann effektiv zur Erreichung der Zielvorgaben beitragen.[15] Wenn Europa die Zukunft aktiv mitgestalten will, muss es zum Technologieführer in der Welt werden.

Eine zentrale Rolle wird dabei das Thema Digitalisierung spielen, für welches Margrethe Vestager als exekutive Vizepräsidentin des Clusters „Ein Europa für das digitale Zeitalter" führt. Dabei koordiniert sie die gemeinsame Ausrichtung zwischen den Dossiers von Thierry Breton, Mariya Gabriel sowie ihrem eigenen Ressort für die Wettbewerbspolitik.[16] Mit ihrem Leitspruch: „Der Klimawandel und die digitale Transformation wirken sich auf jeden Aspekt unseres täglichen Lebens aus. Wir dürfen Europa nicht zu Ländern wie China oder die USA machen, sondern müssen selber gestalten" macht Margrethe Vestager die Zielsetzung mehr als deutlich.[17] Digitalisierung, industrielle Transformation und Innovation können nur dann Bestand haben, wenn sie dem gesellschaftlichen Wohl dienen, sozial verträglich sind und niemanden zurücklassen. Ohne Zweifel sind dafür Schulungen und der Ausbau von digitalen Kompetenzen unerlässlich.

Unser politisches Ordnungsmodell ist die Ökosoziale Marktwirtschaft, nicht der Markt allein. Die EU muss spürbare Vorteile für jeden Bürger bringen, nicht nur für die Wirtschaft. Dazu gehört auch eine kon-

15 https://www.europarl.europa.eu/news/en/press-room/20191112IPR66319/hearing-of-commissioner-designate-thierry-breton (abgerufen am 15.01.2020)

16 https://ec.europa.eu/commission/sites/beta-political/files/mission-letter-margrethe-vestager_2019_en.pdf (abgerufen am 11.01.2020)

17 https://www.europarl.europa.eu/news/en/press-room/20190926IPR62263/hearing-of-executive-vice-president-designate-margrethe-vestager (abgerufen am 16.01.2020)

tinuierliche Angleichung sozialer Unterschiede zwischen den Regionen Europas sowie ein EU-weiter Mindestlohn, die Umsetzung der in Göteborg unterzeichneten Säule sozialer Rechte und die Arbeitslosenrückversicherung. Denn ohne solche kann der EU-Binnenmarkt nicht vollständig funktionieren. Der Luxemburger Kommissar Nicolas Schmitt hat diesen wichtigen Bereich innerhalb des Clusters „Eine Wirtschaft im Dienste der Menschen“ inne, der vom exekutiven Vizepräsidenten Valdis Dombrovskis geführt wird. Beim Hearing im Wirtschafts- und Währungsausschuss konnte er seine fachliche Kompetenz unter Beweis stellen.[18] Wir können stolz darauf sein, dass die EU mit vereinten Kräften die größte Finanz-, Wirtschafts- und Staatsschuldenkrise seit über 100 Jahren gemeistert hat. Darauf dürfen wir uns aber nicht ausruhen: Wir müssen das Finanz- und Währungssystem sicherer und nachhaltiger gestalten. Das Finanzsystem muss noch mehr in den Dienst der Realwirtschaft gestellt werden. Unsere gemeinsame Währung erfordert mehr gemeinsame Wirtschafts- und Währungspolitik. Den Euro als zweitwichtigste Währung der Welt gilt es auch international weiter zu stärken. Er braucht ein gemeinsames Budget, und der Euro-Rettungsschirm muss zu einem richtigen gemeinschaftlichen Europäischen Währungsfonds ausgebaut werden. Der für Wirtschaft zuständige Kommissar Paolo Gentiloni ist gefordert, den Stabilitäts- und Wachstumspakt zu reformieren sowie die bestehenden Steuerschlupflöcher rasch zu schließen.[19]

Die globalen Herausforderungen, unsere gemeinsame Zukunft in Europa und das neue EU-Budget gehören zusammen gedacht. Nur so kann die neue Kommission ihr Programm – besonders den Green Deal – erfüllen. Es ist nun die Aufgabe des österreichischen Kommissars Johannes Hahn, die Zielsetzungen der Kommission in Zahlen zu gießen und einen reibungslosen sowie raschen Übergang zum langfristigen EU-Haushalt für den Zeitraum 2021 bis 2027 sicherzustellen. Dabei müssen wir projektorientiert denken und unsere Bürger aktiv informieren, wo Mittel zur Umsetzung gemeinsamer Ziele benötigt werden. Es geht um den Wert, nicht nur

18 https://www.europarl.europa.eu/news/en/press-room/20190926IPR62261/hearing-of-executive-vice-president-designate-valdis-dombrovskis (abgerufen am 16.01.2020)

19 https://www.europarl.europa.eu/news/en/press-room/20190926IPR62246/hearing-of-commissioner-designate-paolo-gentiloni (abgerufen am 16.01.2020)

um den Preis! Denn der Wert der Zusammenarbeit und des gemeinsamen Handelns ist weit höher als die nationalen Beiträge. Allein die Teilnahme am Binnenmarkt bedeutet für uns in Österreich einen Mehrwert von über 35 Milliarden Euro pro Jahr,[20] nahezu acht Prozent unserer gesamten Wirtschaftsleistung. Unser Bruttomitgliedsbeitrag zum EU-Budget liegt dazu im Vergleich bei derzeit rund 3,3 Milliarden Euro jährlich. Lassen wir die Menschen an diesen Erfolgen teilhaben.

In einer sich stetig verändernden Welt mit wachsenden Herausforderungen ist es notwendig, dass die EU geschlossen auftritt und mit einer Stimme spricht. Diese Aufgabe obliegt in den kommenden fünf Jahren dem Hohen Vertreter der Union für Außen- und Sicherheitspolitik und Vizepräsidenten der Kommission, dem Spanier Josep Borrell. Im Hinblick auf die zunehmenden ungelösten Krisenherde und die fragile internationale Sicherheitsarchitektur muss die EU lernen, einheitliche Positionen zu finden und mit einer Stimme zu vertreten, um ihrem Anspruch als globaler Akteur gerecht werden zu können. Es kann kein Weg an der Abschaffung der Einstimmigkeit im Rat vorbeiführen, wenn wir nicht von der Macht der Machtlosen regiert werden wollen. Wer das noch nicht erkannt hat, muss nur einen Blick in den Nahen Osten werfen, wo die EU in den aktuellen Krisenherden leider keine aktive Rolle spielt. Es fehlt die politische Geschlossenheit – die politische Doktrin. Es fehlt letztendlich noch immer der Wille dazu. Die Situation in Libyen ist ein Spiegelbild der europäischen Asyl- und Außenpolitik. Wir müssen zum Multilateralismus und einer regelbasierten Ordnung zurückkehren und Europas Rolle in den internationalen Organisationen und Gremien stärken. Die EU muss sich als Sprecher des europäischen Kontinents verstehen.

Machen wir uns die Zukunft zum Freund!

Bundeskanzler Helmut Kohl hat es einst treffend formuliert: „Wer die Vergangenheit nicht kennt, kann die Gegenwart nicht verstehen und die Zu-

20 https://www.sn.at/politik/weltpolitik/oesterreichs-eu-beitraege-werden-weiter-steigen-78785647 (abgerufen am 17.01.2020)

kunft nicht gestalten.“ Ein Gedanke, der gut zum Jahr 2020 passt. Denn wir feiern nicht nur 25 Jahre Österreich in der Europäischen Union, sondern geben auch den Startschuss für die Konferenz zur Zukunft Europas und der europäischen Demokratie. Die EU-Mitgliedschaft ist neben dem Staatsvertrag die wichtigste Zukunftsentscheidung, die Österreich je getroffen hat.

Die Europäische Union hat sich gemeinsam mit Österreich weiterentwickelt, denn als Mitglied ist Österreich bei jeder Entscheidung auf europäischer Ebene dabei. Der aktuelle EU-Vertrag von Lissabon und die EU-Charta der Grundrechte im Verfassungsrang waren Meilensteine für die europäische Demokratie und feierten am 1. Dezember 2019 in allen Mitgliedsstaaten ihren zehnten Geburtstag. Dadurch wurde das Europäische Parlament als Bürgerkammer Europas in den meisten Bereichen zum gleichberechtigten Gesetzgeber mit der Länderkammer, dem Rat. Die nachhaltige Soziale Marktwirtschaft mit dem Ziel der Vollbeschäftigung wurde zu unserem Ordnungsmodell. Bei der Wahl des Kommissionspräsidenten war fortan das Ergebnis bei der Wahl zum Europaparlament zu berücksichtigen. Mit der europäischen Bürgerinitiative wurde neben dem Petitionsrecht ein weiteres Element der direkten Demokratie eingeführt, ein ständiger Vorsitzender des Rats der Staats- und Regierungschefs wurde eingesetzt – der EU-Ratspräsident; die soziale Säule auf der Grundlage der sozialen Grundrechte wurde erarbeitet und wir haben uns einer gemeinsamen Außenpolitik weiter angenähert.

Trotz der beeindruckenden Erfolge stößt die Handlungsfähigkeit der EU wegen innerer Blockaden, neuer globaler Herausforderungen, politischen Fehlentwicklungen und der Einstimmigkeit im Rat noch immer an ihre Grenzen. Das wurde auch bei der zu langsamen Bewältigung der Wirtschafts-, Finanz- und Staatsschuldenkrise, beim Umgang mit den Migrationsströmen 2015 oder im Kampf gegen Steuerflucht aufgezeigt. Der Brexit ist das lauteste Alarmsignal. In vielen Mitgliedsstaaten sehen wir politische Zersplitterung und Polarisierung. Beides stärkt Extreme, Populisten, Nationalisten und gefährdet gemeinsames Handeln. Die glaubwürdige, effiziente, entschlossene Handlungsfähigkeit der EU, nach innen und außen, steht auf dem Spiel.

Es gilt, sich an Robert Schuman zu erinnern, der am 9. Mai 1950 sagte: „Europa lässt sich nicht mit einem Schlage herstellen und auch nicht durch eine einfache Zusammenfassung. Es wird durch konkrete Tatsachen entstehen, die zunächst eine Solidarität der Tat schaffen." Auch aus diesem Grund hat die neue Präsidentin der EU-Kommission, Ursula von der Leyen, mit der zuständigen Kommissarin Dubravka Šuica und das Europaparlament die für 2020 bis 2022 angelegte „Konferenz über die Zukunft Europas" als Dialogprozess entwickelt. Sie soll die Bürgerinnen und Bürger beteiligen, ihnen zuhören, Schlussfolgerungen erarbeiten und konkrete Maßnahmen setzen. Unser Ziel muss eine effizientere, handlungsfähigere und demokratischere Europäische Union sein, die den Kontinent glaubwürdiger in der Welt vertreten kann. Unsere Zukunft benötigt eine starke Europäische Union. Die EU sind wir alle: Bürgerinnen und Bürger, Gemeinden, Regionen, Nationen und die europäische Gemeinschaft. Machen wir daher gemeinsam die Zukunft zu unserem Freund!

ERSTE SPARKASSE

Unser Land
braucht Menschen,
die an sich glauben.

Und eine Bank,
die an sie glaubt.

#glaubandich

KARL JURKA

Nikolaus – GroKo aus

Die CDU war 2018 mit der Präsentation von drei Kandidaturen um den Parteivorsitz neue Wege gegangen, aber doch bei der Vorsitzenden-Wahl nach den Grundsätzen der repräsentativen Demokratie geblieben. Die SPD zog die Basisdemokratie vor und ermittelte ihre beiden Vorsitzenden 2019 in direkter Wahl durch die Mitglieder. Karl Jurka berichtet über die Krise der SPD 2019 und vergleicht die Wahlen des Vorsitzes von CDU und SPD methodisch und politisch.

Wie die SPD neue Vorsitzende suchte und fand

Mit 517 von 999 abgegebenen Stimmen, das waren 51,75 % der Delegiertenstimmen, wurde Annegret Kramp-Karrenbauer (AKK) beim Bundesparteitag der CDU Deutschlands am 7. und 8. Dezember 2018 in Hamburg zur Parteivorsitzenden der Christlich Demokratischen Partei Deutschlands (CDU) gewählt. Ihr Gegenkandidat in der Stichwahl, Friedrich Merz, erhielt 482 Stimmen, also 48,25 %.

Mit 75,9 % der Delegiertenstimmen wählte der Bundesparteitag der SPD am 6. Dezember 2019 Saskia Esken und mit 89,2 % Norbert Walter-Borjans zu gleichberechtigten Vorsitzenden der SPD, der Doppelspitze. Der Bundesparteitag war der formale Vollzug der Abstimmung der SPD unter ihren Mitgliedern. Mit 114.995 von 230.215 abgegebenen Stimmen hatte in der Stichwahl das Duo Esken und Walter-Borjans mit 53,06 % gegen Klara Geywitz und Olaf Scholz gewonnen, die 45,33 % erreichten.

CDU – Regionalkonferenzen als Stimmungstest

Die ursprünglich drei Kandidaten für den CDU-Vorsitz, Annegret Kramp-Karrenbauer, Friedrich Merz und Jens Spahn stellten sich vor dem Bundesparteitag in acht Regionalkonferenzen den Parteimitgliedern. Die Regionalkonferenzen zeigten kein einheitliches Stimmungsbild, sollten sie auch nicht. Der Bundesparteitag blieb spannend – und brachte die erwartete knappe Entscheidung zugunsten von AKK. Mehr zur Wahl von AKK und die Konsequenzen für die CDU im Jahrbuch für Politik 2018, Seiten 441 ff.

Dass sich drei Kandidaten der Wahl um den Parteivorsitz am Bundesparteitag 2018 den 1.001 Delegierten stellten, gab es in der Geschichte der CDU noch nie. Nur einmal hatte es eine Kampfabstimmung um die Obmannschaft in der CDU gegeben. 1971 trat Helmut Kohl gegen Rainer Barzel an. Das war die historische Ausnahme. Sonst hatte sich die CDU immer im Vorfeld des Bundesparteitags auf eine Person verständigt. Die eine Person war dann mit unterschiedlichen Mehrheiten, aber immer mit Mehrheit, gewählt worden.

Nachdem Angela Merkel im Oktober 2018 angekündigt hatte, beim Bundesparteitag im Dezember 2018 nicht mehr zur Wahl der Parteivorsitzenden antreten zu wollen, hatte eine Vielzahl von Bewerbern eine Kandidatur angekündigt. Um als Kandidat auf dem Bundesparteitag antreten zu können, bedurfte es einer Nominierung durch eine Gliederung der Partei. AKK wurde von der Saar-CDU nominiert, Friedrich Merz von den Kreisverbänden Fulda und Hochsauerland und Jens Spahn vom Kreisverband Borken. Andere Bewerber zogen sich danach mangels Nominierung oder mangels Chancen zurück.

Regionalkonferenzen gab es in der CDU über die Jahre regelmäßig zu inhaltlichen Fragen, zum Grundsatzprogramm, zur Regierungspolitik und zur Parteireform. Regionalkonferenzen zur Wahl eines Bundesparteivorsitzenden waren eine Premiere. Statutarisch haben die Regionalkonferenzen in der CDU keine Entscheidungskompetenz, das würde auch nicht der Struktur der CDU entsprechen. Kompetenz haben die 16 Landesverbände und die Interessensverbände in den Unterorganisationen der Partei. Die Forderung nach einer Abstimmung über die neue Vorsitzende in den Regionalkonferenzen oder gar in einer Urwahl aller Parteimitglieder wurde in der CDU nur von wenigen erhoben, war CDU-intern nicht mehrheitsfähig und daher nicht ernsthaft erwogen. Die CDU ging den klassischen Weg der repräsentativen Demokratie und der Entscheidungsfindung auf dem Bundesparteitag.

SPD – Widerspricht die Urwahl dem Parteiengesetz?

Noch bevor die SPD die Urwahl diskutierte, holte man sich Rat beim prominenten deutschen Parteienforscher Jürgen W. Falter. Falter, in Übereinstimmung mit nahezu allen einschlägigen Professoren, bezeichnete eine Urwahl als rechtlich hochproblematisch. „Die geforderte Urwahl der Parteivorsitzenden würde dem Parteiengesetz widersprechen“, erklärte Parteienforscher Falter. Er verwies auf § 9, Absatz 4 des deutschen Parteiengesetzes. Hier sei zwingend die Wahl des Parteivorstandes und damit natürlich auch der Parteivorsitzenden durch einen Parteitag gefordert. „Diese Regelung kennt auch kein Hintertürchen, sodass eine Urwahl nicht gesetzeskonform wäre und mit an Sicherheit grenzender Wahrscheinlichkeit von einem zuständigen Gericht sofort gestoppt werden würde, falls es angerufen würde“, betonte Falter. Rechtlich umstritten ist außerdem die Frage, ob ein unverbindliches Meinungsbild durch Mitgliederbefragung hergestellt werden kann, an dem sich dann ein Parteitag orientieren könnte.

Manche Professoren für Verfassungsrecht gingen noch weiter, als die SPD begann, über eine Urwahl zu diskutieren. Jens Kersten, Professor für Verwaltungsrecht an der Universität München, hatte vor allem Bedenken, dass der SPD-Parteivorstand die Befragung lediglich online und per Briefwahl durchführen wollte „Auf diese Weise werden die gesetzlich vorgeschriebenen, repräsentativen Wahlverfahren digital unterlaufen“, sagte Kersten. Manipulationen wären demnach leichter vorzunehmen und schwerer zu entdecken. Die Professoren sahen bei einer derart organisierten Wahl das Demokratie- und das Rechtsstaatsprinzip infrage gestellt.

SPD-Vorsitz: Acht Männer gegen Frau Merkel

Seit der Jahrtausendwende hatte die CDU nur zwei Vorsitzende, Angela Merkel von 2000 bis 2018 als insgesamt siebente Parteivorsitzende der CDU und Annegret Kramp-Karrenbauer seit 2018 als achte Vorsitzende seit Gründung der CDU 1949.

Als Merkel 2000 zur CDU-Vorsitzenden gewählt wurde, war Gerhard Schröder der achte Parteivorsitzende der SPD seit Kriegsende. Nach Schröder 2004–2005 als neunter Franz Müntefering – und dann ging es dahin:

10 2005–2006 Matthias Platzeck
11 2006–2008 Kurt Beck
12 2008–2009 Franz Müntefering (nochmals)
13 2009–2017 Sigmar Gabriel
14 2017–2018 Martin Schulz
15 2018–2019 Andrea Nahles
16 2019 kommissarisch Malu Dreyer, Manuela Schwesig und Thorsten Schäfer-Gümbel
17 seit 2019 Norbert Walter-Borjans und Saskia Esken

In den 18 Jahren, die Merkel CDU-Vorsitzende war, standen ihr acht Vorsitzende der SPD gegenüber. Dazu kamen neben den jeweiligen Parteivorsitzenden 2009 Frank-Walter Steinmeier und 2013 Peer Steinbrück als

Kanzlerkandidaten der SPD. Annegret Kramp-Karrenbauer hatte im Jahr 2019 mit Nahles, Dreyer, Schwesig, Schäfer-Gümbel, Walter-Borjans und Esken bereits sechs SPD-Vorsitzende als Gegenüber, wenn man die drei kommissarischen Vorsitzenden mitzählt.

SPD – In 15 Jahren Stimmanteil halbiert

Was war mit der SPD passiert? Vielleicht zu trivial, aber signifikant, die SPD konnte sich den Wählerinnen und Wählern nicht mehr vermitteln. Die Ziffern sind bekannt. Letztmals 1998 hatte die SPD mehr als 40 % (40,9 % Bundestagswahl 1998)

2002: 38,5 % (genau wie die CDU-CSU, ebenfalls 38,5 %)
2005: 34,2 % (CDU 35,2 %)
2009: 23,0 % (CDU 33,8 %)
2013: 25,7 % (CDU 41,5 %)
2017: 20,5 % (CDU 32,9 %)

In den Umfragen bewegte sich die SPD zur Jahreswende 2019/2020 zwischen 11 und 14 %; die CDU zwischen 26 und 28 %. Zwischen 1998 und 2017 hatte sich der Wähleranteil der SPD halbiert. Und standen 2005 CDU-CSU und SPD noch etwa gleichauf, betrug der Abstand der SPD zur CDU-CSU im Wahljahr 2017 über 12 Prozentpunkte.

Vor den Merkel-Jahren hatten vier Bundeskanzler Deutschland entschieden verändert: Willy Brandt, Helmut Schmidt, Helmut Kohl und Gerhard Schröder. Drei dieser vier, nicht nur Deutschland prägenden Männer waren Sozialdemokraten. Brandt erreichte nicht nur die Ost-Verträge, sondern mobilisierte mit seinem „Mehr Demokratie wagen" weite Teile des Bürgertums für die SPD. Helmut Schmidt stand nicht nur für den NATO-Doppelbeschluss, sondern bekämpfte mit seiner Wirtschaftspolitik erfolgreich Ölkrise und Rezession. Gerhard Schröder setzte mit der Agenda 2010 und den sogenannten Hartz-Reformen eine Modernisierung der deutschen Wirtschaft in Gang, die sich auf die gesamten Merkel-Jahre auswirkte.

Schröder verlor seine Partei

Dass die SPD nach Schröder und Müntefering nie mehr an die alten Erfolge herankam, liegt weniger an den Personen im Parteivorsitz. Die häufigen Wechsel im Parteivorsitz und die immer komplizierter werdenden Findungsprozesse für neue Vorsitzende sind nicht Ursache, sondern Resultat ungelöster inhaltlicher Probleme der Sozialdemokratie. Erstmals sichtbar wurden die thematischen Divergenzen zur Jahrtausendwende mit dem Rücktritt von Oskar Lafontaine als Finanzminister, dem der Rücktritt Lafontaines als Parteivorsitzender und schließlich der Austritt von Lafontaine aus der SPD folgten. Lafontaine stand für ein klassisches linkes Politikmodell. All die alten Schlagworte der 68er-Bewegung dominierten das Denken von Lafontaine und seiner Anhänger. Man wollte gegen den sogenannten Ordo-Liberalismus auftreten, man glaubte an die soziale Gerechtigkeit, ohne in der Lage zu sein zu erklären, was sozial eigentlich gerecht sei. Dass Lafontaine die SPD verließ und sich links in der Linken profilierte, löste für die SPD nicht das Problem.

Schröder hatte erkannt, was Merkel später perfektionierte. Wahlen werden in Deutschland (und anderswo) in der Mitte gewonnen. Das klassische Links-Rechts-Schema, in dem sich politisch Rechte und Linke unversöhnlich gegenüberstehen, hatte spätestens mit der Jahrtausendwende ausgedient. Schröder als „Genosse der Bosse“ suchte offensiv die Zusammenarbeit mit dem früher von der Sozialdemokratie verfemten Kapital und hatte in der Sache Erfolg damit.

Was Schröder übersah und erst 2005 von Müntefering erklärt bekam, aber da war es zu spät, Gerhard Schröder hatte seine Partei verloren. 2005, im letzten Jahr der Kanzlerschaft Schröders, waren noch immer mehr als 40 % der Deutschen mit dem damaligen Bundeskanzler Schröder zufrieden. Fragte man allerdings nur jene, die sich offen als Anhänger der SPD deklarierten, lag die Zustimmung unter 30 %. Es wird der SPD kein Trost sein, aber ein derartiges Phänomen zeigte sich 2019 in der CDU. Zwei Drittel der Deutschen waren 2014 mit der Bundeskanzlerin Merkel mehr oder weniger zufrieden gewesen. 2019 waren es deutlich weniger, aber immer noch über 40 %. Fragte man 2019 nur jene, die sich für die CDU deklarierten, nach der Zustimmung zu Merkel, lag die Zufriedenheit mit der Kanzlerschaft Merkels unter 30 %.

Parteien verlieren die Wähler

Schröder verlor auf dem Weg zur Mitte (und damit den Erfolg seiner Regierung beim Wähler) erhebliche Teile der SPD, denen er zu rechts erschien. Merkel verlor auf dem Weg zur Mitte (und damit den Erfolg ihrer Regierung bei den Bürgerinnen und Bürgern) einen Teil der Union, Letzteren erschien sie zu links. Schröder kostete das Parteivorsitz und Kanzlerschaft, Merkel derzeit noch nicht die Kanzlerschaft aber bereits 2018 den Parteivorsitz.

Die Distanz zwischen den Menschen im Land und der SPD ist größer als die Distanz der CDU zu den Menschen der Gegenwart, daher verlor die CDU-CSU weniger Wählerstimmen als die SPD, aber gut sieht es für beide nicht aus. Überalterte Strukturen und antiquierte Entscheidungsfindung machen es den klassischen Parteien immer schwerer, adäquat auf Bedürfnisse der Menschen zu reagieren. Seit die damals rot-grüne Regierung 2004 die Reform der Unterstützung für Arbeitslose durchführte, Hartz-IV genannt, verging kein Jahr, in dem nicht Teile der SPD forderten, Hartz-IV wieder abzuschaffen. Inzwischen interessiert sich die Bevölkerung für anderes und kann die Gebetsmühle der SPD zu „Hartz-IV" nicht mehr hören.

Auch hier ging es der CDU etwas, aber nicht viel besser. Der Konflikt zwischen der CDU-Spitze mit einzelnen Influencern auf YouTube belegte, wie schwer sich klassische Parteien mit der „Generation Internet" tun.

Zu einfach und zu simpel erwies sich der Versuch von CDU und SPD, den deutlichen Anstieg der Grünen in den Umfragen nur auf den Klimaschutz zurückführen zu wollen. Die Kompetenz der Grünen zu Umwelt und Klima spielte eine Rolle für den grünen Zugewinn. Aber bei weitem nicht nur. Die Grünen erkannten als erste Partei in Deutschland die Notwendigkeit, aus dem alten Links-Rechts-Konflikt auszubrechen. Die Kernschichten der Grünen sind nicht mehr nur linke Studenten; es sind erfolgsorientierte, gut ausgebildete und meist auch gut verdienende Großstädter. Das Wort vom bürgerlichen umwelt-bewussten SUV-Fahrer, der grün wählt und im Urlaub auf die Malediven fliegt, mag zynisch sein, ist aber nicht so weit von der Realität entfernt.

Von Gabriel über Schulz zu Nahles

Der Einzelkämpfer Sigmar Gabriel konnte seiner Partei weder 2009 noch 2013 erklären, dass er ein guter Spitzenkandidat für die Bundestagswahl sein würde. Kein Teamspieler und als Politiker nicht populär, so meinten die Granden der SPD. Also versuchte es die SPD 2017 gegen Merkel mit Martin Schulz. Schulz ließ zu, dass sein Wahlkampf unter die Überschrift „Soziale Gerechtigkeit" gestellt wurde, ohne dass Schulz und seine SPD dem Bürger hätten vermitteln können, was unter Soziale Gerechtigkeit à la SPD zu verstehen sei. Die Medien mochten Schulz, zumindest am Anfang. Es wurde ernsthaft behauptet, Schulz würde es bei der Bundestagswahl 2017 schaffen können, Merkel abzulösen. Das Europathema, bei dem Schulz eine hohe Kompetenz hatte und hat, spielte im Wahlkampf 2017 kaum eine Rolle und zur Sozialpolitik fehlten gute Argumente und handfeste Beispiele. Mit dem uralten Grundsatz des politischen Campaigning: „Kein Thema ohne Person, keine Person ohne Thema" kam die Wahlkampfführung der SPD nicht klar.

So schnell der Stern des Martin Schulz mit dem Hype des Frühlings 2017 aufgestiegen war, so schnell verblasste er wieder. Und am Schluss war die SPD 2018 nicht einmal bereit, ihn zum Bundesaußenminister zu machen, obwohl sich Schulz schon öffentlich als Außenminister angekündigt hatte.

Nachdem Martin Schulz im Februar 2018 als SPD-Vorsitzender zurückgetreten (worden) war, schlug das SPD-Präsidium, also damals noch eine Vorgangsweise nach klassischem Muster, Andrea Nahles als Nachfolgerin vor. Nahles wurde von einem Bundesparteitag am 22. April 2018 mit 66,35 % gewählt. Nahles erhielt damit das zweitschlechteste Ergebnis der SPD-Geschichte; nur Lafontaine hatte 1995 mit 62,5 % ein noch schlechteres Ergebnis. Nahles war in der SPD die erste Frau in dieser Spitzenfunktion.

Nahles machte bald nach der Wahl schwerwiegende Fehler, abgesehen von ihrer sprachlich manchmal nicht angebrachten Ausdrucksweise wie „in die Fresse hauen".

a) Nahles blieb in der Fraktion und ging nicht in die Regierung, obwohl die SPD kurz davor in die Regierung zurückgekehrt war. Parteivorsitz einer Regierungspartei ohne Regierungsamt pflegt in der Regel nicht zu funktionieren. (AKK lernte daraus – und ging bei der ersten sich bietenden Gelegenheit als Bundesverteidigungsministerin in die Regierung Merkel.)

b) Nahles stimmte dem ursprünglichen Plan von Bundesinnenminister Seehofer zu, den abgesetzten Präsidenten des Bundesverfassungsschutzes Hans-Georg Maaßen zum Staatssekretär zu machen. Erst über massiven Druck der SPD-Basis korrigierte Nahles diesen Fehler.

c) Nahles begann eine neue Hartz-IV-Debatte, die wie alle SPD-Hartz-IV-Debatten davor ergebnislos blieb, aber die Genossen an den Frust über Gerhard Schröder erinnerte.

d) Nahles mischte sich direkt in die Kandidatenaufstellung der Landesverbände für die Europawahl 2019 ein – und verfügte gegen den Willen mancher Landesvorsitzender Änderungen auf der Kandidatenliste. Und dann verlor die SPD bei der Europawahl 11,5 Prozentpunkte.

Nach dem Desaster für die SPD bei der Europawahl ging es schnell, am 2. Juni 2019 kündigte Andrea Nahles ihren Rücktritt als Parteivorsitzende an, der am 3. Juni 2019 vollzogen war.

Mitgliederbeteiligung soll es richten

Der Rücktritt der Parteivorsitzenden Nahles war in der SPD weithin gefordert worden; zum Teil in rüder und verachtender Form. Zeitpunkt der Ankündigung und Tempo des Vollzugs des Rücktritts überraschten die SPD dann doch. An der Spitze der Regierungspartei SPD herrschte totale Verlegenheit. Es stand schlicht und einfach niemand zur Verfügung, der kurzfristig übernehmen hätte können und allseits akzeptiert worden wäre. Also wurde die SPD kommissarisch von den drei stellvertretenden Bundesparteivorsitzenden Malu Dreyer, Manuela Schwesig und Thorsten Schäfer-Gümbel geführt. Schwesig legte dieses Amt am 10. September 2019 wegen Krankheit nieder, Schäfer-Gümbel am 1. Oktober aus beruflichen Gründen. Malu Dreyer, selbst nicht ganz gesund, blieb danach allein kommissarische Vorsitzende bis zum Bundesparteitag am 6. Dezember 2019.

Die Debatte bekam eine eigene Dynamik, nach dem Muster der Grünen wurde eine Doppelspitze, darunter mindestens eine Dame, gefordert. Viele Parteiorganisationen verlangten eine Einbindung der Mitglieder. Manche, so Thomas Oppermann, sogar ein Wahlrecht für Nicht-Mitglieder. So weit kam es nicht, aber am 24. Juni 2019 beschloss der Bundesparteivorstand der SPD die Besetzung des künftigen Parteivorsitzes unter Beteiligung aller Mitglieder; mit Beschluss vom 2. Juli 2019 wurde das Verfahren konkretisiert.

Die Debatte, ob eine Wahl der Parteivorsitzenden durch alle Mitglieder überhaupt rechtens sei, führte am 2. Juli zu dem Beschluss, dass die endgültige Wahl durch den Bundesparteitag zu erfolgen hätte. Der gleiche Bundesparteitag müsse die Satzung der SPD entsprechend ändern. Den Delegierten des Bundesparteitages werde von der neuen Satzung empfohlen, dem Wahlvorschlag der Mitglieder zu folgen. Das hätte nicht zwangsläufig der Fall sein müssen. Die Delegierten des Parteitags sind in ihrer Entscheidung frei, müssen das nach dem deutschen Parteiengesetz auch sein. Außerdem wurde für jetzt und für die Zukunft festgelegt, dass ein Verfahren der Mitgliederentscheidung nur mit mindestens zwei Wahlvorschlägen in Gang kommen könne und sich an der Urwahl mindestens 20 % der Mitglieder beteiligen müssen.

SPD wählt komplexes Verfahren

Das Verfahren, das am 2. Juli beschlossen worden war, erwies sich als komplex und rechtlich zweifelhaft. Bisher klagte niemand. Es ist davon auszugehen, dass die Regelung der SPD zur Wahl der Parteivorsitzenden weder vor dem Bundesverwaltungsgericht noch vor dem Bundesverfassungsgericht halten würde. Wo kein Kläger, da kein Richter, aber die Klage bis zum Höchstgericht könnte noch passieren. Abgesehen von parteienrechtlichen und verfassungsrechtlichen Überlegungen herrscht politisch mit dem Ergebnis ziemliche Unzufriedenheit. Die Pragmatiker der Macht und der rechte Flügel der SPD, vereint im sogenannten „Seeheimer Kreis“, hätten einen Regierungspolitiker bevorzugt, der sich zur Fortsetzung der Großen Koalition bekennt. Die Linke der SPD, meist kritisch gegenüber der Großen Koalition, hätte sich von den Gewählten aus der SPD-Linken einen sofortigen Ausstieg aus der GroKo erwartet, der nicht stattfand.

Der Ablauf:

- 1. Juli 2019–1. September 2019: Bewerbungsphase
- 16. September 2019: Stichtag. Wer an dem Tag SPD-Mitglied war, darf an der Mitgliederbefragung teilnehmen.
- 4. September–12. Oktober 2019: Vorstellung der Kandidaten in 23 Regionalkonferenzen
- 14.–25. Oktober 2019: 1. Mitgliederbefragung
- 19.–29. November 2019: 2. Mitgliederbefragung mit Stichwahl
- 6. Dezember 2019: Bundesparteitag in Berlin

Die Kandidaten:
Um zur Wahl zugelassen zu werden, mussten die Kandidaten die Unterstützung durch einen Landesverband, einen Bezirk oder fünf Unterbezirke der Partei vorweisen können. SPD-Mitglieder konnten sowohl einzeln wie als Paar antreten; Resultat sollte jedenfalls die Doppelspitze mit entweder zwei Frauen oder einer Frau und einem Mann sein.

Einige zogen die Kandidatur wieder zurück; andere kündigten eine Kandidatur an, die aber nicht erfolgte. 12 Personen, also sechs Paare waren es im ersten Wahlgang. Diese 12 Genossen stellten sich den 23 Regionalkonferenzen, der ersten am 4. September 2019 in Saarbrücken, der letzten am 12. Oktober in München.

Umfragen und zwei Wahlgänge

Zwei durchaus namhafte Meinungsforschungsinstitute versuchten sich vor dem 1. Wahlgang mit Umfragen. Nach deren Prognosen lagen Vizekanzler Olaf Scholz mit seiner Partnerin Klara Geywitz deutlich vorne. Das entsprach durchaus der Stimmungslage in den klassischen Medien und der Einschätzung in der Hauptstadt Berlin. Dass die SPD-Mitglieder anders ticken könnten, zogen vor dem ersten Wahlgang die professionellen Politik-Beobachter nicht in Betracht.

Am ersten Wahlgang beteiligten sich 226.775 Mitglieder, also 53,28 % der zugelassenen SPD-Mitglieder. Scholz und Geywitz lagen mit 22,69 % erwartungsgemäß vor Saskia Esken und Norbert Walter-Borjans mit 21,04 %, aber nur knapp – viel zu knapp, wie sich zeigen sollte. Die

Mehrheit der im ersten Wahlgang Ausgeschiedenen kamen wie Esken und Walter-Borjans aus dem linken Flügel der SPD. Damit wanderten im zweiten Wahlgang signifikant mehr Stimmen zu Esken und Walter-Borjans als zu Scholz und Geywitz.

Im 2. Wahlgang waren 425.630 Mitglieder stimmberechtigt, 230.415 machten vom Stimmrecht Gebrauch, also 54,09 %. Von diesen stimmten 53,06 % für Esken und Walter-Borjans und 45,33 % für Geywitz und Scholz. Der Bundesparteitag war (rechtlich) nicht verpflichtet, das Ergebnis umzusetzen, tat es aber politisch pflichtgemäß. Das Duo Saskia Esken und Norbert Walter-Borjans war gewählt.

Kritik am Verfahren und enttäuschte Erwartungen

Die SPD-Mitglieder konnten entweder online abstimmen oder mit Briefwahl. Eine direkte, geheime Wahl war nicht möglich. Die Online-Variante nutzte nicht ganz die Hälfte der Abstimmenden, also ein Viertel der SPD-Mitglieder, etwas mehr als die Hälfte wählte per Post mit Briefwahl. Die Wahl erforderte Registrierung, Zulassung und Eingabe eines Einmal-Pins zur Gültigkeit des Votums. Die SPD versicherte, sie könne aufgrund des Pins genau sagen, wer wann gewählt hätte, um Doppelwahlen zu verhindern, könne aber nicht feststellen, wer welchen Kandidaten gewählt hätte. Viele Mitglieder bezweifelten diese Auskunft. Außerdem reklamierten vor allem ältere Mitglieder, das Online-Votum wäre zu kompliziert gewesen.

Politisch kam dazu, dass die Jung-Sozialisten (JuSo) kräftig mobilisierten. Die JuSo stehen traditionell im linken Spektrum der SPD, das ging also gegen Scholz und Geywitz aus. Im rechten Flügel, im Seeheimer Kreis der SPD hingegen, galt die Wahl von Scholz als gesichert, sodass wesentlich weniger mobilisiert wurde. Abgesehen von der rechtlichen Kritik an der Mitgliederbefragung wurden Zweifel laut, ob das Ergebnis mit einer Mehrheit von 53,06 % für die Kandidaten des rechten Flügels repräsentativ sei.

Die Anhänger des Vizekanzlers Scholz fühlten sich vom linken Flügel der SPD im Allgemeinen und von den JuSo im Besonderen überrollt. Dementsprechend gingen die Seeheimer, also der rechte Flügel der SPD, in die Blockade: Keine Teilnahme der beiden neuen Parteivorsitzenden an der täglichen Regierungsarbeit. Parteivorsitz ohne Regierungsverantwortung, das ging schon bei Nahles schief. Das konnte sich nicht halten lassen. Zur Jahreswende 2019/2020 lag die Forderung auf dem Tisch: Parteivorsitzende rein in die Regierung oder SPD raus aus der Regierung.

„Nikolaus ist GroKo aus!"

Viele Mitglieder, die Walter-Borjans und Saskia Esken unterstützten, taten dies nicht aus Begeisterung für die beiden Persönlichkeiten, sondern weil sie damit erreichen wollten, dass die SPD die Koalition verlässt. Die Koalitionen der SPD mit Merkels CDU von 2005–2009 und von 2013 bis 2017 führten zur Schwächung der SPD. Viele SPD-Mitglieder geben der SPD in dieser Koalition keine Zukunft. Die Angst, so wie die französischen Sozialisten auf Bundesebene einstellig zu werden, ist real. Das von Saskia Esken definierte Ziel, die SPD solle auf Bundesebene wieder über 30 % erreichen, klingt illusorisch.

Die angekündigte Revolte gegen die Regierung fand nicht statt. Die SPD bekennt sich zur Jahreswende 2019/2020 zur GroKo. Angesichts von Umfragen von 14 % – und darunter – Neuwahlen zu riskieren, hieße für viele Mandats- und Funktionsträger, den Job zu riskieren. Darauf will man sich trotz aller Kritik an Merkels Regierung nicht einlassen.

Die vollmundigen Sprüche aus dem SPD-Vorstand im Sommer 2019, dass mit der Mitgliederbefragung die SPD für die Menschen attraktiver werde und zusätzliche Wähler finden könnte, ging nicht auf. In einer repräsentativen Demokratie so relevante Funktionen, wie den Vorsitz einer Regierungspartei, basisdemokratisch ermitteln zu wollen, scheint doch nicht der Weisheit letzter Schluss.

DIE ÖKOSOZIALE MARKTWIRTSCHAFT

BERGAUF
UND
BERGAB,
DAMIT
KENNEN WIR
UNS AUS.
WER VIEL VORHAT,
KOMMT ZU UNS.
Hypo Vorarlberg in Wien,
Brandstätte 6, T 050 414-7400
www.hypovbg.at/wien
Stuben am Arlberg
HYPO
VORARLBERG

JOSEF RIEGLER

Die ökosoziale Regierung

Durch die gemeinsame Regierung von ÖVP und Grünen eröffnet sich für Österreich erstmals die Chance, dass Ökosoziale Marktwirtschaft ins Zentrum der Regierungsarbeit und der politischen Praxis gerückt wird. Diese Regierung bringt positive Impulse für die europäische und globale Politik.

Bei den großen Interviews am Tag der Angelobung der türkis-grünen Regierung am 7. Jänner 2020 fand ich zwei Facetten bemerkenswert: Es war Werner Kogler, der im „Doppel-Interview" mit Sebastian Kurz die Bedeutung der Ökosozialen Marktwirtschaft besonders hervorhob und auf sein „Dabeisein" bei der Veranstaltung des Ökosozialen Forums anlässlich „30 Jahre Ökosoziale Marktwirtschaft" am 13. November 2019 verwies.

Leonore Gewessler stellte in ihrem ZIB-2-Interview mehrmals klar, dass eine ökosoziale Steuerreform Herzstück der neuen Energie- und Klimastrategie sein müsse, wenn Österreich seine ambitionierten Klimaziele – Klimaneutralität bis 2040 – erreichen will. Damit bestätigt sich, was ich mir von einer „politischen Symbiose" zwischen ÖVP und Grünen erhoffe und erwarte: dass dadurch Ökosoziale Marktwirtschaft ins Zentrum der Regierungsarbeit und der politischen Praxis gelangt!

Zwar hat die ÖVP seit 1994 das Konzept der Ökosozialen Marktwirtschaft in ihrem Grundsatzprogramm verankert. In der aktuellen Version aus 2015 heißt es:

„Wir wollen für die Zukunft wirtschaften und nicht auf ihre Kosten! Unser Modell der Ökosozialen Marktwirtschaft sehen wir als ordnungspolitisch richtige Antwort auf wirtschaftliche, soziale und ökologische Herausforderungen. Anreize im Sinn einer innovativen Ökosozialen Marktwirtschaft ermöglichen die notwendige Balance zwischen leistungsfähiger Wirtschaft, gesellschaftlicher Solidarität und ökologischer Nachhaltigkeit. Das ist die Grundlage für breiten Wohlstand, soziale Sicherheit und eine lebenswerte Umwelt." Treffender kann man es nicht formulieren. In der politischen Praxis war es meistens allerdings so, dass sich zwar alle Umwelt- und Landwirtschaftsminister seit 1987 redlich bemüht und abgestrampelt haben, um ökosoziale Ideen in der Regierungsarbeit umzusetzen. Aber sehr oft wurden sie von Lobbyisten eines alten, fossilen Wirtschaftsverständnisses ausgebremst. So klaffte stets eine Lücke zwischen Grundsatzprogramm und politischer Praxis.

„Die ökosoziale Wende"

In der Nacht vom 15. auf den 16. Februar 2003 waren die Regierungsverhandlungen zwischen ÖVP und Grünen gescheitert. Abgesehen von offensichtlich unüberwindbaren „Brocken" war wohl auch ein Problem, dass die – zumindest theoretische – Möglichkeit, aufgrund des Wahlergebnisses eine gemeinsame Regierung bilden zu können, sich für beide Parteien völlig unerwartet ergab. Man war inhaltlich und ideell darauf einfach nicht vorbereitet. Um für eine eventuelle ZWEITE CHANCE besser gerüstet zu sein, gründeten politikinteressierte Menschen aus dem Spektrum der Grünen und der ÖVP die „Initiative schwarzgrün", die ihr Anliegen folgendermaßen definierte: „Schwarzgrün ist eine Initiative aus jungen, politikinteressierten Menschen, deren Ziel eine nachhaltige Zusammenarbeit zwischen Grünen und der ÖVP ist. Wir sind überzeugt, dass eine solche Zusammenarbeit die Verwirklichung einer Ökosozialen Marktwirtschaft …in einem starken, vereinten Europa….ermöglicht. Der Weg zu dieser Vision führt über sich ergänzende Kompetenzen und konstruktiven Diskurs."[1] Mit dem unerwarteten Ergebnis der Nationalratswahl 2006 war der Traum rasch wieder ausgeträumt! Es kam zur Neuauflage der mühsamen Koalition zwischen SPÖ und ÖVP. Willi Molterer wollte 2008 eine Regierungszusammenarbeit zwischen ÖVP und Grünen unter Alexander Van der Bellen, aber wieder machte die Wahlarithmetik einen Strich durch die Rechnung. Und so blieb es bis 2019!

„Was wäre wenn …"

Unter diesem Titel präsentierte Harald Mahrer als Präsident der Julius-Raab-Stiftung ein Buch zum Thema[2]: Darin schreibt er:

„Die Konzeption der Ökosozialen Marktwirtschaft ist als Weiterentwicklung der Sozialen Marktwirtschaft eine Konzeption aus und für die politische Mitte (…) Die Kernwerte der Ökosozialen Marktwirtschaft sind aktueller und wichtiger denn je:

- Freiheit …
- Verantwortung …

1 Vergleiche dazu Initiative Schwarzgruen.org: „Die ökosoziale Wende", Wien 2004
2 Mahrer, Harald: „10 Jahre schwarz-grün – eine Spekulation", Wien 2013

- Leistung …
- Solidarität …
- Nachhaltigkeit …

Magisches ökosoziales Dreieck:

- Größerer Spielraum für wirtschaftliche und technologische Entwicklungen durch Beseitigung unnötiger Barrieren …
- Gleichzeitig Stärkung des Prinzips der Partnerschaft und einer mit Fantasie weiterentwickelten sozialen Fairness …
- Integration der Umwelt und der Natur in das Preis- und Kostengefüge und damit in die betriebswirtschaftlichen Kalkulationen bei Produktion, Konsum und Verkehr."

„Es steht außer Frage, dass das Modell einer Ökosozialen Marktwirtschaft nach der finanz- und Wirtschaftskrise auch europapolitisch und sogar global eine Konzeption mit Vorbildcharakter darstellt. Das Konzept der Ökosozialen Marktwirtschaft ist der wahrscheinlich wichtigste Exportartikel Österreichs für das Gelingen einer globalen Nachhaltigkeitsstrategie!"

Aus meinem Beitrag in diesem Buch darf ich noch ergänzend zitieren: „Die Themen soziale Gerechtigkeit und ökologische Nachhaltigkeit werden zu Existenzfragen für die Demokratien in Europa. Wir müssen in Europa den Ungeist eines angloamerikanischen profitgetriebenen Kapitalismus bzw. Marktfundamentalismus so rasch wie möglich überwinden. Das Modell der Ökosozialen Marktwirtschaft muss die europäische Antwort sein. Damit könnte Europa den weiteren Verlauf der Globalisierung in Richtung Frieden und Zukunftsfähigkeit konstruktiv prägen."

Eine ökosoziale Agenda für Europa!

Nun sind wir im Jahr 2020 angelangt. Ein für die Zukunft der Menschheit schicksalhaftes Jahrzehnt hat damit begonnen: Klimakatastrophe; Spiralen der Gewalt; Aufschaukelung gegenseitiger Bedrohungsszenarien; bewusste Schwächung globaler Institutionen durch einzelne politische Akteure; drohende Migrationsströme ….

Die Herausforderungen für die „Schicksalsgemeinschaft Menschheit“ sind gewaltig!

Aber wir haben auch einige großartige Projekte der Staatengemeinschaft aus der Zeit vor 2016! Die Nachhaltigen Entwicklungsziele der UNO – „Agenda 2030“. Den Klimavertrag von Paris.

Um diese Überlebensstrategien der Menschheit mit Leben zu erfüllen, kommt der Europäischen Union eine ganz besondere Verantwortung zu! Die Vorhaben der neuen Kommissionspräsidentin Ursula von der Leyen geben Hoffnung.

Mit dem „GREEN DEAL“ soll die EU DAS in die politische Praxis umsetzen, was UNO, OECD, IWF etc. als Konsequenz aus der Finanz- und Spekulationskrise 2008 entwickelt haben:
„Green and inclusive Economy“ mit den drei Eckpunkten:

- economic sustainability
- social sustainability
- environmental sustainability

Dieses Modell entspricht exakt dem strategischen Dreieck der Ökosozialen Marktwirtschaft!

Der Wesenskern von Ökosozialer Marktwirtschaft

Ökosoziale Marktwirtschaft ist die qualitative Weiterentwicklung des seit den 1950er-Jahren erfolgreichsten Wirtschafts- und Gesellschaftsmodells, nämlich der Sozialen Marktwirtschaft! Ihr Motto: „Wohlstand für alle“ (Ludwig Erhard,1957) ist Ausdruck der Symbiose zwischen leistungsfähiger Marktwirtschaft und sozialem Ausgleich.

Ihre Merkmale und Instrumente: strikter, fairer Wettbewerb; strenge Vorkehrungen gegen Kartelle und Monopole! Gesetzlicher Ordnungsrahmen: Sozialrecht, Arbeitsrecht, Bildung, Gesundheit; Prinzip Partnerschaft: Sozialpartnerschaft, betriebliche Partnerschaft. Das Ziel: Wirtschaftliche Dynamik und hohe Lebensqualität für alle!

Aufbauend auf diesem europäischen Erfolgsmodell konnte ich 1989 durch die … Mitarbeit vieler Freunde und Wissenschafter – koordiniert von

Karl Aiginger – das Konzept der Ökosozialen Marktwirtschaft als Weltneuheit präsentieren.

Zur Symbiose zwischen Wirtschaft und Sozialem kam die Ökologie als 3. Eckpunkt. Das Motto: „Lasst den Markt die Umwelt schützen!" Die wichtigsten Instrumente:

- Ökologische Kostenwahrheit.
- Striktes Verursacherprinzip.
- Intelligenter UMBAU von Steuern, Abgaben und Förderungen.

Das Ziel: Umweltschutz soll sich wirtschaftlich rechnen! Das gilt für die Produktion ebenso wie für Mobilität und Konsum. Ökosoziale Marktwirtschaft ist ein marktwirtschaftliches, wirtschaftsfreundliches Modell! Das haben manche der rückwärtsgewandten Ökonomen noch nicht mitvollzogen.

Ziel ist eine leistungsfähige, wettbewerbsstarke Wirtschaft!

Daher: Bildung, Forschung, Innovation; ein eigentums- und leistungsfreundliches Steuer- und Rechtssystem; Abbau unnötiger bürokratischer Hürden; Planungssicherheit.

Gleichrangig geht es um soziale Gerechtigkeit und Solidarität!

Das gilt für die Institutionen des Sozial- und Gesundheitswesens und deren Finanzierung ebenso wie für die wirkungsvolle Unterstützung von Familien und nachbarschaftlichen Initiativen in den Bereichen Pflege und Betreuung.

Das Herzstück von Ökosozialer Marktwirtschaft ist natürlich der nachhaltige Schutz der Umwelt und des Klimas – für alle künftigen Generationen! Durch ein striktes Verursacherprinzip und die ökologische Wahrheit bei der Gestaltung von Preisen und Kosten entstehen Wettbewerbsvorteile für umwelt- und klimaförderliche Produkte, Energie- und Verkehrssysteme.

Eine Ökosoziale Marktwirtschaft hat den aufkommensneutralen Umbau bei Steuern und Abgaben zugunsten von Mensch und Umwelt zum Ziel.

Änderung von Gesetzen, Verordnungen und Förderungen zugunsten der Nachhaltigkeit und des Klimas. Strikte Produktdeklaration, transparente Produktwahrheit!

Aus Verantwortung für die Zukunft haben sich Sebastian Kurz und Werner Kogler viel vorgenommen! „Das Beste aus beiden Welten" umschreibt eine sehr innovative Form der Konsensfindung mit dem Ziel der größtmöglichen politischen Gestaltungskraft.

Viele Formulierungen im Regierungsprogramm spiegeln die oben angeführten Gedanken wider. Ich erwarte und erhoffe mir eine neue Qualität des Regierens mit hoher fachlicher Kompetenz, Menschlichkeit und Charakter! Ich erwarte und erhoffe mir eine österreichische Bundesregierung, die positiver Impulsgeber für das weitere Gelingen des europäischen Einigungswerkes ist.

Ich erwarte und erhoffe mir eine österreichische Bundesregierung, die aktiv für die Stärkung der unverzichtbaren Institutionen auf globaler Ebene, die für Solidarität, Gerechtigkeit und den Schutz des Lebensraumes eintritt. Es geht um eine Zukunft in innerem und äußerem Frieden! Ich wünsche der ersten ökosozialen Regierung von ganzem Herzen viel Erfolg!

STEPHAN PERNKOPF

30 Jahre Ökosoziale Marktwirtschaft: Mutausbrüche für die Generation Klimawandel

Die Ökosoziale Marktwirtschaft als Rahmen einer neuen Politik

Im Jahr 1989 hat Josef Riegler mit der Ökosozialen Marktwirtschaft einen Funken gezündet. Ökosozial ist, was Arbeit schafft, die Wirtschaft stützt und die Umwelt schützt. Heute geht es längst um die Um- und Übersetzung. Wer, wenn nicht wir in Österreich, hat so gute Voraussetzungen, sich Umweltschutz leisten zu können und davon auch noch wirtschaftlich zu profitieren? Und wer, wenn nicht wir, hat so gute Voraussetzungen, dabei Vorbild für ganz Europa zu sein? Sozialer Frieden und wirtschaftlicher Wohlstand zeichnen uns aus, Touristen aus der ganzen Welt besuchen uns, weil sie unsere Natur und Umwelt schätzen und lieben. Unsere Unternehmen haben Umweltschutz zum Exportschlager gemacht, damit schützen sie auch im Ausland das Klima und schaffen im Inland Green Jobs. 30 Jahre nach ihrer Postulierung kann die Ökosoziale Marktwirtschaft nun ein Leitmotiv für die türkis-grüne Regierung sein. Der Funke ist zum Feuer geworden.

Das Jahr 1989 war ein Jahr der friedlichen europäischen Revolutionen, in dem mit der Berliner Mauer auch der Eiserne Vorhang fiel. Ein Jahr der Freiheit und des Aufbruchs. Und ein Jahr, in dem auch Josef Riegler eine Revolution gestartet und mit der Ökosozialen Marktwirtschaft einen Funken gezündet hat. Die Ökosoziale Marktwirtschaft von Josef Riegler war ein „Mutausbruch", der sich 2019 zum 30. Mal jährte.

„30 Jahre Ökosoziale Marktwirtschaft" war im Jahr 2019 gleichermaßen ein Grund zu feiern wie auch ein gehöriger Weckruf. Anlässlich dieses Jubiläums hat das Ökosoziale Forum gemeinsam mit einem wissenschaftlichen Beirat eine Weiterentwicklung angestoßen und die großen Herausforderungen unserer Zeit skizziert. Unter der Leitung von Christoph Badelt (WIFO) erschien der „Wegweiser für die Generation Klimawandel".

Badelt identifiziert darin fünf Prinzipien, die das ökosoziale Grundsatzpapier leiten:

- Die Marktwirtschaft ist ein sehr gut funktionierender Allokationsmechanismus, zu ihr gibt es auch keine Alternativen. Aber die Grenzen der Marktwirtschaft müssen (an-)erkannt werden. Und die Marktwirtschaft muss befähigt werden, die ihr zugedachten Aufgaben auch tatsächlich leisten zu können. Zu große Machtkonzentrationen sollen vermieden werden und Preise die richtigen Botschaften senden.
- Verantwortung zu leben bedeutet eine wichtige Haltung gegenüber Schwächeren; und zwar auf nationaler und internationaler Ebene, aber auch jenen Generationen gegenüber, die heute noch nicht geboren sind.
- Menschen müssen befähigt werden, ihren Beitrag für sich und die Gesellschaft zu leisten, Chancen zu ergreifen und Probleme zu lösen. Bildung ist der Schlüssel, um künftigen Generationen wirtschaftliche und politische Teilhabe zu ermöglichen und öffentliche Verantwortung wahrzunehmen.
- Um große gesellschaftliche Herausforderungen zu lösen, muss Konventionelles neu gedacht werden. Das reicht vom Wirtschaftswachstum über den Wohlstandsbegriff bis hin zur Neudefinition von Arbeit, die weit mehr als nur die klassische Erwerbsarbeit bedeutet.
- Grenzen müssen immer wieder hinterfragt werden. Das gilt sowohl für Grenzen, die neu auf- oder abgebaut wurden, als auch für Grenzen,

die wir zu lange ignoriert haben, national, politisch, sozial oder auch ökologisch. Auch müssen wir auf der Hut vor den Grenzen im Kopf sein. Was als politisch unmöglich oder als unfinanzierbar gilt, ist oft nur eine Annahme.

Es muss uns immer um die aktuellen und noch viel mehr um die zukünftigen Generationen gehen, die ein gutes und geglücktes Leben in einer intakten Umwelt haben sollen. Wirtschaftlich hoch entwickelt und sozial sicher und frei. Um ein Gleichgewicht also zwischen Wirtschaft, Sozialem und der Umwelt. Ein Dreieck, das Augenmaß und Ausgleich erfordert.

Die Soziale Marktwirtschaft von Ludwig Erhard und Julius Raab hat die Freiheit des Kapitalismus mit sozialer Sicherheit verknüpft und Markt mit Moral versöhnt. Die Ökosoziale Marktwirtschaft zeigt, dass Wirtschaften zulasten der Umwelt ein Raubbau an der Zukunft ist. Umgekehrt rechnet sich ein Wirtschaften mit der Umwelt auch finanziell. Ökosozial ist, was Arbeit schafft, die Wirtschaft stützt und die Umwelt schützt.

Ökosoziale Marktwirtschaft, die auf diesen Prinzipien aufbaut, darf nicht in der Theorie stecken bleiben. Eine fundierte Analyse ist notwendig, aber die Umsetzung in die Praxis ist die Königsdisziplin. Oder um es mit Erich Kästner zu sagen: „Es gibt nichts Gutes, außer: Man tut es!“ Genau das ist es auch, was wir brauchen: Keine Weltuntergangs-Stimmung, sondern eine Aufbruchs-Stimmung. Denn wer, wenn nicht wir, hat so gute Voraussetzungen, sich Umweltschutz und Soziale Wohlfahrt leisten zu können? Aber vor allem: Wer, wenn nicht wir, hat so gute Voraussetzungen, vom Umweltschutz auch noch wirtschaftlich zu profitieren?

Viele Teile der heimischen Wirtschaft haben das ohnehin längst erkannt: Im Bereich der Umwelttechnik werden mehr als 70 Prozent der Umsätze im Export erwirtschaftet. Österreichische Firmen errichten aktuell bereits Windparks auf der ganzen Welt, zum Beispiel in Schweden, Kanada und Italien, Solarprojekte in Saudi-Arabien und Wasserversorgungen in halb Osteuropa. Neun von zehn ausländische Wirtschaftsdelegationen, die nach Österreich kommen, interessieren sich für unser Know-how rund um saubere Energie, sauberes Wasser und saubere Luft. Von 2008 bis 2015 stieg die Beschäftigung in der Gesamtwirtschaft um 3,9 Prozent, in der Umweltwirtschaft aber sogar um 9,4 Prozent. Anders ausgedrückt: Green Jobs wachsen doppelt so schnell. Das ist ökosoziale Politik, die wirkt und heute schon längst praktiziert wird. Die ein Ergebnis von strengen Umweltregeln und hohen Standards, vor allem aber von innovativen Unternehmen und Betrieben ist. Jede Tonne Stahl, die heute in Linz erzeugt wird, ist zehnmal sauberer und klimaschonender erzeugt worden, als wenn sie aus China importiert wird. Und jedes Kilo heimisches Rindfleisch verbraucht sechsmal weniger CO_2 als importierte argentinische Steaks.

Die heimischen Betriebe arbeiten längst umweltschonend. Damit setzen sie sich in vielen Fällen auf internationalen Märkten durch. Damit setzen sie sich in vielen Fällen, besonders im ersten und zweiten Wirtschaftssektor, aber auch harter Konkurrenz aus. Auch weil gesetzliche Standards in die Höhe geschraubt wurden und gleichzeitig die Preise, die unsere Betriebe für ihre Produkte bekommen, nach unten gedrückt wurden. Das Ergebnis sehen wir heute im Supermarkt: Zwei von drei Puten werden mittlerweile importiert, da sich die heimischen Landwirtschaftsbetriebe aus dieser Sparte zurückgezogen haben. Diese Tiere sind in anderen Ländern gemästet und geschlachtet worden. Sie sind dort unter garantiert niedrigeren Standards gehalten worden. Wir importieren damit nicht nur billigere Preise, sondern auch niedrigere Umweltqualität und Tierleid. Vor einigen Monaten verteilten Bäuerinnen und Bauern medienwirksam die letzten heimischen Erdäpfel des Jahres an erstaunte Passanten in der Wiener Innenstadt. Produktionsausfälle aufgrund von Schädlingsbefall führten zu einem Engpass, dafür landeten Knollen aus Ägypten in den Regalen. Die Selbstversorgungsfähigkeit war nicht mehr gegeben, dafür wurden Grundnahrungsmittel aus Nordafrika importiert. Das ist umweltpolitischer Wahnsinn und dazu auch noch moralisch verwerflich. Wenn wir die heimische Produktion stärken, statt sie mit überzogenen Hürden aus der Heimat zu vertreiben, muss das nicht sein. Im Gegenteil, die hohen österreichischen Standards sollten zum internationalen Vorbild werden. Dann gewinnen Umwelt und Wirtschaft.

Ein weiteres Beispiel: Wir geben immer noch jährlich bis zu 13 Milliarden Euro für Öl und Gas aus. Geld, das aus Österreich abfließt. Oft in Länder, die von Despoten beherrscht werden, die damit die eigene Bevölkerung unterdrücken oder Krieg führen. Wenn wir selber die Energiewende schaffen und unsere Energie selbst produzieren, dann ist das nicht mehr notwendig. Dürnrohr in Niederösterreich wurde 2019 abgeschaltet,

Mellach in der Steiermark folgt in wenigen Monaten. Damit ist Österreich absoluter Vorreiter, während weltweit 1.400 neue Kohlekraftwerke gebaut werden. Die Bundesregierung hat es sich zum Ziel gesetzt, im Jahr 2030 gesamten Strombedarf aus Erneuerbarer Energie aus Österreich decken zu können. 100 Prozent sauberer Strom ohne Kohle und auch ohne Atomkraft. Derzeit liegen wir schon bei 75 Prozent, manche Bundesländer haben die 100 Prozent schon geschafft. Auch damit ist Österreich Vorreiter und Vorbild: Der Europa-Schnitt liegt erst bei 33 Prozent. Genau darin liegen unheimliche Chancen für Österreich: Ganz konkreter Klimaschutz, bei dem uns die heimischen Unternehmen helfen, bei dem wir die Wirtschaft stützen und mit dem wir Arbeitsplätze in unseren Regionen schaffen. Niemand hat dafür so gute Voraussetzungen wie wir in Österreich.

Dass das nicht nur graue Theorie, sondern auch gelebte, erfolgreiche Praxis ist, zeigt exemplarisch ein kleines Start-up, das 2019 ebenso wie die Ökosoziale Marktwirtschaft ein Jubiläum feierte: Vor 25 Jahren bewiesen drei Waldviertler außerordentlichen Mut und gründeten ein Unternehmen. Sie waren schon damals überzeugt, dass der Erneuerbaren Energie die Zukunft gehört und errichteten eines der ersten Windräder. Lange wurden sie belächelt, doch heute ist ihr Start-up eine Aktiengesellschaft mit tausenden Klein-Aktionären, die alle hauptsächlich aus dem Waldviertel kommen. Das Unternehmen betreibt heute 239 Windkraftanlagen, 24 Photovoltaik-Anlagen und 3 Kleinwasserwerke. Damit können 350.000 Haushalte mit sauberem Strom versorgt werden. Der Mutausbruch einiger Pioniere in den 1990ern führte dazu, dass ihr Unternehmen zum 25. Firmenjubiläum nicht nur Ökologie-Vorreiter, sondern auch der wichtigste Arbeitgeber der ganzen Region ist. Die Energiewende schützt das Klima und schafft Jobs, gerade auch im ländlichen Raum. Das ist die Ökosoziale Marktwirtschaft in ihrer Umsetzung.

Innovation und Veränderung gehen immer von den Menschen aus, von den Unternehmen und der Zivilgesellschaft. Die Politik ist dazu da, um diese Innovationen und Veränderungen zu ermöglichen, anzustoßen und zu unterstützen. Deshalb braucht es auch in der Politik solche ökosozialen Mutausbrüche.

Nämlich eine ökosoziale Politik, die im Umweltschutz Chancen erkennt und sie mit Anreizen und Freiheiten ergreift, statt mit Verboten den

Verzicht und die Selbstkasteiung zu verordnen. Eine Politik, die nicht mehr, aber in die richtige Richtung steuern will. Die also nicht umweltfreundliche Wirtschaftsweisen im Inland bestraft und dadurch den Import von wesentlich schädlicheren Produkten erhöht. Sondern im Gegenteil darauf schaut, dass auch Importe die ökologische Wahrheit sagen. Durch Abgaben auf Flugreisen genauso wie durch europaweite Klimazölle, wie sie auch schon die neue EU-Kommissionspräsidentin Ursula von der Leyen angekündigt hat. Denn wenn Waren in anderen Erdteilen klimaschädlich hergestellt und dann zu uns importiert werden, braucht es einen Umwelt-Ausgleich, der dem Klima und der heimischen Wirtschaft hilft.

Eine ökosoziale Politik, die in Klimaschutz und die Energiewende investiert. Die also den Umstieg einleitet und forciert, raus aus Öl und Gas, hin zu unseren heimischen Ressourcen. Neue Ölkessel müssen längst nicht mehr sein, machen wir stattdessen unsere Dächer zu Sonnenkraftwerken.

Eine ökosoziale Politik, die langfristig ausgerichtet ist, also auch die nächsten Generationen im Blick hat, was die soziale Sicherheit und den wirtschaftlichen Wohlstand betrifft. Eine Politik der Ökosozialen Marktwirtschaft also, die beherzigt, dass Wohlfahrt nur mit Wohlstand funktioniert, dass Erwirtschaften vor Verteilen kommt und dass Innovationen durch Freiheit genährt werden. Dass Unternehmer also Vorbilder und keine Feindbilder sind, und umgekehrt auch, dass Umweltschutz nicht nur notwendig, sondern auch profitabel ist.

Keine Frage, der Klimawandel ist bei uns angekommen, Schädlinge bedrohen die Land- & Forstwirtschaft in ungekanntem Ausmaß. Im Wald- und Mühlviertel hat der Borkenkäfer in den vergangenen beiden Jahren 30.000 Hektar Wälder vernichtet. Das entspricht drei Viertel der Grundfläche Wiens. Wir sind die „Generation Klimawandel", weil wir die ersten sind, die mit den Auswirkungen leben müssen. Und weil wir vermutlich die letzten sind, die entschlossene Maßnahmen treffen können.

Doch wer, wenn nicht wir in Österreich, hat so gute Voraussetzungen, dabei Vorbild für ganz Europa zu sein? Sozialer Frieden und wirtschaftlicher Wohlstand zeichnen uns aus, Touristen aus der ganzen Welt besuchen uns, weil sie unsere Natur und Umwelt schätzen und lieben. Unsere Unternehmen haben Umweltschutz zum Exportschlager gemacht, damit schützen sie auch im Ausland das Klima und schaffen im Inland Green Jobs. Wer, wenn nicht wir Europäerinnen und Europäer, hat die Voraussetzungen und die Kraft, hier weltweit voranzugehen? Europa ist arm an Rohstoffen, aber reich an Ideen und Chancen. Donald Trump tritt gerade aus dem Pariser Klimaschutz-Abkommen aus. Treten wir in Europa stattdessen in ein ökosoziales Zukunftsmodell ein.

Josef Riegler hat 1989 ein Revolution gestartet und einen Funken gezündet. Und das Jahr 2019 war ebenso ein Jahr der politischen Explosionen und Evolutionen. In Ibiza implodierte eine Regierungspartei. Seither verstrickt sich die FPÖ immer weiter in Skandale und Skurrilitäten. Die Grünen hingegen wurden zur Regierungspartei. Sie schafften nicht nur den Wiedereinzug ins Parlament, sondern verhandelten sich von der (außer-) parlamentarischen Opposition zur Regierungsverantwortung.

Die Ökosoziale Marktwirtschaft kann nun, 30 Jahre nach ihrer Postulierung, ein Leitmotiv für die türkis-grüne Regierung sein. Schon 1989 zukunftsweisend, ist dieses Konzept, das eine Balance zwischen Mensch, Wirtschaft und Umwelt schafft und marktwirtschaftliche Instrumente auch in den Dienst der Umwelt stellt, heute aktueller denn je. Der Funke ist zum Feuer geworden.

FLORIAN LEREGGER / FRANZ FEHR

Nachhaltige Entwicklung in Österreich

17 Ziele als ökosozialer Kompass

Das innenpolitische Jahr 2019 stand im Zeichen des Klimaschutzes. Nachhaltige und ökosoziale Entwicklung genießt aktuell relativ hohe Aufmerksamkeit und Zustimmung. Dafür bietet seit einigen Jahren die Agenda 2030 mit 17 Zielen für nachhaltige Entwicklung (SDGs) einen adäquaten Kompass zur Orientierung für das politische Handeln an. Dieser Buchbeitrag befasst sich mit einigen Höhepunkten und Entwicklungen punkto Klimaschutz und Nachhaltigkeit in Österreichs Politik sowie mit der Agenda 2030 als innovativer, vernetzter und konkreter Möglichkeit, um die ökosoziale Idee im 21. Jahrhundert zeitgemäß zu denken, mit Leben zu befüllen und umzusetzen. Neben Beispielen der SDG-Umsetzung in verschiedenen Gesellschaftsbereichen Österreichs werden auch notwendige Rahmenbedingungen und Schwerpunkte für eine ökosoziale Zukunft beleuchtet.

Hohe Aufmerksamkeit für Klimaschutz im Jahr 2019

Das Politikjahr 2019 stand im Zeichen des Klimaschutzes. Der menschverursachte Klimawandel ist eine der großen Herausforderungen unserer Zeit – nicht nur in Österreich, sondern weltweit. Damit sind wir bei den essenziellen Themen einer nachhaltigen Entwicklung: Klimaschutz und Klimawandelanpassung. In diesem Kontext versteht es sich von selbst, dass hierbei neben ökologischen Aspekten auch höchst relevante soziale und wirtschaftliche Dimensionen mitberücksichtigt werden müssen. Ein ökosozialer Zugang sowie der Umgang mit konstruktiven Lösungen für eine lebenswerte Zukunft sind unabdingbar. Nähern wir uns der Thematik mit der rot-weiß-roten innenpolitischen Brille an, so brachte das Jahr 2019 einige bedeutsame Höhepunkte und Entwicklungen punkto Klimaschutz und Nachhaltigkeit hervor. Wir stellen fest, dass die Republik Österreich mit Alexander Van der Bellen einen Bundespräsidenten hat, der seit seinem Amtsbeginn der Klimakrise und ihren negativen Folgen wiederkehrend politische Aufmerksamkeit verleiht – so auch 2019 im Rahmen unterschiedlicher Ereignisse. Das Klima dominierte als eines der bedeutendsten Themen den Nationalratswahlkampf. Keine Partei verzichtete auf das Thema – selbstredend mit unterschiedlichen Motiven, Inhalten und Forderungen. Die geforderten Maßnahmen reichten von einer Ökologisierung des Steuersystems über die Förderung von Wasserstoff als nachhaltiger Antriebsart, die Verankerung des Klimaschutzes als Staatsziel in der Bundesverfassung, die Vergünstigung der öffentlichen Verkehrsangebote und die Einführung einer höheren Kerosinsteuer in der Luftfahrt bis hin zu einer Erhöhung der Besteuerung von Fleisch. Die lebendige politische Dynamik des Themas im Jahr 2019 zeigen folgende Zitate von heimischen Politiker/innen exemplarisch:

„2020 ist das Jahr, in dem wir unsere nationalen Klimapläne nachbessern müssen. Und ab da darf es mit den klimaschädlichen Treibhausgas-Emissionen nur mehr in eine Richtung gehen: Nach unten!“, erklärte Bundespräsident Alexander Van der Bellen im Rahmen der UN-Klimaverhandlung COP25 in Madrid im Dezember 2019[1].

1 Kurier, 2019.

„Wenn ich jung wäre, würde ich mich möglicherweise auch auf die Straße begeben", sagte Bundeskanzlerin Brigitte Bierlein gegenüber Klimaschützer/innen im Dezember 2019[2].

„Im Sinne der ökosozialen Marktwirtschaft versuchen wir, einen starken Wirtschaftsstandort, den respektvollen Umgang mit der Umwelt und soziale Verantwortung in Einklang zu bringen", gab der damalige Bundeskanzler Sebastian Kurz im Juli 2019 auf Facebook bekannt[3].

Abgesehen von womöglich wahlkampfbedingter Rhetorik und kurzfristiger klimafreundlicher Ausrichtung von so manchen politischen Akteur/innen im Zuge des Nationalratswahlkampfes können wir in diesem Jahr auf weitere bedeutsame Höhepunkte und Entwicklungen punkto Klimaschutz zurückblicken. So trat beispielsweise die „Fridays for Future"-Bewegung auch in Österreich zunehmend als Wirkungsverstärker für die Dringlichkeit der klimarelevanten Anliegen in Erscheinung – spätestens seit dem Besuch von Greta Thunberg mit Arnold Schwarzenegger im Mai in Wien auch mit medienwirksamem und breitem öffentlichen Rückenwind. Ab August lag das zivilgesellschaftlich organisierte Klimavolksbegehren, welches sich zusehends zu einer ernstzunehmenden und ehrgeizigen Initiative mit Unterstützung unzähliger Akteur/innen unterschiedlicher Couleurs entwickelte, zur Unterschrift auf. Im September sprach sich, basierend auf einem Entschließungsantrag von ÖVP, SPÖ, NEOS und JETZT, der Nationalrat für den Klimanotstand aus[4]. Im Dezember wurde der Österreichische Entwurf des Nationalen Klima- und Energieplans, welcher als einer der möglichen Optionen die Ökologisierung des Förder- und Steuersystems enthält, im Ministerrat verabschiedet[5]. In den Koalitionsverhandlungen nach der Nationalratswahl zwischen ÖVP und Grünen war Klimaschutz eine der gewichtigen Verhandlungsmassen in den letzten Wochen des Jahres 2019. Letztendlich konnten sich die beiden Parteien zu Beginn des Jahres 2020 auf eine gemeinsame Bundesregierung einigen. Wie eingangs erwähnt stellen Klimaschutz und Klimawandelanpassung essenzielle Themen einer nachhaltigen

2 Die Presse, 2019.

3 Kurz, S., 2019.

4 Parlamentskorrespondenz Nr. 944, 2019.

5 ORF.at, 2019.

Entwicklung dar. Daneben sind allerdings andere Aspekte wie etwa Armutsbekämpfung, Landwirtschaft und Ernährung, Arbeit und Wirtschaft, Gesundheit, Wohnen, Bildung und ein faires gesellschaftliches Zusammenleben nicht zu vernachlässigen. Um das alles unter einen Hut zu bekommen, bietet sich die Agenda 2030 mit ihren 17 Zielen für nachhaltige Entwicklung (SDGs) als Kompass zur Orientierung für das politische Handeln an.

Agenda 2030 mit 17 Zielen für nachhaltige Entwicklung

Im September 2015 wurde die Agenda 2030 mit dem Titel „Transformation unserer Welt: die Agenda 2030 für nachhaltige Entwicklung" von den Mitgliedsstaaten der Vereinten Nationen verabschiedet. Kern dieser Agenda 2030 sind die 17 Ziele für nachhaltige Entwicklung (Sustainable Development Goals – SDGs) als Aktionsplan für Mensch, Planet, Wohlstand und Frieden[6]. Auch Österreich bekannte sich damals ausdrücklich dazu, auf die Umsetzung der SDGs auf allen Ebenen bis zum Jahr 2030 hinzuarbeiten. Damit haben die 17 SDGs mit ihren 169 Unterzielen für die nachhaltige Gestaltung von Handlungsbereichen wie etwa Armutsbekämpfung, Landwirtschaft und Ernährung, Gesundheit, Bildung, Chancengerechtigkeit für Männer und Frauen, Wasser- und Energieversorgung, Arbeit und Wirtschaft, Städte und Gemeinden, Konsum- und Produktionsmuster, Klimaschutz, Leben unter Wasser und am Land, Friedenssicherung sowie globale Partnerschaften hohe Relevanz für Österreich – national und international.

Die Ausarbeitung und Verabschiedung der Agenda 2030 fußen auf essenziellen Meilensteinen der globalen Nachhaltigkeitspolitik und stellen die Weiterführung dieser dar. Dazu zählen beispielsweise die Millennium Development Goals (2000 bis 2015), die Rio+20-Konferenz der Vereinten Nationen über nachhaltige Entwicklung 2012, der UN-Weltgipfel 2005, der UN-Millennium-Gipfel 2000, die UN-Konferenz über Umwelt und Entwicklung 1992, der Brundtland-Bericht „Our Common Future" 1987 sowie der Bericht des Club of Rome „Die Grenzen des Wachstums" 1972. Zwei wesentliche inhaltliche Fundamente der Agenda 2030 mit ihrem

6 Vereinte Nationen, 2015.

Motto „Leave no one behind" sind die Allgemeine Erklärung der Menschenrechte (1948), wie etwa Würde, Freiheit, Gesundheit, soziale Sicherheit, Bildung und Partizipation sowie das wissenschaftliche Konzept der planetaren Grenzen, welches sich mit der Belastbarkeit verschiedener Ökosysteme und den Risiken der Gefährdung der Stabilität dieser beschäftigt[7].

Die SDGs haben universelle Gültigkeit, sprich, sie sind für alle Unterstützerstaaten relevant. Die 17 Ziele sind also keine reine „Entwicklungshilfe-Agenda" der Vereinten Nationen. Sie sind auch keine, wie von vielen vermutet, reine „Öko-Agenda", bei der sich alles um Klima-, Umwelt- und Naturschutz dreht. Die SDGs sind vielmehr eine neue, verbindliche und konkrete Möglichkeit, um die ökosoziale Idee im 21. Jahrhundert zeitgemäß zu denken, mit Leben zu befüllen und umzusetzen. Wie das gelingen kann, zeigt die sogenannte „Hochzeitstorte" aus dem Stockholm Resilience Centre (Abb. 1). Sie findet wissenschaftlich hohe Beachtung und veranschaulicht das interdisziplinäre Verständnis sowie die Zusammenhänge der ökologischen, sozialen und wirtschaftlichen Dimensionen im Sinne der nachhaltigen Entwicklung. Demnach wird die Biosphäre mit den vier dazugehörenden SDGs (6: Wasser; 13: Klimaschutz; 14: Leben unter Wasser; 15: Leben an Land) als Basis allen menschlichen Lebens dargestellt. Im Mittelteil finden sich die sozialen Erfordernisse unserer Gesellschaft für ein lebenswertes Leben, ausgedrückt durch acht SDGs (1: Armutsbekämpfung; 11: Städte und Gemeinden; 16: Friede, Gerechtigkeit; Rechtsstaatlichkeit; 7: Energie; 3: Gesundheit; 4: Bildung; 5: Geschlechtergleichheit; 2: Hungerbekämpfung) wieder. Darauf aufbauend werden die ökonomischen Aktionsfelder unserer Wirtschaft, welche der Gesellschaft dienen soll und nicht umgekehrt, mit vier SDGs beschrieben (8: Arbeit; Wirtschaft; 9: Industrie; Innovation, Infrastruktur; 10: weniger Ungleichheiten; 12: Konsum, Produktion). An der Spitze steht das SDG 17 (Partnerschaften zur Zielerreichung), um nachhaltige Entwicklung über Grenzen hinweg gelingen zu lassen. Diese Darstellung versteht sich als neues Paradigma, welches bisherige Pfade der sektoralen Betrachtung verlässt, Kooperation forciert und eine neue Logik für eine ökosoziale Transformation unserer Gesellschaft einfordert.

7 Institut für Umwelt, Friede und Entwicklung (IUFE), 2019a.

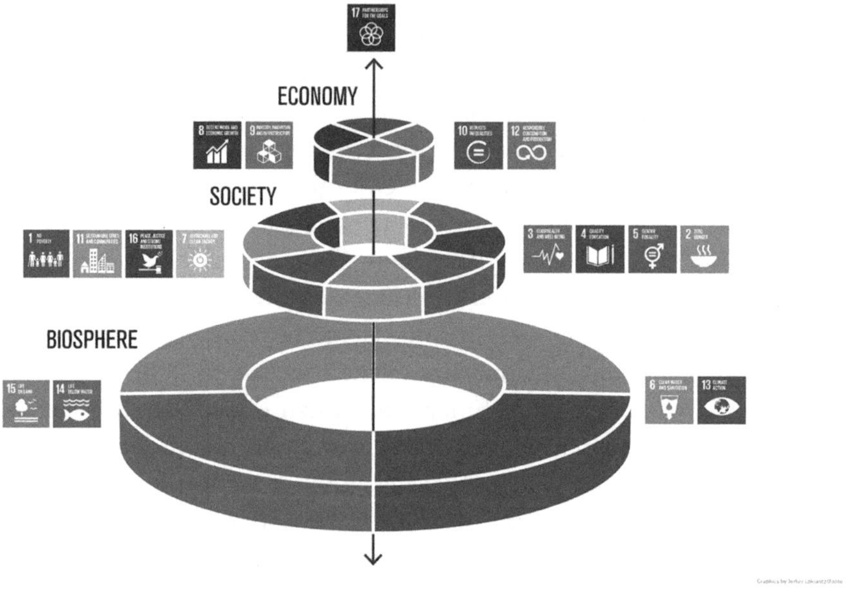

Abb. 1: SDG-Hochzeitstorte aus dem Stockholm Resilience Centre (Rockström, J. et al., 2016)[8]

Zu den wesentlichen Merkmalen der SDGs zählt, dass sie umfassend, komplex und wechselwirkend zu betrachten sind. Demnach ist beispielsweise Klimaschutz oder Konsum oder Bildung jeweils lediglich ein Mosaikstein des großen Gesamtbildes der nachhaltigen Entwicklung. Wir sind also dazu aufgefordert, vernetzt und partnerschaftlich zu denken, um ernsthafte Fortschritte erzielen zu können. Daraus ergibt sich auch, dass für die erfolgreiche Umsetzung und Zielerreichung möglichst alle Gesellschaftsbereiche und Sektoren auf allen Ebenen miteinzubeziehen sind, und diese auch die Möglichkeit zur Mitgestaltung haben müssen. Die SDGs sind somit etwa für Politik, Verwaltung, Wirtschaft, Industrie, Wissenschaft und Zivilgesellschaft auf lokaler, regionaler, nationaler und globaler Realisierungsebene gleichermaßen relevant.

8 Rockström, J. et al., 2016.

Im Jänner 2016 wurden in Österreich mittels Ministerratsbeschluss alle Bundesministerien zur kohärenten Umsetzung der Agenda 2030 beauftragt. Dabei fiel die Entscheidung auf den sogenannten Mainstreaming-Ansatz, bei dem die einzelnen Ressorts in eigenverantwortlicher Weise für sämtliche SDG-Aktivitäten in Politik und Verwaltung ihres Kompetenzbereichs zuständig sind. Im Umkehrschluss bedeutet das aber auch, dass es tendenziell ein geringes gesamtheitlich koordiniertes und kohärentes Vorgehen im Sinne eines Governance-Ansatzes geben kann. Zur Forcierung dieses Vorhaben wurde die interministerielle Arbeitsgruppe „Umsetzung der Agenda 2030 für nachhaltige Entwicklung", in der alle Bundesministerien durch offizielle SDG-Verantwortliche vertreten sind, ins Leben gerufen. Österreich bekennt sich dazu, zwischen 2015 und 2030 insgesamt zweimal den Fortschritt der nationalen SDG-Umsetzung offenzulegen. Der erste Fortschrittsbericht im Rahmen des High Level Political Forum der Vereinten Nationen soll im Juli 2020 präsentiert werden. Dazu wurde im ersten Halbjahr 2019 eine Redaktionsgruppe unter dem Vorsitz von BKA und BMEIA sowie mit Vertreter/innen von BMNT, BMDW und BMASGK eingerichtet. Diese Gruppe trieb auch die Einbindung von relevanten staatlichen Akteur/innen und Kooperationspartner/innen auf Bundes-, Landes, Städte- und Gemeindeebene sowie Sozialpartner/innen, Zivilgesellschaft, Wirtschaft und Wissenschaft bei der Berichterstattung voran. Die endgültige Ausgestaltung sowie die Inhalte dieses Fortschrittsberichts (Voluntary National Review) lagen zum Zeitpunkt der Fertigstellung dieses Buchbeitrags noch nicht vor.

Inwiefern die SDGs der österreichischen Bundesregierungen ein Anliegen waren bzw. sind, lässt ein Blick in die beiden Regierungsprogramme von ÖVP/FPÖ (2017–2019) und ÖVP/GRÜNE (ab 2020) erahnen. So bekannte sich die damalige ÖVP/FPÖ-Regierung an zwei Stellen des österreichischen Regierungsprogramms 2017–2022[9] explizit zur Agenda 2030. Im österreichischen Regierungsprogramm 2020–2024[10] bekennt sich die aktuelle ÖVP/GRÜNE-Regierung an neun Stellen explizit zur Agenda 2030, wie zum Beispiel:

9 Österreichisches Regierungsprogramm 2017–2022.
10 Österreichisches Regierungsprogramm 2020–2024.

„Zielpfad zur raschen Einhaltung der EU-Richtwerte zum Gesundheitsschutz und zur Einhaltung von SDG 3 Gesundes Leben“ (Regierungsprogramm 2020–24, Seite 146).

„Auch eine aktive Klimadiplomatie, die Umsetzung der Agenda 2030 mit den 17 nachhaltigen Entwicklungszielen (...) stellen Schwerpunkte der österreichischen Außenpolitik dar“ (Regierungsprogramm 2020–24, Seite 174).

„Präsentation des ersten Freiwilligen Nationalen Berichts (...) im Juli 2020 (...). Stärkung einer zielgerichteten Koordinierung der Umsetzung der UN-Agenda 2030 (etwa durch eine Steuerungsgruppe in der Regierung) unter systematischer Einbindung von (...) Zivilgesellschaft, der Wissenschaft und des Privatsektors“ (Regierungsprogramm 2020–24, Seite 183).

„Österreich verfolgt die fünf Grundprinzipien der Agenda 2030: Universalität, ‚Niemanden zurücklassen‘, Vernetzung & Unteilbarkeit, gleichberechtigte Teilhabe & Multiakteur-partnerschaften“ (Regierungsprogramm 2020–24, Seite 187).

SDG-Realisierung in verschiedenen Gesellschaftsbereichen Österreichs

Die Agenda 2030 mit ihren 17 SDGs adressiert mit 169 Unterzielen die unterschiedlichsten Realisierungsebenen (z.B. lokal, national) und alle Sektoren (z. B. Politik, Wirtschaft). Als Aktionsplan für eine ökosoziale Transformation zeigen zahlreiche Akteur/innen bereits jetzt, wie die SDGs eingesetzt werden können und wie damit ein wirksamer Beitrag zur nachhaltigen Entwicklung geleistet werden kann. Nachdem die SDGs lange Zeit vorwiegend als politisches Instrument wahrgenommen wurden, entdecken mittlerweile auch immer mehr österreichische Unternehmen die Potenziale und Innovationskraft der SDGs. Aber auch der Einfluss der SDGs in Bildung und Wissenschaft ist beträchtlich. Hier besteht seit geraumer Zeit hohe Dynamik. Zudem beschäftigen sich zahlreiche zivilgesellschaftliche Organisationen und ehrenamtliche Institutionen mit der SDG-Zielerreichung. Was die Agenda 2030 mit dem Titel „Transformation unserer Welt: die Agenda 2030 für nachhaltige Entwicklung“ in der Praxis bedeuten kann, zeigen die folgenden ausgewählten Beispiele aus Politik und öffentlicher Verwaltung,

Wirtschaft und Unternehmen, Bildung und Wissenschaft sowie Zivilgesellschaft (Tab. 1 bis 4):

Politik und öffentliche Verwaltung	**SDG-Prozess des Bundesministeriums für Nachhaltigkeit und Tourismus** Das BMNT startete unter Ministerin Elisabeth Köstinger einen internen Prozess zur SDG-Zielerreichung im eigenen Kompetenzbereich. Dazu wurde der „SDG-Aktionsplan 2019+" veröffentlicht. Dabei spielen Instrumente wie etwa Politikfeld-Analysen sowie SDG-Fitnesscheck für bestehende und ex-ante-SDG-Verträglichkeitsprüfung für neue Strategien und Programme eine gewichtige Rolle. Zudem wird in beispielhaften Projektanalysen aufgezeigt, welche Sektionen im BMNT mit ihren Tätigkeiten zur erfolgreichen SDG-Zielerreichung beitragen[11].
	SDG-Wirkungsorientierte Haushaltsführung in der steirischen Landesverwaltung Die Agenda 2030 wird als neutraler Rahmen für die Steiermark genutzt, um mit der Verbindung von Wirkungszielen des Globalbudgets des Landes Steiermark mit den SDG-Unterzielen Fortschritte im Sinne der nachhaltigen Entwicklung zu erzielen. Diese sogenannte „Wirkungsorientierte Haushaltsführung" bietet eine geeignete Möglichkeit, um die SDGs in vorhandenen Planungs- und Berichtsinstrumenten zu implementieren[12].
	SDGs bei Kommunalentwicklungsprozessen in Oberösterreich Mit der von der Zukunftsakademie OÖ eigens erarbeiteten „GemeindeNavi Agenda 2030" existiert seit dem Jahr 2019 ein eigenes Analyse-Tool zur Selbsteinschätzung und Zukunftsplanung vor dem Hintergrund der 17 SDGs für Kommunen in Österreich. Vorreiterin bei der Anwendung ist die Gemeinde Kremsmünster, welche sich im Zuge eines Bürger/innen-Beteiligungsprozesses entlang der 17 SDGs weiterentwickelt[13].
	SDG-Musterresolution für Gemeinden und Städte in Österreich Das Bundesministerium für Nachhaltigkeit und Tourismus, der Österreichische Gemeindebund und der Österreichische Städtebund entwickelten im Jahr 2019 gemeinsam eine SDG-Musterresolution. Diese kann als Diskussionsgrundlage für politische Beschlüsse in den jeweiligen Kommunen dienen. Folgende Gemeinden haben bisher unterzeichnet: Feldbach, Gloggnitz, Schladming, Schwaz, Bad Hofgastein, Lieboch, Wien[14].

Tabelle 1: SDG-Umsetzungsbeispiele in Politik und öffentlicher Verwaltung

11 Bundesministerium für Nachhaltigkeit und Tourismus, 2019.
12 Amt der Steiermärkischen Landesregierung, 2019.
13 Amt der Oberösterreichischen Landesregierung/OÖ Zukunftsakademie, 2019.
14 pulswerk GmbH, 2019.

Wirtschaft und Unternehmen	**SDG-Wissensvermittlung für österreichische Unternehmen** „respACT - austrian business council for sustainable development" bietet als Plattform für Unternehmen verschiedene Tools, wie den „SDG Compass" oder den „CEO Guide to the Sustainable Development Goals" spezifisch für Mitgliedsunternehmen an und kommuniziert deren Verwendungsmöglichkeiten - so etwa auch im Rahmen des CSR Tages 2019 in Innsbruck. Dort wurden wirtschaftliche Chancen, das Innovationspotenzial, die Integrationsmöglichkeiten der SDGs in das operative Kerngeschäft sowie die betriebliche Nachhaltigkeitskommunikation beleuchtet[15].
	Verleihung des SDG-Awards an österreichische Unternehmen Der Ethik-Beirat des Senats der Wirtschaft verleiht seit dem Jahr 2017 den SDG-Award, um Wirtschaftsakteur/innen für ihre SDG-Umsetzung auszuzeichnen. Zu den bisherigen Gewinner/innen zählen unter anderem[16]: VBV-Vorsorgekasse • Reparatur- und Service-Zentrum R.U.S.Z. • Österreichische Hagelversicherung VVaG • OeAD-WohnraumverwaltungsGmbH

Tabelle 2: SDG-Umsetzungsbeispiele in Wirtschaft und Unternehmen

Bildung und Wissenschaft	**Universitäten arbeiten gemeinsam im Projekt UniNEtZ** Hervorgegangen aus der Allianz „Nachhaltige Universitäten" und unterstützt vom Bundesministerium für Wissenschaft und Forschung arbeiten Wissenschafter/innen und Expert/innen von 18 österreichischen Universitäten und Forschungseinrichtungen im Projekt UniNEtZ zusammen, um der Bundesregierung im Jahr 2021 einen umfassenden Optionenbericht zur Umsetzung der SDGs vorlegen zu können. Neben der neuartigen Kooperation sollen vor allem interdisziplinäre und vernetzte Methoden und möglichst ganzheitliche Lösungen für nachhaltige Entwicklung erarbeitet werden[17].

15 respACT, 2019.
16 Senat der Wirtschaft, 2019.
17 UniNEtZ-Universitäten und nachhaltige Entwicklungsziele, 2019.

Bildung und Wissenschaft	**SDG-Unterrichtsmaterialien für den Bildungsbereich** Mit dem SDG 4.7. wird explizit der Erwerb von Kenntnissen und Qualifikationen zur Förderung nachhaltiger Entwicklung unter anderem durch Bildung für nachhaltige Entwicklung adressiert. Seit geraumer Zeit entwickeln unterschiedlichste Institutionen für den österreichischen Bildungsbereich, also für Lehrpersonal und Schüler/innen, eigenen SDG-Unterrichtsmaterialien, so etwa[18]: • Sammlung von SDG-Bildungsmaterialien bei BAOBAB • SDG-Kinderlesebuch „Unsere Welt. Unsere Zukunft" des IUFE • CHALLENGE accepted - Ein Kartenspiel zu den 17 Global Goals

Tabelle 3: SDG-Umsetzungsbeispiele in Bildung und Wissenschaft

Zivilgesellschaft	**Mehr als 160 Organisationen versammeln sich bei SDG Watch Austria** SDG Watch Austria ist die zivilgesellschaftliche Plattform in Österreich, die sich für die Verwirklichung der Agenda 2030 mit ihren SDGs einsetzt. Zu den Mitgliedern zählen größere und kleinere Organisationen aus den ökologischen, sozialen und wirtschaftlichen Gesellschaftsbereichen. Zu den Jahreshighlights zählt dabei das SDG Forum, bei dem Expert/innen und Publikum zu Themen der nachhaltigen Entwicklung zusammenkommen (vgl. SDG Forum 2019 an der Universität Wien)[19].
	SDG-Wettbewerb und Nachhaltigkeitstour in Niederösterreich Gemeinsam mit dem Land NÖ haben zivilgesellschaftliche Organisationen das Projekt „17 und wir" durchgeführt. Dabei konnten Gemeinden, Bildungseinrichtungen, Betriebe, Pfarren, Regionen oder private Initiativen aus Niederösterreich ihre Aktivitäten einreichen. Insgesamt wurden 54 beispielgebende Beiträge eingereicht. Mit den 17 ausgezeichneten Beiträgen ging es auf eine Nachhaltigkeitstour durch das Bundesland[20].

Tabelle 4: SDG-Umsetzungsbeispiele in der Zivilgesellschaft

18 Institut für Umwelt, Friede und Entwicklung (IUFE), 2019b.
19 SDG Watch Austria, 2019.
20 Klimabündnis Österreich, 2019. Home.

HARALD MAHRER

Ökologisierung braucht Werte und Innovation

Über die grüne Leistungsbilanz der österreichischen Wirtschaft und die Chancen der Zukunft

Mit einer von Angst geprägten Klimadebatte kommen wir nicht weit. Gefragt sind Lösungen, die weltweit wirken. Österreichs Wirtschaft hat eine lange Tradition, Wirtschaft und Nachhaltigkeit erfolgreich zu verbinden. Die Vision, dass Österreich mit Umwelt-Innovationen internationaler Vorreiter wird, ist eine große Chance für den Standort und das Klima. Dafür muss Österreich die richtigen Rahmenbedingungen setzen. Die Regierung hat dafür wichtige Weichenstellungen vorgenommen. Unsere Innovationskraft ist die beste Zukunftsversicherung für Wohlstand und Umwelt.

In der Klimawandeldebatte geben über weite Strecken die Angstmacher den Ton an. Die Bandbreite der Horror-Szenarien für die Zukunft reicht bis hin zur finalen „Auslöschung", gegen die jedenfalls rebelliert werden soll. Doch Angst war noch nie ein guter Ratgeber, um Zukunft zu gestalten. Bloße umweltpolitische Panikmache heizt Debatten auf, kühlt aber nicht die Klimaerwärmung. Genau darum muss es aber gehen.

Wir brauchen Lösungen, die weltweit wirken – und damit kommt die Wirtschaft ins Spiel, die in fast allen Bereichen unseres Lebens immer wieder Lösungen für Herausforderungen entwickelt. Deshalb gilt ganz grundsätzlich: Wer die Handlungsspielräume unserer Wirtschaft durch mehr staatliche Regulierung und mehr Verbote einschränken will, schränkt gleichzeitig unsere Handlungsfähigkeit als Gesellschaft ein, Lösungen für Probleme zu entwickeln und umzusetzen. Wir brauchen auch beim Thema Ökologie mehr und nicht weniger Wirtschaft.

Wirtschaft und Umwelt verbinden

Österreich hat eine lange Tradition bei der intelligenten Verbindung wirtschaftlicher mit ökologischen Zielen. Diese Tradition hat auch ein breites programmatisches Fundament: die von Josef Riegler maßgeblich geprägte ordnungspolitische Konzeption der Ökosozialen Marktwirtschaft. Die Bedeutung dieser Konzeption kann nicht hoch genug eingeschätzt werden, denn sie verfolgt vier Zielsetzungen gemeinsam und integriert: individuelle Freiheit, wirtschaftliche Leistungskraft, gesellschaftliche Verantwortung und ökologische Nachhaltigkeit.

Es ist heute besonders wichtig, die gleichrangige Verfolgung dieser Ziele zu betonen, denn manche Gruppen streben an, dass alle anderen gesellschaftlichen Zielwerte dem Klimaschutz unterzuordnen sind. Dies könnte nicht nur in *ökologischem Autoritarismus* münden, sondern würde auch massive Auswirkungen auf Beschäftigung, Wohlstand und soziale Stabilität in Österreich haben.

Tatsache ist jedenfalls: Österreichs Unternehmen gelingt es schon bisher sehr gut, Gewinnstreben, soziale Verantwortung und Nachhaltigkeit zu verbinden. Die breite Akzeptanz des Nachhaltigkeits- und Umweltschutzgedankens unter unseren Unternehmerinnen und Unternehmern zeigt auch eine aktuelle WKO-Erhebung (2019): Für fast neun von zehn Unternehmen (86 %) ist der Klimaschutz ein großes Anliegen.

Stark bei ökologischer Nachhaltigkeit

Dass das langjährige Engagement unserer Wirtschaft bei Investitionen im Umwelt- und Energiebereich ein zentraler Erfolgsfaktor für ökologische Nachhaltigkeit ist, unterstreicht auch der aktuelle EU-Umweltvergleich. Seit 2005 bewertet die Wirtschaftskammer Österreich (WKÖ) damit alle zwei Jahre die Umweltsituation Österreichs im Vergleich der EU-Mitgliedsstaaten auf Basis von europäischen Daten, u. a. von Eurostat und der EU-Umweltagentur. Das Ranking 2019 basiert auf 63 Umweltparametern quer durch die umweltrelevanten Bereiche Abfall, biologische Vielfalt, Energie, Klima, Luftreinhaltung, Mobilität, Ressourcen, Wasser und Umweltschutzinvestitionen.

Österreich liegt im EU-Umweltvergleich weiterhin in einer europäischen Spitzenposition und belegt hinter Schweden und den Niederlanden den dritten Rang, vor Deutschland und Dänemark. Österreichs Highlights sind seine Werte zum betrieblichen Umweltmanagement und zu den hohen Umweltinvestitionen der Wirtschaft, zur geringen Energieintensität der Wirtschaft, zur Nutzung erneuerbarer Energiequellen, zum CO_2-Ausstoß pro BIP, zur Luftreinhaltung (Schwefeldioxidemissionen im Verhältnis zum BIP), zum Modal Split im Personenverkehr und zur biologischen Landwirtschaft.

Graduelle Verbesserungsmöglichkeiten gibt es für Österreich auch als Umweltmusterland natürlich weiterhin, wobei wir aber von einem hohen Niveau ausgehen und daher im Vergleich zu Ländern mit Nachholbedarf keine großen Sprünge mehr machen können. Österreichs hervorragende Leistungen in der ökologischen Nachhaltigkeit sind in den letzten Jahren auch international anerkannt. Der *Environmental Performance Index (EPI) 2018* der Yale und Columbia University weist etwa Österreich unter 180 bewerteten Ländern an 8. Stelle und im EU-Vergleich an 6. Stelle aus.

Die anhaltende Stärke Österreichs im Bereich der ökologischen Nachhaltigkeit hat vor allem zwei Gründe: Einerseits den hohen technologischen Entwicklungsstand dank kontinuierlicher Investitionen in Anlagen und Infrastruktur. Knapp zwei Drittel der gesamten österreichischen Umweltinvestitionen (2015: 12,1 Mrd. Euro) stammen aus der Wirtschaft. Andererseits zählt der „Faktor Mensch“ als Erfolgsgarant: Know-how und Engagement der Umweltverantwortlichen in der heimischen Wirtschaft sind richtungsweisend dafür, dass umweltpolitische Anforderungen auf eine betriebswirtschaftlich leistbare, innovative Weise umgesetzt werden können. Auf diesen Stärken gilt es weiter aufzubauen.

Neue Chancen für den Standort

Durch den Pariser Klimavertrag sind weltweit massive Anstrengungen hin zu mehr Klimaschutz nötig. Das steigert die Nachfrage nach nachhaltigen Technologien. Für den Standort Österreich eröffnet der Klimaschutz deshalb große Chancen. Natürlich werden wir mit einem Anteil von 0,2 % an den Weltemissionen nicht allein das Klima retten, aber als Top-Nachhaltigkeits-Standort können wir entscheidende Beiträge dazu leisten, um anderen Ländern und Regionen nachhaltiges Wirtschaften zu erleichtern.

Der Export von innovativen Klimaschutz-Technologien und -Lösungen ist ein Gewinn für unsere Unternehmen, ihre Beschäftigten und für wirksamen Klimaschutz weltweit. Die neuen Märkte können wir dann bestens nutzen, wenn Österreichs Betriebe mehr denn je über exzellent qualifizierte Mitarbeiter und ein hohes Innovationspotenzial verfügen. Es gilt daher, unsere Technologieführerschaft gezielt weiterzuentwickeln. Dann werden wir in Zukunft bei ökonomischen wie bei ökologischen Rankings Spitzenplätze belegen.

Beste Konjunktur für Umwelttechnik-Industrie

Österreichs Umwelttechnik-Industrie ist durch eine hohe Dynamik gekennzeichnet. Sie zählt zu den am schnellsten wachsenden Branchen. Mit unserer Umwelttechnik-Industrie spielen wir international bereits in der Spitzen-Liga: 72 Prozent der Umsätze werden im Export erwirtschaftet. Schon heute interessieren sich neun von zehn ausländischen Wirtschaftsdelegationen, die nach Österreich kommen, für unser Know-how rund um Green-Tech. Von den 6,1 Mrd. Euro, die unsere Unternehmen in F&E investieren, entfällt ein beachtlicher Anteil auf Investitionen rund um nachhaltige Technologien. Die konstant hohe Innovationsfreudigkeit der Umwelttechnik-Betriebe sichert ihre Wettbewerbsfähigkeit gegenüber der starken internationalen Konkurrenz. Die erneuerbare Energietechnologie hat in Österreich einen neuen Industriezweig hervorgebracht, der uns eine internationale Vorreiterrolle gesichert hat.

Die Umwelttechnikbranche und die nachfragenden Branchen stehen in einem engen symbiotischen Verhältnis – das eine kann nicht ohne das andere wachsen. Vor diesem Hintergrund steht Österreich einerseits vor der Herausforderung, seine Innovationskraft rund um nachhaltiges Wachstum gezielt zu stärken, und andererseits Rahmenbedingungen zu schaffen, damit grüne Technologien aus Österreich weltweit reüssieren können.

Innovationskraft macht den Unterschied

Nicht nur aus Sicht der Wirtschaft gibt es auf die Herausforderungen des Klimawandels letztlich nur eine überzeugende Antwort: Innovationskraft. Innovationskraft ist nicht nur unsere wirtschaftspolitische Zukunftsversicherung für Arbeit und Wohlstand, sondern auch unsere umweltpolitische Zukunftsversicherung für Nachhaltigkeit.

Ohne technologischen Fortschritt werden wir bei Klimaschutz und Nachhaltigkeit keine großen Sprünge machen. Eines von vielen EU-weiten Vorzeigeprojekten aus Österreich ist aktuell das Projekt H2Future der voestalpine. Sie hat gemeinsam mit ihren Partnern Verbund, Siemens und APG eine der weltweit modernsten und größten Elektrolyseanlagen zur Erzeugung von grünem Wasserstoff gestartet. Solche Initiativen brauchen wir, um technologisch voranzukommen. Ein weiteres Beispiel ist das Projekt ReOil der OMV. Dabei handelt es sich um ein klassisches Kreislaufprojekt: Kunststoffabfälle werden als Rohstoffbasis für Öl genutzt. Allein diese beiden Beispiele zeigen, dass Österreich bei Umwelttechnologie-Innovationen international hochrelevante Projekte umsetzt.

Wenn grüne Energie durch Innovation günstiger und damit wirtschaftlicher wird als Kohle oder Öl, wird niemand ein Problem haben zu wechseln. Neue Technologien sind daher auch bei der Speicherung von Energie aus erneuerbaren Energieträgern zentral. Österreich hat hier mit einer Speicherinitiative neue Perspektiven eröffnet. Die Wirtschaft steigt zudem vermehrt in die Produktion von Strom für den Eigenverbrauch ein. Die durchgesetzte Streichung der Eigenstromsteuer fördert dies.

Nicht nur für das smarte Energiemanagement liefert die Digitalisierung vollkommen neue Möglichkeiten für mehr Nachhaltigkeit: die Blockchain-Technologie dokumentiert etwa die Herkunft von Produkten, Smart Contracts erleichtern den Handel mit Energiezertifikaten, Künstliche Intelligenz unterstützt bei der Erhöhung der Ressourceneffizienz, das Internet der Dinge macht Eigenheim und Bauernhof smart und umweltfreundlich, Big-Data-Anwendungen bringen Umweltschutz-Daten in Echtzeit. Unverzichtbare Grundlage für die Nutzung dieser digitalen Potenziale ist der Ausbau der Breitband- und 5G-Infrastruktur in Österreich. Sie ist eine lebenswichtige Basis für unsere Innovationskraft, für digitale Transformationsprojekte und wirksamen Klima- und Umweltschutz. Österreich hat erhebliche Chancen, international mit Produkten und Technologien für mehr Nachhaltigkeit zu reüssieren, wenn die Rahmenbedingungen dafür verbessert werden.

Rahmenbedingungen für ökologische Innovationen

Damit wir die Potenziale Österreichs für die wirtschaftlichen Chancen des Klimaschutzes bestmöglich mobilisieren können, müssen wir – ganz im Sinn der Ökosozialen Marktwirtschaft – die richtigen Schwerpunkte und Anreize setzen. Der nachfolgende Überblick präsentiert wesentliche Handlungsbereiche.

Mehr Investitionen: In Klimaschutz zu investieren, ist notwendig und zahlt sich für alle aus. Ohne kraftvollen Ausbau des öffentlichen Verkehrs kann der Mobilitätssektor seine Klimaziele nicht erreichen. Bei der Sanierung von Wohn- und Betriebsgebäuden muss die Schlagzahl erhöht werden, etwa durch steuerliche Absetzbeträge und raschere Abschreibungen. Für die Wirtschaft ist beides ein Wachstumsimpuls. Fossile Treib- und Brennstoffe schrittweise durch nichtfossile (Methan, Wasserstoff, E-Fuels) zu ersetzen, erfordert ebenfalls relevante Investitionen. In diese Zukunftstechnologien müssen wir jetzt investieren – Europa darf hier nicht den Anschluss verpassen.

Kapital mobilisieren

Viele Anleger wissen derzeit – wo die Zinssätze nahe bei null liegen – nicht, wo sie ihr Geld investieren können. Viele möchten auch als Anleger einen Beitrag zum Klimaschutz leisten. Mobilisieren wir das brachliegende Kapital für die Energiewende und den Klimaschutz, schlagen wir zwei Fliegen mit einer Klappe. Investitionen in Green Bonds sollen daher von der Kapitalertragsteuer befreit werden. Jedes private Investment entlastet den Staat. Ohne Beteiligung der Wirtschaft und der Zivilgesellschaft wäre der Staat überfordert. Als Ergänzung zum Bausparen könnte es in Österreich ein „Klima-Sparen" geben.

Infrastrukturverfahren beschleunigen: Nachdem wir viele neue Infrastrukturprojekte benötigen, um CO_2-freie Energie zu konsumieren und CO_2-frei Personen und Güter zu befördern, müssen Genehmigungen rascher erteilt werden. Derzeit sind gerade klimapolitisch relevante Projekte mit Verfahrensdauern von fünf bis zehn Jahren erheblich belastet. Das muss sich ändern. Nur mit rascherer Freigabe der Projekte verhindern wir Strafzahlungen für das Nichterreichen der Klimaziele. Umweltstandards und Bürgerrechte sind zweifelsfrei zu beachten – aber die Verfahren müssen schneller werden.

Regulatorische Hindernisse beseitigen: Immer noch leistet sich der Staat den Luxus, erwünschtes Verhalten selbst zu behindern – etwa durch Einstimmigkeitsbindungen im Wohnrecht, die auch E-Ladestationen an den Garagenplätzen der Eigentümer oder Mieter umfassen, oder durch bürokratische Genehmigungspflichten im Anlagenrecht für erneuerbare Energien. Die Beseitigung dieser Hindernisse kostet nicht nur nichts, sie spart zudem den Vollzugsaufwand ein.

Falsche Lenkungssteuern beseitigen: Bei der Eigenstromsteuer gibt es noch Handlungsbedarf. Eigenstrom ist nur dann steuerlich begünstigt, wenn er aus Photovoltaikanlagen stammt. Andere Ökostromarten müssen ebenso befreit werden. Ergebnis soll sein, dass nur noch aus fossilen Quellen stammender Eigenstrom zu versteuern ist.

Globalen CO_2-Preis durchsetzen: Der größte Hemmschuh des Klimafortschritts ist das Fehlen eines globalen CO_2-Preises. Es nützt wenig, in Österreich zwei Kohlekraftwerke stillzulegen, wenn anderswo 20 neue in Betrieb gehen. Der Pariser Klimavertrag verhindert das nicht, er ist daher entsprechend zu ergänzen. Damit würde die Benachteiligung von Ländern enden, die Klimaschutz forcieren. CO_2-Preise nur auf einem Teil der Weltkugel führen zwangsläufig dazu, dass die Großemittenten die anderen Regionen des Globus aufsuchen. Diese Forderung ist von der EU in die Klimaverhandlungen einzubringen.

Internationale Klimafinanzierung einsetzen: Entwicklungs- und Schwellenländer sind derzeit noch von Kohle als Energieträger abhängig. Es braucht Lösungen, um Kohle durch Wind, Sonne und Biomasse – die in vielen dieser Länder reichlich vorhanden sind – zu ersetzen. Der Internationale Währungsfonds und der internationale Klimafonds sollen dies zur Priorität machen.

EU-Emissionshandel neu aufstellen: Wenn die EU die Sektoren Mobilität und Gebäude einer fordernden CO_2-Bepreisung aussetzen möchte, dann ist implizit immer von hohen CO_2-Preisen über 30 Euro die Rede. Die Industrie schafft es aber nicht, große Teile ihrer Erlöse für den Kauf der CO_2-Zertifikate auszugeben und gleichzeitig in den Technologiewechsel zu investieren. Angesichts einer solchen Politik werden sich Betriebe für Abwanderung entscheiden, womit der angestrebte Effekt ausbleibt. Daher gibt es nur eine Konsequenz: eine Trennung des Emissionshandels (ETS) in zwei Teile. Wo hohe CO_2-Preise verkraftbar oder sogar gewollt sind, steigt der Preis – wo der hohe CO_2-Preis schlimme Kollateralschäden anrichten würde, wird ein Rahmen für die Preisbildung eingezogen. Die EU darf fortschrittliche CO_2-Reduzierer nicht vertreiben.

Mehr Engagement der EU: Wenn die EU das Einsparungsziel erhöhen will, muss sie auch selbst dazu einen gewichtigen Beitrag leisten. Vorstellbar sind ein großer Innovationsfonds oder großräumige Nachbarschaftspolitik mit Afrika. Jede ersparte Tonne CO_2 zählt schließlich gleich viel, die Kosten der Minderung sind jedoch sehr unterschiedlich.

Eine Aufgabe für Europa

Entscheidend sind nun Rahmenbedingungen, die das Tempo der Energiewende zu erhöhen helfen. Natürlich erzielen alle Anstrengungen noch viel mehr Wirkung, wenn sie in globalem Gleichschritt passieren. Das zu forcieren, ist eine der großen Aufgaben der Europäischen Union. Wünschenswert ist dabei ein weltweit gültiger CO_2-Preis für jene Sektoren, die an den Emissionen den größten Anteil haben (wie z. B. Strom-, Stahl- oder Zementerzeugung). Das würde verhindern, dass Unternehmen ihre Produktionen in Regionen verlagern, wo sie keine CO_2-Kosten tragen müssen. Gleichzeitig würde es die Suche nach technologischen Lösungen zur Emissionsreduktion enorm vorantreiben. Außer Frage steht, dass es der falsche Weg wäre, die energieintensiven Industrien aus Europa zu vertreiben. Denn sie können und werden die nachhaltigen Technologien der Zukunft entwickeln. Mit ihren starken Industrieplayern kann die Europäische Union viel mehr zur globalen Bewältigung des Problems beitragen als ohne sie.

Richtige Weichenstellung

Vor diesem Hintergrund ist es sehr zu begrüßen, dass die türkis-grüne Bundesregierung in ihrem Regierungsprogramm die richtigen Weichenstellungen vorgenommen hat. Das neue Regierungsprogramm ist in mehrfacher Hinsicht ein Wegweiser in die Zukunft: Es gewährleistet unseren Betrieben erfolgreiches Wirtschaften und setzt den notwendigen Reform- und Entlastungskurs für Österreich fort. Gleichzeitig bringt das Programm Ökonomie und Ökologie in Einklang. So wird der Klimaschutz mit und nicht gegen die Wirtschaft angegangen. Damit nützt die Bundesregierung den stärksten Hebel für vernünftige, innovative Ökologisierung, den wir haben: unsere Unternehmen. Sie sind eben nicht das Problem, sondern das beste Instrument für nachhaltig erfolgreiche Lösungen.

DAS COCA-COLA SYSTEM®

Erfrischt Österreich seit 1929.

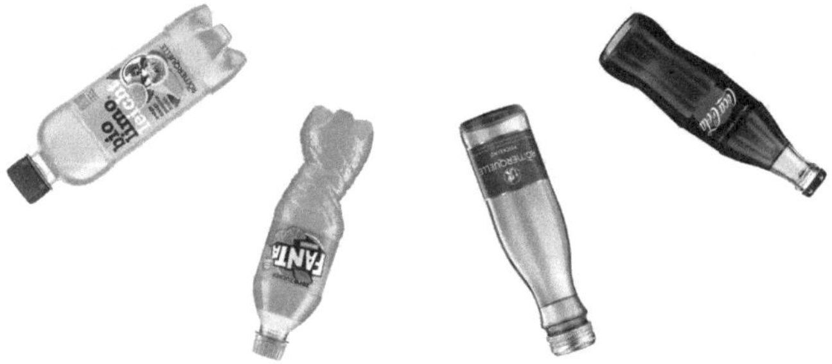

Seit 1929 sind wir in und für Österreich aktiv und sichern rund 12.000 heimische Arbeitsplätze. Coca-Cola wandelt sich von einem Limonadenhersteller zu einem Portfolioanbieter mit einer Vielzahl an unterschiedlichen Getränken im alkoholfreien Bereich. Dabei liegt ein Fokus auf der Reduktion von Zucker. Neben sozialem Engagement ist uns ein verantwortungsbewusster und innovativer Umgang mit Verpackungsmaterialien ein großes Anliegen. Lasst uns die Welt von morgen schon heute miteinand gestalten!

Lesen Sie mehr auf **coca-cola-österreich.at**

© 2020 The Coca-Cola Company. Coca-Cola, Coke und die Konturflasche sind Schutzmarken der The Coca-Cola Company.

MITEINAND seit 1929 Coca-Cola ÖSTERREICH

WOLFGANG KATZIAN

Umweltpolitik aus Arbeitnehmer/innensicht

Der Beitrag „Beständigkeit und Wandel. Die Wertewelt der Österreicher/innen" fasst die zentralen Ergebnisse der Europäischen Wertestudie von 1990 bis 2018 zusammen und bietet so einen Einblick in dreißig Jahre Wertewandel. Zur Sprache kommen unter anderem die große Bedeutung der mikrosozialen Lebensbereiche, ein überraschend positiver Blick der Menschen auf Politik und Institutionen, die ambivalente Einstellung zu Diversität und Migration und die Veränderungen in der religiösen Landschaft. Insgesamt entsteht das Bild einer pluralistischen Gesellschaft zwischen Beständigkeit und Wandel.

Zwentendorf, Hainburg und Co. – die Zeiten, in denen Umweltbewegung und Arbeitnehmer/innenbewegung als unüberwindbare Gegensätze galten, sind vorbei. Es gibt ein gemeinsames Interesse, die Klimakrise zu bekämpfen und diesen Wandel sozial gerecht zu gestalten. Der Europäische Gewerkschaftsbund hat dies mit seinem Kampagnentitel „There are no jobs on a dead planet“ auf den Punkt gebracht.

Gleichzeitig wird uns aktuell dramatisch vor Augen geführt, wie die Auswirkungen des von Menschen verursachten Klimawandels unser Leben bereits jetzt verändern. Seien es aktuell die Brände in Australien, Unwetterschäden und -katastrophen auf der ganzen Welt oder auch die sommerliche Hitze, die wir auch als Arbeitnehmer/innen immer stärker zu spüren bekommen.

Die Klimakrise ist von Menschen verursacht, und entsprechend müssen die Menschen auch handeln, um die Horrorszenarien von vker Grad Erderwärmung und noch weitere drastischen Folgen daraus zu verhindern: schmelzende Polkappen, steigender Meeresspiegel und damit verbunden der Untergang von Städten und Landstrichen, Naturkatastrophen, die Ernten und Lebensräume vernichten, Hitzeperioden, die Landstriche unbewohnbar machen und gesundheitsgefährdend sind und vieles mehr.

Angesichts dieser Szenarien ist es notwendig, die Ziele des Pariser Klimaabkommens zu erreichen, also deutlich unter zwei Grad Erderwärmung zu bleiben. Dazu müssen bis 2050 – das ist in 30 Jahren! – die Nettoemmissionen weltweit auf Null gesenkt werden. Das ist ein ambitionierter Plan. Österreich hat dabei aber gute Startvoraussetzungen: Wir sind technologisch gut gerüstet, haben bestausgebildete und motivierte Fachkräfte und einige vielversprechende Leitbetriebe. Was leider nach wie vor fehlt, ist eine verbindliche Gesamtstrategie in der Klima- und Energiepolitik, die diesem Potential auch Rechnung trägt. Der ÖGB fordert schon seit Jahren einen verbindlichen Plan mit klaren Strategien, Zuständigkeiten und Verantwortlichkeiten, der in enger Abstimmung mit den Sozialpartnern ausgearbeitet werden soll.

Diese Transformation wird keine leichte Aufgabe und braucht ein grundlegendes Umdenken unserer Wirtschafts- und Lebensweise. Die oberste Priorität des ÖGB ist ein gutes Leben für alle Arbeitnehmer/innen. Eine intakte Umwelt und die Möglichkeit gesund auf einem gesunden

Planeten leben zu können, ist damit unmittelbar verbunden. Ein ökologischer Wandel muss aber auch sozial gerecht gestaltet sein. Zum guten Leben für Arbeitnehmer/innen gehören viele Aspekte, die weit über die Arbeitswelt hinausgehen. Unser Fokus bei einer Umweltpolitik aus Arbeitnehmer/innensicht ist daher nicht nur auf den Aspekt Arbeit gelegt, denn Arbeitnehmer/innen sind auch Konsument/in und Bürger/in, die den Staat mitgestalten wollen. In all diesen Rollen sind Arbeitnehmer/innen von jeder klimapolitischen Maßnahme unterschiedlich betroffen. In allen Bereichen muss rasch gehandelt werden, aber mit sozialem Weitblick, denn als Interessenvertretung aller Arbeitnehmer/innen ist für uns Klimapolitik auch immer Sozialpolitik.

Perspektive der Arbeitnehmer/innen

Das österreichische Wirtschaftssystem wird sich in den kommenden Jahren durch die Klimapolitik umfassend ändern und auch ändern müssen, wenn wir die Klimaziele von Paris erreichen wollen. Diese Veränderung wird – wie jeder umfangreiche Transformationsprozess – zahlreiche Branchen treffen, wenn auch nicht alle im gleichen Ausmaß. Gleichzeitig bergen Transformationsprozesse, so sie auch wirtschafts- und sozialpolitisch gut begleitet und unterstützt werden, auch viele Chancen für Branchen, Unternehmen und Arbeitnehmer/innen, sich völlig neu zu orientieren.

Entscheidend wird sein, dass die Produktionsweisen energie-, umwelt- und ressourcenschonend umgestellt werden. Dies wird einige Branchen sehr umfassend verändern, etwa sehr energieintensive Industrien, die Automobilindustrie, den Transport oder auch die Landwirtschaft, um nur einige zu nennen. Dieser Strukturwandel muss aber sozial gerechnet mitgestaltet werden. Gerade Arbeitnehmer/innen in besonders betroffenen Branchen und Regionen brauchen die Sicherheit, dass diese Transformationsprozesse auch Möglichkeiten bieten, wie sie sich verändern und weiterhin erfolgreich am Arbeitsleben partizipieren können. Dort, wo Betriebsrät/innen und Gewerkschaften eng eingebunden werden, wird dies auch gut gelingen. Die älteren Leser/innen werden sich noch an die Herausforderung im Zuge des „EU-Beitritts" für den Wirtschaftsstandort Österreich erinnern. Damals wurde ein Fonds geschaffen, der Um- und Weiterqualifizierung von betroffenen Arbeitnehmer/innen gesichert hat. Da es zu ähnlichen (oder vermutlich noch größeren) Umbrüchen kommen wird, braucht es erneut einen Zukunftsfonds für Arbeitnehmer/innen. Solch ein Fonds kann die Arbeitnehmer/innen bei notwendigen Um- und Weiterqualifizierungen unterstützen und für neue nachhaltige Arbeitsplätze sorgen.

Von Energieträgern wie Kohle und Co. muss man sich verabschieden, wenn man bis 2050 CO_2-neutral werden will. Noch dominieren die fossilen Energieträger: weltweit liegt ihr Anteil bei rund 80 %, in Österreich bei etwa 70 %. In Österreich ist gerade der Verkehr eine Herausforderung. Dessen CO_2-Ausstoß ist laut Umweltbundesamt seit 1990 bis zum Jahr 2017 um über 70 % gestiegen, obwohl die Autos immer sparsamer werden.

Dabei ist eines klar: Mit einer CO_2-Steuer wird man dieses Problem nicht lösen können. Mehr als die Hälfte der Erwerbstätigen in Österreich pendelt zur Arbeit, die durchschnittliche Distanz zwischen Wohn- und Arbeitsort beträgt 36 Kilometer. Viele Menschen sind beim Pendeln in die Arbeit auf ihr Auto angewiesen. Dieses Pendeln mit dem Auto einfach nur teurer zu machen, ist nicht besonders kreativ und sozial ungerecht. Verhalten zu sanktionieren, ohne Alternativen wie ein attraktives Angebot an öffentlichen Verkehr zu schaffen, ist sicherlich der falsche Weg.

Pendeln gehört zum Arbeitsalltag und darf nicht zur finanziellen Belastung werden. Wir brauchen ein attraktives Angebot im öffentlichen Verkehr. Ziel muss es sein, dass das Nutzen von öffentlichen Verkehrsmitteln so bequem und so günstig wie nur möglich ist – dann kann der Verzicht auf das Auto auch funktionieren.

Im Gütertransport sehen wir allerdings den viel größeren Handlungsbedarf. Waren legen entlang der Lieferkette oft tausende Kilometer zurück. Das ist wohl in Zukunft vermehrt zu hinterfragen. Müssen wir etwa weiterhin tausende Tiere jährlich auch weit über die EU hinaus transportieren? Oder etwa Schweizer Alpenluft in Dosen nach Asien verkaufen? Dort, wo Gütertransport notwendig ist, muss er möglichst ressourcenschonend vonstatten gehen und faire Arbeitsbedingungen bieten. Wenn aber sowohl Personentransport als auch Gütertransport sinnvollerweise verstärkt von der Straße auf die Schiene verlegt werden sollen, dann braucht es ein sinnvolles Gesamtkonzept und vor allem ausreichend Mittel für eine funktionierende Schieneninfrastruktur.

Mit Schienenverkehr allein ist es aber nicht getan. In Summe müssen wir einmal die österreichische Infrastruktur klimafit machen. Dazu braucht es rasche und umfassende Investitionen. Diese klimarelevanten Investitionen müssen neben dem Ausbau von öffentlichem Verkehr, und Zuschüssen für Photovoltaikausbau, thermischer Gebäudesanierung bis hin zu einer mehr zielgerichteten Forschungsförderung reichen.

Es wird Zeit, sich dafür von den selbst auferlegten Fesseln der Austeritätspolitik befreien. ÖGB und AK fordern schon seit Längerem die „Goldene Investitionsregel". Diese besagt, dass für die Zukunft wichtige staatliche Ausgaben (Investitionen) von den strengen Budgetregeln ausgenommen werden. Gerade für notwendige klimarelevante Investitionen wäre dies wichtig. Damit würde die „Goldene Investitionsregel" zu einer „Grünen Investitionsregel" werden.

Zusätzlich kann auch die Verteilung von Arbeit und Arbeitszeit ihren Beitrag zu einer gelungenen Transformation leisten. Durch eine Vier-Tage-Woche etwa würden viele Menschen einen Tag weniger pendeln müssen. Allein dadurch könnte der CO_2-Ausstoß beim Verkehr um etwa ein Prozent reduziert werden. Es gibt einige Studien, die zeigen, dass eine Reduktion der Arbeitszeit einen positiven Effekt auf die Nachhaltigkeit hat: Freizeit ist klimafreundlicher als Arbeitszeit.

Ein mittlerweile sehr akutes gewerkschaftliches Thema – verursacht durch den Klimawandel ist die Hitze am Arbeitsplatz. Die Sommer werden immer heißer. Jedes Jahr liest man von „Hitzerekorden" und „neuen Höchsttemperaturen". Das bedeutet für viele Arbeitnehmer/innen eine immense gesundheitliche Belastung. Zahlreiche Arbeitsplätze sind noch nicht klimafit genug. Viele denken hier in erster Linie an Arbeiter/innen am Bau. Das ist aber nur eine Gruppe, die stark von Hitze betroffen ist. Es gibt auch zahlreiche Arbeitsplätze, etwa in der Produktion oder in Wäschereien, wo ohnehin schon hohe Temperaturen vorherrschen. Wenn dann noch die Außentemperaturen steigen, ist das Arbeiten nahezu unerträglich. Die Hitzeperioden und die Tage mit über 30 Grad werden noch weiter zunehmen. Es ist daher dringend notwendig, dass verbindlichere Regelungen zu Arbeiten unter Hitze geschaffen werden. Bei Arbeitsplätzen in Innenräumen müssen ab 25 Grad Raumtemperatur alle möglichen baulichen, technischen und organisatorischen Maßnahmen getroffen werden, um das Raumklima zu verbessern und Arbeitnehmer/innen zu schützen. Für Arbeiten im Freien gilt: Ab einer Außentemperatur von über 32 Grad Celsius ist ungeschütztes Arbeiten im Freien klar gesundheitsschädigend. Hier braucht es entweder einen entsprechenden Schutz (Schatten, Ersatzarbeitsplätze, etc.) oder hitzefrei ab 32 Grad.

Aus Arbeitnehmer/innensicht birgt der Kampf mit und gegen den Klimawandel also vielfältige Herausforderungen. Um diesen sozial gerecht begegnen zu können, braucht es eine starke Mitbestimmung der Arbeitnehmer/innen bei diesen Transformationsprozessen. Betriebsrät/innen und Gewerkschaften werden sich deshalb aktiv in diesen Prozess einbringen.

Aspekt der Konsument/innen

In Summe haben wir in Österreich ein gutes Wohlstandsniveau erreicht. Nicht zuletzt dank einer gut funktionierenden Sozialpartnerschaft ist es über viele Jahrzehnte gelungen, dass die Produktivitätsgewinne auch zu einem steigenden Wohlstand der Arbeitnehmer/innen und einem starken Sozialstaat geführt haben. Gerade angesichts der Klimakrise gilt es aber einmal mehr auf eine gerechte Verteilung zu achten. Das ist nicht nur fair, sondern auch klimaschonend. Vergleicht man nämlich den ökologischen Fußabdruck des Konsums so zeigt sich klar: je mehr Einkommen, desto höher der CO_2-Verbrauch. Entsprechend ist eine gute Verteilungspolitik auch Teil einer guten Klimapolitik. Gleichzeitig müssen Konsument/innen auch die Möglichkeit haben, bewusst zu konsumieren. Das ist schwierig, wenn jeder Euro zweimal umgedreht werden muss. Sollen Menschen mehr heimische, biologische Produkte kaufen, dann müssen wir auch dafür sorgen, dass sie es sich leisten können. Dafür werden die Mindestlöhne deutlich steigen müssen.

Trotzdem: Die aktuelle Debatte dreht sich viel zu sehr um die Konsument/innen. Es wird immer wieder suggeriert, dass, wenn wir nur auf das Auto, Fleischkonsum, Flugreisen oder Ähnliches verzichten, der von Menschen verursachte Klimawandel aufgehalten werden kann.

Es ist natürlich unbestritten, dass Fliegen unglaublich klimaschädlich ist. Es ist das CO_2-intensivste Fortbewegungsmittel, das wir kennen. Ganz klar gibt es Strecke,n die nicht geflogen werden müssen: Wenn man mit dem Zug von Wien nach Linz in einer Stunde fünfzehn ist, dann rentiert sich ein Flug auf dieser Strecke weder zeitlich noch für die Umwelt. Das gilt wohl auch für zahlreiche andere Destinationen. Weltweit betrachtet ist der Flugverkehr jedoch nur ein Bruchteil, er erfasst rund 2,5 Prozent des gesamten CO_2-Ausstoßes. Es ist also kaum gerecht, dass jenen, die einmal im Jahr in den Urlaub fliegen, ein derart schlechtes Gewissen gemacht wird.

Beim Konsum von Lebensmitteln oder Kleidung wird ein ähnliches Konsument/innen-Shaming betrieben. Natürlich ist es angebracht, bewusst einzukaufen. Wer aber wenig Geld zur Verfügung hat, tut dies sowieso. Diese Menschen kaufen sicher nicht die teuren, importierten Erdbeeren im Jänner oder machen auch nicht jeden neuen Modetrend mit.

Als Arbeitnehmer/innenbewegung ist es uns wichtig immer wieder darauf hinzuweisen, dass eine Vielzahl von Produkten, die bei uns günstig zu kaufen sind, auf Ausbeutung in anderen Ländern beruhen. Arbeitnehmer/innen werden durch unwürdige Arbeitsbedingungen und Hungerlöhne ausgebeutet, ebenso wird profitmaximierte Produktion oft auf Kosten der Umwelt betrieben.

Mit individuellem Verzicht kann man dies jedoch kaum lösen – es braucht hier einen umfassenden Systemwechsel! Denn die Ausweichmöglichkeiten sind häufig sehr begrenzt. Der Informationsstand, den man als Endverbraucher/in über Produktionsweise und Umweltbelastung hat, ist ebenfalls begrenzt. Es braucht endlich international verbindliche Standards zum Schutz der Menschen und der Umwelt, nicht nur auf dem Papier, sondern als gelebte Realität. So müssen etwa auch in internationalen Handelsabkommen soziale und klimapolitische Aspekte verbindlich geregelt werden.

Aspekt der Bürger/innen

Die Möglichkeiten der einzelnen Bürger/innen sind sehr beschränkt, wenn es um die Bekämpfung der Klimakrise geht. Der Staat bzw. die Staatengemeinschaften haben hier einen deutlich größeren Gestaltungsspielraum. Für einen erfolgreichen Prozess ist Mitbestimmung ein wesentlicher Erfolgsfaktor. Die Zivilgesellschaft muss mitbestimmen können und darf nicht das Gefühl haben, dass über ihre Köpfe hinweg entschieden wird. Ihre Sorgen und Befürchtungen müssen wahrgenommen und berücksichtigt werden. Nur wenn das gelingt, werden diese umfangreichen Veränderungen, die in den nächsten Jahren und Jahrzehnten notwendig sind, erfolgreich umzusetzen sein.

Dazu kann die Sozialpartnerschaft einen wesentlichen Beitrag leisten. Die Sozialpartner haben in den letzten Jahrzehnten immer wieder bewiesen, dass sie imstande sind, gemeinsam gute Lösungen für Wirtschaft und Arbeitnehmer/innen zu erarbeiten. Da unsere Wirtschaft und der Wirtschaftsstandort Österreich um diesen Transformationsprozess nicht umhinkommen wird, ist dies erneut eine Gelegenheit für die Sozialpartner zu zeigen, dass sie gemeinsam erfolgreich und lösungsorientiert arbeiten können.

Aber nicht nur die Sozialpartner sind gefragt. Gerade im Bereich der Umwelt- und Klimapolitik zeigt sich, dass Österreich eine sehr aktive Zivilgesellschaft hat. ÖGB und Gewerkschaften sind in gutem Austausch und Dialog mit all jenen, die mit uns die Klimakrise auch als soziale Frage verstehen und nach gemeinsamen Lösungen suchen. So entstand etwa aus dem ÖGB-Sommerdialog zur Klimakrise ein reger Austausch von der „Fridays for Future"-Bewegung mit Gewerkschaften und Betriebsrät/innen.

Eine vom Staat und den Sozialpartnern getragene Gesamtstrategie kann entscheidend dazu beitragen, dass Österreich seinen Anteil zur Erreichung der Ziele des Pariser Klimaabkommens auch leisten kann. Noch ist hier viel Luft nach oben. Beide bisher vorgelegten nationalen Energie- und Klimapläne werden nicht ausreichen, um Österreichs Beitrag sicherzustellen.

Die staatlichen Gestaltungsmöglichkeiten würden mehr bewirken, als bisher vorgelegt wurde. EU, Bund, Länder und Kommunen sind die Ebenen, die am meisten Gestaltungsspielraum haben.

Die bisherigen politischen Debatten drehen sich hauptsächlich um die „CO_2-Steuer" oder die „ökosoziale Steuerreform" und gehen davon aus, dass allein die Steuer eine Lenkungswirkung hat. Aber geht es nicht vielmehr darum, Problembereiche zu definieren und zielgerichtete Lösungen zu entwickeln? Im Mittelpunkt der Überlegungen sollte stehen: Wie bringen wir den Güterverkehr auf die Schiene? Wie bringen wir die Pendler/innen in die Öffis? Wie schaffen wir den Ausstieg aus den 600.000 Ölheizungen, die in Österreich immer noch in Betrieb sind? Wie kann die Landwirtschaft mit weniger energieintensivem Kunstdünger funktionieren? Für all diese Bereiche braucht es eine Gesamtstrategie, wie die Politik die notwendigen Anpassungsinvestitionen vorantreiben kann – öffentlich wie privat.

Es braucht öffentliche Investitionen in die Zukunft – es sind dies auch Investitionen in das öffentliche Vermögen, in einen starken, zukunftsfähigen und lebenswerten Staat. In der ganzen Schuldenstand-Debatte wird negiert, dass ein Staat nicht nur Schulden hat, sondern eben auch Vermögen. Kein Unternehmen würde nur an seinen Schulden gemessen werden, sondern eben auch daran, was es besitzt. Seien es nun Grundstücke, Anlagevermögen oder Finanzkapital. Diese Berücksichtigung des Vermögens muss auch für den Staat gelten, ebenso wie eine nachhaltigen Bewertung. Öffentliche Investitionen können einen wesentlichen Beitrag leisten, dass nachhaltige Alternativen geschaffen werden, von denen auch dich nächsten Generationen noch zehren können.

Um ein konkretes Beispiel zu nennen: Bei der Gebäudesanierung im öffentlichen Besitz gibt es noch deutlich Luft nach oben. Das Vorhaben einer dreiprozentigen Sanierungsquote wird nicht erreicht. Auch in diesem Bereich fehlt eine Gesamtstrategie mit verbindlichen Zielsetzungen, die wir leider auch im aktuellen türkis-grünen Koalitionsübereinkommen vermissen.

Was wir dringend brauchen, ist ein Ende des Staatsausgabenquoten-Fetischismus. „Weniger Staat" wird uns nicht aus der Klimakrise bringen. Denn geringere Staatsausgaben bedeuten weniger Leistungen und weniger Investitionen. Bei dem umfangreichen Investitionsbedarf den Österreich in den kommenden Jahren hat, ginge es zulasten der Bürger/innen, wenn einfach blindlings irgendeine Staatsausgabenquote verfolgt werden würde. Es ist ein erfreulicher Schritt der neuen Bundesregierung, dass auch Investitionen abseits der Maastricht-Kriterien geplant sind, wenngleich die Pläne leider noch vage sind.

Ein sozialpolitisch wichtiges Anliegen ist es, Energiearmut zu verhindern. Die EU-weit angestrebte Energiewende wird enorm kostenaufwendig. Die Kosten dieser Energiewende müssen fair verteilt und dürfen keinesfalls allein von den privaten Haushalten geschultert werden. Zusätzlich braucht es gezielte Maßnahmen und finanzielle Unterstützung für Energieeffizienzmaßnahmen bei Haushalten mit niedrigem Einkommen.

Neben der Bundesebene ist jedoch auch die lokale Ebene ein wichtiger Gestaltungsfaktor für ein soziales und klimafittes Österreich. Die Daseinsvorsorge auf der kommunalen Ebene hat auch einen nicht zu unterschätzenden Einfluss, wie Energie und lokale Infrastruktur für die Bürger/innen zur Verfügung gestellt werden. Sei es nun die Zurverfügungstellung von Fernwärme oder Fernkälte, Angebote von öffentlichem Verkehr innerhalb des Ortes oder der Stadt, die Organisation der Müll- oder Abwasserentsorgung bis hin zur Förderung lokaler, umweltfreundlicher Initiativen. Fortschrittliche Ideen und lokale Innovationen müssen hier im Rahmen einer Gesamtstrategie unterstützt und gefördert werden.

Fazit

Vor uns liegt eine Mammutaufgabe. Der von Menschen verursachte Klimawandel muss bekämpft werden. Dieser Wandel muss aber vor allem sozial gerecht erfolgen. Es bieten sich dadurch auch Chancen, Fehlentwicklungen wiedergutzumachen. Es braucht dazu nicht einige wenige Helden. Es braucht einen Systemwechsel. Dieser darf aber nicht alleine auf den Schultern der Arbeitnehmer/innen ruhen, wie wir das im Zuge der Finanzkrise erleben mussten. Damals waren die Verursacher/innen „too big to fail", während die Arbeitnehmer/innen (also jene, die von den Spekulationen nicht profitiert haben) die Last der Krise getragen haben. Aus Arbeitnehmer/innensicht ist es daher entscheidend, dass jene, die in der Vergangenheit vom Raubbau an der Natur profitiert haben, jetzt im Zuge der Transformation auch einen entsprechend fairen Beitrag leisten. Dann sind auch Arbeitnehmer/innen bereit, ihren Anteil beizutragen, um ein gutes Leben für alle auch in Zukunft möglich zu machen.

WISSENSCHAFT

CHRISTIAN FRIESL

Beständigkeit und Wandel: Die Wertewelt der Österreicher/innen

Zentrale Ergebnisse der Europäischen Wertestudie von 1990 bis 2018

Der Beitrag „Beständigkeit und Wandel. Die Wertewelt der Österreicher/innen" fasst die zentralen Ergebnisse der Europäischen Wertestudie von 1990 bis 2018 zusammen und bietet so einen Einblick in dreißig Jahre Wertewandel. Zur Sprache kommen unter anderem die große Bedeutung der mikrosozialen Lebensbereiche, ein überraschend positiver Blick der Menschen auf Politik und Institutionen, die ambivalente Einstellung zu Diversität und Migration und die Veränderungen in der religiösen Landschaft. Insgesamt entsteht das Bild einer pluralistischen Gesellschaft zwischen Beständigkeit und Wandel.

Seit 1981 analysiert die „Europäische Wertestudie"[1] die Einstellungen der Menschen zu zentralen Werthaltungen, seit 1990 ist auch Österreich daran beteiligt. Dieser Beitrag bietet einen Überblick der wichtigsten Ergebnisse und fokussiert auf jene Inhalte, die Veränderungen über die vergangenen dreißig Jahre sichtbar machen. Weitere Details zu allen hier vorgestellten Analysen sind im Buch zur Studie zu finden, das 2019 unter dem Titel „Quo vadis Österreich?" im Czernin Verlag erschienen ist.

Was sind Werte?

Alltagssprachlich gelten Werte als Haltungen, Einstellungen, Präferenzen oder Ideale. Werte werden auf gesellschaftlicher Ebene diskutiert, dienen als kultureller Rahmen für Organisationen oder Unternehmen und werden als persönliche Orientierungslinien gesehen. Vielfältig wie die öffentliche Debatte über Werte ist auch der wissenschaftliche Diskurs darüber. In den vergangenen Jahrzehnten wurde aus der Perspektive verschiedener Fachwissenschaften eine Fülle von Ordnungs- und Definitionsversuchen unternommen.[2]

Der im Umkreis des Forschungsverbunds „Interdisziplinäre Werteforschung" verwendete Wertebegriff verbindet vor allem sozialwissenschaftliche und philosophische Zugänge. Dabei sorgen die Sozialwissenschaften für eine primär funktionale Perspektive auf Werte: Sie werden als Präferenzsysteme verstanden, vermitteln grundlegende Sozialisationsinhalte und dienen der Vernetzung von Individuum und Gesellschaft. „Werte erscheinen dann als bewusste und unbewusste Vorstellungen des Gewünschten, die sich als Präferenz bei der Wahl zwischen Handlungsalternativen niederschlagen (als

1 Die „Europäische Wertestudie" wird seit 1981 regelmäßig durchgeführt, derzeit in mehr als 40 Staaten. Auf Initiative Paul M. Zulehners war Österreich 1990, 1999 und 2008 beteiligt, die Untersuchung 2018 ist ein Projekt des Forschungsverbunds „Interdisziplinäre Werteforschung" der Universität Wien. Die Studie wurde mit finanzieller Unterstützung des Bundesministeriums für Bildung, Wissenschaft und Forschung von einem Team unter der Leitung der Politikwissenschaftlerin Sylvia Kritzinger durchgeführt. Die Daten dieser jüngsten Untersuchungswelle wurden zwischen Jänner und April 2018 vom Meinungsforschungsinstitut IFES durch persönliche Interviews erhoben. Befragt wurden 1.948 Personen, die Stichprobe ist repräsentativ für die österreichische Wohnbevölkerung ab 18 Jahren. Mehr dazu auf: www.werteforschung.at.

2 Eine Übersicht bietet: Aichholzer u. a., Quo vadis Österreich? 12–35.

Einstellungen, Sehnsüchte, Wünsche, die das Handeln lenken können). Sie organisieren eine Gesellschaft und spiegeln wider beziehungsweise legitimieren, was ihr wichtig ist…"[3].

Aus der philosophischen Perspektive skizziert Hans Joas Werte als „mental-psychisch verinnerlichte Erfahrungen der Selbsttranszendenz und Selbstbildung, in deren Rahmen Menschen von Lebenswirklichkeiten, die ihnen widerfahren, so ergriffen werden, dass sie sich diese zu eigen machen".[4] Werte sind also Erfahrungen, die so bedeutsam werden, dass sie sich als zentrale persönliche oder gesellschaftliche Orientierungen festsetzen. Der Sozialethiker Clemens Sedmak greift diese Konzeption auf und beschreibt Werte als „Bezugsrahmen für Präferenzen; Werte sind nicht Entscheidungen, sondern die Grundlage für Entscheidungen; Werte sind nicht Bewertungen, sondern Kriterien für Bewertungen; Werte sind nicht Wünsche, sondern Konzeptionen des Wünschenswerten".[5] Wichtige Kennzeichen von Werten sind unter anderem:

- Werte sind variabel, aber nicht beliebig, sie sind kulturell und historisch kontextualisiert.
- Ihre Vielfalt und Subjektivität machen Werte der (ethischen) Reflexion bedürftig.
- Man kann Werte nicht lehren, wie Fakten oder wie Wissen vermitteln, Werte werden erfahren und gebildet.[6]

In der Kombination sozialwissenschaftlicher und philosophischer Zugänge könnte als Kurzformel gelten: Werte sind Vorstellungen des Wünschenswerten mit dem Potenzial, persönlichen und gesellschaftlichen Entscheidungen eine Richtung zu geben.

3 Polak/Friesl/Hamachers-Zuba, „Werte", 25.
4 Polak, Grundlagenfragen, 33.
5 Sedmak, Europäische Grundwerte, 16.
6 In der Werteforschung spielt das Thema „Wertebildung" in jüngster Zeit eine immer wichtigere Rolle. Vgl. das Projekt „Wertebildung: Inhalte – Orte – Prozesse" des Forschungsverbunds „Interdisziplinäre Werteforschung" an der Universität Wien (www.werteforschung.at/projekte/wertebildung) und die Publikation dazu: Roland Verwiebe (Hg.), Werte und Wertebildung aus interdisziplinärer Perspektive, Wiesbaden 2019.

Die große Bedeutung der kleinen Welt

Zu den markanten Entwicklungen der vergangenen dreißig Jahre gehört die wachsende Bedeutung der mikrosozialen Lebensbereiche: Die persönliche Lebenszufriedenheit der Österreicher/innen ist 2018 so hoch wie nie zuvor („sehr zufrieden“: 71 %). Die Familie erweist sich seit dreißig Jahren stabil als der wichtigste Lebensbereich (2018: sehr wichtig: 87 %), die Bedeutung von Freunden (1990: 35 %, 2018: 61 %) und Freizeit (1990: 37 % , 2018: 46 %) steigt. Umgekehrt verliert das Lebensfeld Arbeit an Wichtigkeit: Hielten 1990 noch 62 % der Befragten Arbeit für einen sehr wichtigen Lebensbereich, waren dies 2018 nur mehr 48 %. Die Wichtigkeit der Lebensbereiche Religion (16 %) und Politik (10 %) fällt gegenüber den persönlichen Lebensfeldern deutlich ab (vgl. Abbildung).

„Das Mikrosoziale“ dominiert also und hat auch einen individualistisch-hedonistischen Beigeschmack: Mehr als drei Viertel der Bevölkerung stimmen Positionen zu wie „Der Sinn des Lebens ist, dass man versucht, dabei das Beste herauszuholen“, „Wichtig ist, dass der Mensch glücklich wird. Wie, das ist seine Sache“ und „Man muss sich das Leben so angenehm wie nur möglich machen“. Die Tendenz der Zustimmung über die 30 Jahre ist leicht steigend. Der Rückzug ins Mikrosoziale wirft die Frage auf, wie viel Interesse, Kraft und Ressourcen für gesellschaftliches Engagement und sozialen Zusammenhalt bleiben.

Während die Bedeutung von Arbeit zurückging, stiegen die Ansprüche an den Beruf. „Gute Bezahlung“ (69 %) ist das wichtigste Kriterium, dahinter folgt der Wunsch nach „angenehmen Arbeitszeiten“ (63 %). Das „Gefühl, etwas zu erreichen“ (58 %), die „Möglichkeit, eigene Initiative zu entfalten“ (55 %) und ein „Beruf mit Verantwortung“ (50 %) sind für rund die Hälfte der Befragten wichtig. Im Zeitvergleich nehmen alle Ansprüche leicht zu, am deutlichsten der Wunsch nach angenehmen Arbeitszeiten (1990: 35 %, 2018: 63 %).

Insgesamt zeigt dieser Befund, dass Arbeit für die Österreicher/innen sehr wichtig, aber nicht (mehr) alles im Leben ist. An den konkreten Beruf werden heute mehr Erwartungen geknüpft als in den Jahrzehnten zuvor. Es ist nicht nur wichtig, überhaupt einen Job zu haben, sondern es geht um einen Beruf mit hoher Qualität und viel Selbststeuerung, der sich auch mit privaten Lebensbereichen gut verbinden lässt. Gerade jüngere Gruppen

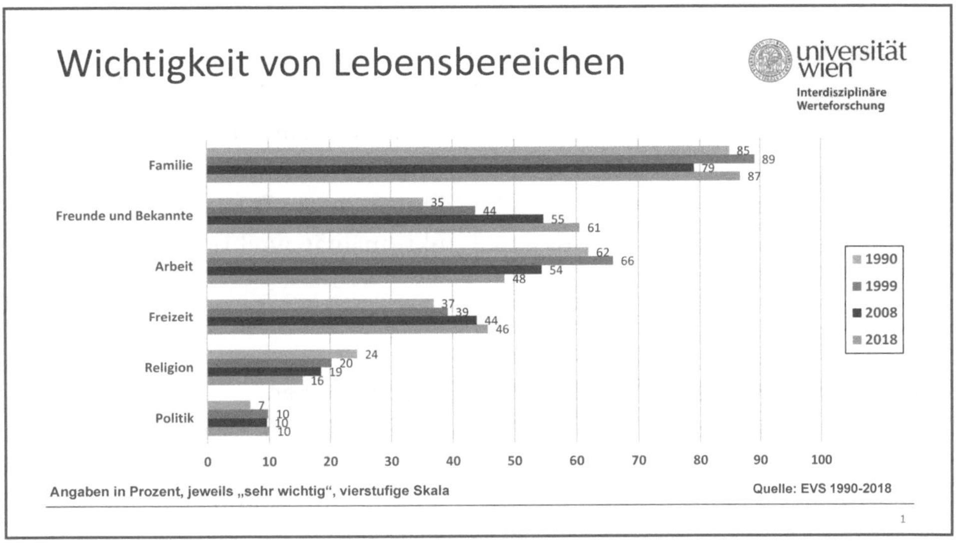

vertreten diese Ansicht. „Work-Life-Balance“ wird eingefordert, möglicherweise auch, weil viele bei sich selbst oder ihrem familiären Umfeld eine deutliche Verdichtung der Berufstätigkeit erfahren haben.

Strukturelle Lösungen für das Dilemma von gleichzeitiger Erwerbsbeteiligung und (mehr) Zeit für private und familiäre Aufgaben liegen schon lange auf dem Tisch: flexible Arbeitszeitmodelle, von denen Beschäftigte und Unternehmen profitieren, wirtschaftliche Gleichstellung von Männern und Frauen, Ausbau der Kinderbetreuung sind nur die wesentlichsten Anliegen. Auf einer individuellen Ebene geht es darum zu lernen, wie in einem langen Erwerbsleben das Tempo so gestaltet werden kann, dass beruflicher Erfolg und zufriedenstellendes Privatleben einander fördern und nicht behindern.

Ins Bild von der großen Bedeutung der kleinen Welt passt auch, dass die Ansprüche an eine Partnerschaft hoch sind: Treue (2018 „sehr wichtig“: 81 %), Kinder (60 %) und „Zeit für Freunde und Hobbys“ (50 %) haben über alle dreißig Jahre einen gleichbleibend hohen Stellenwert. Kaum ein Kriterium verliert an Bedeutung, vor allem die Wichtigkeit einer guten ökonomischen Basis der Partnerschaft steigt.

Selbst in der Frage der veränderten Geschlechterrollen kann die Sorge um die Bewahrung des Mikrosozialen vermutet werden: Zwar haben sich die Rollenbilder in den vergangenen Jahrzehnten gewandelt, etwa sinkt die Zustimmung zum Satz „Was Frauen wirklich wollen, ist Heim und Kinder" von 62 % (1990) auf 40 % im Jahr 2018. Gleichzeitig denkt die Hälfte der Befragten (53 %), dass „Kleinkinder bei einer berufstätigen Mutter leiden" und fast zwei Drittel (63 %) meinen, „das Familienleben leidet bei einer Vollzeit berufstätigen Frau". Offenbar ist die Bewahrung eines traditionellen Familienbilds und dessen Funktionalität wichtiger als die Frage der Gleichberechtigung.

Das Comeback von Politik, Staat und Institutionen

Nur 10 % der Österreicher/innen erachten „die Politik" als sehr wichtigen Lebensbereich. Dennoch ist das Interesse an Politik stabil, immerhin 60 % sind heute „sehr" oder „etwas" daran interessiert. Während sich die Befragten 2008 von der politischen Praxis schwer enttäuscht zeigten, wird 2018 ein positiveres Bild skizziert. Die Mehrheit der Bevölkerung (56 %) äußert sich zufrieden „hinsichtlich der Art, wie das politische System in Österreich derzeit funktioniert".

Die Demokratie hat in Österreich einen hohen Stellenwert: 96 % sehen sie als das geeignete politische System für das Land. Die Bedeutung eines „starken Führers, der sich nicht um Parlament und um Wahlen kümmern muss" war 2008 vergleichsweise hoch (24 %) und ging 2018 deutlich zurück (16 %). Expertinnen und Experten in der Regierung haben einen hohen Stellenwert (56 %), dieses Ergebnis korreliert mit der positiven Einschätzung der Übergangsregierung 2019/20 durch die Bevölkerung.

Eine Trendwende ist beim Vertrauen in Institutionen zu beobachten (vgl. Abbildung): Während viele Jahre lang von „Entinstitutionalisierung" die Rede war, bringen die Österreicher/innen 2018 fast allen gesellschaftlichen Einrichtungen mehr Vertrauen entgegen als in den Jahrzehnten davor. An der Spitze der Rangliste steht die Polizei (87 %), es folgen Gesundheitswesen (83 %), Sozialversicherungssystem (74 %), Rechtssystem (72 %), Bildungssystem (68 %), Bundesheer (67 %) und Umweltschutzorganisationen (61 %). Am Ende des Rankings finden sich Wirtschaftsunternehmen (37 %), Presse (30 %), politische Parteien (27 %) und Soziale Medien (20 %). Gegenüber 2008 konnten die Regierung (von 17 % auf 42 %), das Bundesheer

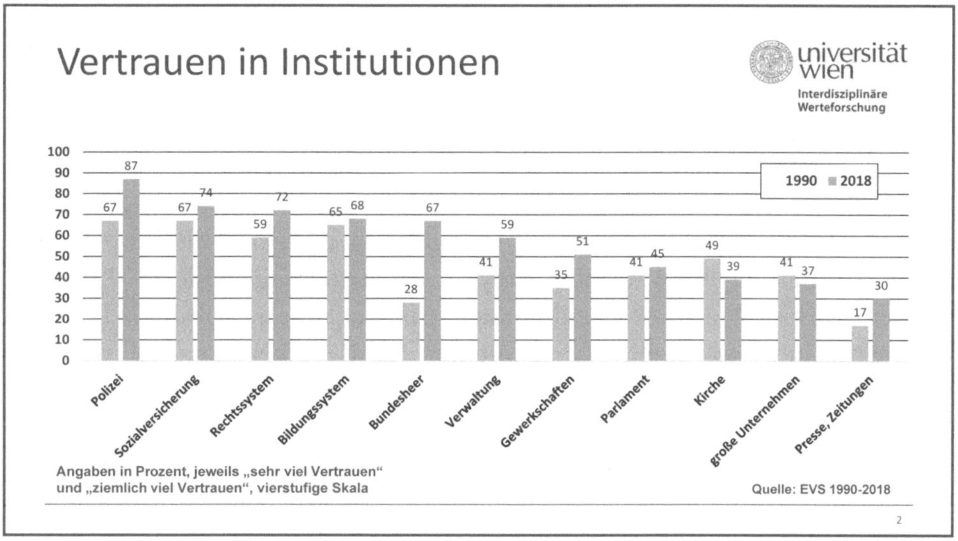

(von 43 % auf 67 %) und die Gewerkschaften (von 29 % auf 51 %) am meisten an Vertrauen zulegen. Im Vergleich zu den vergangenen dreißig Jahren haben von 18 befragten Institutionen 15 an Vertrauen gewonnen und nur drei (Gesundheitswesen, große Unternehmen, Kirche) verloren.

Ein Comeback scheint auch der Staat zu feiern. Zwar meinen 2018 51 % der Befragten, dass jeder Bürger und jede Bürgerin „mehr Verantwortung für sich selbst übernehmen sollte" und nur 23 % denken „der Staat sollte mehr Verantwortung übernehmen, dass jeder Bürger abgesichert ist". Im Zeitvergleich aber sinkt der Wunsch nach mehr Eigenverantwortung kontinuierlich (1990: 72 %, 2018: 51 %) und jener nach mehr staatlicher Verantwortung steigt (1990: 13 %, 2018: 23 %). „Gesellschaftlich ist es bisher nicht gelungen, Eigenverantwortung als positive Selbststeuerung inklusive sozialer Verantwortung zu transportieren. Viel eher steigen individualistische Einstellungen. und diese haben wiederum weniger mit einer liberal-eigenverantwortlichen Haltung zu tun, als in der Tendenz mit der Distanzierung von Solidarität und Diversität."[7]

7 Aichholzer u. a, Quo vadis Österreich? 262.

Hinter den Veränderungen in den politischen Einstellungen lassen sich eine Reihe von Motiven vermuten: Einerseits führen die persönliche Lebenszufriedenheit und eine stabile wirtschaftliche Lage wohl dazu, dass Politik und gesellschaftliche Institutionen insgesamt positiver bewertet werden, als etwa im durch Wahlkämpfe und die beginnende Wirtschaftskrise gekennzeichneten Krisenjahr 2008. Dazu kommt, dass im Befragungszeitraum Frühjahr 2018 die ÖVP-FPÖ-Regierung neu im Amt war, was vor allem bei den eigenen Wählergruppen Zufriedenheit auslöste. Überdies wollte „Türkis-Blau" ausdrücklich den Eindruck von Stabilität, Effizienz und Harmonie vermitteln war damit bei der Bevölkerung erfolgreich. Es wird zu beobachten sein, ob der neuen Regierung von ÖVP und Grünen Ähnliches gelingt.

Auch für das deutlich gewachsene Vertrauen in gesellschaftliche Institutionen bieten sich mehrere Interpretationen an: Zum einen könnten manche Institutionen ihre Wirkung und Wahrnehmung verbessert haben, und die Bevölkerung honoriert das mit Vertrauen. So waren Polizei und Bundesheer vor allem während der Flüchtlingskrise medial sehr präsent, was den Befragten sicherlich in Erinnerung blieb. Dazu kommt wohl – gerade bei diesen beiden Einrichtungen, aber nicht nur bei ihnen – ein Wunsch nach Ordnung und Sicherheit zum Tragen. In diesem Zusammenhang könnte auch die erkennbare Entwicklung zu mehr Staatsverantwortung gegenüber der Eigenverantwortung betrachtet werden: In einer unübersichtlichen und komplexen Welt, in der viele Fragen zu beantworten sind, hofft der/die Einzelne auf die Unterstützung der Institutionen.

Inklusive Exklusion: Die Einstellungen zu Diversität und Migration

Ein gängiges Instrument zur Messung sozialer Nähe beziehungsweise Distanz ist die Frage, welche Personengruppen die Befragten nicht gerne als Nachbarn hätten. In der Wertestudie 2018 wurden dabei Personen mit verhaltensbezogenen Devianzen am häufigsten genannt, konkret Drogenabhängige (77 %) und Personen, die oft betrunken sind (64 %). Mit deutlichem Abstand folgen Roma und Sinti (28 %), Muslime (21 %), Zuwanderer (18 %), Homosexuelle (13 %). Weniger soziale Distanz wird gegenüber Menschen anderer Hautfarbe (9 %) und Juden (7 %) geäußert,

16 % geben keine der Gruppen an, können sich also alle als Nachbarn vorstellen.

Im Blick auf die vergangenen 30 Jahre werden völlig unterschiedliche Entwicklungen sichtbar: Die Ablehnung von abweichendem sozialen Verhalten wurde stärker, so etwa steigt sie gegenüber betrunkenen Menschen von 58 % auf 64 % und bei Drogenabhängigen von 59 % auf gar 77 %. In die Gegenrichtung geht die Einschätzung von homosexuellen Menschen: Die Distanzierung von dieser Gruppe sank von 43 % (1990) auf 13 %, was stark der Einstellung jüngerer Altersgruppen geschuldet ist. Hinsichtlich der befragten ethnisch-religiösen Gruppen sind die Entwicklungen unterschiedlich: Nahezu stabil ist die Distanz gegenüber Juden (1990: 11 %, 2018: 7 %), Menschen anderer Hautfarbe (1990: 8 %, 2018: 9 %) und Zuwandernden (1990: 21 %, 2018: 18 %). Gewachsen ist die Distanz gegenüber Muslimen (1990: 15 %, 2018: 21 %) sowie Roma und Sinti (1999: 25 %, 2018: 28 %). Auffällig: Im Vergleich zu 2008 ging die soziale Distanz gegenüber allen ethnisch-religiösen Gruppen zurück, dies ist angesichts der jahrelangen medialen Debatte um Fluchtbewegungen und Zuwanderung beachtenswert.

Die Einstellung zum Thema Zuwanderung ist und bleibt in Österreich kritisch: Ähnlich wie vor zehn Jahren[8] denken sieben von zehn Österreicher/innen, dass Zuwandernde „das Sozialsystem belasten" (2008: 69 %, 2018: 73 %) und „Kriminalitätsprobleme verschärfen" (2008: 69 %, 2018: 70 %). Nur 25 % der Befragten meinen, dass Zuwandernde „Bräuche und Traditionen beibehalten" sollten, 2008 waren es noch 32 %. Demgegenüber bejaht nur noch jede/r dritte Befragte (33 %) die Aussage, dass „Zuwanderer Österreichern Arbeitsplätze wegnehmen", was einen klaren Rückgang gegenüber 2008 (50 %) markiert.

Im Zeitvergleich wird also von Zugewanderten mehr kulturelle Anpassung verlangt, gleichzeitig werden ökonomische Motive der Distanzierung von Zuwandernden geringer. Eine ähnliche Tendenz zeigt sich bei der Frage, welche Kriterien wichtig sind, um „wirklich österreichisch zu sein": Wie vor zehn Jahren werden dabei Aspekte der kulturellen Anpassung, wie das „Beherrschen der deutschen Sprache" (97 %) oder der „Respekt vor

8 Bei den hier genannten Fragen gibt es keine Vergleichsmöglichkeit zu 1990 oder 1999.

Institutionen und Gesetzen" (96 %) besonders betont. Kriterien der Abstammung wie „in Österreich geboren zu sein" (2008: 52 %, 2018: 40 %) oder „österreichische Vorfahren zu haben" (2008: 74 %, 2018: 52 %) haben deutlich abgenommen.

Insgesamt zeigt sich zum Thema Zuwanderung ein differenziertes Meinungsbild, die Motive und Hintergründe für die Skepsis gegenüber Migration haben sich verändert. Der Wunsch nach kultureller Anpassung von Zuwandernden ist gestiegen, gerade Fragen zum Umgang mit Musliminnen und Muslimen polarisieren stark. Dass die Einstellungen restriktiver werden, wenn es um die Fragen von Integration und Anpassung geht, entspricht wohl auch den medial wahrgenommenen politischen Debatten der vergangenen Jahre.

Einen liberaleren Touch bekommt das Meinungsbild der Österreicher/innen, wenn es im Kontext von Zuwanderung um die Herkunft der Zuwandernden und ihre Rolle am Arbeitsmarkt geht. Bei diesen Themen sinken die Vorbehalte, in ihrer nationalen Identität sind die Österreicher/innen sozusagen „inklusiver" geworden. In Summe entsteht der Eindruck: Wer Leistung erbringt und sich anpasst, ist geduldet, wer das nicht kann oder will, ist in Österreich unerwünscht.

Überraschend an den Ergebnissen zur Zuwanderung ist auch, dass sich die schon 2008 bestehende kritische Haltung trotz der jahrelang medialen Berichterstattung um die Fluchtbewegungen nicht verstärkt, sondern insgesamt eher entspannt hat. Ein Grund für diese Entspannung könnte eine Art Gewöhnungseffekt sein, ein anderer gelungene Integrationserfahrungen in vielen österreichischen Regionen und Gemeinden. Möglicherweise ist der „Peak Migration" – also der Höhepunkt des Themas – in der öffentlichen Wahrnehmung überschritten, auch wenn das in der politischen Bewirtschaftung häufig anders gesehen wird.

Immer mehr Vielfalt im Feld der Religion

Es ist seit Langem evident, dass in der religiösen Landschaft Österreichs deutliche Umbrüche im Gange sind: Strukturell kam es in den vergangenen Jahrzehnten zu einem Anwachsen der Zahl der anerkannten Religionsgemeinschaften, hinsichtlich der religiösen Inhalte zu einer Pluralisierung oder „Verbuntung“[9]. Dass die kirchliche Praxis geringer wurde, ist ebenso bekannt, wie die steigenden Kirchenaustrittszahlen, die in der katholischen Kirche auch mit wiederkehrenden innerkirchlichen Krisen zu tun haben.

Angesichts dieser Veränderungen ist das religiöse Selbstverständnis in Österreich hoch und erstaunlich stabil. Der Selbstbezeichnung als „religiöse Person“ stimmen fast zwei Drittel (63 %) der Österreicher/innen zu, 1990 waren es 69 %. Aktuell geben drei Viertel (73 %) aller Befragten an, an Gott zu glauben, ein im Vergleich zu 1990 (77 %) geringer Rückgang. Wie vor dreißig Jahren glaubt ein knappes Drittel der Bevölkerung an einen persönlichen Gott (1990: 28 %, 2018: 30 %), rund die Hälfte an ein höheres Wesen oder an eine geistige Macht (1990: 50 %, 2018: 48 %). Bei der subjektiven Religiosität kann also von einem Einbruch keine Rede sein.

Mehr Veränderung zeigt sich bei der religiösen Praxis: Während 1990 noch 43 % der Österreicher/innen angaben, mindestens einmal im Monat den Gottesdienst zu besuchen, waren dies 2018 nur mehr 30 %. Auch unter den Katholik/innen sank die Gottesdienstfrequenz von 52 % auf 37 %, Muslim/innen besuchten das Freitagsgebet 2018 häufiger (47 %). Die Gebetshäufigkeit außerhalb von Gottesdiensten (mindestens einmal pro Woche) ging kontinuierlich zurück: In der Gesamtbevölkerung von 54 % (1990) auf 33 % (2018), bei den Katholik/innen von 61 % auf 38 %, auch hier liegen die Werte der Muslim/innen höher (2018: 55 %).

Religion ist also ein Thema in Österreich und für die Österreicher/innen, das sollte eine gute Nachricht für die Religionsgemeinschaften sein. Allerdings zeigen die Ergebnisse der Wertestudie eine konstante Erosion traditionell kirchlich formatierter Religiosität: „Jene Religiosität, in der religiöse Praxis wie Gebet und regelmäßiger Gottesdienstbesuch, Zugehörigkeit zu einer christlichen Kirche sowie ein konfessionelles Selbstverständnis eng zusammengehören, wird geringer.“[10]

Lena Seewann und Regina Polak haben die Daten der Wertestudie zu Religion noch tiefer analysiert[11] und illustrieren, wie groß die Pluralität von Religion nicht nur zwischen, sondern auch innerhalb von Religions-

9 Vgl. Zulehner, Verbuntung.
10 Aichholzer u. a., Quo vadis Österreich, 269.
11 Vgl. Polak/Seewann, Religion als Distinktion.

gemeinschaften ist. So zeigen sie beispielsweise, dass an einen persönlichen Gott – ein zentraler Glaubensinhalt monotheistischer Religionen – auch 9 % der Konfessionslosen, 57 % der Muslim/innen, aber nur 32 % der Katholik/innen glauben. Darüber hinaus weisen sie nach, dass die religiöse Heterogenität innerhalb der Religionen nicht nur durch unterschiedliche Einstellungen zu Glaubensfragen, sondern auch durch Konfliktlinien entlang von Generationen und Geschlecht gekennzeichnet ist.

Bemerkenswert ist auch ihre Einschätzung, dass Religion zunehmend einen wichtigen Identitätsmarker darstellt. Wird Religion zum Steuerungselement einer retraditionalisierten Kultur? Und wer „steuert" hier eigentlich? Diese Positionierung in der Gesellschaft zu klären, ist eine Herausforderung für die Religionsgemeinschaften, denen sich angesichts der Ergebnisse aber viele Aufgaben stellen. Der Umgang mit der Relevanz religiöser Praxis und innerkirchliche Reformen gehören ebenso dazu wie die Frage, ob sich die bemerkenswert hohe Präsenz von Religion in der österreichischen Gesellschaft für die Religionsgemeinschaften produktiv nutzen lässt.

Orte und Potenziale von Wertebildung

Die Europäische Wertestudie hat zum vierten Mal versucht, die Wertelandschaft der Österreicher/innen zu beschreiben, und hat dabei eine Skizze von Beständigkeit und Wandel gezeichnet. Gezeigt hat sich auch, dass die österreichische Gesellschaft vielfältiger wird und die Einstellungen zu Werten heterogener werden. Folgt man der These, dass mit zunehmender Globalisierung und Pluralisierung auch die Notwendigkeit wächst, Gemeinsames im Sinne geteilter Werte zu fördern[12], dann ist zu überlegen, wie heute Werte gebildet werden.

Werte – noch einmal zusammengefasst – sind Vorstellungen des Wünschenswerten mit dem Potenzial, persönlichen und gesellschaftlichen Entscheidungen eine Richtung zu geben. Werte sind nicht nur die großen gesellschaftspolitischen Leitbegriffe wie Freiheit, Solidarität und Gleich-

12 Vgl. Anthony Giddens, Runaway world.

berechtigung, denen kaum jemand zu widersprechen mag. Werte sind vor allem auch die persönlichen und gruppenspezifischen Einstellungen, die prägen, verändern und eben werten. Wer Werte ernst nimmt, überlässt sich ihnen nicht einfach, sondern wird bemüht sein, das eigene „Wertedesign" zu reflektieren und weiterzuentwickeln. Dies stellt die Frage in den Raum, wie „Wertebildung" auf der Höhe der Zeit gelingen könnte und wer sich ihrer annimmt.

Nach unseren wissenschaftlichen Erfahrungen[13] ereignet sich Wertebildung primär im Umkreis von Elternhaus, Partnerschaft und Freunden, auch biografische Brüche haben eine hohe Bedeutung. Das sind Orte, die nur bedingt beeinflussbar sind, und das ist gut so, obwohl: Das Bewusstsein zu stärken, dass Bildung, Erziehung und Begleitung immer auch Wertebildung beinhalten, schadet nicht. Überraschend hohe Bedeutung für Wertebildung haben Arbeitsleben und Berufsausbildung, es folgen die Schule und – mit Abstand – freizeitorientiertes, soziales oder religiöses Engagement.

Es gibt also eine Reihe von Orten, die zu Wertebildung beitragen können. Auch Themen gibt es genug; hier nur einige Beispiele aus den in diesem Beitrag beschriebenen Ergebnissen der Wertestudie: Lassen sich beruflicher Erfolg und private Bedürfnisse besser verbinden? Ist ein Familienbild möglich, das auch Gleichberechtigung von Frauen und Männern fördert? Woher kommt die Energie für gesellschaftliches Engagement, wenn der Fokus auf dem „Mikrosozialen" liegt? Wie gelingt Zusammenleben in großer kultureller und religiöser Vielfalt?

Wertebildung könnte durchaus Potenzial und Zukunftschance bieten: für Einzelpersonen, für politische und religiöse Organisationen und Gruppen der Zivilgesellschaft, aber auch für die österreichische Gesellschaft insgesamt.

Literatur

Julian Aichholzer/Christian Friesl/Sanja Hajdinjak/Sylvia Kritzinger (Hg.), Quo vadis Österreich? Wertewandel zwischen 1990 und 2018, Wien 2019.

13 Vgl. Verwiebe/Seewann/Wolf, Zur Relevanz verschiedener Lebensbereiche, 192–196.

Anthony Giddens, Runaway world: How globalization is reshaping our lives, New York 2000.
Regina Polak, Grundlagenfragen und Situierung des Diskurses, in: Regina Polak (Hg.), Zukunft.Werte.Europa, Wien 2011, 23–62, 33.
Regina Polak/Christian Friesl/Ursula Hamachers-Zuba, „Werte" – Versuch einer Klärung, in: Christian Friesl/Regina Polak/ Ursula Hamachers-Zuba (Hg.), Die Österreicher/innen. Wertewandel 1990–2008, Wien 2009, 13–36.
Regina Polak/Lena Seewann, Religion als Distinktion: Säkularisierung und Pluralisierung als treibende Dynamiken in Österreich, in: Aichholzer u. a. (Hg.), Quo vadis Österreich? 89–134.
Clemens Sedmak, Europäische Grundwerte, Werte in Europa, in: Clemens Sedmak (Hg.), Solidarität. Vom Wert der Gemeinschaft, Darmstadt 2010, 9–42, 16.
Roland Verwiebe (Hg.), Werte und Wertebildung aus interdisziplinärer Perspektive, Wiesbaden 2019.
Roland Verwiebe/Lena Seewann/Margarita Wolf, Zur Relevanz verschiedener Lebensbereiche für die Entstehung individueller Werthaltungen. Aktuelle Befunde für Österreich aus einer Mixed-Methods-Studie, Österreichische Zeitschrift für Soziologie (43) 2018, 179–201.
Paul M. Zulehner, Verbuntung. Kirchen im weltanschaulichen Pluralismus, Ostfildern 2011.

THOMAS STERN

Der ewige Judenhass

Ein empirischer Befund zum aktuellen Antisemitismus in Österreich

Die Ergebnisse der Antisemitismus-Studie 2018 verdeutlichen, dass die jahrzehntelange Holocaust-Education in Österreich nachhaltig und präventiv wirkt. Vor allem in Bezug auf den rassistischen Antisemitismus, die Holocaust-Leugnung und den religiösen Antijudaismus hat eine Sensibilisierung gegenüber einer Stereotypenbildung stattgefunden. In anderen Vorurteilsdimensionen zeigt sich ein deutlich weniger erfreuliches Bild. Noch immer gibt es in Österreich 10 % manifeste und 30 % latent antisemitische Bevölkerungsanteile, sodass die breite Auseinandersetzung mit Antisemitismus auch weiterhin ein wichtiges Handlungsfeld darstellt. Besonders der Import antisemitischer Narrative aus dem arabisch- und türkischsprachigen Raum und deren Tradierung in Österreich sollte bei zukünftigen Strategien berücksichtigt werden.

Vor dem Hintergrund des Gedenkjahres 2018 wurde auf Initiative von Nationalratspräsident Wolfgang Sobotka eine empirische Studie durchgeführt, um den aktuellen Status antisemitischer Ressentiments in Österreich sozialwissenschaftlich zu erheben. Die demoskopische Erhebung der „Antisemitismus-Studie 2018“[1] bildet einen aktuellen Einblick rund um den Status und die Entwicklung antisemitischer Einstellungen in Österreich. Sie schließt damit eine Forschungslücke, da Studien mit Fokus auf Österreich nur vereinzelt bestehen und jahrelang zurückliegen. Die erhobenen Studiendaten bieten fundiertes Grundlagenmaterial zur Analyse antisemitischer Stereotype und tragen dazu bei, dass Diskussionen zum Thema Antisemitismus in Zukunft auf einer empirischen Grundlage geführt werden können. Um für die Debatte über antisemitische Narrative in Zuwanderergruppen bzw. über das viel diskutierte Phänomen des „importierten Antisemitismus“ eine empirische Basis zu liefern, wurde die österreichweite repräsentative Erhebung um zwei zusätzliche Umfragen mit türkisch und arabisch sprechenden Personen in Österreich, ergänzt.

Die im Auftrag der Parlamentsdirektion durchgeführte umfassende Studie ist repräsentativ für die österreichische Bevölkerung (ab 16 Jahren) und stützt sich auf mehr als 2.700 Interviews. Die Datenerhebung fand durch ein kombiniertes Befragungsinstrumentarium aus face-to-face- Interviews, Telefoninterviews und Online-Interviews statt. Die Kombination der Erhebungsmodi liegt darin begründet, dass die Gefahr einer einseitigen Verzerrung der Befragungsergebnisse durch den Methodenmix vermieden wird. Bei der Konzeption, Durchführung und Auswertung der Studie kooperierten mehrere Institute und Expert/innen. Die Studie wurde von Thomas Stern koordiniert, die Studienleitung und Analyse übernahmen Dr.in Eva Zeglovits (IFES), DI Paul Unterhuber (Demox Research) und Dr. Franz Sommer.

Im Rahmen der Erhebung wurden die folgenden sieben Einstellungsdimensionen von Antisemitismus untersucht: traditioneller Antisemitismus, Israel-bezogener Antisemitismus, sekundärer Antisemitismus, der Vorwurf

1 Alle Ergebnisse, Analysen, Hintergrundinformationen sowie umfassende historische Vergleichsdaten stehen auf der Website www.antisemitismus2018.at frei zur Verfügung.

der Assimilierungsverweigerung, rassistischer Antisemitismus, Holocaust-Leugnung und religiöser Antisemitismus.

Darüber hinaus wurden den Umfrageergebnissen Studien, die zwischen 1968 und 2011 stattfanden und weitgehend idente Fragestellungen aufwiesen, gegenübergestellt. Der historische Vergleich macht deutlich, wie sich die Wahrnehmung zu antisemitischen Stereotypen mit der Zeit verändert hat und lässt Bewertungen vor allem in Hinblick auf die Wirksamkeit von Holocaust-Education zu.

Dimensionen des Antisemitismus

Ziel der Studie war es, die unterschiedlichen Einstellungsdimensionen des Antisemitismus zu quantifizieren. Dazu wurde ein komplexes Frageninstrumentarium in gemeinsamer Zusammenarbeit mit verschiedenen Expert/innen entwickelt. Die Studienergebnisse verdeutlichen, dass die einzelnen Dimensionen des Antisemitismus stark unterschiedliche Ausprägungen aufweisen. Die folgende Darstellung der Dimensionen, die anhand einzelner Fragen aus der Erhebung überblicksartig skizziert wird, bezieht sich auf die Auswertung der österreichweiten repräsentativen Umfrage ohne fremdsprachige Interviews.

- Gradmesser für *rassistischen Antisemitismus* ist die Zustimmung zu Aussagen wie „Von einem Juden kann man nicht erwarten, dass er anständig ist" oder „Wenn ich jemanden kennenlerne, weiß ich in wenigen Minuten, ob dieser Mensch ein Jude ist". Der Anteil an zustimmenden Antworten liegt bei 8 bzw. 11 %.
- *Holocaust-Leugnung* wird als antisemitische Einstellungsdimension in der Zustimmung zu Äußerungen wie „In den Berichten über Konzentrationslager und Judenverfolgung im Zweiten Weltkrieg wird vieles übertrieben dargestellt" deutlich. Diese Meinung äußert jede/r zehnte Befragte.
- Die Rolle des *religiösen Antijudaismus* artikuliert sich in einem religiös motivierten Antisemitismus: Die Aussage „Juden haben nach wie vor den Tod Jesu zu verantworten" unterstützen 13 % der Befragten.
- Der *Vorwurf der Assimilierungsverweigerung* (Schuldumkehr) wird in der Zustimmung zu Aussagen wie „Es ist nicht nur Zufall, dass die Juden

in ihrer Geschichte so oft verfolgt wurden; zumindest zum Teil sind sie selbst schuld daran" abgebildet. Jede/r fünfte Befragte (19 %) unterstützt dieses antisemitische Stereotyp.

- *Israelbezogenen Antisemitismus* repräsentieren Aussagen wie „Die Israelis behandeln die Palästinenser im Grunde genommen auch nicht anders als die Deutschen im Zweiten Weltkrieg die Juden". Diese Meinung teilt jede/r dritte Befragte (34 %).
- Hohe Zustimmungsraten erhalten Aussagen, die Juden ein Ausnützen der Opferrolle unterstellen (*sekundärer Antisemitismus*): „Juden versuchen heute Vorteile daraus zu ziehen, dass sie während der Nazi-Zeit Opfer gewesen sind" ist eine Aussage, die 36 % unterstützen.
- Der *traditionelle Antisemitismus*, der Juden als „übermächtige Instanz" ansieht und auf Macht- und Verschwörungsattribution beruht, findet in der repräsentativen Studie vor allem im wirtschaftlichen Kontext starke Zustimmung. So stimmen in der österreichweiten Repräsentativumfrage 39 % der Befragten der Aussage „Die Juden beherrschen die internationale Geschäftswelt" zu.

Geringerer manifester aber relevanter latenter Antisemitismus

In der Reihung der Ergebnisse nach Ausprägungen (nachfolgendes Balkendiagramm) wird deutlich, dass ein manifester Antisemitismus vor allem in den Einstellungsdimensionen rassistischer und religiöser Antisemitismus wie auch bei der Dimension Holocaust-Leugnung vorhanden ist. Über diesen antisemitischen harten Kern hinaus tritt in den Einstellungsdimensionen Schuldumkehr, israelbezogener Antisemitismus und sekundärer Antisemitismus ein stark ausgeprägter latenter Antisemitismus zutage, der im traditionellen Antisemitismus (Macht und Verschwörung) seinen Spitzenwert erreicht.

In der Zusammenschau zeigt sich ein erschreckendes Bild in Hinblick auf den manifesten und latenten Antisemitismus in der österreichischen Gesellschaft. Etwa 10 % der Befragten stimmen Positionen zu, die als Ausdruck eines manifesten Antisemitismus gewertet werden müssen, und 30 % der Befragten besitzen Einstellungen, die auf einen latenten Antisemitismus hinweisen. Demgegenüber kann bei rund 50 % der Befragten der Antise-

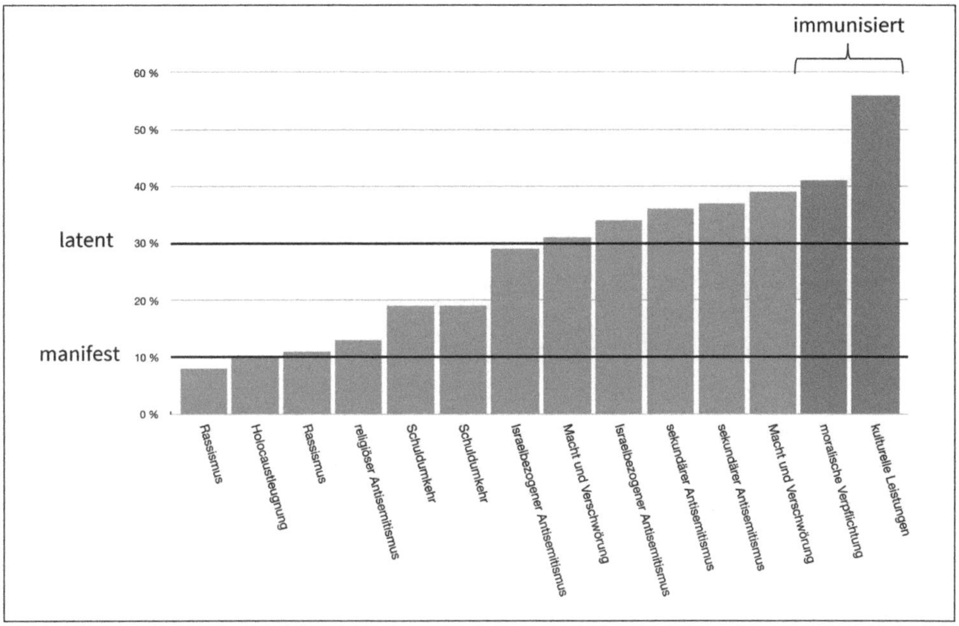

Abb. 1: Während 10 % der Befragten manifesten Antisemitismus zum Ausdruck bringen, artikulieren 30 % latente antisemitische Stereotype. Rund 50 % zeigen sich gegenüber Stereotypen immunisiert.

mitismus-Studie 2018 von einer Immunisierung gegenüber antisemitischen Stereotypen ausgegangen werden.

Auch wenn bei der Beantwortung der entsprechenden Fragen das Phänomen sozial erwünschter Antworten eine Rolle spielen kann, ist dieses Ergebnis trotzdem positiv zu bewerten: Dass Antisemitismus gesellschaftlich nicht erwünscht ist, war in Österreich bekanntlich nicht immer der Fall. Die Dimensionen des Antisemitismus unterliegen in ihren Ausprägungen in Österreich offenkundig einem Wandel hin von „harten“ zu vermeintlich „weicheren“ Dimensionen, die allerdings von Politik und Gesellschaft keinesfalls unterschätzt werden dürfen und entsprechender Ansätze insbesondere im Bildungsbereich bedürfen.

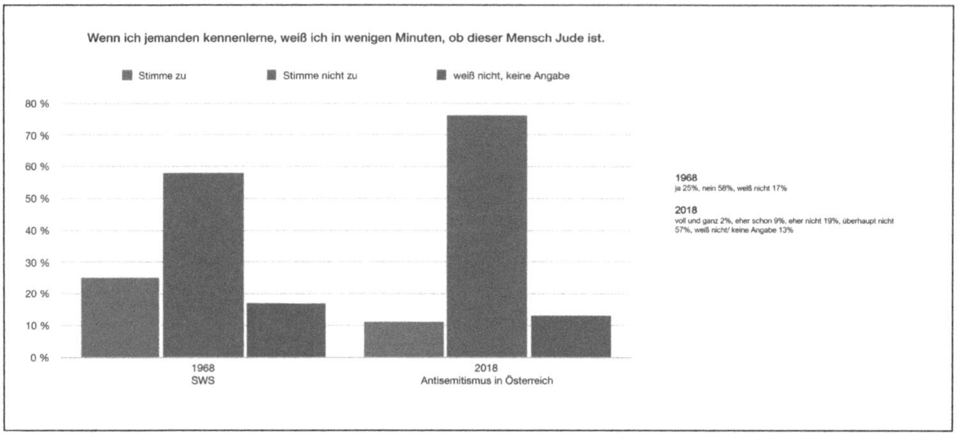

Abb. 2: Historischer Vergleich der Frage „Wenn ich jemanden kennenlerne, weiß ich nach wenigen Minuten, ob dieser Mensch Jude ist“

Historischer Vergleich

Wie sich die Zustimmung zu antisemitischen Stereotypen historisch verändert hat, zeigt der Vergleich der Ergebnisse der Antisemitismus-Studie 2018 mit vorhergehenden Erhebungen. Im historischen Vergleich wird deutlich, dass in bestimmten Dimensionen des Antisemitismus ein Rückgang stattgefunden hat. Allerdings ist anzumerken, dass in anderen Dimensionen diese Veränderung nur in einem deutlich geringeren Ausmaß zu beobachten ist.

„Wussten“ nach eigenen Angaben 1968 25 % der Befragten nach Kennenlernen eines Menschen „in wenigen Minuten, ob dieser Mensch Jude ist“, so sind es 11 % im Jahr 2018 (Abb. 2). Auch bei der Aussage „Es ist nicht nur Zufall, dass die Juden in ihrer Geschichte so oft verfolgt wurden; zumindest zum Teil sind sie selbst schuld daran“ zeigt sich ein erkennbarer Wandel im Zustimmungsverhalten. Während im Jahr 1982 noch fast 80 % der Befragten dieser Aussage zustimmten, waren es im Jahr 2018 knapp 20 %.

Die sich historisch verändernde Sichtweise bildet sich aber auch in anderen Einstellungsdimensionen ab. So ist bei der Aussage „Wegen der Verfolgung der Juden während des Zweiten Weltkrieges haben wir heute eine moralische Verpflichtung, den Juden in Österreich beizustehen“ eine

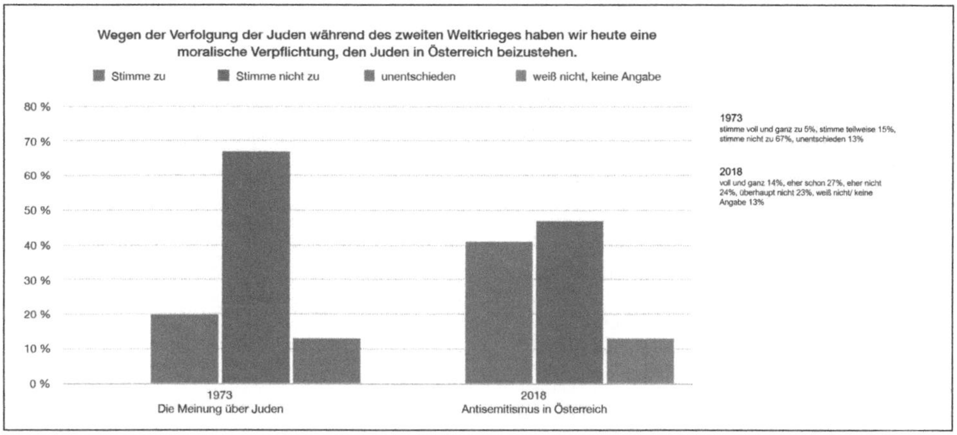

Abb. 3: Historischer Vergleich der Frage „Wegen der Verfolgung der Juden während des Zweiten Weltkrieges haben wir heute eine moralische Verpflichtung, den Juden in Österreich beizustehen"

deutlich gewachsene Zustimmung zwischen 1973 (20 %) und 2018 (41 %) zu verzeichnen. Dies deutet auf eine gestiegene „Immunisierung" gegenüber antisemitischen Stereotypen in Österreich hin.

Relevanter Import antisemitischer Narrative

Eine nicht nur in Österreich viel diskutierte Fragestellung ist, ob und in welchem Ausmaß antisemitische Stereotype durch Zuwanderung „importiert" werden. Diese Diskussion korrespondiert mit medial berichteten Vorfällen, bei denen Juden von Zuwanderern verbal oder sogar körperlich attackiert wurden. Um in der Debatte über „importierten" oder „zugewanderten" Antisemitismus valide empirische Befunde vorzulegen, wurde die bundesweite Repräsentativumfrage um zwei „Aufstockungsgruppen" (türkisch Sprechende, arabisch Sprechende) ergänzt.

In den beiden Aufstockungsgruppen wurden jeweils 300 Personen, die mittels eines onomastischen Verfahrens ausgewählt wurden, in ihrer Muttersprache interviewt.

Hier ist anzumerken, dass an der Umfrage in erster Linie Personen teilnahmen, die entweder in Österreich geboren sind oder seit mindestens

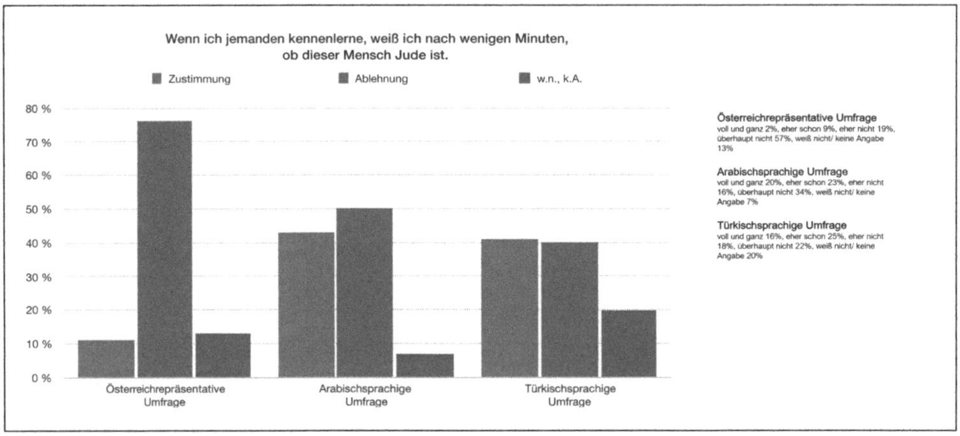

Abb. 4: Gegenüberstellung österreichrepräsentative Umfrage, arabischsprachige Umfrage und türkischsprachige Umfrage zu: „Wenn ich jemanden kennenlerne, weiß ich nach wenigen Minuten, ob dieser Mensch Jude ist."

10 Jahren in Österreich ansässig sind. Etwa 10 % der Befragten leben kürzer als 10 Jahre in Österreich. Aus diesem Grund lassen sich aus den Studienergebnissen keine validen Rückschlüsse auf die Flüchtlinge des Jahres 2015 ziehen.

Die Stichproben setzten sich bei den beiden Gruppen unterschiedlich zusammen: Bei den arabisch sprechenden Befragten war ein Überhang an weiblichen, jungen und höher gebildeten Personen zu verzeichnen – wobei die genaue soziodemografische Zusammensetzung der arabisch sprechenden Gruppe in Österreich nicht bekannt ist -, während die soziodemografische Zusammensetzung der türkisch sprechenden Gruppe weitgehend der Gesamtbevölkerung entsprach. Diese unterschiedliche Zusammensetzung hat wohl auch zu dem partiell zueinander abweichenden Antwortverhalten der beiden Gruppen beigetragen.

Die Studienergebnisse belegen, dass die türkisch- und arabisch sprechenden Befragten im Vergleich zu den befragten Personen der österreichischen Repräsentativbefragung antisemitischen Aussagen wesentlich stärker zustimmen. Während etwa 11 % der im österreichrepräsentativen Teil der Studie Befragten der Aussage „Wenn ich jemanden kennenlerne, weiß ich nach wenigen Minuten, ob dieser Mensch Jude ist" (Abb. 3) zustim-

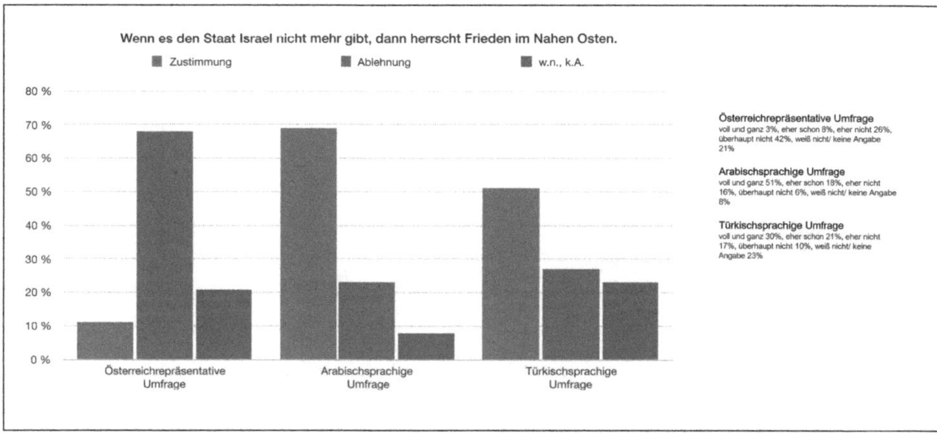

Abb. 5: Gegenüberstellung österreichrepräsentative Umfrage, arabischsprachige Umfrage und türkischsprachige Umfrage zu: „Wenn es den Staat Israel nicht mehr gibt, dann herrscht Frieden im Nahen Osten."

men, fällt in den Aufstockungsgruppen die Zustimmungsrate fast viermal so hoch aus. Ein markant abweichendes Zustimmungsverhalten zeigt sich bei der Aussage, „Wenn es den Staat Israel nicht mehr gibt, dann herrscht Frieden im Nahen Osten" (Abb. 4). Während 11 % der Befragten in der österreichweiten Repräsentativumfrage dieser Aussage zustimmen, sind es in der Aufstockungsgruppe der arabisch Sprechenden 76 % und in der Gruppe der türkisch Sprechenden 51 %. Alarmierend ist auch, dass Berichte über Konzentrationslager und Judenverfolgung von mehr als jedem Dritten arabisch oder türkisch Sprechenden als übertrieben angesehen werden (Abb. 5).

Im Bereich der „Immunisierung" zeigt sich hingegen ein völlig anderes Bild. Die Aussage „Wegen der Verfolgung der Juden während des Zweiten Weltkrieges haben wir heute eine moralische Verpflichtung, den Juden in Österreich beizustehen" (Abb. 7) wird in erheblichem Ausmaß auch von arabisch (32 %) und türkisch (34 %) Sprechenden zustimmend beantwortet. Die entsprechenden Anteile sind nicht deutlich geringer als jene der Teilnehmer/innen aus der repräsentativen Österreich-Befragung (41 %). Zudem zeigen die Antworten auch auf, dass es in dieser Frage keinen monolithischen Meinungsblock gibt, und sie sind ein Beispiel dafür, dass in den beiden Aufstockungsgruppen ein differenziertes Einstellungsbild besteht.

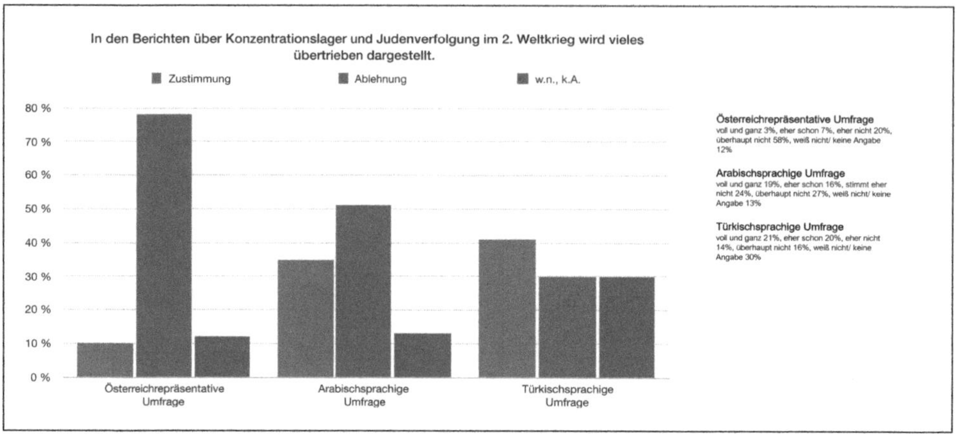

Abb. 6: Gegenüberstellung österreichrepräsentative Umfrage, arabischsprachige Umfrage und türkischsprachige Umfrage zu: „In den Berichten über Konzentrationslager und Judenverfolgung im Zweiten Weltkrieg wird vieles übertrieben dargestellt."

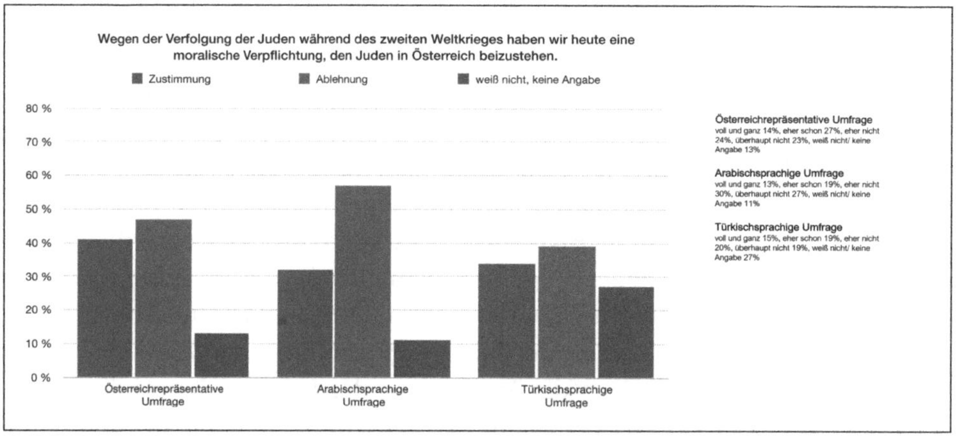

Abb. 7: Gegenüberstellung österreichrepräsentative Umfrage, arabischsprachige Umfrage und türkischsprachige Umfrage zu: „Wegen der Verfolgung der Juden während des Zweiten Weltkrieges haben wir heute eine moralische Verpflichtung, den Juden in Österreich beizustehen."

Dennoch zeigen die Studienergebnisse ein massives und besorgniserregendes antisemitisches Potenzial bereits länger in Österreich ansässiger, arabisch und türkisch sprechender Menschen an. Die antisemitischen Einstellungen dieser Gruppen beruhen nicht nur auf importierten Stereotypen, sondern haben ein persistentes Narrativ entwickelt, das in Österreich weiter tradiert und nur in geringem Maße abgebaut wird.

Es wird weiterer Forschungsarbeiten bedürfen, um zu identifizieren, wie antisemitische Stereotype in diesen Gruppen kolportiert werden und welchen Einfluss die Tradierung antisemitischer Stereotype in der Familie, in ausländischen Medien, aber auch in Social-Media-Netzwerken dabei hat.

Erfolg und Auftrag

Seit den 1980er-Jahren hat sich der Diskurs über die Verbrechen der Shoah in Österreich radikal verändert. Holocaust-Education wurde in den Schulen etabliert, auch in Kunst und Medien nimmt das Thema breiten Platz ein. Das spiegelt sich auch in den Ergebnissen der Antisemitismus-Studie 2018 klar wider.

Die Zahlen belegen, dass jene antisemitischen Dimensionen, die in der Holocaust-Education im Vordergrund stehen, massive Rückgänge des Zustimmungsverhaltens aufweisen. Das ist ein Erfolg der zahlreichen Aufarbeitungs- und Bildungsinitiativen der letzten Jahrzehnte, die die österreichische Gesellschaft nachweislich wirksam in den Bereichen des antisemitischen Rassismus, der Holocaust-Leugnung und des religiösen Antisemitismus sensibilisierten. Bei den anderen Dimensionen hingegen ist der Rückgang bedeutend geringer ausgeprägt. Antisemitismus beschränkt sich aber nicht auf die Zeit des Nationalsozialismus, er existierte lange davor und lebt in neuen Einstellungsdimensionen wie sekundärem Antisemitismus und Israel-bezogenen Antisemitismus intensiv fort.

Im Vergleich zur österreichrepräsentativen Studie stehen die türkisch und arabisch befragten Personen auch in Bezug auf die Holocaust relevanten Dimensionen noch ganz am Beginn, obwohl die Majorität der Befragten schon lange in Österreich ansässig ist. Konfrontiert mit derartig hohen Ergebnisausprägungen zeigt sich, dass Holocaust-Education allein nicht ausreicht, sondern sowohl die sozialen und ausländischen Medien als auch die religiösen und zivilgesellschaftlichen Organisationen in eine Strategie einbezogen werden müssen.

Die Antisemitismus-Studie 2018 bildet eine wichtige Momentaufnahme, die in Zukunft alle zwei Jahre wiederholt werden soll. Mit der kontinuierlichen Befragung können einerseits spezifische Schwerpunkte wie etwa neue Formen des Antisemitismus und Tradierungsmechanismen beforscht werden, andererseits ist sie ein wichtiges Instrument zur Evaluierung gesetzter und noch zu setzender Maßnahmen.

Eckdaten zur Studie

Der Befragungszeitraum erstreckte sich vom 1. November bis 18. Dezember 2018.

Die für die österreichische Bevölkerung (ab 16 Jahren) repräsentative Stichprobe umfasst 2.128 Personen. Die zwei weiteren Aufstockungsgruppen (türkisch- und arabischsprachige Personen) enthalten jeweils 301 und 302 Personen. Die gesamte Stichprobe setzt sich aus 2.731 Personen zusammen.

Die Daten wurde mittels folgender Erhebungsverfahren erhoben:

- „computer-assisted telephone interview" CATI (705 Teilnehmer/innen)
- „computer-assisted web interview" CAWI (729 Teilnehmer/innen)
- „computer-assisted personal interview" CAPI (694 Teilnehmer/innen)
- Die 603 Personen aus den Aufstockungsgruppen wurden telefonisch (CATI) befragt.

Für türkisch- und arabischsprachige Personen wurden Aufstockungen der Zufallsstichproben für telefonische, muttersprachliche Interviews (CATI) vorgenommen. Die Stichprobe von 302 türkischsprachigen Personen und die Stichprobe von 301 arabischsprachigen Personen bilden keine homogenen Gruppen ab und stellen keinen Anspruch auf Repräsentativität. Die Auswahl fand über das sogenannte „onomastische Verfahren" statt.

Die Daten wurden repräsentativ für Österreich erhoben. Die Verteilung auf die Bundesländer stellt sich wie folgt dar:

- Vorarlberg, Tirol, Salzburg 18 %
- Oberösterreich, Niederösterreich 37 %
- Kärnten, Steiermark, Burgenland 24 %
- Wien 21 %

Mehrere Institute und Expert/innen haben bei der Studie kooperiert. Die Feldarbeit erfolgte durch die Institute Ifes, Demox Research und Telemark Marketing. Die Auswertung der Daten wurde von IFES und Demox Research vorgenommen.

Studienkoordination: Thomas Stern (Braintrust)

Studienleitung und Analyse: Dr.^{in} Eva Zeglovits (Ifes), DI Paul Unterhuber (Demox Research), Dr. Franz Sommer

www.antisemitismus2018.at
Alle Ergebnisse, Analysen, Hintergrundinformationen sowie umfassende historische Vergleichsdaten stehen auf der Website frei zur Verfügung.

GERNOT BLÜMEL

Stadtpolitik neu denken

Von der ÖVP Wien zum türkisen Motor der Stadt

Die neue Volkspartei in Wien ist wieder ein Faktor geworden. Ein Faktor, mit dem man rechnen darf und auch rechnen muss. Ein Faktor, der einmal mehr beweist, dass moderne bürgerliche Politik auch in Städten erfolgreich sein kann. 2020 gibt es in Wien die historische Chance auf etwas ganz Neues. Die Chance, dass unsere Stadt neu regiert werden kann, ist deutlich größer als in den letzten 100 Jahren. Gleichzeitig müssen wir aber auch realistisch und vor allem demütig bleiben und uns auf die Ausgangslage der ÖVP in Wien besinnen.

Vor ziemlich genau vier Jahren habe ich die Funktion als Landesparteiobmann der ÖVP in Wien übernommen – nach dem historisch schlechtesten Wahlergebnis mit 9,2 Prozent. Die damalige Lage der Landespartei war katastrophal genug, damit jeder und jedem klar war, dass eine vollkommene Neuaufstellung unumgänglich war. Sowohl nach innen als auch nach außen, strukturell, personell und inhaltlich. Denn das Wahlergebnis ist definitiv kein Auftrag, so weiterzumachen, wie bisher. Um die ÖVP Wien wieder zu einer modernen, starken und dynamisch bürgerlichen Stadtpartei zu machen, war Mut zur Veränderung auf allen Ebenen gefragt. Schließlich hatten wir das Wahlergebnis einer Kleinpartei, aber die Strukturen einer Großpartei. Es existierten viele „Selbstbeschäftigungsgremien" und damit Barrieren und Hemmschwellen für neue Interessenten und Zielgruppen. Wir wollten weg von einem „trägen Tanker" hin zu einem modernen bürgerlichen „Schnellboot". Diesen Weg haben wir in Form von zahlreichen „Reformdialogen" beschritten und uns schließlich mit „Freiheit schaffen, Chancen denken, Sicherheit geben" ein neues, innovatives Leitbild sowie ein neues Statut mit schlankeren Strukturen und effizienteren Gremien gegeben. Wir haben uns personell, inhaltlich sowie auch räumlich mit dem Umzug vom Rathausplatz in die Lichtenfelsgasse komplett neu aufgestellt. Und auch unser Leitspruch war schnell klar: „Raus aus den Parteilokalen, rein in die Grätzl und die Bezirke."

Jünger, moderner, weiblicher

Wir haben damit das Fundament und die Basis der ÖVP Wien auf komplett neue Beine gestellt. Die ÖVP Wien ist jünger, moderner und vor allem weiblicher geworden. Wir haben als erste Landesorganisation der Volkspartei in allen gewählten Gremien einen verpflichtenden Frauenanteil von 40 Prozent eingeführt, was durchaus zu vielen Herausforderungen und Diskussionen geführt hat. Mittlerweile sind 50 Prozent unserer Führungsfunktionen in weiblicher Hand, mehr als die Hälfte unserer Gemeinderäte sind Frauen. Und von zehn neuen Bezirksparteiobleuten sind sechs weiblich.

Laute, kantige Oppositionspolitik

Inhaltlich haben wir in vielen Bereichen der Stadt die Themenführerschaft übernommen. Etwa bei der Aufdeckung der Skandale rund um die islamischen Kindergärten oder der völlig ausufernden und unkontrollierten Vergabe der Mindestsicherung in der Stadt Wien. Wir waren die Speerspitze bei der Aufarbeitung der zahlreichen Skandale in der Untersuchungskommission zum Krankenhaus Nord. Wir sind Jahr für Jahr die Fraktion mit den meisten Beschlussanträgen und schriftlichen Anfragen im Gemeinderat. Und damit betreiben wir seit vier Jahren ein aktive, teilweise auch aktionistische und laute, aber vor allem professionelle und effektive Oppositionsarbeit in der Stadt. Vor allem die „Lautstärke" als kantige Oppositionspartei inklusive dazugehörigem „Aktionismus" war zu Beginn für viele ungewohnt. Allerdings hat das Wahlergebnis 2015 klargemacht, dass es „Mut zur Veränderung" und damit eine klare Identifikation als Oppositionspartei braucht. Auch wenn wir als Volkspartei „das Regieren" in unserer DNA tragen – mit dem Habitus einer Regierungspartei kann man in Wien definitiv nicht Oppositionspolitik machen. Das war ein wichtiger und notwendiger Lernprozess auf unserem Weg zum türkisen Motor der Stadt.

Professionalität, Digitalisierung, Kampagnenfähigkeit

Neben offensiver Oppositionspolitik setzen wir auch laufend aktiv unsere eigenen Themen, die unsere Stadt ein Stück in Richtung Weltstadt bringen sollen – wie etwa die Themen Tourismuszonen, leistbares Leben, innovative Stadtentwicklung mit Leben am Wasser, die Rettung und Ausweitung des Weltkulturerbes für die Stadt oder die Entwicklung Wiens als Sportstadt u. v. m. All das mit einem sehr professionellen Team und dem Fokus auf moderne Kommunikationskanäle. In den letzten Jahren ist es gelungen, die ÖVP Wien auf eine gänzlich neue Stufe der Professionalität und in ein neues Zeitalter im Bereich der Kommunikation, insbesondere auch der digitalen Kommunikation zu heben. Der gesamte Auftritt nach außen wurde neu gestaltet und die Bildsprache mit einer neuen, dynamischen und innovativen Bewegung in Einklang gebracht. Schritt für Schritt haben wir die Kampagnenfähigkeit der Volkspartei in Wien wiederhergestellt und sukzessive ausgebaut – mit einem starken Fokus auf die sozialen Medien, der heute zwar selbstverständlich ist, damit aber noch nicht alltäglich. Vor allem aber mit unserer eigenen Plattform und den zugehörigen „Mitmach-Tools" hat sich die ÖVP Wien von einer belächelten Landesgruppe in manchen Bereichen sogar zum digitalen Vorreiter entwickelt. Mittlerweile konnten wir eine sehr große Anzahl an Wienerinnen und Wiener erreichen, Unterstützerinnen und Unterstützer gewinnen und an uns binden und neue Zielgruppen erschließen. Seit Sebastian Kurz Bundesparteiobmann der neuen Volkspartei geworden ist, hat er auch in der digitalen Kommunikation ein gänzlich neues Zeitalter eingeläutet und die Volkspartei insgesamt zum klaren Marktführer in allen Bereichen gemacht. Gleichzeitig haben wir auf „analoger Kommunikationsebene" eine Reihe neuer Bürgerbeteiligungs- und Kommunikationsformate entwickelt, wie etwa „Sag's dem Blümel", „Grüß Gernot" oder den „Büroschluss", bei denen Bürgerbeteiligung und direkte Kommunikation mit den Wienerinnen und Wienern im Vordergrund stehen. Darüber hinaus konnten wir gemeinsam mit Expertinnen und Experten offene Thinktanks im Bereich Gesundheit, Nachhaltigkeit und Stadtentwicklung ins Leben rufen, in denen wir uns den Herausforderungen unseres urbanen Lebensraumes in der Stadt widmen.

Übernahme von Bundes-Agenden

Es ist das Schicksal einer Oppositionspartei, zwar viele Dinge fordern, sich aber nicht in Umsetzungskompetenz beweisen zu können. Für mich war deshalb von Anbeginn klar, dass ich als Landesparteiobmann der ÖVP Wien immer dort tätig sein möchte, wo ich am meisten für meine Heimatstadt erreichen kann – u. a. auch um zu zeigen, wie türkise Politik in Wien aussehen könnte. Deshalb habe ich nach der Nationalratswahl 2017 ohne Zögern und mit großer Freude das Angebot von Sebastian Kurz angenommen, als Bundesminister für EU, Kunst, Kultur und Medien sowie als Regierungskoordinator in seine Bundesregierung zu wechseln. Dort haben wir als ÖVP-FPÖ-Regierung einige wichtige Schwerpunkte setzen können und vor allem in der Koordination der Regierungsarbeit mit einer großen Zahl an grundsätzlichen Reformen der Bundesregierung im Sozial-, Bildungs-, Familien-, Wirtschafts- und Sicherheitsbereich auch Veränderung und Fortschritt nach Wien bringen können.

Der Ibiza-Skandal der FPÖ hat jedoch diese inhaltlich sehr erfolgreiche Regierungsarbeit vorzeitig beendet. Rot und Blau haben Sebastian Kurz und seine Regierungsmannschaft abgewählt. Doch das Volk hat im Herbst entschieden und Sebastian Kurz und die neue Volkspartei bei der Nationalratswahl 2019 gestärkt und mit noch größerem Vertrauen ausgestattet, was uns schlussendlich in eine Regierungskoalition mit den Grünen geführt hat. Wir haben nach intensiven Verhandlungen das Beste aus beiden Welten für ein gemeinsames Regierungsprogramm zusammengestellt. Unser klar definiertes Ziel ist es, sowohl die Grenzen als auch das Klima zu schützen sowie die Steuerlast zu senken – ohne neue Schulden zu machen. Wir wollen sorgsam mit dem Steuergeld der Österreicherinnen und Österreicher umgehen und gleichzeitig für eine spürbare Entlastung der Menschen sorgen. Dafür werde ich in Zukunft auch als Finanzminister arbeiten.

Vollständige Umstellung auf Türkis

Auf Wien-Ebene hat sich unsere Entwicklung und Transformation zu einer modernen, schlagkräftigen, bürgerlichen Partei in vielen guten Wahlergebnissen etwa bei der Nationalratswahl 2017, der Europawahl 2019 sowie bei der Nationalratswahl 2019 niedergeschlagen. Wir konnten in drei aufeinanderfolgenden bundesweiten Wahlen jeweils den zweiten Platz für die Volkspartei in unserer Stadt erringen. Eine Transformation, die im April 2019 mit unserer vollständigen Umstellung auf Türkis einen weiteren Höhepunkt fand. Türkis ist dabei für uns nicht nur ein neuer Farbton für das Türschild, sondern eine Haltung: Wir sprechen Dinge klar an und nennen Probleme beim Namen, wir packen Herausforderungen an und lassen sie nicht liegen, wir haben eine klare und verlässliche Haltung. Wir sind der neue türkise Motor für Wien.

Im Wahljahr 2020 gibt es nun nach „100 Jahren rotem Wien“ die echte historische Chance auf etwas wirklich Neues, auf echte Veränderung. Die Chance, dass Wien neu regiert wird. Und das ist gut so, denn es ist Zeit aufzubrechen – für ein neues Wien und eine Weltstadt mit Zukunft.

Echte schwarze Zahlen auch für Wien

Seit Rot-Grün in Wien regiert, ist der Schuldenstand der Stadt explodiert. Die Schulden haben sich seit 2010 von rund drei Milliarden auf knapp sieben Milliarden Euro mehr als verdoppelt. Inklusive ausgegliederter Unternehmungen beträgt der Gesamtschuldenstand knapp zehn Milliarden Euro.

Wien hat definitiv ein Ausgabenproblem und kein Einnahmenproblem. Denn die Einnahmen der Stadt sprudeln in Form von regelmäßigen Gebührenerhöhungen, mit denen die Wienerinnen und Wiener aufgrund eines automatischen Gebührengesetzes regelmäßig belastet werden. Erst 2019 wurden die Gebühren für Wasser, Müll und Abwasser erhöht, 2020 die Parkscheine verteuert. Seit 2010 hat Rot-Grün mit diesem Teuerungsgesetz mehr als eine Milliarde Euro durch Gebührenüberschüsse erwirtschaftet. Die Einführung sowohl einer Gebühren- als auch Schuldenbremse für Wien ist damit ein Gebot der Stunde. Dieses Teuerungsgesetz muss abgeschafft werden, damit den Menschen mehr Geld zum Leben bleibt.

Auch auf Bundesebene ist es unser Ziel, die Menschen zu entlasten, ohne neue Schulden zu machen. Wir wollen die Steuer- und Abgabenlast senken, aber dennoch nicht mit neuen Schulden die Generationen nach uns belasten. Denn die Schulden von heute sind definitiv die Steuern von morgen.

Leistbares Leben fördern

Leistbares Leben wird in Wien immer schwieriger. Nicht nur die regelmäßigen rot-grünen Gebührenerhöhungen belasten die Haushalte – auch die Wohnungssuche wird für viele Wienerinnen und Wiener immer mehr zu einer großen Belastung. Während die Stadt einerseits eine viel zu geringe Neubauleistung aufweist, gibt es auch massive Ungerechtigkeiten und Intransparenz im sozialen Wohnbau. Die Förderung von Eigentum findet de facto nicht statt.

Selbstverständlich bekennen wir uns als neue Volkspartei Wien zum sozialen Wohnbau. Und zwar so, wie er im Statut von Wiener Wohnen festgeschrieben ist: „Für einkommensschwächere, wohnungsbedürftige Personen und Familien". Schließlich sind Gemeindewohnungen eine steuerfinanzierte

Sozialleistung und kein Geschenk an den SPÖ-Freundeskreis. Laut Österreichischem Verband der Immobilienwirtschaft leben jedoch nur 22 Prozent aus den unteren Einkommensschichten im Gemeindebau. Großzügige Eintrittsrechte für weit entfernte Verwandte tragen ebenfalls dazu bei, dass es an Fairness und Gerechtigkeit im sozialen Wohnbau fehlt. Damit ist die soziale Treffsicherheit definitiv mangelhaft und muss reformiert werden.

Im Wiener Gemeindebau gibt es mit rund 20.000 leer stehenden Wohnungen eine sehr hohe Zahl an Leerständen, die ineffizient verwaltet werden, wodurch ebenfalls wertvoller und leistbarer Lebensraum für die Wienerinnen und Wiener verloren geht. Mangelhafte Kontrollen und ineffiziente Verwaltung führen mittlerweile dazu, dass Gemeindewohnungen als billige Touristenunterkünfte vermietet werden und damit Sozialmissbrauch stattfindet.

Um mehr Fairness, Gerechtigkeit und soziale Treffsicherheit in den Sozialen Wohnbau zu bringen, fordern wir die Einführung eines Gehaltschecks. Dieser soll sicherstellen, dass diese steuerfinanzierte Sozialleistung jenen zugutekommt, die sie tatsächlich brauchen. Wer mehr verdient, kann auch mehr zahlen. Mit diesen zusätzlichen Einnahmen können weitere Investitionen in den sozialen Wohnbau getätigt werden.

Ein Schritt zur Weltstadt – Tourismuszonen

Wien ist das Ziel von vielen Touristen und Geschäftsreisenden, die am Sonntag unsere wunderbaren Geschäfte und Auslagen immer nur von außen betrachten können. Tourismuszonen sind deshalb eine große Chance für den Standort Wien und die Wirtschaftstreibenden in der Stadt – insbesondere auch um gegenüber dem immer stärker wachsenden Online-Handel bestehen zu können.

Dabei geht es nicht um ein Mehr an Touristen, sondern um eine Chance für jene, die bereits hier sind, auch am Sonntag ihr Geld bei uns auszugeben. Viele weichen nach Bratislava aus, um ihr Shoppingbedürfnis zu stillen – Kaufkraft fließt ab, Wertschöpfung geht verloren. Alle anderen Bundesländer und ein Großteil der europäischen Hauptstädte haben das längst erkannt und Tourismuszonen eingeführt, in denen man auch am Sonntag die Geschäfte vor Ort stärken kann.

Wien wehrt sich jedoch nach wie vor, diesen Schritt zur Weltstadt zu machen. Doch gerade in Zeiten, in denen man rund um die Uhr im Internet einkaufen kann, braucht es mehr Flexibilität für Kunden und Geschäftsleute. Alles andere ist ein regelrechtes „Amazon-Förderungsprogramm". Laut einer Studie der KMU Austria würden Tourismuszonen in Wien 800 neue Arbeitsplätze und rund 140 Millionen Euro zusätzlichen Umsatz bringen. Wir wollen, dass die schönen Geschäfte in unserer Stadt erhalten bleiben.

Weltkulturerbe retten – endgültig und nachhaltig

Das historische Zentrum Wiens ist eine von derzeit zehn österreichischen Weltkulturerbestätten, das aufgrund seines reichen architektonischen Erbes, seiner mittelalterlichen Stadtstruktur, seiner barocken Palais, Schlösser und Gärten, seiner gründerzeitlichen Prachtbauten der Ringstraße sowie seiner Rolle als musikalisches Zentrum einen außergewöhnlichen universellen Wert für die Menschheit darstellt. Für die Menschheit, aber offensichtlich nicht für Rot-Grün.

Mit dem von Rot-Grün forcierten Projekt am Heumarkt wurde das historische Zentrum Wiens im Juli 2017 auf die rote Liste gefährdeter Weltkulturerbestätten gesetzt. Ein Projekt, das es von Anbeginn verabsäumt hat, moderne Stadtentwicklung und den Erhalt des Weltkulturerbes unter einen Hut zu bringen. Als Kulturminister der letzten Bundesregierung habe ich mich vehement dafür eingesetzt, dass die mehr als ramponierte Gesprächsbasis mit UNESCO und ICOMOS wieder instandgesetzt wurde. Die österreichische Bundesregierung hat den klaren Willen artikuliert, das Welterbe für Wien retten zu wollen.

Dieser intensive Einsatz sowie der permanente Druck als Wiener Oppositionspartei haben schlussendlich dazu geführt, dass das Projekt noch einmal überarbeitet wird. Es ist nach wie vor offen, ob dadurch das Weltkulturerbe für die Stadt endgültig und nachhaltig gerettet werden kann und am Ende tatsächlich ein Welterbe-taugliches Projekt steht.

Seit vielen Jahren kämpfen wir als neue Volkspartei auch darum, das einzigartige und schützenswerte Otto-Wagner-Areal am Steinhof als UNESCO-Welterbestätte eintragen zu lassen. Als Kulturminister habe ich bei ICOMOS International bereits einen Upstream-Prozess initiiert, der ausführlich begutachtet und bewertet hat, ob das Areal Welterbe-würdig ist und ein Nominierungsverfahren Erfolgsaussichten hätte. Demnach gibt es gute Chancen, dass das Areal zur dritten UNESCO-Welterbestätte Wiens aufsteigen könnte. Nun liegt es an den Verantwortlichen der Stadt, hier tätig zu werden.

Leben am Wasser ermöglichen

Wien ist mit der Donau und dem Donaukanal mit Wasser gesegnet. Während in vielen europäischen Metropolen wie etwa Hamburg oder Paris „Leben am Wasser" ein integraler Bestandteil des urbanen Lebens ist, findet dieses in Wien nur sehr unterentwickelt statt. Die Volkspartei in Wien hat hier auch schon in der Vergangenheit mit innovativen Konzepten dazu beigetragen, dass Leben am Wasser näher an die Lebensrealität der Wienerinnen und Wiener rückt. Etwa mit der Entwicklung und Entfaltung der Möglichkeiten am Donaukanal unter Gio Hahn.

Wien hat hierfür noch viel ungenütztes Potenzial, das es zu heben gilt. Etwa den Handelskai zwischen Reichsbrücke und Brigittenauer Brücke. Er bietet in seiner jetzigen Form viel Potenzial, aber nur wenig Charme. „Es gilt hier, mehr Schönheit reinzubringen" – frei zitiert in Anlehnung an das „Manifest der Schönheit" –, u. a. von Jörg Mauthe. Im Rahmen eines ARCH.SLAM wurde deshalb live unter Einbindung von Experten und Publikum ein neues, einzigartiges Stadtentwicklungsmodell initiiert. Entstanden ist daraus eine großartige Zukunftsvision für die städtebauliche Weiterentwicklung des Handelskais, inklusive architektonisch ansprechender Donaubühne, Verbindungsbrücke zur Donauinsel und zu Floridsdorf, Überplattung der wenig ansehnlichen Verkehrsinfrastruktur sowie die Schaffung neuer Lebensräume. Damit hat „Leben am Wasser" am Handelskai ein Gesicht bekommen.

Was es aber neben Wohnen, Arbeiten und Gastronomie auch braucht, um echtes urbanes Leben ans Wasser zu bekommen, sind Freizeit- und Sportmöglichkeiten. Dazu schlagen wir eine Donauwelle zum Surfen etwa beim Brigittenauer Sporn am Donaukanal vor. In Bratislava hat man bereits in ähnlicher Konstruktion die natürliche Strömung der Donau mit technischer Unterstützung genützt, um eine stehende Welle zum Surfen herzustellen. Die nachhaltige Nutzung der natürlichen Ressourcen vor Ort steht dabei im Zentrum, wodurch es nur zu einem geringen Energieaufwand kommen soll. Was Bratislava kann, soll Wien auch können! Eine Surfwelle bietet Sport und Spaß, eine gesunde Freizeitgestaltung für Amateur- und Profisurfer und bringt Leben ans Wasser.

Integration fordern und fördern

Das Fordern und Fördern von Integrationsmaßnahmen wurde in Wien lange Zeit ignoriert. Falsch verstandene Toleranz und undifferenzierte Willkommenskultur haben maßgeblich zum Entstehen von Parallelgesellschaften sowie zu einem Ausbreiten von extremistischen und illegal agierenden Strömungen in unserer Stadt geführt. Erst die vielen Skandale um die islamischen Kindergärten in Wien haben die Dimension der bereits existierenden Parallelgesellschaften aufgezeigt – von Rot-Grün mit Steuergeld gefördert.

Auch die jüngsten Ergebnisse einer Befragung des Österreichischen Integrationsfonds über die Einstellungen von Wiener Jugendlichen mit muslimischem Hintergrund bringen erschreckende Erkenntnisse zutage, die unserem Rechtsstaat und unserer Werteordnung zuwiderlaufen. Die demokratiefeindliche Einstellung, der verbreitete Antisemitismus sowie die Ablehnung der Gleichstellung von Mann und Frau dürfen in unserer Stadt keinen Platz haben.

Deshalb müssen wir vereint dagegen auftreten, dass unsere Stadt Ankerplatz für islamistische, salafistische und radikale Bewegungen aus ganz Europa wird. Dazu braucht es aber Realitätssinn statt Realitätsverweigerung.

Vor allem das fehlende rot-grüne Problembewusstsein hat die Ausbreitung von Parallelgesellschaften, Abgrenzung, Des-Integration und extremistischen Strömungen in unserer Stadt möglich gemacht. So meinte etwa die damalige Bildungsstadträtin Sandra Frauenberger: „Es gibt keine islamischen Kindergärten." Der aktuelle Gesundheitsstadtrat Peter Hacker bestreitet gar die Existenz von „Parallelgesellschaften" und bezeichnet Flüchtlinge als „Mickey-Mouse-Problem".

Wir treten dafür ein, dass Integration nicht nur gefördert, sondern auch eingefordert werden muss. Das Erlernen der deutschen Sprache ist dabei nach wie vor der Schlüssel zur Integration. Umso wichtiger sind dafür die von der letzten Bundesregierung unter Sebastian Kurz eingeführten Deutschförderklassen. In Wien hat schließlich mehr als die Hälfte der Schülerinnen und Schüler nicht Deutsch als Umgangssprache. Viele davon wurden in der Vergangenheit als außerordentliche Schülerinnen und Schüler geführt, die aufgrund ihrer fehlenden Sprachkenntnisse nicht beurteilt wurden, aber dennoch aufsteigen konnten. Damit wurden Generationen von Kindern vom System mitgeschleppt, ohne eine faire Chance auf eine erfolgreiche Bildungskarriere. Deutschförderklassen sind damit ein Gebot der Fairness und der Vernunft.

Für uns ist auch klar, dass wir nicht aus falsch verstandener Toleranz Entwicklungen zulassen wollen, die nicht mit unserem Rechtsstaat und unserer Werteordnung vereinbar sind. Wer beabsichtigt, in Österreich zu bleiben, muss seinen Beitrag leisten, sich an die Regeln halten und unsere Werte akzeptieren.

Deswegen setzen wir uns auch in der neuen Bundesregierung vehement für ein Kopftuchverbot sowohl für Lehrerinnen als auch für Schülerinnen bis 14 Jahre ein. Junge Mädchen sollen sich frei und unabhängig zu selbstbestimmten Frauen entwickeln können. Dazu muss die Gleichstellung von Mann und Frau vor allem in der Schule gelebt und praktiziert werden. Denn gerade dort müssen junge Mädchen vor religiöser Stigmatisierung geschützt werden, um Parallelgesellschaften bereits an der Wurzel zu bekämpfen.

Gesundheitssystem stärken und professionalisieren

Das Wiener Gesundheitssystem ist seit vielen Jahren chronisch krank. Laufend gelangen die Versäumnisse und Fehler der Vergangenheit in Form von Symptomen an die Oberfläche: Etwa die Wartezeiten bei Allgemeinmedizinern, in Ambulanzen oder auf Operationen, der Mangel an Kassen- und Notärzten sowie Pflegekräften an allen Ecken und Enden, die überfälligen Sanierungsmaßnahmen in teilweise baufälligen KAV-Spitälern, das nachhaltige Chaos sowie der Personalmangel im Krankenhaus Nord, die Unklarheiten im Wiener Rettungs- und Krankentransportgesetz oder das leidige Gangbetten-Thema, das sommers wie winters symptomatisch für die Misere im Wiener Gesundheitssystem steht. Denn Gangbetten sind definitiv keine Frage des Schicksals, sondern schlicht und einfach des Managements.

Statt einer ganzheitlichen und gesamthaften Lösung bekämpft Rot-Grün jedoch lediglich die Symptome und nicht die Ursachen der Probleme. Wie etwa die Tatsache, dass Wien nach wie vor das einzige Bundesland ist, in dem der Betreiber der Krankenanstalten nicht ausgegliedert ist. Bürgermeister, Gesundheitsstadtrat und Magistratsdirektor haben vollen Zu- und Durchgriff auf den KAV. Wir haben beim Bau des Krankenhauses Nord gesehen, wohin das führt – zu einer der größten Steuergeldverschwendungen und einem der größten Skandale der Zweiten Republik. Wir wollen deshalb die Ausgliederung des KAV, um endlich professionelles Management zu schaffen und dem KAV Finanz- und Personalhoheit zu ermöglichen. Damit auch die Wienerinnen und Wiener wieder ein Gesundheitssystem haben, das seinen Namen auch verdient.

Jahrhundertchance, Wien neu zu regieren

Die Liste der Themen und Herausforderungen, die sich uns in Wien stellen, ist lang. Nach 100 Jahren „rotem Wien" gibt es 2020 die große Chance, Wien neu zu regieren und damit für ein neues Wien aufzubrechen. Mit so viel Freiheit wie möglich und so viel Ordnung wie nötig, um größtmögliche Klarheit zu schaffen und Sicherheit zu geben.

PAUL M. ZULEHNER

Sterbliche und Unsterbliche

Zum weltanschaulichen Pluralismus anderer Art in Österreich und seinen politischen Folgen

Unser Land ist tief gespalten. Die Menschen leben in gänzlich verschiedenen „Wirklichkeiten". Bei den einen, der „Sterblichen", ist sie zeitlich wie räumlich begrenzt. Ihre Kernüberzeugung: „Mit dem Tod ist alles endgültig aus." Ganz anders die „Unsterblichen". Sie entbinden ihre Existenz von den vergänglichen Kategorien von Raum und Zeit und erhoffen den Tod. Die „Sterblichen" berufen sich auf Erfahrung und Wissenschaft. Die „Unsterblichen" werden von Hoffnungsgemeinschaften und Wissenschaft zusammen getragen. Wie jemand seine „Wirklichkeit" definiert, wirkt sich auf die Gestaltung des persönlichen Lebens ebenso aus wie auf jene des gesellschaftlichen Zusammenlebens. Es klingt in Zeiten von Türkis-Grün makaber: Die Anhänger der ÖVP zählen mehrheitlich zu den „Unsterblichen", jene der Grünen (wie auch der FPÖ übrigens) finden sich mehrheitlich bei den „Sterblichen".

Die Daten der Langzeitstudie „Religion im Leben der Österreicher*innen 1970–2020"[1] decken auf, dass die Menschen in unserem Land in gänzlich verschiedenen „Wirklichkeiten" leben: Ihre „Weltbilder", „Weltanschauungen" sind völlig konträr. Die einen halten sich für sterblich, die anderen für unsterblich. Für die einen spricht die physische Erfahrung, für die anderen die metaphysische Hoffnung. Für die einen ist der Tod stärker als die Liebe. Die anderen finden sich damit nicht ab. Die einen ergeben sich der endgültigen Endlichkeit, die anderen zerhoffen den Tod.

Im Fragebogen des Erhebungsmoduls für 2020 gab es zu diesem fundamentalen menschlichen Thema mehrere einschlägige Aussagen. Die Befragten wurden gebeten, zu jeder von ihnen Stellung zu nehmen. Die Antwortmöglichkeiten waren: 1 = stimme voll und ganz zu oder 4 (bzw. 5) = lehne ich ganz und gar ab.

begrenzt	„Ob es ein Weiterleben nach dem Tod gibt, ist für mein Leben ohne Bedeutung."
	„Nach dem Tod ist alles endgültig aus."
	„Mit dem Tod ist alles aus."
entgrenzt	„Ich hoffe, dass es ein Weiterleben nach dem Tod gibt."
	„Der Tod ist ein Übergang zu einer anderen Existenz."
	„Die Menschen werden mit Leib und Seele von den Toten auferstehen."
unvorstellbar	„Ein Weiterleben nach dem Tod gibt es nur ohne Körper."
	„Der Gedanke an ein erfülltes Leben kann mir den Tod leichter machen."
	„Es ist unmöglich, eine klare Vorstellung über ein Weiterleben nach dem Tod zu haben."
reinkarnatorisch	„Ich glaube, dass Ereignisse aus einem vorherigen Leben mein jetziges Leben beeinflussen."
	„Es gibt eine Reinkarnation (Wiedergeburt) der Seele in einem anderen Leben."
	„Mit der Frage eines Lebens nach dem Tod habe ich mich noch nicht beschäftigt."

Tabelle 1: Items zum Reichweite der Wirklichkeit

1 Zulehner, Paul M.: Wandlung. Religionen und Kirchen inmitten kultureller Transformation. Ergebnisse der Langzeitstudie „Religion im Leben der Österreicher*innen 1970–2020", Ostfildern 2020.

Stichwortartig formuliert werden bei statistischer Durchleuchtung der Daten vier Themenfelder sichtbar: begrenzt – entgrenzt – unvorstellbar – reinkarnatorisch.

Bei den letzten beiden Stichworten *(unvorstellbar, reinkarnatorisch)* geht es um Bilder, wie ein Leben nach dem Tod aussehen könnte. Nicht wenige Personen haben keine Sicherheit, ob der Tod das definitive Ende oder ein neuer Anfang ist. Jedenfalls könne man sich davon keinerlei Vorstellung machen. Diese Zweifel erhalten philosophisch dadurch Nahrung, dass der Tod (lediglich) die Existenz eines Menschen in Raum und Zeit beende. Anschauliche Vorstellungen seien jedoch an die Kategorien von Raum und Zeit gebunden: Das mache eine Existenz jenseits von Raum und Zeit für uns Raumzeitgebundene so unvorstellbar.

Einem überschaubar kleinen Teil der Befragten konveniert allerdings das fernöstliche Bild von einer Wiedergeburt (Reinkarnation). Dafür sprächen (so die Daten) Erinnerungen, die aus einem früheren Leben stammen. Allerdings handelt es sich um eine europäisierte Adaption des asiatischen Reinkarnationsglaubens. Denn nicht wenige der Befragten erhoffen sich über die Wiedergeburt eine Überlistung des Todes und Zeitgewinn zum Glücklichsein auf dieser vergänglichen Erde. Der wahre Buddhist will ja aus dem Kreislauf der Wiedergeburt heraus, woran ihn noch nicht „abgelebtes" Karma hindere; Europäer hingegen wollen hinein

Entscheidend für unsere weiteren Analysen sind die Aussagen zu den ersten beiden Stichworten. Zwei völlig konträre Positionen werden sichtbar:

- Der eine Teil der Befragten begrenzt die Existenz des Menschen durch die Endlichkeit von Raum und Zeit und bindet diese *ausschließlich* daran. Für sie ist mit dem Tod, der für sie die für irdisches Leben unabdingbare Verbindung der Existenz zu Raum und Zeit aufhebt, „alles aus", „endgültig aus".
- Ein anderer Teil hingegen entbindet die Existenz eines Menschen grundsätzlich von Raum und Zeit und deren Begrenzungen. Vertreter dieser Position halten die Existenz eines Menschen auch ohne Bindung an Raum und Zeit für möglich. Das macht aus dem (von der ersten Gruppe angenommenen) definitiven Untergang der Existenz eines Menschen im Tod einen Übergang in eine andere Existenzweise. Der Tod beendet nicht die Existenz, sondern wandelt diese um, trans-

> formiert sie. Diese Annahme wird in die traditionelle Hoffnungsformel gekleidet, dass es ein „Weiterleben" nach dem Tod gebe – philosophisch gemeint sein kann dabei freilich nicht eine Verlängerung des bekannten weltgebundenen Lebens, sondern ein Leben in einer anderen Existenzform. Menschen, die dieser Spur folgen, halten sich (so die Studie) an die christliche Formel von der „Auferstehung mit Leib und Seele", also des ganzen Menschen.

Für die Bildung einer Typologie habe ich jene drei Items ausgewählt, die miteinander eng korrelieren und in den Fragebögen aller sechs Erhebungen der Langzeitstudie 1970–2020 enthalten sind. Diese sind: „Ich hoffe, dass es ein Weiterleben nach dem Tod gibt." – „Die Menschen werden mit Leib und Seele von den Toten auferstehen." – „Mit dem Tod ist alles aus."

Errechnet und mit einer angemessenen Benennung versehen wurden folgende drei Typen: Sterbliche, Unsterbliche und eine noch näher zu bestimmende Mittelgruppe. Unsterbliche sehen im Tod einen Übergang, Sterbliche einen Untergang. 97 % der Unsterblichen haben Hoffnung über den Tod hinaus; für 95 % der Sterblichen ist hingegen mit dem Tod alles unwiderruflich aus. Es handelt sich um ziemlich „reine" Typen, mit nur wenigen „Ausscherern".

Mit den Wissenssoziologen Thomas Luckmann und Peter L. Berger kann dieses Ergebnis auch so versprachlicht werden: Die Menschen in unseren Gesellschaften leben in unterschiedlichen „Wirklichkeiten". „Wirklichkeit" gilt wissenssoziologisch im dialektischen Wechselspiel zwischen Person und Gesellschaft als „gesellschaftlich konstruiert" und kulturell tradiert.[2] In pluralistischen Gesellschaften leben die Menschen in vielfältigen „Wirklichkeiten". Bei diesen handelt es sich um jene „Welten", die die einzelnen Menschen mit ihrem Bewusstsein besiedeln.

Diese „Wirklichkeit" hat nun bei den Sterblichen eine begrenzte raumzeitliche Reichweite: Ihnen steht (lediglich) diese endliche Welt mit rund neunzig Jahren zur Verfügung. Bei den Unsterblichen ist die „bewusst be-

2 Berger, Peter L./Luckmann, Thomas: The Social Construction of Reality. A Treatise in the Sociology of Knowledge, New York 1966.

wohnte Wirklichkeit" hingegen unbegrenzt. Zeitliche wie räumliche Grenzen der „Wirklichkeit" gelten als überwindbar. An den Grenzen findet im Prozess des Sterbens[3] ein umwandelnder Übergang in eine andere „Wirklichkeitsform" statt, die nicht mehr raumzeitlich begrenzt ist. Der Tod wird dann nicht als definitives Ende, sondern als finale Geburt, hinein in ein bleibendes, ewiges Leben gedeutet. Sterbliche leben somit in einer „Wirklichkeit mit begrenzter Transzendenzspannweite". Diese reicht hingegen bei den Unsterblichen erheblich weiter: ins Unbegrenzte, Ewige und Unendliche. Hoffnungsbilder der Religion dafür sind „Himmel", „Paradies", „ewiges Licht, das leuchtet".

Einige Detailergebnisse der Studie überraschen. 41 % der Sterblichen sind der Ansicht, es gebe ein „Weiterleben nach dem Tod, nur ohne Körper". Dieser Satz muss wohl so verstanden werden: Sollte jemand an ein Weiterleben nach dem Tod glauben, dann kann das bestenfalls ein Leben ohne den sterblichen Körper sein. Dazu passt auch, dass 84 % der Sterblichen der Ansicht sind, dass ein „Weiterleben nach dem Tod" unvorstellbar sei. Auch „unvorstellbar" kann hier Zweifaches bedeuten: ein solches „Weiterleben" ist *unmöglich*, oder wenn es ein solches doch geben sollte, dann könne man sich davon *keinerlei Vorstellung* machen.

Die vorliegenden Daten räumen gründlich mit der religionskritischen Mär auf, dass die Unsterblichen Jenseitsflüchter und daher an einer (revolutionären) Veränderung der Welt in Richtung Gerechtigkeit uninteressiert seien. Allein die Einstellung der beiden Gruppen zur Aussage „Der Gedanke an ein erfülltes Leben kann mir den Tod leichter machen" zeigt, dass auch und gerade die Unsterblichen dieses vergängliche Leben lieben und in ihm Erfüllung suchen: 81 % der Unsterblichen stimmen dieser Aussage zu. Unter den Sterblichen sind es mit 61 % sogar deutlich weniger: Auch geglücktes Leben nimmt vier von zehn Sterblichen nicht das Ärgernis der Endlichkeit ab.

Die marxistische Annahme, Religion und ihre Jenseitsoffenheit seien das Opium des leidenden Volks, trifft daher nicht einfach zu, schon gar nicht auf *alle* Jenseitshoffenden. Dabei braucht man gar nicht zu leugnen, dass eine

3 Renz, Monika: Hinübergehen. Was beim Sterben geschieht. Annäherungen an letzte Wahrheiten unseres Lebens, Freiburg 2011.

der Ausprägungen der (christlichen) Religion die Menschen tatsächlich aufs Jenseits vertröstet hat und geistlich zum Ertragen des vorfindbaren Elends aufrief. Karl Marx erlebte im zeitgenössischen Pietismus rund um Trier eine jenseitsflüchtige Spiritualität und – an sie gebunden – eine demotivierende Vertröstung ausgebeuteter Menschen auf das Jenseits.[4] Aber inzwischen sind in den christlichen Kirchen in vielen Regionen der Erde „Theologien der Befreiung" entwickelt worden, welche die Welt gerechter machen wollen.

	UNSTERBLICHE	STERBLICHE	DIFFERENZ
Ich hoffe, dass es ein Weiterleben nach dem Tod gibt.	97 %	7 %	90 %
Der Tod ist ein Übergang zu einer anderen Existenz.	89 %	15 %	75 %
Die Menschen werden mit Leib und Seele von den Toten auferstehen.	62 %	0 %	61 %
Es gibt eine Reinkarnation (Wiedergeburt) der Seele in einem anderen Leben.	57 %	7 %	50 %
Ich glaube, dass Ereignisse aus einem vorherigen Leben mein jetziges Leben beeinflussen.	47 %	11 %	36 %
Ein Weiterleben nach dem Tod gibt es nur ohne Körper.	65 %	41 %	23 %
Der Gedanke an ein erfülltes Leben kann mir den Tod leichter machen.	81 %	67 %	13 %
Mit der Frage eines Lebens nach dem Tod habe ich mich noch nicht beschäftigt.	29 %	51 %	-22 %
Es ist unmöglich, eine klare Vorstellung über ein Weiterleben nach dem Tod zu haben.	61 %	84 %	-23 %
Ob es ein Weiterleben nach dem Tod gibt, ist für mein Leben ohne Bedeutung.	28 %	79 %	-52 %
Nach dem Tod ist alles endgültig aus.	7 %	84 %	-78 %
Mit dem Tod ist alles aus.	10 %	95 %	-85 %

Tabelle 2: Profil der Sterblichen und der Unsterblichen

Die Prozentwerte geben die addierten Antworten, 1-2,5=(eher) ja sowie 2,5-5=(eher) nein, wieder.

4 Zulehner, Paul M.: Kirche und Austromarxismus, Freiburg-Wien 1967.

Der Unterschied zwischen den Sterblichen und den Unsterblichen liegt somit nicht primär darin, dass sich die einen um diese Welt kümmern und die anderen aus ihr flüchten. Beide lieben die Welt und verbringen ihr Leben in dieser. Die Sterblichen leben *nur* in dieser Welt. Die Unsterblichen in dieser *und* in einer „Wirklichkeit", in welche diese Welt eingebettet ist und die keine Grenzen von Raum und Zeit kennt, damit keine Endlichkeit, keine Vergänglichkeit, keinen Tod. Für die Unsterblichen ist das Leben auf dieser Welt nur ein kleiner Teil ihrer Existenz, für die Sterblichen hingegen das Ganze.

Noch ein beachtenswertes Detail: Unsterbliche sind todsensibler als die Untersterblichen. Von den Sterblichen hat sich die Hälfte (51 %) „mit der Frage eines Lebens nach dem Tod noch nicht beschäftigt". Unter den Unsterblichen sind es mit 29 % deutlich weniger. Verdrängen die Sterblichen die Frage nach der Sterblichkeit und der eigenen Vergänglichkeit?

Soziale Vergewisserung der „Wirklichkeit"

Nur 29 % aller Befragten sind der Ansicht, „Religion braucht man in erster Linie, um die Angst vor dem Tod zu überwinden". Bei den zustimmenden Antworten gibt es kaum Unterschiede zwischen den Sterblichen und den Unsterblichen. Allerdings lehnen die Sterblichen diesen Satz mit 48 % „stimme ganz und gar nicht zu" erheblich vehementer ab als die Unsterblichen (23 %).

Religion und was mit ihr verbunden ist, hat zumal für die Unsterblichen eine große Bedeutung: nicht als Droge gegen die Todesangst, sondern bei der Legitimation der (konstruierten) „Wirklichkeit", die sie mit dem schon im Mutterschoß erwachenden Bewusstsein „bewohnen", also wissenssoziologisch gesprochen, bei deren sozialen Vergewisserung. Alle in den Todesbildern sichtbar gewordenen „Wirklichkeitskonstruktionen" werden „sozial abgestützt". Dazu tragen religiöse wie auch säkulare Institutionen bei, welche diese „Findungen" der Kultur und damit der Einzelpersonen „plausibel" (glaubhaft) machen. Institutionen erweisen sich wissenssoziologisch besehen als „Plausibilitätsstrukturen" (Peter L. Berger, Thomas Luckmann). Es geht dabei nicht um „Wahrheit", sondern um Glaubhaftigkeit, darum, ob diese „Konstruktionen" tragfähig sind.

Die Unsterblichen gestalten ihren unbegrenzten Kosmos mithilfe religiöser Traditionen, der Bilder und Riten aus. Sie stehen dazu in unserer „katholischen" Österreichischen Kultur im Austausch mit einer christlichen Kirche. Von diesen übernehmen manche das von ihrer Kirche wohl eingerichtete „Glaubens-Fertighaus", andere schaffen sich mit Bauteilen auch anderer Weisheiten der Menschheit ihr selbst eingerichtetes Glaubenshaus. Bewegt werden sie bei diesem Vorgang durch ihre starke subjektive religiöse Energie, ihre „Religiosität".

Auch die Sterblichen konstruieren ihre Wirklichkeit nicht völlig privat, sondern besitzen ebenfalls eine „Plausibilitätsstruktur". Ihnen dient dazu die moderne Wissenschaft, an die sie glauben und mit der sie „ihre Wirklichkeitskonstruktion" legitimieren. Aber auch sie übernehmen nicht alle wissenschaftlichen Erkenntnisse, zumal diese vielfach nur vorläufig und teilweise widersprüchlich sind, sondern wählen jene Elemente aus, die „ihre Wirklichkeitskonstruktion" für sie plausibel machen.

Die folgende Abbildung belegt allerdings, dass die Wissenschaft beiden, den Sterblichen *wie* den Unsterblichen (mit jeweils 90 % Zustimmung!), ein zentraler Bezugspunkt für ihre Wirklichkeitskonstruktion ist. Unsterbliche stützen sich also in ihrer „Wirklichkeit" auf Glaube *und* Wissenschaft, die Sterblichen *allein* auf die Wissenschaft. Die Frage drängt sich auf, wie Wissenschaftsgläubige ohne Glauben und Gläubige mit der Wissenschaft leben können. Vor allem mit Blick auf Gläubige erhebt sich eine spannende Frage: Wie leben sie zugleich in einer säkularen und einer gläubigen Wirklichkeit? Welche Bewusstseinspolitik braucht der gläubige Mensch in einer verwissenschaftlichten Kultur?[5]

Für die weiteren Analysen kombiniere ich statistisch (mithilfe einer Clusteranalyse) nunmehr die Todesbilder („Wirklichkeitsbilder") mit den in der Religionsstudie reichlich vorhandenen sozioreligiösen Variablen. Diese spielen bei den Unsterblichen eine positive Rolle, die Sterblichen sind von ihnen hingegen im Modus der Negation betroffen. Denn sie lehnen Religion im öffentlichen Leben ab, halten Glauben für voraufklärerisch und subjektive Religiosität für eine Art Sucht oder Krankheit, die durch Aufklärung

5 Dazu mehr in Berger, Peter L.: The many Altars of Modernity, New York 2014.

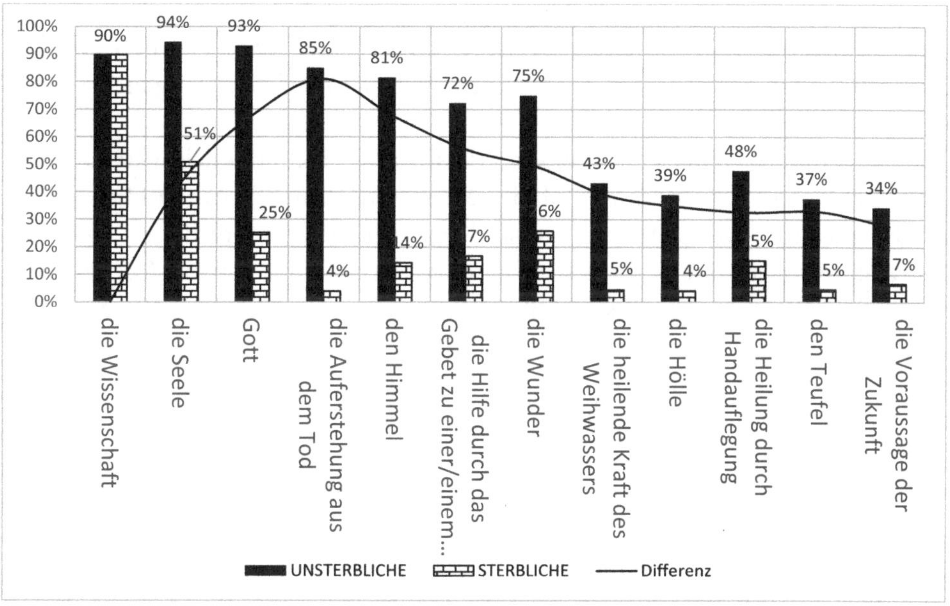

Abbildung 1: Glaubenshäuser der Sterblichen und der Unsterblichen.
Zustimmungswerte: 1=ja

geheilt werden könne, ja müsse. Es ist für die Betroffenen nicht einfach, dass es für Atheisierende, Unreligiöse, Nichtglaubende in unserem Sprachspiel lediglich negative Ausdrücke gibt. Sie leben kulturell von der Negation.

Drei Cluster/Typen wurden errechnet. In einem ersten Cluster sind die stringent Diesseitigen versammelt, in einem zweiten die stringent Jenseitigen. Die einen leben in einer engen und rein säkularen, die anderen in einer weiten und religiösen „Welt". Deshalb werden diese beiden Typen als die *Engen* und die *Weiten* benannt. Dazwischen ist ein Cluster von *Offenen* mit offengehaltenen, durchlässigen Grenzen und abgestuften Gewissheiten.

Die 2020 in Österreich Befragten verteilen sich auf diese drei Cluster so: 29 % zählen zu den (säkularen) „Engen", 23 % zu den (religiösen) „Weiten". Die übrige Hälfte (48 %) wurde den „Offenen" zugerechnet. Deutlich mehr Männer (36 %) als Frauen (23 %) leben in einer stringent engen Welt (cc=,11). Je jünger die Befragten sind, desto enger und transzendenzärmer wird deren „Wirklichkeit" (18 % bei den 70+, 44 % bei den 20+; cc=,15).

Auch mit steigender Schulbildung „verdiesseitigt" sich die Wirklichkeit (Volksschule 14 %, Hochschule 41 %; cc=,08). Unter den Personen mit fünf Kindern zählen 5 % zu den Engen, unter den Kinderlosen hingegen sind es 43 % (cc=,18).

Detaillierte Analysen zeigen, dass die Wirklichkeitskonstruktionen „sterblich" oder „unsterblich" bei den meisten Angehörigen dieses Typs in „Reinkultur" vorkommen: Sie sind voll überzeugte Sterbliche bzw. voll überzeugte Unsterbliche. Ihre Welt ist entweder eng oder weit. Aber in Einzelfällen kommt es vor, dass Sterbliche aus ihrer „engen" Welt heraus unerwartete Ausflüge in transzendente Welten unternehmen. Es gibt Sterbliche, die sich in ihrer Unsicherheit und ihrem Leiden an der Vergänglichkeit der Liebe dann und wann in die hoffnungsgeladene Transzendenz „verirren".

Daneben gibt es Unsterbliche, die ihre Lebensdeutung und Lebenspraxis nachhaltig von ihrer Verankerung in einer transzendenten Wirklichkeit her bestimmen und sich dazu auch in einen abfedernden Austausch mit einer Transzendenzgemeinschaft (Kirche) begeben, die ihnen gleichsam „den Himmel offenhält" und deren Hauptaufgabe darin gesehen wird, sich in einer säkularen Welt Gedanken über Gott zu machen: 44 % aller Befragten meinen, das würde niemand sonst machen, wenn es die Kirche nicht tut. Aber es finden sich auch Unsterbliche, die nur in geringem Austausch mit einer Transzendenzgemeinschaft stehen und die dazu neigen, in der Gottesfrage agnostisch oder atheisierend zu denken.

Auswirkungen der „Wirklichkeiten" auf die Politik

Man könnte nun zunächst meinen, es sei eine höchst private und gesellschaftspolitisch belanglose Angelegenheit, ob jemand über den Tod hinaus hofft und (einschließlich der Zeit in dieser Welt) eine unbegrenzt weite „Wirklichkeit" mit seiner kosmisch unbehausten Seele bewohnt, oder ob sich jemand nur in dieser Welt einrichtet und in ihr das Auslangen finden muss und offensichtlich auch findet. Eine solche Annahme erweist sich angesichts der Daten als unhaltbar. Denn die Auswirkungen der Reichweite der mit dem Bewusstsein besiedelten „Wirklichkeit" sind beträchtlich: Für das private Leben wie für das gesellschaftliche Zusammenleben. An wenigen politisch relevanten Beispielen soll dies illustriert werden.

Euthanasie
Wie sehr sich die jeweilige „Wirklichkeitskonstruktion" auf gesellschaftspolitische Optionen auswirkt, kann am Beispiel des Ringens um „humanes Sterben" gezeigt werden. Die Befragten wurden zu einer Stellungnahme zur Aussage „Es sollte möglich sein, das Leben von Menschen in der letzten Lebensphase aktiv zu beenden." aufgefordert.

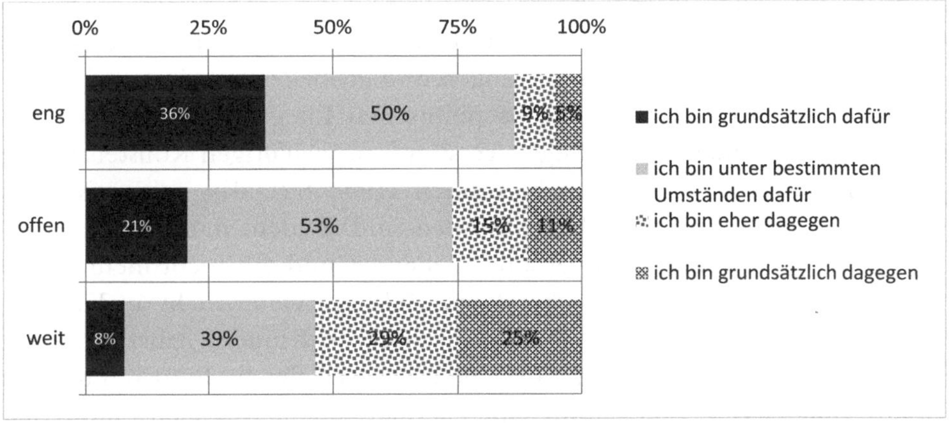

Abbildung 2: Weite/Enge und Euthanasie

Von jenen Personen, die sich als diesseitig verstehen und davon fest überzeugt sind (also die Engen), sind 36 % grundsätzlich und weitere 50 % unter Umständen – das sind zusammen 86 % – für eine straffreie aktive Sterbehilfe. Marginale 14 % haben Vorbehalte gegen eine Freigabe oder sind grundsätzlich dagegen.

Ganz anders jene, die in einer weiten „Wirklichkeit" daheim sind (die Weiten) und mit dieser auch bei ihren Lebensentscheidungen „rechnen". Hier sind 54 % mehr oder minder gegen jegliche Form von aktiver Sterbehilfe. 39 % sehen besondere Einzelfälle. Lediglich 8 % sind grundsätzlich dafür.

Der Typ der „Offenen" liegt zwischen den beiden kantigen Typen der „Engen" und der „Weiten".

Ehebilder

Ehe- und familienpolitisch bedenkenswert sind die Auswirkungen der jeweils bewohnten „Wirklichkeit" hinsichtlich der „Ehebilder". Über deren Pluralisierung wurde in den letzten Jahren ausgiebig diskutiert. In der Studie spielte diese Frage indirekt eine Rolle. Gefragt wurde danach, für welche Form von Lebensverbünden die Kirche ihr Trauungsritual bereitstellen soll. In der Vergangenheit machten das die christlichen Kirchen, wie auch noch im Ehepatent Josephs II. aus dem Jahre 1783 nachzulesen ist, für einen Mann, der eine Frau heiratete, um mit ihr alt zu werden, und der mit seiner Frau bereit war, Kinder zu zeugen und großzuziehen. Inzwischen haben sich alle drei Kriterien des josephinischen Ehepatents aufgelöst. Eheschließung ist – auch in einer light-Version – in vielfältigen Konstellationen möglich geworden. Das ist auch dadurch erleichtert, dass generative und symbolische Sexualität trennbar geworden sind. Zudem mutierte das Konzept „Ehe" zu einem Lebensverbund Liebender und gilt nicht mehr als der privilegierte Ort gesellschaftlicher Reproduktion. Wenn nicht an Kindern, so doch zumindest an einer größeren Anzahl von Kindern haben moderne Bevölkerungen deutlich das Interesse verloren, was für die Eindämmung der Überbevölkerung der Erde durchaus nützlich ist und zugleich einen viele Bürger/innen beängstigenden Migrationssog zumindest unter arbeitswilligen Fachkräften erzeugt.

So haben nun 2020 die Befragten auf die Frage nach einer Öffnung der kirchlichen Trauung für neue „Eheformen" geantwortet:

- 50 % der „Weiten" wollen das kirchliche Trauungsritual lediglich für die traditionelle Ehe. Für sie ist die Ehe in der transzendenten Wirklichkeit verankert. Es ist ihre Überzeugung, dass „im Himmel geheiratet" wird. Allerdings sind auch 42 % der Weiten für eine Öffnung des kirchlichen Rituals für jegliche Art von Liebesziehung offen.
- Ganz anders optieren die „Engen": 67 % sind für eine breite Öffnung des kirchlichen (!) Rituals. Zugleich aber sehen 60 % gar keine Notwendigkeit für einen Beistand der Kirche bei einer Verehelichung. 40 % lassen sich im Übrigen auch vom Staat nicht gern in ihre Liebeskarten schauen. Marginale 18 % der Engen haben dafür votiert, dass nur nach dem Ehepatent von Joseph II. kirchlich getraut werden kann.

Ich bin	... für jede Art von Liebesbeziehungen	... nur für Mann und Frau, die Kinder zeugen wollen	... die Liebesbeziehung soll privat bleiben: es braucht nicht den Beistand der Kirche	... die Liebesbeziehung soll privat bleiben: es braucht nicht den Beistand des Staates
eng	67 %	18 %	60 %	40 %
offen	61 %	38 %	43 %	34 %
weit	42 %	50 %	23 %	25 %
alle	58 %	35 %	43 %	34 %

Tabelle 3: Ehebilder der Engen und Weiten

1=stimme voll zu + 2=stimme zu (fünfteilige Skala)

Solidarität

Eine Reihe von Aussagen hebt den Vorrat an Solidarität einer befragten Person ans Licht. Vier faktorenanalytisch konsistente Items wurden für die Errechnung eines Solidaritätsindex herangezogen:

- „Man sollte denen, die mehr haben, etwas wegnehmen dürfen, um es an Bedürftige zu verteilen."
- „Einkommensunterschiede sollen verringert werden."
- „Wenn wir alle ein bisschen verzichten würden, gäbe es bald keine Armut mehr."
- „Das Wichtigste, was Kinder lernen müssen, ist das Teilen."

Theoretisch kann vermutet werden, dass Personen mit einer großen und handlungswirksamen Transzendenzspannweite Solidarität leichter fällt als Personen, denen für die Suche nach einem geglückten Leben ausschließlich die irdische Lebenszeit zur Verfügung steht. Für diese Gruppe der „Engen" ist das Leben gleichsam „die letzte Gelegenheit" (Marianne Gronemeyer[6]) für ihre Suche nach dem Glücklichsein. Insofern freilich, als die Sehnsucht nicht in Raum und Zeit passt und maßlos ist, die verfügbare Erfüllungszeit der

6 Gronemeyer, Marianne: Das Leben als letzte Gelegenheit. Sicherheitsbedürfnisse und Zeitknappheit, Darmstadt 2013.

Sehnsucht für die Engen mäßig, für die Weiten hingegen gleichfalls maßlos. Enge fühlen sich leicht gedrängt, den ersehnten, aber nicht geglaubten Himmel auf Erden zu ernötigen. Weite hingegen können unerfülltes Glück in den Himmel outsourcen, was frühere Generationen noch gut beherrschten und als Jenseitsvertröstung desavouiert wurde. Solches Outsourcen ermöglicht es den Weiten theoretisch besehen eher, in dieser Lebenszeit stets nur knappe Glücksmöglichkeiten zu teilen. Die Engen hingegen sind in Gefahr, die anderen Menschen (die Nachbarn, die Fremden, die Migranten) als Rivalen ihres erstrebten maßlosen Glücks in mäßiger Zeit zu erleben. Entsolidarisiert die Enge tendenziell? Das Wort „Enge" erwiese dann seine Verwandtschaft mit dem lateinischen angustia, wovon sich Angst herleitet: Prägt endliche Angst untergründig die Engen, mit dem Streben nach dem maßlosen Glück in mäßiger Zeit zu kurz zu kommen? Erzeugt Enge eine „Kultur der Rivalität" und begünstigt dagegen Weite eine „Kultur der Solidarität"? Bestand einst die Gefahr für die Weiten in einer Vertröstung auf das Jenseits, so scheinen heute die Engen von einer Vertröstung auf das Diesseits gefährdet zu sein.

	sehr solidarisch	solidarisch	wenig solidarisch	unsolidarisch
eng	31 %	44 %	20 %	5 %
offen	33 %	49 %	14 %	3 %
weit	42 %	47 %	11 %	1 %
alle	35 %	47 %	15 %	3 %

Tabelle 4: Solidaritätsbereitschaft der Engen und der Weiten

Die Auswertung der Daten unterstützt solche Überlegungen zur Entsolidarisierung durch die Enge einer endlichen Lebenszeit. Unter den Engen sind deutlich mehr „sehr Unsolidarische" (25 %) als unter den Weiten (12 %). Entsprechend sind unter den Weiten die Solidarischen deutlich häufiger anzutreffen (42 % sehr solidarisch, 47 % solidarisch, das sind zusammen 89 %; aber auch bei den Engen bilden die Solidarischen mit 75 % die Mehrheit. Die Politik könnte mit diesem Solidaritätspotenzial viel besser wirtschaften: mit Blick auf die Kinderarmut, die Entwicklungszusammenarbeit, die Flucht vieler vor Umweltkatastrophen, Kriegen und hoffnungslos machender Verarmung.

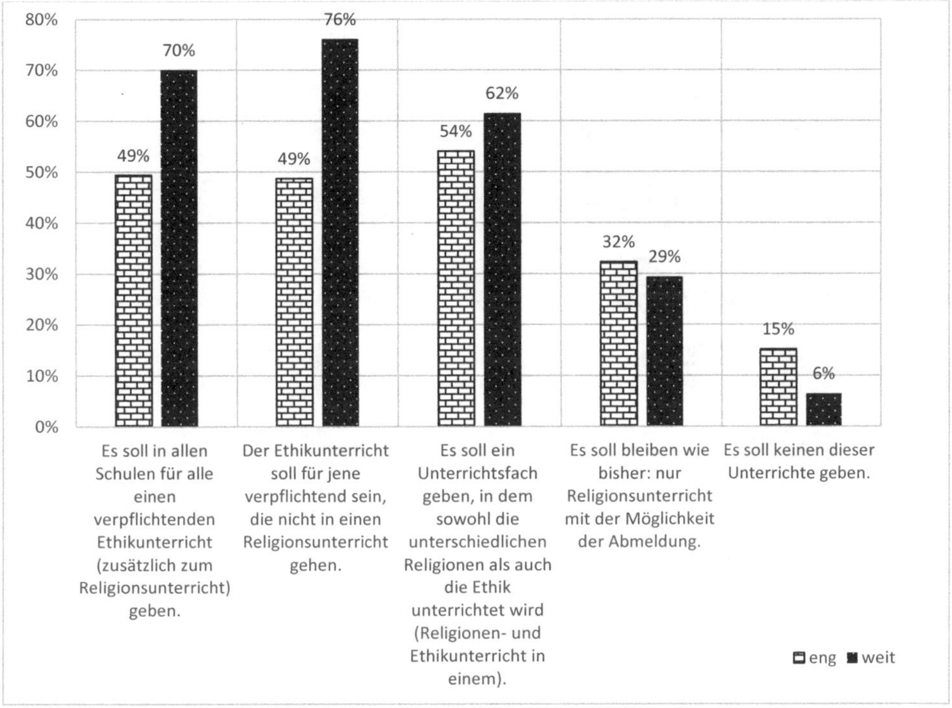

Abbildung 3: „Bitte geben Sie an inwieweit Sie folgenden Aussagen zustimmen?"
1=stimme voll zu + 2=stimme zu (fünfteilige Skala)
Parteien der Engen und Parteien der Weiten

Religionen- und Ethikunterricht

Diskutiert wird derzeit die Einführung eines Ethikunterrichts und dessen mögliches Verhältnis zum Unterricht einer Religion oder der Religionen. Dazu war die Frage gestellt worden: „Bitte geben Sie an, inwieweit Sie folgenden Aussagen zustimmen?" Bei jeder einzelnen Antwort konnte separat zwischen Zustimmung und Ablehnung abgestuft werden. Das gewonnene Ergebnis ist relativ unübersichtlich. Eindeutig ist lediglich, dass der derzeitige Zustand als nicht befriedigend erlebt wird: Weniger als ein Drittel will keinerlei Änderung. Hinsichtlich eines möglichen künftigen Modells sind sich die Menschen offensichtlich nicht im Klaren. Alle drei vorgelegten neuen Varianten erhalten von den Befragten deutliche Zustimmung. Diese

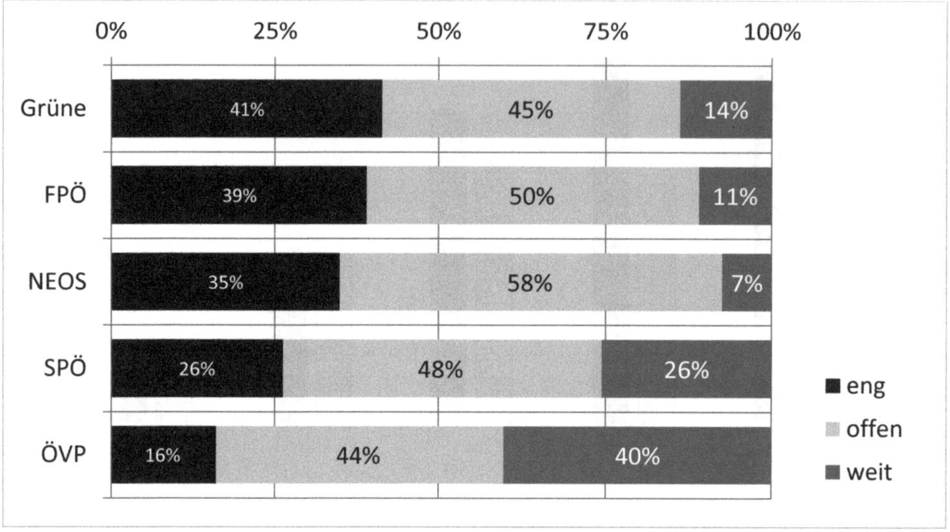

Abbildung 4: „Wirklichkeiten" nach parteipolitischer Präferenz

ist allerdings bei den Engen und den Weiten nicht gleich stark. Die Engen und die Weiten unterscheiden sich besonders hinsichtlich eines Ethikunterrichts für die Abmelder vom Religionsunterricht.

Politologisch nachdenklich macht vor dem Hintergrund der bisher skizzierten Beispiele die Verteilung der Befragten auf diese drei Typen nach parteipolitischer Präferenz: Den stärksten Rückhalt in einer weiten „Wirklichkeit" haben ÖVP-Sympathisant/innen (40 %), den geringsten jene der NEOS (7 %). Die stärkste Transzendenzarmut findet sich bei den Sympathisant*innen der Grünen (41 %), die geringste bei jenen der ÖVP (14 %).

Dieses Ergebnis macht deshalb nachdenklich, weil just jene Parteien derzeit eine gemeinsame Regierung stellen, deren Sympathisant/innen in höchst unterschiedlichen „Wirklichkeiten" wohnen. Überraschend ist zugleich, dass die Sympathisant/innen der FPÖ und der Grünen einander weitaus ähnlicher sind, als die Programme dieser beiden Parteien. Zugleich ist die Kluft zwischen den Anhänger/innen der ÖVP auf der einen sowie der Grünen und der FPÖ auf der anderen Seite ziemlich gleich groß.

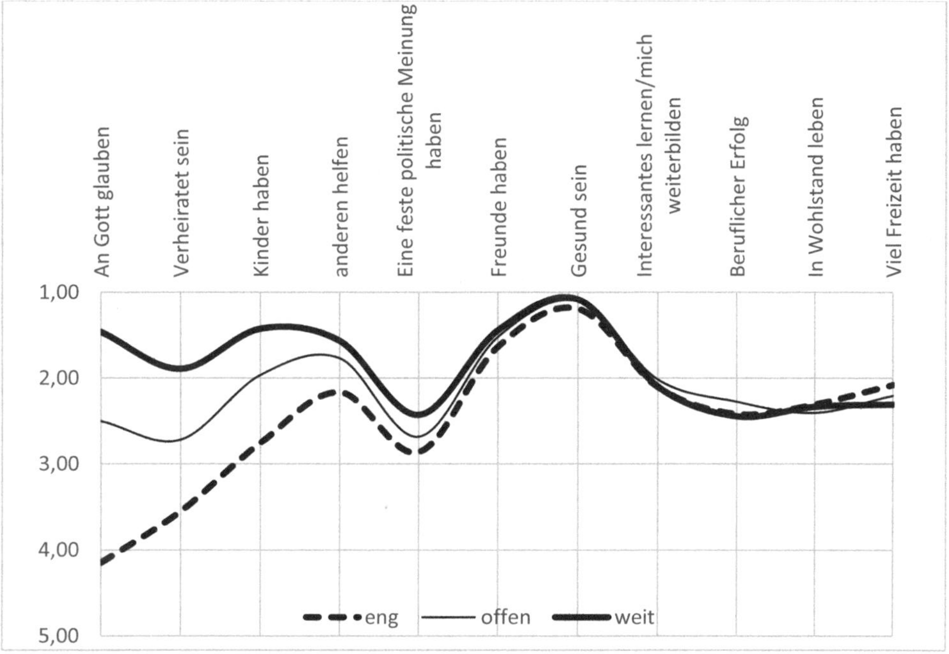

Abbildung 5: Lebenswichtigkeiten und Reichweite der Wirklichkeit
Mittelwerte (1=sehr wichtig, 5=überhaupt nicht wichtig)

Daraus müssen sich nicht zwingend Konflikte ergeben. Denn es ist erstens nicht gesagt, dass die Grünpolitiker persönlich in ähnlichen „Wirklichkeiten" leben wie jene, die sie wählen. Dasselbe gilt auch für die ÖVP-Politiker. Jene Befragten, welche parteipolitisch die ÖVP präferieren, leben allerdings großteils in einer weiten „Wirklichkeit" und räumen dieser „anderen Welt" auch Einfluss auf ihr Leben sowie auf die politische Praxis ein. Das zeigt sich etwa bei den Lebenswichtigkeiten, der Sensibilität für stabile Familien und der Bereitschaft, Kinder zu bekommen, dem Lebensschutz. Es kommt aber auch in Fragen der Solidarität zum Vorschein, welche derzeit einen Ernstfall in der Migrationspolitik und hinsichtlich des Islam darstellt.

Gestellt wurde in der Umfrage auch die religionspolitisch derzeit hoch umstrittene Frage: „Empfinden Sie die folgenden Symbole im öffentlichen Raum (also z. B. auf den Straßen, in den Schulen, in Ämtern, in

Unternehmen usw.) als eher positiv, eher negativ oder ist Ihnen das egal?" Beim Kopftuch hat fast die Hälfte der Antwortenden mit „Ist mir egal" votiert. Dann aber unterscheiden sich die Engen und Weiten merklich. Denn nur 4 % der Engen sehen das Kopftuch positiv, unter den Weiten sind es hingegen 24 %. 53 % der Engen haben mit „negativ" geantwortet (36 % der Weiten). Wieder überrascht von hier aus ein Blick auf die realen politischen Positionen der Parteien. Der Abstand der politischen Repräsentanten zu den diese wählenden Sympathisant/innen erscheint beträchtlich.

SIMON VARGA

Die Suche nach dem Christlich-Sozialen

Die Frage nach dem Christlich-Sozialen ist (wieder) aktuell. Die Politische Akademie der neuen Volkspartei nimmt sich dieses Themas im Sammelband „Christlich-soziale Signaturen" an. Eine Analyse des Philosophen Simon Varga zeigt die unterschiedlichen Herangehensweisen und das breite Spektrum an politischen Handlungsmöglichkeiten im christlich-sozialen Bereich.

1. Hinführung

Aristoteles bestimmt in seiner politischen Anthropologie den Menschen als ein Lebewesen, das von Natur aus in Gemeinschaft lebt. Doch nur das sei keineswegs ein Alleinstellungsmerkmal des Menschen, zumal auch „andere Tiere" – Aristoteles nennt hier z. B. die Ameisen – ebenso wie der Mensch „politische Lebewesen" im weiteren Sinne wären (denn auch diese würden ein Leben „in Gemeinschaft" führen). Die Einzigartigkeit des Menschen liege weniger im Politischen als vielmehr in den Bereichen von Sprache und Vernunft, die allein dem Menschen im umfassenden Ausmaß zukommen. Denn beides zusammen ermögliche dem Menschen sich über das Zusammenleben, dabei insbesondere über Recht und Unrecht, Gedanken zu machen und sich untereinander darüber auszutauschen (vgl. Aristoteles: *Politik* I 2).

Der Sprung von der aristotelischen politischen Anthropologie hin zur Frage nach dem Christlich-Sozialen in Politik und Gesellschaft (wie im Titel des Beitrags angesprochen) ist zweifelsfrei ein – historisch wie inhaltlich – größerer. Dennoch verbindet beide vor allem eines, nämlich die Suche nach individuellen wie gemeinschaftlichen Prinzipien und Konzepten, die das gute Leben des Einzelnen in gelingender Gemeinschaft möglich machen und dabei auf Individuum und Kollektiv zugleich Rücksicht nehmen. Die Frage nach christlich-sozialer Politik erschöpft sich jedoch nicht allein in theoretischen Betrachtungen und Konzepten, sondern stellt sich vielmehr die Frage nach deren Umsetzung und ihrer unmittelbaren Bedeutung für die politische Praxis. Darf, kann oder soll sich die Politik der Gegenwart an christlich-sozialen Perspektiven orientieren? Kann sie das überhaupt in der Tat leisten, und wenn ja, in welcher Art und Weise können aus diesem Gedankengut heraus realpolitische Handlungsanleitungen für das Zusammenleben der Gegenwart entwickelt werden?

Die „Politische Akademie" der neuen Volkspartei hat sich dieser Themen angenommen und wird die Ergebnisse der „Suche nach dem Christlich-Sozialen" im Jahr 2020 in Form eines weitsichtigen Sammelbands veröffentlichen. Der Titel lautet: „Christlich-soziale Signaturen. Grundlagen einer politischen Debatte" *(edition noir)*. Ziel dabei ist es, begriffliche Orientierung zu geben und unterschiedliche Zugänge zu einem wertebasierten Politikverständnis mit dem Fokus auf christlich-soziale Ansätze zur

Diskussion zu stellen, und das über Partei- und Politikgrenzen hinaus. In einem interdisziplinären Zugang (aus Philosophie, Theologie, Politik und Journalismus) werden theoretische Vorbetrachtungen wie realpolitische Ansätze dargestellt – wobei sich zeigt, wie vielfältig die Perspektiven zu diesem Thema in Summe sind. Ein Blick in das Werk bestätigt dieses Bild und kann (und soll) keine allgemeingültige Definition christlich-sozialer Politik entwickeln, sondern dem pluralen Meinungsspektrum in Ansätzen gerecht werden und zum Weiterdenken anregen.[1]

2. Ansätze und Perspektiven christlich-sozialer Zugänge, in Skizzen dargestellt

Die Grundlagen

„Das Ziel von Sozialpolitik muss sein, Menschen langfristig bei der Entwicklung ihrer Persönlichkeit zu unterstützen und sie zu befähigen, selbst ihr Leben zu finanzieren und zur Gemeinschaft beizutragen" (S. 18). Bettina Rausch, Präsidentin der Politischen Akademie und Herausgeberin des Sammelbands, erörtert in ihrem Beitrag mögliche Grundlagen christlich-sozialer Politikzugänge. Einleitend dazu hebt sie hervor, dass eine aktuelle Sozialpolitik, so diese den Anspruch auf Nachhaltigkeit und Fairness erheben möchte, ein anthropologisches Fundament benötige. Ein solches Fundament biete die katholische Soziallehre, für Bettina Rausch ohne teleologische Konnotationen, zumal in ihrem Zugang der Fokus auf realpolitischen Handlungsoptionen für die politische Praxis liege. Das (i) Gemeinwohlprinzip, (ii) Personalität, (iii) Subsidiarität und das (iv) Solidaritätsprinzip bilden die vier Eckpfeiler der katholischen Soziallehre und entfalten in ihren ein-

1 Alle in diesem Beitrag folgenden Seitenzahlen beziehen sich auf: Rausch, Bettina/Varga, Simon (Hg.), Christlich-soziale Signaturen. Grundlagen einer politischen Debatte (Wien: 2020). Da im Folgenden nur einzelne Skizzen ausgewählter Beiträge dargestellt werden können, seien an dieser Stelle alle Autorinnen und Autoren des Bandes genannt: Bettina Rausch, Regina Polak, Clemens Sedmak, Manfred Prisching, Philip Plickert, Walter Marschitz, Christian Moser-Sollmann, Silke Kobald/Harald Mader, Rudolf Mitlöhner, Paul R. Tarmann, Martin Rhonheimer, Matthias Beck, Benno Elbs, Ingeborg Gabriel, Veit Neumann, Till Kinzel, Simon Varga, Emmanuel J. Bauer, Martina Tiwald, Werner Bruck, Doris Dorer.

zelnen Bestimmungen ein Menschenbild, das für Politik und Gesellschaft, insbesondere in Bezug auf den Bereich der Sozialpolitik tragfähig sein kann.

(i) Wie bereits einleitend festgehalten, lebt der Mensch von Natur aus in Gemeinschaft. An diese Tatsache knüpft das Gemeinwohlprinzip seinem Inhalt nach an. Alle Menschen innerhalb der Gemeinschaft, heute innerhalb der Gesellschaft, sind als Einzelne dazu angehalten, sich für das Gemeinwohl zumindest zu interessieren, besser noch, es mitzugestalten und sich dafür dort, wo es sinnvoll erscheint und wo es auch gebraucht wird, zu engagieren.

(ii) Der Eckpfeiler der Personalität betont die Individualität eines jeden einzelnen Menschen und hebt wieder anthropologische Motive hervor, nämlich, dass jede Person einmalig wie individuell sei. Und daraus folgt – gewissermaßen automatisch – eine Form der Würde jedes einzelnen Menschen.

(iii) Das dritte Grundprinzip, die Subsidiarität, „setzt Selbstverantwortung vor staatliches Handeln" (S. 22). Mündigkeit, Selbsthilfe, Partikularität wie Sozialität im näheren Umfeld sind hierbei (u. a.) angesprochen. Auf eine einfache (wie bekannte) politische Formel gebracht bzw. umgelegt: „So wenig staatlich veranlasste Regelungen für das Zusammenleben wie möglich – so viele staatlich veranlasste Regelungen für das Zusammenleben wie nötig." Der Mensch wird als Wesen begriffen, das zu einer selbstverantworteten Lebensweise fähig ist und dafür auch den notwendigen Entfaltungsraum zugesprochen bekommen muss. Und den Rahmen hierfür zu schaffen, ist Aufgabe der Politik.

(iv) Das Solidaritätsprinzip fokussiert zum Einen auf gegenseitige Hilfestellung innerhalb der Gesellschaft, von Individuum zu Individuum, zum anderen aber auch auf die Hilfestellung für einzelne Menschen durch den Staat als Organisation. Auf Basis der Gemeinschaftsanthropologie ist zwischenmenschliche Solidarität moralisch wie politisch (theoretisch wie praktisch) unverzichtbar. Das Problem hierin liegt daher nicht in der Frage „Solidarität ja oder nein?", sondern darin, was darunter konkret zu verstehen ist. Bettina Rausch plädiert für einen umsichtigen Solidaritätsbegriff, allerdings mit Grenzen und ohne „Konsumanspruch". Denn Solidarität könne Subsidiarität nicht ersetzen.

Die vier Eckpfeiler der katholischen Soziallehre zeigen also mögliche Leitlinien für politische Gestaltungsprozesse auf und entwickeln ein Menschenbild, für das auch in den Belangen der Politik Verantwortung übernommen werden kann. Darauf aufbauend leitet Bettina Rausch fünf Orientierungsbegriffe für die politische Praxis ab, die Ethik und Politik abermals mit dem Bereich der Anthropologie in Verbindung bringen: Menschenwürde, Arbeit, Soziale Marktwirtschaft, Zuwendung und Zutrauen sowie den Menschen in selbst verantworteter Freiheit.

Ein Problemaufriss

Mögliche zentrale Grundlagen sind nun benannt. Doch die Frage nach unmittelbarer Legitimität christlich-sozialer Politik bleibt. Die Theologin Regina Polak thematisiert zu Beginn ihres Beitrags ein grundsätzliches Problem: In welcher Art und Weise sei es überhaupt möglich, über „Werte" – oder spezifischer – „christliche Werte" in Wissenschaft und Politik zu verhandeln (vgl. S. 31–34)? Denn von christlichen Werten zu sprechen, beinhalte stets zwei Gefahren: zum einen die Gefahr der politischen Instrumentalisierung, zum anderen die Gefahr, christliche Theologie auf Ethik im Allgemeinen und auf Sozialethik im Speziellen zu reduzieren.

Regina Polak hält fest: „Die Interessen sind aber dennoch legitim, weil der Wertebegriff auch zahlreiche sinnvolle Dimensionen birgt" (S. 34). Und an dieser Stelle spannt sich ein Bogen zur hier vorangestellten Einleitung: Werte, auch christliche, lassen sich (in Anlehnung an Hans Joas) als erfahrungsbasierte, vorethische Grundlagen für verhandelbare ethische Urteile verstehen – und all das zusammen ermöglicht es dem Menschen, eine Vorstellung vom „guten und gelingenden Leben" zu entwickeln.

Regina Polak verweist auf das Beispiel der Werte des EU-Vertrags von Lissabon (Artikel 2), wo seit dem Jahr 2009 Folgendes festgehalten wird: Achtung der Menschenwürde, Freiheit, Demokratie, Gleichheit, Rechtsstaatlichkeit und die Wahrung der Menschenrechte. „Diese Werte sind in einer Gesellschaft zu wahren, „die sich durch Pluralismus, Nichtdiskriminierung, Toleranz, Gerechtigkeit, Solidarität und die Gleichheit von Frauen und Männern auszeichnet" (S. 37).

Dennoch bleibe insbesondere das Thema „christliche Werte" ein sensibles, zumindest dann, wenn der Gebrauch mehr Kampfrhetorik beinhaltet, als Abgrenzungsbegriff gegenüber anderen Religionen und Kulturen Anwendung findet und so den ethisch-reflexiven Austausch unterbindet. Ein realpolitisches Beispiel hierfür sieht Regina Polak in der aktuellen

Flüchtlingspolitik, verbunden mit der Frage, ob diese mit einem „Etikett" des Christlich-Sozialen überhaupt versehen werden könne. Und dabei ortet sie eine Gegenläufigkeit: „Bemerkenswert angesichts dieser Konflikte ist das, trotz gravierender gesellschaftlicher Bedeutungsverluste des Christentums, nach wie vor große Bedürfnis nach religiöser Legitimation politischen Handelns" (S. 39).

Problematisch sieht Regina Polak die Herauslösung einzelner christlicher Werte aus der Theologie heraus zur vereinzelten Anwendung in politischen Belangen. „Entbettet oder isoliert man christliche Werte aus diesen komplexen Zusammenhängen, besteht Ideologie- oder Instrumentalisierungsverdacht. Daher sind auch christliche Werte plural und finden ihre Grenze im Ethos des christlichen Glaubens und seiner Glaubensgemeinschaften. Dort haben sie ihren ersten und ursprünglichen Ort" (S. 41). Dennoch können christliche Werte für das Demokratieverständnis in Summe von Interesse sein, so (exemplarisch) die Würde des einzelnen Menschen, die Anerkennung von Pluralität sowie die Gerechtigkeit, zumal alle drei bibeltheologische Relevanz haben.

Eine christlich-soziale Lebensform

Nach den kursorischen Grundlagen der katholischen Soziallehre, einem kurzen Diskussionsbeitrag über sensible bis fragile Übertragungsmöglichkeiten christlicher Werte aus dem Glaubenskanon heraus und transformiert in die Politik, rückt das Feld „Christsein und Politik" in den Mittelpunkt. Der Philosoph und Theologe Clemens Sedmak skizziert in seinem Beitrag zwei unterschiedliche Zugänge. Als Christ erwarte man sich von der Politik kein erstes Wort und keine letzte Antworten, da beides „Sache" der Theologie bzw. des Glaubens sei und sich dem „politischen Zugriff" letztendlich entziehe (vgl. S. 56). Jedoch: Als Christ sei es notwendig wie auch geboten, „ernsthafte politische Fragen" wie „ernsthafte Anfragen an die Politik" zu stellen. Damit verbunden entwickelt Clemens Sedmak ein „Christsein als Lebensform in politischen Belangen", das sich in unterschiedlichen Lebenseinstellungen, auch gegenüber dem Politischen, widerspiegle, so u. a. in den folgenden drei Punkten:

(i) Freiheit vom Egoismus: zu wissen, dass man selbst nicht die höchste Norm ist und dass die Frage nach dem eigenen Wollen und den eigenen Wünschen keine gemeinschaftliche Leitfrage sein könne. Das betreffe den Politiker selbst ebenso: „Der christliche Politiker weiß, dass es nicht um ihn selbst geht" (S. 58). (ii) Freiheit zur Würde: Das Mysterium Mensch (in der Gott-Ebenbildlichkeit) müsse, so Clemens Sedmak, in seiner Würde gewahrt bleiben – seiner Ansicht nach für christliche Politiker eine außer Streit stehende Frage, die auch eine Verantwortung der Gemeinschaft gegenüber dem einzelnen Menschen impliziert. (iii) Freiheit zum Gemeinwohl: Auch wenn „Gemeinschaft" im theologisch-religiösen Verständnis einen Unterschied zur ethisch-politischen Gemeinschaft darstellt, ist beiden die Sorge um das Gemeinwohl immanent.

Den Bereich von „ernsthaften Fragen an die Politik", den zweiten zuvor genannten Zugang, erwartet sich Clemens Sedmak auch vonseiten der Politik selbst. Vor politischer Entscheidungsfindung sollte es Ziel sein, sich mit „wohlbegründeten Fragen" zu beschäftigen. „Ein wichtiger Beitrag zur politischen Kultur könnte gerade darin bestehen, vor dem konflikthaften Pluralismus einer lebendigen Demokratie einen vorgelagerten Konsens über die Fragen zu erzielen. Damit wird gemeinsamer Boden geschaffen, der Konflikte entschärft" (S. 64).

Eigenverantwortung als Orientierungsbegriff

Der Soziologe Manfred Prisching fokussiert in seinem Beitrag den Begriff der „Eigenverantwortung" des Menschen und weist diesen als zentralen Orientierungsbegriff aus. Trotz dessen Unbestimmtheit ist dieser Begriff für die christliche Sozialethik wie auch für Ansätze der katholischen Soziallehre (vgl. Abschnitt 1 „Die Grundlagen" s. v. „Subsidiarität") wichtig. Manfred Prisching lotet die Notwendigkeit der Eigenverantwortung des Menschen als Mitte zwischen zwei Extremen aus (und auch hier ließe sich eine weitere Parallele zu Aristoteles herstellen, in diesem Falle in Bezug auf dessen Tugendlehre [vgl. Aristoteles: *Nikomachische Ethik*, II 5]). Auf der einen Seite das Extrem des Übermaßes – Eigenverantwortung des einzelnen Menschen, „gottvertrauend oder sozialdarwinistisch". Auf der anderen Seite überregulierender staatlicher Paternalismus, der dem einzelnen Menschen jede Art von Entscheidung abnimmt – also im Grunde genommen eine Form von paternalistisch motiviertem politischen Determinismus.

Dazwischen lassen sich viele Formen der Eigenverantwortung erkennen, die für das Politische grundlegend seien, so u. a.: Eigenverantwortung als aktives Menschenbild (S. 70), Eigenverantwortung als „Zu-mutung" an das Individuum – der Mensch ist auch für sich selbst verantwortlich, worin Wertschätzung und Respekt zum Ausdruck kommen (S. 74) sowie Eigenverantwortung aus christlich-sozialer Perspektive: „Den Menschen ist etwas zuzutrauen" (S. 76). Manfred Prisching bestimmt daher den Begriff der Eigenverantwortung als „leistungsfreundliche Geisteshaltung" (S. 77), die jedoch ebenso in der Mitte zwischen zwei Extremen (dem Mangel an Leistungsbereitschaft [untertreiben] und dem Übermaß der Überforderung [übertreiben] von Leistung) auszuloten sei. Zudem solle der Begriff der „Eigenverantwortung" von „Egoismus" und „Asozialität" jedenfalls getrennt werden.

Weder christlich noch sozial

Martin Rhonheimer, Philosoph und Priester sowie Gründungspräsident des „Austrian Institute of Economics and Social Philosophy" hält fest, dass seiner Ansicht nach Politik für den Menschen weder „christlich" noch „sozial", sondern vielmehr sachgerecht sein sollte (vgl. S. 215). Um dem allerdings, insbesondere in Belangen der Sozialethik gerecht zu werden, sei ein umfassendes – auch historisches – Wirtschaftsverständnis unerlässlich. Denn in den aktuellen wie auch vergangenen pauschal geäußerten gesellschaftspolitischen Kapitalismuskritiken, selbst vonseiten der christlichen Theologie, ortet Martin Rhonheimer ein historisches wie argumentatives Defizit. Denn, so die These, der moderne Massenwohlstand in vielen Regionen der Welt sei geradezu ein Ergebnis von Kapitalismus und Marktwirtschaft, das man umfassend anerkennen müsse.

Das Fazit einer gesellschaftspolitisch wie wirtschaftswissenschaftlich kritischen Betrachtung christlich-sozialer Perspektiven: „Eine Soziallehre, die die wirtschaftlichen Zusammenhänge und die wohltätigen Effekte von Kapitalismus, Marktwirtschaft und technologischem Fortschritt nicht sieht, kann in ihren Auswirkungen weder christlich noch sozial sein; denn gerade für die Ärmsten dieser Welt ist sie schädlich" (S. 229). Und das trotz der realpolitischen Tatsache, dass kapitalistische Marktwirtschaften „natürlich nie perfekt und fehlerlos sind" (S. 233).[2] In Anlehnung an Ludwig Erhard hält Martin Rhonheimer gegen Ende seiner Überlegungen fest, dass „die beste Sozialpolitik eine gute Wirtschaftspolitik" sei (S. 238).

Ein „christlich-sozialer" Politikerspiegel

Abgesehen von all den bislang dargebrachten Skizzen der genannten Autorinnen und Autoren, muss hinzugefügt werden, dass der Begriff „christlich-sozial" in Österreich nicht ausschließlich ein Fachterminus, sondern auch ein historisch-gesellschaftlich geprägter Begriff ist, worauf die Theologin und Sozialethikerin Ingeborg Gabriel zu Beginn ihres Beitrags hinweist. „Jede Verwendung des Begriffs ‚christlich-sozial' muss sich demnach angesichts der österreichischen Geschichte mit dessen historischen Erblasten auseinandersetzen" (S. 292).

Aufgrund dieser angesprochenen historischen Punzierung des Christlichen-sozialen stellt sich nun die Frage, ob es trotz dieser nachwirkenden historischen Erblasten – und wie Ingeborg Gabriel festhält, trotz der aktuellen religionspolitischen Situation – überhaupt Sinn macht, sich für eine Wiederbelebung des Begriffs im Sinne von politischen Maßnahmen, die dem christlichen Glauben entsprechen, einzusetzen?

Ungeachtet der Beantwortung dieser zuletzt genannten Frage kommt ein weiteres Themenspektrum im Zuge der „Suche nach dem Christlich-Sozialen" zur Sprache, nämlich jenes von christlich-sozial geprägten handelnden Politikerinnen und Politikern über Partei- wie Staatsgrenzen hinweg. Um diesem Bereich Rechnung tragen zu können, also einer christlich-sozialen Politik, nicht verstanden als realpolitisches Gesamtkonzept, sondern als Form der personalen Lebenseinstellung, entwickelt Ingeborg Gabriel einen „Politikerspiegel"[3].

2 Martin Rhonheimer plädiert weiters für differenziertere Sichtweisen, insbesondere im Bereich der Sozialethik in Bezug auf die Wirtschaft, verbunden mit der Aufforderung, Formen der Unterschiede im Diskurs mitzubedenken. Als Beispiel führt er die aristotelische Differenzierung von *Polis* (Stadtstaat) und *Oikos* (Haus- und Hofgemeinschaft) innerhalb der Philosophie der Antike an: Beide Sphären stellen einen politischen Sozialverband dar, jedoch mit unterschiedlichen Perspektiven und Regeln des Zusammenlebens, die auch in unterschiedlicher Art und Weise Anerkennung finden müssen.

3 In der Geschichte der philosophischen Literatur stehen die sogenannten „Fürstenspiegel" für an Herrscher gerichtete Schriften, die sich intensiv mit den Pflichten des Regierens bzw. mit

Es handelt sich in der folgenden Auflistung um Haltungen, die in einer Demokratie von allen Menschen eingefordert werden sollen, also von Politikerinnen und Politikern sowie von allen Bürgerinnen und Bürgern. Diese Haltungen, so Ingeborg Gabriel, seien zwar christlich-sozial inspiriert, dabei allerdings nicht auf eine Glaubensrichtung beschränkt und weiters immanent wichtiger Bestandteil einer ethisch-politischen demokratischen Kultur (individuell wie gesellschaftlich), die das Politische nicht auf Macht, Interessen oder Systeme beschränke.

(i) „Unaufgeregter Realismus", verstanden als Fähigkeit, sich in einer rasant verändernden Gesellschaft den sozialen wie politischen Realitäten – eben unaufgeregt, d. h. ohne Polemik wie Ideologisierung – zu stellen und politische Handlungsoptionen reflektiert zu entwickeln. (ii) „Die Bereitschaft von Politikern und Bürgern, Verantwortung zu übernehmen" – eine Verantwortung, die sich am Gemeinwohl orientiert und nicht an Parteiinteressen und Machterhalt. (iii) „Solidarität und Gerechtigkeit verwirklichen" – zumal Ingeborg Gabriel eine Schwächung der sozialen Gesinnung in den vergangenen Jahrzehnten innerhalb Europas feststellt. (iv) „Langfristiges Denken und öffentliche Kommunikation" im Sinne politischer Nachhaltigkeit verbunden mit einer transparenten (d. h. in allen Schritten nachvollziehbaren) gesellschaftspolitischen Kommunikation. (v) „Die Achtung des politischen Gegners und die Bereitschaft zum Kompromiss" (vgl. alle fünf Punkte 296–303). Das alles, so zitiert Ingeborg Gabriel gegen Ende ihres Beitrags Aristoteles, mit dem Ziel, das Gute (d.h. das „gute und gelingende Leben") für den Einzelnen als auch für die Gemeinschaft unmittelbar zu erreichen.

3. Resümee

Wie zu erwarten kann das Ergebnis einer „Suche nach dem Christlich-Sozialen" und deren möglicher Relevanz für die politische Praxis aus interdisziplinärer Perspektive so gut wie ausschließlich nur das Aufzeigen von

den Tugenden der Herrschaft auseinandersetzen und moralisch-ethisch reflektierte Handlungsoptionen aufzeigen wollen. Dem Herrschenden sollte dadurch die Möglichkeit geboten werden, sein politisches Handeln „im Spiegel" reflektieren und seine Handlungsnormen auf diese Art und Weise aus moralischer Perspektive verbessern zu können.

unterschiedlichen Zugängen sein. Und dennoch ist eine Zusammenschau dieser einzelnen Zugänge durchaus aussagefähig.

Mögliche Grundlagen finden sich in der katholischen Soziallehre, die jedoch nicht allein für sich stehen können, sondern intensive Übersetzungs- wie Interpretationsarbeit verlangen. Die Problematik der Herauslösung von spezifisch christlichen Werten aus der christlichen Theologie muss hierbei zumindest bewusst sein, wenngleich es durchaus unverzichtbar erscheint, auch im politischen Diskurs „Wertedebatten" zuzulassen. Eine christlich-soziale Lebensform per se klammert das Politische nicht aus, sondern lässt es zu und ist darum bemüht, Politik ernst zu nehmen, auch wenn aus theologischer Perspektive im Bereich des Politischen keine ersten wie letzten Antworten gegeben werden können. Als durchaus zentrales Feld auf der Suche nach dem Christlich-Sozialen hat sich der Begriff der Eigenverantwortung in seinem ganzen Facettenreichtum herausgestellt, auch in dem Verständnis von „Subsidiarität". In einem offenen Diskurs muss weiters die Frage zugelassen sein, ob Politik überhaupt „christlich" und bzw. oder „sozial" sein müsse? Und letztendlich ist auch die Perspektive von christlich-sozial engagierten wie überzeugten Politikerinnen und Politikern zu erwähnen.

In aller Kürze: Erstens zeigt sich die doch bemerkenswerte Pluralität des Grundlagenverständnisses. Zweitens zeigen diese unterschiedlichen Zugänge, wie und in welcher Art und Weise Perspektiven christlich-sozialer Politik in der ganzen Breite des möglichen Spektrums (Negation, Skepsis, Befürwortung) verhandelt werden können. Und drittens, vielleicht banal, aber umso dringlicher, zeigt sich doch, dass christlich-soziale Signaturen tragfähige Grundlagen eines modernen Politikverständnisses und realpolitischer Praxis sein können, wenn nicht als allgemeingültiges politisches Konzept, dann doch als individuelle Form der Lebenseinstellung und der Gestaltung des politischen Gemeinwesens.

Literatur

Aristoteles, Politik, übersetzt von Franz Susemihl, bearbeitet von Wolfgang Kullmann (Hamburg: 2003).
Aristoteles, Nikomachische Ethik, übersetzt und herausgegeben von Ursula Wolf (Hamburg 2006).
Rausch, Bettina/Varga, Simon (Hg.), Christlich-soziale Signaturen. Grundlagen einer politischen Debatte (Wien 2020).
Link zum Buch: https://politische-akademie.at/de/buechershop

ZEITGESCHICHTE

Denk HAPPy End auf Knopfdruck.
UNIQA NotfallKnopf
Schnelle Hilfe in allen Lebenslagen.*
SOS
FEUERWEHR
AMBULANCE
www.uniqa.at
*Gilt bei Abschluss einer Kfz-Haftpflicht-Versicherung mit SafeLine. Lebenslagen in diesem Sinn sind Notsituationen wie ein gesundheitlicher Notfall, Gefährdung der persönlichen Sicherheit, Personen- oder Fahrzeugschäden. Details auf www.uniqa.at.
Denk UNIQA
Werbung

BRIGITTE EDERER

25 Jahre EU-Volksabstimmung

Vor einem Vierteljahrhundert ist Österreich der EU beigetreten. Was heute selbstverständliche politische Realität ist, hatte einen durchaus beschwerlichen und kontroversiellen Vorlauf. Voraussetzung war allerdings, dass es zuvor zu einem breiten politischen Konsens gekommen ist, der die vorhandenen Vorbehalte der österreichischen Bevölkerung überwinden konnte. Seitdem lässt Österreich des Öfteren europapolitische Konsistenz vermissen.

Als am 12. Juni 1994 zwei Drittel der Österreicherinnen und Österreicher für den Beitritt des Landes zur Europäischen Union gestimmt hatten, war die Erleichterung und der Jubel im Lager der Beitrittsbefürworter riesengroß. Denn die überwältigende Zustimmung zu Europa war im Vorfeld keineswegs klar und sicher. Viele neuralgische und emotional hochgeladene Stolpersteine mussten auf diesem Weg zum Referendum argumentativ weggeräumt werden – allen voran die für das Österreich-Selbstverständnis zentrale Frage der Beibehaltung der Neutralität, die Transitfrage, die Beibehaltung der Sozial- und Arbeitsrechtsstandards, eine Veränderung des EURATOM-Vertrages, wonach künftig eine autonome Atompolitik in jedem EU-Land möglich wurde, und schließlich die Verschärfung für Zweitwohnsitze. Österreich hatte sich schließlich über Jahrzehnte nach 1955 als neutrales Land zwischen den Blöcken des Kalten Krieges erfolgreich positioniert. Es gab wohl rege Handelsbeziehungen zur EWG/EG/EU bzw. über EFTA sogar ein eigenes Wirtschaftsnetzwerk der neutralen Staaten Europas. Bei aller weltanschaulichen Verortung des Landes im freien Westen, war die Europäische Gemeinschaft doch eine wirtschaftspolitische Architektur des Westens, die mit der NATO auch eine militärische Entsprechung fand. Einerseits war klar oder zumindest eine skeptische Vorahnung, dass in einem supranationalen Konstrukt „Austriaka“ verloren gehen würden und der Spielraum österreichischer Innenpolitik massiv eingeengt werden könnte. Auf der anderen Seite wuchs die Erkenntnis, dass im Angesicht der politischen und ökonomischen Internationalisierung die Gefahr einer Isolation und Marginalisierung drohte.

Langsame Hinwendung zum geeinten Europa

In den großen politischen Lagern Österreichs entwickelten sich daher unterschiedlich ausgeprägte Positionierungen zu Europa und einem allfällig anzustrebenden Beitritt des Landes. Bereits Bruno Kreisky verfolgte einen Kurs der sanften Annäherung an die EWG über die Konstruktion der EFTA-Freihandelszone, musste aber auf diesem Wege einerseits starke SPÖ-interne Widerstände rund um Bruno Pittermann überwinden, der die Europäische Gemeinschaft als Vereinigung kapitalistischer Kartellmacht ansah. Und andererseits war in der bipolaren Konstellation der Weltpolitik klar, dass ein EWG-Beitritt Österreichs von den Signatarmächten des Staatsvertrages, jedenfalls aber von der Sowjetunion mit der Neutralität des Landes sicherlich als unvereinbar angesehen würde. Nikita Chruschtschow etwa hat die EWG ganz klar als wirtschaftspolitisches Instrument der NATO angesehen. Erst mit dem Zusammenbruch des Warschauer Pakts und dem Ende der Aufteilung der Welt in zwei gegensätzliche Blöcke hat sich die internationale Aufstellung für Österreich völlig verändert. Die Sowjetunion und später Russland haben ihren Widerstand schließlich aufgegeben, andere Vorbehalte innerhalb der EU gegen einen größer werdenden „germanischen" Block konnten nach und nach besänftigt werden. Franz Vranitzky war es schließlich zu verdanken, dass die Sozialdemokratie auf einen klar proeuropäischen Beitrittskurs einschwenkte und vor allem die Gewerkschaftsbewegung diesen nun auch mittrug.

In der ÖVP gab es ebenfalls unterschiedliche Strömungen, der offiziell proeuropäische Kurs wurde keineswegs ungeteilt unterstützt. Vor allem im Agrarbereich gab es große Vorbehalte, dass sich Österreich als kleines Land im landwirtschaftlichen Förderregime Europas nicht behaupten wird können. Und auch in der damaligen Bundeswirtschaftskammer gab es in einigen Branchen – wie z. B. der Nahrungs- und Genussmittelindustrie – große Skepsis gegenüber einer – mit dem Beitritt einhergehenden Marktöffnung. Doch hier setzte sich der Beitrittsflügel lange vor der Sozialdemokratie durch und fand spätestens mit Alois Mock und Wolfgang Schüssel unmissverständliche Beitritts-Promotoren. Nostalgische Mitteleuropa- oder Donauunionsutopien, die in manchen bürgerlichen Kreisen gehandelt wurden, wichen letztlich realpolitischem Pragmatismus. Für den West-Integrationsflügel der ÖVP ging es vor allem um die weltanschauliche und wirtschaftspolitische Verankerung in einem marktwirtschaftlich durchdrungenen Europa; kleinkrämerhafte Angstagitation seitens des Agrarflügels bzw. mancher „ideeller Innungsmeister" konnten daher leicht mit der ideologischen ÖVP-Mission zur Seite gedrängt werden.

Für die FPÖ war die europäische Einigung lange Jahrzehnte die Perspektive dafür, in diesem Rahmen auch eine verbrämte deutsche Wiedervereinigung herbeiführen zu können. Damit wurden also deutschnationale Traumata mit europäischen Codes „verarztet". Erst Jörg Haiders Maximal-Populismus opferte diese FPÖ-Tradition, um den breiten Wählermarkt an

Europa-Skeptikern für die FPÖ zu erschließen. In seiner Kampagne gegen den EU-Beitritt Österreichs durften dann markige Parolen von den Einwanderungswellen portugiesischer Wanderarbeiter ebenso wenig fehlen wie abstruse Gruselstorys von Schildläusen im Joghurt. Aus diesem antieuropäischen Eck ist die FPÖ seither auch unter Haiders Nachfolgern nicht mehr herausgekommen. Ja, unter H. C. Strache hat sich die FPÖ gar mit Putins Regierungspartei verbündet (so wie etliche andere rechtsextreme Parteien Europas). Sie wurde damit quasi zum Schwert und Schild der Anti-EU-Agitation Russlands. Eine bemerkenswert weite weltanschauliche Reise dieser Partei!

Auch die Grünen waren vor dem EU-Beitritt der Versuchung erlegen, Oppositionsreflexe über grundsätzliche Perspektiven obsiegen zu lassen. Sie verschrieben sich ebenfalls einer Anti-EU-Linie, die vor allem die Gefährdung der hohen österreichischen Umwelt- und Sozialstandards durch eine EU-Integration gefährdet sah. Nach dem überwältigenden Ja der Österreicherinnen und Österreicher zur EU-Mitgliedschaft korrigierten die Grünen jedoch bald diesen Irrweg und konnten in dem supranationalen Instrumentarium Europas nunmehr die klaren politischen Vorteile der EU erkennen und nutzen.

Was den Erfolg der Beitrittskampagne betrifft, so war dies wohl das letzte Mal, dass ein politisches Projekt im Rahmen eines breiten nationalen Konsenses realisiert und getragen wurde. Es waren nicht die – damals noch großen – Regierungsparteien und Sozialpartner, es waren auch viele Opinionleader und relevante Medien, die den Beitritt Österreichs zur EU als große historische Chance sahen und erkannten. Freilich ist dieser proeuropäische Brückenschlag nur gelungen, weil vor allem Bundeskanzler Franz Vranitzky und Finanzminister Ferdinand Lacina aufseiten der SPÖ sowie Vizekanzler Erhard Busek, Außenminister Alois Mock und Wirtschaftsminister Wolfgang Schüssel aufseiten der ÖVP gemeinsam eine kluge Strategie stiller Diplomatie nach innen und außen betrieben haben. Europäische Skeptiker – vor allem in Frankreich und Großbritannien – aber auch innerösterreichische EU-Kritiker und -Warner wurden kontinuierlich „bearbeitet" und schließlich überzeugt. Vor allem in der Gewerkschaftsbewegung gab es große Skepsis, die bis zur Regierungsbank reichte. Dass es der Regierung letztlich gelungen ist, nicht nur die Qualitätsmedien des Landes, sondern auch die Kronen Zeitung und ihren damaligen Herausgeber von der proeuropäischen Linie zu überzeugen, hat dem Erfolg der EU-Kampagne sicherlich nicht geschadet. Vor allem aber war es eine Art politische Graswurzelbewegung, die sich über das ganze Land entfaltete und von Betriebsversammlungen über Kirchengemeinderatssitzungen bis hin zu Agrargenossenschaften reichte und spürbar machte – da will ein ganzes Land in die gleiche Richtung!

Die Mühen der Ebene

Die überwältigende Kraft, die die erfolgreiche Kampagne zum EU-Referendum erforderte, ermattete leider sogleich nach der Volksabstimmung. Zum einen mussten beide großen Regierungsparteien bei den Nationalratswahlen im Herbst 1994 herbe Verluste auf Kosten von FPÖ und Grünen hinnehmen, und zum anderen wurden daraufhin innerparteiliche Fliehkräfte wirkmächtig, die den gemeinsamen Erfolg des proeuropäischen Lagers relativierten. Ein Sparpaket zur Budgetkonsolidierung erweckte darüber hinaus den Eindruck, es stünde im Zusammenhang mit dem EU-Beitritt Österreichs. Auch die positiven preisdämpfenden Effekte des EU-Beitritts (Stichwort „Ederer-Tausender") wurden damit weitgehend neutralisiert und erweckten somit den Eindruck, als wäre die EU mit falschen Propagandaparolen beworben worden. Auch wenn Wirtschaftswissenschaftler die Wohlstandseffekte mittlerweile mehrfach nachgewiesen haben, so bleiben diese Legenden dennoch lebendig. Die Koalitionspartner – und hier insbesondere die ÖVP – konnten auch nicht umhin, scheinbar bedeutsame Protokollfragen zu wochenlangen hochnotpeinlichen Streitpunkten aufzuheizen. Die Frage, wer etwa am Beitrittsevent der EU in Korfu seitens der Republik Österreich den Beitrittsvertrag unterzeichnen darf, führte zu wochenlangen Diskussionen in der Öffentlichkeit. Der ÖVP gelang es schließlich, meine Teilnahme an der Unterzeichnung zu verhindern. Heute wäre es unvorstellbar, dass ausschließlich vier Männer diesen entscheidenden Vertrag unterschreiben.

Leider führten all diese kleinkrämerhaften Kontroversen dazu, dass der proeuropäische Konsens zugunsten traditionellem parteipolitischen Claiming geopfert wurde. Andererseits wurde verabsäumt, die positive Energie der Beitrittsbewegung auch zu einer fundierten gemeinschaftlichen Neupositionierung Österreichs in Europa zu nutzen. Die Herstellung eines neuen Europabewusstseins, in dem europäische Politik quasi als Innenpolitik begriffen wird, ist leider ausgeblieben. Notfalls ziehen sich österreichische Politiker, wenn sie eigene Defizite oder Versäumnisse nicht darlegen wollen, auf das Atout „Brüssel will das so" zurück. Und spätestens mit dem Tabubruch Wolfgang Schüssels, die klar europafeindliche FPÖ in die Regierung zu holen, gehört die Stimulierung von antieuropäischen Ressentiments zum beliebten Agitationsinstrumentarium österreichischer Politik. Denn nachdem die Europäische Union den bis dahin undenkbaren Schritt, eine rechtspopulistische und klar antieuropäische Partei wie Jörg Haiders FPÖ in Regierungsverantwortung zu lassen, mit einem Set an politischen Sanktionen gegen die schwarzblaue Bundesregierung beantwortete, wurde Österreichs Öffentlichkeit von Regierungsseite mit einer Welle an aufgeheiztem antieuropäischen Chauvinismus überzogen. Oppositionsparteien, die legitime Kritik an der Regierung übten, wurden taxfrei zu Vaterlandsverrätern und Kollaborateuren der „EU-Feinde" diffamiert. Der „Vaterlandslose Geselle" feierte fröhliche Urständ'. Die FPÖ agierte quasi aus purer Überzeugung, die Schüssel-ÖVP nutzte die düsteren Emotionen, um ihren Frieden mit dem Boulevard zu schließen. Der Keim, der da gesetzt wurde, blieb allerdings auch wirksam, als die Hysterie um die EU-Sanktionen längst abgeebbt war.

Europa mehrfach in Gefahr

Heute ist das geeinte Europa von vielerlei Seiten in Gefahr – von innen und außen. Die inneren Widersprüche haben sich zuletzt merkbar aufgetürmt. Als Höhepunkt war sicherlich das endlose Brexit-Drama anzusehen. Jedoch zeigen auch die Entwicklungen in den ehemaligen Ostblockländern wie Polen oder Ungarn, dass wirtschaftliche Integration keinesfalls auch ethische Grundhaltungen mittransportieren muss. Scharfe Widersprüche zu eklatanten Grundrechtsbrüchen in beiden Ländern stehen zwar an der Tagesordnung, führen allerdings in der realen Innenpolitik besagter Nationen zu keinerlei Anpassung an europäische Standards hinsichtlich Rechtskanon oder politischer Kultur. In der ungebremsten Absicht die jeweiligen Rechts-, Medien- und Kultursysteme mit brachialer Regierungsmacht zu durchdringen, zeigen sich die autoritär geneigten Regierungsparteien von kritischen Kommentaren der EU-Kommission oder anderer europäischer Politiker aufreizend unbeeindruckt. Europäische Vertragsverletzungsverfahren können sich nur auf Verstöße gegen europäisches Recht beziehen und nur insofern Änderungen der nationalen Gesetzgebung bewirken. Damit haben sie leider ein geringeres Bedrohungspotenzial.

Auch wenn etwa Ungarns FIDESZ-Chef und Premier Victor Orbán angesichts seiner Pläne von einer „illiberalen Demokratie" bloß von seiner europäischen Parteienfamilie EVP „suspendiert" wird, dann wirkt diese Halbherzigkeit doch eher stimulierend denn abschreckend. So ist es dann auch kein Wunder, dass jüngst in einem neuen Gesetzeswerk ungarische Theater auf die Verfolgung nationalen Gemeinwohls verpflichtet werden sollen. Ein derart unverblümter Pressionsversuch gegen künstlerische Freiheit wird sonst wohl nur in finsteren Diktaturen gewagt. Aber Ungarn und Polen repräsentieren auch bloß die überdeutliche Spitze eines Eisberges. Rechtsbrüche wider den europäischen Geist von Freiheit, Menschenrechten und Demokratie finden in vielerlei Schattierungen in etlichen Ländern Mittel- und Osteuropas statt. Aber selbst in einem Gründungsland des vereinten Europas, in Italien, wurden mehrfach Verstöße wider die vielzitierten europäischen Werte jahrelang ignoriert. Die Regierungen Silvio Berlusconis, die ganz offen zwischen Macht-, Medienmissbrauch und Korruption oszillierten, waren der Vorgeschmack auf das, was 5 Sterne und Lega mit dem Rechtsextremisten Matteo Salvini als Innenminister Europa zumuteten. Es war nicht die geballte Kraft Europas, an der der Duce-Verehrer Salvini gescheitert ist, es war seine eigene höchstpersönliche Hybris, die ihn in seinen eigenen taktischen Manövern verfangen ließ und schließlich zu Fall gebracht hat. Initiativen, wie jene des französischen Präsidenten Emmanuel Macron, die Europäische Union institutionell und politisch zu modernisieren und international schlagkräftiger zu machen – über schnellere Entscheidungsfindungen und innovative wirtschaftspolitische Instrumentarien –, ist bislang leider vor allem am europapolitischen Desinteresse Deutschlands in der auslaufenden Kanzlerschaft Merkels gescheitert. Es erübrigt sich anzufügen, dass Österreich mit seiner skurrilen Višegrad-Orientierung unter schwarzblauer Regierung in dieser aktuellen Europa-Debatte keinerlei relevante Rolle spielt. Dabei ist die Zukunft Europas von evidenter Bedeutung – ganz besonders für ein kleines Land wie Österreich!

Die neue Weltordnung wird ungemütlich

Denn, was sich in jüngster Zeit abzeichnet, ist eine neue, ungemütliche Weltordnung, in der frühere Gewissheiten obsolet werden dürften. Die USA unter Trump vollführen einen völligen Rückzug in die „splendid Isolation" früherer Zeiten und lassen ihre bisherigen westlichen Partner auflaufen bzw. verwickeln sie in abenteuerliche Handelskriege. Dass die NATO auch immer mehr zu einer sicherheitspolitischen Hülle verkommt, bewiesen die Aktionen in Nordsyrien, wo die USA einseitig ihre Truppen zurückzogen und damit die kurdischen Verbände der türkischen Aggression auslieferten. Auch Europa war auffällig stimmlos, als die Türkei in Syrien völkerrechtswidrig einmarschierte und kurdische Städte ethnisch säuberte. Insgesamt war Europa – mit Ausnahme einiger EU-Mitgliedsländer – nicht bereit, sich im Syrienkonflikt militärisch zu engagieren und konnte daher den militärischen Aktivitäten der verschiedenen Konfliktparteien „nur" diplomatische Interventionen entgegensetzen. Bei der einseitigen Aufkündigung des Iran-Atomabkommens seitens der USA zeigt sich Europa ebenfalls ohnmächtig dem außenpolitischen Hasard der Trump-Administration ausgesetzt. Gegenüber Russland wiederum findet die EU keine konsistente politische Linie. Die Sanktionspolitik aus Anlass der Krim-Annexion wurde insgeheim von vielen europäischen Staaten als Sackgasse erkannt, aus der jedoch bislang kein gesichtswahrender Ausweg gefunden werden konnte. Dies, obwohl mit dem neuen ukrainischen Präsidenten der konstruktive Minsker Prozess zur Konfliktbeilegung in der Ostukraine neu belebt werden konnte. Kritisch zu hinterfragen ist die Position der EU gegenüber Russland auch deshalb, weil Moskau die EU offenbar nach wie vor als ausführendes Organ des US-Imperialismus ansieht. Die unterstellte EU-/NATO-Einkreisungspolitik war letztlich auch die maßgebliche Komponente für die Eskalation im Ukraine-Konflikt. Aus diesem Motiv heraus dürfte auch die aberwitzige Politik Russlands zu Unterstützung antieuropäischer Kräfte herrühren. Es ist schon eine besondere historische Pointe, dass der ehemalige KGB-Offizier Wladimir Putin genau jene rechtsextremen Parteien und Politiker fördert und unterstützt, die aus Milieus kommen, in denen der Kampf gegen die bolschewistische Sowjetunion mit ihren verheerenden Schlachten auf russischem Boden noch heute pervers-heroisierend idealisiert wird. Der Partnerschaftsvertrag der Putin-Partei mit der

Strache-FPÖ, samt feuchtfröhlichen Fotos von Strache, Hofer und Vilimsky am roten Platz in Moskau anlässlich der Vertragsunterzeichnung stehen dafür nach wie vor Pate. Aber auch finanzieller Support für Rechtspopulisten wie Le Pen oder Salvini sind in diesen Kontext einzuordnen. Ebenso wie die Troll-Fabriken Moskaus, die nicht nur bei den US-Präsidentenwahlen gegen Hillary Clinton aktiv wurden, sondern auch die Brexit-Kampagne mit dreisten Desinformationen unterfütterte und bei der französischen Präsidentenwahl Emmanuel Macron mit einer miesen Diffamierungskampagne attackierte. All diese Aktivitäten aus dem seinerzeitigen Hause KGB haben bloß eine Ratio – man will das geeinte Europa schwächen und politisch infiltrieren. Waren es früher Aktivitäten zur vermeintlichen Stärkung des sozialistischen Internationalismus, so sind es heute Wühlarbeiten für die miesesten Sentiments antieuropäischen Nationalismus – ein Treppenwitz der Geschichte! Gegen diese aufreizend offenen Verletzungen europäischer Souveränität muss die EU viel robuster und entschlossener vorgehen. Und auch die Vasallentätigkeit der 5. Kolonne der EU-Feinde muss deutlicher beim Namen genannt werden!

Europäische Champions fördern, nicht verhindern

Europa steht mit seinem Binnenmarkt, seiner industriellen Kraft und seinen intellektuellen Kapazitäten in guter Wettbewerbsposition in der Weltwirtschaft. Angesichts des US-Protektionismus und des aggressiven wirtschaftlichen Expansionismus Chinas muss die Europäische Union allerdings auch eine klarere und konsequentere Standort- und Wettbewerbsstrategie verfolgen. Mit der musterschülerhaften Erfüllung aller Wettbewerbsreglements wird die europäische Industrie jedenfalls nicht vor unfairer Schmutzkonkurrenz zu schützen sein. Die Regeln von Fairness und Reziprozität werden nämlich nur von der EU, nicht aber vom internationalen Mitbewerb eingehalten. Von daher wäre es in Zukunft wichtig, etwa die Entstehung europäischer Champions zu unterstützen und nicht durch europäisch-bürokratische „Meisterleistungen", wie zuletzt beim geplanten europäischen Bahnindustrie-Konzern Alstom/Siemens, zu verhindern.

Dabei ist Europa ohnehin mitten in einer neuen industriellen Revolution angesichts von Digitalisierung, Robotik und künstlicher Intelligenz.

Wenn Europa hier seinen industriellen Kern nicht verspielen will, dann braucht es eine kluge und sehr flexible Strategie, wie Industriekompetenz und Digitalisierung sinnvoll gestaltet werden kann – ohne sich US- oder chinesischen Digital-Monopolisten auszuliefern und europäische Grund- und Menschenrechte zu opfern. Da muss auch endlich ein europäisches Regime her, nationale Regierungen können diese Herkulesaufgabe allein und unter dem Druck von Huawei, Google und Facebook nicht schultern. Wie Europa überhaupt danach trachten muss, die neuen digitalen Konzerne durch internationale Regulatorien einzugrenzen und in ihrer (All-)Macht einzuhegen. Das entspricht auch einer europäischen Mission, und es ist kein Zufall, dass rechtliche Restriktionen für Facebook und Co. in allererster Linie von Europa ausgegangen sind. Es waren vor allem die Österreicher Maria Windhager und Max Schrems, die den Konzern von Mark Zuckerberg erstmals zu ernsthaften rechtlichen Konsequenzen in Sachen Personen- und Grundrechtsschutz angehalten haben. Und es war die Datenschutzgrundverordnung der EU, die den digitalen „Anarchos" erste Beschränkungen auferlegte und damit international ein Beispiel setzte.

Nur ein starkes Europa kann sich durchsetzen

Es ist zwar eine Binsenweisheit, die in der Tagespolitik dennoch immer wieder zugunsten kleinlicher politischer Vorteile ignoriert wird: Angesichts der dramatischen Umwälzungen in der Weltpolitik, einer neuen industriellen Revolution mit Digitalisierung und Künstlicher Intelligenz, sowie im Angesicht der radikalen Klimaveränderungen und daraus folgenden Wanderungsbewegungen bedarf es eines geeinten und starken Europas. Das gilt ganz besonders für kleine Länder wie Österreich, gilt aber genauso für die europäischen Mächte wie Frankreich und Deutschland. Auch sie spielen im neuen Setting der Weltpolitik und der Weltwirtschaft als einzelne Nationen keine Rolle mehr. Das bedeutet, dass gerade ein Land wie Österreich daran Interesse haben muss, dass Europa „funktioniert", das heißt handlungs- und aktionsfähig ist. Es wäre daher sinnvoll, wenn Österreich auch einen aktiven und konstruktiven Beitrag zur Weiterentwicklung und Modernisierung der Europäischen Union leisten würde. Besserwisserische Belehrungen darüber, welche Routen gesperrt oder welche Stacheldraht-Grenzen und Panzersperren in Europa neu aufgezogen werden sollen – dieses billige Punktesammeln mit Blick auf den österreichischen Boulevard sollte den Populisten an den politischen Rändern überlassen werden. Eine konstruktive Europapolitik wäre im vitalen objektiven Interesse des Landes. Das wäre auch eine der bedeutendsten politischen Lehren aus der Geschichte Österreichs. Schon einmal hat ein politisch abenteuerlicher Kurs Österreich in die vollständige internationale Isolierung geführt, sodass das Land zur leichten Beute des aggressiven großdeutschen Expansionismus Hitlers geworden ist. Das Land wurde „vergessen“, die internationale Gemeinschaft schwieg zu der völkerrechtswidrigen Annexion. Diese Erfahrungen sollten geschichtsbewusste Regierungspolitiker von europapolitischem Abenteurertum à la Višegrad eigentlich abhalten. Das europäische Modell – eine „soft power“als stabile Friedens- und Wohlstandszone sowie als Ort von Freiheit, Fairness und Gerechtigkeit – hat trotz aller autoritären und imperialistischen Anfeindungen ganz sicherlich ideelle und materielle Kraft für die Zukunft. Wahrscheinlich muss es sich dieser ungemeinen Kraft, die aus der blutigen Historie gewachsen ist und heute zu einem Leuchtturm der Solidarität und Freiheit geworden ist, öfter bewusst werden und diese – gemeinsam – einsetzen. Diese Kraft wird nicht nur in der Abwehr der ideologischen Attacken von innen und außen benötigt werden, sie wird vor allem für eine völlig neue Form der gesellschaftlichen und wirtschaftlichen Organisation gebraucht werden. Können die gemeinsamen Klimaziele von Paris auch nur annähernd erreicht werden, muss Europa tatsächlich einen umfassenden „Green Deal“ umsetzen. Dazu sind neues Denken, neues Handeln und auch ein völlig neuer europäischer Lebensstil vonnöten. Europäisches Leadership ist bei einem derart fundamentalen Umbau der Gesellschaft – wohlgemerkt demokratisch legitimiert – dennoch unumgänglich!

WALTER OBWEXER

Südtirol – 100 Jahre nach der Teilung Tirols

In den 100 Jahren nach der Teilung Tirols als Folge des Ersten Weltkrieges sind die getrennten Landesteile schrittweise wieder zusammengewachsen. Grundlage dafür war das nach dem Zweiten Weltkrieg völkerrechtlich verankerte Minderheitenschutzregime und der wenige Jahre später initiierte und sukzessive vertiefte Prozess der europäischen Integration. Das auf dem Pariser Vertrag und dessen späterer Praxis beruhende Minderheitenschutzregime erlaubte den in Südtirol lebenden Angehörigen der deutschen und ladinischen Volksgruppen den Erhalt ihrer Sprache und Kultur sowie die dafür notwendige wirtschaftliche Entwicklung. Der europäische Integrationsprozess eröffnete umfassende Möglichkeiten für ein grenzüberschreitendes Zusammenwachsen, ohne dafür bestehende Grenzen verschieben zu müssen. Der weitere Ausbau des Minderheitenschutzregimes und die Intensivierung des Integrationsprozesses können für das geteilte Tirol zusätzliche neue Chancen der grenzüberschreitenden Zusammenarbeit eröffnen.

1. Einführung

Nach dem Ersten Weltkrieg besiegelte der Staatsvertrag von Saint-Germain-en-Laye[1] – unterzeichnet am 10. September 1919 und in Kraft getreten am 16. Juli 1920 – die Abtrennung Südtirols (und des heutigen Trentino) von Österreich und ordnete dieses Territorium Italien zu. Mit der Grenzziehung am Alpenhauptkamm wurde die Trennung allerdings – abweichend vom 14-Punkte-Programm des US-Präsidenten *Wilson* – nicht entlang klar erkennbarer Volkstumslinien gezogen, sondern an der natürlichen Wasserscheide ausgerichtet. Da die Bevölkerung im abgetrennten Südtirol zu mehr als 95 Prozent deutsch- oder ladinischsprachig war, entstand eine neue Minderheiten-Situation. Als Siegermacht wurden Italien allerdings keine völkerrechtlichen Minderheitenschutzverpflichtungen auferlegt; einseitige Schutzversprechungen waren nicht verbindlich. So konnte Italien nach der Machtergreifung der Faschisten unter *Mussolini* im Jahre 1922 eine massive Italianisierungspolitik betreiben.[2]

Nach dem Ende des Zweiten Weltkrieges wurde die Südtirol-Frage zwar in den Friedensverhandlungen von Paris wieder aufgerollt, eine Rückführung Südtirols zu Österreich konnte aber nicht erreicht werden. Österreich gelang es lediglich, am 5. September 1946 mit Italien ein bilaterales Abkommen zu schließen, dessen Minderheitenschutzregelung einerseits den Bestand der in Südtirol lebenden deutschsprachigen Bevölkerung sichern und andererseits die Brennergrenze außer Streit stellen sollte. Mit diesem Abkommen wurde das Fundament für die spätere Autonomie Südtirols gelegt und die Grundlage für die nachfolgende gedeihliche Entwicklung dieses Landes geschaffen.[3]

Inzwischen sind seit der Teilung Tirols genau 100 Jahre vergangen. Dies ist ein geeigneter Anlass, auf einige Meilensteine in der Entwicklung Südtirols zurückzublicken und deren Bedeutung für die Zukunft zu beleuchten. Zu diesen Meilensteinen gehören insbesondere: die internationale

1 StGBl 1920/303.

2 Vgl. z. B. *Gehler*, Verspielte Selbstbestimmung und verweigerte Autonomie 1945–1948: Das Pariser Abkommen – keine Magna Charta für Südtirol!, in Obwexer/Pfanzelter (Hg.), 70 Jahre Pariser Vertrag (2017), 63 mwN.

3 Vgl. z. B. *Obwexer/Happacher* (Hg.), 40 Jahre Zweites Autonomiestatut. Südtirols Sonderautonomie im Kontext der europäischen Integration (2013).

Verankerung des Minderheitenschutzsystems (2.), die europäische Integration mit ihren Auswirkungen auf das Minderheitenschutzsystem (3.), die grenzüberschreitende Zusammenarbeit in der Europaregion Tirol-Südtirol-Trentino (4.) und die in Aussicht gestellte Möglichkeit des Erwerbs der österreichischen Staatsbürgerschaft für die vom Minderheitenschutzsystem begünstigten Angehörigen der deutschen und ladinischen Volksgruppen (5.) Kurze Schlussbetrachtungen mit einem Ausblick schließen den Beitrag ab (6.).

2. Internationale Verankerung des Minderheitenschutzsystems

Das am 5. September 1946 unterzeichnete Gruber-Degasperi-Abkommen (Pariser Vertrag) ist ein bilaterales völkerrechtliches Abkommen zwischen Österreich und Italien. Zusätzlich wurde dieses Abkommen dem Friedensvertrag zwischen Italien und den Alliierten und Assoziierten Mächten vom 10. Februar 1947 als Anlage IV beigefügt und stellt einen integrierenden Bestandteil desselben dar.

Der Pariser Vertrag (PV) beinhaltet für den Vertragspartner Italien drei Gruppen von Verpflichtungen: Die erste Gruppe betrifft den Erlass besonderer Maßnahmen zugunsten der deutschsprachigen Bewohner der Provinz Bozen und der benachbarten zweisprachigen Gemeinden der Provinz Trient (Pkt. 1 PV), nämlich Volks- und Mittelschulunterricht in ihrer Muttersprache (lit. a), Gleichberechtigung der deutschen und italienischen Sprache in öffentlichen Ämtern und amtlichen Urkunden wie auch in der zweisprachigen Ortsnamensgebung (lit. b), Wiedererwerb der italianisierten deutschen Familiennamen (lit. c) und Gleichberechtigung bei der Zulassung zu öffentlichen Ämtern (lit. d). Die zweite Gruppe besteht in der Zuerkennung einer autonomen Gesetzgebungs- und Vollzugsgewalt an die Bevölkerung der vorgenannten Gebiete (Pkt. 2 PV). Die dritte Gruppe normiert die Verpflichtung der italienischen Regierung, zum Zwecke der Herstellung gutnachbarlicher Beziehungen zwischen Österreich und Italien, nach Beratung mit der österreichischen Regierung und innerhalb eines Jahres nach Unterzeichnung des Pariser Vertrages mehrere Vereinbarungen zu schließen (Pkt. 3 PV), u. a. eine Vereinbarung über die gegenseitige Anerkennung der Gültigkeit gewisser Studientitel und Hochschuldiplome (lit. b).

Ergänzt wird der Pariser Vertrag durch das am 30. November 1969 zwischen den Außenministern Österreichs und Italiens, *Waldheim* und *Moro*, akkordierte „Paket". Dieses besteht aus insgesamt 137 Maßnahmen, die Italien in seiner Rechtsordnung durchzuführen hatte. Die letzte dieser Maßnahmen verlangt die Einsetzung einer ständigen Südtirol-Kommission („137-Kommission"). International abgesichert wurde das Paket, das mangels Bindungswillens Italiens keinen völkerrechtlichen Vertrag darstellt, durch ein *gentlemen's agreement*, den „Operationskalender". Letzterer sollte die Durchführung des Pakets Zug um Zug – mit der Erklärung über die Beendigung des 1960 vor der Generalversammlung der Vereinten Nationen initiierten Streits über die Durchführung des Pariser Vertrages (Streitbeendigungserklärung) als einen der letzten Schritte – sicherstellen. Heute, 50 Jahre später, kann das Paket als spätere – zum Teil vertragsauslegende, zum Teil vertragsgestaltende – Praxis zum Pariser Vertrag qualifiziert werden, mit der Folge, dass Italien an die darin enthaltenen Maßnahmen gebunden ist. Eine Bindungswirkung der Paket-Maßnahmen lässt sich auch über das völkerrechtliche *Estoppel*-Prinzip, das auf dem Grundsatz des Vertrauensschutzes beruht, begründen. Demnach ist Italien an die im Paket enthaltenen Maßnahmen – unabhängig von ihrer ursprünglichen Rechtswirkung – deshalb gebunden, weil Österreich im Vertrauen auf die angekündigte Durchführung dieser Maßnahmen eine rechtlich erhebliche Verhaltensänderung vorgenommen hat, die ihm zum Nachteil gereichen würde, wäre Italien nicht daran gebunden. Die Verhaltensänderung betraf die Politik Österreichs betreffend die Durchführung des Pariser Vertrages infolge der einseitig zugesagten „Stillhalteverpflichtung" bis zur Abgabe der Streitbeendigungserklärung, der Nachteil besteht in der seit Abgabe der Streitbeendigungserklärung kaum noch möglichen Befassung der Generalversammlung der Vereinten Nationen mit der „Südtirol-Frage". Sollte Österreich den Vertragspartner Italien wegen Verletzung einer oder mehrerer Paket-Maßnahmen vor dem Internationalen Gerichtshof (IGH) klagen, wäre Italien daran gehindert, die Einrede geltend zu machen, an die Paket-Maßnahmen nicht gebunden zu sein.

Die innerstaatliche Durchführung der im Paket akkordierten Maßnahmen dauerte mehr als zwei Jahrzehnte und konnte trotz intensiver Verhandlungen erst Anfang 1992 abgeschlossen werden. In der Folge übermittelte

Italien mit Note vom 22. April 1992[4] Österreich den Südtirol-Passus der Parlamentserklärung von Ministerpräsident *Andreotti* vom 30. Jänner 1992 mit der Liste der Durchführungsakte zum Paket sowie – „aus sachlichem Zusammenhang" – das Sonderstatut der Region Trentino-Südtirol (Autonomiestatut). In der Parlamentserklärung hatte Ministerpräsident *Andreotti* u. a. ausgeführt, dass „der bereits bisher zwischen der Zentralgewalt und den betroffenen Volksgruppen bezeugte politische Konsens auch für den Fall sichergestellt werden (muss), dass gesetzliche Änderungen erforderlich wären". Österreich anwortete mit einer Mantelnote,[5] stellte fest, dass die von Italien übermittelten Maßnahmen – in ihrer Gesamtheit betrachtet – mit dem Paket übereinstimmen und betonte – unter Bezugnahme auf die ebenfalls übermittelte Regierungserklärung von Ministerpräsident *Andreotti* – dass die geltenden Minderheitenschutzregelungen nicht einseitig abgeändert werden dürfen und allfällige normative Änderungen einen politischen Konsens zwischen der Zentralregierung und den betroffenen Volksgruppen erfordern.

Am 11. Juni 1992 gab Österreich die – bereits 1969 akkordierte und 1992 geringfügig modifizierte – Streitbeendigungserklärung ab. Am 19. Juni 1992 notifizierten sowohl die österreichische als auch die italienische Regierung mit zwei beinahe gleichlautenden Schreiben die Streitbeendigung an den Generalsekretär der Vereinten Nationen. Damit wurde die vor der Generalversammlung der Vereinten Nationen anhängige Streitigkeit zwischen Österreich und Italien über die Durchführung des Pariser Vertrages für beendet erklärt und die Streitbeendigungserklärung multilateralisiert.

Mit der Streitbeendigungserklärung wurde das zu diesem Zeitpunkt geltende Minderheitenschutzsystem völkerrechtlich festgeschrieben. Dem folgend muss Italien dieses System auch in Zukunft garantieren und darf es nur mit Zustimmung Österreichs ändern.[6]

Bei der (Weiter-)Entwicklung des Schutzsystems, die Änderungen des 1992 in Kraft stehenden Autonomiestatuts zum Gegenstand hatte, entstand

4 Abgedruckt in: Bundesministerium für auswärtige Angelegenheiten (Hg.), Österreichische außenpolitische Dokumentation. Sonderdruck Südtirol Dokumentation (1992), 76.

5 Bundesministerium für auswärtige Angelegenheiten, GZ 605.02.00/87-II.2./92.

6 Vgl. *Obwexer*, 25 Jahre Streitbeilegungserklärung: Auswirkungen auf die internationale Absicherung der Autonomie Südtirols, EJM 2018, 330.

in den auf die Abgabe der Streitbeendigungserklärung folgenden 25 Jahren eine (neue) völkerrechtliche Praxis zwischen Italien und Österreich. Dabei teilte Italien beabsichtigte Änderungen am geltenden Autonomiestatut – unter Bezugnahme auf die Note vom 22. April 1992 – Österreich vorab mit und betonte gleichzeitig die bei der geplanten Änderung anzuwendende einvernehmliche bilaterale Vorgangsweise. Österreich bedankte sich jeweils für die Vorabinformation und betonte die Bedeutung der von der italienischen Regierung bekräftigten einvernehmlichen bilateralen Vorgangsweise. Zu dieser Praxis gehören der Briefwechsel *Dini – Ferrero-Waldner* (2000) betreffend die Änderung der Voraussetzung einer vierjährigen Ansässigkeit für das aktive Wahlrecht bei den Regionalrats- (nunmehr Landtags-) und Gemeindewahlen, der Briefwechsel *Renzi – Faymann* (2014/15) betreffend die Finanzregelung (Stabilitätsabkommen) und der Briefwechsel *Gentiloni – Kern* (2017) betreffend das Ladiner-Verfassungsgesetz mit besonderen Rechten für die ladinische Volksgruppe.[7]

Diese Praxis zeigt – rückblickend betrachtet – eine klare Tendenz zu einer konsistenten Vorgangsweise. Demnach ist bei Änderungen des Minderheitenschutzsystems formal das Konsens-Prinzip zwischen der Zentralregierung und den Volksgruppen deutscher und ladinischer Sprache in Südtirol anzuwenden. Zusätzlich sind Änderungen des Autonomiestatuts, wie es im Jahr 1992 in Geltung stand, auch mit Österreich völkerrechtlich abzustimmen. Dies gilt jedenfalls für Einschränkungen von Minderheitenschutzbestimmungen oder autonomen Gesetzgebungs- und/oder Verwaltungsbefugnissen. Mitzuteilen sind aber auch neue, zusätzliche Schutzbestimmungen, da solche zugunsten einer Volksgruppe in die Rechte einer anderen Volksgruppe eingreifen könnten und dies von Österreich geprüft werden können muss.

Schließlich hat die Streitbeendigungserklärung das Minderheitenschutzsystem nicht „einzementiert", sondern bildet – mit der Verankerung der einvernehmlichen bilateralen Vorgangsweise (Konsensprinzip) – die völkerrechtlich gesicherte Grundlage für die Weiterentwicklung des Schutzes der Volksgruppen in Südtirol.

7 Siehe im Einzelnen *Obwexer*, 25 Jahre Streitbeilegungserklärung: Auswirkungen auf die internationale Absicherung der Autonomie Südtirols, EJM 2018, 337.

Daraus resultieren für die Zukunft des Minderheitenschutzsystems zwei Szenarien:

Erstens gilt es, die seit 1992 erfolgten Einschränkungen von autonomen Kompetenzen, die ohne Zustimmung der Schutzmacht Österreich vorgenommen wurden,[8] wiederherzustellen. Diese Einschränkungen beeinträchtigen nämlich den völkerrechtlich garantierten Schutzstatus des Jahres 1992. Daher ist die Wiederherstellung der davon betroffenen autonomen Kompetenzen völkerrechtlich geboten, ausgenommen sind lediglich jene Kompetenzbeschränkungen, die zwingend aus dem Unionsrecht resultieren. Von der Wiederherstellungsverpflichtung umfasst sind u. a. die Kompetenzbereiche Ämterordnung und Personal, Raumordnung, Landschaftsschutz, Handwerk, öffentliche Fürsorge und Wohlfahrt, Berufsertüchtigung und Berufsausbildung, Handel sowie Lehrlingswesen.[9]

Zweitens geht es um den weiteren Ausbau der Autonomie. Diese ist als Minderheitenschutzinstrument nämlich nicht statisch angelegt, sondern muss neuen Entwicklungen und Herausforderungen in Politik, Wirtschaft und Gesellschaft angepasst werden. Dabei kommt der einvernehmlichen bilateralen Vorgangsweise, wie sie in mehreren Briefwechseln zwischen Italien und Österreich völkerrechtlich relevant bekräftigt wurde, besondere Bedeutung zu. Vorschläge zur Weiterentwicklung der Autonomie wurden bereits – unter Beteiligung der Zivilgesellschaft – in einem eigens konstituierten Autonomiekonvent diskutiert und in der zweiten Jahreshälfte 2017 dem Südtiroler Landtag unterbreitet.[10]

Ergänzend dazu könnte daran gedacht werden, die auf dem Pariser Vertrag und dessen späterer Praxis beruhende Schutzfunktion Österreichs[11] zu einer gemeinsamen Verantwortung beider Vertragsparteien für das Minderheitenschutzsystem in Südtirol weiterzuentwickeln. Demnach würden beide

8 Vgl. *Obwexer/Happacher*, Gutachten: Entwicklungen und Veränderungen der Südtiroler Autonomie seit der Streitbeilegungserklärung 1992 (2015), abrufbar unter http://www.provinz.bz.it/politik-recht-aussenbeziehungen/autonomie/downloads/20170613_Rechtsgutachten_-_parere_legale.pdf.

9 Vgl. Ansage aus Wien: Wiederherstellung verlorener Kompetenzen für Südtirol, Dolomiten vom 3. 1. 2020, 11.

10 Homepage unter http://www.konvent.bz.it/.

11 Vgl. z. B. *Tichy*, 70 Jahre Schutzfunktion Österreichs: Handlungsmöglichkeiten gestern, heute, morgen, in: Obwexer/Pfanzelter (Hg.), 70 Jahre Pariser Vertrag (2017), 189.

Staaten für den Erhalt, die Funktionsweise und die Weiterentwicklung dieses Schutzsystems Verantwortung tragen und diese gemeinsam wahrnehmen.

Im Regierungsprogramm der österreichischen Bundesregierung von 2020 bis 2024 sind im Rahmen regionaler Schwerpunkte der Außenpolitik folgende Ziele betreffend Südtirol vorgesehen:[12]

„Österreich wird auch in Zukunft an der Seite Südtirols stehen und weiterhin seine Schutzfunktion wahrnehmen. 50 Jahre nach der Verabschiedung des Südtirol-Pakets, welches die Grundlage für die moderne Autonomie der Region gelegt hat, ist Südtirol heute ein internationales Vorzeigemodell für den gelungenen Weg vom auch mit Gewalt ausgetragenen Konflikt hin zum Gespräch und ehrlichen Bemühen um Lösungen und gelebten Minderheitenschutz.

Es ist die gemeinsame Verantwortung Österreichs und Italiens, die eigenständige Entwicklung zu garantieren und in enger Abstimmung mit den Vertreterinnen und Vertretern der deutsch- und ladinischsprachigen Volksgruppen in Südtirol die Autonomie weiterzuentwickeln.

Besondere Bedeutung kommt dabei der Wiederherstellung der seit Abgabe der Streitbeilegungserklärung 1992 verloren gegangenen Zuständigkeiten zu, sofern die Einschränkungen nicht auf Unionsrecht zurückzuführen sind.“

Es bleibt zu hoffen, dass diese Ziele auch tatsächlich realisiert werden können. Erste Signale aus Rom lassen diese Hoffnung nicht unbegründet erscheinen.[13]

3. Minderheitenschutzsystem und europäische Integration

Fünf Jahre nach der Unterzeichnung des Pariser Vertrages beteiligte Italien sich am Prozess der europäischen Integration und wurde Gründungsmitgliedstaat der EGKS (1952) sowie der EWG (1958) und der EAG (1958). Nach geltendem Völkerrecht durfte Italien dabei aber keine Verpflichtungen eingehen, die mit seinen (früheren) Verpflichtungen aus dem Pariser

12 Vgl. Aus Verantwortung für Österreich. Regierungsprogramm 2020–2024, abrufbar unter https://www.wienerzeitung.at/_em_daten/_wzo/2020/01/02/200102-1510_regierungsprogramm_2020_gesamt.pdf., 184.

13 Vgl. z.B. „Haben nicht ein einziges Nein gehört“, Dolomiten vom 23. 1. 2020, 13.

Vertrag nicht vereinbar gewesen wären. Dies war nicht der Fall, weil der einschlägige EWG-Vertrag damals keine Verpflichtungen zum Inhalt hatte, die mit dem Pariser Vertrag nicht kompatibel waren. Bei inhaltlichen Weiterentwicklungen des EWG-Vertrags war der Pariser Vertrag als Vertrag mit Drittstaaten (insbesondere Österreich) durch die Unberührtheitsklausel für Altverträge geschützt.

Beim Abschluss des Südtirol-Pakets am 30. November 1969 durfte Italien als EG-Mitgliedstaat gegenüber Österreich keine Verpflichtungen mehr übernehmen, die mit dem damals geltenden Gemeinschafsrecht nicht kompatibel waren. Die Unberührtheitsklausel für Altverträge schützte das Paket *ratione temporis* nicht. Die darin enthaltenen Vorgaben für Italien sind nämlich nicht älter als die Verpflichtungen Italiens aus dem E(W)G-Vertrag. Die insgesamt 137 Paket-Maßnahmen standen jedoch dem damaligen Gemeinschaftsrecht – zumindest bei ihrer Annahme Ende November 1969 – nicht entgegen.

Mit dem EU-Beitritt Österreichs am 1. Jänner 1995 wurden einige wenige Bestimmungen des Pariser Vertrags durch inhaltlich weitergehende Bestimmungen des EU-Rechts ersetzt und obsolet: der freie Personen- und Güterverkehr zwischen Nord- und Osttirol und der erleichterte Austausch bestimmter Mengen heimischer Erzeugnisse und Güter zwischen Österreich und Italien (Accordino). Gleichzeitig wurde der Pariser Vertrag zu einem *Inter-se*-Abkommen von EU-Mitgliedstaaten. Seither ist dieser Vertrag, ebenso wie das Paket, als spätere – zum Teil vertragsauslegende, zum Teil vertragsgestaltende – Praxis nur noch insoweit anwendbar, als die darin normierten Verpflichtungen Italiens mit dem geltenden Unionsrecht vereinbar sind. Das supranationale Unionsrecht geht dem Pariser Vertrag und – insbesondere – dem Paket vor. Davon betroffen sind allerdings nur einige wenige, wenn auch wichtige Bestimmungen, u. a. der ethnische Proporz, die Sprachgruppenerhebung, die Sprachenregelung und das Schulsystem. Die gegenständlichen Minderheitenschutzinstrumente sind jedoch nicht an sich unionsrechtswidrig, sondern müssen lediglich den unionsrechtlichen Vorgaben angepasst, insbesondere für Unionsbürger aus anderen Mitgliedstaaten geöffnet werden.[14]

14 Vgl. z. B. *Obwexer*, Sechs Jahrzehnte europäische Integration und zwei Jahrzehnte EU-Mit-

Im Verhältnis zu jenen Vertragsparteien des italienischen Friedensvertrages, die nicht Mitgliedstaaten der EU geworden sind (u. a. die USA, Russland und China), hat Italien seine Verpflichtungen aus dem Pariser Vertrag hingegen vollinhaltlich einzuhalten. Bei einer allfälligen – wegen der vagen Vorgaben des Pariser Vertrages aber unwahrscheinlichen – Unvereinbarkeit mit dem Unionsrecht wäre Italien unionsrechtlich verpflichtet, diese mithilfe der anderen Mitgliedstaaten unter Einsatz aller völkerrechtlich zulässigen Mittel zu beheben.

Die seit 1995 realisierte weitere Vertiefung der EU brachte u. a. einen unionsweit geltenden Mindeststandard an Minderheitenschutz. Dieser liegt allerdings inhaltlich unter dem Schutzstandard, den der Pariser Vertrag – und das Paket als spätere Praxis dazu für die deutschsprachige Volksgruppe und die ladinischsprachige Volksgruppe in Südtirol garantieren. Daher gelten beide Schutzinstrumente auch im EU-Kontext weiter und sind nicht obsolet geworden.[15]

Dem folgend besteht auch die aus dem Pariser Vertrag resultierende Schutzfunktion Österreichs in der EU fort. Der Grundsatz der „Gleichheit der Mitgliedstaaten vor den Verträgen" wird nämlich nicht verletzt, wenn ein EU-Mitgliedstaat von einem anderen die Einhaltung eines geltenden völkerrechtlichen Vertrags samt späterer Praxis einfordert und kontrolliert. Die Schutzfunktion Österreichs wird dabei materiell zwar durch das Unionsrecht begrenzt. Gleichzeitig werden aber die der Schutzmacht offenstehenden völkerrechtlichen Mittel (Gespräche, Verhandlungen, Demarchen, Klage beim IGH) durch zusätzliche Möglichkeiten ergänzt, die sich aus der engen Zusammenarbeit der Mitgliedstaaten in der EU ergeben.

Insgesamt ist der Pariser Vertrag selbst im supranationalen Kontext der EU weitgehend erhalten geblieben und hat weiterhin Bestand. Dem Vertrag selbst und der späteren Praxis in Form des Pakets kommt als *Magna Charta* der in Südtirol lebenden deutsch- und ladinischsprachigen Volks-

gliedschaft Österreichs: der Pariser Vertrag im supranationalen Kontext, in: Obwexer/Pfanzelter (Hg.), 70 Jahre Pariser Vertrag (2017) 171.

15 Vgl. z. B. *Obwexer*, Die europäische Integration. Auswirkungen auf die autonomen Kompetenzen Südtirols, in Obwexer/Happacher (Hg.), 40 Jahre Zweites Autonomiestatut. Südtirols Sonderautonomie im Kontext der europäischen Integration (2013), 57.

gruppen nach wie vor besondere Bedeutung zu. Daran ändert auch die Tatsache nichts, dass das EU-Recht im Kollisionsfall vorgeht.

4. Europaregion Tirol-Südtirol-Trentino

Neben den skizzierten – geringfügigen – Einschränkungen des Minderheitenschutzregimes brachte die europäische Integration eine Reihe von rechtlich bedeutsamen Neuerungen, die den Angehörigen der Volksgruppen in Südtirol die Möglichkeit eröffneten, die Grenze zu Österreich erleichtert zu überwinden.

Im Rahmen der Grundfreiheiten des Binnenmarktes können die Angehörigen der Volksgruppen in Südtirol als Unionsbürger in anderen Mitgliedstaaten (insbesondere im Vaterland Österreich) wirtschaftlich tätig werden, können nach Beendigung ihrer Tätigkeit dort verbleiben und haben umfassende Rechte für ihre Familienangehörigen aus Drittstaaten. Sie müssen als Unionsbürger wie Inländer behandelt werden (Gleichheitsrecht) und dürfen bei der Ausübung ihrer Tätigkeit nicht in unzulässiger Weise durch Beschränkungen behindert werden (Freiheitsrecht). Gestützt auf den freien Kapitalverkehr können sie Vermögen (einschließlich Immobilien) erwerben und im Rahmen des freien Zahlungsverkehrs grenzüberschreitende Zahlungen vornehmen. Bei einer Rückkehr nach Südtirol können sie die jeweils einschlägige Grundfreiheit auch gegenüber dem Wohnsitzmitgliedstaat Italien geltend machen.[16]

Des Weiteren können die Angehörigen der Volksgruppen in Südtirol sich als Unionsbürger in anderen Mitgliedstaaten (insbesondere im Vaterland Österreich) frei bewegen und aufhalten. In Ausübung dieses Freizügigkeitsrechts dürfen sie nicht in unzulässiger Weise beschränkt werden (Freiheitsrecht) und sind in allen damit zusammenhängenden Bereichen wie Inländer zu behandeln (Gleichheitsrecht). Letzteres gilt insbesondere für den Zugang zur Berufsausbildung. Nach fünf Jahren ununterbrochenen rechtmäßigen Aufenthalts erwerben freizügigkeitsbegünstigte Unionsbürger das Daueraufenthaltsrecht, das grundsätzlich nicht mehr verloren geht und

16 Vgl. z. B. *Schroeder*, Grundkurs Europarecht^{6} (2019), 221.

von keinen Voraussetzungen abhängt. Hinzu kommen umfassende Rechte für ihre Familienangehörigen aus Drittstaaten. Die aus dem Freizügigkeitsrecht resultierenden Rechte können jedenfalls gegenüber dem Aufnahmemitgliedstaat, nach Rückkehr in den Wohnsitzmitgliedstaat, aber auch diesem gegenüber geltend gemacht werden.[17]

Darüber hinaus genießen die Angehörigen der Volksgruppen in Südtirol die im Unionsrecht garantierten Rechte und Freiheiten, wie sie in der Charta der Grundrechte der Union (GRC)[18] seit 1. Dezember 2009 verbindlich verankert sind. Diese Rechte und Freiheiten verpflichten zwar in erster Linie die Union, binden aber auch die Mitgliedstaaten, wenn sie im Anwendungsbereich des Unionsrechts tätig werden oder wenn sie einzelne, aus dem Unionsrecht resultierende Rechte geltend machen. Dieser Grundrechtsschutz gilt für die Angehörigen der deutschsprachigen und ladinischsprachigen Volksgruppen sowohl im Wohnsitzmitgliedstaat Italien als auch im Vaterland Österreich.

Ergänzt werden die Freiheiten des Binnenmarktes durch die Abschaffung der Personenkontrollen an den Binnengrenzen der Schengen-Staaten. Nach dem Schengener Grenzkodex[19] sind Personenkontrollen an den Binnengrenzen grundsätzlich verboten. Zwischen Italien und Österreich wurde das Schengener System Anfang April 1998 operativ. In diesem Kontext wurden die Grenzkontrolleinrichtungen (Grenzbalken und Kontrollstellen) zwischen beiden Staaten abgebaut. Erlaubt sind seither nur noch Sicherheitskontrollen im Inland sowie eine vorübergehende Wiedereinführung von Grenzkontrollen in Ausnahmefällen.

Von besonderer Bedeutung war des Weiteren die Einführung der einheitlichen europäischen Währung „Euro“ als Bargeld am 1. Jänner 2002.[20] Damit wurde der grenzüberschreitende Austausch im Binnenmarkt zwi-

17 Vgl. z. B. *Obwexer*, Das Freizügigkeitsrecht als elementares und persönliches Recht der Unionsbürger, in Schroeder/Obwexer (Hg.), 20 Jahre Unionsbürgerschaft, EuR-Beiheft 1-2015, 51.

18 ABl 2016 C 202, 391.

19 Verordnung (EG) Nr 974/98 des Rates vom 3. Mai 1998 über die Einführung des Euro, ABl 1998 L 139, 1, idF ABl 2014 L 228, 3.

20 Verordnung (EU) 2016/399 des Europäischen Parlaments und des Rates vom 9. 3. 2016 über einen Gemeinschaftskodex für das Überschreiten der Grenzen durch Personen (Schengener Grenzkodex), ABl 2016 L 77,1.

schen Italien und Österreich – beide Staaten gehören zum Euro-Währungsgebiet – zusätzlich erleichtert.

Schließlich brachte die europäische Integration auch eine schrittweise Intensivierung der transnationalen und grenzüberschreitenden Zusammenarbeit. Diese begann mit der Regionalförderung (z. B. Programm INTERREG) und gipfelte in der Schaffung eines eigenen rechtlichen Instruments zur Förderung der Zusammenarbeit: dem Europäischen Verbund für territoriale Zusammenarbeit (EVTZ).[21] Damit soll die territoriale Zusammenarbeit, insbesondere über Staatsgrenzen hinweg, erleichtert und gefördert werden, um den wirtschaftlichen, sozialen und territorialen Zusammenhalt der Union zu stärken. Zu diesem Zweck können Europäische Verbünde für territoriale Zusammenarbeit gegründet werden, die als eigene Rechtsträger über unionsrechtliche Rechtspersönlichkeit sowie über innerstaatliche Rechts- und Geschäftsfähigkeit verfügen. Diese Rechtsträger können Kooperationsinitiativen mehr Rechtssicherheit verleihen und sollen die Durchführung und Verwaltung grenzüberschreitender Kooperationstätigkeiten fördern.[22]

Gestützt auf die EVTZ-Verordnung wurde in der zweiten Jahreshälfte 2011 die Europaregion Tirol-Südtirol-Trentino gegründet.[23] Die Gründung erfolgte mit dem Abschluss der Übereinkunft und der im Einklang mit dieser vorgenommenen Annahme der Satzung.[24] Mitglieder sind das Land Tirol, die Autonome Provinz Bozen-Südtirol und die Autonome Provinz Trient. Sitz des EVTZ ist Bozen. Geleitet wird der EVTZ vom Vorstand, von der Versammlung, vom Präsidenten und vom Generalsekretär. Ziele sind die Stärkung der wirtschaftlichen, sozialen und kulturellen Beziehungen zwi-

21 Verordnung (EG) des Europäischen Parlaments und des Rates vom 5. 7. 2006 über den Europäischen Verbund für territoriale Zusammenarbeit (EVTZ)ABl 2006 L 210, 19; geändert durch Verordnung (EU) Nr 1302/2013 des Europäischen Parlaments und des Rates vom 17.12.2013 zur Änderung der Verordnung (EG) Nr 1082/2006 über den Europäischen Verbund für territoriale Zusammenarbeit (EVTZ), ABl 2013 L 347, 303.

22 Vgl. z. B. *Obwexer*, Der EVTZ als neues unionsrechtliches Instrument territorialer Zusammenarbeit, in: Bußjäger u.a. (Hg.), Der Europäische Verbund territorialer Zusammenarbeit (EVTZ): Neue Chancen für die Europaregion Tirol-Südtirol-Trentino (2011), 47.

23 Vgl. http://www.europaregion.info/de/marksteine-der-europaregion.asp (22.09.2019).

24 Abrufbar unter http://www.europaregion.info/downloads/Euregio-EVTZ-Statut-GECT-statut-CastelThun-20110614.pdf (22.09.2019).

schen der Bevölkerung der Mitglieder, die Förderung der territorialen Entwicklung seiner Mitglieder in den Bereichen ihrer jeweiligen Zuständigkeit sowie die Vertretung der Interessen des EVTZ bei den unionalen und nationalen Einrichtungen. Zur Erreichung dieser Ziele nimmt der EVTZ insbesondere folgende Aufgaben wahr: Festlegung und Durchführung von Projekten der territorialen Zusammenarbeit, Förderung der Interessen des EVTZ bei den staatlichen und europäischen Institutionen, Durchführung von Programmen im Rahmen der europäischen territorialen Zusammenarbeit sowie Wahrnehmung sonstiger Tätigkeiten zur Erreichung seiner Ziele. Spezifische Projekte sollen in folgenden Bereichen realisiert werden: Bildung, Kultur, nachhaltige Mobilität, Gesundheit, Forschung und Innovation, Wirtschaft sowie Berglandwirtschaft und Umwelt.[25]

In den vergangenen Jahren konnte bereits eine Vielzahl der in Aussicht genommenen Projekte ausgearbeitet und realisiert werden. Dazu gehören beispielsweise neben der gemeinsamen Vertretung der Europaregion in Brüssel die grenzüberschreitende Zusammenarbeit bei der Betreuung und Pflege älterer Menschen, TINIA – der grenzüberschreitende Wetterdienst, der Euregio Lawinenlagebericht LAWINEN.REPORT, verschiedene Euregio-Camps, die Euregio-Akademie und der Euregio-Family-Pass.[26] Mit diesen und vielen anderen Projekten konnte die Europaregion Tirol-Südtirol-Trentino den institutionellen Rahmen mit Leben füllen und der ansässigen Bevölkerung die Vorteile einer zunehmend enger werdenden grenzüberschreitenden Zusammenarbeit im historischen Tirol aufzeigen. Auf diese Weise entwickelte sich die Europaregion zu einem „kleinen Europa" in Europa.

5. Doppelstaatsbürgerschaft

Nachdem Italien im Jahre 2006 mit einer Änderung seines Staatsbürgerschaftsgesetzes die Möglichkeit geschaffen hatte, dass Staatsbürger der Nachfolgestaaten des ehemaligen Jugoslawien, die vor Inkrafttreten des Frie-

25 Vgl. z. B. *Bußjäger/Happacher/Obwexer* (Hg.), Verwaltungskooperation in der Europaregion. Potenziale ohne Grenzen? (2019).

26 Siehe dazu http://www.europaregion.info/de/projekte-zusammenarbeit.asp.

densvertrages vom 10. Februar 1947 italienische Staatsbürger waren und im Gebiet des damaligen Italien ihren Wohnsitz hatten, sowie deren Nachkommen mit italienischer Sprache und Kultur die italienische Staatsbürgerschaft erwerben können,[27] versuchten politische Kräfte in Südtirol und in Österreich, den in Südtirol lebenden Angehörigen der deutsch- und ladinischsprachigen Volksgruppen den Erwerb der österreichischen Staatsbürgerschaft zu ermöglichen. Dadurch sollte zum einen die geistig-kulturelle Verbindung zum Vaterland Österreich gestärkt und gefestigt und zum anderen die auf dem Pariser Vertrag (1946) beruhende Schutzfunktion Österreichs zusätzlich abgesichert werden.

Diese Bemühungen gipfelten knapp zehn Jahre später im Regierungsprogramm 2017–2022. Darin war unter der Überschrift „Doppelstaatsbürgerschaft neu denken" als Ziel vorgesehen, den Angehörigen der Volksgruppen deutscher und ladinischer Muttersprache in Südtirol, für die Österreich auf der Grundlage des Pariser Vertrages und der nachfolgenden späteren Praxis die Schutzfunktion ausübt, „im Geiste der europäischen Integration und zur Förderung einer immer engeren Union der Bürgerinnen und Bürger der Mitgliedstaaten" die Möglichkeit einzuräumen, zusätzlich zur italienischen Staatsbürgerschaft die österreichische Staatsbürgerschaft zu erwerben.[28]

Die nachfolgenden vorbereitenden Arbeiten einer im Bundesministerium für Inneres eingesetzten Expertengruppe stützten sich in den wesentlichen Punkten auf ein Gutachten, das im ersten Halbjahr 2011 für die Südtiroler Volkspartei erstellt worden war.[29] Demnach ist der Erwerb der österreichischen Staatsbürgerschaft zugunsten der „Südtiroler" rechtlich grundsätzlich möglich. In Betracht kommt insbesondere ein Erwerb durch Verleihung, möglich wäre aber auch ein Erwerb durch Anzeige. Erforderlich

27 Gesetz vom 8. 3. 2006, Nr 124 (Art 1), GA vom 28. 3. 2006, Nr 73.

28 Regierungsprogramm 2017–2022: Zusammen. Für unser Österreich, abrufbar unter https://www.wienerzeitung.at/_em_daten/_wzo/2017/12/16/171216_1614_regierungsprogramm.pdf, 33.

29 Das Gutachten wurde – in ajournierter Fassung – 2018 veröffentlicht; *Obwexer*, Rechtliche Rahmenbedingungen für den Erwerb der österreichischen Staatsbürgerschaft durch „Südtiroler", JRP 2018, 25. Die nachfolgenden Ausführungen basieren auf den Schlussfolgerungen dieses Gutachtens.

wären dafür jedenfalls entsprechende Änderungen des geltenden Staatsbürgerschaftsgesetzes 1985.[30]

Völkerrechtlich erfordert der Erwerb der österreichischen Staatsbürgerschaft durch „Südtiroler“, dass Österreich das Europäische Übereinkommen über die Verminderung der Fälle mehrfacher Staatsangehörigkeit und über die Militärdienstpflicht in Fällen mehrfacher Staatsangehörigkeit (1963)[31] zumindest teilweise kündigt. Italien hat mit der Kündigung von Kap. I des Übereinkommens Ende Mai 2009 zwar bereits einen entsprechenden Schritt gesetzt, doch reicht dieser nicht aus, da Österreich den anderen Vertragsparteien des Übereinkommens gegenüber unverändert an die einschlägigen Bestimmungen gebunden ist. Der Pariser Vertrag (1946) steht dem Erwerb der österreichischen Staatsbürgerschaft durch „Südtiroler“ nicht entgegen. Dasselbe gilt für den Staatsvertrag von Saint-Germain (1919).

Unionsrechtlich ist es Österreich nicht untersagt, den „Südtirolern“ als Unionsbürger mit italienischer Staatsbürgerschaft zusätzlich die eigene Staatsbürgerschaft zu verleihen. Das unionsrechtliche Loyalitätsgebot verpflichtet allerdings zu einer Konsultation Italiens als betroffenen Mitgliedstaat.

Das Unionsrecht garantiert allen Unionsbürgern in jedem EU-Mitgliedstaat ein umfassendes Recht auf Gleichbehandlung mit den dortigen Staatsbürgern. Dieses Recht umfasst jedoch nicht alle Bereiche staatlicher Souveränität, sodass dem Erwerb der Staatsbürgerschaft eines EU-Mitgliedstaates nach wie vor rechtliche Bedeutung zukommt. Dies gilt insbesondere für die Teilnahme an Wahlen auf Bundes- und Landesebene, den Zugang zu Stellen in der öffentlichen Verwaltung (insbesondere Gericht, Polizei, diplomatischer Dienst, Heer) sowie Ansprüche auf soziale Unterstützung ohne Erfordernis eines bestimmten Grades an Integration in die Gesellschaft des betreffenden Mitgliedstaates.

Der Erwerb der österreichischen Staatsbürgerschaft durch „Südtiroler“ würde sich rechtlich primär in Österreich auswirken. Davon betroffen wären insbesondere die Staatsbürgerrechte (Recht auf Gleichheit und Auf-

30 BGBl 311/1985 idF BGBl I 68/2017.
31 BGBl 471/1975.

enthalt), das Wahlrecht, der Zugang zu öffentlichen Ämtern und die Wehrpflicht. Das Wahlrecht und die Wehrpflicht der „Südtiroler" als Auslandsösterreicher würden entsprechende Ergänzungen und/oder Änderungen der geltenden Rechtslage erfordern. Diese müssten jedenfalls durch Gesetz, allfällige Einschränkungen sogar durch Verfassungsgesetz erfolgen.

In Italien würden die italienisch-österreichischen Doppelstaatsbürger als „Doppelunionsbürger" keine hervorgehobene unionsrechtliche Stellung erhalten. Der EuGH hat nämlich Anfang Mai 2011 seine weite Auslegung des persönlichen Anwendungsbereiches der Grundfreiheiten des Binnenmarktes geändert und lässt seither das bloße Vorliegen der Staatsbürgerschaft eines anderen EU-Mitgliedstaates nicht mehr ausreichen, um das für die Anwendung der Grundfreiheiten und des Freizügigkeitsrechts erforderliche grenzüberschreitende Element nachzuweisen. Dem folgend können „Doppelunionsbürger" sich in ihrem Wohnsitz-Heimatmitgliedstaat nicht mehr auf das unmittelbare Wirkung und Anwendungsvorrang entfaltende Beschränkungsverbot der Grundfreiheiten des EU-Binnenmarktes und des allgemeinen Freizügigkeitsrechts berufen, um eine nationale Regelung, die eine dieser Freiheiten beschränkt, zu bekämpfen, indem sie sich – ohne einen physischen Grenzübertritt – einfach auf die Staatsbürgerschaft des anderen Mitgliedstaates stützen.

Als Instrument des Minderheitenschutzes eignet sich der Erwerb der österreichischen Staatsbürgerschaft durch „Südtiroler" – beim derzeitigen Stand des Völkerrechts – nur ganz eingeschränkt. Rechtlich würde dadurch nämlich weder die Schutzfunktion Österreichs gestärkt noch die Ausübung des diplomatischen Schutzrechts durch Österreich gegenüber Italien eröffnet. Letzteres Schutzinstrument des Völkerrechts wäre ohnehin im Wesentlichen auf Verletzungen des fremdenrechtlichen Mindeststandards beschränkt. Der Erwerb der österreichischen Staatsbürgerschaft wäre zwar geeignet, die Bindung zwischen den davon Gebrauch machenden „Südtirolern" und dem Vaterland Österreich zu festigen, könnte aber – bei bloß geringer Inanspruchnahme durch die begünstigten „Südtiroler" – die Schutzfunktion Österreichs politisch schwächen. Diese negative Begleiterscheinung ließe sich zumindest dadurch verringern, dass der Erwerb der österreichischen Staatsbürgerschaft als persönliche Entscheidung jedes Einzelnen ausgestaltet und nicht als Abstimmung über die Verbundenheit zwischen den „Südtirolern" und ihrem Vaterland Österreich propagiert wird.

Die Festlegung der Gruppe der begünstigten „Südtiroler" obliegt grundsätzlich der politischen Entscheidung Österreichs. Dabei muss Österreich allerdings die – sehr weit gesteckten – völkerrechtlichen und (auf diese verweisenden) unionsrechtlichen Vorgaben sowie den verfassungsrechtlich garantierten Gleichheitssatz beachten. Dem folgend könnte Österreich die Möglichkeit des Erwerbs seiner Staatsbürgerschaft den in Südtirol lebenden italienischen Staatsbürgern einräumen, die vor Inkrafttreten des Staatsvertrages von Saint Germain (1919) am 16. Juli 1920 Staatsbürger der Republik Deutsch-Österreich waren oder zu deren Nachkommen gehören („Altösterreicher" und deren Nachkommen). Österreich könnte den Kreis der Begünstigten – wie im Regierungsprogramm 2017–2022 vorgesehen – aber auch weiter ziehen und alle in Südtirol wohnhaften italienischen Staatsbürger begünstigen, die der deutschen oder der ladinischen Volksgruppe angehören. Möglich wäre auch eine Kombination beider Lösungsvarianten.

Im Lichte dieser rechtlichen Überlegungen erarbeitete die vom Bundesministerium für Inneres eingesetzte Expertengruppe zwischen April 2018 und Mai 2019 einen Bericht an den Bundesminister für Inneres. Darin wurden die rechtlichen Möglichkeiten zur Umsetzung des Regierungsprogramms betreffend die Doppelstaatsbürgerschaft für Südtiroler eingehend geprüft und – darauf aufbauend – ein Vorschlag für einen Entwurf eines Bundesgesetzes, mit dem das Staatsbürgerschaftsgesetz 1985, das Wählerevidenzgesetz 2018, das Europa-Wählerevidenzgesetz und das Gebührengesetz 1957 geändert werden, unterbreitet.

Nach dem Misstrauensvotum gegen die ÖVP-FPÖ-Regierung Ende Mai 2019[32] wurde der unterbreitete Vorschlag aber nicht mehr weiter verfolgt. Im Regierungsprogramm 2020–2024 der seit Anfang Jänner 2020 amtierenden türkis-grünen Regierung in Österreich ist das Ziel, den Angehörigen der Volksgruppen deutscher und ladinischer Muttersprache in Südtirol die Möglichkeit einzuräumen, zusätzlich zur italienischen Staats-

32 Vgl. z. B. Regierung abgewählt. So geht es für die Republik weiter, Kurier vom 25. 9. 2019, 3.

bürgerschaft die österreichische Staatsbürgerschaft zu erwerben, nicht mehr vorgesehen. Dadurch wurde dieses politische Ziel zwar nicht aufgehoben, jedenfalls aber aufgeschoben.[33] Auf diese Weise konnten die sich abzeichnenden Spannungen in den bilateralen Beziehungen zwischen Österreich und Italien mit negativen Auswirkungen auf die Schutzfunktion Österreichs hintangehalten werden.[34]

6. Schlussbetrachtungen mit Ausblick

Die Grenzziehung am Brenner und die damit verbundene Teilung Tirols waren für die davon hauptbetroffene, überwiegend deutschsprachige Bevölkerung Südtirols ein schwerer Schicksalsschlag. Die nachfolgenden Bemühungen für eine Rückkehr Südtirols zu Österreich scheiterten in den Friedensverhandlungen nach dem Zweiten Weltkrieg. Das damals vereinbarte Minderheitenschutzregime wurde daher als Niederlage gewertet und nicht als Erfolg gesehen.

In den nachfolgenden Jahren und Jahrzehnten gewann das völkerrechtlich vereinbarte Minderheitenschutzregime aber zunehmend an Bedeutung und konnte mit Unterstützung Österreichs weiter ausgebaut werden. Begünstigt wurden diese Bemühungen durch den Prozess der europäischen Integration, an dem Italien als Gründungsmitglied von Anfang an teilnahm und Österreich ab 1995 mitwirkte.

Heute, 100 Jahre nach der Teilung Tirols, gilt das erreichte Minderheitenschutzregime in Südtirol als Modell für eine friedliche und erfolgreiche Lösung von Minderheiten-Konflikten. Die in Südtirol lebenden Angehörigen der deutsch- und ladinischsprachigen Volksgruppen haben aus der – absehbar nicht zu ändernden – rechts-politischen Lage das Beste gemacht und eine Brückenfunktion zwischen dem italienischen Sprachraum im Sü-

33 Vgl. Nun sind deutsche und ladinische Vertreter gefordert, Dolomiten vom 4., 5. u. 6. 1. 2020, 13.

34 Vgl. Doppelpass: Kompatscher sieht EU-Staatsbürgerschaft als Lösung, Wiener Zeitung vom 13. 5. 2019, abrufbar unter https://www.wienerzeitung.at/nachrichten/politik/europa/2009029-Doppelpass-Kompatscher-sieht-EU-Staatsbuergerschaft-als-Loesung.html; Europaregion wichtiger als derselbe Pass, Tiroler Tageszeitung vom 23. 9. 2019, abrufbar unter https://www.tt.com/artikel/16078066/doppelpass-europaregion-wichtiger-als-derselbe-pass.

den und dem deutschen Sprachraum im Norden entwickelt. Diese kommt ganz besonders in der Europaregion Tirol-Südtirol-Trentino zum Ausdruck, in der die beteiligten Regionen ähnliche Herausforderungen zu bewältigen haben, wie die Mitgliedstaaten in der Europäischen Union. Vor diesem Hintergrund lässt der fortschreitende europäische Integrationsprozess auch auf eine weiterhin positive Entwicklung im geteilten Tirol hoffen.

WOLFGANG SOBOTKA / FLORIAN KORCZAK

30 Jahre Eiserner Vorhang, 25 Jahre EU-Beitritt und die Rolle von Alois Mock

Das Jahr 1989 ragt aus der jüngeren Zeitgeschichte als markantes Datum heraus. Historiker beschreiben es als Wendepunkt, Epochen- und Schicksalsjahr. Und tatsächlich sind die Veränderungen, die das Ende der kommunistischen Diktaturen in Osteuropa, die Öffnung der Grenzen und den Fall der Berliner Mauer ausgelöst haben, wohl die bedeutendsten seit dem Kriegsende 1945 und der Befreiung Europas vom Nationalsozialismus. Für Österreich markiert 1989 mit dem „Brief nach Brüssel" ein Etappenziel auf dem Weg in die Europäische Union. Alois Mock hat 1989 als Außenminister und als europäischer Vordenker in den Jahrzehnten davor in anderer politischer Funktion den europapolitischen Kurs Österreichs entscheidend geprägt und dabei weit über die Grenzen Österreichs hinaus gewirkt.

Historiker beschreiben das Jahr 1989 als Wendepunkt, Epochen- und Schicksalsjahr. Und tatsächlich sind die Veränderungen, die das Ende der kommunistischen Diktaturen in Osteuropa, die Öffnung der Grenzen und den Fall der Berliner Mauer ausgelöst haben, wohl die bedeutendsten seit dem Kriegsende 1945 und der Befreiung Europas vom Nationalsozialismus. 1989 beginnt, wenn man so möchte, eine „Warmzeit" in der europäischen Geschichte und Politik. Schon davor gab es vereinzelt „Klimaveränderungen" in den Staaten des Warschauer Pakts, vom Volksaufstand 1953 in der DDR über den Ungarn-Aufstand 1956 und den „Prager Frühling" 1968 bis zur Solidarność-Bewegung ab 1980. 1989 aber markiert ein für alle Mal das Ende von 40 Jahren Kaltem Krieg.

Die Wende von 1989 wäre ohne die Bürgerbewegungen in Mitteleuropa und ihren Kampf für Freiheit, Demokratie und Rechtsstaatlichkeit nicht möglich gewesen. Dissidenten wie Václav Havel, Lech Wałęsa oder Andrej Sacharow sind heute noch Lichtgestalten der gemeinsamen europäischen Geschichte. Aus dem Westen gab es unterstützende Stimmen und Kräfte, die der Opposition in Osteuropa den Rücken stärkten und Beziehungen zu den Dissidentengruppen wie der „Charta 77" und der Solidarność aufbauten. Nicht zu vergessen Papst Johannes Paul II., der sich entschlossen hinter die Gewerkschaftsbewegung in Polen stellte. Kurz nach seiner Wahl im Oktober 1978 unternahm er im Juni 1979 seine historische Reise nach Polen. Am Pilsudski-Platz im Zentrum von Warschau zelebrierte Johannes Paul II. die von hunderttausenden Polen besuchte Papstmesse. Seit 2009 erinnert ein Kreuz aus weißem Granit an diesen Moment, der die Überwindung des Kommunismus zu einem frühen Zeitpunkt mitangestoßen hat.

Die Rolle Österreichs und der Beitrag von Alois Mock

Vorab soll noch einmal die Persönlichkeit Mocks kurz skizziert und beleuchtet werden, aus der sich auch der Zugang zu seinem politischen Handeln erschließt. Seine Persönlichkeit steht in der politischen Geschichte der Zweiten Republik einzigartig da. Hat er doch wie kaum ein anderer vielfältige politische Aufgaben übernommen. Er war Kabinettsmitarbeiter, Kabinettschef, Bürgermeister, Abgeordneter zum Nationalrat, Unterrichts- und Außenminister, Vizekanzler. Er hat politischen Gruppierungen vorgestanden, wie dem ÖAAB, der ÖVP, der Europäischen Demokratischen Union (EDU) oder der Internationalen Demokratischen Union (IDU). Er war, was man einen *homo politicus* nennt. Geboren am Land, erzogen und ausgebildet im Stiftsgymnasium Seitenstetten, studierend in Bologna an der Johns Hopkins University und in Belgien an der Université Libre de Bruxelles hatte er ein tiefes Verständnis für die Sorgen der einfachen Leute, ein Gespür für die Heimat und einen weltoffenen Sinn für ein neu zu gestaltendes Europa, in das Österreich voll integriert sein sollte.

Er war stets ein Vordenker, Erneuerer und Reformer. Was man schon in seiner kurzen Zeit als Unterrichtsminister in der Regierung Josef Klaus deutlich wahrnehmen konnte: Gründung der Universität Klagenfurt, Einführung der Drittelparität an den Universitäten, Begabtenstipendien, Ausweitung des Studienbeihilfewesens, Etablierung des zweisprachigen Gymnasiums, Einführung von Schulversuchen, um nur ein paar wenige Neuerungen zu nennen. Neben der Sozialpolitik, für die er mit seinen Forderungen niemals konfliktscheu war, wie die Verlängerung des Mindesturlaubs, die Gleichstellung der Teilzeitbeschäftigten und der Anspruch des Karenzgelds bis zum dritten Lebensjahr des Kindes zeigen, war ihm vor allem die Außenpolitik und die positive Positionierung Österreichs in Europa und in der Welt seine besonderen Anliegen. Alois Mock war es, der frühzeitig die Erosion der Staaten des Warschauer Pakts wahrnahm, mit Dissidenten stets Kontakt hielt und das Jahr 1989 in besonderer Art und Weise mitgestaltete. Die frühzeitige Anerkennung einzelner Staaten des zerfallenden Jugoslawiens, wie Kroatien oder Slowenien, brachten auch andere Länder in Zugzwang. Ihm gelang der Abschluss der Verhandlungen zum Südtirol-Paket und die Streitbelegung. Sein größtes Projekt jedoch war die Hinführung Österreichs zur Europäischen Union. Mit großer Zähigkeit überzeugte er im In- und Ausland die Skeptiker. Das Absenden des Schreibens zum Beitritt Österreichs zur Europäischen Union und vor allem der 1994 erfolgte Abschluss der Verhandlungen und der mit 1. Jänner 1995 realisierte Beitritt waren sicherlich die Krönung seines politischen Arbeitens und Verantwortens. Deshalb wird Österreichs Weg in die Europäische Union und seine Position in der Gemeinschaft der Staaten stets mit dem Namen Alois Mock verbunden bleiben.

Zurück zur Rolle Österreichs in Europa. Als „Land am Eisernen Vorhang“ hat sich Österreich immer dafür eingesetzt, dass das Versprechen von Freiheit und Demokratie für alle Menschen in Europa Realität wird. Es ist daher kein Zufall, dass der polnische Philosoph Krzysztof Michalski an Wien dachte, als er Intellektuelle aus Ost und West zusammenbringen wollte. 1982 gründete er hier das Institut für die Wissenschaften vom Menschen (IWM), das den Transformationsprozess der Länder Osteuropas über Jahrzehnte wissenschaftlich begleitet hat.

Auf politischer Ebene standen insbesondere europäische Christdemokraten in Kontakt mit den oppositionellen Gruppen östlich des Eisernen Vorhangs. Alois Mock hatte die Entwicklungen in Osteuropa lange vor seiner Amtszeit als Außenminister im Rahmen der „EDU“, der Vereinigung konservativer und christdemokratischer Parteien, mit besonderer Aufmerksamkeit verfolgt. 1987 bestand er darauf, bei einem Besuch in Prag auch mit Václav Havel zu sprechen. Der Dialog mit Dissidenten war fortan Fixpunkt seiner offiziellen politischen Reisen. Die Bedeutung des Jahres 1989 hat Alois Mock früh erkannt. Im Jahrbuch der österreichischen Außenpolitik 1989 schreibt er: „Das Jahr 1989 wird gewiß einmal als Zäsur in der Geschichte Europas vermerkt werden.“[1] Er wertet die „Umwälzungen in den kommunistischen Diktaturen“ als „echte Revolutionen“ und zieht den Schluss: „Österreich ist nicht mehr ein Land ‚am Eisernen Vorhang‘, es ist wiederum ein Land ‚im Herzen Europas‘.“[2] Mit dem EU-Beitritt der osteuropäischen Nachbarn 2004 wurde vollzogen, was 1989 mit dem Fall des Eisernen Vorhangs begann. – Heute ist die Einordnung der Ereignisse von 1989, wie sie Alois Mock vorgenommen hat, in dieser oder ähnlicher Form in unseren Geschichtsbüchern nachlesbar.

Der politische Wandel 1989 setzte in Polen und Ungarn im Frühjahr mit der Gründung von Oppositionsparteien und „Runden Tischen“ ein. Die Grenzen zum Westen blieben vorerst aber noch geschlossen. Im Mai 1989 beginnt Ungarn mit dem Abbau seiner Sperranlagen an der Grenze zu Österreich. Am 27. Juni des Jahres durchschneiden Alois Mock und sein

1 Alois Mock, Vorwort. In: Jahrbuch der österreichischen Außenpolitik 1989. Wien 1990, S. IXf., hier S. IX.
2 Ebd.

ungarischer Amtskollege Gyula Horn den Stacheldraht bei Klingenbach. Schon damals hatte Mock den Sinn dafür, politische Botschaften auch zu verbildlichen: Das Foto der Grenzöffnung ging um die Welt und hatte Signalwirkung für die DDR-Bürger: Der Weg in den Westen, in die Freiheit ist frei! – Im Bonner Haus der deutschen Geschichte ist dieses Foto heute als Symbol der Grenzöffnung von 1989 zu sehen.

In einer Kettenreaktion folgten das „Paneuropäische Picknick" am 29. August[3] und die Ausreise von 200.000 Ostdeutschen in den Sommermonaten über Österreich in den Westen. In Prag suchten DDR-Bürger ab August Zuflucht in der Deutschen Botschaft – 17.000 waren es, die Ende September nach langwierigen Verhandlungen die Erlaubnis zur Ausreise erhielten. Auf den Fall der Berliner Mauer am 9. November folgte ab dem 17. November die „Samtene Revolution" in der Tschechoslowakei und schließlich die Öffnung der österreichisch-tschechoslowakischen Grenze durch Alois Mock und den damaligen Außenminister und Dissidenten Jiří Dienstbier am 17. Dezember in Laa an der Thaya.

Die heutige Generation von Schülerinnen und Schülern kennt weder den Eisernen Vorhang noch die Teilung Europas entlang der österreichischen Grenze. Daher habe ich als Präsident des Nationalrates anlässlich des Jahrestags der Grenzöffnungen im Juni und Dezember 2019 mit Schulklassen aus Österreich, Ungarn und Tschechien über „30 Jahre Fall des Eisernen Vorhangs" diskutiert. Das Wissen über die Teilung Europas und sein Zusammenwachsen nach 1989 ist heute umso wichtiger, als es helfen kann, den gegenwärtigen Spannungen zwischen West und Ost, verbunden mit Gefühlen falscher moralischer Überlegenheit, entgegenzuwirken.

„Brief nach Brüssel" als Etappenziel auf dem Weg in die EU

Alois Mock war nicht nur Vorausdenker eines größeren Europa, er war in Österreich auch Vorkämpfer für den Beitritt zur Europäischen Union. Es war sein Lebensprojekt, dass Österreich neben den Gründerstaaten und den

3 Vgl. Stefan Karner/Philipp Lesiak (Hg.), Der erste Stein aus der Berliner Mauer. Das Paneuropäische Picknick 1989. Graz 2019 (= Veröffentlichungen des Ludwig Boltzmann Instituts für Kriegsfolgenforschung, Bd. 30).

später beigetretenen Ländern Platz am europäischen Tisch nimmt. Mock war der festen Überzeugung, dass eine Mitgliedschaft Österreichs seine einseitige Abhängigkeit von der Bundesrepublik Deutschland verringert und damit dem Land neue Perspektiven eröffnet. 1989 war in dieser Frage eine Schlüsseljahr. Die EG-Skepsis weiter Teile der SPÖ und aus den Reihen der FPÖ war groß und die ÖVP lange Zeit auf sich allein gestellt, in der öffentlichen Argumentation für den Beitritt. Mock übergab am 17. Juli den österreichischen Beitrittsantrag an den französischen Außenminister Roland Dumas, und es war mutig von ihm, diesen Schritt vor dem Fall der Berliner Mauer zu setzen. Schweden und Finnland warteten ab und stellten ihre Anträge erst im November 1989. Der „Brief nach Brüssel" war für Alois Mock lediglich ein Etappenziel. Im Jahrbuch der österreichischen Außenpolitik 1989 richtete er bereits den Blick nach vorne in Richtung EU-Mitgliedschaft: „Damit hat ein mehrjähriger und nicht immer ganz einfacher Prozeß der Meinungsbildung in unserem Land seinen vorerst erfolgreichen Abschluß gefunden. Daß sich dieser Antrag auf einen breiten Konsens fast aller politischen Kräfte in unserem Land stützen kann, ist vor allem wegen der uns bevorstehenden langen Verhandlungsphase von größter Bedeutung."[4]

Manche europäischen Partner äußerten Zweifel, ob ein Beitritt Österreichs zur Europäischen Union überhaupt mit der Neutralität vereinbar sei. Im Vorfeld des Beitrittsantrags war daher Überzeugungsarbeit zu leisten, nicht zuletzt gegenüber dem sehr zurückhaltenden Frankreich. Alois Mock kamen dabei seine Kontakte als Präsident der EDU zu christdemokratischen Schwesterparteien und – im tête-à-tête zwischen Wien und Paris – seine Französischkenntnisse zugute. Er bestand darauf, dass der Brief an Ratspräsidenten Dumas auf den 14. Juli datiert wird, um der *Grande Nation* die Reverenz zu erweisen. – Im entscheidenden Moment, als es darum ging, die Tür für den Beitritt zu öffnen, hatte Mock die richtigen Verbindungen und das Geschick, um Skeptiker zu überzeugen.

4 Mock, Vorwort, S. IX.

1989 – Eine Zäsur für die Länder Südosteuropas?

Die revolutionäre Bewegung des Jahres 1989 erfasste nicht alle Teile Europas. Am Balkan war es „nur ein halbes Epochenjahr“[5], wie Oliver Jens Schmitt zutreffend feststellt. In Bulgarien und Rumänien sowie in den Staaten des westlichen Balkans tickten die Uhren anders. Der politische und wirtschaftliche Systemwechsel blieb – vorerst – aus. „1991 ist das Wendejahr am Westbalkan, markiert durch den Beginn der Kriege in Jugoslawien und den Regimesturz in Albanien.“ 1989 ist in der Region „ein halbes Epochenjahr“, weil Schritte gesetzt werden, die auch in Osteuropa Teil der Umbruchsgeschichte sind, darunter „die Herausbildung neuer Parteien neben dem sich auflösenden *Bund der Kommunisten Jugoslawiens*“.[6]

Weder das Jahr 1989 noch der EU-Beitritt der mittel- und osteuropäischen Staaten im Jahr 2004 sowie jener von Bulgarien und Rumänien 2007 bilden daher den Schlusspunkt des Friedensprojekts Europas: Europa ist erst vollständig, wenn auch die Staaten des Westbalkans Teil der EU sind. Dieses „größere Europa“ hatte Alois Mock immer im Blick. Er setzte sich zu einem Zeitpunkt für die Anerkennung von Slowenien und Kroatien ein, als es viele gab, die in dieser Hinsicht noch bremsten. An dieser Stelle darf an eine persönliche Begebenheit mit Alois Mock aus dem Jahr 1998 anlässlich einer Konzertreise des Waidhofner Kammerorchesters nach Dubrovnik erinnert werden. Vor dem Konzert, das mitten am Hauptplatz stattfand, ging ich mit Alois Mock durch die Straßen Dubrovniks, das von den kriegerischen Ereignissen noch deutliche Spuren zeigte. Ich war vollkommen überrascht, wie ich feststellen konnte, dass viele, vor allem Einwohnerinnen Dubrovniks, Mock kannten und grüßten, auf ihn zugingen, sich für seinen Einsatz bedankten und ihm ihre Bewunderung und Verehrung zum Ausdruck brachten.

Daran zeigt sich wohl deutlich, dass dies genau den Intentionen Alois Mocks entsprach, Politik mit und für Menschen zu machen. Die Dankbarkeit der Bevölkerung war Lohn für seinen oftmals an die physischen Grenzen gehenden persönlichen, politischen Einsatz.

5 Oliver Jens Schmitt, Der Balkan im 20. Jahrhundert. Eine postimperiale Geschichte. Stuttgart 2019, S. 286–288.
6 Ebd., S. 287.

Die Geschichte hat gezeigt, dass er das Richtige getan hat. Er hat damit viel zur Sympathie beigetragen, die Österreich heute in der Region genießt. Diese Wertschätzung bildet auch die Grundlage dafür, dass Österreich von Laibach bis Skopje unter den Top-Investoren ist. Alois Mock war bewusst, dass der Wandel kommunistischer Länder nicht von heute auf morgen passiert und dass es ohne die Hilfe europäischer Partner nicht geht. Was er 1989 mit Blick auf die Zukunft der osteuropäischen Nachbarn formuliert hat, gilt heute für den Balkan: „Die Wegmarken für die Zukunft deuten in Richtung parlamentarische Demokratie und Soziale Marktwirtschaft. Dieser Wandel ist allerdings noch nicht ‚selbsttragend'; er bedarf vielmehr der breiten materiellen und ideellen Unterstützung durch die Demokratien des Westens."[7] (Siehe dazu unten Näheres zum aktuellen Engagement des Parlaments.)

25 Jahre EU-Mitgliedschaft Österreichs: Ein vorausschauender Rückblick

Alois Mock hat in der Zeit seines politischen Wirkens den Weg zu einem in Frieden vereinten Europa maßgeblich mitgestaltet. Zwei Drittel (66,6 %) der österreichischen Bevölkerung haben 1994 für den Beitritt zur EU gestimmt. Seither hat Österreich bereits dreimal den EU-Ratsvorsitz geführt (1998, 2006 und 2018). Mit dem Vertrag von Lissabon haben die nationalen Parlamente mehr Mitwirkungsrechte in EU-Angelegenheiten erhalten, darunter als Kernstück das Instrument der Subsidiaritätskontrolle. Lissabon legte auch den Grundstein für eine intensivere interparlamentarische Zusammenarbeit. Diese parlamentarische Dimension ist ein wichtiger Faktor im Sinne der Bürgernähe der Union und der Stärkung des Vertrauens in die EU-Institutionen. Ein Vierteljahrhundert nach dem EU-Beitritt ist die Identifikation mit der EU in Österreich ungebrochen. Das zeigt die im Europavergleich hohe Beteiligung von knapp 60 % – ein Plus von über 14 Prozentpunkten – an den Wahlen zum Europäischen Parlament im Mai 2019.

7 Mock, Vorwort, S. IX.

Das Parlament setzt 2020 einen Schwerpunkt zu 25 Jahren EU-Mitgliedschaft. Eine künstlerische Installation auf dem Heldenplatz lädt zur Auseinandersetzung mit Europa ein. In Kooperation mit dem Haus der Europäischen Union in Wien wird das Parlament auch der Debatte über die Zukunft der EU verstärkt Platz einräumen.

Zweifellos steht die EU heute mehr denn je vor Herausforderungen, die letztlich nur gemeinsam bewältigt werden können: Ich nenne beispielhaft die Fragen der Migration und Sicherheit der Außengrenzen, die Wettbewerbsfähigkeit und Absicherung des europäischen Lebensmodells sowie die Erweiterung am Westbalkan und generell die „Weltpolitikfähigkeit" (Jean-Claude Juncker) der Union. Hinzu kommen der Brexit und die Ausgestaltung des künftigen Verhältnisses der EU zum Vereinigten Königreich sowie die Digitalisierung und der Klimaschutz, wo Europa Führungsstärke zeigen muss. Ursula von der Leyen hat mit ihren Leitlinien für die neue Europäische Kommission ein ambitioniertes Programm vorgelegt: Europa soll grüner und digitaler werden. Gleichzeitig soll es seine „innere Stärke wiederfinden". In der für zwei Jahre anberaumten Konferenz zur Zukunft der EU wird auch zur Sprache kommen, wie eine noch stärkere Demokratisierung der Union aussehen könnte, von einer Verankerung des Spitzenkandidatenmodells bis zu mehr Mitsprache und Transparenz. Um Einfluss auf die Gestaltung der Zukunft der EU zu nehmen, braucht es den Austausch und die Abstimmung mit Gleichgesinnten. Das „Austerlitz-Format", bestehend aus Österreich, Tschechien und der Slowakei, bietet dafür Raum. Es ist seit Oktober 2018 auch auf Ebene der Parlamentspräsidenten etabliert.

Österreich hat im gegenwärtigen europäischen Kontext die Chance, sich in mehrfacher Hinsicht als Impulsgeber zu positionieren:

- Bei der Weiterentwicklung der EU wird Österreich auh in Zukunft sehr genau darauf achten, dass dem Prinzip der Subsidiarität bei der Kompetenzverteilung zwischen Brüssel und den Mitgliedstaaten Rechnung getragen wird. Es braucht eine starke Union in den großen Zukunftsfragen, von der Sicherheit über Handel, Innovation und Forschung bis zur Standort- und Außenpolitik. Gleichzeitig muss man den Mitgliedstaaten und Regionen den Freiraum geben, den sie zur ihrer Entfaltung brauchen, und den sie brauchen, um der Bevölkerung

Europa als einen wesentlichen Teil ihrer Identität bewusst zu machen. Es braucht daher weniger europäische Verordnungen und mehr Spielraum für nationale Parlamente. – Das österreichische Parlament wird seine Verantwortung in der Subsidiaritätskontrolle weiter mit großer Sorgfalt wahrnehmen.

- 1989 und die Bürgerbewegungen erinnern uns an das Ringen der Dissidenten um den Rechtsstaat, der den Menschen Freiheit garantiert und von ihnen im Gegenzug Eigenverantwortung einfordert. Damit sich im Rechtsstaat das Vertrauen der Bürger widerspiegelt, ist es unerlässlich, dass wir europäische Regeln, die wir uns setzen, auch anwenden. Sie müssen für alle gelten, und es muss im Inneren und Äußeren klar sein, dass man darauf vertrauen kann, dass ihr Bruch sanktioniert wird. Hier geht es um die Grundwerte und Grundfreiheiten der EU genauso wie um volkswirtschaftliche Stabilitätskriterien. Nur die Einhaltung von Regeln schafft schlussendlich das nötige Vertrauen in die EU.
- Die Heranführung der Länder des Westbalkans ist und bleibt aus österreichischer Sicht eine wesentliche Zukunftsaufgabe der Union und muss es auch für die EU-Institutionen sein. Historisch betrachtet ist der Balkan der zweite zentrale Konfliktherd in Europa neben dem deutsch-französischen. Die EU ist daher ohne die Staaten Südosteuropas aus friedenspolitischer Perspektive nicht vollständig. Sie ist zweitens zu oft in der Rolle des Geldgebers, während andere den Zuschlag für Infrastrukturprojekte (z. B. Schienenverkehr) erhalten und dabei die technologischen Standards für die Zukunft vorgeben. Der Einfluss Dritter am Westbalkan wird drittens umso größer werden, je weniger es gelingt, die europäische Perspektive für die Länder greifbar zu machen. Die Beitrittsverhandlungen mit Nordmazedonien und Albanien dürfen daher nicht länger hinausgeschoben werden. Der Preis für das Nichthandeln europäischer Verantwortungsträger ist Instabilität in der Region, die sich unmittelbar auf die EU auswirkt. Österreich wäre von negativen Effekten eines nachlassenden EU-Engagements besonders stark betroffen. Die EU-Integration Südosteuropas muss mit Nachdruck weiterverfolgt und mit einem klaren Ansatz von Anreizen und Konditionalität begleitet werden. – Das österreichische Parlament leis-

tet dazu mit dem Stipendienprogramm für Mitarbeiter der Parlamentsverwaltungen der sechs Länder, mit Know-how beim Aufbau von Demokratiewerkstätten und als EU-Twinning-Partner in Bosnien-Herzegowina seinen Beitrag.

Zu den unmittelbaren Folgen von 1989 gehörte die Wiederentdeckung Mitteleuropas als Kraftzentrum, das in der Lage ist, Europa zu verändern. Österreich hat sich immer als Teil Mitteleuropas verstanden und diesen Raum als offenen begriffen: offen in Richtung Süden (Oberitalien, Slowenien, Kroatien), offen nach Westen (Schweiz und Liechtenstein), offen nach Osten bis zur Ukraine. In diesem Mitteleuropa kommt Österreich die Rolle eines Brückenbauers zu, der zwischen West und Ost vermittelt und verhindert, dass aus Auffassungsunterschieden unüberwindbare Hürden werden, die letztlich die EU als Ganzes lähmen. In dem Maße wie Österreich für seine mitteleuropäischen Nachbarn 1989 und danach die Brücke nach Europa bildete, hat Mitteleuropa heute diese Brückenfunktion für den Westbalkan. Es liegt an uns, diesen – auch von Alois Mock aufbereiteten Weg – weiterzugehen.

HEDVIG MORVAI

Western Balkans – Developments in Year 2019

The failure of the European Council in October 2019 to agree to the opening of accession negotiations with Albania and Northern Macedonia has come as a deep shock not only to the two countries in question, but to the entire Western Balkans. It led to an overall questioning of the credibility of the EU membership perspective. Among its many consequences, the French led "NO" provoked a lively debate about the enlargement strategy and the European future of the Western Balkans. For decades the EU enlargement policy was praised as the most successful aspect of the Union's external relations. However, the recent developments indicate a tendency to rather keep the six Western Balkans aspirants at arm's length from EU membership for some time to come. Even though the Western Balkans in principle are not yet ready to become Member States, the need to keep them 'anchored' to the EU goes beyond particular interests and is firmly linked to the overall security and stability of the European continent. The readiness for an even closer regional cooperation in the Western Balkans has been demonstrated by shifting the initial externally driven process towards a more regionally owned one. The region must find answers to the many challenges it faces, depopulation being one of the most urging issues, threating that the countries lose everything from their demographic to their social and intellectual potential for progressive change.

French "NON"

"The least that the European Union owes the region is to be straightforward with us. If there is no more consensus on the European future of the Western Balkans, if the promise of Thessaloniki 2003 does not stand, the citizens deserve to know"[1], tweeted Nikola Dimitrov North Macedonia's foreign minister as reaction to the decision of the EU Council on October 18, 2019, when EU member states failed to agree to initiate accession talks with North Macedonia and Albania.

European Council President Donald Tusk told to the countries "Please don't give up", saying this latest delay was about the bloc and not about them. He added that EU leaders had made a "mistake" by not extending the invitation to start accession talks.[2]

This negative decision was provoked by France, after it vetoed a go-ahead for the two countries at a pre-summit meeting, backed by the Netherlands and Denmark, over concerns that the process for becoming an EU member was in need of fundamental reform. The failure to open negotiations with the two Western Balkans countries was heavily criticized, especially after North Macedonia agreed to a name change as part of a deal with Greece in 2018, largely driven by the objective to open its path to the EU. Albania has been a formal EU membership candidate since June 2014, while North Macedonia has been waiting to start accession negotiations since 2005.

French President Emmanuel Macron argued that the accession process itself needs reform. In that sense France circulated a memo proposing a more gradual enlargement process a few days after opposing the opening of the enlargement talks with Albania and North Macedonia. The proposal included a new, seven-stage process, which would "form coherent policy blocks," rather than negotiating the thirty-five chapters of EU the acquis all together. Furthermore, it envisages more stringent conditions on the rule of law for applicant countries, plus a "reversibility" component, allowing the

1 https://twitter.com/dimitrov_nikola?s=11

2 https://www.dw.com/en/eu-leaders-leave-balkan-states-hanging-on-accession-talks/a-50880619

EU to abandon membership talks if a candidate country's government backslides away from the bloc's standards.

At the same time France reaffirmed its support for the EU's overall approach to Western Balkan countries, including North Macedonia and Albania, as well as Bosnia and Herzegovina, Kosovo, Montenegro and Serbia, which the paper said "belong to Europe, by virtue of their history, culture and geography." But Paris argued that "the profound political, economic, and social transformations required for a future accession to the European Union continue to be too slow and the concrete benefits for citizens in candidate countries remain insufficient," requiring "a renewed approach to the accession process."[3]

A large majority of EU member states was in favour of a rapid opening for membership negotiations, especially in the case of North Macedonia. This support was demonstrated again when nine EU Member States have published their own proposal as a contribution to the debate on how to make the process more efficient. Austria, Czech Republic, Estonia, Italy, Latvia, Lithuania, Malta, Poland and Slovenia have drafted a proposal titled "Elements for enhanced enlargement process and sustained and accelerated integration of the Western Balkans". This document proposes new political incentives as: annual meetings of the European Council with the Western Balkan leaders, increased participation of Western Balkans (WB) representatives in selective Council meetings, as well as Council Committees and Commission working groups. The accession of the Western Balkans should be part of the Conference on the Future of Europe, which is planned for 2020–2022.

Whilst the Thessaloniki Summit in 2003 opened the European perspective for the Western Balkans, the agenda that was promoted then has hardly been completed to date. Contrary to the expected results of the accession process, these countries have experienced worrying democratic regression in a serious demographic and economic situation which is playing into the hands of re-emerging third powers engaged in the Balkans.[4] Even

3 https://www.atlanticcouncil.org/blogs/new-atlanticist/evaluating-macrons-pitch-for-enlargement-reform/

4 Foundation Robert Schuman/European Issues No529/Pierre Mirel „European Union-Western Balkans: for a revised membership negotiation framework, September 30, 2019

though the Western Balkans in principle are not yet ready to become Member States, the need to keep them 'anchored' to the EU goes beyond particular interests and is firmly linked to the overall security and stability of the European continent. Many in Brussels fear that if Paris or others continue to stall their ambitions, regional capitals may fall under greater Russian, Turkish or Chinese influence. And some countries could face internal political instability if pro EU leaders are unable to deliver on promises of closer ties despite pushing Brussels-mandated reforms.

For decades the EU enlargement policy was praised as the most successful aspect of the Union's external relations. However, the recent developments indicate a tendency to rather keep the six Western Balkans aspirants at arm's length from EU membership for some time to come. On the other hand, the region is enclosed by the EU and NATO and the countries are deeply merged into the EU in geographic, political, economic, financial and human terms. Nowhere else have the EU and its member states invested so much political capital in the past three decades as in these countries. Consequently, in their domestic and external trajectory, the republics in the region followed closely the guidelines coming from Brussels and the capitals of the EU member countries. The present state of affairs in the Western Balkans is as much a product of the flawed governance at home as the failing Western interventions in the region.

Commenting on the French position, one diplomat's interpretation was that France simply wants to block any further expansion of the EU. "There will be the usual pompous framing by Paris," the diplomat said. "All this can't mask the fact that the French proposals are not really about reforming the accession process but about putting an end to EU enlargement. They are a poisoned chalice for countries like North Macedonia that have done much to fulfill strict EU conditions in order to start accession talks. If France joined the EU consensus on this, we could actually see more reforms and more progress on the ground than by engaging in lengthy discussions about methodology."[5]

5 https://www.politico.eu/article/france-outlines-proposal-to-overhaul-eu-accession-process/

The failure of the European Council to agree to the opening of accession negotiations with Albania and Northern Macedonia has come as a deep shock not only to the two countries in question, but to the entire Western Balkans. It led to an overall questioning of the credibility of the EU membership perspective. The conditionality approach, which has been seen as a key EU tool to initiate and accompany reform processes in countries looking to join the European Union, seems damaged. A lively debate emerged at the end of last year about the enlargement strategy and the European future of the Western Balkans. The new European Commission, which took power in November was asked to draw up proposals to reform the membership application process by January 2020. Whatever ideas emerge from these processes, the major task remains the same: to foster sustainable EU integration that is as effective as it is uncompromising, and that would benefit the prospective and existing EU members alike.

"Western Balkans Six"

The failure of the EU-led negotiations between Belgrade and Prishtina marked the dynamics between the two parties during last year. The "frozen conflict" remained high on the regional agenda with the international community openly addressing and considering an exchange of territories and shift of borders between Serbia and Kosovo as a possible solution for ending the stalemate. Some blame the EU for leading the talks to a deadlock by being open to the idea of border change, which polarized not only the two societies, but the international community as well. While the exact details of any border plan have never been laid out, local media and analysts assume the land swap would see Kosovo's Serb-dominated north traded for a southern valley in Serbia that is mainly ethnic-Albanian, as is the rest of Kosovo. Critics warned that redrawing the map would be risky business in the fragile Balkans, a region still recovering from its brutal 1990s wars. Then came a series of diplomatic clashes between Pristina and Belgrade that deepened the hostility.

The only and main achievements of the EU-facilitated process have taken place in 2013 and 2015 in the form of the so called "Brussels Agreements". Since then, there has been no significant breakthrough, which is crucial for both Serbia's and Kosovo's European integration. And while Serbia continues with its "de-recognition campaign"[6] of Kosovo's independence and obstruction of Kosovo's membership in international organizations, Kosovo is persistent about the 100 % tariffs on goods from Serbia, what it imposed in November in retaliation for Serbian lobbying against Kosovo's membership of Interpol. "If Serbia continues with its aggressive actions, we will only take additional measures and will answer reciprocally," said Kosovo President Hashim Thaci after speaking with the EU foreign policy chief Federica Mogherini at a high level meeting bringing together officials from all Western Balkan countries, as well as from Croatia and Slovenia in Berlin April 29, 201. He also called for the US to be included in the EU-mediated dialogue, saying that a final agreement with Serbia is far off.[7]

Many saw the April summit, which was jointly organized by German Chancellor Angela Merkel and French President Emmanuel Macron as the opportunity to get past the "land swap, tariffs" dispute deadlock and to find the way to some sort of negotiations reset. While the two leaders said they did not seek nor expect to resolve Serbia and Kosovo's political conflict, they believed it was time for a new dialogue to begin. "We agreed to this joint initiative because we are committed to the European perspective of the Western Balkans countries," Merkel said. "It is in Europe's interest that there is positive development in this region."[8] According to the he official statement of the German Government Serbia and Kosovo have agreed to continue talks to resolve their current conflict. Serbian President Aleksandar Vucic told Serbian and Balkan media that "The conclusion is to continue the discussion, I suppose in a smaller format, with the intermediation of the EU, Germany and France (...) to try to find the solution that would allow us

6 Ghana is the 16th United Nations member state to have reversed its recognition of Kosovo, on November 11, 2019; Serbia aims to reduce the number of countries which recognise Kosovo's independence to bellow a half of the UN member states and that will happen by the end of the year, Serbia's Foreign Minister Ivica Dacic has said on September 4, 2019 http://rs.n1info.com/English/NEWS/a523090/Serbia-s-FM-Belgrade-will-continue-lobbying-for-withdrawals-of-Kosovo-independence.html

7 https://balkaninsight.com/2019/04/30/berlin-summit-fails-to-restart-stalled-kosovo-serbia-talks/

8 https://www.dw.com/en/serbia-kosovo-agree-to-talks-following-berlin-summit/a-48541196

to resume the dialogue," He added that "Serbia had no other conditions than the repeal of taxes."[9]

Solving the 27 year long dispute between Greece and now Northern Macedonia, by signing the Prespa Agreement[10], was seen as a possible positive impetus for resolution of outstanding bilateral disputes in the region. At the sixth in the series of annual EU/WB summits organized in Poznań under the Berlin Process[11], in July 2019, the Western Balkan political leaders got another opportunity to discuss bilateral issues and legacy of the past such as war crimes and missing persons. Since the Governments of the Western Balkans committed to a resolution of all open bilateral questions, by signing an agreement in the framework of the EU/WB Summit in 2015 in Vienna, this crucial precondition for regional cooperation and reconciliation gained momentum and became integral part of all major discussions about the European future of the Balkans.[12]

Regional cooperation in the Western Balkans has recently entered a new stage of development, after the initial externally (EU) driven phase. Originally, this cooperation was conceived as rather distinct and of secondary importance with respect to other EU priority areas. Assuming ownership in addressing and resolving the challenges existing in the region and considering regional cooperation and its mechanisms as tools for progress and development rather than an objective in itself, is the critical first step. Last year we witnessed numerous occasions demonstrating and confirming this shift from externally driven towards a regionally rooted and owned process. In this respect the decision of both Bulgaria and North Macedonia to jointly host the next stage in the Berlin Process, the 7th EU/WB Summit is a broadly welcomed initiative.

Majlinda Bregu, Secretary-General of the Regional Cooperation Council (RCC), who presented this year's Balkan Barometer[13], stressed that

9 https://www.euractiv.com/section/enlargement/news/serbia-and-kosovo-agree-to-resume-talks-after-macron-merkel-push/1336521/

10 https://vlada.mk/sites/default/files/dokumenti/spogodba-en.pdf

11 https://berlinprocess.info/

12 https://berlinprocess.info/wp-content/uploads/2017/11/Regional-Cooperation-and-the-Solution-of-Bilateral-Disputes.pdf

13 https://www.rcc.int/pubs/89/balkan-barometer-2019-public-opinion-survey

its findings show that 64 % of businesses and 56 % of citizens consider the enlargement process as a good thing.

"There is no better way to stress the need for stepping up the regional cooperation than quoting the citizens and businesses of the Western Balkans who overwhelmingly believe in regional cooperation,"[14] said Bregu.

One of the concrete examples of neighborly goodwill in the region was lowering and eventually abolishing roaming charges. Starting in July 2019, the deal cut roaming charges by 27 % across Serbia, Albania, Montenegro, North Macedonia, Bosnia and Kosovo. The fact that Kosovo is part of the agreement demonstrates the power of the regional initiatives and mechanisms, in spite of the existing criticism towards (missing) tangible results and vague outcomes of the announced cross border and regional projects. Serbia's Prime Minister Ana Brnabić said signing the roaming accord was "not easy at a moment when Pristina violates regional agreements", referring to the 100 % tariff dispute. But she said the country was "sending a signal to give a chance to the region to be prosperous and to have different future".[15] The importance of regional cooperation is underlined by two key benefits. First, it reduces tension and strengthens regional stability, which in turn is a key precondition for sustainable development. And second, it brings various practical benefits. The latter stem from increased intra-regional flows of goods and services, as well as scientific and cultural exchanges, enhanced competitiveness of relatively small national economies and the increased attractiveness of the region as a whole as an investment destination.[16]

The "Western Balkans Six" format of regional cooperation, provided numerous opportunities throughout the year for meetings at the highest governmental levels. The informal "Western Balkans Six" grouping brings together those countries[17] that are all more or less at the same phase in their EU approximation and that, crucially, share the same aim of integrating into

14 https://europeanwesternbalkans.com/2019/07/04/bregu-regional-cooperation-should-improve/

15 https://www.euractiv.com/section/enlargement/news/western-balkans-to-abolish-roaming-charges-by-2021/

16 "Regional cooperation in the Western Balkans" by Oleg Levitin and Peter Sanfey file:///C:/Users/A960OYA/Downloads/western-balkans-summit-paper.pdf

17 Countries of the former Yugoslavia plus Albania, minus Slovenia and Croatia.

the European Union, face similar challenges in their economic development, could benefit from better mutual coordination, and have many common cultural features.

Another result of these frequent meetings, what demonstrates readiness for taking more ownership of regional processes was the initiative of three Western Balkan EU hopefuls, Albania, North Macedonia and Serbia, who have decided to advance regional cooperation by forming the so-called "mini-Schengen" in order to improve life and the economy in the region until the EU opens its doors to them. "One of the conditions for the candidate and potential candidate countries to join the EU is establishing effective regional cooperation before joining. Mini-Schengen does precisely that," said Srđan Cvijić, Senior Policy Analyst at the Open Society European Policy Institute. However, "You cannot at the same time build bridges and inflame the domestic public against the neighbours as some leaders in the region are doing, but mini-Schengen is generally taking a step in the right direction that can be only beneficial to the citizens of the Balkans," he added. The idea of creating this arrangement came last October, as Prime Minister of Albania Edi Rama and Prime Minister of North Macedonia Zoran Zaev, together with President of Serbia Aleksandar Vučić met in Novi Sad where they stated that others countries of the Western Balkans are welcome to join the initiative. The second meeting of the leaders of Albania, North Macedonia and Serbia, together with the Chairman of the Council of Ministers of Bosnia and Herzegovina and Minister of Economy of Montenegro, was held in November 2019 in Ohrid, and resulted in a set of proposals with the goal of achieving "four freedoms". In addition to this, the leaders agreed that initiative should also include mutual recognition of professional qualifications, incentives for the exchange of students, joint research and development projects, border cooperation in the fight against crime and terrorism and help in an emergency situation.[18]

The end of the year was marked however, with another bilateral issue between Serbia and Montenegro, provoked by the new Religious Free-

18 https://europeanwesternbalkans.com/2019/11/22/mini-schengen-hand-in-hand-with-the-eu-integration-process-or-its-replacement/

dom Law adopted by the Montenegrin Parliament on December 27 despite street protests and a last-minute attempt in the chamber by deputies of the pro-Serb opposition to prevent the vote going ahead. The Serbian Orthodox Church, Montenegro's most powerful religious institution, reacted to the law by accusing the government of carrying out a "flagrant attack". Under the law, religious communities in Montenegro would need to prove property ownership from before 1918, when predominantly Orthodox Christian Montenegro joined the Kingdom of Serbs, Croats and Slovenes. The law could enable the state to claim ownership of hundreds of religious buildings. The Serbian Orthodox Church says the government's law seeks to weaken its influence and one bishop warned it could cause "civil war". Critics see the move as an attempt to steer the republic away from Serbia and to promote the small Montenegrin Orthodox Church, which is not recognized by other major churches.[19] One could argue that it is the final act of separation of Montenegro from Serbia, where the latter missed the opportunity (again) to demonstrate a peaceful and diplomatic attitude and true problem solving intentions. Some even stress the importance of Montenegro's NATO membership in this situation, finding it to be as serious, as to possibly provoke even armed conflicts between the two "brother nations".

Bye Bye Balkans

Depopulation of the Balkans was the topic significantly shaping the debate about the future of the region at different levels. Tim Judah, in his article called Bye Bye Balkans-A Region in Critical Demographic Decline wrote: "If demography is destiny, the Balkan future is bleak – but it is not unique. From Greece to Poland, almost all Eastern, Central and Southeast European countries are wrestling with the same problems." However, "… while Western countries compensate for falling birth rates and emigration with immigration, relatively few people immigrate to Balkan countries".[20]

19 https://www.bbc.com/news/world-europe-50923647

20 https://balkaninsight.com/2019/10/14/bye-bye-balkans-a-region-in-critical-demographic-decline/

The latest Eurostat figures say around 230,000 people left the Western Balkans region in the past year. The largest number emigrated from Albania (62,000). This was followed by Bosnia and Herzegovina (53,500), Serbia (51,000), Kosovo (34,500), North Macedonia (24,300) and Montenegro (3,000).[21] No country in the region can afford this, but it is happening and these numbers should impress on everyone a sense of urgency.

Compared with the economies of Western Europe, the countries of the region have little to offer. The six Western Balkans countries are still among the poorest in Europe and their pace of convergence with European standards is slow. However, not everyone leaves for purely economic reasons. Many are reportedly leaving because of the 'toxic' atmosphere and overwhelming lack of perspective. In the decision to emigrate, rule of law in many cases accompany economic motives. Unsecure and anxious environment encourages emigration. The region thus loses everything from its demographic to its social and intellectual potential for progressive change.

While disillusioned by decades of empty promises from their local elites, the citizens of the region still share a vision of the long-term prospect of EU membership. Whether "More Europe" could in the western Balkans possibly shift the gears, is one of the main questions considered when analyzing the emigration and brain-drain tendencies from the region. The answer gains complexity when looking at similar developments in Countries like Croatia, what experienced a sharp increase in emigration after it joined the EU in 2013. However, when looking at the principal motivations for leaving the country, it is striking that those are all related to deficiencies in the rule of law and in the perceived presence of 'backward' values.[22]

All governments are well aware of the situation but struggle to know what to do about it, or lack the means to do much. Meanwhile, demography and emigration are leading to labour shortages everywhere and to serious political consequences. Electoral rolls in most countries remain packed with those who have emigrated. The result is flawed elections thanks to padded lists.

21 https://www.socialeurope.eu/can-europe-help-the-balkans-keep-its-young-emigrants

22 https://blogs.lse.ac.uk/europpblog/2019/01/15/strengthening-the-rule-of-law-in-the-western-balkans-why-should-the-eu-care/

How to make the region into a place where people want to stay to live? The answer might be further exploring the opportunities provided by regional cooperation and developing a future oriented, sustainable and practical development strategy for the Western Balkans.

HANNES LEIDINGER

Die 9er-Jahre

Gedanken zu Erinnerungskulturen und Anlassgeschichtsschreibung 2019

Welche historischen Ereignisse und Umbrüche spielten 2019 international, vor allem aber auch in Österreich eine Rolle: die Friedensverträge und das Revolutionsjahr 1919, der Ausbruch des Zweiten Weltkrieges, die NATO-Gründung 1949, die Mondlandung 1969, die „Zeitenwende" 1979, der Fall der Berliner Mauer 1989, etc. Der Blick auf die „9er-Jahre" setzt sich zugleich grundlegender mit dem Stellenwert und der Bedeutung einer „Gedenk- oder Anlassgeschichtsschreibung" auseinander.

Nicht wenige Kommentatoren des Zeitgeschehens konstatieren seit geraumer Zeit einen „History-Boom“, der sich international, aber auch auch in Österreich an unzähligen Publikationen, Veranstaltungen, Ausstellungen, Gedenkstätten, Museen beziehungsweise „Häusern der Geschichte“ ablesen lässt. Ist die „Memory“-Welle tatsächlich neu, wie nicht selten konstatiert wird?[1]

Die Antwort muss differenziert ausfallen. Schon seit der Antike fehlt es keineswegs an großen Jubiläen und dem Versuch, die Vergangenheit als identitätsstiftenden Faktor einzusetzen. Andererseits scheinen Modernisierungsschübe seit der „Sattelzeit“ um 1800 das Verständnis von Geschichte zu verändern. Die Vorstellung von oftmals naturgebundenen Zyklen weicht vielfach einem linearen, in die Zukunft weisenden Zeitgefühl. Humanismus und Historismus stellen den Menschen und seine Gestaltungsmöglichkeiten in das Zentrum der Betrachtungen. Beschleunigung und „Veruhrzeitlichung“ sind (spät-)neuzeitliche Erscheinungen. Ganz praktisch gedacht heißt das auch: Die Durchsetzung des Dezimalsystems im Zuge der mathematischen Bildungsoffensive schafft letztlich das breitenwirksame Verständnis, Zeiträume in Einheiten zu begreifen, die durch 25, 50 oder 100 geteilt werden.[2]

„Was geschah vor 20, 30, 100, 150 … Jahren?“, hieß dieser Logik folgend auch ein Vortrag im Rahmen einer Veranstaltungsreihe der Wiener Volkshochschulen mit dem Titel „Die 9er-Jahre“. Nicht zuletzt vor dem Hintergrund veränderter Medienrealitäten und einer wachsenden Infotainment-Branche stürzen die runden Geburtstage und die Ereignis-Datenmengen auf eine mehr oder minder aufmerksame Öffentlichkeit ein. Der Geschichts-Newsticker spuckt die kleineren und größeren Momente unterschiedslos aus, und das Volkshochschulprogramm reflektiert die Nachrichten-Flut getreulich. 1769 – Napoleons Geburtstag, 1979 – Das „Ende der Moderne“, 40 Jahre Wiener UNO-City, die „Iranische Revolution“ oder auch der Ägyptisch-Israelische Friedensvertrag, 1969 – Woodstock, 1939 – Der

1 Uhl, Heidemarie: Die Undarstellbarkeit von Geschichte und die Notwendigkeit des Hauses der Geschichte Österreich. In: Winkelbauer, Thomas (Hg.): Haus? Geschichte? Österreich? Ergebnisse einer Enquete über das neue historische Museum in Wien. Wien 2016, 83–86.

2 Müller, Winfried: Das historische Jubiläum. Zur Geschichtlichkeit einer Zeitkonstruktion. In: Ders. (Hg.): Das historische Jubiläum. Genese, Ordnungsleistung und Inszenierungsgeschichte eines institutionellen Mechanismus. Münster 2004, 1–76, hier 15f.

Tod Sigmund Freuds, der Beginn des Zweiten Weltkrieges, der Hitler-Stalin-Pakt oder das „Ende der Demokratie in Spanien“, 1789 – die Französische Revolution, 1919 – Republik im Aufbau, das „Rote Wien“, neue Arbeitswelt, Grenzziehungen und Grenzerfahrungen, der Vertrag von Saint Germain, das Frauenwahlrecht, die Ermordung von Liebknecht und Luxemburg, 100 Jahre Bauhaus, 1989 – der Fall des Eisernen Vorhangs, 1999 – „Das letzte Jahr der Zukunft“, 1929 – der Schwarze Freitag oder Literaturnobelpreis für Thomas Mann, 1099 – Kreuzfahrer erobern Jerusalem, 1949 – „Was bedeutet es, Frau zu sein“ oder Literaturnobelpreis für William Faulkner.[3]

Die „9er-Jahre“ waren ereignisreich, konstatierten dazu Presseaussendungen.[4] Aber, so die Gegenfrage, die „4er-“, die „5er-“ oder „8er-Jahre hatten es doch auch in sich, nicht nur aufgrund der spezifischen österreichischen Vergangenheitserfahrung? Welche „runden Geburtstage“ könnte man noch hinzufügen, um das „10er-System“ voll auszuschöpfen? Der Phantasie sind keine Grenzen gesetzt. Beim Anblick des „Kehrichthaufens der Geschichte“ befällt Beobachter solcherart nicht ohne Grund ein Gefühl der Beliebigkeit. Der Datenmüll der Vergangenheit wird deshalb geordnet. Für die Bundeshauptstadt ergaben sich dabei zuletzt vier Schwerpunkte: das Rote Wien und die Republiksgründung, die Territorialfragen durch die Friedensverträge von 1919 in ihrer Langzeitwirkung, das Wendejahr 1989 für Europa, Sexualwissenschaft und Geschlechterrollen im Wandel.

Abgesehen von einigen Büchern, die das Jahr 1919 überblicksartig in Form von verschiedenen, keineswegs nur politischen Ereignissen präsentieren[5], sind es vor allem zwei Ausstellungen, die Erwähnung finden müssen: Das Volkskundemuseum in Wien widmete sich „100 Jahren Frauenwahlrecht“, Expertinnen vor allem der Universität Wien beziehungsweise der „Österreichischen Gesellschaft für Zeitgeschichte“ waren daran federführend beteiligt und boten zudem Publikationen und Begleitveranstaltungen an.[6] Eine Initiatorin und ausgewiesene Spezialistin in diesem Arbeitsfeld, die

3 https://www.vhs.at/de/neun.

4 https://www.ots.at/presseaussendung/OTS_20190909_OTS0058/9er-jahre-veranstal tungsreihe-der-wiener-volkshochschulen.

5 https://www.buchkritik.at/kritik.asp?IDX=8593.

6 https://www.volkskundemuseum.at/frauenwahlrecht.

Historikerin Gabriella Hauch, rekurrierte in zusätzlichen Kommentaren auf die anfänglichen Ängste der Parteien, die neuen Wählerinnen nicht binden zu können. Das weitverbreitete katholische Milieu bevorzugte die Christlichsozialen, die es den „Frauen aber nicht gedankt" und kaum weibliche Abgeordnete zugelassen habe. Der „Austrofaschismus" hob die verfassungsmäßige Gleichstellung der Geschlechter dann überhaupt auf. Der Beitrag konzentrierte sich auf die Zwischenkriegszeit und verwies auf immer noch vorhandene weltanschauliche Gräben ebenso wie auf die Neigung der politischen „Lager", tendenziell aneinander vorbeizureden. In den Kommentaren wurden Ausführungen Hauchs teils scharf zurückgewiesen: Der Gegensatz zwischen „frauenfreundlicher" SPÖ und den „diskriminierenden Bürgerlichen" sei zu hinterfragen. Als Beispiel hob man unter anderen die erste Bundesministerin und die erste Landeshauptfrau, beide aus den Reihen der ÖVP, hervor. Die Angaben bezogen sich auf die Zweite Republik. Hauch meinte aber die Erste Republik. In Bezug auf die Thematik hielt sie außerdem einige Unterschiede zwischen den Bundesländern fest.[7]

Kritische Differenzierungen fanden sich an mehreren Stellen einer Sonderschau im Ausweichquartier des gegenwärtig im Umbau befindlichen Wien Museums. Das „Rote Wien" war hier einmal mehr Gegenstand einer Neubetrachtung. Dabei standen unzweifelhaften Leistungen, vor allem im Wohnbau sowie bei Freizeit-, Bildungs- und Gesundheitsfragen mehrere problematische Aspekte gegenüber: zum Beispiel die „quasi religiös inszenierte" Überhöhung der eigenen Klassenkampfideologie oder die Mitverantwortung sozialdemokratischer Ärzte an der Verbreitung eugenischen Gedankengutes und des Begriffs des „unwerten Lebens". Nicht unerwähnt blieb überdies, dass reformpädagogische Ansätze auch aus dem „katholischen Umfeld" stammten.[8]

Ambivalent war und ist der Umgang mit der „Rätebewegung" und „Rätedemokratie". Die empirischen Grundlagen, die teilweise parteipoli-

7 Hauch, Gabriella: 100 Jahre Frauenwahlrecht: „Sprung ins Dunkle". In: Der Standard v. 17.5.2019.

8 Zwischen Nostalgie und Autorität. Das Wien Museum wirft einen politischen Blick auf das „Rote Wien" der Zwischenkriegszeit. In: Wiener Zeitung v. 29.4.2019; im Wien Museum: Das „Rote Wien" im Zentrum einer Ausstellung. In: Kleine Zeitung v. 29.4.2019.

tisch klar zuordenbare Forscher schon vor Dekaden präsentiert haben, sind immer noch beachtenswert.[9] Aktuellere Untersuchungen können hier nur bedingt Ergänzungen bieten. Bei der Interpretation der Thematik trüben die Schatten des kurzen 20. Jahrhunderts den Blick: Speziell im langfristig antikommunistisch gestimmten Österreich drängen das „leninistische Sowjetexperiment" und die Instrumentalisierung der „Arbeiterdemokratie" durch die Diktatur der Bolschewiki entsprechende Fragestellungen weitgehend aus dem Bewusstsein. Ein neuer Band versucht das „verschwiegene Kapitel" dem Vergessen zu entreißen.[10] Die von den Autor/innen gebotenen Erklärungsversuche dafür, dass die „Revolution scheiterte" und die Räteidee eine abstrakte „soziale Utopie" blieb, überzeugten Kritiker bislang kaum. Die Chance, ein historisches „Lehrbeispiel" mit Blick auf spätere und zukünftige Entwicklungen zu analysieren, scheint ihrer Meinung nach nicht wirklich genutzt worden zu sein.[11]

Auffällig ist bei den diversen Studien und „Events" die Wien-Zentriertheit der „Erinnerungsarbeit". Sie kreist durchaus traditionell um „linke Kernthemen" der Republiksgründung. In anderen Bundesländern hielt sich das Interesse an den „9er-Jahren" und besonders am Jahr 1919 in Grenzen. Vorarlbergs Votum für die Schweiz und das weitere Schicksal des „Kanton Übrig" war immerhin im „Ländle" und in der Eidgenossenschaft Gegenstand von öffentlichen Erörterungen, wissenschaftlichen Aktivitäten und gedächtniskulturellen Initiativen.[12] Der Länderpartikularismus und ein unverkennbares West-Ost-Gefälle bei der Thematisierung historischer Begebenheiten und Erfahrungen sind nach wie vor spürbar. Dabei verbindet das Jahr 1919 und speziell die Frage der Gebietsansprüche beziehungsweise der Grenzziehung viele Regionen der Alpenrepublik.

Gelegentlich, aber wesentlich sporadischer als erwartet, manifestiert sich das auch in den Aktivitäten der Bundesländer. „100 Jahre Grenze" ist

9 Vgl. Hautmann, Hans: Geschichte der Rätebewegung in Österreich 1918–1924. Wien-Zürich 1987.

10 Leder, Anna/Memoli, Mario/Pavlic, Andreas (Hg.): Die Rätebewegung in Österreich. Von sozialer Notwehr zur konkreten Utopie. Wien 2019.

11 https://derfunke.at/geschichte/oesterreichische-arbeiterinnenbewegung/11159-buch rezension-raetebewegung-in-oesterreich-wenn-der-wunsch-mutter-des-gedankens-ist.

12 https://www.diepresse.com/5626215/vorarlberg-mai-1919-als-es-fast-zum-gsixit-kam.

im Grazer „Museum für Geschichte" der Inhalt von drei Ausstellungen. Zeithistoriker Helmut Konrad kuratierte die zweite Schau. Sie widmete sich den Jahren ab 1919 und war bis Anfang 2019 zu sehen. Basis der Ausstellung bildeten private und regionale Fotosammlungen, Tondokumente und Filme.[13]

In Innsbruck wiederum brachte die Stadtverwaltung auf ihrem amtlichen Mitteilungsblatt regelmäßig Online-Berichte über lokale Begebenheiten in verschiedenen Monaten des Jahres 1919. Darüber hinaus feierte die Krankenpflegeschule der Tiroler Landeshauptstadt ihr hundertjähriges Bestehen. Eine gleichfalls online abrufbare Ausstellung wurde zu diesem zentralen gesundheits- und gesellschaftspolitischen Thema realisiert.[14]

Ansonsten tat sich Tirol mit den Folgewirkungen des Jahres 1919 schwer. Oswald Überegger, Leiter des Kompetenzzentrums für Regionalgeschichte an der Freien Universität Bozen, sah in diesem Zusammenhang auch Auswirkungen des Generationenwechsels. „Bei Saint-Germain denken die meisten eher an den Pariser Fußballklub", meinte Überegger ironisch.[15] Die Trennung von Nord- und Südtirol vor 100 Jahren gelte als ein „schwieriges Jubiläum". Die „Unrechtsgrenze" könnten speziell junge Menschen heute „weder optisch noch emotional nachempfinden". Die „üppige Wohlstandsprovinz" sei gegenwärtig eher mit den Problemen der Massenmobilität konfrontiert: Transitverkehr und Touristenströme.[16]

Abgesehen vor allem von Aktivitäten der Spezialisten, darunter zwei Tagungen von Übereggers Geschichtszentrum, fällt die Zurückhaltung des Landes auf: „2019 feiern Tirol und Südtirol zwar mit Pomp und Prunk das ‚Maximiliansjahr' im Gedenken an den vor 500 Jahren verstorbenen Kaiser Max – während aber die weit prägendere Zäsur von 1919 stockend und spät thematisiert wird: Keine Landesausstellung, kaum Veranstaltungen."[17]

13 https://www.museum-joanneum.at/museum-fuer-geschichte/ausstellungen/events/event/6879/100-jahre-grenze-ii-1919-1945.

14 https://www.100jahre-pflegeschule.at.

15 Mumelter, Gerhard: Südtirol-Jubiläum: Hundert Jahre Grenzerfahrung. In: Der Standard v. 20.10.2019.

16 Ebd.

17 Ebd. Dazu auch: Überegger, Oswald: Im Schatten des Krieges. Geschichte Tirols 1918–1920. Paderborn 2019.

Vereinzelt lösten Beiträge zu den Pariser Vororte-Verträgen auch Unmut aus. Der Historiker Arnold Suppan betonte in einem Artikel vom September 2019, dass die Siegermächte auf die Verlierer des Ersten Weltkrieges keine Rücksicht genommen hätten. Die Friedensabkommen „ließen viele Probleme ungelöst", vor allem mit Blick auf Minderheiten- und Wirtschaftsfragen. Sie seien in Summe vor allem gegenüber Österreich und Ungarn davon geprägt, die Unterlegenen in einer besonders extremen Form zu bestrafen.[18]

Die Leserschaft reagierte gespalten. Neben negativen Bemerkungen über das Verhalten, insbesondere der französischen (Nach-)Kriegsregierungen mangelte es nicht an Statements, die Österreich-Ungarns Schuld am Ausbruch des Ersten Weltkrieges hervorhoben.[19]

Die Diskussionen um die Geschehnisse von 1914 bis 1918 beziehungsweise die nachfolgenden Entwicklungen zeigten deutlich, dass – ähnlich wie 2014 – das Erinnern an die „Urkatastrophe Europas" mit der sattsam bekannten Kriegsschulddebatte und dem Wiederauftauchen nationaler bis nationalistischer Geschichtsnarrative einherging.

Die Zögerlichkeit der Tiroler wird unter solchen Umständen verständlich, wenngleich andererseits speziell der Kultur- und Informationsspartensender ORF III trotz des schwierigen Stoffes entsprechende Schwerpunkttage beziehungsweise -abende in das Programm aufnahm. Pünktlich zur 100-jährigen Wiederkehr der Unterzeichnung des Vertrages von Saint Germain setzten sich mehrere Sendungen und teilweise neu gestaltete Dokumentationen mit dem kontroversiellen Themenbereich auseinander.[20]

Beachtung fanden in Österreich aber auch Annäherungen an die „9er-Jahre" im Ausland. Abgesehen etwa von einer Radiosendung des Deutschlandfunks über die „Adelsaufhebung" in Österreich im April 1919[21], ging es vor allem um internationale Schlüsselwerke, etwa von Eck-

18 Suppan, Arnold: 100 Jahre Saint-Germain: Diktat der Sieger? In: Der Standard v. 19.9.2019.

19 Ebd.

20 ORF III: St. Germain und die Folgen. Zwei Teile: Gebietsverluste im Süden/Gebietsverluste im Norden. Ausgestrahlt ab 20.15 Uhr am 14.9.2019.

21 Deutschlandfunk Kultur: Das „Von" ist abgeschafft. Gesendet am 3.4.2019.

art Conze („Die Große Illusion. Versailles 1919 und die Neuordnung der Welt"), Birte Förster („1919. Ein Kontinent erfindet sich neu"), Robert Gerwarth („Die größte aller Revolutionen, November 1918 und der Aufbruch in eine neue Zeit") und Jörn Leonhard („Der überforderte Frieden. Versailles und die Welt 1918–1923). Wie sehr nun diesbezüglich nicht mehr nur die Westmächte, Mittel- und Westeuropa ins Zentrum der Betrachtungen rücken, beweist vor allem auch die Berücksichtigung von Veröffentlichungen zu den Ereignissen in Osteuropa seit dem Vorabend des Ersten Weltkrieges. Genannt wurde dabei etwa das von Wlodzimierz Borodziej und Maciej Górny geschriebene, knapp tausend Seiten umfassende Werk „Der vergessene Weltkrieg. Europas Osten 1912–1923".[22]

Auffallend war und ist außerdem, dass Handlungsstränge und Entwicklungszusammenhänge nun nicht mehr an den „Zeitikonen" 1914 oder 1918 gemessen werden, sondern eher ein Krisenjahrzehnt in den Blickpunkt gerät, das in etwa von den Balkankriegen 1912/13 bis zur Ruhrkrise 1923 reicht.

Besonderheiten einzelner Staaten waren 2019 überdies unverkennbar. In Deutschland standen etwa die Jahre 1818/19, 1919, 1949 und 1989 im Zeichen einer Auseinandersetzung mit Verfassungsentwürfen und Demokratieentwicklung. Solcherart fanden neben den Vorgängen im Jahr 1919 etwa auch die ersten „Konstitutionen" von Baden und Württemberg Beachtung, ebenso wie die Gründung von BRD und DDR 1949 und die „Wende" sowie der Fall des „Eisernen Vorhanges" beziehungsweise der Berliner Mauer 1989. [23]

Die „9er-Jahre" hatten daher vor allem in Deutschland – wie schon bisher – jenen besonderen Stellenwert, den in der Alpenrepublik vor allem die „5er"- und „8er"-Jahre (1918, 1938, 1945, 1955, 1995) einnehmen. Drehte sich in der deutschen öffentlichen Auseinandersetzung übrigens vieles um unterschiedliche Formen des Demokratieverständnisses, so wäre etwa die weitreichende Novellierung der österreichischen Bundesverfassung

22 Kluy, Alexander: Bücher über das Jahr 1919: Pflichtlektüre für Politiker. In: Der Standard v. 3.6.2019.

23 1919-1949-1989-2019: Demokratie und Demokratieverständnis, 23.05.2019-25.05.2019 Jena. In: H-Soz-Kult. 11.04.2019, www.hsozkult.de/event/id/termine-40004.

im Jahr 1929 ebenfalls ein Anlass zu einem runden Geburtstag und zu einer entsprechenden öffentlichen Thematisierung gewesen. Die – gelinde gesagt – verhaltene Reaktion auf derartige rechtsgeschichtliche Schwerpunkte scheint mit dem Befund vieler Kommentatoren übereinzustimmen, demzufolge die Fundamente des politischen Systems oder gar Dialoge um eine Art „Verfassungspatriotismus" hierzulande kaum größeres öffentliches Interesse hervorrufen.[24]

Die grenzüberschreitende Forschung lenkt indes ihr Augenmerk auf unterschiedliche Aspekte: Eine Tagung in Sofia befasste sich beispielsweise mit den militärischen Konsequenzen der Pariser Vororte-Verträge. In Belgrad trafen sich Experten verschiedener Länder, um sich diversen Plänen und ihrer Umsetzung bei der Neuordnung Südosteuropas nach 1918 zu widmen. Eine internationale Berliner Konferenz wird sich Aspekten der Gewaltforschung und speziell der (völker)rechtlichen Ahndung von Genozid beziehungsweise Massenverbrechen annähern. Die Frankfurter Gesellschaft für Unternehmensgeschichte behandelte ökonomische Auswirkungen in Bezug auf die Rohstoffversorgung, Reparations- und Entschädigungsleistungen, die Enteignungen von Direktinvestitionen und den Verlust von Kolonien.[25]

Das Langzeitgedenken an die Umwälzungen seit 1914/1918 bzw. 1919 stellte allerdings national wie international andere Erinnerungs-Highlights vorübergehend in den Schatten. Im Sommer wandte sich die Öffentlichkeit in rascher Folge zunächst der Mondlandung vor 50 Jahren[26] und danach dem Ausbruch des Zweiten Weltkriegs zu. Auch der ORF ent-

24 Leidinger, Hannes: Machtverhältnisse oder: Welche Demokratie? In: Leidinger, Hannes/ Moritz, Verena: Umstritten, verspielt, gefeiert. Die Republik Österreich 1918/2018. Innsbruck/ Wien 2018, 164–199, hier 198.

25 1919 – der Versailler Vertrag, die Neuordnung Europas und die deutschen Unternehmen, in: H-Soz-Kult, 23.09.2018, www.hsozkult.de/event/id/termine-38216; Ideas and their Consequences. Mass Violence and international Justice after 1919,17.04.2020–19.04.2020 Berlin, in: H-Soz-Kult, 03.09.2019, www.hsozkult.de/event/id/termine-41072; Die Neuordnung Südosteuropas nach dem Ersten Weltkrieg. Pläne, Umsetzung, Folgen, 31.10.2019–02.11.2019. Belgrad, in: H-Soz-Kult,18.06.2019, www.hsozkult.de/event/id/termine-40614.

26 https://tv.orf.at/highlights/programmschwerpunkt/50_jahre_mondlandung100.html. Dazu auch 2019 in Österreich: Gruber, Werner (Hg.): 50 Jahre Mondlandung. Das Krone-Magazin. Wien 2019; Gugerell, Alfred/Hammermüller, Peter: Die Mondlandung. Der Wettlauf zum Mond. Wien 2019.

schied sich für entsprechende Programmschwerpunkte im Juli sowie Ende August und Anfang September 2019. Die Geschehnisse von 1939 waren dabei wiederum eingebettet in die dauerhafte mediale Auseinandersetzung mit dem Nationalsozialismus und den Entwicklungen bis 1945, wobei aus gegebenem Anlass etwa auch mit besonderen Veranstaltungen und Presseberichten der Alliierten-Landung in der Normandie (D-Day 1944) gedacht wurde.[27]

Mit der Zusammenkunft der Siegermächte des Zweiten Weltkriegs in England und Frankreich stand wiederum die Stimmung unter den NATO-Bündnispartnern zur Disposition. Auch das Jubiläumstreffen anlässlich der Gründung des Nordatlantikpaktes vor 70 Jahren (April 1949) war dann überschattet von Spannungen und Krisen innerhalb der militärischen Allianz.

Erkennbar werden neben dem Fokus auf den Ersten und den Zweiten Weltkrieg und den Folgen des „Katastrophenzeitalters" von 1914 bis 1945 außerdem Versuche, neue Periodisierungen und „Zeitikonen" der jüngeren Zeit- und der Gegenwartsgeschichte zu offerieren. „Schuldenkrise, Wladimir Putin und Donald Trump, der Aufstieg Chinas und der Niedergang Europas, Castingshows und ‚Game of Thrones', Smartphones und soziale Netzwerke, Populisten und Selbstdarsteller, Internet-Milliardäre und Ich-AGs, 9/11 und die Endloskriege im Nahen Osten – viele Entwicklungen, die unsere Zeit der Krisen und Konflikte prägen, hatten 1999 ihren Ursprung", meint etwa Journalist Michael Laczynski in seinem aktuellen Buch „Das letzte Jahr der Zukunft. Wie 1999 die Welt veränderte". Laczynskis Aufzählungen erinnern an die eingangs erwähnten Fernschreiber- beziehungsweise Newsticker-Meldungen. Wie weit sich aus der Datenflut tatsächlich tiefgreifendere und weitreichendere Zäsuren erkennen lassen, also auch kurzfristige Wendepunkte der Geschichte mit beträchtlicher Wirkmacht, werden die kommenden Debatten zeigen.[28]

Abgesehen von der Frage, in welchen Augenblicken sich mittel- und langfristige Veränderungen, also auch der „Aufstieg" und „Niedergang" eines Kontinents oder einer Großmacht, zu „verdichten" scheinen, erweist

27 https://tv.orf.at/highlights/programmschwerpunkt/80_jahre_beginn_zweiter_weltkrieg 106.html.

28 https://www.residenzverlag.com/buch/das-letzte-jahr-der-zukunft.

sich bei der gegenwärtigen Suche nach „Epochenjahren" derzeit die Dekade bis 1980 als chancenreicher. Die Hochkonjunktur der „runden Geburtstage" lässt sich daran besonders gut beobachten. Sie ersetzt vor allem die von den Medien wenig geliebten Darstellungen langsamerer mittel- und langfristiger Prozesse. Wenn auch viele Historiker Ereignis und Veränderung als Normalfall betrachten und eher an „Kontinuitäten" und Formen der Stabilisierung interessiert sind – öffentlich wahrnehmbarer sind die medial gepushten „Sternstunden" und Wendepunkte. Gerade war es etwa im Rausch der „8er"-Jahre noch 1978, in dem, so die Interpretation, „Chinas Aufbruch in den Westen" begann.[29] Frank Bösch, Autor des Buches „Zeitenwende 1979. Als die Welt von heute begann", setzt diese Öffnung des „Reiches der Mitte" ein Jahr später an und listet noch eine Reihe zeitgleicher Geschehnisse von beträchtlicher Bedeutung auf: den „Papstbesuch in Polen", die „Iranische Revolution, Thatchers Neoliberalismus", den „AKW-Unfall von Harrisburg oder der sowjetische Einmarsch in Afghanistan".[30]

Böschs Bemühungen, den eingangs erwähnten Geschichtsdatenmüll zu ordnen, basieren auf der Autorität mancher „Großkommentatoren": Peter Sloterdijk hält unter anderem aus den oben genannten Gründen 1979 für das „Schlüsseldatum des 20 Jahrhunderts", andere sprechen vom „Beginn der multipolaren Welt von heute". Die ersten „Qualitäts-Spartensender" heften sich an die neu entdeckte „Zeitenwende". Dokumentationen werden ausgestrahlt.[31] Tony Judt mit seiner viel beachteten „Geschichte Europas von 1945 bis zur Gegenwart" und Eric Hobsbawm mit dem globalen Entwurf des „kurzen 20. Jahrhunderts" waren vorsichtiger, zumindest in Bezug auf Polen und Afghanistan.[32] Das gegenwärtige Abfeiern der „runden Geburtstage" könnte seinen Zenit erreichen, zumindest wenn wir uns am Geschichtstheoretiker Reinhart Koselleck orientieren. „Ereignisse und

29 Vgl. Ecker, Bernhard: Chinas Aufbruch in den Westen. In: Androsch, Hannes/Fischer, Heinz/Ecker, Bernhard: 1848 - 1918 - 2018. 8 Wendepunkte der Weltgeschichte. Wien 2018, 132-151.

30 Bösch, Frank: Zeitenwende 1979: Als die Welt von heute begann. München 2019. Dazu auch schon: Der Standard v. 2.1.2009.

31 Arte: 1979 ist überall - Urknall der Gegenwart. Gesendet ab 20.15 Uhr am 10.12.2019. Vgl. https://www.arte.tv/de/videos/086948-000-A/1979-urknall-der-gegenwart.

32 Judt, Tony: Geschichte Europas von 1945 bis zur Gegenwart. Frankfurt am Main 2009, 671 ff.; Hobsbawm, Eric: Das Zeitalter der Extreme. Weltgeschichte des 20. Jahrhunderts. München 1998, 503ff.

Strukturen", so Koselleck, „wechseln ihren Stellenwert, das Verhältnis ihrer gegenseitigen Zuordnung, je nachdem, was gefragt wird."[33] Anders gewendet: Wer nach den großen Momenten und Einschnitten in der Vergangenheit, nach „8er"- und „9er"-Jahren etwa und damit nach einer Geschichte der „kurzen Dauer", der raschen Umbrüche und entscheidenden Augenblicke, Ausschau hält, der wird sich bald von einer langsameren Geschichte der „Konjunkturen und Strukturen" oder einer „fast stationären Zeit" umgeben sehen.[34]

Als Einwand könnte gegen diese Sichtweise vorgebracht werden, dass eine dynamischere Moderne in Entwicklungsschüben um 1800, 1900 und 2000 Beschleunigungseffekte hervorbringt. Eine statischere Vergangenheit werde dadurch abgelöst von raschem Wandel und unzähligen Wendeereignissen. „Anlassgeschichtsschreibung" und Gedenkjahr-Konjunktur vor dem Hintergrund einer beschleunigten Medialisierung könnten ein zeitgemäßes Spiegelbild sein.[35]

33 Koselleck, Reinhart: Darstellung, Ereignis und Struktur. In: Wie Geschichte geschrieben wird. Berlin 1998, 113–125, hier 117.

34 Leidinger, Hannes: Historische Zeiten – Eine Einleitung. In: Moritz, Verena/Leidinger, Hannes: Die Nacht des Kirpitschnikow. Eine andere Geschichte des Ersten Weltkrieges. München 2008, 14–35, hier 17.

35 Leidinger, Hannes: Epilog: Die letzten Dekaden. In: Leidinger, Hannes/Moritz, Verena: Umstritten, verspielt, gefeiert. Die Republik Österreich 1918/2018. Innsbruck-Wien 2018, 309–339, hier 323–326.

BIOGRAFIEN
DER HERAUSGEBER UND AUTOREN

PERSONENREGISTER
SACHREGISTER

Gernot Blümel, geb. 1981, Mag. MBA, Studium der Philosophie an der Universität Wien und der Université de Bourgogne in Dijon, Studium an der Executive Academy der Wirtschaftsuniversität Wien, 2006–2008 Parlamentarischer Mitarbeiter und danach Mitarbeiter im Büro des Zweiten Präsidenten des Nationalrates, 2008–2010 Vizepräsident der Jungen Europäischen Volkspartei, 2009–2011 Referent im Bundesministerium für europäische und internationale Angelegenheiten, 2011–2013 Ministerratskoordinierung im Büro des Vizekanzlers, 2013–2015 Generalsekretär und Mediensprecher der ÖVP, Oktober 2015–April 2016 Geschäftsführender Landesparteiobmann der ÖVP Wien, Oktober 2015–Dezember 2017 Stadtrat im Stadtsenat Wien, seit April 2016 Landesparteiobmann der ÖVP Wien, Dezember 2017 Angelobung zum Bundesminister im Bundeskanzleramt. Jänner 2018 bis Mai 2019 Bundesminister für EU, Kunst, Kultur und Medien, Oktober 2019-Jänner 2020 Abgeordneter zum Nationalrat, seit Jänner 2020 Übernahme der Agenden des Finanzministers der Republik.

Johannes Bruckenberger ist seit 2019 Chefredakteur der APA – Austria Presse Agentur. Zuvor war er seit 1994 unter anderem als Medienredakteur, Chef vom Dienst, stellvertretender Chefredakteur und Innenpolitik-Ressortleiter der Nachrichtenagentur tätig. Seine journalistische Arbeit startete Bruckenberger bei der „Salzkammergut Zeitung".

Josef Cap, geb. 1952, Studium der Politikwissenschaften an der Universität Wien, Dr. phil., 1983 mit 62.457 Vorzugsstimmen in den Nationalrat gewählt, dem er bis Ende 2017 als Abgeordneter angehörte, Bundesgeschäftsführer der SPÖ von 1988 bis 1995, von 2001 bis 2013 Klubvorsitzender der SPÖ-Parlamentsfraktion, von 2008 bis 2017 Vorsitzender des Außenpolitischen Ausschusses des Nationalrates.

Brigitte Ederer, geb. 1956 Wien, Mag., Ederer war zwischen 1983 und 1992 und zwischen 1994- 1997 Nationalrätin. Europa-Staatssekretärin zwischen 1992 und 1995. Ederer verhandelte gemeinsam mit Außenminister Alois Mock in Brüssel den EU-Beitritt Österreichs. Nach ihrer politischen Karriere wechselte Ederer in den Vorstand der Siemens AG. Sie ist Aufsichtsrätin bei Boehringer Ingelheim, Infineon, Schoeller-Bleckmann Oilfield Equipment und Wien Holding.

Franz Fehr ist SDG-Koordinator der Universität für Bodenkultur Wien (BOKU) und Rats-Vorsitzender des interuniversitären Projektes „UniNEtZ – Universitäten und nachhaltige Entwicklungsziele". Fehr hat Agrarwissenschaften, Umweltmanagement und Ökopädagogik studiert und ist seit rund 25 Jahren in den Bereichen Umweltpolitik und nachhaltige Entwicklung beschäftigt. Neben seinen Tätigkeiten im universitären Bereich war er auch ehrenamtlich als Entwicklungshelfer in Uganda und im Süd-Sudan engagiert und ist seit 20 Jahren Gemeinderat mit den Schwerpunkten Umwelt und Jugend in seiner niederösterreichischen Heimatgemeinde.

Thimo Fiesel, geb. 1983, Generalsekretär der Österreichischen Grünen bis Ende April 2020, war zuvor Landesgeschäftsführer der Tiroler Grünen, wohnhaft in Kufstein Tirol, verheiratet und 3 Kinder, liebt die Natur und den Sport darin.

Stefan Friesenbichler, geb. 1983, 2007 bis 2012 freiberuflich tätig am Institut für Empirische Sozialforschung (IFES). Seit 2012 wissenschaftlicher Mitarbeiter am Institut für empirische Sozialforschung IFES (Wien) mit dem Schwerpunkt Politikforschung .

Christian Friesl, geb. 1960, a.o. Univ.-Prof. Dr. , MBA, Studium der Katholischen Theologie und Religionspädagogik an der Universität Wien, Habilitation im Fach Pastoraltheologie, MBA an der Wirtschaftsuniversität Wien. Seit 2001 a.o. Univ.-Prof. am Institut für Praktische Theologie der Universität Wien, Leiter des Forschungsverbunds „Interdisziplinäre Werteforschung" der Uni-Wien. Seit 2013 Bereichsleiter für Bildung und Gesellschaft der Industriellenvereinigung. Arbeitsschwerpunkte: Bildungspolitik, Wirtschaft und Ethik/CSR, Migration und Integration, Werteforschung, Praktische Theologie.

Heidi Glück, geb. 1962, studierte Volkswirtschaft, Politikwissenschaft und Publizistik in Innsbruck und Wien. Sie war 10 Jahre lang für die Außenkommunikation im ORF zuständig, 5 Jahre Pressesprecherin von Bildungsministerin Elisabeth Gehrer und 7 Jahre strategische Beraterin und Sprecherin des österreichischen Bundeskanzlers Wolfgang Schüssel. Seit 2007 leitet Glück das Beratungsunternehmen Heidi GLÜCK media+public affairs consulting in Wien, dessen Schwerpunkte in der Strategieberatung sowie in der Politik- und Medienberatung liegen.

Dietmar Halper, geb. 1969; Dr. iur., Studium der Rechtswissenschaften an der Universität Wien, zwischen 1994 und 1996 Rechtsanwaltsanwärter: Ausbildungsjurist in einer Rechtsanwaltskanzlei, danach neunmonatige Gerichtspraxis: Landesgericht für Strafsachen Wien, Bezirksgericht Oberwart, sowie Handelsgericht Wien; 1996 bis 2000 Klubdirektor des ÖVP Landtagsklub Burgenland; 2001 bis 2008 Landesgeschäftsführer der ÖVP Burgenland; seit 1. Februar 2008 Direktor der Politischen Akademie der Volkspartei .

Thomas Hofer, Dr., Geschäftsführender Gesellschafter von H&P Public Affairs in Wien. Arbeitet als Politikberater, Public Affairs Spezialist, Medientrainer und Politik-Analytiker. Er studierte Kommunikationswissenschaft und Anglistik in Wien und als Fulbright-Stipendiat Wahlkampfmanagement an der Graduate School of Political Management in Washington, D.C. Langjähriger Innenpolitik-Redakteur des Nachrichtenmagazins „profil". Unterrichtet Kampagnenmanagement an der FH Wien. Jüngste Buchveröffentlichungen: Wahl 2019. Strategien, Schnitzel, Skandale (Hg. gem. m. B. Tóth; Wien, 2019); Wahl 2017. Loser, Leaks & Leadership (Hg. gem. m. B. Tóth; Wien, 2017); „Dagegen sein ist nicht genug" (Hg.; Wien, 2015), „Die Tricks der Politiker" (Wien, 2010). Er ist Permanent Fellow am Institut für Medienpolitik in Berlin.

Karl Jurka, Professor Dr.; seit 1990 Politikberater und freiberuflicher Lobbyist in Berlin und Wien mit Präsenz in Paris. Geschäftsführender Gesellschafter der Jurka P.S.A. GmbH; zuvor zehn Jahre Wahlkampfmanager und Bundesorganisationsreferent der ÖVP; Studienleiter der Politischen Akademie der ÖVP 1978–1980; Studium der Rechtswissenschaften in Wien, Promotion 1977, Verleihung des Titels Professor 2005.

Othmar Karas, geb. 1957, Dr., M.B.L.-HSG, Vizepräsident des Europäischen Parlaments. Karas ist ein österreichischer Politiker (ÖVP) und seit 1999 Abgeordneter zum Europäischen Parlament. Aktuell hält er das Amt des Vizepräsidenten des Europäischen Parlaments inne, eine Funktion, welche er bereits von 2012 bis 2014 besetzte. Weiters war er von 2006 bis 2009 sowie von 2011 bis 2019 Leiter der ÖVP-Delegation im EU-Parlament. Im Europäischen Parlament ist die ÖVP Teil der EVP-Fraktion, bei der er von 2004 bis 2011 die Vizepräsidentschaft innehatte. Dr. Othmar Karas wurde 1957 in Ybbs an der Donau geboren, erhielt 1996 an der Universität Wien die Sponsion zum Magister der Philosophie und 1997 an der Hochschule St. Gallen die Sponsion zum MBL im Bereich europäisches und internationales Wirtschaftsrecht. 2017 promivierte Dr. Othmar Karas an der Universität Wien im Studienfach Politikwissenschaft. Er war Bundesobmann der Jungen ÖVP, Nationalratsabgeordneter und von 1995 bis 1999 Generalsekretär der ÖVP, bevor er 1999 in das Europäische Parlament gewählt wurde. Neben seiner Tätigkeit als Präsident des Hilfswerk Österreich seit 1998 gründete Dr. Othmar Karas 2010 das überparteiliche „BürgerInnen-Forum Europa", das sich für eine stärkere Beteiligung von BürgerInnen an der EU-Politik einsetzt und dessen Sprecher er bis heute ist.

Stefan Karner, geb. 1952, Univ.-Prof. Dr. Dr. h.c;, lehrt an der Univ. Graz Zeit- und Wirtschaftsgeschichte, ehem. Vorstand des Instituts für Wirtschafts-, Sozial- und Unternehmensgeschichte der Universität Graz und Leiter des Ludwig Boltzmann Instituts für Kriegsfolgenforschung, Österr. Wissenschaftler des Jahres 1995; zahlreiche Veröffentlichungen und Funktionen im In- und Ausland; Vorsitzender des internationalen wissenschaftlichen Beirates des „Hauses der Geschichte", St. Pölten. www.bik.ac.at.

Wolfgang Katzian ist Präsident des Österreichischen Gewerkschaftsbundes. Er erlernte den Beruf Bankkaufmann und arbeitete in der Devisenabteilung der Länderbank. 1977 ist er in die Gewerkschaft der Privatangestellten eingetreten. Er war zuerst Jugendsekretär (1977–1986), dann Sekretär der Geschäftsführung (1986–1992), später Zentralsekretär für Bildung, Werbung und Mitgliederservice (1992–1994) und Zentralsekretär für Organisation und Marketing (1994–2000). 2000 wechselte Wolfgang Katzian in die Bundesgeschäftsführung der GPA. Von 2005 bis 2018 war er Vorsitzender der Gewerkschaft der Privatangestellten (seit 2006 GPA-djp) und in dieser Funktion auch Mitglied des UNI-Europa-Präsidiums und UNI-Weltvorstands und seit 2007 Mitglied des ÖGB-Vorstands. Zwischen 2009 und 2018 war Wolfgang Katzian außerdem Bundesvorsitzender der Fraktion Sozialdemokratischer Gewerkschafter und Gewerkschafterinnen (FSG) im ÖGB und zwischen 2008 und 2018 Abgeordneter zum Österreichischen Nationalrat (SPÖ). Seit Juni 2018 ist Wolfgang Katzian ÖGB-Präsident, Vorstandsmitglied des Internationalen Gewerkschaftsbundes (IGB), Vorstandsmitglied des Europäischen Gewerkschaftsbundes (EGB), Mitglied des Verwaltungsrates des Gewerkschaftlichen Beratungsausschusses bei der OECD (TUAC), sowie seit Dezember 2019 Vizepräsident der europäischen Regionalorganisation (PERC) im IGB.

Andreas Khol, geb. 1941, Univ.-Prof. Dr. iur., Universität Wien für Verfassungsrecht 1969; 1966 bis 1969 Sekretär im Verfassungsgerichtshof; 1969–1974 internationaler Beamter im Generalsekretariat des Europarates; 1972 Tit.ao. Univ.-Prof. Wien, 1974–1992 Politische Akademie der ÖVP; 1971 bis 1973 Betriebsratsobmann im Europarat; 1983–2006 Tiroler Mandatar zum Nationalrat, 1994–2002 Obmann des ÖVP-Parlamentsklubs, 2002–2006 Präsident des Nationalrates; 2005–2016 Obmann des Österreichischen Seniorenbundes; 2016 Präsidentschaftskandidat der ÖVP, 2016 Ehrenpräsident des Seniorenbundes.

Meinrad Knapp, geb. 1974, MA, Studium International Relations in Wien und Washington. Moderation von ATV Aktuell , Die Woche, der politische Wochenrückblick mit Thomas Hofer und Peter Hajek und ATV Aktuell Der Talk. Lektor an der FH Wien der WKW für Journalismus und Medienmanagement.

Andreas Koller, geb. 1961, Dr., seit 1983 innenpolitischer Journalist. Stellvertretender Chefredakteur und Innenpolitik-Chef der „Salzburger Nachrichten". Daneben Präsident des Presseclub Concordia, Senatssprecher des Österreichischen Presserats und mehrfach zum „Innenpolitischen Journalisten des Jahres" gekürt.

Florian Korczak, geb. 1974; Mag., Studium der Germanistik und Geschichte, Diplomlehrgang an der Diplomatischen Akademie; Auslandslektor des Österreichischen Akademischen Austauschdienstes in Barcelona (2003/04) und Brünn (2004-2006), 2007 Eintritt in den Höheren Auswärtigen Dienst; Stationen in Bern und Paris, seit März 2018 außenpolitischer Berater des Präsidenten des Nationalrats

Hannes Leidinger, geb. 1969, Univ.-Doz. Mag. Dr., Lehre an den Universitäten Wien, Salzburg, Budapest und Bern. Leiter der Wiener Außenstelle des Ludwig-Boltzmann-Instituts für Kriegsfolgen-Forschung. Mitglied der Militärhistorischen Denkmalkommission des BMLV, Forschungsprojekte und Publikationen vor allem zur Geschichte Mittel- und Osteuropas im 19. und 20. Jahrhundert.

Florian Leregger ist Geschäftsführer des Instituts für Umwelt, Friede und Entwicklung (IUFE). Zu seinen inhaltlichen Schwerpunkten zählen Aspekte der Umsetzung der Sustainable Development Goals (SDGs) in Österreich, des Klimawandels, der Nachhaltigkeitspolitik, des Umwelt- und Ressourcenschutzes sowie der Entwicklungszusammenarbeit. Leregger studierte Umwelt- und Bioressourcenmanagement (Fachbereich: Regionale Entwicklung) an der Universität für Bodenkultur. Neben bisherigen Berufserfahrungen und ehrenamtlichen Engagements in der Entwicklungszusammenarbeit, Wissenschaft und Umweltpädagogik sammelte er während seiner Auslandsaufenthalte, beispielsweise in Uganda und Costa Rica, wertvolles Wissen und Erkenntnisse.

Harald Mahrer, geb. 1972, Dr., studierte Betriebswissenschaft. Mahrer war zwischen 2014 und 2017 Staatssekretär im Bundesministerium für Wissenschaft, Forschung und Wirtschaft und Bundesminister für Wissenschaft, Forschung und Wirtschaft. Seit Dezember 2017 ist er Präsident des Wirtschaftsbundes der ÖVP, seit Mai 2018 Präsident der Wirtschaftskammer Österreich (WKO) und seit Juni 2018 Mitglied des Präsidiums der Österreichischen Sporthilfe sowie Obmann der Sozialversicherungsanstalt der gewerblichen Wirtschaft (SVA) und Präsident des Wirtschaftsforschungsinstituts (WIFO). Seit 1. September 2018 ist er Präsident der Oesterreichischen Nationalbank.

Rudolf Mitlöhner, geb. 1965, studierte nach der Matura (1983) am Schottengymnasium kath. Fachtheologie in Wien und Graz. Von 1990 bis 1994 arbeitete er als Bildungsreferent der Kath. Hochschulgemeinde Graz, wo er unter anderem die Zeitschrift „Denken + Glauben" verantwortete; von 1994 bis 1996 war Mitlöhner außenpolitischer Redakteur der „Kleinen Zeitung" in Graz, danach für drei Jahre Politik-Redakteur der Wochenzeitung „Die Furche"; zwischen 1999 und 2001 stv. Kulturressortleiter der „Presse"; von 2001 bis 2008 und von 2013 bis 2019 war er Chefredakteur der „Furche", dazwischen stellvertretender Chefredakteur; seit September 2019 stv. Ressortleiter Innenpolitik beim „Kurier". Mitlöhner ist verheiratet und dreifacher Familienvater.

Hedvig Morvai studierte Recht und Kommunikationswissenschaft in Novi Sad und Belgrad. Sie ist Direktorin für Strategie und Europa bei der Erste Stiftung in Wien

Christian Moser-Sollmann, geb. 1972, Dr. phil., ist wissenschaftlicher Mitarbeiter der Politischen Akademie der Volkspartei und dort verantwortlich für Wissenschaft und Publikationen. Aktuelle Publikation: „Blaue Schatten", Dachbuch, Wien 2019

Andreas Mölzer, geb. 1952, studierte an der Universität Graz Geschichte und Volkskunde, war Mitglied des Bundesrats für das Land Kärnten, Kulturbeauftragter der Kärntner Landesregierung und schließlich 10 Jahre freiheitlicher Delegationsleiter im Europaparlament. Er ist Herausgeber des Wochenmagazins „ZurZeit" und Autor zahlreicher Bücher und gilt als Vordenker des nationalliberalen Lagers. Er lebt verheiratet und als Vater von 6 Kindern am Kärntner Ossiachersee.

Christian Nusser, Dr., Studium Politikwissenschaft und Publizistik, Journalist seit 1994, Buchautor, Gründungs-Chefredakteur „TV-Media", „News Networld", „Antenne Wien", „Format Science", „oe24.at", „Österreich", seit 2012 Chefredakteur „Heute".

Walter Obwexer, geb. 1965, Univ.-Prof. Dr., ist Universitätsprofessor für Europarecht und Völkerrecht an der Universität Innsbruck, Sprecher des Forschungszentrums für Europäische Integration (CEI) und Studiendekan der Rechtswissenschaftlichen Fakultät. Er ist Mitglied des Vorstandes von ECSA-Austria, Mitglied des „EU-Beirates" der Österreichischen Bundesregierung sowie wissenschaftlicher Berater in EU-Fragen für mehrere Bundesministerien und Landesregierungen.

Günther Ofner, geb. 1956 , Dr. iur., 1974–1976 Bundesobmann der Union Höherer Schüler, bis 1983 Studium der Rechtswissenschaften an der Universität Wien, seit 1982 wirtschaftspolitischer Referent der FCG; 1982–1984 Ausbildungsleiter einer Versicherung; 1984–1992 Studienleiter bzw. stellvertretender Direktor der Politischen Akademie mit Schwerpunkt Forschung, Publikationen und Mandatareausbildung, seit 1987 Universitätslektor am Institut für Politikwissenschaft der Universität Wien; seit 1985 Mitglied des Beirats für Wirtschafts- und Sozialfragen, 1990–1994 Vizepräsident der Bundesarbeitskammer, ab 1992 stellvertretender Abteilungsleiter im Auslandsbüro der Verbundgesellschaft, 1994 Bestellung zum Mitglied des Vorstandes der BEWAG; ab April 2004 Vorstandsvorsitzender in der UTA Telekom AG; ab März 2005 Vorstand der Burgenland Holding AG und Leiter Mergers & Aquisitions/Strategische Planung der EVN AG, Vorstandsvorsitzender von EVN Macedonia Holding und EVN Albania Holding, seit 2011 Finanzvorstand der Flughafen Wien AG.

Stephan Pernkopf, geb. 1972, Dr. iur., Pernkopf besuchte das Francisco Josephinum Wieselburg und studierte danach Rechtswissenschaften an der Universität Wien. Nach Stationen in den Kabinetten der Minister Molterer und Pröll, zuletzt als Kabinettchef im Finanzministerium, wechselte er 2009 in die Niederösterreichische Landesregierung. Dort ist er heute LH-Stellvertreter und für die Agenden Landwirtschaft, Energie, Umwelt, Landeskliniken, Katastrophenschutz und Raumordnung zuständig. Seit 2012 ist er Präsident des Ökosozialen Forums.

Peter Plaikner, geb. 1960, Medienberater, Politikanalyst, Publizist, zertifizierter Trainer für Journalismus; 1981–2004 Tiroler Tageszeitung, ab 1995 stv. Chefredakteur; 2004–2005 Neue Zeitung für Tirol, Chefredakteur, Projektentwickler; 2003–2004 auch Geschäftsführer Tiroler Tageszeitung GmbH bzw. MOHO Medienverlag GmbH; seit 2005 selbständig mit plaiknerpublic medienarbeit - strategische Kommunikationsberatung, 2007–2018 auch Lehrgangsmanager für Politische Kommunikation an der Donau-Universität Krems, seit 2014 auch geschäftsführender. Gesellschafter von IMPact - Institut für Medien und Politik: Analyse, Consulting, Training. Kolumnist für einige Zeitungen, Experte in Radio- und TV-Sendern, zahlreiche Buchveröffentlichungen und Lehraufträge.

Fritz Plasser, geb. 1948, Univ.-Prof. Dr., seit 1993 ist er Universitätsprofessor am Institut für Politikwissenschaft der Universität Innsbruck. Weiters leitet er das Wiener Ludwig-Boltzmann-Institut für angewandte Politikforschung. Plasser ist Autor, Koautor und Mitherausgeber von bislang 28 Büchern und mehr als 100 wissenschaftlichen Veröffentlichungen in Sammelwerken und Fachzeitschriften.

Klaus Poier, geb. 1969, ao. Univ.-Prof. Dr., Außerordentlicher Universitätsprofessor am Institut für Öffentliches Recht und Politikwissenschaft der Universität Graz; 2003–2005 Mitglied im Österreich-Konvent; 2009–2010 Visiting fellow am European University Institute in Fiesole; seit 2013 Mitglied des Senats der Universität Graz; seit 2014 wiss. Co-Leiter des Master-Lehrganges „Parlamentarismus und Landespolitik" der Universität Graz; seit 2015 Mitglied des Stiftungsrates des ORF; als Verfassungsexperte beteiligt an den Regierungsverhandlungen auf Bundesebene 2013, 2017 und 2019.

Bettina Rausch, geb. 1979, Mag. phil., ist Präsidentin der Politischen Akademie der Volkspartei. Sie war fünf Jahre lang Bundesrätin und weitere fünf Jahre lang Abgeordnete zum niederösterreichischen Landtag. Sie hat unter anderem mit Karl Nehammer den Sammelband „Offen für Neues. Einschätzungen und Analysen zum ersten Jahr der neuen Volkspartei" und mit Simon Varga den Sammelband „Christlich-Soziale Signaturen. Grundlagen einer politischen Debatte" herausgegeben. Seit 2018 ist Rausch Mitherausgeberin des Jahrbuchs für Politik.

Claus Reitan, geb. 1954, Prof., Journalist, Autor und Moderator zu Politik, Medien und Nachhaltigkeit; Zertifikat Nachhaltigkeit & Journalismus, ECQA Certified Applied Sustainability & CSR Professional; siehe auch: www.nachhaltigkeitskommunikation.at

Gerold Riedmann ist Chefredakteur der Vorarlberger Nachrichten und Geschäftsführer von Russmedia. Er entwickelte bei der Münchner Cross-Media-Agentur AME Digitalkonzepte für die Frankfurter Allgemeinen Zeitung, Endemol/RTL, Sky/Premiere und den Bayerischen Rundfunk. Riedmann absolvierte 2019 das Stanford Executive Program (SEP) der Stanford Graduate School of Business. Er ist Europa-Präsident der International News Media Association (INMA).

Josef Riegler, Dipl.-Ing. Dr. h.c., studierte an der Universität für Bodenkultur in Wien und war von 1972 bis 1992 aktiver Politiker (Direktor des Bauernbundes, Abgeordneter zum Nationalrat, Mitglied der Steiermärkischen Landesregierung, Bundesminister für Land- und Forstwirtschaft sowie Vizekanzler und Bundesparteiobmann der ÖVP). 1992 gründete er das Ökosoziale Forum Österreich und 2001 das Ökosoziale Forum Europa. Er ist Begründer des Konzeptes einer Ökosozialen Marktwirtschaft als Balance zwischen leistungsfähiger Marktwirtschaft, sozialer Solidarität und ökologischer Nachhaltigkeit. Mitbegründer des Projektes „Global Marshall Plan für eine weltweite Ökosoziale Marktwirtschaft". Autor und Mitautor zahlreicher Bücher und Publikationen. Präsident von „Nova EUropa" sowie Ehrenpräsident des Ökosozialen Forum Österreich und des Ökosozialen Forum Europa.

Wolfgang Sobotka, geb. 1956, Mag. phil., neben einem Studium der Geschichte an der Universität Wien absolvierte er auch Studien an der Hochschule für Musik und darstellende Kunst in Wien (Violoncello und Musikpädagogik) sowie am Brucknerkonservatorium in Linz (Dirigieren). Er war Lehrer an der Allgemeinbildenden Höheren Schule (AHS) Waidhofen an der Ybbs sowie Leiter der Musikschule seiner Heimatstadt. Des Weiteren war Wolfgang Sobotka Lehrbeauftragter an der Musikuniversität Wien. Im Laufe seines Werdegangs war Wolfgang Sobotka auch in zahlreichen politischen Funktionen aktiv. Nach zehnjähriger Tätigkeit als Gemeinderat in seiner Heimatstadt wurde er zum Bürgermeister derselben gewählt. Kurz darauf wurde er als Landesrat in die niederösterreichische Landesregierung berufen und später zum Landeshauptmannstellvertreter gewählt. Von April 2016 bis Dezember 2017 war er Bundesminister für Inneres (BMI) der Bundesrepublik Österreich. Seit 9. November 2017 ist Wolfgang Sobotka Abgeordneter zum Nationalrat und wurde am 20. Dezember 2017 zum Präsidenten des Nationalrates gewählt. Am 23. Oktober 2019 wurde er in dieser Funktion mit 87,7% bestätigt.

Franz Sommer, geb. 1960, Dr. phil., Mitbegründer der „ARGE WAHLEN" (1990) und des Instituts für Marktforschung und Regionalumfragen (2008); seit 1983 selbständiger Politikforscher; Arbeitsschwerpunkte: Wahlforschung - Wahlverhalten/Wahlmotive/Wählerwanderungen/Wahlrecht; Projekte: Wahltagsbefragungen, Track Polling, Wahlhochrechnungen, wahlstatistische Analysen, Wählerstromanalysen.

Kathrin Stainer-Hämmerle, geb. 1969, MMag. Dr., war Politik- und Rechtswissenschaftlerin an den Universitäten Innsbruck und Klagenfurt (IFF) und ist seit 2009 Professorin für Politikwissenschaft an der Fachhochschule Kärnten, wo sie seit 2019 die Bachelor- und Masterprogramme für Public Management leitet. Lehraufträge u. a. an den Universitäten Klagenfurt und Graz, der Sigmund Freud Universität Wien sowie an der Donau Universität Krems. Aktuell Vorsitzende der Interessengemeinschaft für Politische Bildung (IGPB), Vorstandsmitglied beim Europahaus Klagenfurt, Mitglied der Österreichischen Gesellschaft für Politikwissenschaft (ÖGPW). Studien und Publikationen in den Bereichen Politische Bildung, Wahlrecht, Partizipations- und Demokratieforschung.

Stefan Steiner, geb. 1978, Dr. iur., ist selbständiger Strategieberater. Bei den Regierungsverhandlungen 2017 und 2019 war er Teil der Steuerungsgruppe der Volkspartei. Als langjähriger Weggefährte von Sebastian Kurz war der promovierte Jurist zuvor unter anderem als Leiter der Integrationssektion im Bundesministerium für Europa, Integration und Äußeres, sowie als Büroleiter des damaligen Integrationsstaatssekretärs Sebastian Kurz tätig. Im Jahr 2017 zeichnete er sich als Generalsekretär der Volkspartei für die Öffnung der Partei sowie den historischen Erfolg bei den Nationalratswahlen mitverantwortlich.

Thomas Stern, geb. 1963, Studienleiter der SEMA 88, der ersten österreichischen Antisemitismuserhebung mit Schwerpunkt auf „moderne" Stereotype, 2010 Ernennung zum Kurator des Dokumentationsarchivs des Österreichischen Widerstands, Gründer und Eigentümer der Digitalagentur BRAINTRUST.

Karin Strobl geb. 1972, MA, leitete von 2015 bis 2017 die Grüne Kommunikation. Heute arbeitet sie als Senior Consultant bei Heidi GLÜCK spirit & support. Strobl war zuvor 20 Jahre lang Journalistin unter anderem bei der Kronen Zeitung, Österreich und Heute. Vor ihrem Wechsel in die politische Arbeit war sie Chefredakteurin der Regionalmedien Austria. Strobl studierte im Ausland International Media Innovation Management.

Lisa Totzauer, geb. 1970, Mag., 1997–1999 ORF Aktueller Dienst, Landesstudio Niederösterreich, 1999–2003 Redakteurin und Live-Reporterin ZiB 2 (Innenpolitik, Chronik und Wirtschaft), 2003–2007 Innenpolitik-Redakteurin, Live-Reporterin und CvD Zeit im Bild, 2007- 2013 Sendungsverantwortung Zeit im Bild, 2013–2018 Info-Chefin ORF eins, seit 2018 Channel Managerin ORF eins.

Andreas Unterberger, geb. 1949, Dr., studierte Jus, Volkswirtschaft und Politikwissenschaft, Unterberger war Chefredakteur der Tageszeitungen „die Presse" und der „Wiener Zeitung". Seit 2009 betreibt Andreas Unterberger den erfolgreichsten politischen Blog Österreichs.

Simon Varga, Dr phil., ist Mitglied des Fachbereichs Antike Philosophie am Institut für Philosophie der Universität Wien sowie Universitätslektor und Dozent bei den Theologischen Kursen für das Fach Philosophie Themen: Antike Philosophie und ihre Gegenwart, Philosophische Anthropologie, Ethik und Politik.

Michael Völker, geb. 1965, Mag., ist Gründungsmitglied der Tageszeitung Der Standard. Er ist Ressortleiter der Innenpolitik und Chef vom Dienst.

Heinz. P. Wassermann, geb. 1964, Mag. Dr., Studium der Betriebswirtschaftslehre, Geschichte und Sozialkunde sowie Philosophie, Psychologie und Pädagogik an der Universität Graz. Diplom 1991, Promotion 1999. Assoz.-Prof. am Institut Journalismus und Public Relations (PR) an der FH JOANNEUM in Graz.

David M. Wineroither, Dr., ist Politikwissenschaftler mit Schwerpunkt Parteienwettbewerb in westlichen Demokratien. Er ist gegenwärtig als Senior Research Fellow am Zentrum für Sozialwissenschaft sowie an der National University for Public Service, Budapest, tätig. In Österreich lehrt er an der Universität Innsbruck. Zuletzt erschienen „Die österreichische Demokratie im Vergleich" (herausgegeben mit Ludger Helms) und „Democracy in Austria" (herausgegeben mit Günter Bischof).

Eva Zeglovits, geb. 1976, Mag. Dr., Statistikerin und Politikwissenschafterin, ist seit 1998 in der außeruniversitären und universitären Forschung tätig, Sie ist Geschäftsführerin und Mit-Eigentümerin des Instituts für empirische Sozialforschung IFES (Wien). Ihre Forschungsschwerpunkte umfassen politische Partizipation, Wahlverhalten, Demokratie, aber auch die Weiterentwicklung sozialwissenschaftlicher Erhebungsmethoden.

Mario Zenhäusern, geb. 1959, ist seit 1984 Mitglied der Redaktion der Tiroler Tageszeitung; seine Lehrjahre verbrachte er als Lokalredakteur in der Bezirksstelle Kufstein; 1993 Wechsel in die Lokalredaktion Innsbruck, ab 1999 Leiter der Lokalredaktion Unterland (zuständig für die Bezirke Schwaz, Kufstein, Kitzbühel und Osttirol), ab 2005 Leiter der Lokalredaktion Tirol; ab 2006 stellvertretender Chefredakteur; seit 18. Dezember

2008 gemeinsam mit Alois Vahrner Chefredakteur der Tiroler Tageszeitung; Mario Zenhäusern ist verheiratet und Vater von zwei Kindern.

Paul Michael Zulehner, geb. 1939, emer. O. Univ.-Prof. DDr., Studien der Philosophie (Dr. phil 1961), der katholischen Theologie (Dr. theol. 1965) und der Religionssoziologie in Innsbruck, Wien, Konstanz und München. Priesterweihe 1964 (Erzdiözese Wien). Kaplan und Subregens im Wiener Priesterseminar. Habilitierung für Pastoraltheologie und Pastoralsoziologie in Würzburg (Rolf Zerfaß, 1973). Lehrtätigkeit in Bamberg (Vertretung), Passau (1974–1984), Bonn (Vertretung), Salzburg (Vertretung) und seit 1984 auf dem weltältesten (gegründet 1774) Lehrstuhl für Pastoraltheologie in Wien. 1985–2000 Theologischer Berater des jeweiligen Vorsitzenden des Rates der Konferenz der Europäischen Bischofskonferenzen. 1987–1999 Beiratsmitglied in der Österreichischen Forschungsgemeinschaft. Mitglied der Europäischen Akademie der Wissenschaften und der Österreichischen Akademie der Wissenschaften.

Personenregister

Sachregister

ZUR AKTUELLEN DEBATTE ÜBER ANTISEMITISMUS

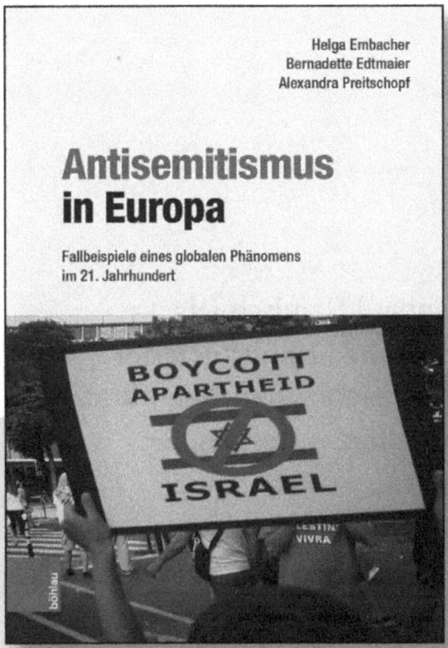

Helga Embacher | Bernadette Edtmaier | Alexandra Preitschopf

Antisemitismus in Europa

Fallbeispiele eines globalen Phänomens im 21. Jahrhundert

2019. 338 Seiten, mit 11 s/w-Abb., gebunden
€ 36,00 A | € 3%,00 D
ISBN 978-3-205-20774-0

eBook: € 28,80 A | € 27,99 D
ISBN 978-3-205-23269-8

Über das Ausmaß und den Charakter des Antisemitismus gibt es nach wie vor deutlich divergierende Ansichten. Ein gewisser Konsens besteht darin, dass zwischen dem aktuellen Anstieg an Antisemitismus und Eskalationen im Nahen Osten ein Zusammenhang besteht. Nach wie vor kommt zudem den Nachwirkungen bzw. der Instrumentalisierung des Holocaust sowie dem „kolonialen Erbe" Bedeutung zu. Helga Embacher, Bernadette Edtmaier und Alexandra Preitschopf geben einen Überblick über die sehr emotional geführte Debatte und die Kontroversen um eine allgemein anerkannte Definition von Antisemitismus. Am Beispiel von Frankreich, Großbritannien und Österreich zeigen sie, dass der aktuelle Antisemitismus nicht nur in seinen globalen Bezügen, sondern auch differenziert im jeweiligen nationalen Kontext zu sehen ist.

böhlau

Vandenhoeck & Ruprecht Verlage
www.vandenhoeck-ruprecht-verlage.com

Preisstand 1.1.2020

LERNEN SIE ÖSTERREICHISCHE POLITIK AUS EINER NEUEN PERSPEKTIVE KENNEN!

Reinhard Heinisch (Hg.)
Kritisches Handbuch der österreichischen Demokratie
BürgerInnen, Verfassung, Institutionen, Verbände

2020. 334 Seiten, Paperback
ca. € 36,00 A | € 35,00 D
ISBN 978-3-205-23183-7

Auch als E-Book erhältlich

Wie funktioniert das politische System in Österreich? Warum hat es in den letzten Jahren an Vertrauen eingebüßt? Und was erklärt die vielzitierten „österreichischen Lösungen"? Antworten auf Fragen wie diese zu finden, gestaltet sich oft schwierig. Die rechtlichen Grundlagen gelten als schwer verständlich. Und viele politische Weichen werden in informellen Räumen gestellt, die in der Verfassung gar nicht vorgesehen sind. Das politische System gleicht somit einem Rätsel. Das Kritische Handbuch der österreichischen Demokratie möchte hier Antworten geben – wissenschaftlich fundiert, aber allgemein verständlich. Es beleuchtet das Regelwerk der Bundesverfassung, die Institutionen des demokratischen Prozesses und die politischen Funktionsweisen der Verwaltung. Vor allem aber zeigt es Theorie und Wirklichkeit des österreichischen Parteienstaates auf und denkt über Defizite und Reformmöglichkeiten nach.

böhlau
Vandenhoeck & Ruprecht Verlage
www.vandenhoeck-ruprecht-verlage.com

Preisstand 1.1.2020